ABAP®-Entwicklung mit SAP HANA®

 **PRESS**

SAP PRESS ist eine gemeinschaftliche Initiative von SAP SE und der Rheinwerk Verlag GmbH. Ziel ist es, Anwendern qualifiziertes SAP-Wissen zur Verfügung zu stellen. SAP PRESS vereint das fachliche Know-how der SAP und die verlegerische Kompetenz von Rheinwerk. Die Bücher bieten Expertenwissen zu technischen wie auch zu betriebswirtschaftlichen SAP-Themen.

James Wood
SAP HANA Cloud Platform: Das Handbuch für Entwickler
576 Seiten, 2015, geb.
ISBN 978-3-8362-3862-5

Matthias Merz, Torben Hügens, Steve Blum
SAP BW auf SAP HANA: Implementierung und Migration
489 Seiten, 2014, geb.
ISBN 978-3-8362-2965-4

Michael Mattern, Ray Croft
Business Cases mit SAP HANA
591 Seiten, 2014, geb.
ISBN 978-3-8362-2673-8

Richard Bremer, Lars Breddemann
SAP HANA Administration
722 Seiten, 2014, geb.
ISBN 978-1-59229-952-2

Aktuelle Angaben zum gesamten SAP PRESS-Programm finden Sie unter *www.sap-press.de.*

Hermann Gahm, Thorsten Schneider,
Christiaan Swanepoel, Eric Westenberger

ABAP®-Entwicklung mit SAP HANA®

Rheinwerk
Publishing

Liebe Leserin, lieber Leser,

vielen Dank, dass Sie sich für ein Buch von SAP PRESS entschieden haben.

SAP HANA setzt sich in der SAP-Welt immer mehr durch. Die In-Memory-Verarbeitung verspricht großen Performancesteigerungen, und die Echtzeit-Berechnung ermöglicht eine völlig neue Art der Geschäftsprozessbearbeitung.

Aber was bedeutet das für Sie als Entwickler? Welche Auswirkungen hat SAP HANA auf Ihre Arbeit, und wo müssen Sie Ihre gewohnte Vorgehensweise umstellen? Gibt es Bereiche, in denen Sie neue Techniken einsetzen sollten, wenn Sie Software für SAP HANA optimieren oder neu programmieren möchten?

Unsere Autoren Hermann Gahm, Thorsten Schneider, Christiaan Swanepoel und Eric Westenberger haben in diesem Buch alles Wissenswerte gesammelt, um diese Fragen zu beantworten. Sie zeigen Ihnen anhand von anschaulichen Beispielen, wo sich die ABAP-Programmierung für SAP HANA von der Programmierung auf herkömmlichen Datenbanken unterscheidet und welche neuen Möglichkeiten hier entstehen. Die Autoren stellen Ihnen die neue Entwicklungsumgebung Eclipse vor und zeigen Ihnen, wie Sie mit HANA-Objekten und HANA Views in ABAP arbeiten. Mit ihrer Hilfe können Sie sich schnell in die ABAP-Entwicklung für HANA einarbeiten und schnelle Anwendungen für SAP HANA erstellen!

Wir freuen uns stets über Lob, aber auch über kritische Anmerkungen, die uns helfen, unsere Bücher zu verbessern. Scheuen Sie sich nicht, sich bei mir zu melden; Ihr Feedback ist jederzeit willkommen.

Ihre Kerstin Billen
Lektorat SAP PRESS

Rheinwerk Verlag
Rheinwerkallee 4
53227 Bonn

kerstin.billen@rheinwerk-verlag.de
www.sap-press.de

Auf einen Blick

Wir hoffen, dass Sie Freude an diesem Buch haben und sich Ihre Erwartungen erfüllen. Ihre Anregungen und Kommentare sind uns jederzeit willkommen. Bitte bewerten Sie doch das Buch auf unserer Website unter **www.rheinwerk-verlag.de/feedback**.

An diesem Buch haben viele mitgewirkt, insbesondere:

Lektorat Kerstin Billen
Korrektorat ardennatext, Annette Lennartz, Bonn
Herstellung Martin Pätzold
Typografie und Layout Vera Brauner
Einbandgestaltung Daniel Kratzke
Coverbild Shutterstock: 71555557 © Max Earey
Satz Typographie & Computer, Krefeld
Druck Beltz Bad Langensalza GmbH, Bad Langensalza

Dieses Buch wurde gesetzt aus der TheAntiquaB (9,35/13,7 pt) in FrameMaker. Gedruckt wurde es auf chlorfrei gebleichtem Offsetpapier (80 g/m²). Hergestellt in Deutschland.

Bibliografische Information der Deutschen Nationalbibliothek:
Die Deutsche Nationalbibliothek verzeichnet diese Publikation in der Deutschen Nationalbibliografie; detaillierte bibliografische Daten sind im Internet über *http://dnb.d-nb.de* abrufbar.

ISBN 978-3-8362-3661-4

2., aktualisierte und erweiterte Auflage 2016, 1., korrigierter Nachdruck 2017
© Rheinwerk Verlag, Bonn 2016

Informationen zu unserem Verlag und Kontaktmöglichkeiten finden Sie auf unserer Verlagswebsite **www.rheinwerk-verlag.de**. Dort können Sie sich auch umfassend über unser aktuelles Programm informieren und unsere Bücher und E-Books bestellen.

Inhalt

3 Datenbankprogrammierung mit dem SAP NetWeaver AS ABAP 115

TEIL II Einführung in die ABAP-Programmierung mit SAP HANA

4 Native Datenbankentwicklung mit SAP HANA 169

5 Einbindung nativer SAP-HANA-Entwicklungsobjekte in ABAP 241

6 Erweiterte Datenbankprogrammierung mit ABAP 7.4 273

7   Laufzeit- und Fehleranalyse auf SAP HANA 333

13   Verarbeitung von Geoinformationen 535

14   Praxistipps 551

Anhang 607

Geleitwort

Inzwischen ist SAP HANA seit mehr als fünf Jahren auf dem Markt und hat den Markt für Datenbanken mehr als aufgemischt. Spalten-basierte Main-Memory-Datenbanken haben sich am Markt durchge-setzt und alle großen Datenbankhersteller haben entweder bereits eine Version eingebaut oder zumindest angekündigt. SAP HANA unterscheidet sich von den meisten anderen Ansätzen dadurch, dass der Main Memory Column Store auch für transaktionale Anwendun-gen verwendet wird und dadurch eine Mehrfachrepräsentation ver-mieden wird.

Diese Entwicklung konnten wir 2002, als wir die erste Version eines rein hauptspeicherbasierten Column Store – allerdings nicht transak-tional – in die Suchmaschine TREX integriert haben, in keiner Weise absehen. Für die Dokumentenwelt war eine spaltenweise Ablage von Metadaten (z. B. nach Autor, Erstellungsdatum …) bereits ein Mehr-wert, weil damit einfach und flexibel Metadaten hinzugefügt und schnell darin gesucht werden konnte.

Richtig interessant wurde die Technologie, als wir sie für die Aggre-gation von großen Datenmengen genutzt haben. Die ersten Perfor-manceergebnisse waren überwältigend und sorgten auch innerhalb von SAP für Ungläubigkeit und dann für eine ungeheure Aufbruchs-stimmung. Die Produktisierung dauerte dann bis 2005; in diesem Jahr haben wir BWA (Business Warehouse Accelerator) als Beschleu-niger für unser BW-System ausgeliefert. Die Vorteile lagen auf der Hand: Keine zusätzlichen Datenbankaggregate, extrem gute und vor allem konstante Zugriffszeiten, da das Risiko, dass auf nicht defi-nierte Aggregate zugegriffen wurde, nicht mehr bestand.

Der große Durchbruch des hauptspeicherbasierten Column Stores kam 2009 mit der Vision von Hasso Plattner, in der er eine gemein-same Spaltenablage für OLAP-(Reporting-)Anfragen und OLTP Last postulierte. Dieser Vorschlag war aus zwei Gesichtspunkten revolu-tionär: Zum einen schlug Hasso vor, OLAP und OLTP wieder in ein System zusammenzulegen, zum anderen, das mit einer Ablage in der

Datenbank, nämlich einem hauptspeicherbasierten Column Store, zu erreichen. In der Forschungsgemeinde wurde der Vorschlag anfänglich mit sehr viel Skepsis beurteilt, aber bereits kurze Zeit später zeigten die Menge und Qualität der Veröffentlichungen hierzu, dass das Thema angekommen war.

Für die Produktisierung der Vision wurde bei uns 2009 HANA als Organisation aufgestellt, wobei anfänglich drei Gruppen (P*Time, MaxDB und TREX) zusammengelegt wurden. Später kam dann noch das Sybase Team dazu. Ziel war und ist, eine Data Management Platform zu bauen, die weit mehr bietet als traditionelle Datenbanken – für eine große Anzahl an Anwendungen, zu denen natürlich auch SAP-Applikationsplattformen gehören. Im Zuge dessen wurde Ende 2010 die erste Data-Mart-Variante von SAP HANA ausgeliefert, 2011 folgten SAP HANA für B1 und SAP HANA für SAP BW. Der ganz große Event und die letztendliche Bestätigung von Hassos Vision war die Ankündigung von SAP Suite on HANA im Januar 2013 und die Auslieferung an unsere Kunden. Die Verkaufszahlen von Suite on HANA (S/4HANA) und SAP HANA selbst sprechen für sich.

Damit stehen unseren Kunden, Partnern und internen Entwicklungsgruppen eine Vielzahl von Möglichkeiten zur Verfügung, HANA-Funktionalitäten und HANA-Geschwindigkeit in ihre Applikationen einzubauen und davon zu profitieren. ABAP ist weiterhin und auch in Zukunft eine der wesentlichen Entwicklungsumgebungen für HANA – allerdings müssen Sie als Entwickler auch umdenken, wenn Sie das ganze Potential von HANA ausschöpfen wollen. Dabei wird Ihnen dieses Buch mit Sicherheit helfen.

HANA wird weiterhin die Innovationsplattform von SAP sein – wir alle dürfen uns auf spannende Zeiten freuen mit vielen Neuerungen und Innovationen und der Möglichkeit, neuartige Applikationen zu bauen, an die heute noch niemand zu denken wagt.

Franz Färber
Executive Vice President SAP PI HANA Platform, SAP SE

Vorwort

SAP HANA wird fünf! Seit ziemlich genau fünf Jahren ist die Technologie nun am Markt verfügbar. In dieser Zeit hat sie eine rasante Entwicklung hingelegt: von einer In-Memory-Datenbank für Data Marts, die ergänzend zum SAP Business Warehouse und zur SAP Business Suite betrieben wird, über jegliche Art von Data-Warehouse-Anwendungen bis hin zu einer Plattform für analytische und transaktionale Systeme. SAP HANA ist heute eine komplette und vollwertige Datenbank für alle SAP-Anwendungen und gleichzeitig eine Innovationsplattform für eine ganz neue Art von Realtime-Anwendungen, z. B. aus dem Gesundheitswesen.

Ich hatte die Möglichkeit, diese rasante Entwicklung von den Ursprüngen im Umfeld des SAP Business Warehouses bis heute aus interner Anwendersicht aktiv zu begleiten. Die Dynamik und die Begeisterung, die dieser Werdegang von SAP HANA innerhalb der SAP erzeugt hat, ist etwas, das ich in dieser Form bei SAP noch nicht erlebt habe. Und das Gute daran: Das ist erst der Anfang! Wer heute den Enthusiasmus von Kunden, Partnern und Mitarbeitern sowie den Ideenreichtum für komplett neue Anwendungen miterlebt, der weiß sicherlich, was ich meine.

SAP Business Warehouse (seit Ende 2011) und die SAP Business Suite (seit Anfang 2013) können heute produktiv mit SAP HANA betrieben werden. Die Portierung und Optimierung dieser Systeme für die In-Memory-Datenbanktechnologie waren für SAP eines der wichtigsten strategischen Vorhaben der vergangenen Jahre. Parallel dazu und als zusätzliche Unterstützung dieses Vorhabens haben wir seit Mitte 2012 ein neues SAP-NetWeaver-Release entwickelt, SAP NetWeaver 7.4. Bei dieser Entwicklung haben wir insbesondere die ABAP-Technologie konsequent auf SAP HANA optimiert und auch die Java-basierten SAP-NetWeaver-Hubs (wie z. B. SAP Enterprise Portal und SAP Business Process Management) auf SAP HANA portiert. Damit hat jetzt jeder Kunde die Möglichkeit, SAP NetWeaver produktiv auf SAP HANA zu betreiben! Das war ein wichtiger Meilenstein für SAP und für unsere Kunden, und SAP NetWeaver 7.4 ist mittlerweile in der breiten produktiven Nutzung. Mit der Anfang 2015 vorgestellten neuen SAP Business Suite 4 SAP HANA (SAP S/4HANA) wurde schließlich das Fundament für die nächste Generation von SAP-Geschäftsanwendungen mit voller Ausnutzung der In-Memory-Technologie gelegt.

Die Neuerungen in SAP NetWeaver AS ABAP 7.4 unterstützen die Anwendungsentwickler bei SAP dabei, bestehende ABAP-Programme für SAP HANA zu optimieren und komplett neue Anwendungen auf Basis von SAP HANA zu implementieren. Die gleichen Möglichkeiten haben natürlich auch Kunden und Partner. Damit gibt es jetzt für das gesamte ABAP-Ökosystem einen nicht disruptiven Weg, existierende Geschäftsprozesse nach SAP HANA zu überführen und gleichzeitig komplett neue Anwendungen zu entwickeln.

Hermann Gahm, Thorsten Schneider, Christiaan Swanepoel und Eric Westenberger beschreiben in diesem Buch, was SAP HANA für die ABAP-Entwicklung bedeutet und welche neuen Möglichkeiten Ihnen ABAP 7.4 im Kontext der In-Memory-Datenbanktechnologie bietet. Dabei beschränken sich Hermann, Thorsten, Chris und Eric nicht nur auf die Beschleunigung von Programmen durch die Verlagerung von Kalkulationslogik in die Datenbank, sondern erläutern auch, welche innovativen Features Ihnen SAP HANA darüber hinaus zur Verfügung stellt. Damit ist dieses Buch eine Pflichtlektüre für jeden ABAP-Entwickler!

Ich wünsche Ihnen viel Spaß beim Lesen des Buches!

Andreas Wesselmann
Senior Vice President SAP Products & Innovation Technology,
SAP SE

Einleitung

Die heutige Geschäftswelt ist sehr dynamisch und stetigen Veränderungen unterworfen, wodurch ein starker Innovationsdruck für Unternehmen entsteht. Die Vision von SAP HANA ist es, eine Plattform zu bieten, mit der alle Geschäftsprozesse in der Wertschöpfungskette eines Unternehmens in *Echtzeit* beeinflusst werden können. Doch was bedeutet der zentrale Begriff *Echtzeit* (*Realtime*) für betriebswirtschaftliche Anwendungen?

Technologisch bezeichnet man damit vor allem die Verfügbarkeit benötigter Funktionalität ohne unerwünschte Verzögerungen. Welche Funktionen man benötigt und welches Maß an Verzögerung *akzeptiert* wird, hängt stark vom Umfeld und von der Zeit ab, in denen eine Technologie eingesetzt wird. Bevor wir auf aktuelle Software zur Unternehmenssteuerung näher eingehen, wollen wir Ihnen dies mit einem Beispiel aus dem täglichen Leben veranschaulichen: der Telekommunikation.

Frühe Kommunikationsmöglichkeiten, wie etwa die Telegrafie, oblagen in der Nutzung starken Einschränkungen (Reichweite, Verfügbarkeit, manuelle Aufwände), bedeuteten in ihrer Zeit jedoch eine immense Beschleunigung für den Nachrichtenaustausch. Das Telefon erlaubte flexible Verbindungen zwischen Teilnehmern über große Strecken, auch hier musste der Verwender dieser Technologie jedoch verschiedene Verzögerungen einberechnen. Zu Beginn war etwa ein manueller Verbindungsaufbau über eine Vermittlung notwendig. Auch später gab es lange Zeit gerade bei Überseeverbindungen deutliche *Latenzen*, die ein Gespräch beeinflusst und verkompliziert haben. Heute hingegen sind Telefonverbindungen zwischen Anschlüssen fast überall auf der Welt ohne merkliche Verzögerung möglich. Jeder Evolutionssprung war mit einer deutlichen Verbesserung der Echtzeitqualitäten verbunden.

Beispiel: Echtzeit in der Telekommunikation

Neben einem (synchronen) Gespräch zwischen zwei Personen haben in der Geschichte immer auch asynchrone Formen der Kommunikation eine Rolle gespielt (z. B. über den Briefweg). Der Begriff *Echtzeit* hat in diesem Zusammenhang einen anderen Charakter, da weder Sender noch Empfänger aktiv warten müssen. Aber auch bei der asynchronen Kommunikation sind gerade durch das Internet und den Mobilfunk in den letzten Jahren viele neue Varianten hinzugekommen (E-Mail, SMS etc.), die im Vergleich zur Briefpost eine neue Dimension von Echtzeitkommunikation zwischen mehreren Personen ermöglichen. Zusätzlich gibt es auch immer mehr nicht menschliche Kommunikationsteilnehmer (z. B. Geräte mit Internetanschluss, sogenannte *Smart Devices*, wie etwa intelligente Stromzähler).

Vermutlich würden die meisten Menschen bestätigen, dass elektronische Kommunikation in Echtzeit heute verfügbar ist. Dennoch gibt es im täglichen Leben noch Anforderungen, die trotz des Technologiefortschritts nicht in Echtzeit umsetzbar sind, etwa die Umbuchung eines Anschlussfluges während einer Reise. Viele Szenarien, die wir uns heute noch nicht vorstellen können, werden vermutlich in der Zukunft so verbreitet sein, dass heutige akzeptierte Einschränkungen absolut inakzeptabel werden.

Echtzeit in der Betriebswirtschaft

Aus dem Beispiel der Telekommunikationstechnologie lassen sich einige Grundsätze ableiten, die sich auch auf betriebswirtschaftliche Software übertragen lassen. Auf der einen Seite gibt es gesellschaftliche und wirtschaftliche Entwicklungen, wie die Globalisierung und zunehmende Mobilität der Kunden und Belegschaft, die treibende Kräfte für neuartige Technologien sind. Unternehmen agieren weltweit und interagieren in komplexen Netzwerken. Kunden und Mitarbeiter erwarten einen Zugang zu Produkten und Services jederzeit und von jedem Ort der Welt.

Auf der anderen Seite stehen technologische Innovationen, die neue Wege aufzeigen. Das Internet ist aktuell ein Katalysator für die meisten Entwicklungen. Riesige Datenmengen sind damit für einen großen Teil der Weltbevölkerung gleichzeitig, in Echtzeit, zugreifbar. Das Internet bietet aber auch eine Plattform für den Vertrieb von Produkten und Dienstleistungen aller Art, was zu einer explosionsartigen Zunahme der an einem Tag abgeschlossenen Geschäftstransaktionen geführt hat. Jede Optimierung der involvierten Geschäftsprozesse (z. B. Beschaffung, Produktion, Abrechnung) kann einen riesigen Wettbewerbsvorteil bedeuten. Hier gibt es in den meisten Branchen großes Potenzial, das gerade durch eine bessere Verzahnung von operativer Planung und Steuerung in Echtzeit ausgeschöpft werden kann.

Darüber hinaus erwarten Kunden heute einen stärkeren Zuschnitt der angebotenen Produkte und Dienstleistungen auf ihre individuellen Wünsche (z. B. persönliche Konditionen). Gerade in Branchen, die starken Veränderungen unterworfen sind (etwa die Energiewirtschaft, Finanzdienstleister oder spezielle Einzelhandelsbranchen), sehen sich Unternehmen einem hohen Handlungsdruck ausgesetzt.

Der Begriff Echtzeit prägt die Evolution von 40 Jahren SAP-Software. Bereits im Namen der klassischen SAP-Produktschiene R/3 steht der Buchstabe »R« bekanntlich für *Realtime*. Die anfänglichen Konzepte der SAP in den 1970er Jahren, aus denen die Entwicklung von R/1 hervorging, erlaubten es, Geschäftsdaten strukturiert per Eingabe am Bildschirm zu erfassen, was gegenüber älteren Lochkartensystemen eine neue Qualität von Echtzeit bot. Damit ließen sich zunächst Prozesse wie Lohnabrechnung und Buchhaltung elektronisch abbilden und automatisieren. Mit SAP R/2, das auf einer Architektur für Großrechner (*Mainframes*) basierte, fügte SAP diesen Anwendungsbereichen weitere Module eines ERP-Systems (*Enterprise Resource Planning*), wie etwa die Materialwirtschaft, hinzu. Mit diesem Release wurde ABAP als Berichtsprache für Auswertungen eingeführt (ABAP stand ursprünglich für *Allgemeiner Berichtsaufbereitungsprozessor*, die Abkürzung wurde jedoch später von SAP zu *Advanced Business Application Programming* umgedeutet). Mit diesen ABAP-Berichten (*Reports*) konnte – zunächst nur im Hintergrund (*Batch*), später auch im Dialog – z. B. eine nach Kunden gefilterte Auflistung von Bestellungen mit ersten *Drill-down-Möglichkeiten* zu den Einzelposten erstellt werden.

Echtzeit bei SAP

Vor allem durch die *Client-Server-Architektur* und die damit verbundenen Möglichkeiten zur Skalierung in SAP R/3 konnten SAP-Anwendungen einer großen Zahl von Anwendern im Unternehmen zugänglich gemacht werden. In Kombination mit der konsequenten Nutzung eines Datenbanksystems und der stetig wachsenden Zahl von Standardimplementierungen für Geschäftsprozesse hat SAP-Software damit die IT-Infrastruktur vieler großer Unternehmen durchdrungen. Im Ergebnis war es möglich, transaktionale Prozesse in Echtzeit durch ein integriertes System zu unterstützen (z. B. einen *Just-in-time-Produktionsprozess*).

Parallel zu diesen Entwicklungen hat im Laufe der letzten 20 Jahre die Bedeutung von Auswertungen der laufenden Geschäftsprozesse

Bedeutung von Business Intelligence

mit dem Ziel, Erkenntnisse für bessere operative und strategische Entscheidungen zu gewinnen, stetig zugenommen. Im Rahmen dieses *Business-Intelligence-Trends* hat sich allerdings gezeigt, dass es in vielen Situationen technisch nicht praktikabel ist, die notwendigen Analysen integriert im gleichen System durchzuführen, das den Ablauf der Geschäftsprozesse stützt. Die parallele Verarbeitung von Analysen und Transaktionen auf riesigen Datenmengen hat die meisten Systeme überlastet, wobei sich vor allem die Datenbank als limitierender Faktor herausgestellt hat. Dies war für SAP einer der Gründe für die Schaffung eines spezialisierten Systems für analytische Szenarien, das Sie unter dem aktuellen Namen *SAP Business Warehouse* (BW) kennen. Neben neuen Möglichkeiten zur Datenkonsolidierung aus mehreren Systemen und der Integration externer Datenquellen ist die Nutzung des Data-Warehouse-Systems für operative Szenarien leider mit Verlusten bei der Datenverarbeitung in Echtzeit verbunden. Daten müssen zunächst extrahiert und repliziert werden, und in der Praxis kann es dadurch zu einem Zeitversatz von mehreren Stunden bis zu einer Woche kommen, bis die aktuellen Daten an der richtigen Stelle verfügbar sind. Genau an dieser Stelle setzt SAP mit SAP HANA an: Niemand soll mehr auf eine für eine Geschäftsentscheidung wichtige Information warten müssen.

SAP HANA als Datenbank

SAP bezeichnet daher SAP HANA gerne als Plattform für das Datenmanagement in Echtzeit. Dabei ist SAP HANA zunächst eine vollwertige Datenbank für Geschäftstransaktionen (*Online Transaction Processing*, OLTP) und Reporting (*Online Analytical Processing*, OLAP). Sie macht es über die Kombination von In-Memory-Technologie und spaltenorientierter Ablage möglich, beide Szenarien zu optimieren. In einem ersten Schritt wurde SAP HANA für die Beschleunigung selektiver Prozesse und Analysen als sogenanntes *Side-by-Side-Szenario* (also neben einer vorhandenen traditionellen Datenbank) eingesetzt und bald darauf als neue Datenbank für SAP BW 7.3 (oder höher) unterstützt. Damit zeigte SAP, dass SAP HANA nicht nur analytische Szenarien beschleunigt, sondern auch als primäre Datenbank eines SAP-NetWeaver-Systems einsetzbar ist. Mit der Verfügbarkeit der *SAP Business Suite powered by SAP HANA* war es für Kunden erstmals möglich, von der HANA-Technologie im Rahmen der SAP-Standardanwendungen voll zu profitieren. Das dieser Konstellation zugrunde liegende neue SAP-NetWeaver-Release 7.4 SP05 (vor allem SAP NetWeaver Application Server (AS) ABAP 7.4) wird daher im Rahmen dieses Buches eine wichtige Rolle spielen, und die Beispielprogramme in diesem Buch setzen ABAP 7.4 voraus. Wir werden jedoch stets darauf hinweisen, welche Funktionen Sie auch mit niedrigeren SAP-NetWeaver-Releases verwenden können. Zu ABAP 7.4 gibt es eine Cloud-basierte Trial-Version auf SAP HANA, zu der Sie nähere Informationen in Anhang E, »Installation der Beispiele«, finden.

Darüber hinaus bietet SAP HANA viele weitere Funktionen, die über den üblichen Funktionsumfang einer Datenbank hinausgehen. Dazu gehören vor allem umfassende Funktionen zum Datenmanagement (Replikation, Extraktion – Transformation – Laden [ETL] etc.) und zur Datenanalyse (z. B. *Data Mining* mithilfe von *Textsuche* und *Predictive Analysis*). Viele dieser Techniken und Funktionen werden nicht exklusiv von SAP HANA angeboten. Es gibt mittlerweile viele Softwaresysteme, die Daten im Hauptspeicher verwalten oder spaltenorientierte Darstellungen nutzen. SAP selbst hat bereits lange vor SAP HANA In-Memory-Technologien entwickelt und eingesetzt (z. B. im *SAP BW Accelerator*). Ebenso gibt es eine Vielzahl an Herstellern (inklusive SAP selbst) von Software für die Analyse von Daten, vor allem im Kontext von *Business-Intelligence-* und *Information-Management-Lösungen*. Ein wesentlicher Vorteil von SAP HANA ist es, diese Funktionalität im selben System anzubieten, in dem auch die Geschäftstransaktionen laufen. Wenn Sie etwa die SAP Business Suite auf SAP HANA betreiben, stehen Ihnen diese erweiterten Funktionen direkt und ohne Extraktion der Daten zur Verfügung. Mehr noch: Da SAP HANA die wesentlichen Datenstrukturen der SAP Business Suite kennt, gibt es für einige Standardoperationen (wie etwa Währungsumrechnung) bereits eingebaute Funktionen.

SAP HANA als Plattform

Was bedeutet SAP HANA nun also für die SAP-Standardanwendungen, die auf dem ABAP-Anwendungsserver laufen? Was ändert sich in der ABAP-Programmierung? Welche neuen Möglichkeiten eröffnet SAP HANA für ABAP-basierte Lösungen? Diese drei Fragestellungen stellen wir in diesem Buch in den Mittelpunkt, wobei wir die technischen Hintergründe und Gedankenmodelle stets anhand von Beispielen erläutern werden und Ihnen nicht ausschließlich die Techniken in den neuen Werkzeugen und Frameworks vorstellen möchten. Wir fokussieren uns vor allem auf grundlegende Funktionen der ABAP-Entwicklung und den Datenbankzugriff mit ABAP. Existierende oder geplante Unterstützungen für SAP HANA in ABAP-

ABAP-Entwicklung auf SAP HANA

basierten *Frameworks* stellen wir Ihnen in Überblicksform oder als Ausblick vor, da eine ausführliche Beschreibung in der Regel eine Einführung in die Funktionsweise dieser Komponenten erfordern würde (Beispiele sind etwa *Embedded Search* und *BRFplus*). Als Benutzeroberflächen verwenden wir in den Beispielen dieses Buches zumeist einfache ABAP-Reports, erstellen in einzelnen Fällen jedoch auch webbasierte Oberflächen mit Web Dynpro ABAP und HTML5.

Aufbau des Buches – erster Teil

Wir haben uns dazu entschlossen, das Buch in drei Teile zu gliedern. Im ersten Teil, »Grundlagen«, werden wir Ihnen die Grundlagen der In-Memory-Technologie vorstellen. Sie lernen die Entwicklungswerkzeuge kennen und können Ihre Kenntnisse der ABAP-Datenbankprogrammierung auffrischen. Wir beginnen in **Kapitel 1**, »SAP HANA im Überblick«, mit einer Übersicht über die Komponenten von SAP HANA und die möglichen Einsatzszenarien im Zusammenspiel mit ABAP. Danach gehen wir mit Ihnen in **Kapitel 2**, »Einführung in die Entwicklungsumgebung«, die ersten Schritte in der Entwicklungsumgebung, bestehend aus dem SAP HANA Studio und den ABAP Development Tools for SAP NetWeaver (auch bekannt als ABAP in Eclipse). Der Inhalt von **Kapitel 3**, »Datenbankprogrammierung mit dem SAP NetWeaver AS ABAP«, dreht sich um den Zugriff auf die HANA-Datenbank aus ABAP-Programmen mithilfe von Open SQL und Native SQL.

Zweiter Teil

Im zweiten Teil des Buches, »Einführung in die ABAP-Programmierung mit SAP HANA«, lernen Sie, wie Sie effizient Teile einer ABAP-Anwendung (z. B. gewisse Berechnungen) in SAP HANA verlagern und damit deutliche Performancegewinne erzielen können. Der Fokus liegt dabei zunächst auf der Programmierung und Modellierung in SAP HANA und dem Zugriff aus ABAP-Programmen. Zunächst gehen wir in **Kapitel 4**, »Native Datenbankentwicklung mit SAP HANA«, auf die verschiedenen Möglichkeiten ein, wie Sie mithilfe von Datensichten und SQLScript-Prozeduren umfangreiche Berechnungen und Analysen auf ABAP-Tabelleninhalten direkt in SAP HANA durchführen können. Danach lernen Sie in **Kapitel 5**, »Einbindung nativer SAP-HANA-Entwicklungsobjekte in ABAP«, wie Sie die im vorigen Kapitel erstellten Objekte in ABAP einbinden und transportieren können. In **Kapitel 6**, »Erweiterte Datenbankprogrammierung mit ABAP 7.4«, stellen wir Ihnen verschiedene neue Techniken in ABAP 7.4 vor, die es Ihnen erlauben, innerhalb von ABAP-Programmen mehr Logik in die Datenbank zu verlagern, ohne dabei stets native SAP-HANA-Objekte anlegen zu müssen. Zusammen mit den Werkzeugen in **Kapitel 7**, »Laufzeit- und Fehleranalyse auf SAP HANA«, steht Ihnen damit das grundlegende Handwerkszeug zur Verfügung, das Sie aus unserer Sicht als ABAP-Entwickler im Kontext von SAP HANA kennen sollten. Zum Abschluss des zweiten Teils setzen wir in **Kapitel 8**, »Beispielszenario: Optimierung einer bestehenden Anwendung«, die vorgestellten Techniken und Werkzeuge ein, um eine existierende ABAP-Implementierung schrittweise für SAP HANA zu optimieren.

Im dritten Teil des Buches, »Fortgeschrittene Techniken für die ABAP-Programmierung auf SAP HANA«, stellen wir Ihnen einige umfassendere Funktionen in SAP HANA vor, die in der klassischen ABAP-Entwicklung nicht zur Verfügung stehen. Die Kapitel des dritten Teils setzen dabei auf den Inhalten des zweiten Teils auf, sind aber voneinander unabhängig lesbar. Dritter Teil

Wir stellen Ihnen zunächst in **Kapitel 9**, »Integration analytischer Funktionalität«, die Fähigkeiten der eingebetteten SAP-BW-Technologie im Zusammenspiel mit ABAP-Entwicklungen auf SAP HANA und existierenden Business-Intelligence-Produkten von SAP vor. Danach gehen wir in **Kapitel 10**, »Textsuche und Analyse von unstrukturierten Daten«, auf die Nutzung der *Fuzzy-Suche* in SAP HANA ein und zeigen Ihnen, wie Sie damit z. B. Wertehilfen innerhalb einer ABAP-Anwendung verbessern können. Mithilfe von Entscheidungstabellen in SAP HANA, deren Verwendung wir in **Kapitel 11**, »Entscheidungstabellen in SAP HANA«, vorstellen, können Sie Teile einer Anwendung über Regeln flexibel gestalten. In **Kapitel 12**, »Funktionsbibliotheken in SAP HANA«, zeigen wir Ihnen, wie Sie z. B. statistische Funktionen für Vorhersagen (*Predictive Analysis*) in eine ABAP-Anwendung einbinden können. Als letztes Element nutzen wir in **Kapitel 13**, »Verarbeitung von Geoinformationen«, die Geo-Spatial Engine in SAP HANA für geografische Operationen im Zusammenspiel mit externem Kartenmaterial. Zum Abschluss des Buches werden wir in **Kapitel 14**, »Praxistipps«, unsere Empfehlungen für die Optimierung und Neuentwicklung von ABAP-Anwendungen auf SAP HANA übersichtlich zusammenstellen.

Wie Sie bei der Lektüre merken werden, bietet die HANA-Plattform ein großes Spektrum an Möglichkeiten. Nicht alle vorgestellten Elemente müssen Sie zwingend in ABAP-Eigenentwicklungen auf SAP HANA einsetzen. Für manche der neuartigen Funktionen ist aktuell Einsatz neuer Techniken der Einsatz von *Low-Level-Techniken* im ABAP-Anwendungsserver (z. B. natives SQL) notwendig, die Sie in der Vergangenheit möglicherweise eher selten genutzt haben. Wir sind aber davon überzeugt, dass gerade in der Nutzung der neuen Möglichkeiten ein großes Innovationspotenzial für Neuentwicklungen liegt, und verfolgen daher in einigen der in diesem Buch gezeigten Beispiele einen gewissen Pionieransatz.

Beispiel-datenmodell   Als Beispiel verwenden wir das *Flugdatenmodell* in SAP NetWeaver (auch SFLIGHT-Modell genannt), das die Basis vieler Schulungen, Dokumentationen und Fachbücher zu SAP ERP war und ist. Aufgrund seiner Bekanntheit lassen sich die Neuerungen und Paradigmenwechsel, die SAP HANA mit sich bringt, anhand dieses Beispiels besonders gut erläutern. Das zugrunde liegende betriebswirtschaftliche Szenario (Fluggesellschaften und Reisebüros) ist auch gut geeignet, um Echtzeitaspekte zu erläutern, da die Reisebranche in den letzten Jahren durch Globalisierung und das Internet starken Veränderungen unterworfen gewesen ist und die Datenmengen im Zusammenhang mit Flugplänen, Buchungen und Passagieren stetig gewachsen sind.

Hinweise zur Lektüre   In diesem Buch finden Sie mehrere Orientierungshilfen, die Ihnen die Arbeit mit dem Buch erleichtern sollen.

In hervorgehobenen Informationskästen sind Inhalte zu finden, die wissenswert und hilfreich sind, aber etwas außerhalb der eigentlichen Erläuterung stehen. Damit Sie die Informationen in den Kästen sofort einordnen können, haben wir die Kästen mit Symbolen gekennzeichnet:

[+]   Die mit diesem Symbol gekennzeichneten *Tipps* geben Ihnen spezielle Empfehlungen, die Ihnen die Arbeit erleichtern können.

[»]   In Kästen, die mit diesem Symbol gekennzeichnet sind, finden Sie Informationen zu *weiterführenden Themen* oder wichtigen Inhalten, die Sie sich merken sollten.

[!]   Dieses Symbol weist Sie auf *Besonderheiten* hin, die Sie beachten sollten. Es warnt Sie außerdem vor häufig gemachten Fehlern oder Problemen, die auftreten können.

[zB]   *Beispiele*, durch dieses Symbol kenntlich gemacht, weisen auf Szenarien aus der Praxis hin und veranschaulichen die dargestellten Funktionen.

Wir hoffen, dass wir Ihnen mit diesem Buch ein umfassendes Werkzeug an die Hand geben können, das Sie bei der Nutzung der HANA-Technologie in ABAP-Programmen unterstützt, und wünschen Ihnen viel Spaß bei der Lektüre.

Danksagung

Wir möchten uns bei den folgenden Personen bedanken, die uns durch Diskussionen, Ratschläge und Feedback bei der Erstellung dieses Buches unterstützt haben:

Arne Arnold, Dr. Alexander Böhm, Ingo Bräuninger, Stefan Bresch, Adolf Brosig, Ralf-Dietmar Dittmann, Franz Färber, Timm Falter, Markus Fath, Dr. Hans-Dieter Frey, Boris Gebhardt, Dr. Heiko Gerwens, Andreas Grünhagen, Dr. Jasmin Gruschke, Martin Hartig, Vishnu Prasad Hegde, Rich Heilman, Thea Hillenbrand, Mike Hirsch, Dr. Harshavardhan Jegadeesan, Thomas Jung, Horst Keller, Christiane Kettschau, Kilian Kilger, Bernd Krannich, Dr. Willi Petri, Eric Schemer, Joachim Schmid, Sascha Schwedes, Welf Walter, Hong Wang, Jens Weiler, Stefan Weitland, Tobias Wenner, Andreas Wesselmann, Sigrid Wortmann, Katja Zavozina, Klaus Ziegler

Vielen Dank dafür – ohne eure Hilfe wäre dieses Buch nicht möglich gewesen.

Hermann Gahm, Thorsten Schneider,
Christiaan Swanepoel, Eric Westenberger

TEIL I
Grundlagen

SAP HANA ist mehr als eine Datenbank: Es bietet eine Platt-
form mit einer Vielzahl an Bibliotheken und Werkzeugen für
Informationsmanagement, komplexe Analysen und Anwen-
dungsentwicklung. Dies erlaubt sowohl die Optimierung exis-
tierender als auch die Entwicklung komplett neuer Applikati-
onen.

1   SAP HANA im Überblick

SAP HANA ist im Kern eine moderne, hauptspeicherbasierte relationale Datenbank (*In-Memory Database*), die sowohl für analytische als
auch für transaktionale Szenarien optimiert und für den Einsatz in
geschäftskritischen Bereichen ausgelegt ist. Insbesondere kann damit
nicht nur das SAP Business Warehouse (SAP BW), sondern auch die
vollständige SAP Business Suite die SAP-HANA-Datenbank nutzen
und davon profitieren. Basierend auf der grundlegenden In-
Memory-Technologie bringt SAP HANA eine Vielzahl an Bibliotheken und Werkzeugen mit, die sich unabhängig oder in Kombination
mit anderen SAP-Lösungen für betriebswirtschaftliche Anwendungen nutzen lassen. Aus diesem Grund spricht SAP auch von HANA
als *Plattform* sowohl für eigene Anwendungen als auch für Kunden
und Partner.

Bedeutung des Namens SAP HANA	[«]
Ursprünglich stand der Name HANA offiziell für *High Performance Ana-lytical Appliance*, da große Datenvolumen in Echtzeit für analytische Sze-narien aufbereitet werden konnten und SAP HANA ausschließlich als *Appliance* (Kombination aus Hard- und Software) ausgeliefert wurde. Da sich im Laufe der letzten Jahre die Einsatzszenarien deutlich erweitert haben und sich auch im Appliance-Modell Veränderungen ergeben haben, wird HANA von SAP als eigenständiger Markenname bei einer Vielzahl von Produkten verwendet und nicht mehr als Abkürzung.	

In diesem Kapitel stellen wir Ihnen zunächst die einzelnen Komponenten von SAP HANA vor. Anschließend widmen wir uns den

Grundlagen der In-Memory-Technologie und der Architektur der HANA-Datenbank. Schließlich gehen wir auf die Anwendungsfälle für SAP HANA ein und erläutern Ihnen, welche Auswirkungen SAP HANA auf die Anwendungsentwicklung hat.

1.1 Softwarekomponenten von SAP HANA

In diesem Abschnitt stellen wir Ihnen die Komponenten der SAP-HANA-Plattform, basierend auf dem *Service Pack Stack* (SPS) 9, vor. Das SAP-HANA-Basispaket umfasst die folgenden Softwarekomponenten, auf die wir im Anschluss detaillierter eingehen:

- **SAP HANA Database**: die eigentliche HANA-Datenbank mit ihren Kernkomponenten
- **SAP HANA Client**: Datenbanktreiber für verschiedene Programmiersprachen und Werkzeuge
- **SAP HANA Studio**: das zentrale Eclipse-basierte Werkzeug für die Administration und Entwicklung
- **SAP HANA XS**: der eingebettete Webserver für native SAP-HANA-Anwendungen und Werkzeuge

In den folgenden Abschnitten gehen wir auf den Aufbau der Basiskomponenten und deren Aufgaben ein. Wir konzentrieren uns dabei auf die für die Anwendungsentwicklung relevanten Aspekte.

1.1.1 SAP HANA Database

Relationale Datenbank

Die HANA-Datenbank ist eine vollständige relationale Datenbank und bezüglich ihrer Funktionalität mit anderen relationalen (sogenannten »traditionellen«) Datenbanken, die von SAP unterstützt werden, vergleichbar. Wie diese bietet sie Funktionen für Datensicherung und -wiederherstellung (*Backup* und *Recovery*) an, unterstützt den SQL-Standard (SQL 92 Entry-Level und einige SQL-99-Erweiterungen) und stellt die Datenkonsistenz durch Einhaltung des ACID-Prinzips (Atomicity, Consistency, Isolation, Durability) beim Ausführen von Transaktionen sicher.

Differenzierung

Anders als andere relationale Datenbanken kann die HANA-Datenbank alle relevanten Geschäftsdaten im Hauptspeicher ablegen. Sie vereint zeilen-, spalten- und objektbasierte Datenbanktechnologien und wurde für die Nutzung der Parallelverarbeitungsfunktionalität moderner Hardwaretechnologien optimiert. Multi-Core- bzw. CPU-Architekturen können so optimal ausgenutzt werden. Sie können damit bereits bestehende Anwendungen für die neue Technologie optimieren, und Sie haben die Möglichkeit, Anwendungen zu realisieren, die mit traditioneller Datenbanktechnologie bisher nicht denkbar waren. Auf die interne Architektur der HANA-Datenbank gehen wir in den Abschnitt 1.2, »Grundlagen der In-Memory-Technologie«, und Abschnitt 1.3, »Architektur der In-Memory-Datenbank«, näher ein. Die Fähigkeiten der SAP-HANA-Datenbank (und deren Nutzung in ABAP-Programmen) werden Sie im Rahmen dieses Buches ausführlich kennenlernen.

Für die Verwaltung und den Betrieb von SAP HANA gibt es eine Reihe von *Lifecycle-Management-Werkzeugen*. Die meisten Systemadministrationstätigkeiten können Sie über das SAP HANA Studio durchführen, für einige Aufgaben ist aber der Zugriff auf Betriebssystemebene erforderlich oder erwünscht:

Lifecycle-Management-Werkzeuge

▸ Für Anpassungen des SAP-HANA-Systems nutzen Sie das Werkzeug *SAP HANA Lifecycle Manager* (`hdblcm`), über das Sie alle Anpassungen des Systemlayouts vornehmen können. Dazu gehören etwa die Installation optionaler Komponenten, das Durchführen von Updates oder das Hinzufügen weiterer Hosts für einen Scale-out.

▸ Um native SAP-HANA-Anwendungen zu installieren oder zu aktualisieren, nutzen Sie den *SAP HANA Application Lifecycle Manager* (`hdbalm`). Diesen können Sie sowohl über das SAP HANA Studio als auch im Browser aufrufen; es gibt aber auch einen Zugriff über die Kommandozeile, was etwa für eine Automatisierung nützlich ist. Bei ABAP-Anwendungen auf SAP HANA kommt der Application Lifecycle Manager allerdings nicht zum Einsatz. Hier ist weiterhin das normale ABAP-Transportwesen für den Lebenszyklus (*Lifecycle*) von Anwendungen führend.

▸ Auf jedem HANA-Host läuft weiterhin ein *SAP Host Agent*, der eine Überwachung jedes einzelnen Hosts und der zugehörigen Instanzen ermöglicht und diese Informationen über Webservices für ein zentrales Monitoring, z. B. über die *SAP Management Console*, zur Verfügung stellt.

Support-Zugang
und Landschafts-
integration

Für Analyseszenarien im Fehlerfall können Sie eine Verbindung für den SAP-Support zu Ihrer HANA-Installation einrichten, so dass ein eingeschränkter Zugriff über die SAP-Standard-Support-Infrastruktur (insbesondere *SAProuter*) möglich ist. Darüber hinaus bietet der SAP Solution Manager über den *Diagnostics Agent* auf der SAP HANA Appliance umfangreiche Möglichkeiten für die technische Überwachung Ihres HANA-Systems im Rahmen der Standard-ALM-Prozesse (z. B. *Root Cause Analysis* oder *SAP EarlyWatch Alert*).

1.1.2 SAP HANA Studio

Eclipse-
Entwicklungs-
umgebung

Das SAP HANA Studio beinhaltet die Administrations- und Entwicklungsumgebung. Es basiert auf der Eclipse-Plattform, die von SAP strategisch als neue Entwicklungsumgebung vorgesehen ist. So existiert mittlerweile auch eine Eclipse-basierte Entwicklungsumgebung für ABAP (*ABAP Development Tools for SAP NetWeaver*), die wir im Rahmen dieses Buches vorwiegend verwenden werden.

[»] **Eclipse und seine Bedeutung für SAP**

Eclipse ist eine Plattform für Entwicklungswerkzeuge und -umgebungen (wie z. B. für Java, C/C++ oder PHP). Sie wird von der Eclipse Foundation (siehe auch *http://eclipse.org*) gewartet und weiterentwickelt. SAP ist ein aktives Mitglied der Eclipse Foundation und unterstützt sie bei verschiedenen Projekten.

Neben dem SAP HANA Studio und den ABAP Development Tools for SAP NetWeaver basieren unter anderem bereits die folgenden SAP-Entwicklungsumgebungen auf Eclipse:

- ▶ SAP NetWeaver Developer Studio (Java)
- ▶ SAP Eclipse Tools for SAP NetWeaver Cloud
- ▶ SAP UI Development Tools for HTML5
- ▶ SAP Gateway Plug-in for Eclipse

Ein wesentlicher Vorteil der Eclipse-Plattform ist die Fähigkeit, verschiedene Werkzeuge in einer Installation zu integrieren und damit für den Anwender eine homogene Entwicklungsumgebung zu bieten. So ist es insbesondere möglich, die ABAP Development Tools im SAP HANA Studio zu installieren, was wir in Abschnitt 2.3, »Installation der Entwicklungsumgebung«, beschreiben.

Einsatzbereiche

Ein Administrator kann das SAP HANA Studio z. B. für die folgenden Aufgaben nutzen:

- Datenbankservices starten und stoppen

- System überwachen

- Systemeinstellungen vornehmen

- Benutzer und Berechtigungen verwalten

- Konfiguration des Audit Logs

Die Administration von SAP HANA steht in diesem Buch nicht im Fokus. Wir verweisen an dieser Stelle auf die Dokumentation unter *http://help.sap.com/hana*. Als Entwickler hingegen können Sie mit dem SAP HANA Studio *Content* (z. B. in Form von Views oder Datenbankprozeduren) erstellen. Diese Entwicklungsobjekte werden im *Repository* der HANA-Datenbank gespeichert. Die Entwicklungsumgebung des SAP HANA Studios stellen wir Ihnen in Kapitel 2, »Einführung in die Entwicklungsumgebung«, und Kapitel 4, »Native Datenbankentwicklung mit SAP HANA«, ausführlich vor.

SAP HANA Cockpit und SAP HANA Web Workbench	**[+]**

Neben dem SAP HANA Studio gibt es für Administratoren und Entwickler auch webbasierte Werkzeuge, die in jedem Internetbrowser lauffähig sind (und damit etwa auch auf mobilen Endgeräten).

So können Sie als Administrator für manche Tätigkeiten auch das *SAP HANA Cockpit* nutzen, das Sie über die URL *https://<host>:<port>/sap/hana/admin/cockpit* starten.

Für die native Entwicklung mit SAP HANA gibt es neben dem SAP HANA Studio die *SAP HANA Web Workbench*, auf die wir in Abschnitt 1.1.4, »SAP HANA XS«, kurz eingehen werden. Für die ABAP-Entwicklung für SAP HANA spielt diese Umgebung allerdings eine untergeordnete Rolle.

1.1.3   SAP HANA Client

Der SAP HANA Client erlaubt die Verbindung mit der HANA-Datenbank über ein Netzwerkprotokoll. Er unterstützt dabei die folgenden Standards (siehe Abbildung 1.1):

Verbindungs-protokolle

- ODBC (Open Database Connectivity) und JDBC (Java Database Connectivity) für den SQL-basierten Zugriff

- ODBO (OLE DB for OLAP) für MDX-basierten (Multidimensional Expressions) Zugriff

Intern kommt dabei insbesondere die SAP-proprietäre *SQLDBC-Bibliothek* (SQL Database Connectivity) zum Einsatz.

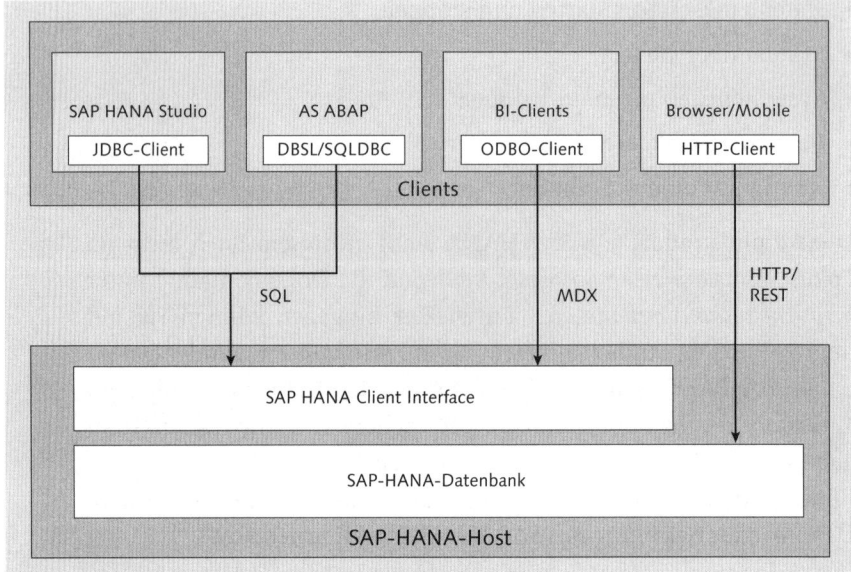

Abbildung 1.1 Zugriffsmöglichkeiten auf SAP HANA über Clients

Da die Eclipse-Plattform auf Java basiert, verwendet das SAP HANA Studio für die Verbindung den JDBC-Client. Diese Variante kommt auch in Java-basierten Anwendungsservern, wie etwa dem SAP NetWeaver AS Java, zum Einsatz.

[»] **SAP HANA SQL Command Network Protocol**

SAP hat die Spezifikation des Netzwerkprotokolls für den Zugriff über SQL auf SAP HANA unter *http://help.sap.com/hana* öffentlich zugänglich gemacht. Damit sind Implementierungen von SAP-HANA-Treibern für andere Programmiersprachen möglich. So gibt es etwa eine frei verfügbare Implementierung eines SAP HANA Clients für *node.js* unter *https://github.com/SAP/node-hdb*.

Anbindung des AS ABAP
Der SAP NetWeaver Application Server (AS) ABAP verbindet sich mit der HANA-Datenbank über die sogenannte *Database Specific Library* (DBSL), die den SQLDBC-Client einbettet. Auf die Details zur Datenbankschnittstellenarchitektur des AS ABAP gehen wir in Kapitel 3, »Datenbankprogrammierung mit dem SAP NetWeaver AS ABAP«, umfassend ein.

BI-Clients
Spezielle BI-Clients (Business Intelligence), wie z. B. Add-ins für Microsoft Excel, nutzen oft zusätzlich einen MDX-basierten Zugriff für mehrdimensionale Abfragen, die über den ODBO-Client laufen.

Darüber hinaus bietet SAP HANA auch einen direkten HTTP-Zugang über die sogenannte *XS Engine*, auf die wir im nächsten Abschnitt eingehen.

1.1.4 SAP HANA XS

Die SAP HANA Extended Application Services (HANA XS) erlauben die Entwicklung von Anwendungen direkt auf SAP HANA ohne einen zusätzlichen Anwendungsserver. Dazu bietet HANA XS eine vollständige Entwicklungsumgebung, bestehend aus einem Webserver, einem Entwicklungsmodell sowie unterstützenden Werkzeugen.

Als Webserver kommen der *SAP Internet Communication Manager* sowie der *SAP Web Dispatcher* zum Einsatz, die auch für alle SAP-Net-Weaver-Applikationsserver (ABAP und Java) verwendet werden. Eingehende HTTP-Requests werden entgegengenommen und dann der HANA-XS-Laufzeit übergeben, die sich um die Abarbeitung des zugehörigen Programmcodes im Zusammenspiel mit der HANA-Datenbank kümmert.

Webserver

Die Anwendungsentwicklung mit HANA XS erfolgt mithilfe einer Reihe von Entwicklungsobjekten, die von der Definition eines Datenmodells bis hin zur Entwicklung von Benutzeroberflächen alles abdecken. Die einzelnen Objekte werden als normale Textdateien definiert; zur Gruppierung können Paketstrukturen verwendet werden. Jedes Entwicklungsobjekt hat dabei eine vorgegebene Syntax, wobei der Typ über die Dateiendung unterschieden wird. Die Objekte werden im HANA Repository verwaltet und können bei der Aktivierung Objekte im Datenbankkatalog erzeugen. So gibt es etwa für die Definition von Datenmodellen (Tabellen, Views etc.) eine Beschreibungssprache mit dem Namen *Core Data Services* (CDS), die in Dateien mit der Endung *.hdbdd* abgelegt werden. Die CDS-Beschreibungssprache wird auch in ABAP unterstützt, wie Sie in Kapitel 6, »Erweiterte Datenbankprogrammierung mit ABAP 7.4«, lernen werden. Weitere zentrale Elemente der Programmierung mit HANA XS sind das Schreiben von Anwendungslogik über serverseitiges JavaScript sowie die Definition von REST-basierten Schnittstellen für Webanwendungen. Im Rahmen dieses Buches werden wir nicht weiter auf die Entwicklung mit HANA XS eingehen, da für

Entwicklungsmodell

ABAP-basierte Anwendungen der primäre Zugang zu SAP HANA sinnvollerweise über ABAP-Entwicklungsobjekte erfolgt.

Für die Entwicklung mit HANA XS gibt es zwei Optionen: das SAP HANA Studio oder die *SAP HANA Web Workbench*, die in einem normalen Internetbrowser lauffähig ist und somit keine Installation erfordert. In beiden Fällen stehen Ihnen praktische Editoren bis hin zu grafischen Werkzeugen für die Definition der einzelnen Entwicklungsobjekte zur Verfügung. Zusätzlich bieten beide Umgebungen Möglichkeiten zur Syntaxprüfung, Debugging sowie Konfiguration von Anwendungen.

1.1.5 Zusatzoptionen

Basierend auf den Kernkomponenten gibt es eine Reihe von Zusatzoptionen, die zusätzliche Einsatzszenarien ermöglichen. Die folgende gruppierte Aufstellung gibt Ihnen einen Überblick der Optionen, wobei wir jene hervorheben, die im Rahmen dieses Buches aufgegriffen werden.

Engines und Bibliotheken

Der Funktionsumfang von SAP HANA lässt sich durch *Engines* (Komponenten mit einer eigenen Ablaufumgebung) sowie Bibliotheken (Sammlungen von Algorithmen) erweitern. Diese Erweiterungen sind entweder Teil der Standard-SAP-HANA-Datenbank oder werden als Plug-ins nachträglich installiert.

Mit SAP HANA SPS9 sind die folgenden Pakete verfügbar:

- ▶ **SAP HANA Predictive**
  Diese Option erlaubt die Nutzung verschiedener Funktionsbibliotheken für mathematische Operationen, wie etwa die Erstellung von Modellen für statistische Vorhersagen. Zusätzlich enthält diese Option eine Integration mit dem statistischen Softwarepaket R. Auf die konkrete Nutzung der in dieser Option enthaltenen *Predictive Analysis Library* werden wir in Kapitel 12, »Funktionsbibliotheken in SAP HANA«, eingehen.

- ▶ **SAP HANA Spatial**
  Mit dieser Option können Sie in SAP HANA geografische Informationen verarbeiten. Das eröffnet für Geschäftsanwendungen inte-

ressante neue Möglichkeiten, die wir Ihnen in Kapitel 13, »Verarbeitung von Geoinformationen«, vorstellen.

▸ **SAP HANA Advanced Data Processing**
In diesem Paket sind fortgeschrittene Möglichkeiten zur Suche und Analyse in strukturierten und unstrukturierten Daten enthalten. Dazu gehören insbesondere Funktionen, um Informationen aus Texten und Dokumenten zu extrahieren (*Text-Mining*). Diese stellen wir Ihnen im Rahmen von Kapitel 10, »Textsuche und Analyse von unstrukturierten Daten«, vor.

Replikation und Integration von Daten

Wie Sie in Abschnitt 1.4, »Anwendungsfälle und Deployment-Optionen für SAP HANA«, sehen werden, müssen Sie manchmal Daten aus bestehenden Systemen in SAP HANA übernehmen. Bei den Quellsystemen kann es sich z. B. um Systeme der SAP Business Suite, SAP BW oder eine beliebige andere Datenquelle handeln.

Quellsysteme

Wir sprechen dabei von *Datenreplikation*, wenn die Datenstrukturen und Datensätze im Wesentlichen unmodifiziert übernommen werden. Werkzeuge zur Datenreplikation unterstützen in der Regel sowohl die initiale Datenübernahme (*Initial Load*) als auch die nachträgliche Synchronisierung von Änderungen (*Delta Load*) und haben zumeist das Ziel, dass Änderungen möglichst zeitnah (*near realtime*) übertragen werden.

Datenreplikation

Falls zusätzliche Transformationen und andere Schritte zur Datenkonsolidierung oder Verbesserung der Datenqualität nötig sind, so sprechen wir von *Datenintegration* (oder auch *Information Management*). Hierfür benötigen Sie insbesondere Werkzeuge für *ETL-Prozesse* (Extraction – Transformation – Load). Diese Werkzeuge sind auf einen *Batch-Betrieb* ausgelegt, so dass die Daten erst mit einem gewissen Zeitversatz zur Verfügung stehen. In manchen Fällen sind auch menschliche Interaktionen notwendig, um etwa Datensätze manuell zu bereinigen.

Datenintegration

SAP bietet eine Reihe von Werkzeugen für Datenreplikation und Datenintegration, wobei wir an dieser Stelle keine vollständige Produktübersicht geben können. Im Folgenden nennen wir die wichtigsten Optionen und Techniken, die direkt mit SAP HANA eingesetzt werden können:

Verfügbare Optionen

► **SAP HANA Real-Time Replication**

Diese Zusatzoption umfasst eine Reihe von Werkzeugen zur Datenreplikation aus verschiedenen Datenquellen in Echtzeit nach SAP HANA. Dies umfasst insbesondere den SAP Landscape Transformation Replication Server (SAP LT) und den SAP Replication Server (SRS). SAP LT ist dabei die Standardoption für die Replikation von Tabellen aus ABAP-Systemen und basiert auf *Datenbank-Triggern*.

► **SAP HANA Enterprise Information Management**

Dieses Paket bietet verschiedene Optionen zur effizienten Übernahme von Daten aus heterogenen Quellen mit Möglichkeiten zur Transformation und Bereinigung von Daten. Mithilfe einer Entwicklungsumgebung können Sie eigene Adaptoren und Prozesse definieren und so den Datenfluss flexibel kontrollieren.

► **Smart Data Access (SDA)**

Über die SDA-Technologie können Sie aus SAP HANA auf andere Systeme zugreifen, wobei es sich dabei um eine andere relationale Datenbank oder auch andere Datenquellen, wie etwa ein *Hadoop-Cluster*, handeln kann. Die Daten werden dabei als virtuelle Tabellen in SAP HANA sichtbar gemacht, so dass ein direkter SQL-Zugriff möglich ist.

► **Direct Extractor Connection (DXC)**

Diese Technik ermöglicht es, über eine direkte HTTP-Verbindung Daten mit Extraktoren, die mit SAP-BW-Technologie entwickelt wurden, nach SAP HANA zu transferieren.

Empfehlungen

Die Auswahl der richtigen Technik oder des richtigen Werkzeugs für Datenreplikation oder -integration hängt stark von Einsatzszenario und benötigten Qualitäten ab. Im Rahmen dieses Buches werden wir nicht näher auf die Auswahl und den Betrieb der genannten Komponenten eingehen. Umfassende und stets aktuelle Informationen zu den Varianten und deren Einsatzgebieten finden Sie im SAP HANA Master Guide (verfügbar unter *http://help.sap.com/hana*).

Weitere Optionen

Neben den zuvor genannten Paketen gibt es zusätzliche Erweiterungsoptionen, die wir im Folgenden kurz vorstellen:

▸ **SAP HANA Smart Data Streaming**
Durch den Einsatz dieser Option können Sie effizient konstant eingehende, hochfrequente Datenströme prozessieren, wie sie z. B. im Kontext von Maschinendaten entstehen. SAP HANA Smart Data Streaming basiert auf dem separat verfügbaren SAP Sybase Event Stream Processor.

▸ **SAP HANA Dynamic Tiering**
Diese Option ermöglicht die Erweiterung der In-Memory-Speicherkapazitäten einer SAP-HANA-Datenbank durch plattenbasierte Ablage (*Extended Storage*). Dies basiert auf der gleichen Technologie wie die spaltenorientierte *SAP-IQ-Datenbank* und wird primär für *Data-Aging-Szenarien* eingesetzt, so dass ältere Daten aus dem Hauptspeicher in kostengünstigere Medien ausgelagert werden können.

▸ **SAP HANA Accelerator for SAP ASE**
Wenn Sie die Anwendungen auf der *SAP-ASE-Datenbank* betreiben, so können Sie mithilfe dieser Variante von SAP HANA als Beschleuniger für hochperformante Analysen profitieren, ohne eine Datenbankmigration durchzuführen.

▸ **SAP HANA Data Warehousing Foundation**
Diese Option stellt Ihnen Werkzeuge zur Verfügung, mit denen Sie in verteilten SAP-HANA-Systemen eine gute Datenverteilung auf die einzelnen Datenbankserver erreichen können.

Wie Sie gesehen haben, bietet SAP HANA neben der eigentlichen In-Memory-Datenbank eine ganze Reihe von Komponenten und Zusatzpaketen und ist eine Plattform für ein umfassendes Datenmanagement. Im folgenden Abschnitt wollen wir nun tiefer in die Kernkonzepte von SAP HANA, insbesondere die Grundlagen der In-Memory-Technologie, einsteigen.

1.2   Grundlagen der In-Memory-Technologie

In diesem Abschnitt beschreiben wir einige technologische Fundamente der In-Memory-Technologie und spezielle Innovationen in SAP HANA, sowohl auf der Hardware- als auch der Softwareseite. Obwohl nicht alle diese Aspekte stets eine unmittelbare Auswirkung auf die Entwicklung von ABAP-Anwendungen für SAP HANA haben, halten wir es dennoch für wichtig, die grundlegenden Konzepte von SAP HANA und deren Realisierung zu vermitteln, da diese zum Verständnis einiger Designempfehlungen im Rahmen dieses Buches beitragen.

Hardwaretrends In den letzten Jahren ließen sich, nicht nur im SAP-Umfeld, sondern generell, zwei wesentliche Hardwaretrends beobachten:

▸ Anstatt die Taktfrequenzen pro CPU-Kern (Central Processing Unit) weiter zu steigern, wurde die Anzahl der CPU-Kerne pro CPU erhöht.

▸ Sinkende Preise für Hauptspeicher (Random Access Memory, RAM) haben dazu geführt, dass diese Speicher immer größer wurden.

In Abschnitt 1.2.1, »Hardwareinnovationen«, gehen wir näher auf die Hardwareinnovationen von SAP HANA ein.

Softwareoptimierungen Für Softwarehersteller sind stagnierende Taktfrequenzen zunächst problematisch. Konnte in der Vergangenheit davon ausgegangen werden, dass ein bestimmter Softwarecode auf künftiger Hardware, bedingt durch die höhere Taktfrequenz, schneller laufen wird, ist dies heute nicht mehr automatisch der Fall. Eine Umstellung auf parallele Ausführung von Softwarecode ist daher zwingend notwendig, um auch künftig Geschwindigkeitssteigerungen in Form höherer Parallelität anstelle von schnellerer sequenzieller Ausführung anbieten zu können. In Abschnitt 1.2.2, »Softwareinnovationen«, stellen wir Ihnen solche Softwareoptimierungen in SAP HANA vor.

1.2.1 Hardwareinnovationen

Hardwarepartner Um von den beschriebenen Hardwaretrends zu profitieren, kooperiert SAP bei der Entwicklung von SAP HANA eng mit Hardwareherstellern. So können beispielsweise spezielle, von den CPU-Herstellern bereitgestellte Befehle, wie z. B. die *SIMD-Befehle* (Single Instruction, Multiple Data) von SAP HANA verwendet werden. Als Folge können Sie die HANA-Datenbank für produktive Systeme nur auf von SAP zertifizierter Hardware (siehe Kasten) betreiben.

[»] **Zertifizierte Hardware für SAP HANA**

Die für Produktivsysteme zertifizierte Hardware (Appliances und Tailored Datacenter Integration [TDI]) für SAP HANA finden Sie unter folgendem

Link: *https://global.sap.com/community/ebook/2014-09-02-hana-hardware/ enEN/index.html*

Neben den Appliances (Kombination aus Hardware und Software) von diversen Hardwareherstellern gibt es im Rahmen des TDI flexiblere Möglichkeiten, SAP HANA einzusetzen. Zusätzlich unterstützt SAP HANA auch verschiedene Varianten für den Betrieb auf virtualisierten Umgebungen. Beide Möglichkeiten sind in folgendem Kasten zusammengefasst.

Tailored Datacenter Integration (TDI) und Virtualisierung   [«]

Im Rahmen von TDI können verschiedene Hardwarekomponenten zum Einsatz kommen, die über den Rahmen der zertifizierten Appliances hinausgehen. So ist es z. B. möglich, bereits existierende Hardware (z. B. Storage-Systeme) einzusetzen, sofern diese den Anforderungen von SAP HANA genügen. Weitere Informationen zu TDI finden Sie unter folgendem Link:

https://scn.sap.com/docs/DOC-63140

SAP HANA kann auf verschiedenen virtualisierten Plattformen betrieben werden. Näheres erfahren Sie im SAP-Hinweis: 1788665 und unter folgendem Link:

http://scn.sap.com/docs/DOC-60329

Im Premiumsegment der Hardware kommt momentan Intels Haswell-EX-Architektur (Intel XEON Processor E7 V3 Family) zum Einsatz, die pro Serverknoten bis zu 16 CPUs mit je 18 CPU-Kernen und bis zu 12 TB RAM enthält. Etwas ältere Systeme nutzen noch die Intel-IvyBridge-EX-Architektur (Intel Xeon Processor E7 V2 Family) mit bis zu 16 CPUs und jeweils 15 Kernen und bis zu 12 TB RAM bzw. die Intel-Westmere-EX-Architektur (Intel Xeon Processor E7 V1 Family) mit bis zu acht CPUs mit jeweils zehn Kernen und bis zu 4 TB RAM.

Für SAP BW (siehe Abschnitt 1.4, »Anwendungsfälle und Deployment-Optionen für SAP HANA«) kann ein sogenannter *Scale-out* durchgeführt werden, bei dem bis zu 16 Serverknoten (bei manchen Herstellern auch bis zu 56 Serverknoten) mit jeweils bis zu 3 TB zusammengeschaltet werden können. Auf diese Weise entstehen Systeme mit bis zu 128 CPUs, 1.280 CPU-Kernen und 48 TB RAM. Beim Scale-out wurden bei internen Tests auch schon Systeme mit bis zu 100 Serverknoten zusammengeschaltet. Tabelle 1.1 fasst die eben besprochenen Daten nochmals zusammen.

Hardware Layout	Intel Westmere EX	Intel IvyBridge EX	Intel Haswell EX
Scale-up für Suite on HANA (1 Server-knoten)	Bis zu: ▸ 8 CPUs ▸ 10 Kerne ▸ 4 TB	Bis zu: ▸ 16 CPUs ▸ 15 Kerne ▸ 12 TB	Bis zu: ▸ 16 CPUs ▸ 18 Kerne ▸ 12 TB
Scale-out (bis zu 56 Server-knoten)	Bis zu: ▸ 8 CPUs ▸ 10 Kerne ▸ 1 TB	Bis zu: ▸ 8 CPUs ▸ 15 Kerne ▸ 2 TB	Bis zu: ▸ 8 CPUs ▸ 18 Kerne ▸ 3 TB

Tabelle 1.1 Hardwarebeispiele für Appliances im Premiumsegment

In Tabelle 1.1 sehen Sie die wachsende Anzahl von CPUs und CPU-Kernen sowie den größer werdenden Arbeitsspeicher, für die sich auch in Zukunft weitere Steigerungen ergeben werden.

[»]

HANA on Power

SAP HANA steht seit Version 9 auch für die IBM-Power-Plattform zur Verfügung. Weitere Informationen finden Sie in den SAP-Hinweisen 2133369 und 2055470.

Zugriffszeiten

Durch die Größe des RAM kommen Zugriffe auf das Input/Output-(I/O-)System, also die persistente Ablage, bei lesenden Zugriffen auf SAP HANA praktisch nicht mehr vor (zumindest nicht, wenn alle Daten in den Hauptspeicher geladen sind). Anders als bei traditionellen Datenbanken ist damit nicht mehr der Datentransport vom I/O-System in den Hauptspeicher der Engpass. Stattdessen ist bei SAP HANA die Geschwindigkeit des Datentransports zwischen dem Hauptspeicher über die verschiedenen *CPU-Caches* (in der Regel gibt es drei Cache-Ebenen) zu den CPUs von entscheidender Bedeutung. In den folgenden Abschnitten besprechen wir die Zugriffszeiten etwas genauer.

Festplatten

Aktuelle Festplatten drehen mit 15.000 Umdrehungen pro Minute. Gehen wir davon aus, dass die Platte für einen Zugriff im Schnitt 0,5 Umdrehungen machen muss, sind dies bereits 2 Millisekunden für diese halbe Umdrehung. Hinzu kommen dann noch die Zeiten für das Positionieren des Schreiblesekopfes und die Transferzeit, was insgesamt ca. 6 bis 8 Millisekunden ergibt. Dies entspricht den typischen Zugriffszeiten auf Festplatten, wenn es sich um einen echten Zugriff auf die Festplatte selbst und nicht etwa um einen Zugriff auf einen Cache im I/O-Subsystem oder der Festplatte handelt.

Bei Flash-Speichern entfällt die Bewegung von mechanischen Teilen. Auf diesen Speicher kann daher in ca. 200 Mikrosekunden zugegriffen werden. Bei SAP HANA werden die performancekritischen Daten auf solchen Speichern abgelegt und von diesen aus in den Hauptspeicher geladen. — Flash-Speicher

Auf Hauptspeicher, sogenannten DRAM (Dynamic Random Access Memory) kann noch schneller zugegriffen werden. Typische Zugriffszeiten liegen hier bei 60–100 Nanosekunden. Die genaue Zugriffszeit hängt vom Zugriffsort im Speicher ab. Bei der von SAP HANA verwendeten *NUMA-Architektur* (Non-Uniform Memory Access) kann ein Prozessor auf seinen eigenen lokalen Speicher schneller zugreifen als auf Speicher im gleichen System, der aber von anderen Prozessoren verwaltet wird. In den aktuell zertifizierten Systemen ist dieser Speicherbereich bis zu 12 TB groß. — Hauptspeicher

Die Zugriffszeiten auf die Caches in der CPU werden in der Regel in *Taktschritten* angegeben. Bei einer CPU mit beispielsweise 2,4 GHz Taktfrequenz dauert ein Takt etwa 0,42 Nanosekunden. Bei der für SAP HANA zertifizierten Hardware gibt es genau drei Caches, die man als Level 1 bis Level 3 bezeichnet (kurz *L1-* bis *L3-Cache*). Auf den L1-Cache kann in drei bis vier Taktschritten, auf den L2-Cache in etwa zehn Taktschritten und auf den L3-Cache in etwa 40 Taktschritten zugegriffen werden. Der L1-Cache ist bis zu 64 KB groß, der L2-Cache bis zu 256 KB und der L3-Cache bis zu 45 MB. Den L3-Cache gibt es auf jeder CPU nur einmal, und er steht allen CPU-Kernen zur Verfügung, während die L2- und L1-Caches einmal für jeden CPU-Kern existieren. In Abbildung 1.2 ist dies schematisch dargestellt. In Tabelle 1.2 werden die typischen Zugriffszeiten nochmals zusammengefasst. — CPU-Cache

Alle genannten Zeiten hängen nicht nur von den Taktfrequenzen, sondern unter anderem auch von den Konfigurationseinstellungen, der Anzahl der Speicherbausteine, der Art des Speichers und noch vielen anderen Faktoren ab. Sie sollen Ihnen nur einen groben Anhaltspunkt für typische Größenordnungen von Zugriffszeiten auf den jeweiligen Speicher geben. Entscheidend ist der enorme Unterschied zwischen der Festplatte, dem Hauptspeicher und den CPU-Caches.

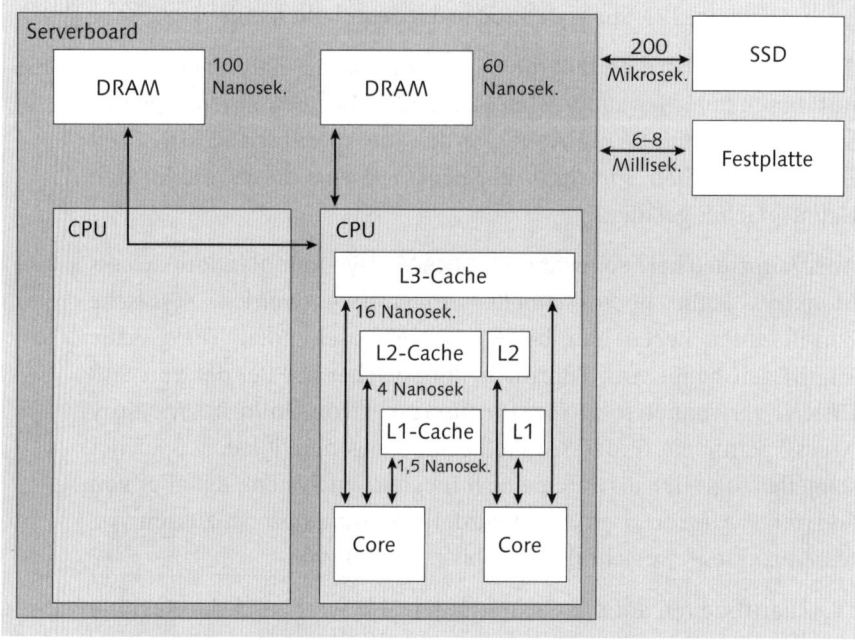

Abbildung 1.2 Zugriffszeiten

Speicher	Zugriffszeit in Nano-sekunden	Zugriffszeit
Festplatte	6.000.000–8.000.000	6–8 Millisekunden
Flash-Speicher	200.000	200 Mikrosekunden
Hauptspeicher (DRAM)	60–100	60–100 Nanosekunden
Level-3-Cache (CPU)	~ 16 (ca. 40 Takte)	~ 16 Nanosekunden
Level-2-Cache (CPU)	~ 4 (ca. 10 Takte)	~ 4 Nanosekunden
Level-1-Cache (CPU)	~ 1,5 (ca. 3–4 Takte)	~ 1,5 Nanosekunden
CPU-Register	< 1 (1 Takt)	< 1 Nanosekunde

Tabelle 1.2 Typische Zugriffszeiten

Hauptspeicher als neuer Engpass Bei SAP HANA greifen im Normalfall alle wichtigen lesenden Zugriffe nur auf den Hauptspeicher zu, da die Systeme so dimensioniert sein sollten, dass alle häufig benötigten Daten dort hineinpassen. Beim ersten Zugriff (z. B. nach einem Systemstart) werden die

Daten einmalig in den Hauptspeicher geladen, ein manuelles oder automatisches *Entladen* der Daten aus dem Hauptspeicher ist auch möglich. Dies kann z. B. notwendig sein, falls doch versucht wird, mehr Platz im Speicher zu beanspruchen, als zur Verfügung steht.

In der Vergangenheit waren meistens die Zugriffe auf die Festplatte der Performanceengpass; bei SAP HANA sind es die Zugriffe auf den Hauptspeicher. Diese Zugriffe sind zwar bis zu 100.000-mal schneller als Zugriffe auf die Festplatte, aber trotzdem 4- bis 60-mal langsamer als Zugriffe auf die CPU-Caches. Daher löst der Hauptspeicher die Festplatte bei SAP HANA als Engpass ab.

Die Algorithmen in SAP HANA sind so implementiert, dass sie, wenn möglich, direkt mit dem L1-Cache in der CPU arbeiten können. Der Umfang des Datentransports vom Hauptspeicher in die CPU-Caches muss daher so klein wie möglich gehalten werden, was starke Auswirkungen auf die im nächsten Abschnitt beschriebenen Softwareinnovationen hat.

Speicheralgorithmen

1.2.2 Softwareinnovationen

Die Softwareinnovationen in SAP HANA nutzen die zuvor beschriebene Hardware optimal aus. Dies geschieht zum einen durch Minimierung des Datentransports zwischen dem Hauptspeicher und den CPU-Caches (z. B. durch Komprimierung) und zum anderen durch Ausnutzung der CPUs mithilfe paralleler Threads bei der Datenverarbeitung.

Konkret stecken hinter SAP HANA Softwareoptimierungen in den folgenden Bereichen:

- Datenlayout im Hauptspeicher
- Komprimierung
- Partitionierung

Auf diese drei Bereiche gehen wir im Folgenden näher ein.

Datenlayout im Hauptspeicher

Bei jeder relationalen Datenbank müssen die Einträge einer Datenbanktabelle letztlich in einem gewissen *Datenlayout* abgelegt werden, unabhängig davon, ob diese Repräsentation im Hauptspeicher wie bei SAP HANA oder klassisch auf einem physikalischen Medium umgesetzt wird. Grundsätzlich gibt es dazu zwei fundamental verschiedene Möglichkeiten: eine *zeilenorientierte* und eine *spaltenorientierte* Datenablage. SAP HANA unterstützt beide Varianten. Im Folgenden erklären wir die Konzepte und Unterschiede.

Row Store

Zunächst betrachten wir die zeilenorientierte Ablage im sogenannten *Row Store* von SAP HANA. Hier sind alle Daten, die sich auf eine Zeile beziehen (z. B. die Daten in Tabelle 1.3), nebeneinander abgelegt (siehe Abbildung 1.3), was den Zugriff auf ganze Zeilen begünstigt. Etwas aufwendiger ist hier hingegen der Zugriff auf alle Werte einer Spalte, da diese nicht so effizient vom Hauptspeicher in die CPU übertragen werden können wie bei der spaltenorientierten Ablage. Auch die Datenkomprimierung, auf die wir im nächsten Abschnitt eingehen, ist bei dieser Ablagevariante nicht so effizient.

Name	Ort	Geschlecht
...	...	...
Maier	Berlin	M
Müller	Frankfurt	W
Schmidt	München	M
...	...	...

Tabelle 1.3 Beispieldaten zur Erläuterung des Row und Column Stores

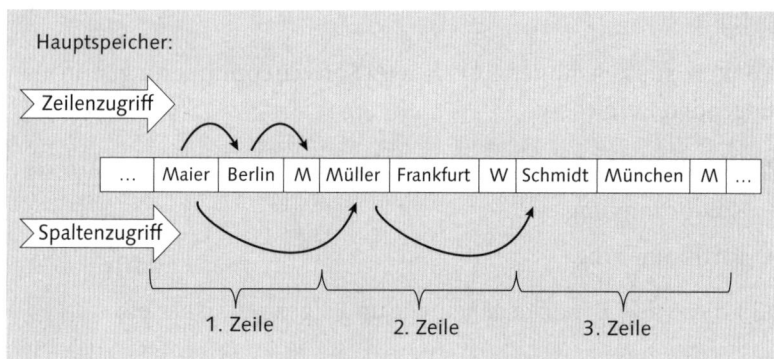

Abbildung 1.3 Zeilenorientierte Ablage im Row Store (schematisch)

Column Store

Betrachten wir nun die spaltenorientierte Ablage der Daten, den sogenannten *Column Store*. Im Prinzip ist die spaltenorientierte Ablage von Daten nicht neu und wurde schon in Data-Warehouse-

Anwendungen und Analyseszenarien benutzt. In transaktionalen Szenarien wurde bisher jedoch ausschließlich die zeilenorientierte Ablage, der oben beschriebene Row Store, verwendet.

Eine schematische Darstellung der Beispieldaten aus Tabelle 1.3 in der spaltenorientierten Ablage zeigt Abbildung 1.4. Die Inhalte einer Spalte werden dabei nebeneinanderliegend im Hauptspeicher abgelegt. Dies hat zur Konsequenz, dass alle Operationen, die auf eine Spalte zugreifen, die benötigten Informationen nahe beieinander finden, was sich günstig auf den Datentransport zwischen Hauptspeicher und CPU auswirkt. Nachteilig hingegen wirkt sich aus, wenn viele oder alle Informationen einer Zeile benötigt werden, da diese Daten *nicht* nahe beieinander verfügbar sind. Die spaltenorientierte Ablage begünstigt auch die Komprimierung von Daten und die Aggregation von Daten auf einer Spalte.

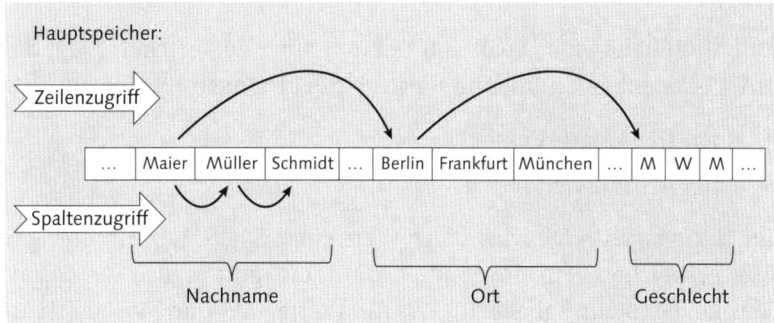

Abbildung 1.4 Spaltenorientierte Ablage im Column Store (schematisch)

Beide Formen der Ablage haben also Vor- und Nachteile. Bei SAP HANA können Sie pro Tabelle wählen, welches Ablageverfahren zum Einsatz kommen soll. Zur Ablage von Geschäftsdaten wird fast ausschließlich die spaltenorientierte Ablage genutzt, da deren Vorteile im Vergleich zu den Nachteilen überwiegen. Dies gilt vor allem dann, wenn große Datenmengen analysiert werden sollen. Einige Tabellen – bzw. deren hauptsächliche Zugriffsart – erfordern jedoch die zeilenorientierte Ablage. Dabei handelt es sich hauptsächlich um sehr kleine oder sehr volatile Tabellen, bei denen die Zeit für den Schreibzugriff bedeutender ist als die Zeit für Lesezugriffe, oder um Tabellen, bei denen das Hauptzugriffsmuster der Einzelsatzzugriff ist (z. B. mit dem ABAP-Befehl `SELECT SINGLE`).

Flexible
Datenablage

Komprimierung

Die HANA-Datenbank stellt verschiedene Komprimierungsverfahren zur Verfügung, die sowohl im Hauptspeicher als auch in der Persistenz auf die Daten im Column Store angewandt werden. Eine hohe Komprimierung der Daten wirkt sich sehr günstig auf Laufzeiten aus, da die Datenmenge, die vom Hauptspeicher zur CPU transportiert werden muss, verringert wird. Die von SAP HANA verwendeten Komprimierungsverfahren sind bezüglich der Laufzeit sehr effizient und erzielen im Mittel eine Komprimierung um den Faktor fünf bis zehn im Vergleich zu nicht komprimierten Daten.

Dictionary-Codierung
Grundlage für die im Folgenden genannten Komprimierungsverfahren ist die *Dictionary-Codierung*, bei der die Inhalte der Spalten als codierte Ganzzahlwerte (Integer) im Attributvektor abgelegt werden. Codierung meint hier eine »Übersetzung« eines Feldinhalts auf einen Integer.

Um die Inhalte einer Spalte im Column Store zu speichern, legt die HANA-Datenbank immer mindestens zwei Datenstrukturen an:

- einen Dictionary-Vektor
- einen Attributvektor

Dictionary-Vektor
Im *Dictionary-Vektor* wird jeder Wert einer Spalte nur ein einziges Mal gespeichert. Für die Spalte GESCHLECHT gibt es also für unsere Beispieldaten aus Tabelle 1.3 nur die Werte »M« und »W« im dazugehörigen Dictionary-Vektor und für die Spalte ORT die Werte »Berlin«, »Frankfurt« und »München«. Die Inhalte im Dictionary-Vektor werden sortiert abgelegt. Durch die Position im Dictionary-Vektor wird jeder Wert auf einen Ganzzahlwert abgebildet. In unserem Beispiel ist das 1 für das Geschlecht »M« und 2 für das Geschlecht »W«. Im Dictionary-Vektor für den Ort steht der Integer 5 für »Berlin«, 6 für »Frankfurt« und 7 für »München«. Da sich dieser Wert implizit aus der Position ergibt (erster Wert, zweiter Wert etc.), wird kein zusätzlicher Speicher benötigt.

Die Dictionary-Vektoren für die Beispieldaten aus Tabelle 1.4 sind in der oberen Hälfte von Abbildung 1.5 schematisch dargestellt. Nur die grau hinterlegten Daten werden im Speicher explizit abgelegt.

Attributvektor
Im Attributvektor werden nun nur noch die Integer-Werte (Ganzzahlwerte aus der Position im Dictionary) gespeichert. Die Reihen-

folge der Datensätze ist, ebenso wie bei traditionellen Datenbanken, grundsätzlich nicht definiert.

Datensatz	Nachname	Ort	Geschlecht
…	…	…	…
3	Maier	Berlin	M
4	Maier	Frankfurt	W
5	Müller	München	M
6	Müller	Frankfurt	W
7	Schmidt	München	M
…	…	…	…

Tabelle 1.4 Beispieldaten für Dictionary-Codierung und Komprimierung

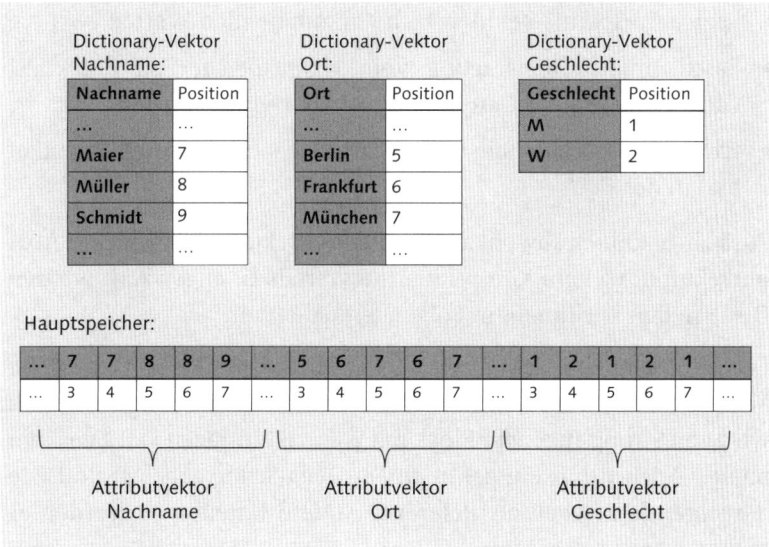

Abbildung 1.5 Dictionary-Codierung

Der Nachname »Schmidt« wurde in den Dictionary-Vektor für die Nachnamen einsortiert. Über seine Position in diesem Vektor ergibt sich implizit ein Wert, in unserem Fall die 9. Dieser Wert wiederum wird nun im Attributvektor für den Nachnamen immer dort gespeichert, wo der Nachname »Schmidt« steht, in unserem Beispiel steht dieser Name im siebten Datensatz der Beispieldaten aus Tabelle 1.4. Ein weiteres Beispiel ist der Ort »Frankfurt«, der im Dictionary-Vektor für den Ort an Position 6 abgespeichert wurde und im Attributvektor für den Ort für die Zeilen 4 und 6 (siehe Tabelle 1.4) vorkommt. Die Attributvektoren sehen Sie im unteren Teil der Abbildung 1.5. Hier sind alle drei Attributvektoren an einem Stück dargestellt, um anzudeuten, dass alle Daten (auch die Dictionary-Vektoren) schließlich in einem »Datenstrom« im Hauptspeicher abgelegt werden und per Speicherreferenz und über Offsets angesprochen werden. Dabei werden nur die in Abbildung 1.5 grau hinterlegten Bereiche tatsächlich im Hauptspeicher gehalten, die darunter angegebenen Zeilennummern belegen keinen Speicher und ergeben sich wieder implizit aus der Position im Attributvektor. Sie entsprechen der Position in unserem Beispiel der Tabelle 1.4 (erster Datensatz, zweiter Datensatz etc.).

Vorteile der Integer

Durch die Tatsache, dass die Daten in den Attributvektoren nur als Integer gespeichert werden, ergeben sich folgende Vorteile:

▸ Speicherersparnis bei mehrfach vorkommenden Werten

▸ beschleunigte Übertragung vom Hauptspeicher zu den CPU-Caches, da weniger Daten transportiert werden müssen

▸ schnellere Verarbeitung von Ganzzahlen (anstelle von Zeichenketten) in der CPU

Zusätzlich können sowohl auf Dictionary-Vektoren als auch auf Attributvektoren weitere Komprimierungsverfahren angewandt werden. Diese stellen wir Ihnen im Folgenden näher vor.

Komprimierung im Dictionary-Vektor

Für den Dictionary-Vektor wird bei Zeichenketten (*Strings*) die *Delta-Komprimierung* angewandt. Bei diesem Komprimierungsverfahren wird von Strings in einem Block mit z. B. 16 Einträgen jedes vorkommende Zeichen nur einmal in einem Delta-String abgelegt und wiederkehrende Zeichen als Referenz. Andere Datentypen werden als sortierte Arrays verwaltet.

[zB] **Delta-Komprimierung**

Gegeben sind die Einträge: Aach, Aachen, Aalborg, Alba. Nach der Deltakomprimierung haben wir das Ergebnis »4Aach42en25lborg13lba«. Die erste Ziffer gibt die Länge des ersten Eintrags an (Aach = 4). Die Ziffernpaare zwischen den anderen Einträgen enthalten die Informationen zur Rekonstruktion. Die erste Ziffer gibt an, wie lang das Präfix aus dem ersten Eintrag ist, und die zweite, wie viele Zeichen vom folgenden Teil angehängt werden. »42en« bedeutet also vier Stellen aus »Aach« plus zwei folgende (»en«); »25lborg« heißt, die ersten zwei Zeichen aus Aach (»Aa«) und fünf folgende (»lborg«). »13lba« bedeutet schließlich das erste Zeichen aus »Aach« und drei weitere (»lba«).

Für den Attributvektor kann eines der folgenden Komprimierungsverfahren zum Einsatz kommen:

Komprimierung im Attributvektor

▸ **Präfix-Codierung**
  Gleiche Werte am Anfang des Attributvektors (Präfixe) werden weggelassen, und stattdessen werden ein Wert und dessen Häufigkeit nur einmal gespeichert.

▸ **Sparse-Codierung**
  Vom am häufigsten vorkommenden Wert werden die Einzeleinträge entfernt und stattdessen die Positionen der Einträge in einem Bitvektor gespeichert.

▸ **Cluster-Codierung**
  Die Cluster-Codierung arbeitet mit Datenblöcken von z. B. je 1.024 Werten. Nur Blöcke mit einem unterschiedlichen Wert werden komprimiert, indem nur der Wert gespeichert wird. In einem Bitvektor wird dann gespeichert, welche Blöcke komprimiert wurden.

▸ **Indirekte Codierung**
  Die indirekte Codierung arbeitet ebenfalls mit Datenblöcken von z. B. je 1.024 Werten. Für jeden Block wird ein Mini-Dictionary angelegt, ähnlich dem Dictionary-Vektor in der zuvor beschriebenen Dictionary-Codierung. Ein Mini-Dictionary kann unter Umständen für benachbarte Blöcke gemeinsam verwendet werden. Bei diesem Komprimierungsverfahren handelt es sich um eine weitere Abstraktionsstufe.

▸ **Lauflängencodierung**
  Die Lauflängencodierung fasst gleiche aufeinanderfolgende Werte zusammen. Es werden dann nur noch ein Wert und die Häufigkeit seines Auftretens gespeichert.

SAP HANA analysiert die Daten einer Spalte und entscheidet sich automatisch für eines der genannten Komprimierungsverfahren. Tabelle 1.5 stellt für die Komprimierungsverfahren jeweils einen typischen Einsatzfall vor.

Automatische Verfahrenswahl

Komprimierungsverfahren	Einsatzfall
Präfix-Codierung	ein sehr häufiger Wert am Anfang des Attributvektors
Sparse-Codierung	ein sehr häufiger Wert, der verstreut vorkommt
Cluster-Codierung	viele Blöcke mit nur einem Wert
indirekte Codierung	viele Blöcke mit wenig verschiedenen Werten
Lauflängencodierung	wenig verschiedene Werte, zusammenhängende gleiche Werte
Dictionary-Codierung	viele verschiedene Werte

Tabelle 1.5 Übersicht der Komprimierungsverfahren

Leseoptimierter Main Store

Die bis hierher vorgestellten Speicherstrukturen, bestehend aus sortiertem Dictionary-Vektor und Attributvektor mit Integer-Werten, die unter Umständen noch komprimiert werden, sind für den Lesezugriff optimiert. Diese Strukturen werden auch als *Main Store* bezeichnet. Für Schreibzugriffe sind diese Strukturen dagegen nicht optimal geeignet. Aus diesem Grund gibt es in SAP HANA zusätzlich einen für das Schreiben optimierten Bereich, der als *Delta Store* bezeichnet wird. Diesen stellen wir Ihnen in Anhang C, »Lese- und Schreibzugriffe im Column Store«, im Detail vor. Dort gehen wir auch auf eine weitere Speicherstruktur, die Indizes, ein. Darüber hinaus erfahren Sie in Anhang C, warum man bei SAP HANA von einer *Insert-only-Datenbank* spricht.

Partitionierung

Wenden wir uns abschließend noch dem dritten Bereich der Softwareinnovationen zu, der Partitionierung. Nach dem Motto »Teile und herrsche!« kommt eine Partitionierung immer dann zum Einsatz, wenn sehr große Datenbestände verwaltet werden sollen.

Vorteile der Partitionierung

Datenbankadministratoren können große Datenbestände mithilfe der Partitionierung leichter verwalten. Ein klassisches Beispiel für eine Aufgabe, die durch die Partitionierung erleichtert wird, ist die Löschung von Daten (z. B. nach einer erfolgreichen Archivierung): Es können einfach ganze Partitionen entfernt werden, anstatt größere Datenmengen nach den zu löschenden Daten zu durchsuchen. Darüber hinaus kann die Anwendungsperformance durch Partitionierung gesteigert werden, indem nur die Partitionen gelesen werden müssen in denen die gesuchten Daten auch vorkommen können (*Partition Pruning*).

Partitionierungsvarianten

Technisch gibt es grundsätzlich zwei Varianten der Partitionierung:

- Bei der *vertikalen Partitionierung* werden Tabellen spaltenweise in kleinere Bereiche unterteilt. Es liegen dann z. B. bei einer Tabelle mit sieben Spalten die Spalten 1 bis 5 in einer Partition und die Spalten 6 und 7 in einer anderen.
- Bei der *horizontalen Partitionierung* werden Tabellen zeilenweise in kleinere Bereiche unterteilt. Die Zeilen 1 bis 1.000.000 liegen dann z. B. in einer Partition und die Zeilen 1.000.001 bis 2.000.000 in einer anderen.

SAP HANA unterstützt nur die horizontale Partitionierung. Die Daten einer Tabelle werden zeilenorientiert in verschiedene Partitionen unterteilt, die Datensätze innerhalb der Partitionen werden dann spaltenorientiert gespeichert.

Horizontale Partitionierung

Abbildung 1.6 zeigt beispielhaft, wie die horizontale Partitionierung für eine zweispaltige Tabelle mit den Spalten NAME und GESCHLECHT bei spaltenorientierter Ablage aussieht.

Nicht partitionierte Tabelle

Spalte: Name

AV	DV
1	Alexander
2	Anna
3	Christian
4	Detlef
5	Dirk
6	Eric
7	Erika
8	Hermann
9	Martina
10	Thorsten
11	Tina
12	Yvonne

Spalte: Geschlecht

AV
1
2
1
1
1
1
2
1
2
1
2
2

DV
m
w

Partitionierte Tabelle

P1-Spalte: Name

AV	DV
1	Alexander
2	Christian
3	Dirk
4	Erika
5	Martina
6	Tina

P1-Spalte: Geschlecht

AV
1
1
1
2
2
2

DV
m
w

P2-Spalte: Name

AV	DV
1	Anna
2	Detlef
3	Eric
4	Hermann
5	Thorsten
6	Yvonne

P2-Spalte: Geschlecht

AV
2
1
1
1
1
2

DV
m
w

Abbildung 1.6 Partitionierte Tabelle

Links sehen Sie die Tabelle mit jeweils einem Dictionary-Vektor (DV) und Attributvektor (AV) für die Spalten NAME und GESCHLECHT. Auf der rechten Abbildungsseite wurden die Daten im Round-Robin-Verfahren, auf das wir im Folgenden noch näher eingehen, partitioniert. Die aufeinanderfolgenden Zeilen wurden im Wechsel auf zwei Partitionen verteilt (erste Zeile in die erste Partition, zweite Zeile in die zweite Partition, dritte Zeile wieder in die erste Partition etc.).

Anwendungsfälle Eine Partitionierung bietet sich in den folgenden Anwendungsfällen an:

- **Lastverteilung**
  Wenn SAP HANA auf mehreren Servern läuft, können die Daten sehr großer Tabellen auf mehrere Server verteilt werden, indem verschiedene Server verschiedene Partitionen der Tabellen übernehmen. Abfragen auf diese Tabellen laufen dann verteilt auf den Servern, die eine Partition der Tabelle speichern. Auf diese Weise können die Ressourcen mehrerer Rechner für eine Abfrage genutzt werden und mehrere Rechner parallel die Abfrage bearbeiten.

- **Parallelisierung**
  Die Parallelisierung kann nicht nur über mehrere Server hinweg, sondern auch innerhalb eines einzigen Servers erfolgen. Dabei wird bei einer Abfrage für jede Partition ein eigener Thread gestartet, und diese Prozesse werden in den Partitionen parallel bearbeitet. Beachten Sie, dass die Parallelisierung über Partitionen nur eine Möglichkeit der Parallelisierung in SAP HANA ist. Es gibt darüber hinaus noch weitere Formen der Parallelisierung, die unabhängig von partitionierten Tabellen umgesetzt werden.

- **Partition Pruning**
  Beim Partition Pruning erkennt die Datenbank (bzw. der sogenannte *Optimierer* der Datenbank), dass bestimmte Partitionen nicht gelesen werden müssen. Wenn z. B. eine Tabelle mit Vertriebsdaten über die Spalte VERKAUFSORGANISATION partitioniert ist, so dass jede Verkaufsorganisation in einer eigenen Partition liegt, wird bei Abfragen, die nur Daten aus einer Verkaufsorganisation benötigen, gezielt nur diese Partition gelesen und alle anderen Partitionen nicht. Dieser Vorgang wirkt sich entlastend auf den Datentransport zwischen Hauptspeicher und CPU aus.

- **Explizites Partition Handling**
  In manchen Fällen arbeiten Anwendungen gezielt mit Partitionen. Wenn eine Tabelle z. B. nach der Spalte MONAT partitioniert wird,

kann eine Anwendung für einen neuen Monat eine neue Partition anlegen und alte Daten eines vergangenen Monats löschen, indem eine ganze Partition gelöscht wird. Das Löschen erfolgt hier sehr effizient, da die zu löschenden Daten nicht erst gesucht werden müssen, sondern direkt über ein sogenanntes *DDL-Statement* (*Data Definition Language*) gelöscht werden können, indem die ganze Partition auf einmal gelöscht wird.

Partitionierung zur Umgehung des Zeilenlimits   **[«]**

In der HANA-Datenbank gibt es ein Limit von 2 Milliarden Zeilen pro Tabelle. Falls eine Tabelle mehr Zeilen speichern soll, muss sie dafür partitioniert werden. Jede Partition darf dabei wiederum nicht mehr als 2 Milliarden Zeilen haben. Auch dürfen temporäre Tabellen, die z. B. Zwischenergebnisse speichern, nicht mehr als 2 Milliarden Zeilen haben.

Nachdem Sie nun wissen, worum es bei der Partitionierung geht und für welche Anwendungsfälle sie sich anbietet, möchten wir als Nächstes die in SAP HANA zur Verfügung stehenden Möglichkeiten zur Partitionierung skizzieren:

Partitionierungsarten in SAP HANA

▸ **Hash-Partitionierung**
Die Hash-Partitionierung wird hauptsächlich zur Lastverteilung eingesetzt oder wenn sehr große Tabellen mit mehr als 2 Milliarden Datensätzen verwaltet werden sollen. Anhand eines berechneten Schlüssels (*Hash*) werden die Daten gleichmäßig in die vorgegebene Anzahl von Partitionen verteilt. Die Hash-Partitionierung unterstützt Partition Pruning.

▸ **Round-Robin-Partitionierung**
Die Round-Robin-Partitionierung verteilt die Daten ebenfalls gleichmäßig auf eine vorgegebene Anzahl von Partitionen und eignet sich damit für die Lastverteilung oder bei sehr großen Tabellen. Es wird dafür kein Schlüssel benötigt, sondern die Daten werden einfach der Reihe nach verteilt. Wenn eine Tabelle in zwei Partitionen unterteilt ist, wird z. B. der erste Datensatz in die erste Partition, der zweite Datensatz in die zweite Partition und der dritte Datensatz wieder in die erste Partition geschrieben etc. (siehe Abbildung 1.6). Bei der Round-Robin-Partitionierung wird kein Partition Pruning unterstützt.

▸ **Range-Partitionierung**
Bei der Range-Partitionierung werden die Daten anhand von Werten in einer Spalte verteilt. Sie können z. B. für jedes Jahr einer

Spalte JAHR eine Partition anlegen oder eine Partition für drei Monate einer Spalte MONAT. Zusätzlich können Sie eine Partition für sogenannte *Reste* anlegen, falls Datensätze eingefügt werden, die in keinen Bereich der angelegten Partitionen fallen. Bei der Range-Partitionierung wird Partition Pruning unterstützt.

Sie können die Partitionierungsformen zweistufig miteinander kombinieren. So können Sie z. B. auf der ersten Stufe die Hash-Partitionierung verwenden und innerhalb dieser die Range-Partitionierung.

1.3   Architektur der In-Memory-Datenbank

In diesem Abschnitt stellen wir Ihnen die wichtigsten Aspekte der HANA-Datenbankarchitektur vor. In Abbildung 1.7 sind die wesentlichen Bestandteile der Architektur schematisch dargestellt.

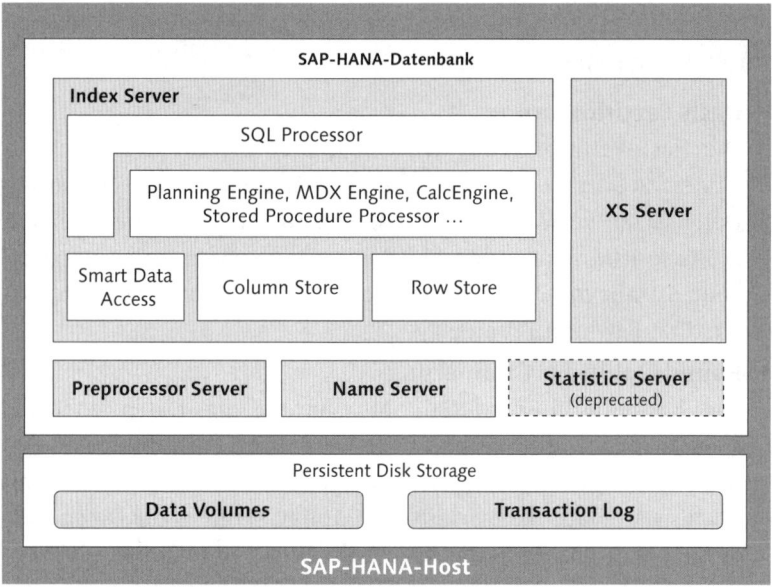

Abbildung 1.7 Architektur der HANA-Datenbank

Server- und Engine-Komponenten

Wir gehen im Folgenden auf die einzelnen Architekturbestandteile im Detail ein, die sich in zwei Komponentenarten unterteilen lassen:

▶ **Server**
Die *Serverkomponenten* sind die Prozesse und Services, die auf dem Betriebssystem laufen.

▶ **Engines**

Engine bezeichnet eine funktionale Komponente innerhalb eines Servers, die für die Behandlung bestimmter Anfragen verantwortlich ist.

Ein SAP-HANA-System besteht aus einer Instanz (oder im Fall eines *Scale-outs* aus mehreren Instanzen), die jeweils auf einem Hostrechner läuft. Zu dieser Instanz gehört jeweils auch Plattenspeicher, der für die sichere Persistenz von Daten und Logdateien genutzt wird, um etwa nach einem Systemneustart die Daten erneut in den Hauptspeicher lesen zu können. Auf die einzelnen Serverprozesse einer HANA-Instanz gehen wir im Folgenden näher ein. | Aufbau

Multitenant Database Container   [«]

Ab HANA SPS9 gibt es die Möglichkeit, innerhalb eines SAP-HANA-Systems mehrere unabhängige Datenbanken zu verwalten. Damit lassen sich etwa unabhängige Anwendungen separieren und Ressourcen den jeweiligen Datenbanken zuordnen. Diese Installationsoption hat insbesondere für den Betrieb in einer Cloud-Umgebung Vorteile, da sich damit die Nutzung der SAP-HANA-Hardware durch mehrere Verwender effizient organisieren lässt. Wir werden im Rahmen dieses Buches nicht näher auf diese *Multitenant Database Container* eingehen. Nur so viel sei gesagt: Während das Betriebssystem und die Datenbanksoftware von den einzelnen Datenbanken gemeinsam genutzt werden, sind Datenbankinhalte komplett separiert und realisieren damit einen anderen Ansatz als die Mandantenunterstützung im ABAP-Anwendungsserver.

Eine HANA-Instanz umfasst mehrere Serverkomponenten, von denen der *Indexserver* der wichtigste ist, da hier die SQL-Befehle verarbeitet werden. Der Indexserver besteht aus verschiedenen Komponenten: Der sogenannte *SQL-Prozessor* nimmt die SQL-Befehle entgegen und führt diese selbst aus oder leitet sie an eine untergeordnete Komponente weiter. Untergeordnete Komponenten können die zentralen Datenablagen, also der Column Store oder der Row Store, oder eine der Engines sein. Alle Daten, mit denen aktiv gearbeitet wird, befinden sich im Hauptspeicher entweder im Column Store oder im Row Store und werden direkt aus diesen gelesen oder bei komplexeren Anfragen über eine der Engines weiterverarbeitet. So gibt es z. B. Engines für Planungsfunktionen, für Multidimensional Expressions (MDX) oder für Datenbankprozeduren (*Stored Procedures*). Diese Engines haben gemeinsam, dass sie für spezielle Daten- | Indexserver verarbeitungsaufgaben optimiert wurden, die bei Bedarf abgerufen werden.

Präprozessor-, Statistik- und Nameserver

Der *Präprozessor-Server* ist für die in SAP HANA integrierte Textsuche zuständig und analysiert hauptsächlich textliche Daten. Er wird bei Bedarf vom Indexserver aufgerufen.

Der *Statistikserver* ist für das Monitoring der HANA-Datenbank verantwortlich. Er sammelt Daten über Status, Performance und Ressourcenverbrauch der verschiedenen Komponenten und historisiert diese in einem dedizierten Schema (_SYS_STATISTICS). Das SAP HANA Studio greift über den Statistikserver auf diese Informationen zu.

[+] **Eingebetter Statistikserver ab HANA SPS7**

Ab SAP HANA SPS7 gibt es die Möglichkeit, die Erfassung der Statistikdaten als Teil des Indexservers zu betreiben und nicht als separaten Serverprozess. Die Nutzung dieser Option wird von SAP empfohlen, erfordert aber aus Kompatibilitätsgründen eine Konfigurationseinstellung. Details für die Umstellung finden Sie in SAP-Hinweis 2092033.

Der *Nameserver* verwaltet die Informationen über die Topologie des HANA-Systems, d. h., er kennt die verschiedenen Hosts und die Verteilung der Daten auf die Hosts.

XS Server

In Abschnitt 1.1.4, »SAP HANA XS«, sind wir bereits auf den in SAP HANA enthaltenen Anwendungsserver eingegangen. Der *XS Server* enthält dabei den HTTP-Server und die XS-Laufzeitumgebung, die Anfragen an die verantwortlichen Komponenten verteilt. So werden etwa mit serverseitigen JavaScript implementierte Funktionen innerhalb einer eingebetteten JavaScript-Laufzeit ausgeführt. Dabei interagiert die XS-Laufzeit effizient mit dem Indexserver und insbesondere mit dem HANA Repository, in dem die Entwicklungsobjekte verwaltet werden.

[»] **Integration mit einer externen Benutzerverwaltung**

Neben der lokalen Verwaltung von Benutzern können Sie SAP HANA auch mit einer externen Benutzerverwaltung integrieren und insbesondere Single-Sign-on-Szenarien unterstützen. SAP HANA unterstützt dabei etablierte Standards wie *Kerberos* und *SAML* (*Security Assertion Markup Language*). Details hierzu finden Sie im SAP HANA Security Guide.

1.4   Anwendungsfälle und Deployment-Optionen für SAP HANA

In diesem Abschnitt betrachten wir die verschiedenen Anwendungsfälle und Deployment-Modelle für SAP HANA im Überblick.

1.4.1   Anwendungsfälle

Wir möchten im Folgenden vier Anwendungsfälle für SAP HANA beschreiben:

- Echtzeitanalysen
- Acceleratoren
- Data Warehousing
- neue Applikationen

Echtzeitanalysen

Historisch gesehen wurde die HANA-Datenbank zunächst überwiegend für die Analyse großer Datenvolumen in Echtzeit eingesetzt. Dieser Anwendungsfall ist auch heute noch häufig anzutreffen. SAP HANA dient dabei als Data Mart, in dem Teildatenbestände eines Unternehmens zum Zweck des Berichtswesens und der Datenanalyse abgelegt werden.

Häufig werden die für Echtzeitanalysen benötigten Daten aus SAP-Systemen und insbesondere der SAP Business Suite repliziert. SAP HANA wird dann als sogenannte *Sekundärdatenbank* neben einer vorhandenen traditionellen Datenbank (der *Primärdatenbank* des SAP-Systems) eingesetzt, weshalb in diesem Zusammenhang häufig von *Side-by-Side-Szenarien* gesprochen wird.

Side-by-Side-Szenarien

Abbildung 1.8 zeigt die Architektur von Side-by-Side-Szenarien schematisch und visualisiert dabei auch die im nächsten Abschnitt beschriebenen Acceleratoren.

Durch die Verlagerung der Datenanalyse aus einer traditionellen in die HANA-Datenbank können häufig sehr große Geschwindigkeitsvorteile erzielt werden.

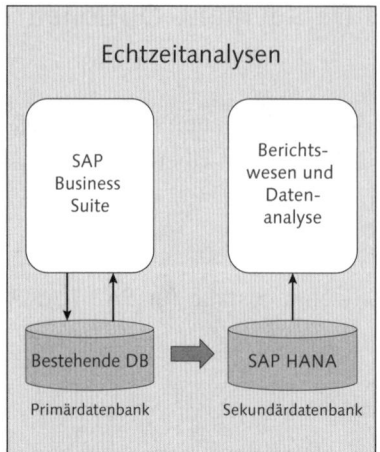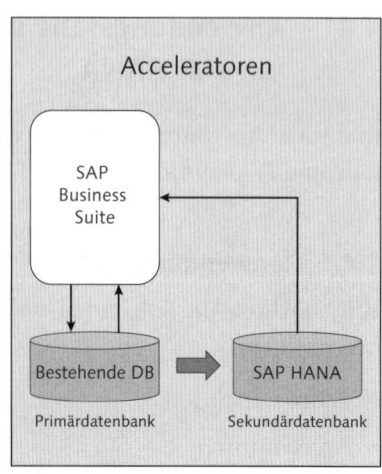

Abbildung 1.8 Architektur von Side-by-Side-Szenarien

[»] **SAP HANA Live**

SAP HANA Live ist ein virtuelles, mehrstufiges Datenmodell auf den Datenbanktabellen der SAP Business Suite zur Nutzung im Rahmen eines Data Marts. Auf Basis dieses Datenmodells stellt SAP vordefinierte Berichte und analytische Applikationen zur Verfügung, die es Unternehmen erlauben, die Daten der SAP Business Suite in Echtzeit auszuwerten. Dabei spielt es keine Rolle, ob SAP HANA als Primärdatenbank oder als Sekundärdatenbank genutzt wird.

Weiterführende Informationen zu SAP HANA Live finden Sie unter *http://help.sap.com/hba*.

Acceleratoren

Acceleratoren (die ebenfalls ein Side-by-Side-Szenario darstellen) dienen der Beschleunigung ausgewählter Geschäftsprozesse. In der Regel werden diese durch ABAP-Programme bzw. Transaktionen innerhalb der SAP Business Suite repräsentiert.

Zur Beschleunigung werden – wie im vorherigen Anwendungsfall – Daten aus einer traditionellen Datenbank in eine HANA-Datenbank repliziert und dann ausgewählte lesende Datenbankzugriffe innerhalb der Anwendung auf SAP HANA umgestellt (siehe Abbildung 1.8). Die Umstellung der Datenbankzugriffe kann über verschiedene Verfahren realisiert werden. Sie erfolgt in der Regel über eigene Datenbankverbindungen und geringfügige Anpassungen im ABAP-Quellcode.

SAP CO-PA Accelerator	**[zB]**
Der SAP CO-PA Accelerator (Controlling Profitability Analysis) setzt das Accelerator-Szenario um und ist wohl eines der bekanntesten Beispiele für ein Side-by-Side-Szenario. Es gibt jedoch noch weitere Umsetzungsbeispiele. SAP-Hinweis 1761546 enthält eine Übersicht.	

Selbstverständlich können Sie auch kundeneigene ABAP-Programme über ein Accelerator-Szenario beschleunigen. Für den *SAP Business Application Accelerator powered by SAP HANA* (siehe auch Anhang D) erfolgt die Umstellung dabei über einen speziellen SAP-Kernel und eine Anpassung im Customizing, wobei kein ABAP-Quellcode verändert werden muss.

Data Warehousing

Der nächste wichtige Anwendungsfall für die HANA-Datenbank ist Data Warehousing. Durch die Nutzung der HANA-Datenbank als Datenbank für das SAP Business Warehouse lässt sich in der Regel die Performance verbessern und die Administration vereinfachen.

Die Performance des SAP Business Warehouse profitiert von der In-Memory-Technologie. Neben Abfragen können oft auch Ladeprozesse durch den Einsatz von SAP HANA beschleunigt werden. Die Möglichkeit, auf »unnötige« Datenbankaggregate zu verzichten, vereinfacht häufig die Datenmodellierung.

Neue Applikationen

Der letzte Anwendungsfall sind Applikationen, die speziell für SAP HANA entwickelt oder darauf migriert und anschließend dafür optimiert wurden.

Zunächst ist hier die SAP Business Suite zu nennen. Die SAP Business Suite ist seit 2013 auf Basis von SAP HANA verfügbar (*SAP Business Suite on HANA*). Seit damals hat SAP schrittweise Teile des Codes der SAP Business Suite für die In-Memory-Technologie optimiert. Die SAP Business Suite unterstützt aber neben der HANA-Datenbank weiterhin auch traditionelle Datenbanken als Persistenz. | SAP Business Suite

Im Frühjahr diesen Jahres hat SAP dann *SAP S/4HANA* (*SAP Business Suite 4 SAP HANA*) angekündigt. Hierbei handelt es sich um ein neues Produkt, das als Persistenz nur SAP HANA unterstützt. Technisch gesehen entspricht SAP S/4HANA der SAP Business Suite on HANA und darauf aufbauenden Add-ons. Diese Add-ons werden als *Exchange Innovations* bezeichnet, da durch sie schrittweise der komplette Code des Systems ausgetauscht und optimiert wird. Das Datenmodell von SAP S/4HANA verzichtet, wo möglich, auf Aggregate und Indextabellen. Dies führt zu einer deutlichen Vereinfachung und reduziert den benötigten Speicherplatz.

Komplett neue Applikationen
Neben der SAP Business Suite bzw. SAP S/4HANA hat SAP inzwischen eine Vielzahl weiterer Applikationen komplett neu auf Basis der In-Memory-Technologie entwickelt. Zwei Beispiele sind:

- *SAP Fraud Management* zur Aufdeckung, Untersuchung und Verhinderung von Betrug
- *SAP Integrated Business Planning for Sales and Operations* zur Planung der Lieferkette

Häufig nutzen die komplett neuen Anwendungen zumindest teilweise Daten aus der SAP Business Suite und schreiben Ergebnisse dorthin zurück. Daher wird in diesem Zusammenhang auch häufig von Side-by-Side-Szenarien gesprochen.

1.4.2 Deployment-Optionen

Grob lassen sich zwei Deployment-Modelle für SAP HANA unterscheiden. Auf diese möchten wir nun etwas genauer eingehen:

- On-Premise Deployments
- Cloud Deployments

On-Premise Deployments

Unternehmen können SAP HANA im eigenen Rechenzentrum installieren und betreiben. Wie in Abschnitt 1.2.1, »Hardwareinnovationen«, beschrieben, stehen hierbei neben Appliances auch die Tailored-Data-Center-Integration sowie Virtualisierung zur Verfügung. On-Premise Deployments geben Unternehmen maximale Flexibilität und Kontrolle über die HANA-Datenbank.

Cloud Deployments

Cloud Computing erlaubt Unternehmen, vereinfacht gesagt, die Nutzung von »entfernten« Rechenzentren für Installation und Betrieb von SAP HANA. Auf eine genaue Definition von Cloud Computing und insbesondere die verschiedenen technischen Realisierungen möchten wir an dieser Stelle verzichten. Für SAP HANA sind drei Angebote in der Cloud relevant:

▸ **SAP HANA Cloud Platform**
Bei der *SAP HANA Cloud Platform* handelt es sich um eine *Platform-as-a-Service*. Dort können Unternehmen neue Applikationen entwickeln oder bestehende Anwendungen (wie z. B. SAP Business Suite oder SuccessFactors) erweitern. Die SAP HANA Cloud Platform stellt ihnen dabei den größten Teil der Funktionen zur Verfügung, die SAP HANA auch on-premise bietet. Darüber hinaus offeriert sie eine Vielzahl von Applikationsdiensten, wie z. B. ein Cloud-basiertes Portal, einen Cloud-basierten Identity Provider oder einen Integrationsdienst.

▸ **SAP HANA Enterprise Cloud**
Die *SAP HANA Enterprise Cloud* ist ein *Managed-Cloud-Angebot*. Dort können interessierte Unternehmen komplette Systemlandschaften, bestehend aus SAP Business Suite, SAP Business Warehouse und kundeneigenen Anwendungen, von SAP betreiben lassen. Dabei steht ihnen eine Vielzahl von Dienstleistungen zur Verfügung, aus denen sie sich ein »maßgeschneidertes« Angebot zusammenstellen können

▸ **Nutzung von Infrastructure-as-a-Service-Anbietern**
Unternehmen, die SAP HANA nicht on-premise installieren, aber auch nicht gleich ein Platform-as-a-Service- oder Managed-Cloud-Angebot nutzen möchten, können die HANA-Datenbank bei verschiedenen *Infrastructure-as-a-Service-Anbietern* betreiben. Hier sind insbesondere die Angebote von *Amazon Web Services* und *Microsoft Azure* zu nennen. Weiterführende Information erhalten Sie auf den Webseiten der genannten Anbieter.

Im Fokus dieses Buchs steht die Nutzung von SAP HANA im Kontext ABAP-basierter Applikationen, insbesondere der SAP Business Suite on HANA und SAP S/4HANA. Auf Spezifika der Deployment-Modelle werden wir dabei nicht eingehen.

1.5 Auswirkungen von SAP HANA auf die Anwendungsentwicklung

Nachdem wir in den vorangegangenen Abschnitten die Grundlagen der In-Memory-Technologie, die Architektur der HANA-Datenbank sowie Anwendungsfälle und Deployment-Modelle erläutert haben, stellen Sie sich vielleicht die Frage, wie sich die beschriebenen Hardware- und Softwareinnovationen konkret auf die Anwendungsentwicklung mit ABAP auswirken. Diese Frage möchten wir in diesem Abschnitt beantworten.

Viele Regeln bleiben gleich

Um es vorwegzunehmen: Mit SAP HANA wird nicht alles anders. Wie in der Vergangenheit können Sie leistungsfähige Anwendungen auf Basis von ABAP entwickeln, auch wenn diese Anwendungen SAP HANA als Datenbank nutzen sollen. Viele Ihnen vermutlich bekannte Regeln zur ABAP-Programmierung, z. B. die Regeln zum effizienten Datenbankzugriff (auch bekannt als die *Fünf goldenen Regeln*, siehe Abschnitt 14.4, »Performanceempfehlungen für Open SQL«), behalten dabei im Wesentlichen ihre Gültigkeit.

Was ändert sich also für die Anwendungsentwicklung in ABAP? Wir erläutern im Folgenden, welche neuen technischen Möglichkeiten sich durch SAP HANA für Sie als ABAP-Entwickler ergeben und was es mit dem sogenannten *Code Pushdown* auf sich hat. Sie erfahren, weshalb Sie zukünftig die Datenbank nicht mehr als *Blackbox* betrachten können und welche Kenntnisse Sie sich aneignen sollten.

1.5.1 Neue technische Möglichkeiten

Optimierungspotenzial

Durch die Nutzung von SAP HANA können – wie in Abschnitt 1.4.1, »Anwendungsfälle«, beschrieben – verschiedene Anwendungsfälle unterstützt werden. Aus Sicht des ABAP-Entwicklers ergeben sich in diesem Zusammenhang folgende neuen technischen Möglichkeiten:

▸ **Beschleunigen**
Mit SAP HANA können Sie bestehende ABAP-Programme beschleunigen. Dies kann zum einen helfen, das für die Ausführung von Hintergrundjobs benötigte Zeitfenster signifikant zu verkleinern. Zum anderen lässt sich dadurch die unmittelbare Antwortzeit für vom Endanwender ausgelöste Anfragen innerhalb von Dialogtransaktionen verbessern.

▸ **Erweitern**

Sie können mit SAP HANA Anpassungen und Erweiterungen bestehender Anwendungen vornehmen, die über eine ausschließliche Beschleunigung hinausgehen. Einige ABAP-Programme, die in der Vergangenheit aufgrund ihres Antwortzeitverhaltens nur als Hintergrundjob ausgeführt werden konnten, können durch SAP HANA zu interaktiven Dialogtransaktionen umgebaut werden. Außerdem können Sie ABAP-Dialogtransaktionen durch SAP HANA hinsichtlich ihrer Benutzerfreundlichkeit und ihres Funktionsumfangs erweitern. Beispiele dafür sind etwa eingebettete Analysen und fehlertolerante Volltextsuchen.

▸ **Innovieren**

Schließlich können Sie neue, innovative Anwendungen und Anwendungstypen mithilfe von ABAP und SAP HANA entwickeln. Häufig wird in diesem Zusammenhang von der Konvergenz von *Online Transaction Processing* (OLTP) und *Online Analytical Processing* (OLAP) sowie von sogenannten *hybriden Anwendungen* gesprochen. Hybride Anwendungen kombinieren in einem System transaktionale und analytische Fähigkeiten, wodurch Endanwender Erkenntnisse, die sie in Echtzeit aus der Datenanalyse (gegebenenfalls unterstützt durch statistische Algorithmen für Vorhersagen) gewonnen haben, unmittelbar in Maßnahmen umsetzen können.

1.5.2   Code Pushdown

Damit Anwendungen von den in Abschnitt 1.2, »Grundlagen der In-Memory-Technologie«, beschriebenen Hardware- und Softwareinnovationen in SAP HANA profitieren können, muss die Anwendungslogik zumindest zum Teil in der Datenbank ausgeführt werden. Dies ist insbesondere notwendig, wenn komplexe Kalkulationen mit großen Datenmengen ausgeführt werden sollen. Der Vorgang, in dem Anwendungscode von der Applikationsschicht in die Datenbankschicht verlagert wird, wird häufig als *Code Pushdown* bezeichnet.

Traditionell arbeiten ABAP-basierte Anwendungen nach dem sogenannten *Data-to-Code-Paradigma*. Anwendungen, die für SAP HANA optimiert oder speziell dafür entwickelt werden, folgen stattdessen dem *Code-to-Data-Paradigma*. Im Folgenden stellen wir Ihnen die Unterschiede zwischen diesen Paradigmen vor.

Verschiedene Paradigmen

Data to Code

Wie Sie Abbildung 1.9 entnehmen können, liegen die Anwendungsdaten beim Data-to-Code-Paradigma in der Datenbankschicht. Die Anwendungslogik – die aus Orchestrierungslogik und Kalkulationslogik besteht – wird im Prinzip vollständig in der Applikationsschicht ausgeführt. Die Präsentationslogik liegt in der Präsentationsschicht.

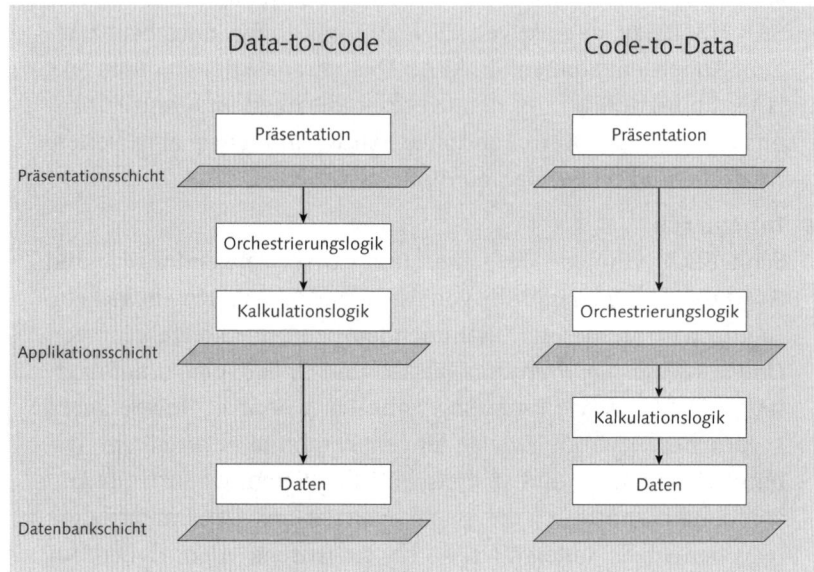

Abbildung 1.9 Das Code-Pushdown-Prinzip

[»] **Bestandteile der Anwendungslogik**

In den nachfolgenden Erläuterungen unterteilen wir die Anwendungslogik in zwei Bereiche:

▶ Die *Orchestrierungslogik* steuert Geschäftsprozesse, kontrolliert den Datenfluss und legt fest, wie Kalkulationsergebnisse kombiniert und weiterverarbeitet werden.
Beispiel: Sobald eine Flugbuchung gespeichert wurde, schickt das System automatisch eine E-Mail an den Reisenden.

▶ Die *Kalkulationslogik* bezeichnet Algorithmen, die Berechnungen auf den Anwendungsdaten durchführen.
Beispiel: Um einem Reisenden den »besten« Flug vorschlagen zu können, analysiert das System im Vorfeld einer Flugbuchung historische Flugdaten und Buchungsdaten und berechnet pro Flug eine Punktzahl.

Konkret bedeutet das für ABAP-Programme: Eine Data-to-Code-Anwendung liest die Datensätze aus der Datenbank. Anschließend puffert sie die Datensätze sehr häufig in internen Tabellen des Applikationsservers. Darauf aufbauend ist die Anwendungslogik implementiert. Zur Präsentation werden die Datensätze oder die daraus berechneten Daten an das Frontend – z. B. SAP GUI, SAP Enterprise Portal, SAP NetWeaver Business Client – übertragen. Unter Umständen werden Millionen an Datensätzen von der Datenbank zum Applikationsserver geschickt, obwohl der Endbenutzer nur wenige hundert berechnete Kennzahlen sieht.

Beim Code-to-Data-Paradigma liegen die Anwendungsdaten ebenfalls in der Datenbankschicht. Die Anwendungslogik ist jedoch teilweise in der Applikationsschicht und teilweise in der Datenbankschicht implementiert. Im Extremfall kann die gesamte Anwendungslogik in der Datenbankschicht ausgeführt werden. An der Ausführung der Präsentationslogik ändert sich grundsätzlich nichts.

Code to Data

Wiederum angewandt auf ein ABAP-Programm bedeutet das: Die Daten einer Code-to-Data-Anwendung liegen in der Datenbank. Die Orchestrierungslogik wird auf dem Applikationsserver implementiert. Die Kalkulationslogik läuft tendenziell in der Datenbank. Je komplexer eine Kalkulation ist und je mehr Datensätze für die Kalkulation notwendig sind, desto eher lohnt sich die Ausführung in der Datenbank. Mit diesem Ansatz kann das von der Datenbank zum Applikationsserver übertragene Datenvolumen minimal gehalten werden. Selbst wenn für eine Kalkulation Millionen von Datensätzen benötigt werden, überträgt das System nur die wenigen hundert berechneten Kennzahlen, die der Anwender sehen soll.

1.5.3 Datenbank als Whitebox

Aufgrund der Architektur des SAP NetWeaver AS ABAP und der Datenbankunabhängigkeit von *Open SQL* können Sie ABAP-Anwendungen entwickeln, ohne datenbankspezifische Details zu kennen. In Abschnitt 3.2, »ABAP-Datenbankzugriff«, gehen wir auf alle wesentlichen Elemente des Datenbankzugriffs aus ABAP-Anwendungen im Detail ein.

Mit Open SQL können Sie Operationen auf der Datenbank des Applikationsservers durchführen. Die Sprache stellt Ihnen dazu eine einheitliche Syntax und Semantik für alle von SAP unterstützten Datenbanksysteme zur Verfügung. Das Ergebnis der Operationen und etwaige Fehlermeldungen sind unabhängig vom Datenbanksys-

Open SQL

tem. Programme, die ausschließlich Open SQL nutzen, sind daher auf allen von SAP unterstützten Datenbanksystemen lauffähig.

Natives SQL   Neben Open SQL steht Ihnen *natives SQL* zur Verfügung, das Ihnen erlaubt, datenbankspezifische Operationen zu nutzen, die nicht von Open SQL unterstützt werden. Natives SQL bringt allerdings den Nachteil mit sich, dass Programme, die datenbankspezifische Operationen nutzen, nicht auf allen von SAP unterstützten Datenbanksystemen laufen. Sie haben deswegen vermutlich in der Vergangenheit nur in Ausnahmefällen von nativem SQL und datenbankspezifischen Operationen Gebrauch gemacht, etwa um eine datenbankspezifische Funktion zu verwenden. Die Datenbank war für Sie in der Regel eine *Blackbox* (d. h. ein geschlossenes System, dessen inneren Aufbau Sie vernachlässigen konnten).

Von der Blackbox zur Whitebox   Wenn aber nun Anwendungslogik, zumindest zum Teil, in der Datenbank ausgeführt (und gegebenenfalls auch dort implementiert) werden soll, ist eine Kenntnis datenbankspezifischer (konkret HANA-spezifischer) Details sehr hilfreich. Um von SAP HANA zu profitieren und eine optimale Performance zu erreichen, muss die Datenbank also zur *Whitebox* werden. Insbesondere müssen Sie folgende Dinge verstehen:

▶ wie Sie Anwendungscode von der Applikationsschicht in die Datenbankschicht verlagern können

▶ inwieweit eine Verlagerung des Anwendungscodes im konkreten Fall mit Open SQL möglich ist

▶ welche Möglichkeiten Ihnen der SQL-Standard sowie HANA-spezifische Erweiterungen dazu bieten (z. B. modellierte oder implementierte SAP HANA Views sowie SQLScript)

▶ wie Sie von diesen zusätzlichen Möglichkeiten in ABAP Gebrauch machen können

Risiko Komplexität   Bei der Optimierung von Programmen für SAP HANA sollten Sie sich immer fragen, ob diese Programme auch auf anderen Datenbanksystemen eingesetzt werden sollen, was häufig der Fall sein wird. Falls ein Programm nicht nur auf SAP HANA eingesetzt werden soll, müssen Sie – ähnlich wie in der Vergangenheit beim Einsatz von nativem SQL – Vorteile und Nachteile einer Optimierung mit SAP HANA Views oder SQLScript gründlich gegeneinander abwägen. Ein Vorteil kann z. B. eine signifikant bessere Performance sein. Ein Nachteil ist der mit der Optimierung verbundene datenbankabhängige Anwendungscode.

Grundsätzlich sollten Sie natives SQL, SAP HANA Views und SQL-Script nur verwenden, wenn die Optimierung mit Open SQL nicht zum gewünschten Ergebnis (z. B. hinsichtlich des Antwortzeitverhaltens) führt (siehe auch Kapitel 14, »Praxistipps«). Dabei sollten Sie bedenken, dass der Funktionsumfang von Open SQL im ABAP-Release 7.4 signifikant erweitert wurde. Außerdem stehen ab diesem Release mit den *Core Data Services* (CDS) vielfältige Möglichkeiten zur Sichtenbildung über ABAP zur Verfügung. Für Details konsultieren Sie bitte Kapitel 6, »Erweiterte Datenbankprogrammierung mit ABAP 7.4«.

Innerhalb eines Programms – oder allgemein gesprochen innerhalb von Modularisierungseinheiten – können Sie Anwendungscode für SAP HANA von Anwendungscode für andere Datenbanksysteme durch Fallunterscheidungen auseinandersteuern, also z. B. durch IF... ENDIF. Gegebenenfalls müssen Sie aber auch mehrere alternative Implementierungen einer Modularisierungseinheit erstellen, falls der Anwendungscode andernfalls zu kompliziert würde. Im Extremfall müssen Sie für jedes Datenbanksystem ein eigenes Programm entwickeln.

Modularisierungs-einheiten

Beispiel für Alternativimplementierungen [zB]

Die alternativen Implementierungen für eine Modularisierungseinheit können z. B. folgendermaßen aussehen:

▶ eine Implementierung für SAP HANA, die von HANA-spezifischen Möglichkeiten Gebrauch macht, und eine Implementierung für alle anderen von SAP unterstützten Datenbanksysteme, die auf Open SQL basiert

▶ eine Implementierung für SAP HANA, eine Implementierung für Oracle, eine Implementierung für IBM DB2 etc.; dabei sind die Implementierungen jeweils optimal auf das jeweilige Datenbanksystem abgestimmt.

Als Folge des Code Pushdowns kann sich die Komplexität von Programmen, die sowohl SAP HANA als auch andere Datenbanksysteme unterstützen sollen, erhöhen. In Abschnitt 14.1, »Allgemeine Empfehlungen«, greifen wir dieses Thema noch einmal auf.

1.5.4 Qualifizierung des Entwicklers

Wie sollten Sie als ABAP-Entwickler mit den Auswirkungen von SAP HANA auf die Anwendungsentwicklung umgehen? Es reicht nicht aus, dass Sie die beschriebenen Auswirkungen verstehen. Sowohl die Optimierung bestehender Anwendungen als auch die Entwicklung neuer Anwendungen bzw. Anwendungstypen auf Basis von ABAP und SAP HANA erfordern entsprechendes Fachwissen. Dieses sollten Sie sich frühzeitig aneignen.

SQL und SAP HANA

Aus unserer Sicht sollten Sie sich bestens mit den neuesten Möglichkeiten von Open SQL und CDS vertraut machen (soweit Sie beides nicht bereits sehr gut kennen), sich aber gleichzeitig auch mit darüber hinausgehenden Technologien des SQL-Standards und der HANA-Datenbank auseinandersetzen. Sie sollten wissen, wie Sie SAP HANA Views modellieren und wie Sie für komplexere Anforderungen SQLScript sowohl innerhalb von SAP HANA Views als auch innerhalb von Datenbankprozeduren verwenden können.

Performance-analyse und -optimierung

Zur Optimierung bestehender Anwendungen für SAP HANA – insbesondere hinsichtlich ihrer Performance – müssen Sie wissen, welche Programme und *Code Patterns* innerhalb dieser Programme sich insbesondere dazu eignen. Sie sollten sich mit den Entwicklungswerkzeugen zur Identifikation geeigneter Programme für einen Code Pushdown beschäftigen. Und Sie sollten in der Lage sein, die identifizierten Programme im Detail zu vermessen, indem Sie eine Laufzeitanalyse durchführen.

In der Summe gehen wir davon aus, dass gute Kenntnisse im Bereich Performanceanalyse und Performanceoptimierung im Zusammenhang mit der In-Memory-Technologie (noch) wichtiger werden als in der Vergangenheit und als das im Zusammenhang mit traditionellen Datenbanken der Fall ist.

Neue UI-Technologien

Für die Entwicklung neuer Anwendungen, die mithilfe von SAP HANA sehr große Datenmengen verarbeiten, muss die Anwendungsarchitektur von vorneherein darauf ausgelegt werden. Die Performance von SAP HANA muss »beim Endanwender ankommen«. Damit meinen wir, dass es unter Umständen nicht ausreicht, Berechnungen hochperformant auszuführen. Das Ergebnis der Berechnungen muss dem Anwender auch sehr schnell angezeigt werden, und die Anzeige muss einfach und intuitiv sein. Sie sollten sich daher zusätzlich auch mit Technologien zur Entwicklung moderner Benutzeroberflächen vertraut machen.

Zu guter Letzt sollten Sie verstehen, wie sich SAP HANA auf bekannte Regeln der ABAP-Programmierung auswirkt. Wie schon zu Beginn des Abschnitt 1.5, »Auswirkungen von SAP HANA auf die Anwendungsentwicklung«, erwähnt, behalten viele Regeln im Wesentlichen ihre Gültigkeit. Einige Regeln erhalten aber auch eine andere Priorität, d. h., sie werden im Zusammenhang mit SAP HANA im Vergleich zur Nutzung traditioneller Datenbanken wichtiger oder auch weniger wichtig. Zum Beispiel wird die Vermeidung vieler einzelner SQL-Anweisungen (z. B. in einer Schleife) wichtiger als in der Vergangenheit.

Alte und neue Regeln

Gleichzeitig erhalten neue Richtlinien Gültigkeit, die Ihnen z. B. dabei helfen, mehrere alternative Implementierungen einer Modularisierungseinheit anzulegen, damit ein Programm sowohl auf der HANA-Datenbank als auch auf traditionellen Datenbanken optimal läuft. Auch diese neuen Richtlinien sollten Sie als ABAP-Entwickler kennen. Details zu all diesen Richtlinien finden Sie in Kapitel 14, »Praxistipps«.

*Die ABAP-Entwicklung für SAP HANA ist eng mit neuen
Entwicklungswerkzeugen auf Basis der Eclipse-Plattform verbunden. ABAP-Entwickler benötigen ein grundlegendes Verständnis dieser Plattform und sollten sich insbesondere mit
den ABAP Development Tools for SAP NetWeaver sowie dem
SAP HANA Studio vertraut machen.*

2 Einführung in die Entwicklungs-umgebung

In der Vergangenheit haben Sie als ABAP-Entwickler mit der *ABAP
Workbench* auf Basis des SAP GUIs gearbeitet, um Programme zu entwickeln, anzupassen und zu testen. Heute konzipiert SAP neue Entwicklungswerkzeuge auf Basis der *Eclipse-Plattform* und migriert
auch einige bestehende Entwicklungswerkzeuge nach Eclipse.

In diesem Kapitel erläutern wir Ihnen zunächst, was Eclipse ist und
welche Bedeutung diese Plattform für SAP hat. Anschließend führen
wir Sie in die Arbeit mit den *ABAP Development Tools for SAP Net-
Weaver*, der neuen, auf Eclipse basierenden Entwicklungsumgebung
für ABAP, und dem *SAP HANA Studio*, der Administrations- und Entwicklungsumgebung für die HANA-Datenbank, ein. Dabei gehen wir
auch auf die Installation dieser Entwicklungsumgebungen ein.

2.1 Eclipse im Überblick

Eclipse ist ein quelloffenes Framework, mit dem sich grundsätzlich
Software aller Art entwickeln lässt. Ursprünglich wurde Eclipse von
IBM entwickelt, seit 2004 wird es von der Eclipse Foundation (*http://
eclipse.org*) gewartet und weiterentwickelt. Bekannt ist Eclipse insbesondere als Plattform für Entwicklungswerkzeuge und -umgebungen.

Quelloffenes
Framework

Eine wesentliche Stärke von Eclipse ist die Fähigkeit, verschiedene
Entwicklungswerkzeuge – wie etwa die *Java Development Tools* (JDT),

die *C/C++ Development Tools* (CDT) oder die ABAP Development Tools – in einer Installation zu integrieren und damit für den Nutzer eine homogene Entwicklungsumgebung anzubieten.

Erweiterungspunkte und Plug-ins

Technisch definiert Eclipse dazu *Erweiterungspunkte*, die von *Plug-ins* genutzt werden können, um sich in Eclipse zu integrieren. Ein Plug-in erweitert den Funktionsumfang von Eclipse. Jedes Plug-in wird durch eine XML-Datei (das sogenannte *Manifest*) beschrieben und in Java implementiert. Jedes Plug-in kann außerdem selbst Erweiterungspunkte für andere, auf ihm aufsetzende Plug-ins bereitstellen.

Eclipse SDK

Zur Entwicklung von Plug-ins – und darüber hinaus zur Entwicklung von Java-Applikationen allgemein – stellt Eclipse einen Werkzeugkasten zur Verfügung, das sogenannte *Eclipse Software Development Toolkit* (Eclipse SDK).

Abbildung 2.1 zeigt schematisch, wie das Eclipse SDK aufgebaut ist und wie sich verschiedene Werkzeuge mehrstufig und über Erweiterungspunkte in Eclipse integrieren. Sie erkennen in der Abbildung, dass das Eclipse SDK aus drei Komponenten besteht:

▶ der Eclipse-Plattform

▶ dem Plug-in Development Environment (PDE)

▶ den Java Development Tools (JDT)

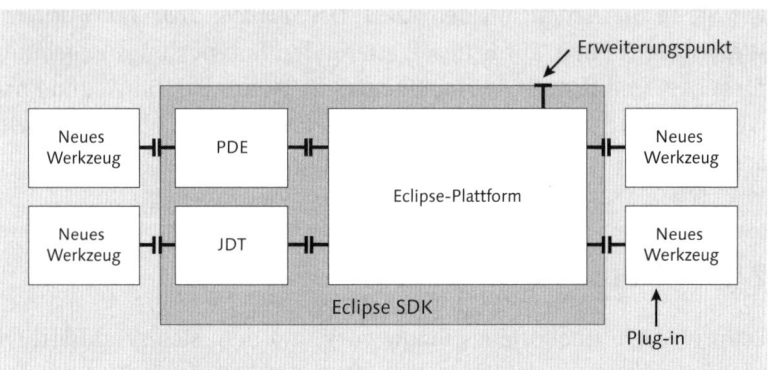

Abbildung 2.1 Architektur des Eclipse SDK

Eclipse-Plattform

Die Eclipse-Plattform stellt einen Rahmen für Entwicklungswerkzeuge bereit und beinhaltet wiederverwendbare Benutzeroberflächenbausteine. Sie hilft z. B. bei der Implementierung von Hilfesystemen und bei der Anbindung von Versionskontrollsystemen.

Das Plug-in Development Environment verwenden Sie, um das Manifest für ein Plug-in zu erstellen. Die Java Development Tools nutzen Sie zur Implementierung des Plug-ins in Java (und darüber hinaus für die Java-Entwicklung allgemein). Plug-in Development Environment und Java Development Tools selbst sind technisch ebenfalls als Plug-ins für Eclipse realisiert.

Wartung und Weiterentwicklung von Eclipse werden durch die Eclipse Foundation koordiniert. Sie kümmert sich dabei insbesondere um:

Eclipse Foundation

▸ IT-Infrastruktur

▸ Urheberrecht

▸ Entwicklungsprozess

▸ Ökosystem

Den Entwicklungsprozess organisiert die Eclipse Foundation anhand von Projekten. Das sogenannte *Eclipse Project* kümmert sich dabei unter anderem um die Weiterentwicklung der Eclipse-Plattform, des PDEs und der JDT. Daneben gibt es eine Vielzahl anderer Projekte, z. B. das *Eclipse Modeling Project*, das *Mylyn Project* oder das *Eclipse Web Tools Platform Project*. Diese Projekte betrachten wir nicht näher. Mehr Informationen zu ihnen finden Sie unter *http://www.eclipse.org/projects/*.

Um die verschiedenen Projekte zu synchronisieren, gibt die Eclipse Foundation jährlich – und zwar jeweils Ende Juli – ein Sammelrelease (den sogenannten *Eclipse Release Train*) aller Projekte frei. Das aktuelle Sammelrelease heißt *Luna*. Abbildung 2.2 gibt einen Überblick über die letzten sechs Sammelreleases sowie deren Umfang, gemessen an der Anzahl der beteiligten Projekte und der Anzahl der Programmzeilen (*Lines of Code*, LOC). Quellen sind der *2014 Annual Community Report* sowie die Pressemitteilung *Eclipse Luna Release Train Now Available* vom 26. Juni 2014 der Eclipse Foundation.

Eclipse Release Train

Die Sammelreleases sind wichtig, um sicherzustellen, dass alle auf Eclipse basierenden Entwicklungswerkzeuge – zumindest solange sie dem Entwicklungsprozess der Eclipse Foundation folgen – problemlos miteinander zusammenarbeiten.

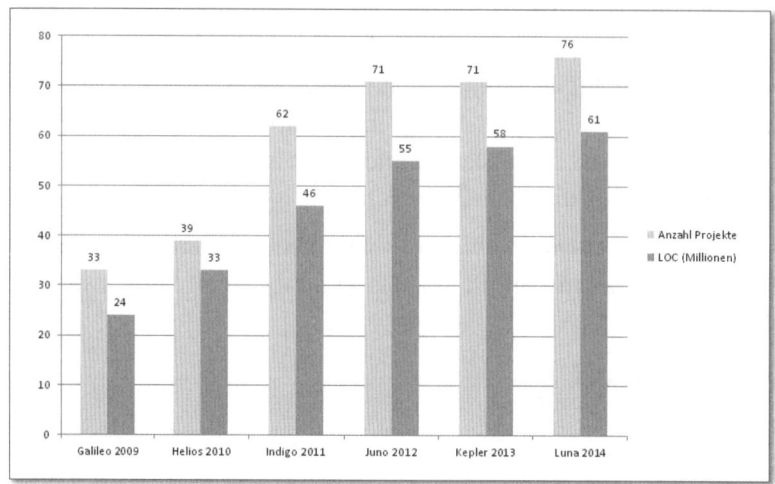

Abbildung 2.2 Eclipse-Sammelreleases

2.2   Die Eclipse-Strategie von SAP

Heterogene Werkzeuge

Heute müssen Entwickler zum Teil mit verschiedenen Werkzeugen arbeiten, um SAP-Anwendungen zu entwickeln. Die Werkzeuge – wie z. B. *ABAP Workbench*, *SAP NetWeaver Developer Studio* oder *Enterprise Services Repository* (ein Teil von *SAP Process Integration*) – basieren auf verschiedenen Technologien. Sie folgen bisweilen nicht dem gleichen Bedienkonzept, ihnen liegen teilweise unterschiedliche Lifecycle-Management-Konzepte zugrunde, und sie arbeiten mitunter nicht (ideal) zusammen.

Desktop und WebEclipse als strategische Platform

Für die Zukunft verfolgt SAP hinsichtlich Entwicklungswerkzeugen eine duale Strategie: SAP bietet desktopbasierte und webbasierte Entwicklungswerkzeuge an. Für die ABAP-Entwicklung für SAP HANA spielen momentan ausschließlich desktopbasierte Werkzeuge eine Rolle. Daher möchten wir kurz beschreiben, welchen Ansatz SAP für diese verfolgt.

Um zukünftig ein möglichst einheitliches Bedienkonzept und Lifecycle Management für alle desktopbasierten Entwicklungswerkzeuge, die im SAP-Kontext zum Einsatz kommen, zu ermöglichen und sie bestmöglich miteinander zu integrieren, hat SAP unter anderem entschieden, die Eclipse-Plattform als strategische Basis für neue desktopbasierte Entwicklungswerkzeuge zu verwenden. Darüber hinaus migriert SAP zum Teil auch bestehende Entwicklungswerkzeuge nach Eclipse.

Leider löst allein die Entscheidung, neue Entwicklungswerkzeuge auf Basis von Eclipse zu entwickeln, nicht das Problem heterogener Werkzeuge. Es ist schön, wenn verschiedene Entwicklungswerkzeuge auf Eclipse aufsetzen und eventuell sogar dem gleichen Bedienkonzept folgen. Wenn die Werkzeuge dann allerdings verschiedene Versionen von Eclipse nutzen, sind Anwender gezwungen, mehrere Eclipse-Installationen vorzuhalten. Daher bietet SAP ähnlich wie die Eclipse Foundation ein Sammelrelease für Eclipse-basierte Entwicklungswerkzeuge an: den *SAP Release Train for Eclipse*.

SAP Release Train for Eclipse

Der SAP Release Train for Eclipse soll sicherstellen, dass verschiedene Entwicklungswerkzeuge in einer Eclipse-Installation koexistieren können, die Entflechtung von Eclipse- und SAP-Software gewährleisten sowie eine zentrale Update-Seite zur Installation und Aktualisierung der Entwicklungswerkzeuge zur Verfügung stellen.

2.2.1 Entflechtung von Eclipse und SAP-Software

In der Vergangenheit hat SAP Eclipse-basierte Entwicklungswerkzeuge häufig über Installationsprogramme ausgeliefert (für einige Werkzeuge existieren diese auch heute noch). Die Installationsprogramme erlauben es in der Regel nicht, verschiedene Entwicklungswerkzeuge in einer Installation von Eclipse zu integrieren. Stattdessen erzeugt jedes Installationsprogramm jeweils eine eigene Installation von Eclipse, so dass der Verwender zwischen mehreren Entwicklungsumgebungen wechseln muss, um verschiedene Werkzeuge zu nutzen (selbst wenn die Werkzeuge auf der gleichen Version von Eclipse aufsetzen).

Problem von Installationsprogrammen

Durch die Verwendung anderer Installationsmechanismen, konkret eines sogenannten *Repositorys* bzw. einer Update-Seite, sollen Eclipse und SAP-Software voneinander entflochten werden. Dadurch stehen dem Verwender alle dem SAP Release Train for Eclipse angeschlossenen Werkzeuge in einer Entwicklungsumgebung zur Verfügung.

2.2.2 Zentrale Update-Seite

Das Hinzufügen bzw. Aktualisieren von Softwarekomponenten in einer bestehenden Eclipse-Installation basiert auf der Plattform *Equinox*

Equinox P2 Update Sites

P2 (siehe auch *http://projects.eclipse.org/projects/rt.equinox.p2*). Die Grundidee dabei ist, dass eine Softwarekomponente in einem sich selbst beschreibenden Repository abgelegt wird. Dieses wird typischerweise als sogenannte *Update Site* auf einem HTTP-Server zur Verfügung gestellt, kann aber auch im Dateisystem als gepackte Archivdatei abgelegt werden. Wenn die Eclipse-Installation das Repository kennt, kann sie von dort die Software installieren oder (automatisch) aktualisieren. Wenn Eclipse während des Hinzufügens oder Aktualisierens der Software Abhängigkeiten zu Softwarekomponenten erkennt, die in einem anderen bekannten Repository liegen, kann es diese von dort automatisch nachladen. Abbildung 2.3 verdeutlicht das Update-Site-Konzept grafisch.

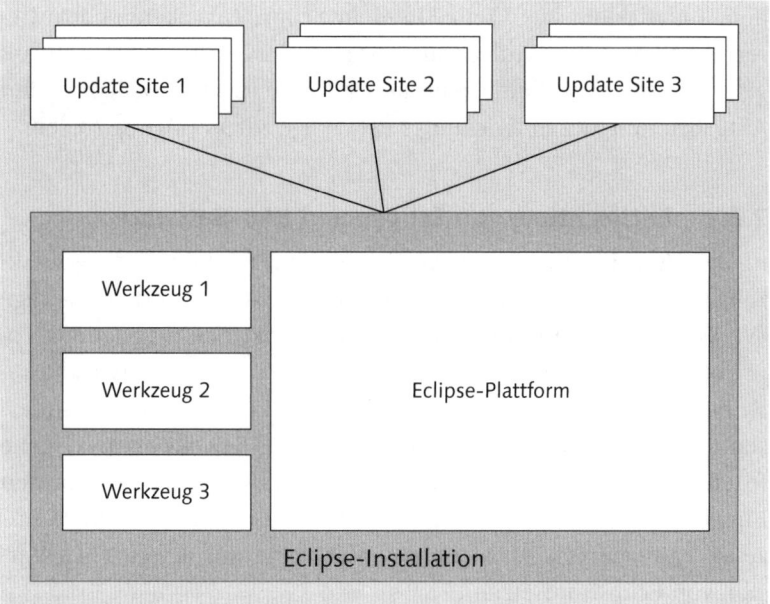

Abbildung 2.3 Update-Site-Konzept

SAP stellt für die am SAP Release Train for Eclipse teilnehmenden Werkzeuge eine zentrale Update Site unter *https://tools.hana.ondemand.com/* zur Verfügung. Teilweise können Sie die Repositorys der Entwicklungswerkzeuge aber auch über den SAP Service Marketplace herunterladen (und dann z. B. eine eigene Update Site betreiben).

Aktuell haben sich folgende Entwicklungswerkzeuge dem SAP Release Train for Eclipse angeschlossen und stehen über vorgenannte Update Site zur Verfügung:

- ABAP Development Tools for SAP NetWeaver
- Modeling Tools for SAP BW powered by SAP HANA
- SAP HANA Cloud Platform Tools
- SAP Mobile Platform Tools
- SAP HANA Tools (d. h. SAP HANA Studio)
- SAP HANA Cloud Integration Tools
- SAP Identity Management Configuration Lifecycle Tools
- UI Development Toolkit for HTML5

2.3 Installation der Entwicklungsumgebung

Nachdem wir Ihnen einige Hintergrundinformationen zu Eclipse und dessen Bedeutung für SAP gegeben haben, möchten wir Ihnen nun erläutern, wie Sie sich eine Entwicklungsumgebung für die ABAP-Entwicklung für SAP HANA aufsetzen können. Wir betrachten die Installation der Entwicklungsumgebung rein konzeptionell, d. h., unsere Erläuterungen ersetzen keinesfalls die verfügbaren und zum Zeitpunkt der Installation gültigen Installationsleitfäden.

Wir werden zunächst Eclipse (Luna Release) installieren. Anschließend werden wir das SAP HANA Studio und die ABAP Development Tools for SAP NetWeaver der Eclipse-Installation hinzufügen. Basis unserer Betrachtung sind dabei, wie in der Einleitung bereits erwähnt, ein SAP NetWeaver Application Server (AS) ABAP 7.4 (Support Package 10), ABAP Development Tools for SAP NetWeaver 2.44 und SAP HANA 1.0 (Support Package Stack 9). Wir gehen davon aus, dass ABAP-Applikationsserver und HANA-Datenbank bereits installiert sind.

Schritte

2.3.1 Installation der Eclipse IDE for Java Developers

Basis Ihrer Entwicklungsumgebung für die ABAP-Entwicklung für SAP HANA ist die *Eclipse IDE for Java Developers*. Diese können Sie problemlos von *http://www.eclipse.org/downloads/* herunterladen. Sie ist für verschiedene Systemumgebungen (Windows, Linux, Mac OS) verfügbar.

Download und Entpacken

Nach dem erfolgreichen Download der Entwicklungsumgebung entpacken Sie die ZIP-Datei in ein beliebiges Verzeichnis auf Ihrem PC oder Laptop. Anschließend führen Sie das Programm `eclipse.exe` aus, um Eclipse zu starten.

2.3.2 Installation des SAP HANA Studios

Verfügbarkeit von SAP HANA Studio

Das SAP HANA Studio können Sie aktuell in folgenden Systemumgebungen installieren:

- Windows XP, Vista, 7 und 8
- Linux (SUSE, Red Hat)
- Mac OS X 10.9 oder höher

Es unterstützt dabei sowohl Eclipse 4.3 als auch 4.4 und benötigt das *Java Runtime Environment* 1.6 oder höher sowie – bei einer Installation auf Windows – die *Microsoft Runtime DLLs VS2010* (letztgenannte wird bei Verwendung der ersten beiden nachfolgend beschriebenen Installationsmechanismen automatisch installiert).

Installation und Update

Zur Installation stehen Ihnen drei Mechanismen zur Verfügung:

- die Installation über ein grafisches Installationsprogramm (`hdbsetup`)
- die Installation über die Kommandozeile (Programm `hdbinst`)
- die Installation über ein Repository bzw. eine Update Site (insofern eine kompatible Eclipse-Installation bereits vorhanden ist)

Mit den gleichen Mechanismen können Sie auch eine bestehende Installation des SAP HANA Studios aktualisieren. Dies ist immer dann notwendig, wenn Sie bzw. ein Administrator die HANA-Datenbank aktualisieren.

Komponenten

Das SAP HANA Studio besteht aus den folgenden Komponenten:

- **Administration**: Werkzeuge zur Administration der SAP-HANA-Datenbank
- **Application Development**: Hierüber erhalten Sie alle Werkzeuge, die Sie für die Erstellung nativer HANA-XS-Anwendungen benötigen.
- **Database Development/Modeller**: Werkzeuge, die insbesondere für die Entwicklung von Data Marts und ABAP-basierten Anwendungen auf Basis von SAP HANA benötigt werden

▶ **Sample Applications und SAP HANA Cloud Platform Tools:**
Beispielapplikationen und Komponenten zur Nutzung des SAP
HANA Studios in Verbindung mit Cloud-basierten HANA-Daten-
banken

Umfassendere Informationen sowie eine Schritt-für-Schritt-Anleitung zur Installation des SAP HANA Studios finden Sie unter *http://
help.sap.com/hana_appliance*.

2.3.3   Installation der ABAP Development Tools for SAP NetWeaver

Die ABAP Development Tools for SAP NetWeaver sind derzeit für
folgende Systemumgebungen verfügbar:

▶ Windows XP, Vista, 7 und 8

▶ Linux (SUSE, Red Hat)

▶ Mac OS X 10.8 oder höher

Verfügbarkeit der ABAP Development Tools

Analog zum SAP HANA Studio unterstützen die ABAP Development
Tools Eclipse 4.3 und 4.4. Sie benötigen ebenfalls Java Runtime
Environment 1.6 oder höher sowie (unter Windows) die Microsoft
Runtime DLLs VS2010.

Im Gegensatz zum SAP HANA Studio existiert für die ABAP Development Tools kein Installationsprogramm. Sowohl die Installation als
auch die Aktualisierung einer bestehenden Installation erfolgen
immer über ein Repository bzw. eine Update Site. Die Installation
setzt voraus, dass auf Ihrem Rechner bereits eine kompatible Eclipse-
Installation vorhanden ist.

Installation und Update

Die ABAP Development Tools for SAP NetWeaver bestehen aus folgenden Komponenten:

Komponenten

▶ **ABAP Core Development Tools**: Dieser Werkzeugkasten enthält
Editoren zur Bearbeitung von ABAP-Quellcode, Debugger, Trans-
portanschluss etc.

▶ **ABAP Development Tools for Web Dynpro**: Werkzeuge zur Entwicklung von Benutzeroberflächen mit Web Dynpro ABAP

▶ **ABAP Development Tools for SAP HANA**: Werkzeuge für die
ABAP-Entwicklung auf SAP HANA

▶ **ABAP Connectivity and Integration Development Tools**: Werkzeuge für die Integration von Systemen

▶ **ABAP Business Objects Tools**: Werkzeuge für die Implementierung von Geschäftsobjekten mit dem *Business Object Processing Framework* (siehe *http://scn.sap.com/community/abap/bopf*)

Umfassendere Informationen und eine Schritt-für-Schritt-Anleitung zur Installation der ABAP Development Tools for SAP NetWeaver finden Sie unter *http://service.sap.com*.

2.4   Erste Schritte im Entwicklungssystem

Nachdem Sie eine Entwicklungsumgebung für die ABAP-Entwicklung auf SAP HANA aufgesetzt haben, können Sie die ersten Schritte im System gehen. Wir stellen Ihnen dazu Entwicklungsbeispiele bereit, die Sie anhand der Beschreibung in Anhang E, »Installation der Beispiele«, auf jedem aktuellen SAP NetWeaver AS ABAP 7.4 (ab Support Package 10) installieren können.

Wenn Sie zum ersten Mal mit Eclipse arbeiten, empfehlen wir Ihnen, neben diesem Buch auch einige weiterführende Informationsquellen zu betrachten. Wir weisen Sie auf diese Quellen an den relevanten Stellen in diesem Abschnitt hin.

2.4.1   Grundlagen von Eclipse

Starten Sie Ihre in Abschnitt 2.3, »Installation der Entwicklungsumgebung«, aufgesetzte Entwicklungsumgebung. Führen Sie dazu das Programm `eclipse.exe` aus.

Workbench   Falls Sie sich beim Start des Programms auf der Registerkarte WELCOME befinden, navigieren Sie zunächst über den Button oben rechts zur WORKBENCH. Öffnen Sie über den Menüpfad WINDOW • OPEN PERSPECTIVE die ABAP-Perspektive. Nun sollten Sie einen Bildschirm ähnlich dem in Abbildung 2.4 sehen. Anhand dieser Abbildung möchten wir Ihnen die wesentlichen Elemente der Eclipse-Entwicklungsumgebung erläutern.

Fenster und Perspektiven   Sie können in Eclipse mit einem oder mehreren Fenstern (*Windows*) parallel arbeiten. Ein zusätzliches Fenster öffnen Sie über den Menüpunkt WINDOW • NEW WINDOW.

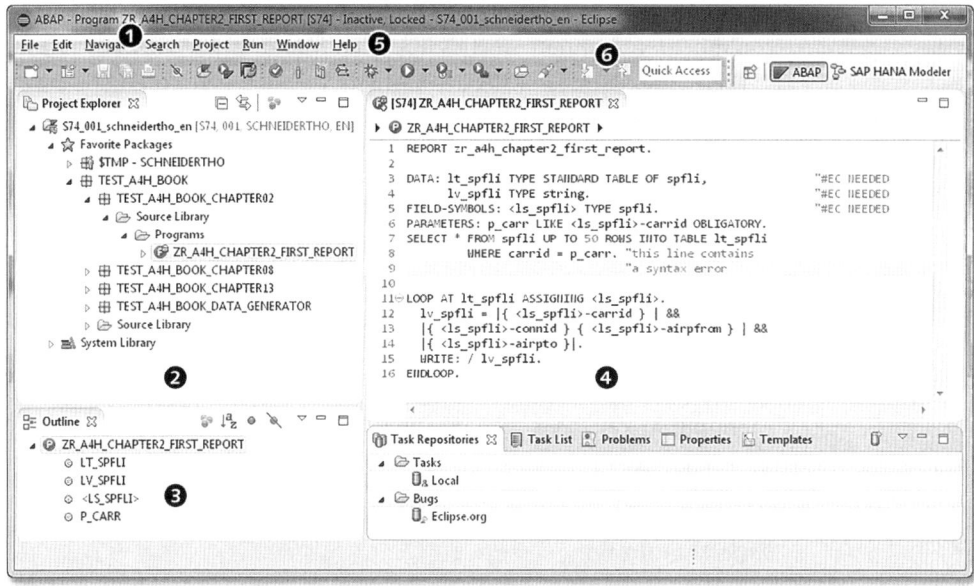

Abbildung 2.4 Eclipse Workbench (mit geöffneter ABAP-Perspektive)

Innerhalb eines Fensters zeigt Eclipse zu einem Zeitpunkt immer genau eine Perspektive (*Perspective*) an. Den Namen der aktuell angezeigten Perspektive sehen Sie in der Titelleiste des Fensters ❶. Eine Perspektive beschreibt die Anordnung von Bildschirmelementen zu einem bestimmten Zweck. So gibt es z. B. die ABAP-Perspektive zur Entwicklung mit ABAP und die JAVA-Perspektive zur Entwicklung mit Java.

Die wichtigsten Bildschirmelemente innerhalb einer Perspektive – auf die wir im Folgenden im Detail eingehen werden – sind:

▸ Ansichten ❷, ❸

▸ Editoren ❹

▸ Menüleisten ❺

▸ Symbolleisten ❻

Sämtliche Änderungen, die Sie an den Bildschirmelementen einer Perspektive vornehmen (wie z. B. Anordnung und Größe), speichert Eclipse automatisch. Wenn Sie eine Perspektive verlassen und anschließend erneut öffnen (über den Menüpfad WINDOW • OPEN PERSPECTIVE), werden Sie die Perspektive wieder genauso vorfinden, wie Sie sie verlassen haben.

Wenn Sie eine Perspektive in ihren Ausgangszustand zurückversetzen möchten, können Sie dies über den Menüpunkt WINDOW • RESET PERSPECTIVE... tun. Bei Bedarf können Sie auch eigene Perspektiven anlegen. Verwenden Sie dazu den Menüpunkt WINDOW • SAVE PERSPECTIVE AS...

Ansichten

Eine Ansicht (*View*, ❷ und ❸) stellt Ihnen bestimmte Informationen zur Verfügung. Zum Beispiel zeigt Ihnen die Ansicht PROBLEMS Warnungen und Fehler an, die beim Aktivieren eines Programms aufgetreten sind. Über die Ansicht PROPERTIES können Sie Eigenschaften eines Programms – wie z. B. Titel, Paket und Originalsystem – einsehen und zum Teil auch ändern. Sie können eine Ansicht über den Menüpunkt WINDOW • SHOW VIEW öffnen.

Editoren

Ein Editor ❹ wird verwendet, um ein Entwicklungsobjekt zu editieren. Häufig sind Editoren *quellcodebasiert*. Es gibt aber auch *formularbasierte* Editoren.

[»] | **Unterschied zwischen Ansichten und Editoren**

Die Frage, worin sich Ansichten und Editoren unterscheiden, stellen sich viele Entwickler, die zum ersten Mal mit Eclipse arbeiten.

Die wesentlichen Unterschiede zwischen Ansichten und Editoren sind:

▸ Innerhalb eines Fensters kann eine Ansicht nur einmal, ein Editor hingegen mehrmals geöffnet werden (z. B. um verschiedene Programme parallel zu bearbeiten).

▸ Ein Editor kann im Gegensatz zu einer Ansicht nicht beliebig platziert werden.

▸ Ein geöffneter Editor ist in jeder Perspektive sichtbar.

▸ Änderungen innerhalb einer Ansicht werden unmittelbar gespeichert. Editoren erfordern ein explizites Speichern.

Mehr Informationen dazu finden Sie unter *http://wiki.eclipse.org*.

Menü- und Symbolleisten

Menüleisten und Symbolleisten enthalten Befehle, die Sie im aktuellen Kontext ausführen können – wie z. B. ein Programm speichern oder ein Programm aktivieren. Die Hauptmenüleiste ❺ finden Sie am oberen Rand der Eclipse-Entwicklungsumgebung. Ansichten und Editoren können weitere Menüs haben, insbesondere Kontextmenüs (die Sie über die rechte Maustaste aufrufen). Sie können aber auch die Hauptmenüleiste um weitere Befehle ergänzen.

Die Hauptsymbolleiste ❻ finden Sie unterhalb der Hauptmenüleiste. Dort finden Sie häufig benötigte Befehle. Ansichten und Editoren können weitere Symbolleisten haben. Sie können auch die Hauptsymbolleiste um weitere Befehle ergänzen.

Abschließend möchten wir kurz darauf eingehen, was es mit den sogenannten *Arbeitsbereichen* (Workspaces) auf sich hat (beim ersten Starten Ihrer Entwicklungsumgebung wurden Sie nach einem Arbeitsbereich gefragt; eventuell haben Sie sich schon gewundert, was es damit auf sich hat).

Arbeitsbereiche

Ein Arbeitsbereich ist, vereinfacht gesagt, ein Verzeichnis auf der Festplatte Ihres Rechners, in dem Eclipse Ihre persönlichen Einstellungen (z. B. zur Anordnung und Größe der Bildschirmelemente einer Perspektive) und Ihre Projektdaten (z. B. Systemverbindungen zum ABAP-Applikationsserver) abspeichert. Zu einem gegebenen Zeitpunkt arbeitet Eclipse immer mit genau einem Arbeitsbereich. Für Arbeitsbereiche können Sie die folgenden Einstellungen vornehmen:

▸ Über die Datei *eclipse.ini* können Sie steuern, welchen Arbeitsbereich Eclipse beim Starten automatisch öffnen soll.

▸ Sie können Eclipse so konfigurieren, dass Sie beim Start nach dem zu verwendenden Arbeitsbereich gefragt werden. Dies ist das Standardverhalten von Eclipse.

▸ Innerhalb von Eclipse können Sie jederzeit den Arbeitsbereich über den Menüpunkt FILE • SWITCH WORKSPACE wechseln.

Weiterführende Informationen zu Eclipse finden Sie insbesondere unter *http://www.eclipse.org/documentation/*.

2.4.2 ABAP Development Tools for SAP NetWeaver

Als Nächstes werden wir uns detaillierter mit den ABAP Development Tools for SAP NetWeaver beschäftigen. Wenn Sie mit den ABAP Development Tools arbeiten, nutzen Sie folgende Perspektiven:

Verfügbare Perspektiven

▸ **ABAP**

In dieser Perspektive bearbeiten Sie Entwicklungsobjekte, wie z. B. Programme, Klassen und Interfaces. Sie können dort außerdem Codeprüfungen und Modultests durchführen.

▶ **ABAP Connectivity & Integration**
Über diese Perspektive können Sie die Integration zwischen Systemen entwickeln. Dabei ermöglicht es ein erweitertes Programmiermodell, die eigene ABAP-Anwendung unabhängig vom später verwendeten Kommunikationsprotokoll zu erstellen.

▶ **ABAP Profiling**
Diese Perspektive verwenden Sie, um Performanceanalysen durchzuführen.

▶ **Debug**
Innerhalb dieser Perspektive können Sie Programmfehler analysieren (die Perspektive DEBUG wird nicht mit den ABAP Development Tools ausgeliefert, sondern ist Standardbestandteil von Eclipse und wird z. B. auch für das Debugging von Java-Programmen oder SQLScript verwendet).

Berechtigungen Für die Arbeit mit den ABAP Development Tools benötigen Sie entsprechende Berechtigungen im ABAP-Backend. Für die Berechtigungsvergabe stehen Ihnen standardmäßig folgende Rollen zur Verfügung:

▶ `SAP_BC_DWB_ABAPDEVELOPER`
Diese Rolle erlaubt, vereinfacht gesagt, das Anlegen, Ändern, Aktivieren und Löschen von Entwicklungsobjekten.

▶ `SAP_BC_DWB_WBDISPLAY`
Diese Rolle erlaubt das Anzeigen von Entwicklungsobjekten.

Beide Rollen beinhalten das Berechtigungsobjekt `S_ADT_RES`. Dieses wird speziell für die Arbeit mit der Eclipse-basierten Entwicklungsumgebung benötigt. Falls Sie eigene Rollen zur Berechtigungsvergabe an ABAP-Entwickler nutzen, stellen Sie sicher, dass diese das Berechtigungsobjekt `S_ADT_RES` berücksichtigen. Wir werden Ihnen nun schrittweise erklären, wie Sie in den ABAP Development Tools ein Programm anlegen. Zu jedem Schritt geben wir Ihnen einige Hintergrundinformationen.

Anlegen eines Projekts

Verbindung zum
ABAP-Backend Um mit den ABAP Development Tools arbeiten zu können, benötigen Sie ein *ABAP-Projekt*, das die Eclipse-basierte Entwicklungsumgebung mit dem ABAP-Backend verbindet. Ein ABAP-Projekt legen

Sie über den Menüpfad FILE • NEW • ABAP PROJECT an. Anschließend hinterlegen Sie folgende Angaben:

▸ eine Verbindung aus dem *SAP Logon Pad* (alternativ können Sie die Verbindungsdaten auch manuell pflegen, ohne dass ein entsprechender Eintrag im SAP Logon Pad existiert)

▸ Anmeldemandant und -sprache

▸ Benutzer und Passwort (das Passwort hinterlegen Sie nur, wenn für die Verbindung aus dem SAP Logon Pad kein Single Sign-on eingerichtet ist; Sie müssen es nach einem Neustart von Eclipse erneut eingeben, da es nicht gespeichert wird)

▸ optional eine Liste Ihrer favorisierten Pakete (hier sollten Sie für die weitere Arbeit mit diesem Buch auf jeden Fall das Paket TEST_ A4H_BOOK aufnehmen; zur Installation des Pakets beachten Sie die Ausführungen in Anhang E, »Installation der Beispiele«)

Die Projektdaten werden in Ihrem aktuellen Arbeitsbereich (siehe auch Abschnitt 2.4.1, »Grundlagen von Eclipse«) gespeichert. Sie können beliebig viele Projekte innerhalb eines Arbeitsbereichs anlegen und dadurch gleichzeitig mit mehreren ABAP-Backends arbeiten.

Nach dem Speichern der Projektdaten sehen Sie das ABAP-Projekt in der Ansicht PROJECT EXPLORER (❷ in Abbildung 2.4). Unter dem Projekt sehen Sie eine Baumstruktur und auf der obersten Ebene dieser Baumstruktur zwei Knoten:

Project Explorer

▸ Ihre favorisierten Pakete (FAVORITE PACKAGES) und die darin enthaltenen Entwicklungsobjekte

▸ die Systembibliothek (SYSTEM LIBRARY), über die Sie Zugriff auf alle Pakete und die darin enthaltenen Entwicklungsobjekte auf dem verbundenen Applikationsserver haben

Wenn Sie im PROJECT EXPLORER doppelt auf ein Entwicklungsobjekt klicken, öffnet sich der entsprechende Editor. Zusätzlich zeigen die Ansicht OUTLINE ❸ die Struktur (im Fall eines Programms z. B. die globalen Variablen und Methoden) und die Ansicht PROPERTIES die Eigenschaften des Entwicklungsobjekts. Nicht für alle Entwicklungsobjekte gibt es einen nativ in Eclipse implementierten Editor. Für ein Entwicklungsobjekt ohne eigenen Editor öffnet sich das SAP GUI, im Fall eines Datenelements z. B. die Transaktion SE11 (ABAP Dictio-

Editoren und SAP-GUI-Integration

nary). Die Ansichten OUTLINE und PROPERTIES sind in diesem Fall nicht verfügbar.

Über die SAP-GUI-Integration können Sie beliebige Entwicklungsobjekte im SAP GUI ausführen, selbst wenn diese aktuell nicht in der Ansicht PROJECT EXPLORER angezeigt werden. Dazu wählen Sie im Menü RUN • RUN ABAP DEVELOPMENT OBJECT... und anschließend das gewünschte Entwicklungsobjekt aus. Dies ist insbesondere nützlich, wenn Sie ein Standardprogramm oder eine Standardtransaktion (wie z. B. SM50) ausführen möchten.

ABAP-Ressourcen-URLs

Eine interessante Funktion für alle Entwicklungsobjekte – unabhängig davon, ob die ABAP Development Tools einen nativen Editor dafür anbieten oder nicht – sind die *ABAP-Ressourcen-URLs*. Diese ermöglichen Ihnen, Hyperlinks für Entwicklungsobjekte zu erzeugen und z. B. in Webseiten oder E-Mails einzubinden. Über einen Klick auf den Hyperlink können Sie das entsprechende Entwicklungsobjekt direkt in den ABAP Development Tools öffnen.

Zum Erzeugen einer ABAP-Ressourcen-URL wählen Sie im Kontextmenü eines Entwicklungsobjekts SHARE LINK... (im Quellcode eines Entwicklungsobjekts stattdessen SHARE LINK FOR SELECTION...). Das Öffnen eines Entwicklungsobjekts über einen Hyperlink setzt voraus, dass Sie Ihre Eclipse-Installation dafür registriert haben. Beachten Sie dazu die Ausführungen im nächsten Abschnitt.

Kein Check-in/ Check-out

Die ABAP Development Tools arbeiten im Gegensatz zu anderen Eclipse-basierten Entwicklungswerkzeugen nicht mit einem *Check-in/Check-out-Mechanismus*. Folglich können Sie mit den ABAP Development Tools nicht *offline* (also nicht ohne Verbindung zum ABAP-Backend) arbeiten. Sobald Sie ein Entwicklungsobjekt bearbeiten, wird dieses automatisch für die Bearbeitung durch andere Benutzer gesperrt (anders als im SAP GUI schalten Sie also nicht explizit zwischen ANZEIGEN und ÄNDERN um). Speichern, Syntaxprüfung und Aktivierung erfolgen immer im ABAP-Backend.

Benutzerspezifische Einstellungen

Bestimmt kennen Sie die Möglichkeit, in der ABAP Workbench benutzerspezifische Einstellungen über den Menüpunkt UTILITIES • SETTINGS vorzunehmen und dadurch die (SAP-GUI-basierte) Entwicklungsumgebung an Ihre persönlichen Bedürfnisse anzupassen.

In Eclipse finden Sie benutzerspezifische Einstellungen im Menü unter WINDOW • PREFERENCES. Viele der Optionen dort sind allgemeine Einstellungen für Eclipse und nicht spezifisch für die ABAP-Entwicklung, beeinflussen diese aber trotzdem. Die spezifischen Einstellungen für die ABAP Development Tools finden Sie unter dem Knoten ABAP DEVELOPMENT (siehe Abbildung 2.5).

Allgemeine Einstellungen

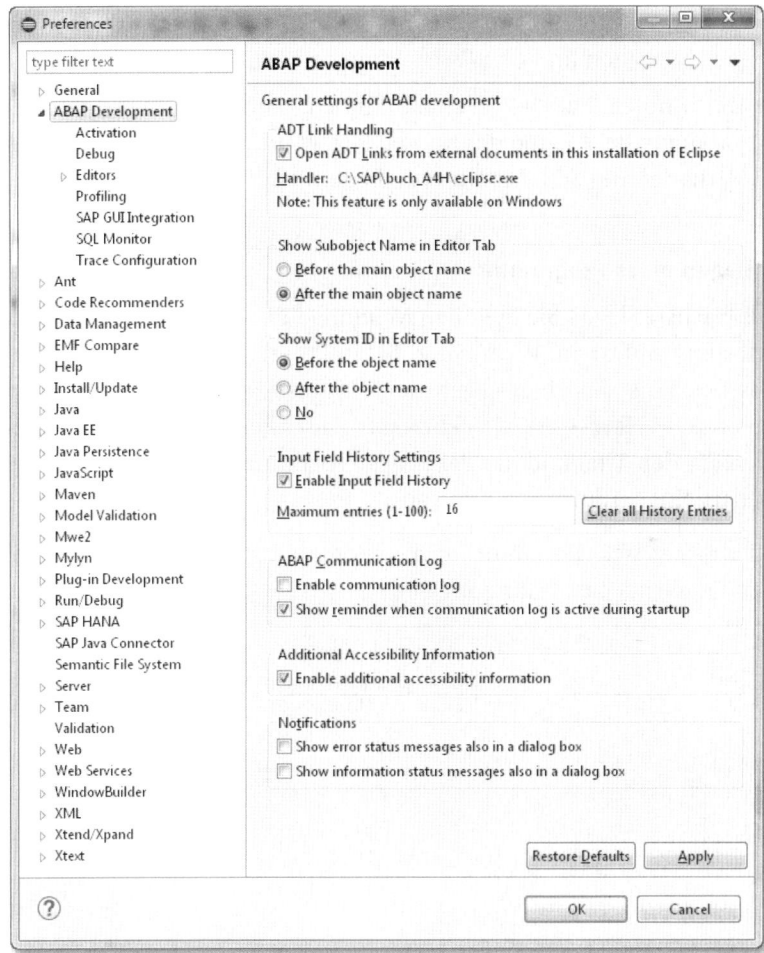

Abbildung 2.5 Benutzerspezifische Einstellungen für ABAP Development Tools

Die folgenden Einstellungsmöglichkeiten sollten Sie kennen:

▶ Direkt auf dem Knoten ABAP DEVELOPMENT können Sie ein Häkchen vor OPEN ADT LINKS FROM EXTERNAL DOCUMENTS IN THIS IN-

Editieren des Quellcodes

STALLATION OF ECLIPSE setzen. Nur wenn dieses Häkchen gesetzt ist, können Sie die ABAP-Ressourcen-URLs (siehe vorangegangenen Abschnitt) nutzen.

▶ Über den Knoten ACTIVATION können Sie Einstellungen zur Aktivierung vornehmen.

▶ Das Debugging steuern Sie über den Knoten DEBUG.

▶ Über den Knoten EDITORS können Sie unter anderem Codevorlagen verwalten und den *Pretty Printer* steuern.

▶ Der Knoten PROFILING erlaubt Ihnen, Performanceanalysen zu parametrisieren, und der Knoten SQL MONITOR erlaubt Ihnen, das Verhalten des SQL Monitors zu beeinflussen.

Anlegen eines Programms

Als Nächstes legen Sie über den Menüpfad FILE • NEW ein neues Entwicklungsobjekt an. Wenn Sie z. B. ein Programm anlegen möchten, das den Flugplan einer gegebenen Fluggesellschaft ausgibt, wählen Sie FILE • NEW • ABAP PROGRAM. Anschließend geben Sie den Namen, den Titel und das Paket des Programms ein und wählen bei Bedarf einen Transportauftrag aus.

Nun öffnet sich der Editor für das Programm. Fügen Sie als Beispiel den Quellcode aus Listing 2.1 ein:

```
REPORT zr_a4h_chapter2_first_report.

DATA: lt_spfli TYPE STANDARD TABLE OF spfli. "#EC NEEDED
      lv_spfli TYPE string. "#EC NEEDED
FIELD-SYMBOLS: <ls_spfli> TYPE spfli. "#EC NEEDED
PARAMETERS: p_carr LIKE <ls_spfli>-carrid OBLIGATORY.
SELECT * FROM spfli UP TO 50 ROWS INTO TABLE lt_spfli
        WHERE carrid = p_car. "this line contains
                              "a syntax error
LOOP AT lt_spfli ASSIGNING <ls_spfli>.
  lv_spfli = |{ <ls_spfli>-carrid } | &&
  |{ <ls_spfli>-connid } { <ls_spfli>-airpfrom } | &&
  |{ <ls_spfli>-airpto }|.
  WRITE: / lv_spfli.
ENDLOOP.
```

Listing 2.1 Einfaches ABAP-Programm

> **Hinweis zu Listing 2.1** [«]
>
> Um die Laufzeit des Programms zu begrenzen, verwenden Sie den Zusatz UP TO n ROWS. Das Programm gibt dann nicht den gesamten Flugplan, sondern maximal 50 Verbindungen aus.

Beim Editieren des Quellcodes werden Sie in den ABAP Development Tools wie im SAP GUI durch zahlreiche Funktionen unterstützt. Wir möchten auf drei Funktionen etwas näher eingehen:

Editierfunktionen

▸ **Codevervollständigung**

In den ABAP Development Tools können Sie die sogenannte *Code Completion* nutzen. Verwenden Sie die Tastenkombination Strg + Leertaste, damit Ihnen gültige Schlüsselwörter und Bezeichner an einer bestimmten Stelle im Quelltext vorgeschlagen werden.

▸ **Codevorlagen**

Ebenfalls über Strg + Leertaste können Sie Codevorlagen (sogenannte *Templates*) im Quellcode einfügen. Alternativ funktioniert dies auch per Drag & Drop von der Ansicht TEMPLATES zum Editor. In der Ansicht TEMPLATES können Sie auch eigene Codevorlagen definieren. Diese werden in Ihrem aktuellen Arbeitsbereich gespeichert.

▸ **Pretty Printer**

Der *Pretty Printer* hilft Ihnen bei der einheitlichen Formatierung des Quelltextes (insbesondere hinsichtlich Groß-/Kleinschreibung und Einrückungen). Wie im SAP GUI rufen Sie den Pretty Printer auch in den ABAP Development Tools über die Tastenkombination ⇧ + F1 auf.

Sie können während der Bearbeitung des Quelltextes jederzeit eine Syntaxprüfung durchführen. Am einfachsten verwenden Sie dazu die Tastenkombination Strg + F2.

Prüfung

Wie in Abbildung 2.6 dargestellt, werden Ihnen eventuelle Warnungen und Fehler sowohl in der Ansicht PROBLEMS als auch im Editor (und dort im linken und rechten Spaltenzwischenraum) angezeigt. Für Listing 2.1 sollte die Syntaxprüfung einen Fehler in Programmzeile 8 anmahnen. Korrigieren Sie diesen.

Verfügbare Perspektiven

Falls Sie den Quelltext umfangreichen Prüfungen unterziehen möchten, können Sie dies über das sogenannte *ABAP Test Cockpit* tun. Rufen Sie dazu das Kontextmenü Ihres Programms auf: RUN AS • ABAP TEST COCKPIT.

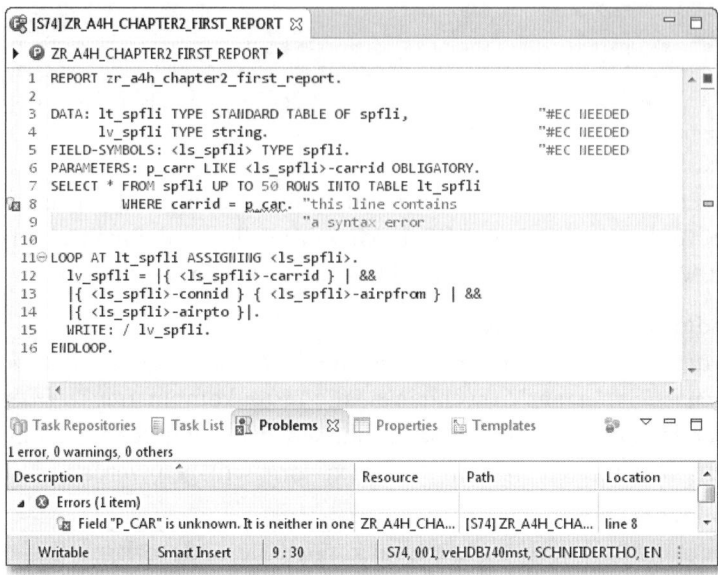

Abbildung 2.6 Ergebnis der Syntaxprüfung

<table>
<tr><td>Programm speichern und aktivieren</td><td>Nach erfolgreicher Syntaxprüfung speichern Sie Ihr Programm (prinzipiell können auch fehlerhafte Entwicklungsobjekte gespeichert werden), indem Sie im Menü FILE • SAVE wählen. Das Speichern erzeugt eine inaktive Version des Programms im ABAP-Backend.</td></tr>
</table>

Wenn Sie anschließend das Programm über den Menüpfad EDIT • ACTIVATE aktivieren, erzeugt die Aktivierung – unter der Annahme, dass das Programm syntaxfehlerfrei ist – eine aktive Version des Programms im ABAP-Backend.

Sicherlich haben Sie während Ihrer Arbeit mit der ABAP Workbench die dort vorhandenen, umfangreichen Navigationsmöglichkeiten kennen und schätzen gelernt. Auch in der Eclipse-basierten Entwicklungsumgebung stehen Ihnen Vorwärtsnavigation und Verwendungsnachweis zur Verfügung.

Vorwärtsnavigation

Zur Vorwärtsnavigation markieren Sie einen Bezeichner im Quelltext. Anschließend wählen Sie im Menü NAVIGATE • NAVIGATE TO (oder drücken alternativ die [F3]-Taste). Für unser Beispielprogramm können Sie etwa die folgenden Aktionen ausführen:

- eine Vorwärtsnavigation auf der Variablen LV_SPFLI in Programmzeile 14: Das System navigiert zur Definition der Variablen in Programmzeile 4.

▸ mit dem Mauszeiger die Datenbanktabelle SPFLI wählen und die
F3-Taste drücken: Das System öffnet die Definition der Datenbanktabelle im SAP GUI.

Der Verwendungsnachweis funktioniert analog. Sie markieren einen
Bezeichner im Quelltext. Anschließend wählen Sie im Kontextmenü
GET WHERE-USED LIST… Das Ergebnis des Verwendungsnachweises
sehen Sie in der Ansicht SEARCH (siehe Abbildung 2.7).

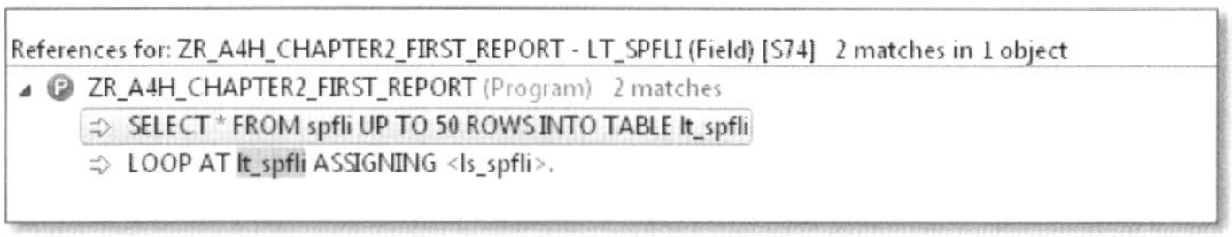

Verwendungs-
nachweis

```
References for: ZR_A4H_CHAPTER2_FIRST_REPORT - LT_SPFLI (Field) [S74]  2 matches in 1 object
▲ ⓟ ZR_A4H_CHAPTER2_FIRST_REPORT (Program)  2 matches
   ⇨ SELECT * FROM spfli UP TO 50 ROWS INTO TABLE lt_spfli
   ⇨ LOOP AT lt_spfli ASSIGNING <ls_spfli>.
```

Abbildung 2.7 Ergebnis des Verwendungsnachweises

Durch Doppelklick auf eine Zeile des Ergebnisses können Sie zum
Verwender navigieren.

Ausführen des Programms

Nachdem Sie sich mit dem Anlegen eines Programms und den Edi-
tiermöglichkeiten in den ABAP Development Tools for SAP NetWeaver vertraut gemacht haben, möchten Sie das Programm in der Regel
testweise ausführen. Dazu wählen Sie im Kontextmenü des Programms RUN AS • ABAP APPLICATION. Führen Sie das Beispielprogramm aus Listing 2.1 aus, erscheint als Nächstes das Selektionsbild
des Programms im SAP GUI. Dort geben Sie die Kurzbezeichnung
einer Fluggesellschaft ein. Wenn Sie anschließend F8 drücken,
sehen Sie den entsprechenden Flugplan.

Ausführen
im SAP GUI

Falls Sie ein Programm zur Analyse von Programmfehlern debuggen
möchten, können Sie einen oder mehrere Breakpoints in den ABAP
Development Tools setzen. Dabei können Sie zwischen statischen
und dynamischen Breakpoints wählen:

Debugging

▸ *Statische Breakpoints* beziehen sich auf eine konkrete Programmzeile. Sie setzen einen statischen Breakpoint durch Doppelklick auf
den linken Spaltenzwischenraum des Editors.

▸ *Dynamische Breakpoints* beziehen sich auf eine konkrete ABAP-
Anweisung oder Ausnahmeklasse. Sie setzen einen dynamischen
Breakpoint über RUN • ABAP BREAKPOINTS.

Abbildung 2.8 zeigt, wie statische Breakpoints im linken Spaltenzwischenraum des Editors und in der Ansicht BREAKPOINTS angezeigt
werden. Dynamische Breakpoints werden nur in der Ansicht BREAK-
POINTS dargestellt.

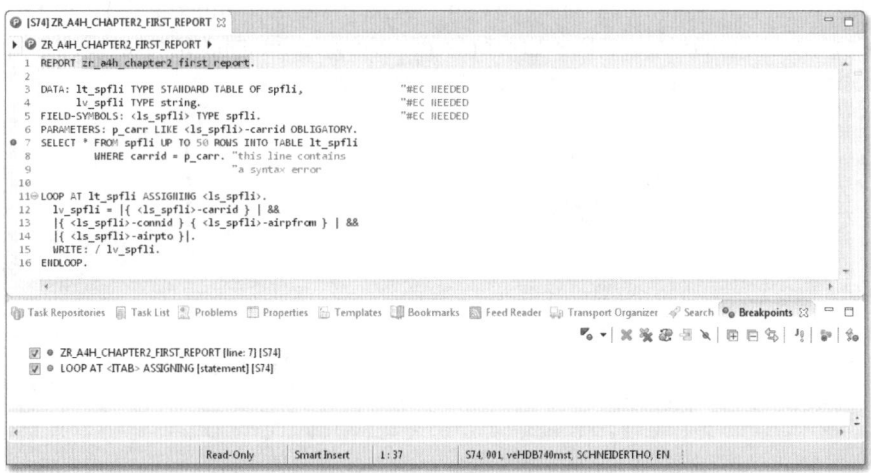

Abbildung 2.8 Anzeige der gesetzten Breakpoints

Externe
Breakpoints

Technisch betrachtet arbeiten die ABAP Development Tools mit
sogenannten *externen Breakpoints*. Diese gelten über Ihre aktuelle
Benutzersitzung hinweg für alle Programme, die unter Ihrem Benutzer auf einem der Applikationsserver des ABAP-Backends (definiert
durch System und Mandant im ABAP-Projekt) ausgeführt werden.

Wenn das System beim Ausführen eines Entwicklungsobjekts auf
einen Breakpoint trifft, öffnet sich automatisch die Perspektive
DEBUG. Dort können Sie – ähnlich wie im SAP-GUI-basierten Debugger – unter anderem die Aufrufhierarchie und die Inhalte von Variablen analysieren sowie das Coding Schritt für Schritt durchführen.
Abbildung 2.9 zeigt die Perspektive DEBUG für unser Beispielprogramm.

Weiterführende
Informationen

Abschließend möchten wir Ihnen einige Quellen an die Hand geben,
wo Sie weiterführende Informationen für die Arbeit mit den ABAP
Development Tools finden:

▸ Falls Sie zum ersten Mal mit den ABAP Development Tools arbeiten, empfehlen wir Ihnen, die verfügbaren Übungen im SAP Community Network durchzuarbeiten:
http://scn.sap.com/docs/DOC-31815

▸ Im Menü können Sie über HELP • HELP CONTENTS jederzeit die Onlinedokumentation aufrufen.

▸ Mit den ABAP Development Tools liefert SAP einige Spickzettel (sogenannte *Cheat Sheets*) aus, die Ihnen bei den ersten Schritten unter die Arme greifen. Sie finden diese unter HELP • CHEAT SHEETS…

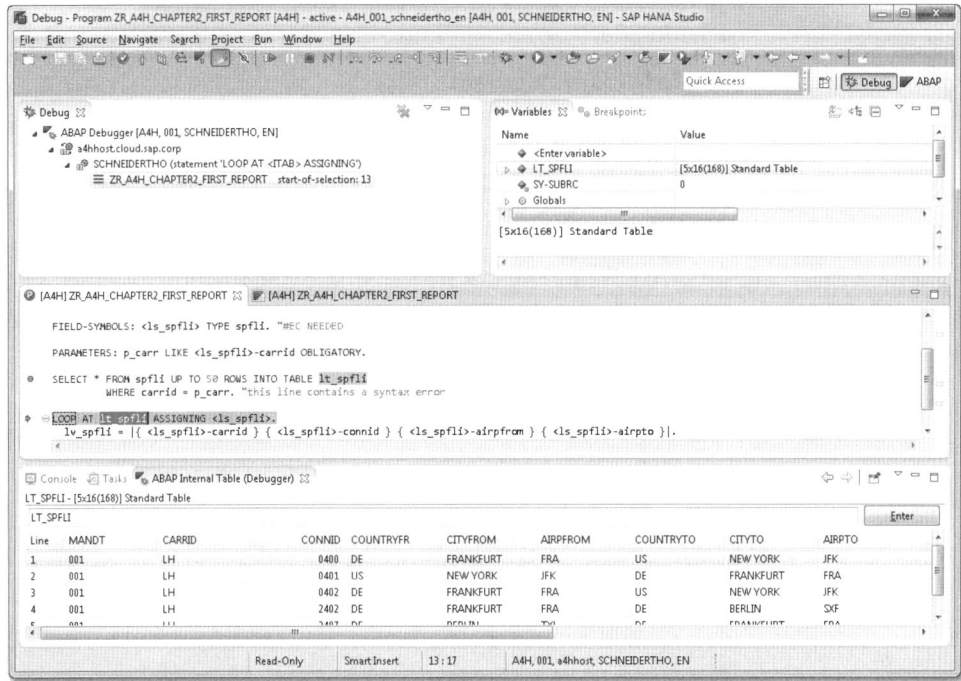

Abbildung 2.9 Perspektive »Debug«

Damit sind Sie in der Lage, die ABAP Development Tools for SAP NetWeaver zu bedienen. Als Nächstes führen wir Sie in die Bedienung des SAP HANA Studios ein.

2.4.3 SAP HANA Studio

Genau wie die ABAP Development Tools for SAP NetWeaver besteht auch das SAP HANA Studio aus verschiedenen Perspektiven. Das sind insbesondere:

▸ **SAP HANA Administration Console**
In dieser Perspektive können Sie bzw. ein Administrator z. B. das System überwachen, Systemeinstellungen vornehmen sowie Benutzer und Berechtigungen verwalten.

- **SAP HANA Modeler (Modeler)**

  Im Modeler haben Sie Zugriff auf den Datenbankkatalog und können sowohl Datensichten als auch Datenbankprozeduren im *SAP HANA Repository* anlegen.

- **SAP HANA PlanViz**

  Die Perspektive dient der Visualisierung von Ausführungsplänen (siehe Kapitel 7, »Laufzeit- und Fehleranalyse auf SAP HANA«).

- **SAP HANA Development**

  Die Perspektive SAP HANA DEVELOPMENT ist für die Entwicklung in SAP HANA und insbesondere mit den *SAP HANA Extended Application Services* gedacht. Sie kommuniziert mit dem SAP HANA Repository.

Berechtigungen für das SAP HANA Studio

Für die Arbeit mit dem SAP HANA Studio benötigen Sie ähnlich wie bei der Arbeit mit dem SAP NetWeaver AS ABAP entsprechende Berechtigungen – und zwar in der HANA-Datenbank.

[»] **Berechtigungen in SAP HANA**

Die Berechtigungen in SAP HANA untergliedern sich in folgende Bereiche:

- *Analytische Berechtigungen* kontrollieren den Zugriff auf Attribute Views, Analytic Views und Calculation Views.

- *Objektberechtigungen* definieren, auf welchen Datenbankobjekten der Benutzer welche Berechtigungen hat.

- *Systemberechtigungen* definieren, welche Systemoperationen der Benutzer durchführen darf.

- *Paketberechtigungen* kontrollieren den Zugriff auf Pakete des SAP HANA Repositorys.

- *Applikationsberechtigungen* steuern den Zugriff auf mit der XS Engine entwickelte Applikationen.

- *Benutzerberechtigungen* werden im Rahmen des Debuggings von SQL-Script anderer Benutzer benötigt.

Berechtigungen lassen sich zu Rollen gruppieren oder direkt Benutzern zuordnen.

Wir möchten an dieser Stelle das Berechtigungskonzept der HANA-Datenbank nicht im Detail erläutern, sondern uns auf die Berechtigungen konzentrieren, die Sie als ABAP-Entwickler für die Arbeit mit dem SAP HANA Studio benötigen.

Wenn Sie bereits mit dem ABAP-Release 7.4 arbeiten und die HANA-Datenbank als Primärpersistenz nutzen, können Sie die folgenden Standardrollen für die Berechtigungsvergabe an ABAP-Entwickler, die mit dem SAP HANA Studio arbeiten sollen, verwenden:

Rollen für ABAP-Entwickler

▸ ABAP_DEV

Diese Rolle erlaubt, vereinfacht gesagt, die Bearbeitung von Entwicklungsobjekten im SAP HANA Repository.

▸ ABAP_READ

Diese Rolle erlaubt die Anzeige von Entwicklungsobjekten.

▸ ABAP_ADMIN

Systemadministratoren, denen diese Rolle zugewiesen ist, können anderen Benutzern die Rollen ABAP_DEV und ABAP_READ zuweisen.

Wir fokussieren uns im weiteren Verlauf dieses Abschnitts auf die für Sie als ABAP-Entwickler zunächst relevante Perspektive SAP HANA MODELER. Darauf aufbauend erhalten Sie in Kapitel 4, »Native Datenbankentwicklung mit SAP HANA«, weiterführende Informationen.

Einstellung der Modeler-Perspektive

Anlegen einer Systemverbindung

Um mit dem SAP HANA Studio arbeiten zu können, benötigen Sie eine Systemverbindung, die das SAP HANA Studio mit der HANA-Datenbank verbindet. Eine Systemverbindung können Sie z. B. in der Perspektive SAP HANA MODELER anlegen. Nutzen Sie dazu den Kontextmenüeintrag ADD SYSTEM… in der Ansicht SYSTEMS. Für die Systemverbindung hinterlegen Sie die folgenden Informationen:

Verbindung zur Datenbank

▸ Servername und Instanznummer

▸ Beschreibung

▸ Benutzer und Passwort

Die Systemdaten werden in Ihrem aktuellen Arbeitsbereich (siehe auch Abschnitt 2.4.1, »Grundlagen von Eclipse«) gespeichert. Sie können beliebig viele Systemverbindungen innerhalb eines Arbeitsbereichs anlegen. Dadurch können Sie gleichzeitig mit mehreren Datenbanken arbeiten.

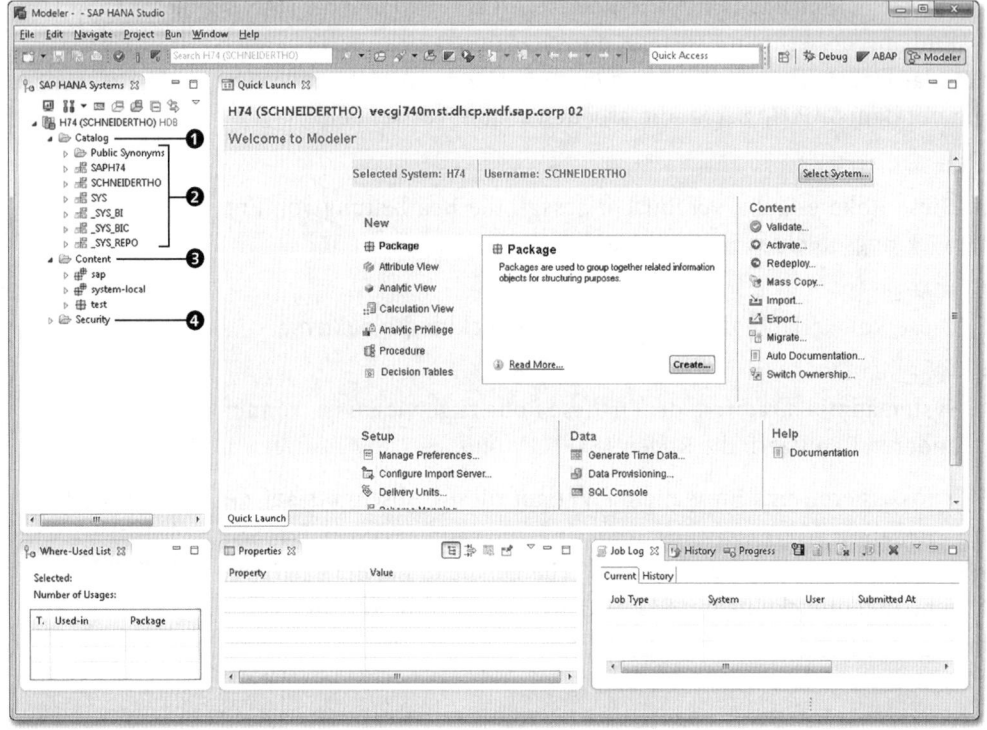

Abbildung 2.10 Modeler-Perspektive des SAP HANA Studios

Navigator

Nach dem Speichern der Systemdaten sehen Sie die Systemverbindung in der Ansicht SYSTEMS (siehe Abbildung 2.10).

Unter der Systemverbindung sehen Sie eine Baumstruktur und auf der obersten Ebene dieser Baumstruktur vier Knoten:

- Der *Datenbankkatalog* (CATALOG ❶) enthält *Datenbankobjekte* ❷, wie z. B. Datenbanktabellen, Datensichten und Datenbankprozeduren.
- Der Knoten CONTENT repräsentiert die Pakete ❸ des *SAP HANA Repositorys*, das der Entwicklungsorganisation dient.
- Der Knoten PROVISIONING wird zur Einbindung anderer Datenquellen verwendet.
- Rollen und Benutzer verwalten Sie über den Knoten SECURITY ❹.

Benutzerspezifische Einstellungen

Ähnlich wie in der ABAP Workbench bzw. den ABAP Development Tools können Sie auch im SAP HANA Studio einige benutzerspezifische Einstellungen vornehmen. Die für die Perspektive SAP HANA MODELER relevanten Einstellungen finden Sie unter WINDOW • PREFERENCES • SAP HANA • MODELER. Dort wiederum sind insbesondere die Einstellungen zur Datenvorschau (Knoten DATA PREVIEW) sowie die Regeln zur Validierung von Entwicklungsobjekten (Knoten VALIDATION RULES) interessant.

Arbeiten mit dem Datenbankkatalog

Der Datenbankkatalog der HANA-Datenbank ist analog zum Katalog anderer Datenbanken aufgebaut. Er verwaltet die Datenbankobjekte in *Datenbankschemata* (❷ in Abbildung 2.10). Ein Schema gruppiert logisch zusammengehörige Datenbankobjekte (vergleichbar mit einem *Namensraum*). Im Prinzip hat jeder Datenbenutzer sein eigenes Datenbankschema.

Der ABAP-Applikationsserver kommuniziert mit der Datenbank in der Regel über genau einen technischen Datenbankbenutzer. Auch dieser hat ein entsprechendes Datenbankschema, das *Systemschema* oder *ABAP-Schema* (Details dazu erfahren Sie in Abschnitt 3.1, »Architektur des SAP NetWeaver AS ABAP«). In Abbildung 2.10 ist dies das Schema SAPS74.

Einige Datenbankschemata werden intern von der HANA-Datenbank verwendet. Dazu gehören insbesondere das Datenbankschema SYS sowie alle mit _SYS beginnenden Datenbankschemata.

Datenbankschemata

Technische Schemata

Technische Datenbankschemata in SAP HANA   **[«]**

SAP HANA enthält (direkt nach der Installation) einen Satz von Datenbankschemata. Diese spielen für verschiedene Szenarien eine große Rolle. Daher möchten wir Ihnen Hintergrundinformationen zu einigen der intern von der HANA-Datenbank verwendeten Schemata geben:

▶ _SYS:
Dieses Schema enthält technische Tabellen und Views für die Administration und das Monitoring des Systems. Es spielt für die Anwendungsentwicklung keine Rolle.

▶ _SYS_AFL:
Hier werden Datenbankobjekte für Funktionsbibliotheken abgelegt. Das Schema wird erst bei der Installation von Funktionsbibliotheken angelegt (siehe Kapitel 12, »Funktionsbibliotheken in SAP HANA«).

▶ _SYS_BI:
Dieses Schema enthält spezielle Tabellen und Sichten für Analyseszenarien (z. B. Fiskaljahrdaten).

- ▶ _SYS_BIC:
  In dieses Schema werden während der Aktivierung von Entwicklungsobjekten die zugehörigen Laufzeitobjekte generiert (darauf gehen wir im Folgenden noch genauer ein).
- ▶ _SYS_REPO:
  Hier werden die Entwicklungsobjekte des SAP HANA Repositorys abgelegt (auch auf diesen Aspekt gehen wir im Folgenden noch genauer ein).
- ▶ _SYS_XS:
  Dieses Schema wird von der XS Engine verwendet.

Datenbankobjekte

In den Datenbankschemata liegen Datenbankobjekte. Die HANA-Datenbank kennt die in Tabelle 2.1 aufgeführten Datenbankobjekte.

Objekt	Beschreibung
COLUMN VIEW	Column Views sind spezielle Datensichten in SAP HANA. Sie basieren auf Tabellen im Column Store und werden in der Regel über das SAP HANA Repository angelegt.
FUNCTION	Eine benutzerdefinierte Funktion (*User Defined Function*) führt Kalkulationen durch und kann in SELECT-Anweisungen eingebunden werden.
INDEX	Ein Index unterstützt die Suche und das Sortieren. Beachten Sie die Ausführungen zu Indizes in Kapitel 10, »Textsuche und Analyse von unstrukturierten Daten«, und Kapitel 14, »Praxistipps«.
PROCEDURE	Mit Datenbankprozeduren (*Procedures*) können Sie Algorithmen, die in der HANA-Datenbank ausgeführt werden sollen, kapseln und wiederverwenden. Details dazu erläutern wir Ihnen in Kapitel 6, »Erweiterte Datenbankprogrammierung mit ABAP 7.4«.
SEQUENCE	Eine Sequenz (*Sequence*) kann verwendet werden, um – nach bestimmten Regeln – eindeutige, fortlaufende Nummern zu erzeugen. Die Idee ist sehr ähnlich der von Nummernkreisen in ABAP.
SYNONYM	Synonyme (*Synonyms*) können als Aliasse für Datenbanktabellen, Datensichten, Prozeduren und Sequenzen definiert werden. Wir kommen darauf in diesem Kapitel noch einmal zu sprechen.
TABLE	Datenbanktabellen (*Tables*) speichern Daten. Im Rahmen der ABAP-Entwicklung auf SAP HANA legen Sie Datenbanktabellen häufig über das ABAP Dictionary an.

Tabelle 2.1 Objekte im Datenbankkatalog

Objekt	Beschreibung
TRIGGER	Datenbanktrigger (*Trigger*) sind Funktionen, die bei gewissen Änderungen in der Datenbank aufgerufen werden.
VIEW	Datensichten (*Views*) sind, vereinfacht gesagt, gespeicherte Abfragen (über eine oder mehrere Tabellen), die sich via SQL wie eine Datenbanktabelle ansprechen lassen.

Tabelle 2.1 Objekte im Datenbankkatalog (Forts.)

Im Rahmen der ABAP-Entwicklung auf SAP HANA werden Sie in der Regel keine Datenbankobjekte direkt im Katalog, sondern nur indirekt z. B. über das ABAP Dictionary, das SAP HANA Repository oder den SAP Landscape Transformation Replication Server anlegen. Unter Umständen werden Sie sich aber Datenbankobjekte direkt im Katalog anschauen wollen. Wie dies funktioniert, werden wir nun kurz am Beispiel der Tabelle SPFLI erläutern, die Sie in Listing 2.1 bereits verwendet haben.

Öffnen Sie den Knoten CATALOG und dort das ABAP-Schema. Dort sehen Sie nun Knoten für die verschiedenen Datenbankobjekte. Über den Kontextmenüeintrag FIND TABLE des Knotens TABLES können Sie nach einer konkreten Datenbanktabelle suchen. Im Suchdialog geben Sie »SPFLI« ein. Stellen Sie anschließend sicher, dass SHOW DEFINITION aktiviert ist, und klicken Sie auf OK.

Tabellendefinition

Nun öffnet das System die Tabellendefinition (siehe Abbildung 2.11). Dort erkennen Sie, dass die Tabelle SPFLI die *spaltenorientierte Datenablage* (*Column Store*) nutzt. Darüber hinaus können Sie unter anderem Spalten, Indizes und Laufzeitinformationen der Datenbanktabelle prüfen.

Analog zur Tabellendefinition können Sie sich auch den Tabelleninhalt über den Kontextmenüeintrag FIND TABLE anzeigen lassen. Alternativ können Sie dazu zunächst über das Kontextmenü des TABLES-Knotens einen Filter auf den Tabellennamen setzen. Anschließend zeigt die Ansicht NAVIGATOR nur die Tabellen, die der Filterbedingung genügen. Nun können Sie über die rechte Maustaste den Kontextmenüeintrag OPEN CONTENT auswählen. Beachten Sie, dass das System nur die ersten 1.000 Datensätze (und nicht den kompletten Inhalt der Datenbanktabelle) anzeigt.

Tabelleninhalt und Datenvorschau

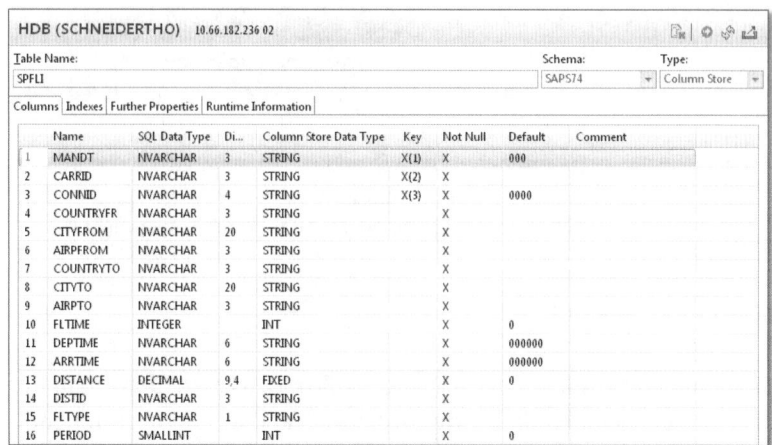

Abbildung 2.11 Tabellendefinition am Beispiel der Tabelle SPFLI

Datenvorschau   Über die Datenvorschau (*Data Preview*) können Sie auch mehr als 1.000 Datensätze analysieren. Sie erreichen die Datenvorschau über den Kontextmenüeintrag OPEN DATA PREVIEW. Abbildung 2.12 zeigt die Datenvorschau am Beispiel der Tabelle SPFLI.

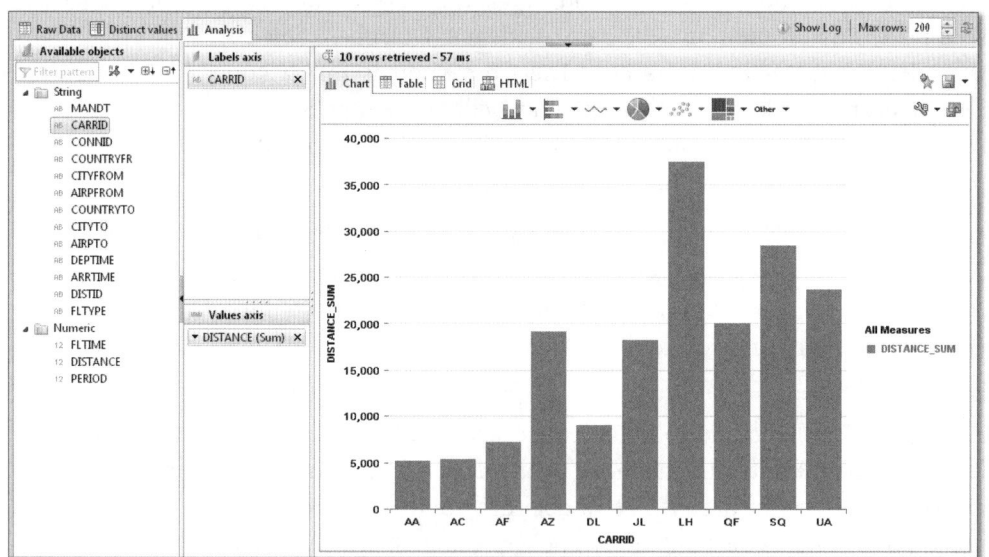

Abbildung 2.12 Datenvorschau am Beispiel der Tabelle SPFLI

Die Datenvorschau besteht aus verschiedenen Registerkarten:

▶ Die Registerkarte RAW DATA zeigt die Rohdaten der Tabelle an. Sie können die Daten unter anderem filtern, sortieren und exportieren.

▸ Auf der Registerkarte DISTINCT VALUES können Sie analysieren, welche unterschiedlichen Werte es für ein Feld der Datenbankta- belle gibt und wie oft die Werte jeweils vorkommen. Dies erlaubt Ihnen Rückschlüsse auf die Datenverteilung.

▸ Die Registerkarte ANALYSIS ist ähnlich wie eine Pivottabelle aufge- baut. Sie können hier einfache Analysen erstellen. Dabei stehen Ihnen eine tabellarische und eine grafische Darstellung zur Verfü- gung.

Das letzte Werkzeug, das für das Arbeiten mit dem Datenbankkata- log sehr nützlich sein kein, ist die *SQL-Konsole*. Diese erlaubt Ihnen, sehr schnell und unkompliziert lesende und schreibende SQL- Anweisungen an die HANA-Datenbank abzusetzen. Wenn Sie z. B. den Flugplan aus Abschnitt 2.4.2, »ABAP Development Tools for SAP NetWeaver«, um den Namen der Fluggesellschaft ergänzen möchten, können Sie dazu einen sogenannten *Join* (siehe Kapitel 3, »Daten- bankprogrammierung mit dem SAP NetWeaver AS ABAP«) verwen- den. Sie können die JOIN-Anweisung (siehe Listing 2.2) über die SQL-Konsole testen. Öffnen Sie dazu in der Ansicht NAVIGATOR die SQL-Konsole über den Kontextmenüeintrag OPEN SQL CONSOLE des ABAP-Schemas. Danach können Sie die gewünschte SQL-Anweisung eingeben. Dabei können Sie über ⌐Strg⌐ + Leertaste ähnlich wie in den ABAP Development Tools auch auf Code Completion und Tem- plates zurückgreifen.

SQL-Konsole

```
select spfli.carrid, scarr.carrname, spfli.connid,
       spfli.airpfrom, spfli.airpto
       from spfli
       join scarr on scarr.carrid = spfli.carrid;
```

Listing 2.2 Einfacher Join

Anschließend führen Sie die SQL-Anweisung über den Button EXE- CUTE aus. In Abbildung 2.13 sehen Sie das Ergebnis. Das System gibt neben der Ergebnisliste auch einige Informationen zur Laufzeit und der Anzahl der gelesenen Datensätze aus.

Wenn Sie in der SQL-Konsole mehrere SQL-Anweisungen durch Semikolon getrennt eingeben, können Sie diese durch einmaliges Anklicken des Buttons EXECUTE ausführen. Wenn Sie nur eine oder einen Teil der SQL-Anweisungen ausführen möchten, markieren Sie diese vor dem Klick auf EXECUTE.

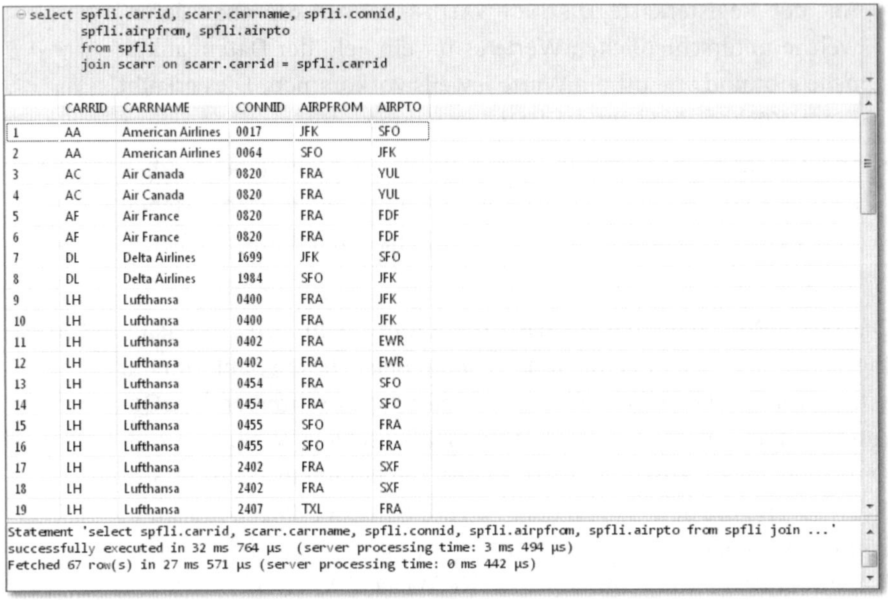

```
⊝select spfli.carrid, scarr.carrname, spfli.connid,
       spfli.airpfrom, spfli.airpto
       from spfli
       join scarr on scarr.carrid = spfli.carrid
```

	CARRID	CARRNAME	CONNID	AIRPFROM	AIRPTO
1	AA	American Airlines	0017	JFK	SFO
2	AA	American Airlines	0064	SFO	JFK
3	AC	Air Canada	0820	FRA	YUL
4	AC	Air Canada	0820	FRA	YUL
5	AF	Air France	0820	FRA	FDF
6	AF	Air France	0820	FRA	FDF
7	DL	Delta Airlines	1699	JFK	SFO
8	DL	Delta Airlines	1984	SFO	JFK
9	LH	Lufthansa	0400	FRA	JFK
10	LH	Lufthansa	0400	FRA	JFK
11	LH	Lufthansa	0402	FRA	EWR
12	LH	Lufthansa	0402	FRA	EWR
13	LH	Lufthansa	0454	FRA	SFO
14	LH	Lufthansa	0454	FRA	SFO
15	LH	Lufthansa	0455	SFO	FRA
16	LH	Lufthansa	0455	SFO	FRA
17	LH	Lufthansa	2402	FRA	SXF
18	LH	Lufthansa	2402	FRA	SXF
19	LH	Lufthansa	2407	TXL	FRA

```
Statement 'select spfli.carrid, scarr.carrname, spfli.connid, spfli.airpfrom, spfli.airpto from spfli join ...'
successfully executed in 32 ms 764 µs  (server processing time: 3 ms 494 µs)
Fetched 67 row(s) in 27 ms 571 µs (server processing time: 0 ms 442 µs)
```

Abbildung 2.13 SQL-Konsole

Arbeiten mit dem SAP HANA Repository

Entwicklungs-
objekte

Damit kommen wir zum SAP HANA Repository, das eine strukturierte und flexibel erweiterbare Ablage für *Entwicklungsobjekte* (den
sogenannten *Content*) bietet. Die im SAP HANA Repository enthaltenen Entwicklungsobjekte sind entlang einer Pakethierarchie organisiert. Die Pakete erinnern in ihrer Notation und Bedeutung an Pakete
in Java. Ein Paket spannt einen Namensraum auf, so dass die
Bezeichner für Entwicklungsobjekte lediglich innerhalb eines Pakets
eindeutig sein müssen (im Gegensatz zu der globalen Eindeutigkeit
von Bezeichnern von ABAP-Objekten).

SAP liefert Content unterhalb des Wurzelpakets sap aus. Sie können
parallel zu diesem Paket eine eigene Pakethierarchie für Ihre Entwicklungsobjekte aufbauen. Mehrere Pakete können Sie zu einer
sogenannten *Delivery Unit* gruppieren und transportieren. Im Detail
betrachten wir das Paketkonzept und den Transport von Anwendungen in Kapitel 5, »Einbindung nativer SAP-HANA-Entwicklungsobjekte in ABAP«.

Content Types

Über die Perspektive MODELER können Sie die in Tabelle 2.2
beschriebenen Entwicklungsobjekte (man spricht in diesem Zusammenhang auch von verschiedenen *Content Types*) anlegen.

Objekt	Beschreibung
PACKAGE	Ein Paket (*Package*) fasst Entwicklungsobjekte zusammen. Details dazu behandeln wir in Abschnitt 5.3.1, »Exkurs: Entwicklungsorganisation und Transport in SAP HANA«.
ATTRIBUTE VIEW	Mit *Attribute Views* können Sie mehrere Datenbanktabellen verbinden oder eine Teilmenge der Spalten einer Datenbanktabelle selektieren. Mehr dazu erfahren Sie in Abschnitt 4.4.1, »Attribute Views«.
ANALYTIC VIEW	*Analytic Views* verwenden Sie insbesondere, um Daten schnell zu aggregieren. Details behandeln wir in Abschnitt 4.4.2, »Analytic Views«.
CALCULATION VIEW	Für Anforderungen, die Sie über Attribute Views und Analytic Views nicht abbilden können, stehen Ihnen *Calculation Views* zur Verfügung. Diese können modelliert oder mit SQLScript implementiert werden. Details behandeln wir in Abschnitt 4.4.3, »Calculation Views«.
ANALYTIC PRIVILEGE	Über *Analytic Privileges* können Sie den Zugriff auf Sichten zeilenweise einschränken. Für den Zugriff aus ABAP haben sie keine unmittelbare Bedeutung, da dieser mit einem technischen Datenbankbenutzer erfolgt.
PROCEDURE	Mit Datenbankprozeduren (*Procedures*) können Sie Algorithmen, die in der HANA-Datenbank ausgeführt werden sollen, kapseln und wiederverwenden. Dazu erfahren Sie mehr in Abschnitt 4.3, »Datenbankprozeduren«.
DECISION TABLE	Entscheidungstabellen (*Decision Tables*) helfen Ihnen, Geschäftsregeln in SAP HANA zu hinterlegen. Details dazu behandeln wir in Kapitel 11, »Entscheidungstabellen in SAP HANA«.

Tabelle 2.2 Entwicklungsobjekte des SAP HANA Repositorys

Weitere Entwicklungsobjekte können Sie über die Perspektive SAP HANA DEVELOPMENT anlegen. Diese sind insbesondere für die Entwicklung mit *SAP HANA Extended Application Services* relevant. Wir gehen auf diese Entwicklungsobjekte für den Augenblick nicht weiter ein.

Um Ihnen einige wesentliche Konzepte des SAP HANA Repositorys zu erläutern, betrachten wir nun ein konkretes Beispiel: Abbildung

Beispiel: Flugplan

2.14 zeigt den Editor für den Attribute View `AT_FLIGHT_SCHEDULE` im Paket `test.ah4.book.chapter02`.

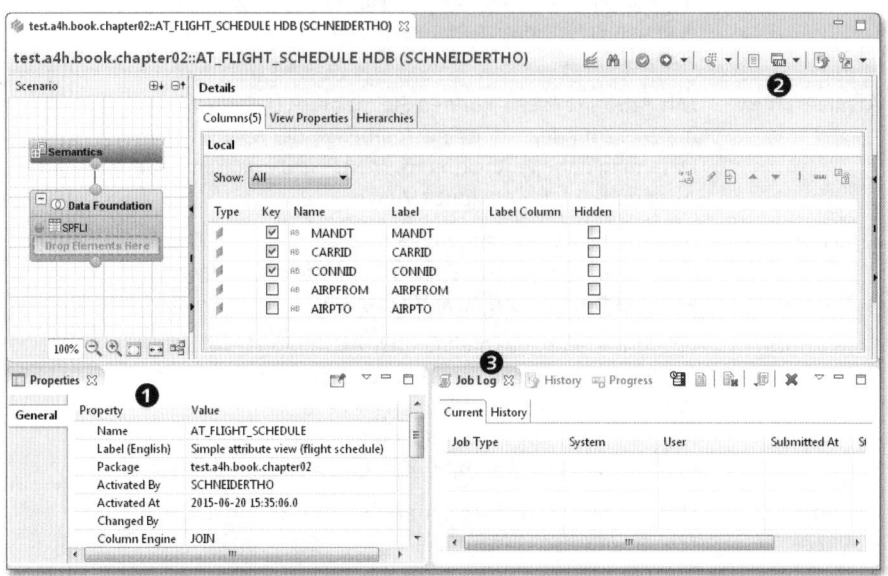

Abbildung 2.14 Attribute View AT_FLIGHT_SCHEDULE

Ohne auf die Spezifika eines Attribute Views einzugehen, möchten wir folgende Konzepte erläutern:

- Ablage von Entwicklungsobjekten
- Validieren von Entwicklungsobjekten
- Aktivieren von Entwicklungsobjekten
- Testen von Entwicklungsobjekten
- Historie und Versionsverwaltung

Ablage   Jedes Entwicklungsobjekt des SAP HANA Repositorys wird durch verschiedene Eigenschaften beschrieben (❶ in Abbildung 2.14). Einige Eigenschaften können Sie bei der Anlage des Objekts angeben und zum Teil auch später noch ändern. Beispiele sind der innerhalb des Pakets eindeutige Bezeichner (NAME), die Beschreibung (LABEL) und der Standardmandant (DEFAULT CLIENT). Andere Eigenschaften setzt das System automatisch, z. B. den Benutzer, der das Objekt zuletzt geändert hat (CHANGED BY).

Pro Entwicklungsobjekt legt das System eine XML-Datei an und speichert diese – letztlich als Datentyp *Character Large Object* (CLOB) – im

Datenbankschema _SYS_REPO. Die XML-Datei eines Objekts können Sie sich über den Button DISPLAY XML anzeigen lassen ❷.

Abbildung 2.15 zeigt die XML-Repräsentation des Attribute Views AT_FLIGHT_SCHEDULE. Wir haben einige Stellen des XML-Dokuments in der Abbildung hervorgehoben: den Bezeichner und die Beschreibung des Views, die Spalten des Views sowie die dem View zugrunde liegende Datenbanktabelle.

Abbildung 2.15 XML-Repräsentation eines Attribute Views

Ähnlich wie ABAP-Entwicklungsobjekte haben auch die Entwicklungsobjekte des SAP HANA Repositorys einen Status (inaktiv oder aktiv). Wenn Sie ein neues Objekt anlegen oder ein existierendes Objekt ändern, erzeugt das System zunächst eine inaktive Version.

Vor der Aktivierung können Sie ein Objekt validieren. Die Validierung kann neben syntaktischen Prüfungen (z. B. korrekte Syntax des SQLScripts innerhalb einer Datenbankprozedur) auch Qualitäts-

Validieren

aspekte, wie z. B. die Performance, berücksichtigen, ähnlich wie die (erweiterte) Syntaxprüfung in ABAP. Wir werden in Kapitel 14, »Praxistipps«, auf einige Aspekte dazu genauer eingehen.

Job Log

Sie starten die Validierung über den Button SAVE AND VALIDATE CHANGES TO THIS OBJECT. Das Ergebnis der Validierung sehen Sie im JOB LOG (❸ in Abbildung 2.14). Wenn bei der Validierung eines Objekts Warnungen oder Fehler aufgetreten sind, können Sie sich diese über einen Doppelklick auf die entsprechende Zeile im Job Log anzeigen lassen.

Abbildung 2.16 zeigt beispielhaft, was passieren würde, wenn Sie den Attribute View `AT_FLIGHT_SCHEDULE` validieren, ohne vorher mindestens eine Spalte für den View definiert zu haben.

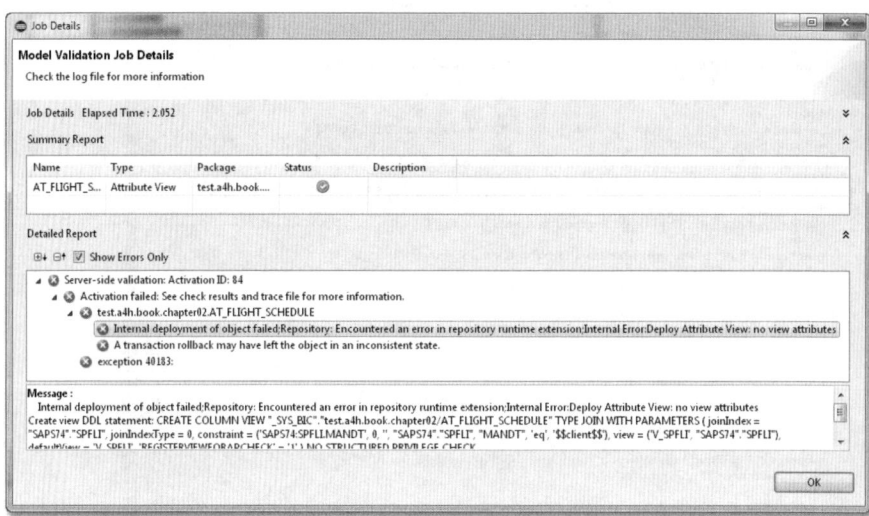

Abbildung 2.16 Job-Details mit Validierungsfehlern

Aktivieren

Durch das Aktivieren erzeugen Sie eine aktive – d. h. ausführbare – Version eines Entwicklungsobjekts. Mit der Aktivierung findet automatisch auch eine Validierung des Objekts statt. Sie starten die Aktivierung über den Button SAVE AND ACTIVATE. Das Ergebnis sehen Sie im Job Log.

Designtime- und Runtime-Objekte

Bei einer erfolgreichen Aktivierung generiert das System in der Regel ein oder mehrere Datenbankobjekte im Schema `_SYS_BIC`. Die Entwicklungsobjekte des SAP HANA Repositorys stellen die *Designtime-Objekte*, die Datenbankobjekte des Datenbankkatalogs die *Runtime-Objekte* dar (siehe Abbildung 2.17).

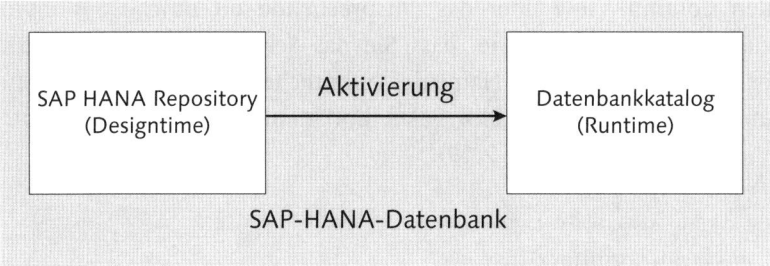

Abbildung 2.17 Designtime und Runtime

Berechtigungen für den Benutzer _SYS_REPO [«]

Die Generierung der Runtime-Objekte im Datenbankschema _SYS_BIC erfolgt durch den internen Benutzer _SYS_REPO (dem Eigentümer des SAP HANA Repositorys). Dazu ist es notwendig, dass dieser Benutzer Lesezugriff auf die in den Entwicklungsobjekten verwendeten Schemata hat. Das heißt, er benötigt die SQL-Berechtigung, SELECT-Anweisungen abzusetzen und diese Berechtigung weiterzugeben.

Im Fall des Attribute Views AT_FLIGHT_SCHEDULE erzeugt das System (unter anderem) einen *Column View* und ein öffentliches Synonym für diesen Column View im Datenbankkatalog. Ein Column View ist eine spezielle Datensicht in SAP HANA. Der Name des Column Views setzt sich in unserem Beispiel aus dem Paket und dem Bezeichner des Attribute Views zusammen (siehe Abbildung 2.18). | Column View

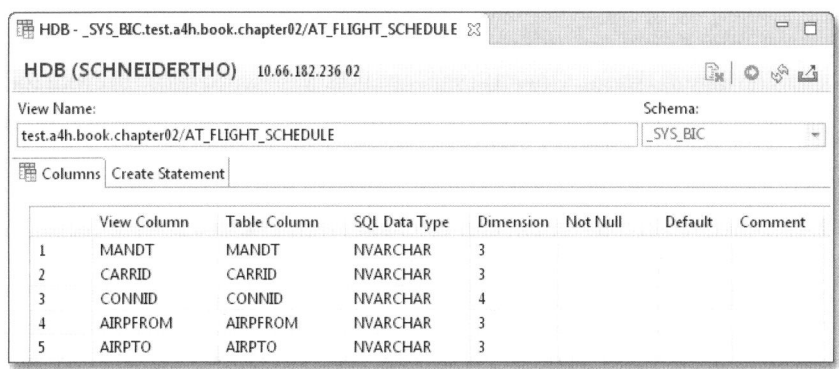

Abbildung 2.18 Runtime-Objekt eines Attribute Views

Ein *Synonym* ist ein Alias. Ein öffentliches Synonym (*Public Synonym*) ist ein Alias, der über Datenbankschemata hinweg eindeutig ist und von allen Benutzern verwendet werden kann. Indem Sie z. B. auf | Synonym den Column View über das entsprechende öffentliche Synonym zugreifen, vermeiden Sie, dass Sie das Schema _SYS_BIC explizit benennen müssen. Der Name des öffentlichen Synonyms besteht in unserem Beispiel aus dem Paket und dem Namen des Attribute Views (siehe Abbildung 2.19).

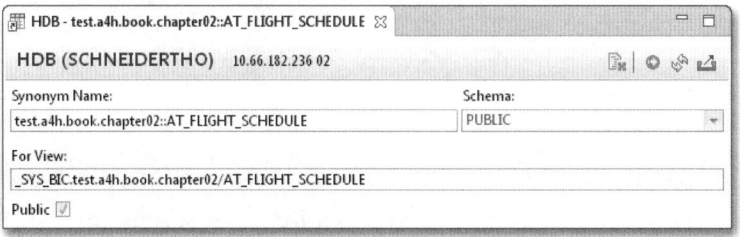

Abbildung 2.19 Öffentliches Synonym eines Column Views

Testen Zum Testen von Objekten des SAP HANA Repositorys verwenden Sie am besten die Datenvorschau und die SQL-Konsole. Beide Werkzeuge kennen Sie bereits aus den Erläuterungen zum Datenbankkatalog im vorangegangenen Abschnitt. Die Datenvorschau zu einem Entwicklungsobjekt können Sie direkt über den Button DATA PREVIEW starten. Sie ist verfügbar für Attribute Views, Analytic Views, Calculation Views und Decision Tables.

Selektions-protokoll Da wir die Datenvorschau bereits am Beispiel der Datenbanktabelle SPFLI erläutert haben, gehen wir auf ihre Funktionsweise an dieser Stelle nicht noch einmal ein. Wir möchten Sie allerdings auf den Button SHOW LOG hinweisen, der Ihnen in der Datenvorschau zur Verfügung steht. Über diesen können Sie ein Selektionsprotokoll aufrufen, mit dessen Hilfe Sie sehr schnell das entsprechende Runtime-Objekt zu einem Designtime-Objekt herausfinden können (siehe Abbildung 2.20). Auf diese Weise können Sie das Runtime-Objekt zu einem Entwicklungsobjekt ermitteln.

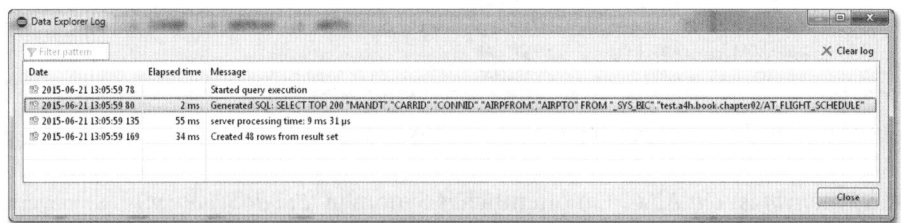

Abbildung 2.20 Selektionsprotokoll mit Datenbankobjekt

Alternativ können Sie zum Testen auch direkt die SQL-Konsole nutzen. In unserem Beispiel können Sie dort die folgenden Objekte verwenden: den Namen des generierten Column Views (also `test.`
`a4h.book.chapter02/AT_FLIGHT_SCHEDULE` im Schema `_SYS_BIC`) und
das öffentliche Synonym (`test.a4h.book.chapter02:: AT_FLIGHT_`
`SCHEDULE`).

Ähnlich wie in ABAP werden Entwicklungsobjekte versioniert. Mit
jeder Aktivierung legt das System eine neue Version des Objekts an.
In der Versionshistorie, die Sie über den Button HISTORY erreichen,
können Sie sich die existierenden Versionen anzeigen lassen. Allerdings sehen Sie hier nur, zu welchem Zeitpunkt eine Version angelegt (d. h., ein Objekt aktiviert wurde). Sie können nicht nachvollziehen, welche konkreten Änderungen die Versionen beinhalten.

Über den Button SWITCH VERSION können Sie – wenn eine inaktive
Version vorliegt – zusätzlich die folgenden Aktionen ausführen:

- zwischen der Anzeige der aktiven und inaktiven Version umschal-
ten

- die momentan inaktive Version verwerfen und zur letzten aktiven
Version zurückkehren

Sie kennen nun die für die ABAP-Entwicklung auf SAP HANA relevanten Werkzeuge und sind erste Schritte im System gegangen. Im
nächsten Kapitel werden wir uns zunächst mit der ABAP-Datenbankprogrammierung beschäftigen. Weiterführende Informationen zur
Arbeit mit dem SAP HANA Studio erhalten Sie dann in Kapitel 4,
»Native Datenbankentwicklung mit SAP HANA«.

*Grundlegende Kenntnisse der Architektur des SAP NetWea-
ver AS ABAP und vor allem von Open SQL und den zugehörigen Entwicklungswerkzeugen gehören zum elementaren Rüst-
zeug für die ABAP-Entwicklung für SAP HANA. Darüber
hinaus gewinnt der native Datenbankzugriff an Bedeutung,
wenn Sie mit einer HANA-Datenbank arbeiten.*

3 Datenbankprogrammierung mit dem SAP NetWeaver AS ABAP

Im Zusammenspiel von ABAP und SAP HANA spielen die Datenbankzugriffe aus ABAP-Programmen eine entscheidende Rolle: Sie
sind letztlich die Schnittstelle zwischen Anwendung und Daten. Der
wesentliche Unterschied zwischen SAP HANA und traditionellen
Datenbanken besteht in der zur Verfügung stehenden Palette möglicher Abfragen und Operationen auf den vorhandenen Daten.

In diesem Kapitel stellen wir Ihnen die Datenbankprogrammierung
in ABAP vor und gehen dabei vor allem auf jene Aspekte ein, die
unabhängig von der ABAP-Version für die Entwicklung auf SAP
HANA von Bedeutung sind. Obwohl die grundlegende ABAP-Daten-
bankarchitektur für SAP HANA die gleiche ist wie für andere von
SAP unterstützte Datenbanksysteme, werden wir die Möglichkeiten
(und Grenzen) der klassischen ABAP-Datenbankprogrammierung
durchgehen. In Kapitel 6, »Erweiterte Datenbankprogrammierung
mit ABAP 7.4«, werden wir Ihnen dann eine Reihe von zusätzlichen
Techniken vorstellen, die allerdings ABAP 7.4 (mit hohem Support-
Package-Stand) voraussetzen.

Betrachten wir in Listing 3.1 ein einfaches ABAP-Programm:

```
DATA: wa TYPE scarr.
SELECT-OPTIONS: carrier FOR wa-carrid.
SELECT * FROM scarr INTO wa WHERE carrid IN carrier.
  WRITE: / wa-carrid , wa-carrname.
ENDSELECT.
```

Listing 3.1 Einfacher Datenbankzugriff aus ABAP über Open SQL

Basierend auf einer Selektion von Codes für Fluggesellschaften (z. B. »LH«), werden die vollständigen Namen der Gesellschaften (also z. B. »LH Lufthansa«) ausgegeben.

Qualitäten des ABAP-Datenbankzugriffs

Dieses einfache Beispiel demonstriert einige fundamentale Qualitäten des Datenbankzugriffs aus ABAP, die in dieser Form nicht in jeder Entwicklungsumgebung zu finden sind:

- Der Datenbankzugriff ist in die Programmiersprache integriert.

- Es ist nicht notwendig, eine Datenbankverbindung manuell zu öffnen oder zu schließen.

- Es ist nicht notwendig, das zugrunde liegende Datenbanksystem zu kennen.

- Es ist möglich, direkt über eine Ergebnismenge zu iterieren.

- Eine komplexe Selektion auf der Datenbank kann direkt aus einer Eingabemaske abgeleitet werden (z. B. über den SELECT-OPTIONS-Befehl und die IN-Klausel).

In diesem Kapitel gehen wir zunächst darauf ein, wie die Verbindung von SAP NetWeaver AS ABAP und Datenbank technisch funktioniert, erklären dann anhand von Beispielen, wie Sie als ABAP-Entwickler auf die Datenbank effizient zugreifen können, und gehen schließlich auf einige Werkzeuge ein, die Sie bei der Entwicklung von Datenbankzugriffen unterstützen können.

Bausteine des Datenbankzugriffs

Für den Zugriff auf die Datenbank aus ABAP spielen zwei Bausteine eine wesentliche Rolle:

- Über das ABAP Dictionary werden die ABAP-Tabellen und Sichten (*Views*) in der Datenbank angelegt und verwaltet. Auf das ABAP Dictionary gehen wir in Abschnitt 3.2.1, »ABAP Dictionary«, ein.

- Durch die SQL-Unterstützung in ABAP können Daten gelesen und modifiziert werden. Für den SQL-Zugriff gibt es zwei Möglichkeiten: *Open SQL* (siehe Abschnitt 3.2.2) und *natives SQL* (siehe Abschnitt 3.2.4). Die Beschreibung der Leistungsfähigkeiten und Einsatzmöglichkeiten dieser beiden Varianten ist ein wesentlicher Bestandteil dieses Buches.

Da der Datenbankzugriff im Kontext von SAP HANA im Mittelpunkt steht und durch einige neue Aspekte erweitert wird, ist es wichtig, die Details des Zusammenspiels von ABAP und der HANA-Datenbank zu kennen. Falls Sie bereits Erfahrung mit der ABAP-Entwicklung haben, wird ein Teil dieses Kapitels unter Umständen eine Wiederholung für Sie sein.

Für die Beispiele in diesem Buch werden wir das bekannte SAP-NetWeaver-Flugdatenmodell (oft verkürzt *SFLIGHT-Datenmodell* genannt) nutzen, das in jedem ABAP-System enthalten ist. In Anhang A, »Flugdatenmodell«, finden Sie eine kurze Einführung zu den technischen und betriebswirtschaftlichen Details dieser Anwendung inklusive der Datenbanktabellen und ihrer Beziehungen. In diesem Kapitel beschränken wir uns auf die Tabellen SCARR (Fluggesellschaften), SFLIGHT (Flüge), SCUSTOM (Flugkunden) sowie SBOOK (Flugbuchungen).

3.1   Architektur des SAP NetWeaver AS ABAP

Die Datenbank spielt eine integrale Rolle für den ABAP-Anwendungsserver. Ein Betrieb ohne eine laufende Datenbank ist nicht möglich. Alle technischen und betriebswirtschaftlichen Daten (von ein paar Konfigurations- und Logdateien der Serverkomponenten einmal abgesehen) sind im SAP NetWeaver AS ABAP letztlich Datenbankinhalte; sogar der ABAP-Quellcode und andere Entwicklungsobjekte werden in Datenbanktabellen verwaltet.

In diesem Abschnitt wollen wir Ihnen zunächst kurz den grundlegenden Aufbau eines ABAP-Systems vorstellen. Ein ABAP-System kann aus einem oder – für einen *Scale-out* zum Zwecke der Ausfallsicherheit und Vermeidung von Überlastsituationen – aus mehreren Anwendungsservern bestehen. Für die Koordination mehrerer Anwendungsserver gibt es zentrale Services wie den *Start-Service*, den *Message-Server* (Lastverteilung) oder den *Enqueue-Server* (Sperrverwaltung). | SAP-System

Eine auf einem Server eingehende Anfrage wird vom Dispatcher an einen *Workprozess* weitergeleitet, der die gewünschte Anfrage durch ein ABAP-Programm bearbeitet. Es gibt dabei verschiedene Typen von Workprozessen, z. B. *Dialog* (Ausführung von ABAP-Programmen im Dialog), *Verbuchung* (Ausführung von *Verbuchungsbausteinen* bei einem COMMIT WORK), *Hintergrund* (Ausführung von Batchjobs) oder *Enqueue* (Ausführung von Sperroperationen zur Synchronisation von Datenbankoperationen). Die Anzahl der zur Verfügung stehenden Workprozesse ist konfigurierbar und hängt von den vorhan- | Workprozesse denen Hardwareressourcen und den Szenarioanforderungen ab, wie z. B. der Anzahl der parallelen Benutzer.

ABAP-
Laufzeitumgebung Ein ABAP-Programm wird von der Laufzeitumgebung im *ABAP-Kernel* ausgeführt. Innerhalb des Kernels kommen bei der Ausführung von ABAP-Anweisungen verschiedene Komponenten zum Einsatz, die wir nicht alle im Detail vorstellen. Als Beispiele wollen wir die folgenden Szenarien erwähnen:

- Beim Aufruf eines Funktionsbausteins über CALL FUNCTION <...> DESTINATION wird die RFC-Bibliothek verwendet.

- Bei der Serialisierung einer ABAP-Datenstruktur nach XML (oder JSON) über CALL TRANSFORMATION kommt die Unterstützung für XML-Stylesheets im Kernel zum Einsatz.

- Der Zugriff auf die Datenbank über die ABAP-Anweisung SELECT erfolgt über die Datenbankschnittstelle im Kernel.

Auf die Details zum Datenbankzugriff mit der SELECT-Anweisung werden wir im nächsten Abschnitt ausführlich eingehen. In Abbildung 3.1 ist die grundsätzliche Serverarchitektur eines ABAP-Systems schematisch dargestellt. Für weitere Details zu Installation und Betrieb der Komponenten verweisen wir auf das Buch *SAP NetWeaver AS ABAP – Systemadministration* von Sigrid Hagemann, Liane Will und Roland Mayr (SAP PRESS 2016).

3.1.1 Datenbankschnittstelle und Datenbanktreiber

In diesem Abschnitt stellen wir Ihnen den Zugriff des ABAP-Anwendungsservers auf die Datenbank im Detail vor. Es spielen dabei drei Komponenten eine Rolle, auf die wir im Folgenden näher eingehen werden:

- Datenbankschnittstelle (DBI – Database Interface)

- datenbankspezifische Bibliothek (DBSL – Database Shared Library)

- Datenbank-Client (Treiber)

Database Interface
(DBI) Jeder ABAP-Workprozess ist über eine stehende Verbindung mit der Datenbank verbunden. Wenn nun aus einem ABAP-Programm auf die Datenbank zugegriffen wird, ist zunächst die DBI im ABAP-Kernel für die Verarbeitung verantwortlich. Die DBI ist unabhängig vom konkreten Datenbanksystem.

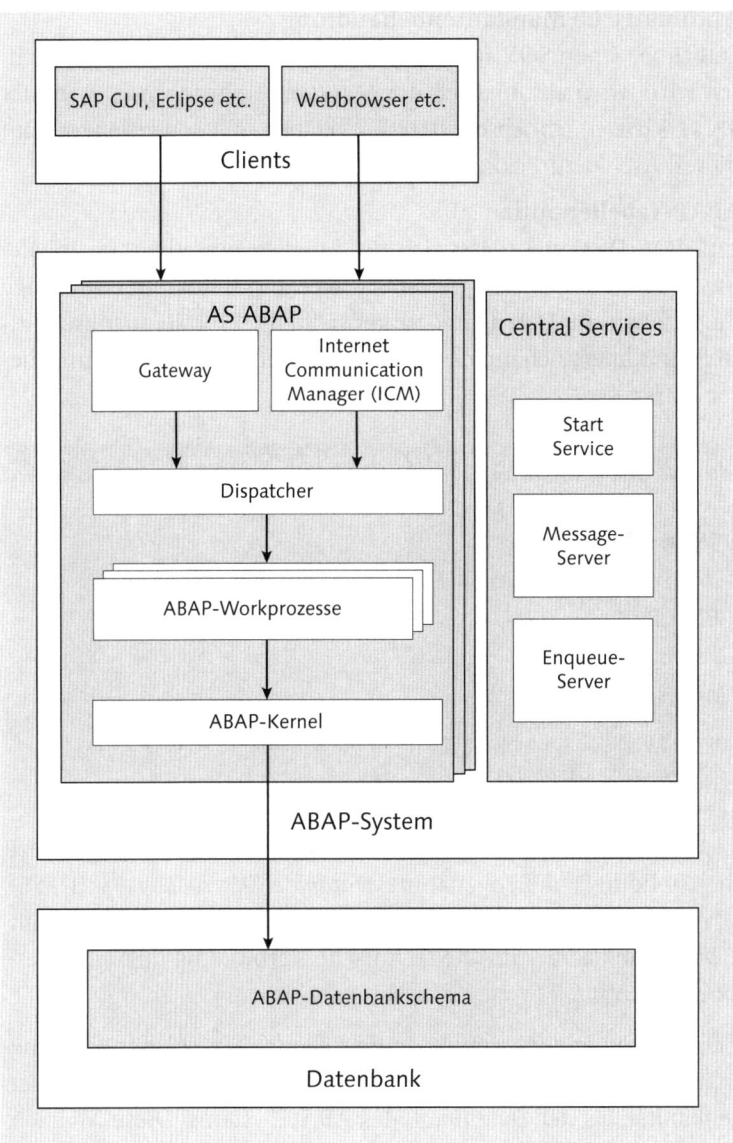

Abbildung 3.1 Serverarchitektur des SAP NetWeaver AS ABAP

Eine ihrer wesentlichen Aufgaben ist die Umsetzung von Open SQL (siehe Abschnitt 3.2.2, »Open SQL«) in natives SQL, das dann über die DBSL (und den Datenbanktreiber) an die Datenbank übergeben wird.

Neben der Verarbeitung von SQL-Anfragen verfügt die DBI über weitere Funktionen:

▶ **Automatische Mandantenbehandlung**

Falls über Open SQL auf mandantenabhängige Tabellen zugegriffen wird, wird automatisch der Mandant einbezogen (z. B. in der WHERE-Klausel). In Abschnitt 3.2.2, »Open SQL«, werden wir auf diesen Aspekt zurückkommen.

▶ **ABAP-Tabellenpuffer**

Im ABAP Dictionary lässt sich für Tabellen einstellen, ob Inhalte im Anwendungsserver gepuffert werden sollen, um unnötige Zugriffe auf die Datenbank zu vermeiden. Die Datenbankschnittstelle kümmert sich um die Verwaltung und Synchronisierung dieser Puffer.

[»]   **Von SAP NetWeaver unterstützte Datenbanksysteme**

Der SAP NetWeaver AS ABAP unterstützt aktuell die Datenbanksysteme der folgenden Hersteller:

▶ SAP (SAP HANA, Sybase ASE, SAP MaxDB)

▶ IBM DB2

▶ Oracle-Datenbank

▶ Microsoft SQL Server

Aktuelle Details finden Sie in der Product Availability Matrix unter: *http://service.sap.com/pam*

Database Shared Library (DBSL)

Für jedes von SAP unterstützte Datenbanksystem gibt es eine spezifische Bibliothek, die sogenannte *Database Shared Library* (DBSL), die dynamisch an den ABAP-Kernel gebunden wird und den jeweiligen Datenbanktreiber für die technische Verbindung mit der Datenbank einbettet.

Sekundäre Datenbankverbindungen

Auf einem Anwendungsserver lassen sich mehrere solcher Bibliotheken installieren. Dies erlaubt Verbindungen auch mit anderen Datenbanken als der Datenbank des ABAP-Systems. Diese Möglichkeit spielt im Kontext von SAP HANA im Rahmen der in Abschnitt 1.4, »Anwendungsfälle und Deployment-Optionen für SAP HANA«, erwähnten Side-by-Side-Szenarien eine große Rolle. In Abschnitt 3.2.5, »Sekundäre Datenbankverbindungen«, gehen wir auf die technischen Aspekte solcher *sekundären* Verbindungen näher ein. Die Voraussetzungen und Schritte zur Installation der HANA-DBSL auf einem existierenden System sind im SAP-Hinweis 1597627 beschrieben. Abbildung 3.2 verdeutlicht das Zusammenspiel zwischen DBI, DBSL und Datenbanktreiber schematisch.

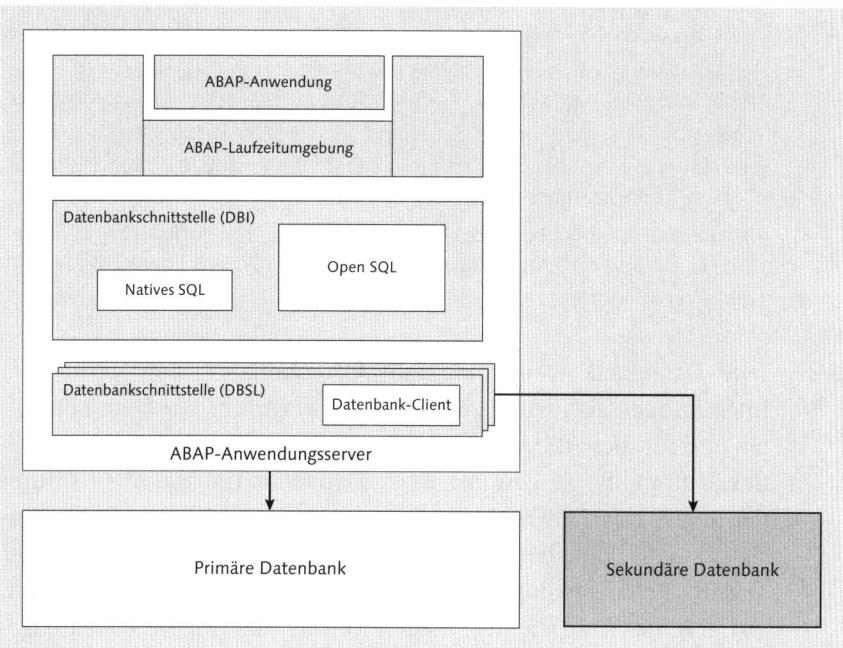

Abbildung 3.2 DBI, DBSL und Datenbank-Client

3.1.2 Nutzung der Datenbank durch den SAP NetWeaver AS ABAP

Der SAP NetWeaver AS ABAP legt alle Daten in genau einem spezifischen *Schema* innerhalb des Datenbankkatalogs ab. Dieses Schema bezeichnet man auch als *Systemschema* oder *ABAP-Schema*. Ein Schema können Sie sich als eine Art Namensraum innerhalb der Datenbank vorstellen. In der klassischen ABAP-Entwicklung spielt das Datenbankschema keine Rolle. Im Kontext von SAP HANA ändert sich das bis zu einem gewissen Grad aus zwei Gründen: Einerseits werden bei einer Replikation von Tabellen nach SAP HANA die replizierten Daten oft in verschiedenen Datenbankschemata abgelegt, um diese von den Systemdaten zu trennen. Andererseits gibt es in SAP HANA eine Reihe technischer Schemata, die bei der nativen Entwicklung in SAP HANA eine wichtige Rolle spielen (siehe Abschnitt 2.4.3, »SAP HANA Studio«, und Kapitel 4, »Native Datenbankentwicklung mit SAP HANA«).

ABAP-Schema

Wie bereits erwähnt, besitzt jeder ABAP-Workprozess eine Verbindung zur Datenbank. Für diese sogenannte *Standarddatenbankverbindung* wird ein technischer Datenbankbenutzer verwendet.

ABAP-Schema und technischer Datenbankbenutzer

In der Regel ergibt sich der Name des ABAP-Schemas aus der *System-ID* (SID) und dem Präfix »SAP«. Für ein ABAP-System NSP ist also der Standardname des zugehörigen Schemas SAPNSP. ABAP-Tabellen, wie z. B. die Tabelle SFLIGHT, sind damit im Datenbankkatalog unter SAPNSP. SFLIGHT adressierbar.

Zu diesem Schema gehört auch ein Datenbankbenutzer SAPNSP, den der SAP NetWeaver AS ABAP für den Aufbau der Standarddatenbankverbindung verwendet.

Transaktions-konzept der Datenbank Jede Datenbank bietet ein Transaktionskonzept, um Folgen von Interaktionen als logische Einheit (*Logical Unit of Work*) zu betrachten und für diese die *ACID-Qualitäten* (Atomicity, Consistency, Isolation, Durability) zu gewährleisten. Datenbanktransaktionen sind in der Regel relativ kurze Operationen und haben die technische Konsistenz von Tabelleninhalten unter allen Umständen (paralleler Zugriff, Fehlersituationen etc.) im Fokus. Geschäftstransaktionen, wie z. B. das Anlegen eines neuen Kunden im System, haben dagegen häufig eine längere Laufzeit und zusätzliche Anforderungen im Hinblick auf Datenkonsistenz, da der Datenbestand auch aus betriebswirtschaftlicher Sicht konsistent sein muss. Diese zusätzlichen Anforderungen lassen sich kaum ausschließlich über das Transaktionskonzept der Datenbank realisieren.

SAP-LUW-Konzept Um konsistente Änderungen an Datenmodellen in Geschäftsanwendungen zu gewährleisten, bietet ABAP das *LUW-Konzept* (Logical Unit of Work). Dabei werden Änderungen an Datensätzen zunächst aufgesammelt und erst zu einem definierten Zeitpunkt durch eine Anweisung COMMIT WORK in die Datenbank geschrieben (oder durch ROLLBACK WORK verworfen). Über die Bündelung von Änderungen können sogar Änderungen in Transaktionen, die sich über mehrere Dialogschritte und sogar mehrere Anwendungsserver verteilen, aufgesammelt werden (siehe Abschnitt 3.2.2, »Open SQL«). Es gibt aktuell innerhalb von SAP HANA kein äquivalentes Konzept, so dass für Implementierungen in SAP HANA (z. B. über SQLScript) lediglich das Transaktionskonzept der Datenbank zur Verfügung steht. Auf Empfehlungen werden wir in Kapitel 14, »Praxistipps«, zurückkommen.

Sperrkonzept Zusätzlich zu den physischen Sperren, die jedes relationale Datenbanksystem im Rahmen seines Transaktionskonzepts automatisch verwendet, um potenziell parallele Änderungen von Tabelleninhalten zu synchronisieren, verwendet der SAP NetWeaver AS ABAP ein logisches, betriebswirtschaftlich motiviertes Sperrkonzept. Damit ist es möglich, über sogenannte *Sperrobjekte* für einen Zeitraum im System bekannt zu machen, dass ein Datensatz für gewisse Zugriffe (z. B. Änderungen) nicht verfügbar ist. Das Anlegen oder die Abfrage von Sperren zur Laufzeit ist dabei über spezielle Funktionsbausteine möglich, die technisch über den Enqueue-Workprozess Sperreinträge verwalten.

Damit ist es z. B. möglich, während der Durchführung einer Flugbuchung keine andere Buchung für den gleichen Flug zuzulassen, um auf diese Weise sicherzustellen, dass es zu keiner Überbuchung kommt. Da diese logischen Sperren keine physischen Sperren auf der Datenbank zur Folge haben (also Änderungen der Tabellen technisch dennoch möglich sind), beruht die Wirksamkeit der Sperren letztlich auf Konventionen und Richtlinien für die Anwendungsentwicklung. Auch im Kontext von SAP HANA ist es wichtig, diese Aspekte im Fall von schreibenden Operationen auf ABAP-Tabellen außerhalb von ABAP zu berücksichtigen.

3.1.3 Datentypen

Vielleicht haben Sie als ABAP-Entwickler in der Vergangenheit nicht oft über Datentypen nachgedacht, sondern einfach die zur Verfügung stehenden Typen verwendet. Im Hintergrund erfolgen in vielen Situationen jedoch komplexe Umwandlungen (Konvertierungen) und Interpretationen, die manchmal zu unerwarteten Ergebnissen führen können.

Bevor wir die unterschiedlichen Typsysteme und ihre Eigenschaften vorstellen, möchten wir Ihnen durch einige Beispiele ein Gefühl für die Thematik geben. Wir beginnen in Listing 3.2 mit einem einfachen Zugriff auf die Datenbank über Open SQL. | Implizite Typkonvertierungen

```
DATA: lv_carrier TYPE string.
SELECT SINGLE carrname FROM scarr INTO lv_carrier
WHERE carrid = 'LH'.
```

Listing 3.2 Implizite Konvertierungen von Datentypen

Bei diesem einfachen ABAP-Programm kommen bereits verschiedene Arten von Datentypen und Konvertierungen zum Einsatz. Die Spalte CARRNAME der Tabelle SCARR basiert auf dem Datenelement S_CARRNAME im ABAP Dictionary, das dort als Typ CHAR (also Zeichenkette) der Länge 20 definiert ist. Auf der Datenbank hat diese Spalte den Datentyp NVARCHAR(20) (NVARCHAR ist eine Zeichenkette variabler Länge). Es wird in eine ABAP-Variable vom Typ String selektiert, und zusätzlich wird in der WHERE-Klausel noch eine Konstante (Literal) LH verwendet, die gegen die Spalte CARRID vom Typ CHAR(3) verprobt wird. Das Ergebnis der Selektion ist der Name der Fluggesellschaft »Lufthansa«. Ersetzen wir jetzt in Listing 3.2 die Filterbedingung durch den Ausdruck WHERE carrid = 'LH abcd', ist das Ergebnis vielleicht nicht auf den ersten Blick offensichtlich. Auch in diesem Fall wird nämlich der Datensatz gefunden, weil das Feld CARRID nur drei Zeichen umfasst.

Datentypen mit Semantik　Auch bei zeichenartigen Typen, die mit einer speziellen Semantik versehen sind (z. B. ein Datum oder eine Zahl als Zeichenkette), gibt es einige Aspekte zu beachten. In Listing 3.3 werden z. B. die Namen aller Passagiere bestimmt, die in den letzten 30 Tagen einen Flug gebucht (Spalte FLDATE vom Typ DATS) und mehr als 20 % Rabatt (Spalte DISCOUNT vom Typ NUMC) erhalten haben.

```
DATA: lv_date TYPE d,
      lv_name TYPE string.

lv_date = sy-datlo - 30.
SELECT DISTINCT name FROM sbook AS b
    INNER JOIN scustom AS c ON b~customid = c~id
    INTO lv_name
    WHERE fldate > lv_date AND fldate <= sy-datlo
    AND c~discount >= '20'.

  WRITE: / lv_name.
ENDSELECT.
```

Listing 3.3 Relevanz der semantischen Eigenschaften von Datentypen

Die Berechnung einer Differenz von Tagen oder die Behandlung der Zeichenkette »20« als Zahl für den Rabatt hängt an der Semantik der Datentypen. Wenn Sie den analogen Ausdruck in nativem SQL z. B. über die SQL-Konsole im SAP HANA Studio ausführen, werden Sie andere Ergebnisse erhalten.

Für das in Abschnitt 1.5.2, »Code Pushdown«, vorgestellte *Code-Pushdown-Paradigma*, bei dem gewisse Berechnungen in die Datenbank verlagert werden, ist es wichtig, dass ein gleiches semantisches Verständnis der Daten den Berechnungen zugrunde liegt, da es ansonsten zu falschen Ergebnissen kommen kann. Dies betrifft z. B. Rundungsverhalten und Internationalisierungsaspekte. Vor allem bei einer Änderung eines existierenden Programms zur Verbesserung der Laufzeit muss sichergestellt werden, dass es nach der Umstellung nicht zu unerwarteten Effekten kommt.

SAP HANA unterstützt nur Unicode [«]

Ein weiterer Aspekt der Behandlung von Textdatentypen ist die technische Codierung von Zeichen über sogenannte *Code Pages*. Wir möchten an dieser Stelle darauf hinweisen, dass SAP HANA lediglich Unicode-Installationen unterstützt. Vor der Migration einer Nicht-Unicode-Installation auf SAP HANA muss eine Unicode-Konvertierung durchgeführt werden. Wir gehen im Rahmen dieses Buches jedoch nicht näher auf die Unterschiede zwischen Unicode- und Nicht-Unicode-Systemen ein.

Wir stellen Ihnen nun die verschiedenen Typsysteme vor. Als ABAP-Entwickler werden Sie das Typsystem der ABAP-Sprache und des ABAP Dictionarys vermutlich bereits kennen, der Abbildung auf das Typsystem der Datenbank haben Sie vermutlich zuvor keine größere Aufmerksamkeit geschenkt.

Das Typsystem der ABAP-Sprache definiert die Datentypen, die in der ABAP-Programmierung verwendet werden können. Es ist darauf ausgelegt, sich einheitlich auf die unterstützten Betriebssysteme für den Anwendungsserver abbilden zu lassen. Das Grundgerüst des ABAP-Typsystems bilden die folgenden sogenannten *eingebauten Typen* (Built-in-): *ABAP-Typsystem*

- **Numerische Typen:** ganze Zahlen (I), Gleitpunktzahlen (F), gepackte Zahlen (P) und dezimale Gleitpunktzahlen (decfloat16, decfloat34)

- **Zeichenartige Typen:** Textfeld (C), numerisches Textfeld (N), Datum (D) und Zeit (T)

- **Hexadezimale Typen:** X

- **Typen variabler Länge:** STRING für Zeichenketten und XSTRING für Bytefolgen

---

Verwendung der numerischen ABAP-Datentypen [«]

Für ganzzahlige Werte verwenden Sie Integer (I). Falls der Wertebereich dieses Typs nicht ausreicht, können Sie auf gepackte Zahlen oder dezimale Gleitpunktzahlen ohne Nachkommastellen ausweichen.

> Für gebrochene Zahlen mit einer festen Anzahl von Nachkommastellen verwenden Sie gepackte Zahlen. Das ist der Standard für viele betriebswirtschaftliche Größen wie Geldbeträge, Entfernungen, Gewichte etc. Dieser Datentyp garantiert ein möglichst optimales Rundungsverhalten.
>
> Die dezimalen Gleitpunktzahlen (decfloat) wurden mit SAP NetWeaver AS ABAP 7.02 eingeführt, um Szenarien zu unterstützen, in denen der Wertebereich von gepackten Darstellungen nicht mehr ausreicht oder die Anzahl der Nachkommastellen variabel ist.
>
> Gleitpunktzahlen (F) sollten nur für laufzeitkritische mathematische Berechnungen eingesetzt werden, bei denen exakte Rundung keine Rolle spielt.

Dictionary-Typsystem

Das Typsystem des ABAP Dictionarys definiert, welche Datentypen in Strukturen, Tabellen etc. im ABAP Dictionary verwendet werden können. Es ist darauf ausgelegt, sich über SQL auf alle unterstützten Datenbanksysteme eindeutig abbilden zu lassen. Es ist das führende Typsystem für Datenbankzugriffe aus ABAP. Die Abbildung der Dictionary-Typen auf die Basistypen der ABAP-Sprache ist in Tabelle 3.1 beschrieben.

Typsystem der Datenbank

Das interne Typsystem der Datenbank definiert die möglichen Spaltentypen für Tabellen und zugehörige Operationen. Es ist das führende Typsystem bei Abfragen oder Implementierungen in der Datenbank (z. B. mittels Datenbankprozeduren). Jedes Datenbanksystem hat dabei leicht unterschiedliche Datentypen bzw. behandelt Typen leicht unterschiedlich.

Typenabbildung

Tabelle 3.1 zeigt die Abbildung der Dictionary-Typen auf die ABAP-Typen. Die (feste oder variable) Länge des zugehörigen ABAP-Typs ist dabei in Klammern angegeben.

Dictionary-Typ	Beschreibung	ABAP-Typ	Beispiel
ACCP	Buchungsperiode	N(6)	'201310'
CHAR	Zeichenkette	C(n)	'ABAP'
CLNT	Mandant	C(3)	'000'
CUKY	Währungsschlüssel	C(5)	'EUR'
CURR	Währungsfeld	P(n)	'01012000'
DATS	Datum	D	'01012000'
DEC	Rechen-/Betragsfeld	P(n)	100.20

Tabelle 3.1 ABAP-Dictionary-Typen und Abbildung auf ABAP-Typen

Dictionary-Typ	Beschreibung	ABAP-Typ	Beispiel
DF16_RAW	dezimale Gleitpunktzahl (normalisiert; 16 Stellen)	decfloat16	100.20
DF16_SCL	dezimale Gleitpunktzahl (skaliert; 16 Stellen)	decfloat16	100.20
DF34_RAW	dezimale Gleitpunktzahl (normalisiert; 34 Stellen)	decfloat34	100.20
DF34_SCL	dezimale Gleitpunktzahl (skaliert; 34 Stellen)	decfloat34	100.20
FLTP	Gleitpunktzahl	F(8)	3.1415926
INT1	1-Byte-Ganzzahl	intern	1
INT2	2-Byte-Ganzzahl	intern	100
INT4	4-Byte-Ganzzahl	I	1.000
LANG	Sprache	C(1)	'D'
LCHR	lange Zeichenfolge	C(m)	'ABAP ist ...'
LRAW	lange Bytefolge	X(m)	F4 8F BF BF
NUMC	numerischer Text	N(m)	'123'
QUAN	Mengenfeld	P(n)	100
RAW	Bytefolge	X(m)	F48FBFBF
RAWSTRING	Bytefolge	XSTRING	27292745010 8018F8F8F8F
SSTRING	Zeichenkette	STRING	'ABAP'
STRING	Zeichenkette	STRING	'ABAP ist ...'
TIMS	Zeit	T	'123000'
UNIT	Einheitenschlüssel	C(m)	'KG'

Tabelle 3.1 ABAP-Dictionary-Typen und Abbildung auf ABAP-Typen (Forts.)

Abbildung 3.3 zeigt beispielhaft die Abbildung der ABAP-Dictionary-Typen auf SAP HANA anhand einer technischen Tabelle, in der die meisten der nativen ABAP-Dictionary-Typen verwendet wurden. Wie im Abschnitt »Arbeiten mit dem Datenbankkatalog« in Abschnitt 2.4.3 beschrieben, können Sie sich die Struktur einer Datenbanktabelle im SAP HANA Studio durch einen Doppelklick auf die Tabelle im Datenbankkatalog anzeigen lassen.

Dictionary-Typen-Abbildung auf SAP HANA

Table Name:
ZA4H_DATA_TYPES

Columns | Indexes | Further Properties | Runtime Information

	Name	SQL Data Type	Dim	Column Store Data Type	Key	Not Null	Default
1	CLNT	NVARCHAR	3	STRING	X(1)	X	000
2	ACCP	NVARCHAR	6	STRING		X	
3	CHAR10	NVARCHAR	10	STRING		X	
4	CUKY	NVARCHAR	5	STRING		X	
5	CURR	DECIMAL	10,2	FIXED		X	0
6	DATS	NVARCHAR	8	STRING		X	00000000
7	DEC10_2	DECIMAL	10,2	FIXED		X	0
8	DF16_RAW	VARBINARY	8	RAW		X	800000000000...
9	DF34_RAW	VARBINARY	16	RAW		X	800000000000...
10	DF16_DEC	DECIMAL	10,5	FIXED		X	0
11	DF34_DEC	DECIMAL	26,5	FIXED		X	0
12	DF16_SCL	VARBINARY	8	RAW		X	800000000000...
13	DF16_SCL_SCALE	SMALLINT		INT		X	0
14	DF34_SCL	VARBINARY	16	RAW		X	800000000000...
15	DF34_SCL_SCALE	SMALLINT		INT		X	0
16	INT1	SMALLINT		INT		X	0
17	INT2	SMALLINT		INT		X	0
18	INT4	INTEGER		INT		X	0
19	LANG	NVARCHAR	1	STRING		X	
20	NUMC	NVARCHAR	10	STRING		X	0000000000
21	QUAN	DECIMAL	10	FIXED		X	0
22	RAW100	VARBINARY	100	RAW			
23	RAWSTRING	BLOB		ST_MEMORY_LOB			
24	SSTRING	NVARCHAR	100	STRING		X	
25	STRING	NCLOB	21...	ST_MEMORY_LOB			
26	TIMS	NVARCHAR	6	STRING		X	000000
27	UNIT	NVARCHAR	3	STRING		X	

Abbildung 3.3 Abbildung der ABAP-Dictionary-Typen auf SAP HANA

In der Tabelle sehen Sie neben dem SQL-Datentyp auch den spezifischen Datentyp im Column Store in SAP HANA. Dieser spielt aber für die ABAP-Entwicklung auf SAP HANA eine untergeordnete Rolle.

NULL-Wert   Es ist insbesondere wichtig zu beachten, dass es keine Repräsentation des NULL-Wertes aus SQL im ABAP-Typsystem gibt. Für jeden ABAP- und Dictionary-Datentyp gibt es hingegen einen *initialen* Wert, z. B. einen leeren String bei Zeichenketten oder 0 bei numerischen Typen. Dies spielt insbesondere für gewisse Join-Varianten (*Outer Joins*) eine Rolle, wie Sie in Abschnitt 3.2.2, »Open SQL«, sehen werden.

Datentypen mit binärer Darstellung   Einige Datentypen mit einer binären Darstellung können Sie in der Regel nicht direkt in Implementierungen in SAP HANA verwenden. Dazu gehören z. B. die Gleitpunktzahlen vom Typ DF16_RAW und DF16_SCL (ebenso die analogen Typen mit Länge 34). Ein weiteres Beispiel sind Datencluster in ABAP, eine spezielle Tabellenart, die es erlaubt, beliebige Datensätze über die ABAP-Befehle EXPORT TO DATA-

BASE und IMPORT FROM DATABASE zu schreiben bzw. zu lesen. Die zugehörigen Daten werden in der Datenbank in einer Spalte vom Typ LRAW in einem proprietären Format abgelegt, das nur über den ABAP-Kernel entpackt werden kann. Diese Aspekte müssen Sie bei Ihren Überlegungen, Teile der Logik in die Datenbank zu verlagern, berücksichtigen.

3.2   ABAP-Datenbankzugriff

Nachdem wir Ihnen die Grundlagen der Datenbankzugriffsarchitektur des SAP NetWeaver AS ABAP vorgestellt haben, möchten wir jetzt auf den eigentlichen Datenbankzugriff aus ABAP eingehen. Dies umfasst die Definition von Datenmodellen (Tabellen, Views etc.) sowie das Schreiben und Lesen von Datensätzen.

Der Zugriff auf die Datenbank funktioniert in der Regel über die *Structured Query Language* (SQL). Als Datenbanksprache deckt SQL drei orthogonale Sparten ab, die in Tabelle 3.2 beschrieben sind.

SQL

Typ	Verwendungszweck	Beispiele
Data Definition Language (DDL)	Definition von Datenstrukturen und Operationen	CREATE TABLE, DROP TABLE, CREATE VIEW
Data Manipulation Language (DML)	Lesen und Schreiben von Datensätzen	SELECT, INSERT, UPDATE, DELETE
Data Control Language (DCL)	Definition von Zugriffsbeschränkungen auf Datenbankobjekten	GRANT, REVOKE

Tabelle 3.2 SQL-Übersicht

In der klassischen ABAP-Anwendungsentwicklung werden die DML-Aufgaben über Open SQL realisiert (siehe Abschnitt 3.2.2), während die DDL indirekt über das ABAP Dictionary zum Einsatz kommt (siehe Abschnitt 3.2.1). Die DCL hingegen spielt keine Rolle für die *klassische* Anwendungsentwicklung, da sich der ABAP-Applikationsserver – wie in Abschnitt 3.1.2, »Nutzung der Datenbank durch den SAP NetWeaver AS ABAP«, beschrieben – mit einem technischen Benutzer an der Datenbank anmeldet und Berechtigungen für den eigentlichen Anwendungsbenutzer mithilfe des ABAP-Berechtigungswesens geprüft werden (z. B. über den AUTHORITY-CHECK-Befehl). Wenn Sie im Kontext von SAP HANA Teile der Anwendungslogik nativ in der Datenbank implementieren und dort auf Daten außerhalb des ABAP-Schemas zugreifen, spielen auch die Berechtigungskonzepte der Datenbank eine Rolle.

3.2.1 ABAP Dictionary

Das *ABAP Dictionary* (DDIC) erlaubt die Erstellung von Datenmodellen in der Datenbank. Darüber lassen sich diese Datenmodelle durch semantische Aspekte, wie z. B. Texte, Festwerte, Beziehungen etc., anreichern. Diese gerade für betriebswirtschaftliche Szenarien wichtigen Metadaten spielen im Zusammenspiel mit Entwicklungen in SAP HANA eine wichtige Rolle, da sie sich im Rahmen von Modellierung und Implementierung in SAP HANA ausnutzen lassen.

Qualitäten des ABAP Dictionarys

Bevor wir auf die Typen von Entwicklungsobjekten (Tabellen, Views etc.) einzeln eingehen, möchten wir Ihnen zwei äußerst wichtige Qualitäten des ABAP Dictionarys vorstellen:

▸ Das ABAP Dictionary ist komplett in das ABAP Lifecycle Management integriert, so dass sich die definierten Datenbankobjekte und deren Eigenschaften in einer SAP-Landschaft transportieren lassen.

▸ Objekte im ABAP Dictionary sind erweiterbar, lassen sich also von SAP-Kunden und Partnern z. B. durch Hinzufügen von Spalten zu einer Tabelle an ihre Bedürfnisse anpassen.

Gerade die potenzielle Erweiterbarkeit von ABAP-Dictionary-Objekten sollte auch bei der Modellierung und Programmierung in SAP HANA berücksichtigt werden.

Objekttypen im ABAP Dictionary

Das wesentliche Werkzeug für die Verwendung des ABAP Dictionarys aus Entwicklungssicht ist Transaktion SE11. Hier lassen sich die im Folgenden beschriebenen verschiedenen Objekttypen definieren und verwalten:

▸ **Tabelle**
Tabellen definieren die Struktur für die physische Ablage von Daten in der Datenbank. Eine Tabelle besteht dabei aus einer Anzahl von Feldern (Spalten) mit zugehörigen Datentypen. Dabei

können neben einzelnen Feldern auch vordefinierte Strukturen inkludiert werden.

Das ABAP Dictionary unterstützt verschiedene Arten von Tabellen, z. B. Tabellen für Anwendungsdaten, Customizing-Daten oder Systemdaten, die sich in ihrem Lifecycle Management unterscheiden. Darüber hinaus kann für eine Tabelle eine Reihe technischer Eigenschaften gepflegt werden.

Neben der Definition der reinen Feldliste können zusätzliche Metadaten erfasst werden:

– *Fremdschlüsselbeziehungen:* Durch die Angabe von Prüftabellen für Felder ist es möglich, gewisse Fremdschlüsselbeziehungen zu definieren. Diese Informationen werden bei der Modellierung von Views im SAP HANA Studio ausgenutzt (siehe Abschnitt 4.4, »Analytische Modelle«).

– *Währung- und Einheitenbeziehung:* Für die Ablage von Beträgen oder Größenangaben ist es notwendig, zusätzlich zu der numerischen Größe auch die Währung oder Einheit zu definieren. Dies geschieht in der Regel durch eine weitere Spalte, und im ABAP Dictionary ist es möglich, diese Beziehung zwischen Spalten zu hinterlegen.

– *Suchhilfen:* Die Spezifikation einer Suchhilfe für eine Spalte erlaubt eine generische Eingabehilfe in Transaktionen ohne zusätzlichen Programmieraufwand.

▶ **View**
Views erlauben die Definition von spezifischen Sichten auf mehrere Dictionary-Tabellen. Das ABAP Dictionary unterstützt verschiedene View-Typen für unterschiedliche Nutzungsszenarien:

– *Datenbank-Views* zur Definition von Sichten auf der Datenbank. Mit ABAP 7.4 gibt es hier CDS-Views als zusätzliche Variante mit weitreichenden Fähigkeiten (siehe Abschnitt 6.2.1, »CDS-Views«).

– *Projektions-Views* zum Ausblenden von Feldern einer Tabelle. Diese Views sind nicht physisch auf der Datenbank vorhanden.

– *Help-Views* als Selektionsmethode in Suchhilfen

– *Pflege-Views* erleichtern die konsistente Eingabe von Datensätzen in mehrere Tabellen.

► **Datentyp**

Basierend auf den Basistypen, erlaubt das ABAP Dictionary die Definition von benutzerspezifischen Typen. Diese global definierten Objekte sind bei der Definition von Tabellenspalten und innerhalb von ABAP-Programmen verwendbar.

ABAP unterstützt dabei die folgenden drei Arten von Datentypen:

– elementare Datenelemente

– zusammengesetzte Strukturen

– Tabellentypen

Diese Datentypen sind bei der Modellierung und Programmierung in SAP HANA nicht direkt verwendbar.

► **Domäne**

Domänen erlauben die Definition von Wertebereichen. Für einen elementaren Datentyp wird dabei eine Länge (bei numerischen Typen gegebenenfalls auch die Anzahl der Dezimalstellen) spezifiziert. Zusätzlich kann der Wertebereich durch Festwerte, Intervalle oder Prüftabellen noch genauer eingeschränkt werden.

Domänen sind bei der Modellierung und Programmierung in SAP HANA nicht direkt verwendbar.

► **Suchhilfe**

Suchhilfen (auch Wertehilfen oder F4-Hilfen genannt) bieten eine Eingabemöglichkeit für Felder auf einer SAP-Benutzeroberfläche. Das ABAP Dictionary erlaubt die Definition solcher Suchhilfen basierend auf Tabellen, Views oder über einen frei programmierten *Exit*.

Im Rahmen von Kapitel 10, »Textsuche und Analyse von unstrukturierten Daten«, gehen wir auf die Implementierung spezifischer Suchhilfen auf SAP HANA ein.

► **Sperrobjekt**

Sperrobjekte bieten eine Möglichkeit, logische Sperren auf der Datenbank auszudrücken. Dies haben wir Ihnen in Abschnitt 3.1.2, »Nutzung der Datenbank durch den SAP NetWeaver AS ABAP«, vorgestellt.

Auf die Möglichkeit, Datensichten im ABAP Dictionary zu definieren, gehen wir in Abschnitt 3.2.3, »Datenbank-Views im ABAP Dictionary«, gesondert ein, da das Thema *Sichtenbildung* im Kontext von SAP HANA eine große Rolle spielt.

Zusätzlich zur reinen Datenstruktur lassen sich in den technischen Einstellungen für eine Tabelle weitere Eigenschaften pflegen. Dazu gehören vor allem die folgenden beiden Optionen:

Technische Einstellungen

▸ **ABAP-Tabellenpuffer**
Viele in Anwendungsszenarien genutzte Tabellen bieten sich für eine Pufferung auf dem Anwendungsserver an, da sie nur relativ wenige Daten enthalten und viel öfter gelesen als geschrieben werden. Der ABAP-Tabellenpuffer bietet dafür eine effiziente Möglichkeit. Über die technischen Eigenschaften im ABAP Dictionary können Sie die Pufferung einschalten und zusätzlich bestimmen, ob Einzelsätze, Bereiche oder die Tabelle vollständig gepuffert werden sollen. Auch im Kontext von SAP HANA, wo die Tabelleninhalte in der Regel im Hauptspeicher der Datenbank vorliegen, spielt der ABAP-Tabellenpuffer weiterhin eine wichtige Rolle (siehe dazu auch Kapitel 14, »Praxistipps«).

▸ **Datenart und Größenkategorie**
Die Angabe der Datenart und der erwarteten Tabelleneinträge erlaubt dem Datenbanksystem eine effiziente Reservierung des benötigten Speicherplatzes. Darüber hinaus kann die Größenkategorie einer Tabelle bei der Bewertung von durch statische Code-Analysen gefundenen Performanceproblemen in ABAP-Programmen herangezogen werden.

Ab SAP NetWeaver 7.4 können Sie im ABAP Dictionary für Tabellen spezifizieren, ob sie auf SAP HANA im Column Store oder im Row Store abgelegt werden (siehe Abbildung 3.4). Der Standardwert UNDEFINED wird dabei als Column Store umgesetzt, der für praktisch alle Anwendungsfälle die Empfehlung ist. Auf die wenigen Ausnahmen kommen wir ebenfalls in Kapitel 14, »Praxistipps«, zurück.

Row-/Column-Store-Klassifizierung

Im ABAP Dictionary können Sie auch Datenbankindizes definieren. Dabei ist es möglich, Indizes nur für spezielle Datenbanken anzulegen (durch Angabe einer *Inklusionsliste*) oder diese auszuschließen (*Exklusionsliste*). Bei der Datenbankmigration auf SAP HANA werden zunächst für existierende Sekundärindizes Einträge in der Exklusionsliste erzeugt, damit wird also der korrespondierende Index auf SAP HANA nicht mehr direkt angelegt. Stattdessen sollte dieser nur im Einzelfall, falls nötig, aktiviert werden. Auf die technischen Hintergründe und Empfehlungen für die Indexnutzung auf SAP HANA gehen wir ebenfalls in Kapitel 14 näher ein.

Indizes

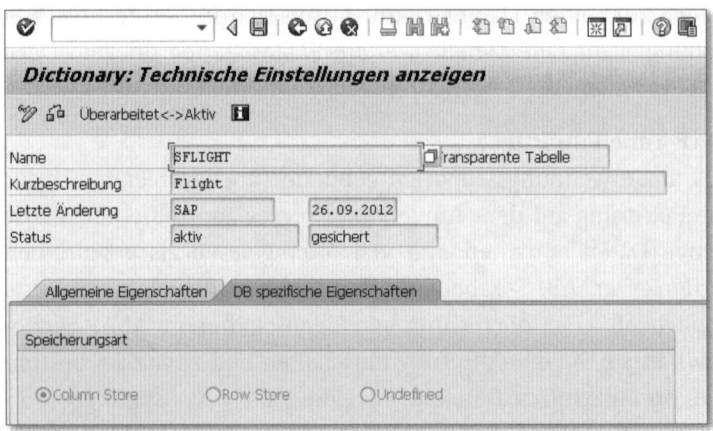

Abbildung 3.4 Datenbankspezifische Einstellungen für Tabellen

Abbildung 3.5 zeigt anhand der Tabelle SBOOK die Indexexklusion auf SAP HANA. Hier werden die Indizes ACY und CUS auf SAP HANA nicht erzeugt, da HDB in der Exklusionsliste aufgeführt wird.

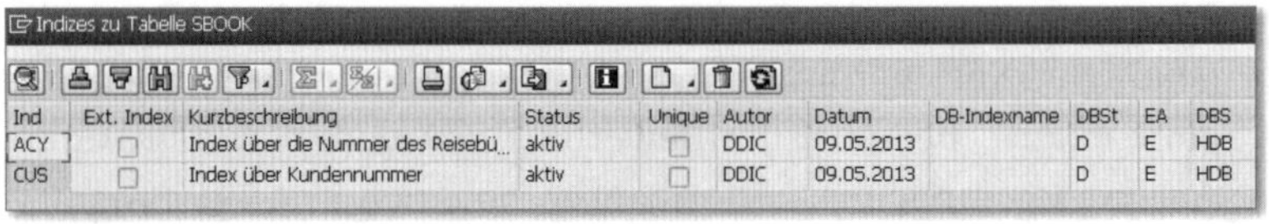

Ind	Ext. Index	Kurzbeschreibung	Status	Unique	Autor	Datum	DB-Indexname	DBSt	EA	DBS
ACY	☐	Index über die Nummer des Reisebü...	aktiv	☐	DDIC	09.05.2013		D	E	HDB
CUS	☐	Index über Kundennummer	aktiv	☐	DDIC	09.05.2013		D	E	HDB

Abbildung 3.5 Indexexklusion für SAP HANA

Pool- und Cluster-Tabellen

Bei manchen Datenbankversionen gibt es Restriktionen bezüglich der maximalen Anzahl von Tabellen im System sowie mangelhafte Komprimiereigenschaften. Um diese Probleme zu umgehen, gibt es im ABAP Dictionary die Möglichkeit, spezielle Tabellentypen, sogenannte *Pool-* und *Cluster-Tabellen,* anzulegen, in denen mehrere logische Tabellen in einer physischen Datenbanktabelle zusammengefasst sind. Aus ABAP kann man auf diese logischen Tabellen prinzipiell wie auf normale Datenbanktabellen zugreifen, im Detail gibt es jedoch einige Restriktionen. Auf SAP HANA entfällt die Notwendigkeit für Pool- und Cluster-Tabellen, und existierende Tabellen werden bei der Migration auf SAP HANA in normale transparente Tabellen umgewandelt. Dies hat insbesondere den Vorteil, dass sich diese Tabellen auch bei der Modellierung und Programmierung in SAP HANA nutzen lassen, wie wir in Kapitel 4, »Native Datenbankentwicklung mit SAP HANA«, sehen werden. Pool- und Cluster-Tabellen sind während der Migration für existierende Anwendungen kompatibel. Bestehender ABAP-Code muss also nicht adaptiert werden, allerdings gibt es beim Sortierverhalten Besonderheiten zu beachten, auf die wir in Kapitel 14, »Praxistipps«, zurückkommen werden.

3.2.2 Open SQL

Mit Open SQL gibt es eine in die ABAP-Programmiersprache integrierte Möglichkeit, auf die Datenbank zuzugreifen. Open SQL ist datenbankunabhängig sowohl in der unterstützten Syntax als auch in der detaillierten Semantik. Damit können Sie in ABAP-Anwendungen schreiben, ohne die Details der jeweiligen Datenbanksysteme zu kennen. In diesem Abschnitt geben wir Ihnen einen Überblick zum Funktionsumfang des klassischen Open SQL. Die Open-SQL-Erweiterungen, die Ihnen ab ABAP 7.4 zur Verfügung stehen, behandeln wir in Abschnitt 6.4, »Open-SQL-Erweiterungen«.

Lesende Zugriffe mit Open SQL

SAP HANA bietet primär Möglichkeiten für die Beschleunigung von lesenden Zugriffen. Dabei ist eine Ausnutzung von Open SQL die erste und einfachste Möglichkeit, datenintensive Operationen nach SAP HANA auszulagern.

In diesem Abschnitt stellen wir Ihnen anhand von Beispielen insbesondere einige der weiterführenden Möglichkeiten von Open SQL vor, die Sie in der Vergangenheit vielleicht noch nicht benutzt haben. Wir erklären dabei nicht die Syntax des ABAP-Befehls SELECT im Detail, sondern verweisen für eine vollständige Dokumentation der Open-SQL-Syntax auf die ABAP-Onlinehilfe.

Im Rahmen der Beispiele gehen wir auf folgende drei Bereiche ein, die im Wesentlichen die erweiterten Möglichkeiten zum Ausdruck von Kalkulationslogik in Open SQL abdecken:

Ausdruck von Kalkulationslogik in Open SQL

- Lesen von Feldern aus mehreren Tabellen, die über Fremdschlüsselbeziehungen miteinander in Beziehung stehen (Verwendung von *Joins* sowie der FOR ALL ENTRIES-Klausel)

- Berechnung von Kennzahlen, basierend auf den Werten einer Spalte, durch Verwendung der Aggregatfunktionen (Bestimmung von Anzahlen, Summen, Durchschnitten etc.)

▶ Selektion spezieller Einträge einer Tabelle, basierend auf komplizierten Kriterien, unter Verwendung von Unterabfragen (*Sub-Selects*) und Existenzprüfungen

Joins · Im ersten Beispiel möchten wir mithilfe eines Joins Werte aus den Tabellen SCARR und SCURX (Währungen) auslesen. In SQL gibt es verschiedene Arten, Joins zu bilden, je nachdem, welche Einträge aus den Tabellen in das Resultat übernommen werden sollen. Open SQL unterstützt dabei den sogenannten *Inner Join* und den *Left Outer Join*. Wir werden im Rahmen der Modellierung von Views über das SAP HANA Studio in Abschnitt 4.1, »Grundlagen der nativen Datenbankentwicklung«, noch einmal ausführlich auf die Unterschiede der Join-Varianten zurückkommen. In Listing 3.4 werden die beiden in Open SQL unterstützten Varianten verwendet und die Unterschiede am Beispiel erklärt.

```
REPORT zr_a4h_chapter3_open1.

TYPES: BEGIN OF result_type,
         currkey TYPE s_curr,
         currdec TYPE currdec,
         carrname TYPE s_carrname,
       END OF result_type.

DATA: wa TYPE result_type.

" Selektion aller Währungen und der zugehörigen
" Fluggesellschaften. Durch den Inner Join werden nur
" die Währungen selektiert, für die es eine zugehörige
" Fluggesellschaft gibt, die diese
" Währung nutzt.
SELECT c~currkey c~currdec r~carrname FROM scurx AS c
    INNER JOIN scarr AS r
      ON c~currkey = r~currcode INTO wa.

  WRITE: / wa-currkey , wa-currdec , wa-carrname.
ENDSELECT.

" Selektion aller Währungen und der zugehörigen
" Fluggesellschaften. Durch den Outer Join werden auch
" die Währungen selektiert, für die es keine
" zugehörige Fluggesellschaft gibt.
" In diesem Fall ist der Wert initial.
SELECT c~currkey c~currdec r~carrname FROM scurx AS c
    LEFT OUTER JOIN scarr AS r
      ON c~currkey = r~currcode INTO wa.
```

```
      WRITE: / wa-currkey , wa-currdec , wa-carrname.
ENDSELECT.
```

Listing 3.4 Inner und Left Outer Joins in Open SQL

Wie wir in Abschnitt 3.1.3, »Datentypen«, schon erwähnt haben, gibt es in ABAP keine Repräsentation des NULL-Wertes. In der Datenbank erzeugt ein Left Outer Join wie in Listing 3.4, wo in der »rechten« Tabelle kein zugehöriger Datensatz gefunden wird, in der Ergebnismenge für die zugehörigen Spalten den Wert NULL. In ABAP wird dies in den Initialwert der Spalte umgewandelt. In der Konsequenz kann man nicht unterscheiden, ob wirklich kein Datensatz gefunden wurde oder ob der zugehörige Wert einfach zufällig der Initialwert ist. Wenn Sie die äquivalente SQL-Anweisung über die SQL-Konsole im SAP HANA Studio ausführen, werden dort NULL-Werte als ? dargestellt (siehe Abbildung 3.6).

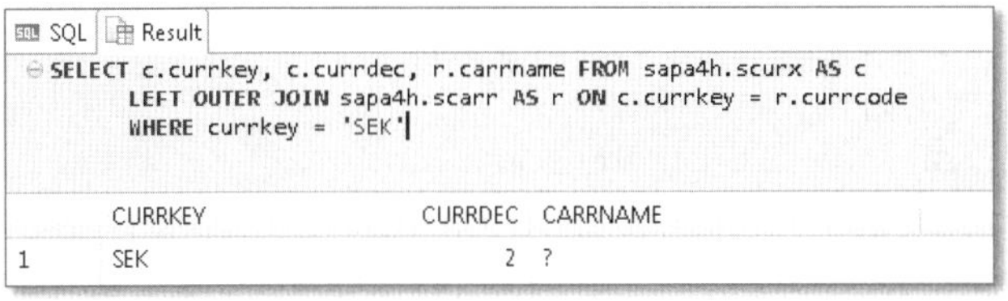

NULL als Ergebnis von Left Outer Joins

Abbildung 3.6 Darstellung von NULL-Werten in der SQL-Konsole

Neben den vorgestellten Inner und Left Outer Joins gibt es in Open SQL über den Ausdruck FOR ALL ENTRIES eine weitere Möglichkeit, Fremdschlüsselbeziehungen auszunutzen und interne Tabellen für die Bildung von Joins heranzuziehen. Dieser Ausdruck ist SAP-proprietär und nicht Teil des SQL-Standards und hat sich als natürliche Erweiterung der sogenannten *Ranges* entwickelt, die bei Selektionsoptionen verwendet werden. Ein typisches Beispiel für die Verwendung ist in Listing 3.5 dargestellt. Hier werden zunächst alle Fluggesellschaften gelesen und diejenigen, für deren Ansicht der Benutzer Berechtigungen besitzt, in einer internen Tabelle gespeichert. Danach wird über die Klausel FOR ALL ENTRIES eine Art Inner Join mit der SFLIGHT-Tabelle durchgeführt.

FOR ALL ENTRIES

```
REPORT zr_a4h_chapter3_open2.

TYPES: BEGIN OF ty_carrid,
         carrid TYPE s_carrid,
```

```
        END OF ty_carrid.

DATA: ls_carrier TYPE ty_carrid,
      ls_flight TYPE sflight,
      lt_carrier TYPE TABLE OF ty_carrid.
SELECT carrid FROM scarr INTO ls_carrier.
  " Berechtigungsprüfung durchführen und, falls
  " erfolgreich, interner Tabelle hinzufügen
  AUTHORITY-CHECK OBJECT 'S_CARRID'
      ID 'CARRID' FIELD ls_carrier-carrid
      ID 'ACTVT' FIELD '03'.

  IF sy-subrc = 0.
    APPEND ls_carrier TO lt_carrier.
  ENDIF.

ENDSELECT.

" Ausgabe aller Flüge der Fluggesellschaften, für die der
" Benutzer Berechtigungen hat.
IF ( lt_carrier IS NOT INITIAL ).
  SELECT * FROM sflight INTO ls_flight
      FOR ALL ENTRIES IN lt_carrier
        WHERE carrid = lt_carrier-carrid.

    WRITE: / ls_flight-carrid,
             ls_flight-connid, ls_flight-fldate.
  ENDSELECT.
ENDIF.
```

Listing 3.5 Join einer Datenbanktabelle mit einer internen Tabelle

[!] **Spezielle Eigenschaften von FOR ALL ENTRIES**

Aus Performancegründen kann sich ein Umbau einer geschachtelten SELECT-Anweisung in einen Ausdruck FOR ALL ENTRIES lohnen. Dabei sollten Sie jedoch drei wichtige Eigenschaften des Ausdrucks FOR ALL ENTRIES beachten:

- ► Wenn die Treibertabelle (also die nach dem Ausdruck FOR ALL ENTRIES folgende interne Tabelle) leer ist, erhalten Sie als Ergebnis *alle* Werte zurück. Falls Sie also in Listing 3.5 z. B. die IF-Abfrage vor der Selektion am Ende vergessen, würden Sie damit unter Umständen Daten selektieren, auf die der Benutzer keinen Zugriff haben sollte.

- ► Die Treibertabelle sollte keine Duplikate enthalten. Dies hilft, die Anzahl der Zugriffe auf das notwendige Minimum zu beschränken, und vermeidet die Selektion identischer Daten von der Datenbank.

- ► Die Selektion mit FOR ALL ENTRIES erfolgt immer mit einem impliziten DISTINCT, es werden also keine Duplikate zurückgegeben. Wenn Sie etwa in Listing 3.5 bei der zweiten SELECT-Anweisung nur die Spalten CARRID und CONNID selektieren (anstelle von *), erhalten Sie deutlich weniger Ergebnisse, nämlich unabhängig vom Flugdatum jede Verbindung nur einmal.

Wir werden darauf in Kapitel 14, »Praxistipps«, im Rahmen von Empfehlungen für die Optimierung von ABAP-Programmen auf SAP HANA zurückkommen.

Im dritten Beispiel wollen wir die Aggregatfunktionen (COUNT, SUM, MIN, MAX, AVG) einsetzen. Mithilfe einer SQL-Abfrage wollen wir ermitteln, ob es im Datenmodell eine Inkonsistenz gibt. Dazu fragen wir ab, ob es für einen Flug mehr Buchungen für die Economy-Klasse gibt (basierend auf den Einträgen in der Tabelle SBOOK), als belegte Plätze (Attribut SEATSOCC in der Tabelle SFLIGHT) vorhanden sind. Wir kombinieren in Listing 3.6 direkt einen Join mit der Berechnung einer Anzahl (COUNT) sowie der Einschränkung der Resultatmenge, basierend auf dem Ergebnis der Aggregation (HAVING).

Aggregatfunktionen

```
REPORT zr_a4h_chapter3_open3.

TYPES: BEGIN OF ty_result,
        carrid TYPE sbook-carrid,
        connid TYPE sbook-connid,
        fldate  TYPE sbook-fldate,
        count_sbook TYPE i,
        count_sflight TYPE i,
      END OF ty_result.
DATA ls_result TYPE ty_result.

" Bestimmung aller Flüge, für die es mehr
" Economy-Class-Buchungen (Tabelle SBOOK) gibt als
" belegte Plätze (Tabelle SFLIGHT)
SELECT b~carrid b~connid b~fldate
       f~seatsocc AS count_sflight
       COUNT( * ) AS count_sbook
  FROM sbook AS b
  INNER JOIN sflight AS f ON b~carrid = f~carrid
                         AND b~connid = f~connid
                         AND b~fldate = f~fldate
  INTO ls_result
  WHERE b~cancelled <> 'X' AND b~class = 'Y'
  GROUP BY b~carrid b~connid b~fldate f~seatsocc
  HAVING COUNT( * ) > f~seatsocc
  ORDER BY b~fldate b~carrid b~connid.
  WRITE: / ls_result-carrid, ls_result-connid,
```

```
                  ls_result-fldate, ls_result-count_sbook,
                  ls_result-count_sflight.
ENDSELECT.
```

Listing 3.6 Aggregatfunktionen in Open SQL

Bei der Verwendung der Aggregation ist stets wichtig zu beachten, dass in dem Ausdruck GROUP BY alle nicht aggregierten Attribute aufgeführt werden – auch solche, die nur in einer HAVING-Klausel verwendet werden.

Unterabfragen Wie Sie sehen, lassen sich also recht komplexe Abfragen über Open SQL ausdrücken. Im vierten Beispiel wollen wir noch ein weiteres Element hinzunehmen: *Unterabfragen* und als Spezialfall *Existenzprüfungen*. Eine Unterabfrage ist eine SELECT-Anweisung in Klammern, die Sie als Teil der WHERE-Klausel verwenden können (sowohl bei lesenden als auch bei schreibenden Zugriffen). Eine typische Verwendung ist eine Existenzprüfung, die die folgende Struktur hat:

```
SELECT ... FROM ... INTO ...
  WHERE EXISTS ( SELECT ... ).
```

Wenn in der Unterabfrage nur eine Spalte selektiert wird, spricht man von einer *skalaren Unterabfrage*. Diese unterstützt für eine Spalte neben Abfragen auf Gleichheit (=, >, <) auch weitere Operatoren (ALL, ANY, SOME, IN). Listing 3.7 zeigt beispielhaft, wie sich über Unterabfragen eine geschachtelte Filterbedingung realisieren lässt.

```
REPORT zr_a4h_chapter3_open4.

DATA: ls_flight TYPE sflight.

" Ausgabe aller Flüge aus dem Jahr 2013, die mehr
" besetzte Plätze haben als im Durchschnitt auf der
" gleichen Route im Jahr 2012
SELECT * FROM sflight AS f INTO ls_flight
  WHERE fldate LIKE '2013 %' AND seatsocc >
    ( SELECT AVG( seatsocc ) FROM sflight
            WHERE carrid = f~carrid
            AND connid = f~connid
            AND fldate LIKE '2012 %' ).

  WRITE: / ls_flight-carrid,
           ls_flight-connid, ls_flight-fldate.
ENDSELECT.
```

Listing 3.7 Verwendung von Unterabfragen

Mit den vorgestellten Möglichkeiten haben Sie ein mächtiges Repertoire für den Zugriff auf Datenbanktabellen. Über Joins können Sie mehrere Tabellen (und über FOR ALL ENTRIES auch interne Tabellen) in Verbindung setzen, mit den Aggregatfunktionen können Sie einfache Berechnungen durchführen, und mit Unterabfragen können Sie eine geschachtelte Selektion vornehmen. Neben dem SQL-Sprachschatz gibt es in Open SQL weitere Techniken zur flexiblen und effizienten Gestaltung des Datenbankzugriffs, auf die wir im Folgenden eingehen.

Sie können über Open SQL auch Teile einer SQL-Anweisung *dynamisch* spezifizieren, also z. B. den Namen der Tabelle oder die selektierten Spalten über eine Variable steuern, die Sie dabei in Klammern angeben müssen, wie das Beispiel in Listing 3.8 demonstriert.

Dynamisches SQL

```
DATA: lv_table   TYPE string,
      lt_fields  TYPE string_table,
      ls_carrier TYPE scarr.

" Tabellenname als String
lv_table = 'SCARR'.

" Dynamische Angabe der Spalten
APPEND 'CARRID' TO lt_fields.
APPEND 'CARRNAME' TO lt_fields.

SELECT (lt_fields) FROM (lv_table)
  INTO CORRESPONDING FIELDS OF ls_carrier.
    WRITE: / ls_carrier-carrid , ls_carrier-carrname.
ENDSELECT.
```

Listing 3.8 Dynamisches Open SQL

Sie sollten auf jeden Fall beachten, dass bei dynamischem Open SQL die trennenden Schlüsselwörter (SELECT, FROM, WHERE etc.) weiterhin statisch im Code stehen müssen. Dies bietet insbesondere einen Schutz gegen mögliche Sicherheitslücken, da gewisse Angriffe mittels *SQL Injection* (Einschleusen von ungewollten Datenbankoperationen durch einen Angreifer) nicht möglich sind. Dennoch sollten Sie gerade bei der Verwendung von dynamischem SQL stets darauf achten, dass die Werte der Variablen überprüft werden, damit es nicht zu Laufzeitfehlern oder Sicherheitsproblemen kommen kann. Dies kann z. B. über eine Liste von erlaubten Werten (*Whitelist*) oder Muster (*Pattern*) realisiert werden.

Verwendung von Cursors

Über die Verwendung von *Cursors* können Sie die Definition der Selektion von der Datenbeschaffung entkoppeln. Dabei müssen Sie zunächst einen Cursor unter Angabe der Selektion öffnen und können dann zu einem späteren Zeitpunkt oder an einer anderen Stelle (z. B. einer FORM-Routine) über diesen Cursor die Daten von der Datenbank abholen (siehe Listing 3.9). Sie sollten einen Cursor nach der Verwendung stets schließen, da nur eine begrenzte Anzahl Cursor parallel verwendet werden kann.

```
DATA: lv_cursor TYPE cursor,
      ls_flight TYPE sflight.

" Definition des Cursors
OPEN CURSOR lv_cursor FOR
     SELECT * FROM sflight
              WHERE carrid = 'LH'.

" Abholen eines Datensatzes über den Cursor
FETCH NEXT CURSOR lv_cursor INTO ls_flight.

" Schließen des Cursors
CLOSE CURSOR lv_cursor.
```

Listing 3.9 Einfache Verwendung eines Cursors

Paketgrößen

Sie können in Open SQL den Datenfluss zwischen Datenbank und Anwendungsserver kontrollieren, indem Sie über den Zusatz PACKAGE SIZE Paketgrößen definieren (siehe Listing 3.10). Dabei wird bei der Selektion in eine interne Tabelle innerhalb einer Schleife stets die angegebene Anzahl an Zeilen von der Datenbank geholt.

```
DATA: lt_book TYPE TABLE OF sbook.

" Selektion in Pakete von 1.000 Zeilen
SELECT * FROM sbook
         INTO TABLE lt_book
         PACKAGE SIZE 1000.

   " ...
ENDSELECT.
```

Listing 3.10 Selektion von Daten mit Angabe einer Paketgröße

Leseoperationen in Open SQL

Bevor wir auf den schreibenden Zugriff eingehen, möchten wir noch einmal kurz zusammenfassen, welche Möglichkeiten Ihnen Open

SQL für Leseoperationen bietet. Sie können mittels des `SELECT`-Befehls effizient Datensätze aus einem relationalen Datenmodell (Tabellen mit Fremdschlüsselbeziehungen) lesen. Mit den Aggregatfunktionen ist es möglich, einfache Berechnungen auf einer Spalte auszudrücken. Der Datentransfer von der Datenbank kann über fortgeschrittene Techniken kontrolliert werden. Auf der anderen Seite ist es nicht möglich, komplexe Filterausdrücke, Fallunterscheidungen oder betriebswirtschaftliche Berechnungen direkt in der Datenbank auszuführen. Ebenso kann ein Zwischenergebnis nicht einfach in der Datenbank »geparkt« werden, da das Ergebnis einer Abfrage stets in den Anwendungsserver geholt wird.

Schreibende Zugriffe und Transaktionsverhalten

Die Grundlagen des ABAP-Transaktionskonzepts und insbesondere die Unterschiede zwischen der Datenbank-LUW und der SAP-LUW haben wir Ihnen bereits in Abschnitt 3.1.2, »Nutzung der Datenbank durch den SAP NetWeaver AS ABAP«, vorgestellt. Für das Ändern von Datenbankinhalten bietet Open SQL die Anweisungen `INSERT` (Anlegen von Datensätzen), `UPDATE` (Ändern von existierenden Datensätzen), `MODIFY` (Ändern oder Anlegen von Datensätzen) sowie `DELETE` (Löschen von Datensätzen). Dabei besteht neben dem Ändern einzelner Einträge stets auch die Möglichkeit, mehrere Zeilen gleichzeitig zu bearbeiten. Sie können also z. B. basierend auf den Inhalten einer internen Tabelle mit einer Open-SQL-Anweisung direkt mehrere Datensätze anlegen oder aktualisieren. Dies hat in der Regel einen großen Vorteil für die Laufzeit eines Programms, da die Anzahl der Datenbankzugriffe deutlich geringer ist. Listing 3.11 zeigt ein Beispiel für die Verwendung dieser sogenannten *Array-Operationen*. Ebenso können Sie bei einer Änderung eines Datensatzes entweder alle oder nur ausgewählte Spalten aktualisieren. Auch dies kann zu einer Verbesserung der Performance führen. Diese beiden Techniken sind gerade auf SAP HANA sehr empfehlenswert (siehe auch Kapitel 14, »Praxistipps«).

```
REPORT zr_a4h_chapter3_modify_array.

DATA: lt_country TYPE TABLE OF za4h_country_cls.

" Selektion der Länder und Anzahl der Kunden
SELECT country COUNT(*) AS class FROM scustom
```

```
    INTO CORRESPONDING FIELDS OF TABLE lt_country
    GROUP BY country.

" Tabelleneinträge in einem Rutsch ändern
MODIFY za4h_country_cls FROM TABLE lt_country.

COMMIT WORK.
```

Listing 3.11 Modifikation von Tabelleninhalten durch Array-Operation

Die explizite Transaktionskontrolle funktioniert in Open SQL über die Anweisungen COMMIT WORK bzw. ROLLBACK WORK. Es gibt auch Situationen, in denen es automatisch zu einem impliziten Commit (z. B. nach Beendigung eines Dialogschrittes) oder Rollback (z. B. bei einem Laufzeitfehler) kommt. Um Datenbankänderungen aus mehreren Dialogschritten in einer einzigen Datenbank-LUW zu verarbeiten, bietet das SAP-LUW-Konzept verschiedene Bündelungstechniken. Dazu gehören primär der Aufruf von Verbuchungsbausteinen (CALL FUNCTION ... IN UPDATE TASK) sowie die Bündelung über Unterprogramme (PERFORM ... ON COMMIT). Wenn Sie direkt auf Datenbankebene (z. B. mit SQLScript) schreibende Operationen durchführen, unterscheidet sich das Programmiermodell deutlich vom klassischen ABAP-Programmiermodell (siehe auch Abschnitt 3.1.2, »Nutzung der Datenbank durch den SAP NetWeaver AS ABAP«, und Kapitel 14, »Praxistipps«).

Datenbank-Hints Trotz der Datenbankunabhängigkeit von Open SQL ist es möglich, dem jeweiligen Datenbanksystem, genauer dem Datenbankoptimierer, Anweisungen (sogenannte *Hints*) mitzugeben, um festzulegen, wie ein Statement ausgeführt werden soll. Diese Variante bietet in der Praxis Tuning-Möglichkeiten für Datenbankexperten und wird während der normalen ABAP-Entwicklung eher selten genutzt. Über Hints wird festgelegt, wie die Datenbank auf die Daten zugreifen soll (z. B. über einen bestimmten Index). Diese Möglichkeit sollte nur dann ergriffen werden, wenn es sonst keine anderen Möglichkeiten des Tunings mehr gibt, da Hints gewartet werden müssen (z. B. bei einem Releasewechsel oder einer Datenbankmigration).

Grenzen von Open SQL Obwohl das klassische Open SQL einen großen Funktionsumfang hat, deckt es doch nur einen Teil der Möglichkeiten des SQL-Standards ab. Ein Grund für das Fehlen einiger Befehle (z. B. UNION, CASE) in Open SQL ist der Umstand, dass diese in der Vergangenheit von unterschiedlichen Datenbankherstellern nicht oder unterschiedlich realisiert wurden. Desweiteren sind proprietäre SQL-Erweiterungen von Datenbanken über Open SQL aufgrund der Datenbankunabhängigkeit nicht nutzbar, was gerade für SAP HANA den Zugriff auf spezielle Engines erschwert. Aus diesem Grund arbeitet SAP daran, sowohl den Umfang von Open SQL einheitlich zu erweitern (gemeinsam mit den Herstellern der unterstützten Datenbanken) als auch die spezifischen Fähigkeiten von SAP HANA für ABAP-Entwickler nutzbar zu machen. Diese Möglichkeiten stehen im Mittelpunkt der Kapitel in Teil II.

3.2.3 Datenbank-Views im ABAP Dictionary

Datenbank-Views sind eine Möglichkeit, in der Datenbank Sichten auf eine oder mehrere Tabellen zu definieren und damit Teile einer Abfrage vorzudefinieren. In den meisten Datenbanken werden Views über SQL angelegt:

```
CREATE VIEW view_name AS SELECT ...
```

In diesem Abschnitt geben wir Ihnen wieder einen Überblick über die klassischen Möglichkeiten zur Erstellung von Views über das ABAP-Dictionary. Sie werden in Kapitel 4, »Native Datenbankentwicklung mit SAP HANA«, noch HANA-spezifische Möglichkeiten kennenlernen, die über die Verschalung einer einfachen SQL-Abfrage hinausgehen.

Über das ABAP Dictionary können Sie Datensichten definieren, wobei Ihnen hier nicht alle Möglichkeiten von Open SQL zur Verfügung stehen. Sie können im Wesentlichen mehrere Tabellen über einen Inner Join verbinden und Felder in die Projektionsliste aufnehmen. Es ist hingegen nicht möglich, andere Join-Typen, Aggregate oder Unterabfragen zu verwenden.

Einschränkungen

Abbildung 3.7 zeigt den Standard-View SFLIGHTS, der über einen Join Felder der Tabellen SCARR, SPFLI und SFLIGHT aufnimmt. Die zugehörige Anweisung CREATE VIEW können Sie sich über die Menüleiste (EXTRAS • CREATE STATEMENT) anzeigen lassen.

Beispiel: SFLIGHTS

Auf diese Datenbank-Views können Sie aus ABAP über Open SQL und natives SQL wie auf Tabellen zugreifen, wobei schreibende Operationen nur bei Views möglich sind, die nur auf eine Tabelle zugreifen. Ebenso wie für Tabellen können Sie in den technischen Einstellungen eine Pufferung einrichten.

Zugriff auf Datenbank-Views

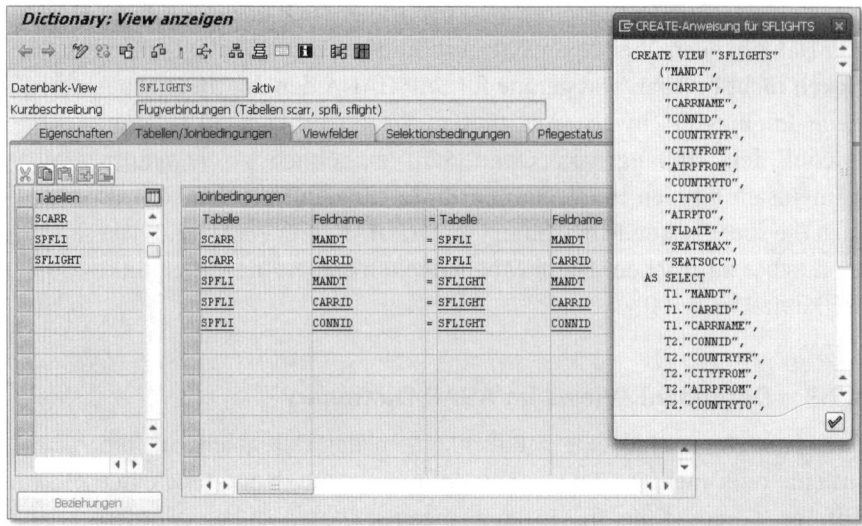

Abbildung 3.7 Dictionary-View SFLIGHTS

[»] **Core Data Services**

SAP arbeitet aktuell unter dem Namen *Core Data Services* (CDS) an einer Vereinheitlichung der Sichtenbildung in SAP HANA und dem ABAP Dictionary. Über diesen Ansatz ist es möglich, den Funktionsumfang bei der Definition von Sichten im ABAP Dictionary deutlich zu erweitern. Wir stellen Ihnen die Möglichkeiten der Core Data Services in Abschnitt 6.2.1, »CDS-Views«, ausführlich vor.

3.2.4 Datenbankzugriff über natives SQL

Neben dem in Abschnitt 3.2.2 vorgestellten Open SQL, das einen in die ABAP-Programmiersprache integrierten, datenbankunabhängigen Zugriff ermöglicht, gibt es eine weitere Möglichkeit, aus ABAP auf die Datenbank zuzugreifen. Bei dieser Variante spezifiziert man mehr oder weniger direkt die nativen Datenbankbefehle. Daher spricht man hier auch von der Verwendung von *nativem SQL*.

Natives SQL und SAP HANA

Bevor wir auf die technischen Aspekte der Unterstützung von nativem SQL im SAP NetWeaver AS ABAP eingehen, wollen wir begründen, warum diese Variante im Kontext von SAP HANA eine größere Rolle spielt als in der Vergangenheit. Um das Potenzial von SAP HANA voll ausreizen zu können, ist es notwendig, gerade die Funktionen zu nutzen, die nicht Standardfähigkeiten jeder relationalen Datenbank sind. Dazu gehören insbesondere die Nutzung von Fähigkeiten im HANA-spezifischen SQL, die über den SQL-Standard hinausgehen, und der Zugriff auf Entwicklungsobjekte in SAP HANA jenseits von normalen Tabellen und SQL Views, worauf wir in Kapitel 4, »Native Datenbankentwicklung mit SAP HANA«, detailliert eingehen werden. So viel sei als Vorgriff erwähnt: Die Nutzung von nativem SQL wird dabei eine wichtige Rolle spielen.

Es gibt zwei klassische Möglichkeiten, natives SQL in ABAP zu verwenden: entweder über die Anweisung EXEC SQL oder via *ABAP Database Connectivity* (ADBC), eine objektorientierte Schnittstelle, die seit SAP NetWeaver 2004 (Release 6.40) verfügbar ist. Die Empfehlung von SAP an dieser Stelle ist die Verwendung von ADBC, da es eine höhere Flexibilität und bessere Möglichkeiten zur Fehlerbehandlung bereitstellt. Im Rahmen dieses Buches beschreiben und nutzen wir daher die ADBC-Variante. ADBC ist nicht nur namenstechnisch, sondern auch in einigen Konzepten an *Java Database Connectivity* (JDBC) angelehnt, eine Standarddatenbankschnittstelle der Java-Plattform.

Varianten zur Nutzung von nativem SQL

> ### ABAP Managed Database Procedures
>
> Zusätzlich zu den genannten Optionen können Sie ab ABAP 7.4 SP8 auch sogenannte *ABAP Managed Database Procedures* für SAP HANA erstellen. Dabei handelt es sich um mit SQLScript implementierte Datenbankprozeduren, die als spezielle ABAP-Methode realisiert sind. Wir stellen Ihnen diese wichtige neue Technik in Abschnitt 6.5, »ABAP-Datenbankprozeduren«, vor.

[«]

Für die Nutzung von ADBC werden im Wesentlichen drei ABAP-Klassen benötigt: CL_SQL_CONNECTION, CL_SQL_STATEMENT und CL_SQL_RESULT_SET. Zunächst müssen Sie sich über die statische Methode GET_CONNECTION der Klasse CL_SQL_CONNECTION eine Datenbankverbindung holen. Ohne die Angabe von Parametern erhalten Sie dabei die Standarddatenbankverbindung, die auch bei der normalen Nutzung von Open SQL verwendet wird. Es ist aber auch möglich, den Namen einer sekundären Verbindung zu spezifizieren (siehe Abschnitt 3.2.5, »Sekundäre Datenbankverbindungen«). Auf dieser Verbindung erzeugen Sie über die Methode CREATE_STATEMENT ein Objekt vom Typ CL_SQL_STATEMENT, auf dem z. B. lesende Datenbankzugriffe über die Methode EXECUTE_QUERY durch Übergabe der SQL-Anweisung als Zeichenkette möglich sind. Das Ergebnis ist eine Instanz vom Typ CL_SQL_RESULT_SET. Analog können

ABAP Database Connectivity

schreibende Zugriffe über EXECUTE_UPDATE oder DDL-Statements über EXECUTE_DDL ausgeführt werden.

Um das Ergebnis einer Abfrage letztlich in eine interne ABAP-Tabelle zu übertragen, müssen Sie zunächst eine Referenz auf diese Tabelle über die Methode SET_PARAM_TABLE übergeben und können dann über NEXT_PACKAGE den Datentransfer starten. Es ist dabei möglich, die Paketgröße, also die Anzahl der Zeilen, zu spezifizieren. Für einen erfolgreichen Aufruf ist es erforderlich, dass die selektierten Spalten und zugehörigen Datentypen mit der Zielstruktur kompatibel sind.

Falls es zu einem Fehler bei der Ausführung der SQL-Anweisung kommt, wird eine Ausnahme vom Typ CX_SQL_EXCEPTION ausgegeben, über die man Details wie Fehlercode und Fehlertext abholen kann. In Abschnitt 7.2, »Fehleranalyse«, gehen wir auf die möglichen Laufzeitfehler im Detail ein.

Das Beispiel in Listing 3.12 zeigt die Verwendung der genannten Klassen für einen einfachen Lesezugriff. Die SQL-Anweisung verwendet dabei Ausdrücke aus dem HANA-SQL-Dialekt, die in dieser Form nicht in Open SQL nutzbar sind.

```
REPORT ZR_A4H_CHAPTER3_ADBC.

" Variablen für den ADBC Aufruf
DATA: lv_statement   TYPE string,
      lo_conn         TYPE REF TO cl_sql_connection,
      lo_statement    TYPE REF TO cl_sql_statement,
      lo_result_set   TYPE REF TO cl_sql_result_set.

" Definition der Resultatstruktur
TYPES: BEGIN OF ty_result,
         carrid TYPE s_carr_id,
         connid TYPE s_conn_id,
         fldate TYPE s_date,
         days   type i,
       END OF ty_result.

DATA: lt_result TYPE TABLE OF ty_result,
      lr_result TYPE REF TO data.

FIELD-SYMBOLS: <l> TYPE ty_result.
" Datenreferenz
GET REFERENCE OF lt_result INTO lr_result.
" Natives SQL Statement: Reihenfolge und Datentypen
```

```
" der selektierten Spalten müssen zu der
" Resultatstruktur passen
lv_statement =
     | SELECT carrid, connid, fldate, |
  && |   days_between(fldate, current_utcdate) as days |
  && | FROM sflight WHERE mandt = '{ sy-mandt }' and   |
  && |   days_between(fldate, current_utcdate) < 10    |.

TRY.
    " SQL-Verbindung und Statement vorbereiten
    lo_conn = cl_sql_connection=>get_connection( ).
    lo_statement = lo_conn->create_statement( ).
    lo_result_set = lo_statement->execute_query( lv_
statement ).
    lo_result_set->set_param_table( lr_result ).

    " Resultat abholen
    lo_result_set->next_package( ).
    lo_result_set->close( ).
  CATCH cx_sql_exception.
    " Fehlerbehandlung
ENDTRY.

LOOP AT lt_result ASSIGNING <l>.
  WRITE: / <l>-carrid , <l>-connid , <l>-fldate, <l>-days.
ENDLOOP.
```

Listing 3.12 Nativer SQL-Zugriff über ADBC

Die Funktion days_between im HANA-spezifischen SQL bestimmt
dabei die Anzahl der Tage zwischen den Parametern, also im Beispiel
oben zwischen dem aktuellen Datum (das aus der im HANA-spezifischen SQL eingebauten Variablen current_utcdate entnommen
wird) und dem Datum des Fluges. Die Ausgabe von Listing 3.12 enthält damit alle zukünftigen Flüge sowie alle Flüge, die vor maximal
zehn Tagen stattgefunden haben. Pro Flug gibt das System auch die
Differenz in Tagen zwischen dem Flugdatum und dem aktuellen
Datum aus. Da sich eine solche Abfrage nicht über Open SQL ausdrücken lässt, wäre die einzige klassische Möglichkeit, alle Daten in den
Anwendungsserver zu laden und die Datumsrechnung über ABAP
durchzuführen. So haben wir also über natives SQL einen *Code Pushdown* realisiert, indem wir einen komplexen Filterausdruck in die
Datenbank »gedrückt« haben.

Falls Sie mehrmals hintereinander die gleiche SQL-Anweisung mit unterschiedlicher Parametrisierung verwenden wollen, bietet sich aus Performancegründen die Verwendung sogenannter *Prepared Statements* an, d. h. vorbereiteter SQL-Anweisungen, die den Aufwand für weitere Ausführungen reduzieren. Dazu erzeugen Sie eine Instanz der Klasse CL_SQL_PREPARED_STATEMENT (einer Unterklasse von CL_SQL_STATEMENT), wobei Sie eine SQL-Anweisung mit Platzhaltern übergeben, die Sie an eine Variable binden können. Listing 3.13 zeigt die Verwendung von Prepared Statements und Platzhaltern, wobei wir auf einige ABAP-Sprachelemente aus ABAP 7.4 zurückgreifen (siehe Anhang B, »Erweiterungen der ABAP-Programmiersprache (ab SAP NetWeaver 7.4)«). Beachten Sie, dass Sie Platzhalter auch unabhängig von Prepared Statements verwenden können.

```abap
REPORT zr_a4h_chapter3_adbc2.

" Variablen für den ADBC-Aufruf
DATA: lv_sql    TYPE string,
      lo_result TYPE REF TO cl_sql_result_set.

DATA: lt_result TYPE TABLE OF scarr,
      lv_param  TYPE s_carrid.

" SQL-Anweisung mit Platzhalter
lv_sql =
    | SELECT * |
&& |    FROM SCARR WHERE mandt  = '{ sy-mandt }' |
&& |                    AND carrid = ? limit 5|.

TRY.
    " Prepared-Anweisung erzeugen und Parameter binden
    DATA(lo_sql) =
           NEW cl_sql_prepared_statement( lv_sql ).
    lo_sql->set_param( REF #( lv_param ) ).

    " Ausführung mit Wert für Platzhalter
    lv_param = 'LH'.
    lo_result = lo_sql->execute_query( ).
    lo_result->set_param_table( REF #( lt_result ) ).
    " Resultat abholen und anzeigen
    lo_result->next_package( ).
    lo_result->close( ).
    LOOP AT lt_result ASSIGNING FIELD-SYMBOL(<l1>).
      WRITE: / <l1>-carrid , <l1>-carrname.
    ENDLOOP.
```

```
    " Zweite Ausführung mit anderem Wert
    CLEAR lt_result.
    lv_param = 'UA'.
    lo_result = lo_sql->execute_query( ).
    lo_result->set_param_table( REF #( lt_result ) ).

    " Resultat abholen und anzeigen
    lo_result->next_package( ).
    lo_result->close( ).
    LOOP AT lt_result ASSIGNING FIELD-SYMBOL(<l2>).
      WRITE: / <l2>-carrid , <l2>-carrname.
    ENDLOOP.

    " Prepared SQL-Anweisung schließen
    lo_sql->close( ).
  CATCH cx_sql_exception INTO DATA(lo_ex).
    " Fehlerbehandlung
    lv_param = 'UA'.
    WRITE: | Exception: { lo_ex->get_text( ) } |.
ENDTRY.
```

Listing 3.13 Prepared SELECT-Anweisung mit ADBC

Mit ABAP 7.4 gibt es zusätzlich die Möglichkeit, über die ADBC-Schnittstelle auch Massenoperationen ebenso wie bei Open SQL durchzuführen. Dazu gibt es die Methode SET_PARAM_TABLE in der Klasse CL_SQL_STATEMENT, die es erlaubt, eine interne Tabelle als Eingabeparameter zu übergeben. Damit können Sie etwa über die ADBC-Schnittstelle eine Datenbanktabelle mit den Werten einer internen Tabelle füllen.

Massen-operationen

Nutzung der SQL-Konsole im SAP HANA Studio   **[+]**

Die Verwendung von nativem SQL ist recht fehleranfällig, insbesondere da Syntaxfehler in SQL-Anweisungen erst zur Laufzeit erkannt werden. Bevor Sie eine native SQL-Anweisung in ABAP über ADBC realisieren, bietet es sich deshalb an, diese zunächst über die in Abschnitt 2.4.3, »SAP HANA Studio«, vorgestellte SQL-Konsole im SAP HANA Studio zu testen.

Bei der Übernahme von in der SQL-Konsole funktionierenden Befehlen nach ABAP sollten Sie Folgendes beachten:

▶ Die Ausführung von SQL-Anweisungen hängt zu einem gewissen Grad am *Session-Kontext*, also dem Zustand der Datenbankverbindung. Dazu gehören insbesondere das Standardschema, der Mandant, die Sprache und der Anwendungsbenutzer. Dies kann je nach Abfrage potenziell zu unterschiedlichen Ergebnissen führen.

> ▸ Eine native SQL-Anweisung in ABAP kann stets nur einen einzelnen SQL-Befehl enthalten. Es ist nicht möglich, mehrere durch Semikolon getrennte Befehle gebündelt auszuführen.

Open SQL vs. natives SQL

Im Vergleich zu Open SQL sind einige Fähigkeiten nicht direkt in natives SQL integriert. Dazu gehören der ABAP-Tabellenpuffer (natives SQL liest stets am Puffer vorbei), automatische Mandantenbehandlung (bei nativem SQL muss der Mandant wie im Beispiel aus Listing 3.12 manuell in WHERE- oder JOIN-Bedingungen eingemischt werden) und so manche praktische Erweiterung in Open SQL (IN, FOR ALL ENTRIES, INTO CORRESPONDING FIELDS etc.).

[+] **Fallstricke bei der Nutzung von nativem SQL**

Es gibt bei der ersten Verwendung von nativem SQL einige Fallstricke hinsichtlich der Syntax, auf die Sie achten sollten, um unnötige Fehler zu vermeiden:

Selektierte Felder werden mit Komma getrennt:

▸ Open SQL: SELECT carrid connid FROM SFLIGHT

▸ Natives SQL: SELECT carrid, connid FROM SFLIGHT

Aliasse für Tabellen werden mit Punkt und nicht mit Tilde verwendet:

▸ Open SQL: SELECT f~carrid FROM SFLIGHT as f

▸ Natives SQL: SELECT f.carrid FROM SFLIGHT as f

Log- und Trace-Einträge

Darüber hinaus enthalten die Log- und Trace-Einträge in verschiedenen Analysetools (siehe Abschnitt 3.3, »Datenbankzugriffe mit dem SQL-Trace analysieren«) für natives SQL weniger Kontextinformationen, so dass etwa die Namen der Tabellen oder Views nicht sichtbar sind, da der ABAP Compiler diese Informationen nicht aus dem nativen SQL-Statement ableiten kann. Dafür bietet bei ADBC die Klasse CL_SQL_STATEMENT über die Methode SET_TABLE_NAME_FOR_TRACE die Möglichkeit, diesen Kontext zu setzen.

Transaktionsaspekte

Abschließend wollen wir noch kurz auf Transaktionsaspekte bei der Nutzung von nativem SQL eingehen. Falls Sie die Standarddatenbankverbindung für einen nativen SQL-Zugriff nutzen, müssen Sie beachten, dass Sie sich die Datenbanktransaktion innerhalb der ABAP-Session mit anderen Programmbestandteilen (z. B. Klassen aus dem SAP-Standard) teilen. Um Inkonsistenzen zu vermeiden, sollten über natives SQL keine Befehle zur Transaktionskontrolle (z. B. COMMIT oder ROLLBACK) abgesetzt werden.

> **Native SQL-Nutzung erfordert umfassende Datenbankkenntnisse** **[!]**
>
> Die Nutzung von nativem SQL erfordert solide Datenbankkenntnisse, da
> fehlerhafte Verwendung die Systemstabilität beeinträchtigen kann. Die
> Verwendung des folgenden nativen SQL-Statements zum Setzen eines
> Schemakontextes auf der Standarddatenbankverbindung des SAP Net-
> Weaver AS ABAP führt z. B. zu massiven Problemen:
>
> ```
> SET SCHEMA <name>
> ```
>
> Der Grund dafür ist, dass sich auch andere Datenbankzugriffe innerhalb
> der gleichen Sitzung auf das gesetzte Schema beziehen und nicht mehr
> auf das Standardschema des SAP NetWeaver AS ABAP. Dies kann sehr
> leicht Inkonsistenzen im System verursachen und sollte auf jeden Fall ver-
> mieden werden. Generell sollte die Verwendung von nativem SQL mit
> großer Sorgfalt geschehen, und auch Sicherheitsaspekte müssen stets
> berücksichtigt werden (z. B. Vermeidung von SQL Injection).

3.2.5 Sekundäre Datenbankverbindungen

Der SAP NetWeaver AS ABAP kann neben seiner primären Datenbank, also der Datenbank, auf der sämtliche von ihm verwalteten
Tabellen liegen (inklusive des ABAP-Quellcodes selbst), auch auf
andere Datenbanken zugreifen. Man spricht dabei von sogenannten
Sekundärdatenbanken oder *sekundären Datenbankverbindungen*. In
diesem Abschnitt beschreiben wir die technischen Schritte zum
Setup und zur Verwendung einer sekundären Datenbankverbindung.

Sekundäre Verbindungen spielen im Kontext von SAP HANA vor   *Side-by-Side-Szenarien*
allem bei den in Abschnitt 1.4, »Anwendungsfälle und Deployment-
Optionen für SAP HANA«, vorgestellten Side-by-Side-Szenarien eine
wichtige Rolle. Hier werden komplexe Datenbankabfragen mit sehr
langen Laufzeiten nach SAP HANA ausgelagert. Sekundäre Verbindungen sind auch die Grundlage des *Redirected Database Access*
(RDA, siehe Anhang D, »SAP Business Application Accelerator powered by SAP HANA«), der im SAP-Kernel 7.21 verwendet wird. Bei
diesem Kernel wir die sekundäre Verbindung nicht im ABAP-Code,
sondern im Customizing für bestimmte Programme und Tabellen
gepflegt.

Die Grundvoraussetzung für das Einrichten einer sekundären Daten-   *Database Shared Library (DBSL)*
bankverbindung ist die Installation der passenden Database Shared
Library (DBSL) mit dem Datenbanktreiber, also im Fall von SAP

HANA der DBSL mit dem SAP HANA Client. Danach lassen sich neue Verbindungen im Datenbankadministrations-Cockpit (DBA-Cockpit) über die Transaktion DBACOCKPIT anlegen (alternativ auch über den Transaktionscode ST04). Das DBA-Cockpit ist der zentrale Einstieg im SAP NetWeaver AS ABAP für fast alle Datenbankkonfigurations- und Monitoring-Aufgaben. Innerhalb dieses Buches werden wir lediglich auf einige dieser Aspekte im Rahmen von Kapitel 7, »Laufzeit- und Fehleranalyse auf SAP HANA«, eingehen.

Verbindung anlegen

Um eine neue Verbindung einzurichten, wählen Sie DATENBANKVERBINDUNGEN und klicken auf ANLEGEN.

Für eine neue Verbindung müssen Sie dann neben einem eindeutigen Bezeichner die Verbindungsdaten (Datenbanksystem, Hostname, Port, Nutzer, Passwort etc.) angeben (siehe Abbildung 3.8). Das Standardschema für diese Verbindung ist stets das zu dem angegebenen Benutzer zugehörige Schema.

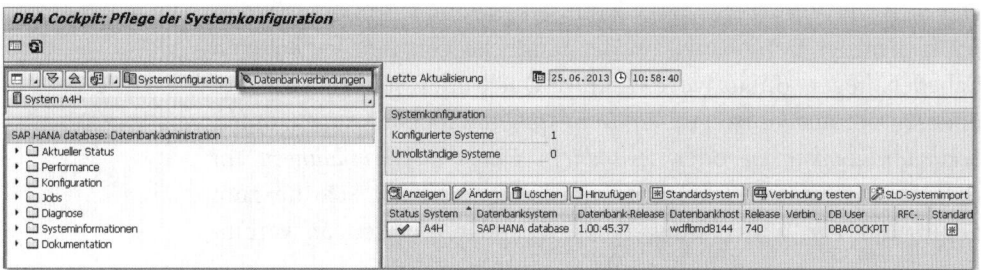

Abbildung 3.8 Einrichten einer Sekundärverbindung im DBA-Cockpit

Verbindung konfigurieren

Darüber hinaus können Sie über einige Parameter konfigurieren, wie das System die angelegten Verbindungen aufbauen soll (siehe Abbildung 3.9):

- **Verbindungen (Maximal):**
  Der Parameter VERBINDUNGEN: MAXIMAL definiert, wie viele parallele Verbindungen erzeugt werden können. Wenn das Maximum erreicht ist, liefert das System eine Fehlermeldung, sobald eine weitere Verbindung angefordert wird. Falls Sie keine Einstellung vornehmen (Initialwert), wird die maximal unterstützte Anzahl (derzeit 255) angenommen.

- **Verbindungen (Optimal):**
  Der Parameter VERBINDUNGEN: OPTIMAL definiert eine optimale Anzahl von offenen Verbindungen. Falls diese Anzahl überschrit-

ten wird, schließt das System automatisch existierende Verbindungen nach Abschluss der Transaktion.

▸ **Ständige Verbindung**:

Die Option STÄNDIGE VERBINDUNG definiert, wie im Fall eines Verbindungsabbruchs verfahren werden soll. Für eine permanente Verbindung versucht das System, im Rahmen einer laufenden Transaktion die Verbindung wieder aufzubauen, so dass diese im besten Fall ohne Abbruch weiterlaufen kann. Diese Einstellung sollte für kritische und häufig genutzte Verbindungen vorgenommen werden. Die Standarddatenbankverbindung des SAP NetWeaver AS ABAP ist als permanent markiert.

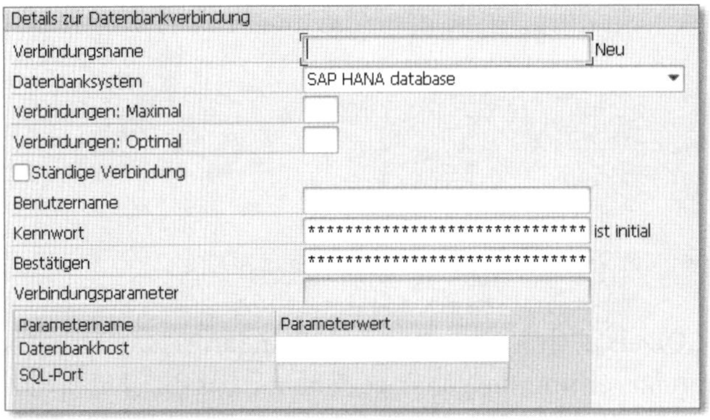

Abbildung 3.9 Konfiguration einer sekundären Datenbankverbindung

Nach dem Anlegen kann die Verbindung über das DBA-Cockpit getestet werden.

Sekundäre Verbindungen lassen sich sowohl mit Open SQL als auch mit nativem SQL nutzen. Bei Open SQL ist dies über den Zusatz CONNECTION möglich, wie das folgende Beispiel in Listing 3.14 verdeutlicht.

Sekundärverbindungen in ABAP-Programmen

```
DATA: ls_carrier TYPE scarr.
SELECT SINGLE * FROM scarr CONNECTION ('SECONDARY') INTO
ls_carrier WHERE carrid = 'LH'.
```

Listing 3.14 Verwendung von sekundären Verbindungen in Open SQL

Um Open SQL über eine sekundäre Verbindung zu nutzen, ist es erforderlich, dass im lokalen ABAP Dictionary die Tabellen und zugehörigen Spalten bekannt sind, auf die zugegriffen werden soll.

Dies betrifft insbesondere gegebenenfalls vorhandene Erweiterungen.

In ADBC lässt sich die sekundäre Verbindung beim Erzeugen der Connection angeben wie im Beispiel von Listing 3.15.

```
DATA: lo_statement  TYPE REF TO cl_sql_statement,
      lo_result_set TYPE REF TO cl_sql_result_set.

TRY.
    " SQL-Verbindung und Statement vorbereiten
    lo_statement  = cl_sql_connection=>get_connection
    ( 'SECONDARY' )->create_statement( ).
    lo_result_set = lo_statement->execute_query(
      |SELECT SINGLE * FROM SCARR WHERE carrid = 'LH' AND
      mandt = { sy-mandt }| ).


    " ...
  CATCH cx_sql_exception.
    " Fehlerbehandlung
ENDTRY.
```

Listing 3.15 Verwendung von sekundären Verbindungen in ADBC

Standardschema

Sowohl Open SQL als auch ADBC nutzen als Standardschema jeweils das zu der Sekundärverbindung gehörige Schema, das durch den verwendeten Datenbanknutzer bei der Konfiguration der Verbindung definiert ist. Falls in den Beispielen aus Listing 3.14 und Listing 3.15 die Tabelle SCARR in diesem Schema nicht existiert, kommt es zu einem Programmabbruch. Bei nativem SQL können Sie das Schema manuell angeben, aber dies sollten Sie in der Regel vermeiden.

Transaktions-verhalten

Obwohl in der Regel Sekundärverbindungen im Kontext von SAP HANA zur Beschleunigung von *lesenden* Zugriffen verwendet werden, wollen wir der Vollständigkeit halber kurz auf das Transaktionsverhalten eingehen. Sekundäre Verbindungen bilden einen eigenen Transaktionskontext, und so können z. B. Daten über eine sekundäre Verbindung festgeschrieben werden (über COMMIT CONNECTION), ohne die eigentliche Transaktion zu beeinflussen. Sekundäre Verbindungen werden spätestens dann abgeschlossen, wenn die eigentliche Transaktion geschlossen wird oder im Anwendungsprogramm ein Wechsel des Workprozesses möglich ist.

3.3 Datenbankzugriffe mit dem SQL-Trace analysieren

In diesem Abschnitt stellen wir Ihnen Werkzeuge zur Datenbankprogrammierung vor. Der Fokus liegt auf Werkzeugen, die die in diesem Kapitel beschriebenen Aufgaben der Datenbankprogrammierung unterstützen. Werkzeuge zur Performance- und Fehleranalyse stellen wir Ihnen in Kapitel 7, »Laufzeit- und Fehleranalyse auf SAP HANA«, vor.

Wir haben in den vorangegangenen Abschnitten das Zusammenspiel zwischen der ABAP-Sprache, der Datenbankschnittstelle im Kernel (DBI, DBSL) und der Datenbank besprochen und sind auf den SQL-Zugriff aus ABAP über primäre oder sekundäre Verbindungen eingegangen. Mithilfe des SQL-Trace-Werkzeugs können Sie diese Funktionsweise nachvollziehen. Wir zeigen Ihnen anhand von Beispielen, wie Sie folgende Aspekte direkt im System analysieren können:

SQL-Trace

▸ Anweisungstransformationen (Umwandlung von Open SQL in natives SQL durch die Datenbankschnittstelle)

▸ natives SQL

▸ Verwendung von sekundären Verbindungen und nativem SQL (ADBC)

▸ Verwendung des ABAP-Tabellenpuffers

3.3.1 Anweisungstransformationen

Wir besprechen die Anweisungstransformationen der DBI anhand des Beispiels aus Listing 3.16.

Beispielprogramm für DBI-Funktionen

```
"Variablen für das Ergebnis
DATA: ls_sflight TYPE sflight,
      lt_sflight TYPE TABLE OF sflight,
      ls_scarr TYPE scarr,
      ls_sbook TYPE sbook,
      lv_count TYPE i.

"Parameter für Fluggesellschaften
SELECT-OPTIONS: so_carr FOR ls_sflight-carrid,
                so_conn for ls_sflight-connid.
"Mandantenbehandlung und Open SQL -> natives SQL
SELECT *
  FROM sflight  UP TO 200 ROWS
```

```
      INTO ls_sflight
      WHERE carrid IN so_carr
      and connid in so_conn.

      APPEND ls_sflight TO lt_sflight.
      WRITE: / ls_sflight-mandt, ls_sflight-carrid,
               ls_sflight-connid, ls_sflight-fldate.

ENDSELECT.

"Open SQL -> natives SQL
MODIFY sflight FROM TABLE lt_sflight.
COMMIT WORK.

DELETE ADJACENT DUPLICATES FROM lt_sflight
COMPARING carrid connid.

"FOR ALL ENTRIES auf SBOOK
IF lines( lt_sflight ) > 0.
SELECT *
  FROM sbook
  INTO ls_sbook
  FOR ALL ENTRIES IN lt_sflight
  WHERE carrid = lt_sflight-carrid
  AND connid = lt_sflight-connid
  AND fldate = lt_sflight-fldate.

ENDSELECT.
ENDIF.

lv_count = sy-dbcnt.
WRITE: / lv_count, 'SBOOK'.

DELETE ADJACENT DUPLICATES FROM lt_sflight
COMPARING carrid.

"FOR ALL ENTRIES auf SFLIGHT
IF lines( lt_sflight ) > 0.
SELECT *
  FROM scarr
  INTO ls_scarr
  FOR ALL ENTRIES IN lt_sflight
  WHERE carrid = lt_sflight-carrid.
ENDSELECT.
ENDIF.

lv_count = sy-dbcnt.
WRITE: / lv_count, 'SCARR'.
```

Listing 3.16 Beispielprogramm 1 für DBI-Funktionen

Mit dem SQL-Trace in Transaktion ST05 können Sie aufzeichnen, welche SQL-Anweisungen an die Datenbank geschickt werden:

1. Starten Sie Transaktion ST05 (siehe Abbildung 3.10).

2. Klicken Sie auf TRACE EINSCHALTEN. In den Selektionsoptionen des Programms geben Sie bei der Mehrfachselektion auf der Register-karte INTERVALLE SELEKTIEREN und auf der Registerkarte EINZEL-WERTE AUSSCHLIESSEN einen Wert an. Wir wollen alle Fluggesell-schaften, deren Kürzel zwischen »AA« und »LH« liegt, nicht aber »DL« sehen. Es wird nur die Selektionsoption für die Fluggesell-schaften (CARRID) gefüllt, die Selektionsoption für die Verbin-dungsnummern (CONNID) bleibt leer.

3. Klicken Sie auf TRACE AUSSCHALTEN.

4. Klicken Sie anschließend auf TRACE ANZEIGEN.

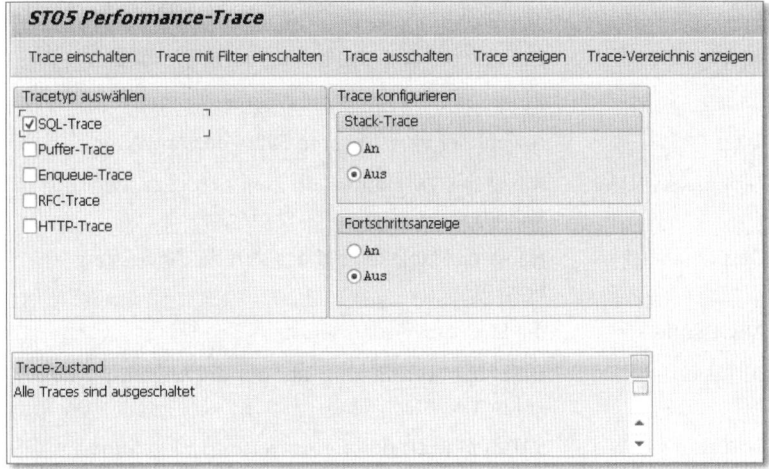

Abbildung 3.10 Transaktion ST05 – SQL-Trace-Aufzeichnung

Ihnen wird eine Liste mit den aufgezeichneten SQL-Anweisungen angezeigt. Wir gehen hier kurz auf die wichtigsten Spalten ein und kommen in Kapitel 7, »Laufzeit- und Fehleranalyse auf SAP HANA«, noch einmal ausführlich auf den SQL-Trace zurück. In der Ergebnis-liste der aufgezeichneten SQL-Anweisungen (siehe Abbildung 3.11) sind die in Tabelle 3.3 aufgeführten Spalten für die Erläuterungen in diesem Abschnitt wichtig.

Weitere – in Abbildung 3.11 nicht dargestellte – Spalten sind der MANDANT und der WORKPROZESSTYP, in denen die SQL-Anweisung ausgeführt wurde. Wir betrachten die erste SQL-Anweisung auf die Tabelle SFLIGHT etwas genauer. Dabei wurden alle Felder der ersten 200 Zeilen der Tabelle SFLIGHT für Fluggesellschaften, die über einen Parameter eingegeben wurden, gelesen.

Performance-Analyse: Traceanzeige (Hauptsätze)

hh:mm:ss.ms	Dauer	Sätze	Programm-Name	Objektname	Anweisung	DB-Cursor	Array
	▪ 25.762.636	▪ 85.856					
14:07:13.474	4.097	0	CL_ST05_TRACE_MAIN_M===CP	ST05_TRACE	SELECT WHERE "MANDT" = '000' AND "HOST_NAME" = 'ldciqh3_QH3_01' AND "GUID" = 0x000000000000000000000	537	1
14:07:13.481	4.660	1	CL_ST05_TRACE_MAIN_M===CP	ST05_TRACE	INSERT VALUES('000' , 'GAHM' , 'ldciqh3_QH3_01' , '20130619' , '140713' , 0x0000000000000000000000000	538	1
14:07:13.488	1.933	0	R_ST05_TRACE_MAIN		COMMIT WORK ON CONNECTION 0		0
14:07:14.982	67	0	ZR_A4H_CHAPTER3_DBI		SET CLIENT INFO (EPP_COUNTER=11, SAP_PASSPORT="(230 bytes)")		0
14:07:14.999	32	0	ZR_A4H_CHAPTER3_DBI		SET CLIENT INFO (APPLICATIONUSER="GAHM", CLIENT="000", LOCALE_SAP="E")		0
	63.861	200	ZR_A4H_CHAPTER3_DBI	SFLIGHT	SELECT WHERE "MANDT" = '000' AND "CARRID" BETWEEN 'AA' AND 'LH' AND NOT ("CARRID" = 'DL')	522	200
14:07:15.058	50.557	200	ZR_A4H_CHAPTER3_DBI	SFLIGHT	UPSERT VALUES (?, ?, ?, ?, ?, ?, ?, ?, ?, ?, ?, 1294.69) WITH PRIMARY KEY	523	200
14:07:15.107	5.193	0	ZR_A4H_CHAPTER3_DBI		COMMIT WORK ON CONNECTION 0		0
14:07:15.131	6.557.608	20.846	ZR_A4H_CHAPTER3_DBI	SBOOK	SELECT WHERE ("MANDT" = '000' AND "CARRID" = 'AA' AND "CONNID" = '0017' AND "FLDATE" = '20050204') OR	524	3.855
14:07:21.772	6.211.534	21.367	ZR_A4H_CHAPTER3_DBI	SBOOK	SELECT WHERE ("MANDT" = '000' AND "CARRID" = 'AA' AND "CONNID" = '0017' AND "FLDATE" = '20050326') OR	524	3.855
14:07:28.076	6.130.702	20.884	ZR_A4H_CHAPTER3_DBI	SBOOK	SELECT WHERE ("MANDT" = '000' AND "CARRID" = 'AA' AND "CONNID" = '0017' AND "FLDATE" = '20050515') OR	524	3.855
14:07:34.297	6.714.760	22.355	ZR_A4H_CHAPTER3_DBI	SBOOK	SELECT WHERE ("MANDT" = '000' AND "CARRID" = 'AA' AND "CONNID" = '0017' AND "FLDATE" = '20050704') OR	524	3.855
14:07:41.274	10.823	1	ZR_A4H_CHAPTER3_DBI	SCARR	SELECT WHERE "MANDT" = '000' AND "CARRID" IN ('AA', 'AA', 'AA', 'AA', 'AA', 'AA', 'AA', 'AA', 'AA', 'AA', 'A	525	1.820
14:07:41.282	4.070	1	CL_ABAP_LIST_PARSER====CP	TRDIR	SELECT WHERE "NAME" = 'ZR_A4H_CHAPTER3_DBI'	212	1

Abbildung 3.11 SQL-Trace-Liste

Spalte	Beschreibung
HH:MM:SS:MS	Zeitstempel der Ausführung in Millisekunden
DAUER	Dauer des Statements in Mikrosekunden
SÄTZE	Anzahl der verarbeiteten Sätze der Anweisung
PROGRAMM-NAME	Name des Programms, in dem sich die Anweisung befindet
OBJEKTNAME	Name des Objekts, auf das sich die Anweisung bezieht
ANWEISUNG	die SQL-Anweisung selbst
DB-VERB.	Datenbankverbindung, auf der die Anweisung ausgeführt wurde
BENUTZER	SAP-Benutzer, der die Anweisung ausgeführt hat

Tabelle 3.3 Felder der SQL-Trace-Auswertung

Detailansicht

Klicken Sie in der Trace-Liste doppelt auf die erste Anweisung für die Tabelle SFLIGHT, um die Detailansicht aus Abbildung 3.12 zu öffnen. Hier sehen Sie die SQL-Anweisung, wie sie von der DBI an die Datenbank geschickt wurde.

Mandanten-behandlung und Selektions-optionen

Vergleichen wir die native SQL-Anweisung im SQL-Trace mit der Open-SQL-Anweisung im ABAP-Programm, fällt Folgendes auf:

▸ Der Mandant wurde in der nativen SQL-Anweisung automatisch in die WHERE-Bedingung mit eingefügt.

▶ Der Open-SQL-Zusatz UP TO <n> ROWS wurde für das native HANA-spezifische SQL in TOP 200 übersetzt.

▶ Die Selektionsoption IN so_carr wurde in eine WHERE-Bedingung übersetzt.

▶ Die Selektionsoption IN so_conn wurde nicht an die Datenbank übertragen, da sie keine Daten enthielt.

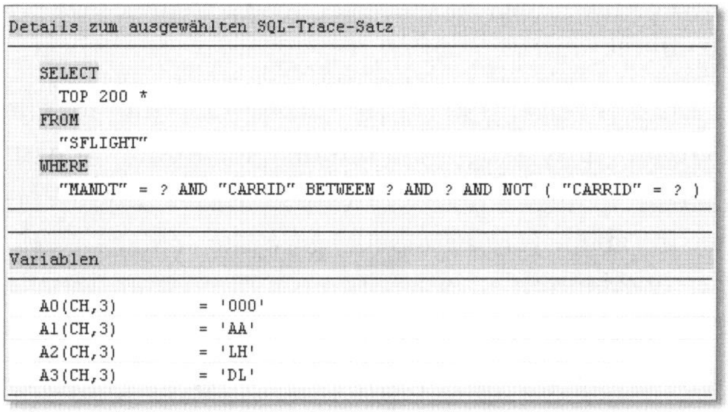

```
Details zum ausgewählten SQL-Trace-Satz

  SELECT
    TOP 200 *
  FROM
    "SFLIGHT"
  WHERE
    "MANDT" = ? AND "CARRID" BETWEEN ? AND ? AND NOT ( "CARRID" = ? )


Variablen

  A0(CH,3)        = '000'
  A1(CH,3)        = 'AA'
  A2(CH,3)        = 'LH'
  A3(CH,3)        = 'DL'
```

Abbildung 3.12 Detailansicht des SQL-Trace-Satzes

Schauen wir uns nun die zweite SQL-Anweisung auf die Tabelle SFLIGHT in der Liste aus Abbildung 3.11 genauer an. Der Open-SQL-Befehl MODIFY wurde vom DBI in eine UPSERT-Anweisung übersetzt. Der Befehl UPSERT (ein Kunstwort aus UPdate und inSERT) versucht zunächst, für die übergebenen Datensätze ein Update durchzuführen. Schlägt dies fehl, weil es die Datensätze noch nicht gibt, werden sie mit INSERT eingefügt.

Umsetzung der MODIFY-Anweisung

Realisierung der MODIFY-Anweisung in der Datenbank   **[«]**

Auf anderen Datenbankplattformen und älteren SAP-Releases wird die MODIFY-Anweisung von der DBI aufgeteilt, und Sie können dies auch genauso in Transaktion ST05 nachvollziehen. Sie finden im SQL-Trace in diesem Fall zwei Anweisungen: eine UPDATE-Anweisung und, falls diese erfolglos verlief, ein INSERT. Mehr und mehr Datenbankhersteller bieten aber native Anweisungen an, die diese Logik umsetzen. Diese Statements heißen dann MERGE oder UPSERT. Sobald solche Anweisungen für eine Datenbank verfügbar sind, werden sie von SAP in der DBI auch verwendet. Die bekannte UPDATE/INSERT-Sequenz für die MODIFY-Anweisung wird also nach und nach verschwinden und durch ein natives SQL-Statement mit derselben Funktion ersetzt. Dies reduziert die Anzahl von SQL-Anweisungen, die an die Datenbank geschickt werden (*Round Trips*), und verbessert so die Performance.

Anweisung FOR ALL ENTRIES

Sehen Sie sich nun die beiden Anweisungen FOR ALL ENTRIES auf die Tabellen SBOOK und SCARR an (siehe Listing 3.16). In der Liste der SQL-Anweisungen in Abbildung 3.11 fällt auf, dass die Tabelle SBOOK viermal erscheint, während es für die Tabelle SCARR nur einen Eintrag gibt, obwohl für beide Tabellen nur ein FOR ALL ENTRIES im Programm geschrieben wurde. Dies liegt, daran, dass die Treibertabelle der Anweisung FOR ALL ENTRIES in Pakete aufgeteilt wird und so mehrere Statements entstehen, wenn die Treibertabelle nicht in einem Paket Platz findet.

OR-Verbindung

Vergleichen wir die Anweisung FOR ALL ENTRIES auf die Tabelle SBOOK in Open SQL im ABAP-Programm mit der Anweisung in nativem SQL im SQL-Trace, fällt auf, dass es in Open SQL mehrere Verweise auf die interne Tabelle (Treibertabelle) gibt. Die Felder CARRID, CONNID und FLDATE werden mit einer Spalte aus der internen Tabelle verglichen. Dies führt auf der Datenbank dazu, dass für jede Zeile der internen Tabelle ein OR-Zweig entsteht. In Abbildung 3.13 können Sie die OR-Verbindung gut erkennen. Auf diese Weise werden die Vergleiche als OR jeweils hinten an die Anweisung angehängt. Nach einer bestimmten Anzahl von OR-Verbindungen (*Blocking Factor*) ist die Paketgröße erreicht, und die erste Anweisung wird an die Datenbank geschickt. Es folgt das zweite Paket etc., bis alle Einträge der internen Tabelle verarbeitet wurden.

```
Details zum ausgewählten SQL-Trace-Satz

SELECT
  *
FROM
  "SBOOK"
WHERE
  ( "MANDT" = ? AND "CARRID" = ? AND "CONNID" = ? AND "FLDATE" = ? ) OR (
  "MANDT" = ? AND "CARRID" = ? AND "CONNID" = ? AND "FLDATE" = ? ) OR ( "MANDT" =
  ? AND "CARRID" = ? AND "CONNID" = ? AND "FLDATE" = ? ) OR ( "MANDT" = ? AND
  "CARRID" = ? AND "CONNID" = ? AND "FLDATE" = ? ) OR ( "MANDT" = ? AND "CARRID"
  = ? AND "CONNID" = ? AND "FLDATE" = ? ) OR ( "MANDT" = ? AND "CARRID" = ? AND
  "CONNID" = ? AND "FLDATE" = ? ) OR ( "MANDT" = ? AND "CARRID" = ? AND "CONNID"
  = ? AND "FLDATE" = ? ) OR ( "MANDT" = ? AND "CARRID" = ? AND "CONNID" = ? AND
  "FLDATE" = ? ) OR ( "MANDT" = ? AND "CARRID" = ? AND "CONNID" = ? AND "FLDATE"
  = ? ) OR ( "MANDT" = ? AND "CARRID" = ? AND "CONNID" = ? AND "FLDATE" = ? ) OR
  ( "MANDT" = ? AND "CARRID" = ? AND "CONNID" = ? AND "FLDATE" = ? ) OR (
  "MANDT" = ? AND "CARRID" = ? AND "CONNID" = ? AND "FLDATE" = ? ) OR ( "MANDT" =
  ? AND "CARRID" = ? AND "CONNID" = ? AND "FLDATE" = ? ) OR ( "MANDT" = ? AND
```

Abbildung 3.13 FOR ALL ENTRIES mit OR-Verbindung

IN-Liste

Beim zweiten FOR ALL ENTRIES auf die Tabelle SCARR gibt es nur *eine* Referenz auf die interne Tabelle, die für das Feld CARRID. Dies führt dazu, dass das Statement mit einer IN-Liste übersetzt wird. Für jede

Zeile in der internen Tabelle (Treibertabelle) wird ein Element in der IN-Liste generiert (siehe Abbildung 3.14).

```
Details zum ausgewählten SQL-Trace-Satz

    SELECT
      *
    FROM
      "SCARR"
    WHERE
      "MANDT" = ? AND "CARRID" IN ( ? , ? , ? , ? , ? , ? , ? , ? , ? , ? , ? , ? ,
      ? , ? , ? , ? , ? , ? , ? , ? , ? , ? , ? , ? , ? , ? , ? , ? , ? , ? , ? , ? ,
      ? , ? , ? , ? , ? , ? , ? , ? , ? , ? , ? , ? , ? , ? , ? , ? , ? , ? , ? , ? ,
      ? , ? , ? , ? , ? , ? , ? , ? , ? , ? , ? , ? , ? , ? , ? , ? , ? , ? , ? , ? ,
      ? , ? , ? , ? , ? , ? , ? , ? , ? , ? , ? , ? , ? , ? , ? , ? , ? , ? , ? , ? ,
      ? , ? , ? , ? , ? , ? , ? , ? , ? , ? , ? , ? , ? , ? , ? , ? , ? , ? , ? , ? ,
      ? , ? , ? , ? , ? , ? , ? , ? , ? , ? , ? , ? , ? , ? , ? , ? , ? , ? , ? , ? ,
      ? , ? , ? , ? , ? , ? , ? , ? , ? , ? , ? , ? , ? , ? , ? , ? , ? , ? , ? , ? ,
      ? , ? , ? , ? , ? , ? , ? , ? , ? , ? , ? , ? , ? , ? , ? , ? , ? , ? , ? , ? ,
      ? , ? , ? , ? , ? , ? , ? , ? , ? , ? , ? , ? , ? , ? , ? , ? , ? , ? , ? , ? ,
      ? , ? , ? , ? , ? , ? , ? , ? , ? , ? , ? , ? , ? , ? , ? , ? , ? , ? , ? )


Variablen

    A0(CH,3)          = '000'
    A1(CH,3)          = 'AA'
    A2(CH,3)          = 'AA'
    A3(CH,3)          = 'AA'
```

Abbildung 3.14 FOR ALL ENTRIES mit IN-Liste

Die Klausel FOR ALL ENTRIES werden wir in Kapitel 14, »Praxistipps«, bezüglich Performance und Speicherverbrauch noch ausführlicher behandeln. Hier ging es zunächst darum, Ihnen zu zeigen, wie die DBI Open SQL in natives SQL überführt und wie Sie beide Varianten in Transaktion ST05 nachvollziehen können.

In diesem Abschnitt haben Sie gesehen, wie Open-SQL-Anweisungen für die HANA-Datenbank verändert und in native SQL-Anweisungen überführt werden. Wir haben die automatische Mandantenbehandlung, die Selektionsoptionen und die Klausel FOR ALL ENTRIES angesprochen. Darüber hinaus gibt es an verschiedenen Stellen weitere Transformationen (z. B. das Laden des Tabellenpuffers oder den Zugriff auf Nummernkreispuffer), die wir hier nicht gezeigt haben.

FOR ALL ENTRIES (FAE) mit dem Protokoll Fast Data Access (FDA) [«]

Falls das Protokoll Fast Data Access aktiviert ist, wird die Anweisung FOR ALL ENTRIES vom DBI in eine andere Form als die hier beschriebene umgesetzt.

Beim FDA handelt es sich um ein optimiertes Protokoll zum Datenaustausch zwischen der Datenbank und dem Datenbank-Client. Beim FOR ALL ENTRIES mit FDA wird der Datentransport der internen Tabelle zur

Datenbank optimiert ausgeführt. Die interne Tabelle wird dabei effizienter zur Datenbank übertragen und dort als temporäre Tabelle angelegt. Diese wird dann mit der Datenbanktabelle der FAE-Anweisung gejoint. Auch der Transport der Ergebnisse von der Datenbank zum Datenbank-Client wird optimiert ausgeführt. Voraussetzungen sind die Parameter: `rsdb/fda_level = 3` und `rsdb/prefer_join_with_fda = 1`. Weitere Informationen erhalten Sie im SAP-Hinweis 1987132.

3.3.2 Sekundärverbindungen

Beispiel für Datenbankverbindungen
Anhand des Beispiels aus Listing 3.17 möchten wir Ihnen zeigen, wie Sie den Zugriff auf eine Sekundärverbindung analysieren können. Das zweite Beispielprogramm liest alle eindeutigen Verbindungen der Tabelle SFLIGHT einmal über eine Sekundärverbindung (mit dem Zusatz CONNECTION) und einmal über die Standardverbindung.

```
DATA: ls_sflight TYPE sflight.

SELECT distinct connid
  FROM sflight CONNECTION ('QH3')
  INTO ls_sflight-connid
  WHERE carrid = 'LH'.
  WRITE: / ls_sflight-connid.
ENDSELECT.

ULINE.

SELECT distinct connid
  FROM sflight
  INTO ls_sflight-connid
  WHERE carrid = 'LH'.
  WRITE: / ls_sflight-connid.
ENDSELECT.
```

Listing 3.17 Beispielprogramm 2 für Datenbankverbindungen

Standard- und Sekundärverbindung
In der SQL-Trace-Liste in Transaktion ST05 sehen Sie in der Spalte DB-VERB. den Namen der logischen Datenbankverbindung (siehe Abbildung 3.15). Dabei steht R/3 immer für die Standardverbindung. Andere Verbindungen erscheinen mit dem Namen, mit dem sie angelegt wurden.

Sie sehen in Abbildung 3.15, dass das Statement für jede Verbindung einmal ausgeführt wurde und dass die Tabelle SFLIGHT im System QH3 unterschiedliche Flugverbindungen enthält. In Transaktion STAD, die wir in Kapitel 7, »Laufzeit- und Fehleranalyse auf SAP HANA«, vorstellen, stehen Ihnen weitere Informationen, etwa die Anzahl der gelesenen Sätze und die Dauer pro Datenbankverbindung, zur Verfügung.

Performance-Analyse: Traceanzeige (Hauptsätze)

hh:mm:ss.ms Σ	Dauer Σ	Sätze	Programm-Name	Objekt	DB-Verb.	Anweisung
▪ 105.907	▪ 14					
14:26:31.368	7.652	9	Z_SECONDARY_CONNECTION	SFLIGHT	QH3	SELECT DISTINCT WHERE "MANDT" = '100' AND "CARRID" = 'LH'
14:26:31.470	98.255	5	Z_SECONDARY_CONNECTION	SFLIGHT	R/3	SELECT DISTINCT WHERE "MANDT" = '100' AND "CARRID" = 'LH'

Abbildung 3.15 SQL-Trace – Standard- und Sekundärverbindung

3.3.3 Natives SQL

Sie können in Transaktion ST05 ebenfalls erkennen, ob ADBC verwendet worden ist. Schauen Sie sich dazu noch einmal den Quellcode aus Listing 3.12 an. Die zugehörige SQL-Trace-Auswertung sehen Sie in Abbildung 3.16. Interessant ist hier der PROGRAMM-NAME, der auf die Klasse CL_SQL_STATEMENT verweist. Daran sehen Sie, dass es sich hierbei um einen Zugriff mit ADBC handelt. Während die SQL-Anweisung an einer anderen Stelle im Programm als String erzeugt wird, wird sie hier erst in der Klasse CL_SQL_STATEMENT ausgeführt (nachdem der String mit der Anweisung übergeben wurde).

Verwendung von ADBC nachvollziehen

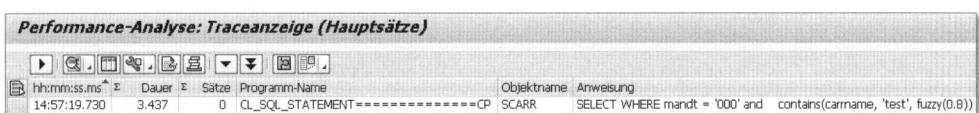

Abbildung 3.16 Natives SQL (ADBC) in ST05 auswerten

Der OBJEKTNAME ist der Name der Tabelle, der mit der Methode SET_TABLE_NAME_FOR_TRACE gesetzt wurde. Falls kein Name gesetzt wurde, wird versucht, den Objektnamen aus der FROM-Klausel zu übersetzen und anzuzeigen. Generell sollte der Tabellenname aber immer gesetzt werden, da dies auch für andere Werkzeuge sehr wichtig ist.

3.3.4 Puffer

Auch Tabellenzugriffe auf gepufferte Tabellen lassen sich mit Transaktion ST05 analysieren. Dazu muss der Tabellenpuffer-Trace (siehe Abbildung 3.10) aktiviert werden. Tabellenzugriffe, die über den Tabellenpuffer bearbeitet werden, tauchen sonst nicht im SQL-Trace auf. Als Beispiel analysieren wir in Listing 3.18 das Programm aus Abbildung 3.17 mit dem SQL- und Tabellenpuffer-Trace.

Tabellenpuffer-Trace

```
" Variablen für das Ergebnis
DATA: ls_sflight TYPE sflight,
      ls_spfli TYPE spfli,
      lv_count TYPE i.

"Parameter für Fluggesellschaften
SELECT-OPTIONS: so_carr FOR ls_sflight-carrid.
" Alle Flüge lesen
SELECT *
  FROM sflight
  INTO ls_sflight
  WHERE carrid IN so_carr.

" Details dazu (gepufferte Tabelle)
  SELECT SINGLE *
    FROM spfli
    INTO ls_spfli
    WHERE carrid = ls_sflight-carrid
    AND connid = ls_sflight-connid.

  IF sy-subrc = 0.
  WRITE: / ls_sflight-mandt, ls_sflight-carrid,
         ls_sflight-connid,
         ls_sflight-fldate, ls_spfli-countryfr,
         ls_spfli-cityfrom, '->',
         ls_spfli-countryto, ls_spfli-cityto.
  ENDIF.

ENDSELECT.
```

Listing 3.18 Beispielprogramm 3: Zugriffe auf den Tabellenpuffer

Trace-Ergebnisliste   Abbildung 3.17 zeigt die gemeinsame Ergebnisliste der Traces für Listing 3.18. Datenbankzugriffe sind gelb hinterlegt (erste Zeile), und Zugriffe auf den Tabellenpuffer sind blau hinterlegt (zweite bis fünfte Zeile). In der Spalte ANWEISUNG erkennen Sie Zugriffe auf die Datenbank an der SQL-Syntax, während Zugriffe auf den Puffer nur über die technischen Schlüssel angezeigt werden. Für unser Beispiel sehen Sie hier keine SELECT-Anweisung bei den Puffer-Zugriffen.

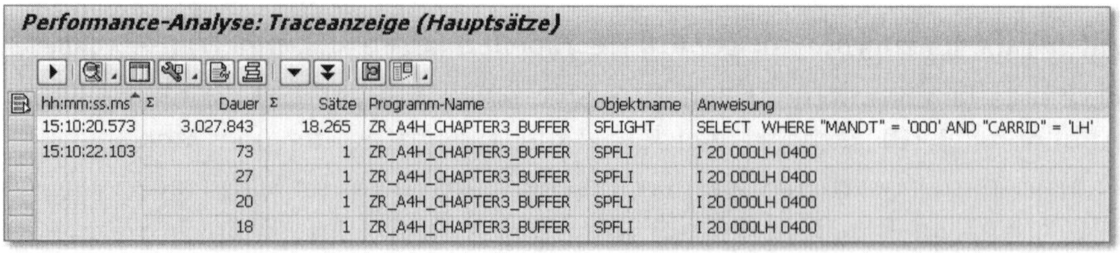

Performance-Analyse: Traceanzeige (Hauptsätze)

hh:mm:ss.ms ↑ Σ	Dauer Σ	Sätze	Programm-Name	Objektname	Anweisung
15:10:20.573	3.027.843	18.265	ZR_A4H_CHAPTER3_BUFFER	SFLIGHT	SELECT WHERE "MANDT" = '000' AND "CARRID" = 'LH'
15:10:22.103	73	1	ZR_A4H_CHAPTER3_BUFFER	SPFLI	I 20 000LH 0400
	27	1	ZR_A4H_CHAPTER3_BUFFER	SPFLI	I 20 000LH 0400
	20	1	ZR_A4H_CHAPTER3_BUFFER	SPFLI	I 20 000LH 0400
	18	1	ZR_A4H_CHAPTER3_BUFFER	SPFLI	I 20 000LH 0400

Abbildung 3.17 Transaktion ST05 – SQL- und Puffer-Trace

TEIL II

Einführung in die ABAP-Programmierung mit SAP HANA

Mit SAP HANA ist es möglich, betriebswirtschaftliche Berechnungen direkt auf den Originaldaten im Hauptspeicher ohne Transformationen durchzuführen. Hierzu stehen SQL und SQLScript zur Verfügung. Berechnungen lassen sich über (modellierte oder mit SQLScript implementierte) analytische Modelle oder Datenbankprozeduren ausdrücken und innerhalb von ABAP nutzen.

4 Native Datenbankentwicklung mit SAP HANA

Nachdem wir Ihnen in den ersten drei Kapiteln unseres Buches einige wichtige Grundlagen erläutert haben, möchten wir Ihnen in diesem Kapitel einen Überblick über die native Datenbankentwicklung mit SAP HANA geben. Dazu werden wir Ihnen zunächst erläutern, wie die HANA-Datenbank den SQL-Standard um einige Funktionen und insbesondere mittels *SQLScript* erweitert.

Danach erläutern wir Ihnen, wie Sie Datenbankprozeduren mittels SQLScript im SAP HANA Studio implementieren können. Abschließend beschäftigen wir uns mit analytischen Modellen (*Views*). Wir erläutern Ihnen, welche View-Typen SAP HANA unterstützt. Und wir zeigen Ihnen, wie Sie diese über das SAP HANA Studio anlegen und testen können.

4.1 Grundlagen der nativen Datenbankentwicklung

In Abschnitt 3.2, »ABAP-Datenbankzugriff«, sind wir auf einige Grundlagen von SQL als zentraler Programmiersprache im Umgang mit Datenbanken eingegangen und haben Ihnen die Verwendung über ABAP vor allem über das datenbankunabhängige Open SQL vorgestellt. Um komplexere Operationen auf Daten innerhalb der Datenbank – und speziell SAP HANA – durchzuführen, reichen die

Übersicht

Möglichkeiten von Open SQL allerdings nicht aus. Aus diesem Grund machen wir in diesem Abschnitt zunächst einen Abstecher in den *SQL-Dialekt* von SAP HANA (inklusive einer Übersicht der Datenbankobjekte). Wir sprechen hier von Dialekt, weil SAP HANA zwar einerseits den grundlegenden SQL-Standard unterstützt, andererseits aber wie auch andere Datenbanken proprietäre SQL-Erweiterungen definiert.

4.1.1 Objekte im HANA-Datenbankkatalog

Bevor wir auf eine Reihe von SQL-Befehlen eingehen, geben wir Ihnen zunächst eine Übersicht über alle nativen Datenbankobjekte in SAP HANA. Der *Datenbankkatalog* eines Datenbanksystems enthält die Metadaten aller im System enthaltenen Objekte wie die Namen und die Struktur aller vorhandenen Tabellen.

Übersicht Sie finden den Datenbankkatalog im SAP HANA Studio, wenn Sie für eine Systemverbindung den Knoten CATALOG aufklappen. Tabelle 4.1 zeigt eine Übersicht aller Typen von Datenbankobjekten in SAP HANA. Die Spalte HANA-spezifisch kennzeichnet dabei, ob Sie dieses Objekt nur in SAP HANA oder auch in anderen relationalen Datenbanken vorfinden; die Spalte ABAP-Unterstützung zeigt Ihnen, ob Sie dieses Objekt auch direkt über das ABAP Dictionary nutzen können.

Objekt	HANA-spezifisch	ABAP-Unterstützung	Beschreibung
Schema	nein	nein	Ein Schema bildet einen Namensraum in der Datenbank.
Table	nein	ja (Abschnitt 3.2)	Tabellen definieren die Datenstrukturen (Spalten), in denen Datensätze abgelegt werden (Zeilen).
View	nein	ja (Abschnitt 3.2)	(SQL-)Views definieren eine Sicht auf Daten, auf die wie eine Tabelle zugegriffen werden kann.

Tabelle 4.1 Typen von Datenbankobjekten in SAP HANA

Objekt	HANA-spezifisch	ABAP-Unterstützung	Beschreibung
Procedure	nein	ja (Abschnitt 5.2 und Abschnitt 6.2)	Prozeduren enthalten eine Zusammenfassung von Datenbankbefehlen mit Eingabe- und Ausgabeparametern.
Index	nein	ja (Abschnitt 3.2)	Ein Index ist eine zusätzliche Speicherstruktur zur Beschleunigung von Datenbankzugriffen.
Function	nein	nein	Funktionen sind benutzerdefinierte Operationen, die im Rahmen von anderen SQL-Anweisungen verwendet werden können.
Trigger	nein	nein	Trigger erlauben, auf spezielle Ereignisse (z. B. Änderungen von Inhalten einer Tabelle) zu reagieren und eigene Logik auszuführen.
Sequence	nein	nein	Sequenzen bieten eine Möglichkeit, fortlaufende eindeutige Nummern zu erzeugen.
Synonym	nein	nein	Ein Synonym erlaubt, eine Tabelle, einen View oder eine Prozedur über einen weiteren Namen anzusprechen.
Column Views	ja	indirekt (Abschnitt 5.1)	Column Views sind eine SAP-HANA-spezifische Form von Views, die bei der Erstellung von analytischen Modellen erzeugt werden (siehe Abschnitt 4.4).
EPM Models und Query Sources	ja	nein	EPM Models und Query Sources sind spezielle Artefakte im Kontext der Planungs-Engine in SAP HANA. In diesem Buch werden wir auf diese Objekte nicht eingehen.

Tabelle 4.1 Typen von Datenbankobjekten in SAP HANA (Forts.)

Objekte über SQL anlegen und ändern

Um ein Datenbankobjekt eines gewissen Typs im Katalog mit SQL zu erzeugen, gibt es eine zugehörige CREATE-Anweisung. Analog können Sie Objekte über DROP wieder entfernen und über ALTER eine Änderung durchführen. Um z. B. eine Sequenz anzulegen bzw. zu löschen, nutzen Sie die Anweisungen CREATE SEQUENCE bzw. DROP SEQUENCE. Im Rahmen dieses Kapitels gehen wir genauer auf das Anlegen von Tabellen, Views, Funktionen und Prozeduren ein. Für die weiteren Objekte verweisen wir auf die HANA-SQL-Referenz unter *http://help.sap.com/hana*.

Werkzeuge für die Entwicklung

In den meisten Fällen erstellen Sie die jeweiligen Objekte allerdings nicht manuell via SQL, sondern nutzen spezielle Werkzeuge in der ABAP-Entwicklungsumgebung oder dem SAP HANA Studio. In diesem Kapitel stehen Prozeduren (Abschnitt 4.3, »Datenbankprozeduren«) und Column Views (Abschnitt 4.4, »Analytische Modelle«) im Mittelpunkt. Auch die anderen Objekte aus Tabelle 4.1 können Sie über das SAP HANA Studio anlegen. Auf die Objekte, die im ABAP Dictionary unterstützt werden, sind wir bereits zum Teil in Abschnitt 3.2, »ABAP-Datenbankzugriff«, eingegangen (Tabellen, Views, Indizes) und werden dies in Kapitel 5, »Einbindung nativer SAP-HANA-Entwicklungsobjekte in ABAP« (Proxies für Column Views und Prozeduren), und Kapitel 6, »Erweiterte Datenbankprogrammierung mit ABAP 7.4« (CDS-Views und ABAP Managed Databased Procedures), noch weiterführen. In allen Fällen bilden dabei die Objekte aus Tabelle 4.1 die Grundlage.

Objekte mit zugehöriger Implementierung

Objekttypen wie Views, Trigger, Funktionen und Prozeduren benötigen eine Implementierung der zugehörigen Logik. An diesen Stellen kommen primär SQL und SQLScript zum Einsatz, wobei es objektspezifische Einschränkungen geben kann. Einen normalen View können Sie etwa nur via SQL und nicht über SQLScript definieren, und bei Triggern steht Ihnen ein eingeschränkter Funktionsumfang von SQLScript zur Verfügung.

4.1.2 SQL-Standard und HANA-spezifische Erweiterungen

SQL-Standards und Erweiterungen

SAP HANA unterstützt insbesondere die zentralen SQL-Standards *SQL-92* und (bis auf wenige Ausnahmen) *SQL:1999*. Wir können an dieser Stelle nicht eine volle Übersicht zu den Datentypen, Anweisungen und Operationen geben und verweisen dafür auf die jeweiligen Spezifikationen. SAP HANA ist auf dieser Ebene vollständig kompatibel mit anderen relationalen Datenbanksystemen. Basierend auf diesen Standards gibt es zusätzlich eine Vielzahl an weitergehenden Fähigkeiten in SAP HANA, die über Erweiterungen von SQL nutzbar sind. Im Folgenden gehen wir auf einige wichtige SQL-Anweisungen in SAP HANA ein, die im Rahmen dieses Buches eine Rolle spielen.

Um eine Tabelle in SAP HANA anzulegen, können Sie – wie im SQL-Standard spezifiziert – die Anweisung CREATE TABLE nutzen. Damit legen Sie allerdings standardmäßig eine Tabelle im Row Store von SAP HANA an (siehe Abschnitt 1.2, »Grundlagen der In-Memory-Technologie«). Sie können mithilfe der Anweisung CREATE <Tabellentyp> TABLE ... den gewünschten Tabellentyp erstellen, wobei Sie die erlaubten Werte in Tabelle 4.2 finden. Die Spalte ABAP-Unterstützung zeigt, ob Sie solche Tabellen auch über das ABAP Dictionary anlegen können.

Tabellen über SQL anlegen

Typ	ABAP-Unterstützung	Beschreibung
ROW	ja	Row-Store-Tabellen (Standard)
COLUMN	ja	Column-Store-Tabellen (empfohlen für die meisten Anwendungsszenarien)
HISTORY COLUMN	nein	spezieller Tabellentyp, der eine »Zeitreise«-Funktion unterstützt, so dass der Tabelleninhalt zu einem speziellen Zeitpunkt in der Vergangenheit abgefragt werden kann
GLOBAL TEMPORARY (COLUMN)	nein (intern im ABAP-Kernel im Kontext von Datenbankprozeduren)	Globale temporäre Tabellen (GTT) erlauben das Speichern von Zwischenergebnissen innerhalb einer Session. Die Tabellendefinition ist dabei für alle Benutzer der Datenbank nutzbar, die Inhalte hingegen sind nur in der gleichen Datenbankverbindung sichtbar.

Tabelle 4.2 Tabellentypen in SAP HANA

Typ	ABAP-Unterstützung	Beschreibung
LOCAL TEMPORARY (COLUMN)	nein	Im Gegensatz zu GTTs hängen bei lokalen temporären Tabellen auch die Metadaten an der Datenbankverbindung. Damit können solche Tabellen nur innerhalb einer Datenbankverbindung genutzt werden.
VIRTUAL	nein	Eine virtuelle Tabelle ist eine Referenz auf eine Tabelle in einem anderen System, das über den Smart-Data-Access-Mechanismus von SAP HANA angebunden ist (siehe Abschnitt 1.1.5, »Zusatzoptionen«).

Tabelle 4.2 Tabellentypen in SAP HANA (Forts.)

In den meisten Fällen erzeugen Sie (bzw. das ABAP Dictionary) Tabellen im Column Store, wie etwa in Listing 4.1. Die Zusätze UNLOAD PRIORITY 5 AUTO MERGE sind dabei SAP-HANA-spezifisch.

```
CREATE COLUMN TABLE "SCARR"
    ("MANDT" NVARCHAR(3) DEFAULT '000' NOT NULL ,
     "CARRID" NVARCHAR(3) DEFAULT '' NOT NULL ,
     "CARRNAME" NVARCHAR(20) DEFAULT '' NOT NULL ,
     "CURRCODE" NVARCHAR(5) DEFAULT '' NOT NULL ,
     "URL" NVARCHAR(255) DEFAULT '' NOT NULL ,
     PRIMARY KEY ("MANDT", "CARRID"))
    UNLOAD PRIORITY 5 AUTO MERGE
```

Listing 4.1 Beispiel: Definition der Tabelle SCARR

Datentypen
Auf die unterstützten Datentypen in SAP HANA sind wir bereits in Kapitel 3, »Datenbankprogrammierung mit dem SAP NetWeaver AS ABAP«, eingegangen. Zusätzlich zu den Standard-SQL-Datentypen wie INTEGER, VARCHAR etc. bietet der Column Store in SAP HANA auch eine Reihe spezieller Datenstrukturen, die Sie in späteren Kapiteln kennenlernen werden. Dazu gehören die Datentypen TEXT und SHORTTEXT (Kapitel 10, »Textsuche und Analyse von unstrukturierten Daten«) sowie die Geodatentypen der ST_GEOMETRY-Familie (Kapitel 13, »Verarbeitung von Geoinformationen«).

In jedem relationalen Datenbanksystem gibt es eine Möglichkeit, Views zu definieren. Diese *Standard-Views* oder auch *SQL Views* werden im Datenbankkatalog über die Anweisung CREATE VIEW als eine Art Alias für eine SQL-Abfrage definiert:

Views

```
CREATE VIEW <Name> AS SELECT <SQL Abfrage>
```

SQL Views werden selbstverständlich auch in SAP HANA unterstützt und unterscheiden sich dabei von denen anderer Datenbanken nur durch den Funktionsumfang der SELECT-Anweisung in SAP HANA, auf die wir im Folgenden eingehen.

Wie nicht anders zu erwarten, bietet die SELECT-Anweisung die wesentliche Schnittstelle für den Datenzugriff. Wir können in diesem Abschnitt nicht auf alle Facetten dieser extrem umfangreichen Anweisung eingehen, sondern beschränken uns auf verschiedene Themenbereiche, die bei der Erstellung von Views und Prozeduren eine wichtige Rolle spielen. Listing 4.2 demonstriert anhand eines Beispiels verschiedene fortgeschrittene Fähigkeiten, die Sie aus dem klassischen Open SQL in ABAP nicht kennen.

Beispiel

```
SELECT
  concat (carrid,connid) as "Verbindung",
  passname as "Passagier",
  to_date(fldate) as "Flugdatum",
  to_date(order_date) as "Buchungsdatum",
    convert_currency(amount=>loccuram,
    "SOURCE_UNIT_COLUMN" =>loccurkey,
    "SCHEMA" => 'SAPH74',
    "TARGET_UNIT_COLUMN" => 'EUR',
    "REFERENCE_DATE" =>CURRENT_UTCDATE,
    "CLIENT" => '001') as "Preis (EUR)"
from sbook
where days_between(order_date, fldate) < 100
  and contains(passname, 'Idda Pratt', fuzzy(0.8))
order by fldate desc
limit 10
```

Listing 4.2 Beispiel für eine SELECT-Anweisung

Im Folgenden wollen wir anhand dieses Beispiels einige Funktionen etwas näher erklären, um Ihnen einen Eindruck des Funktionsumfangs zu geben.

Wenn die Ergebnismenge einer Abfrage sehr groß wird, ist es sinnvoll, die Ergebnisse in kleineren Paketen abzuholen, gerade wenn ein Endbenutzer gar nicht alle Ergebnisse auf einen Blick sehen

Paging

kann. Hierzu bieten Datenbanken in der Regel über *Paging* die Möglichkeit, die Anzahl der Zeilen zu limitieren (LIMIT) und die Anfangszeile zu definieren (OFFSET). Ein Beispiel für die Verwendung sehen Sie in Listing 4.2, wo wir maximal zehn Einträge lesen.

Konvertierung von Datentypen
Für manche Abfragen müssen Sie Datentypen konvertieren, um gewisse Operationen nutzen zu können. Wenn Sie etwa die Spalte einer ABAP-Tabelle mit Datentyp DATS (auf der Datenbank NVARCHAR(8)) als echtes Datum mit SQL-Datentyp DATE behandeln, so können Sie die Konvertierungsfunktion to_date nutzen (siehe Listing 4.2). Ebenso gibt es Funktionen zur Konvertierung von anderen Datentypen (z. B. to_int, to_decimal etc.).

Zeichenketten-Operationen
Zur Manipulation von Zeichenketten gibt es eine ganze Reihe von Operationen, wie etwa Texte zusammenfügen (concat), Teilmengen lesen (substring) oder die Umwandlung in Groß- oder Kleinschreibung (upper/lower). In Listing 4.2 lesen wir Fluggesellschaft und Flugverbindung als ein kombiniertes Feld über den Ausdruck concat (carrid,connid) aus.

Operationen für Datumswerte
In vielen Abfragen spielen Datumsberechnungen eine Rolle. Sie können im HANA-SQL auf das aktuelle Datum in verschiedenen Varianten zugreifen (z. B. über current_utcdate) oder mit Datumswerten rechnen (z. B. über add_days). Auch hierfür finden Sie ein Beispiel in Listing 4.2, wo wir die Funktion days_between für einen Datumsvergleich nutzen.

Konvertierung von Einheiten und Währungen
Als letztes Beispiel wollen wir die Konvertierung von Währungen und Einheiten erwähnen, die Sie über die Funktionen convert_currency (für Währungen) oder unit_conversion (für Einheiten) nutzen können. Die zugrunde liegende Logik ist dabei kompatibel mit der jeweiligen Logik im ABAP-Applikationsserver und hängt von den gleichen Customizing-Tabellen ab (siehe Infobox). In Listing 4.2 führen wir eine Währungsumrechnung in Euro zum aktuellen Datum durch. In diesem Kapitel werden Sie im Rahmen von SQLScript und modellierten Views weitere Möglichkeiten kennenlernen, solche Konvertierungen durchzuführen.

[»]	**Währungsumrechnung und Einheitenkonvertierung im SAP NetWeaver AS ABAP**
	Währungsumrechnung und Einheitenkonvertierung sind Standardfunktionen im SAP NetWeaver AS ABAP. Das Customizing der Währungsumrechnung in der SAP-Basis erfolgt über die Tabellen TCUR* im Paket SFIB.

> Für eine Konvertierung in ABAP gibt es z. B. Funktionsbausteine in der Funktionsgruppe SCUN (z. B. CONVERT_TO_LOCAL_CURRENCY). Für eine Währungsumrechnung spielen neben dem Betrag, der Ausgangswährung und der Zielwährung auch der Stichtag und der Kurstyp eine Rolle.
>
> Die Einheitenkonvertierung für ISO-Codes finden Sie in den Tabellen T006* im Paket SZME. Für eine Konvertierung in ABAP steht hier z. B. der Funktionsbaustein UNIT_CONVERSION_SIMPLE zur Verfügung.

Da Joins für die spätere Modellierung von Column Views eine zentrale Rolle spielen werden, möchten wir anhand von Beispielen die verschiedenen Join-Typen im SQL-Standard kurz wiederholen. Dazu betrachten wir die bekannten Tabellen SFLIGHT (Flüge) und SCARR (Fluggesellschaften), die eine Fremdschlüsselbeziehung über das Feld CARRID besitzen (wir klammern im in Tabelle 4.3 dargestellten Ausschnitt den Mandanten der Einfachheit halber kurz aus). Die Tabellen haben eine n:1-Beziehung, und es kann Fluggesellschaften in Tabelle SCARR geben, für die kein Flug in der Tabelle SFLIGHT eingetragen ist (in Tabelle 4.3 z. B. die Airline »UA«).

Joins

Tabelle SFLIGHT			Tabelle SCARR	
CARRID	**CONNID**	**FLDATE**	**CARRID**	**CARRNAME**
AA	0017	20150101	AA	American Airlines
…	…	…	…	…
LH	400	20150101	LH	Lufthansa
LH	400	20150102	…	…
…	…	…	UA	United Airways

Tabelle 4.3 Beispieldaten aus den Tabellen SFLIGHT und SCARR zur Erklärung der Join-Typen

Bei der Definition von Joins muss zwischen inneren und äußeren Joins unterschieden werden. Bei einem *Inner Join* werden alle Kombinationen in das Resultat übernommen, wenn es in beiden Tabellen einen passenden Eintrag gibt. Bei einem *Outer Join* werden auch Ergebnisse übernommen, die entweder nur in der linken Tabelle (*Left Outer Join*), nur in der rechten (*Right Outer Join*) oder in einer beliebigen Tabelle (*Full Outer Join*) vorkommen. Links und rechts werden dabei anhand der Join-Reihenfolge unterschieden.

Inner und Outer Join

Anhand der folgenden SQL-Beispiele zur Selektion der Flüge und der zugehörigen Namen der Fluggesellschaften erklären wir die Unter-

SQL-Beispiele für Joins

schiede. Das erste Beispiel enthält einen Inner Join. Da die Fluggesellschaft »UA« nicht in der Tabelle SFLIGHT vorkommt, findet sich
kein zugehöriger Eintrag in der Ergebnismenge:

```
select s.carrid, s.connid, c.carrname from sflight as s
inner join scarr as c on s.carrid = c.carrid
```

Bei einem Right Outer Join, bei dem SCARR die rechte Tabelle ist, wird
ein Eintrag zur Fluggesellschaft »UA« in der Ergebnismenge ausgegeben, obwohl es in Tabelle SFLIGHT keinen zugehörigen Eintrag gibt.
Die Spalten carrid und connid haben damit den Wert NULL:

```
select s.carrid, s.connid, c.carrname from sflight as s
right outer join scarr as c on s.carrid = c.carrid
```

Analog ist bei einem Left Outer Join mit SCARR als linker Tabelle
»UA« ebenfalls Teil der Ergebnismenge. Falls im Datenmodell sichergestellt ist, dass es zu jedem Eintrag eines Fluges eine zugehörige
Fluggesellschaft gibt (aber umgekehrt nicht notwendigerweise), sind
die beiden Outer-Join-Varianten funktional äquivalent.

```
select s.carrid, s.connid, c.carrname from scarr as c
left outer join sflight as s on s.carrid = c.carrid
```

Analytische
Funktionen

SAP HANA bietet neben den Standard-SQL-Aggregatfunktionen
COUNT, SUM, AVG etc. (in Kombination mit GROUP BY) auch weitergehende analytische Operationen. Dazu gehören komplexere Gruppie-
rungen über GROUPING SETS (sowie eine Unterstützung für Ausdrücke
wie ROLLUP, CUBE etc.) sowie die Berechnung von Zwischensummen.
Das folgende Beispiel für die Bestimmung der Flugpreise gruppiert
nach allen Kombinationen von Fluggesellschaft, Verbindung und
Währung mit Zwischensummen in einer einzigen Anweisung.

```
select carrid, connid, loccurkey, sum(loccuram)
   from sbook group by cube(connid, carrid, loccurkey) ;
```

[»]   **Unterstützung von Multidimensional Expressions (MDX)**

Neben den erwähnten analytischen Funktionen in SQL unterstützt SAP
HANA auch nativ *Multidimensional Expressions* (MDX). MDX ist eine
mächtige Datenbankabfragesprache für OLAP-Szenarien, die von Micro-
soft vorangetrieben wurde und sich als Industriestandard etabliert hat. Im
Gegensatz zu SQL steht bei MDX der multidimensionale Zugriff im Mittel-
punkt, und die Begriffe *Maße* und *Dimension* spielen die entscheidende
Rolle für Selektionen auf einen durch ein Sternschema aufgespannten
Datenwürfel (Cube).

> Weitere Informationen zur MDX-Unterstützung in SAP HANA finden Sie
> unter *http://help.sap.com/hana*.

Daneben bietet SAP HANA einige Erweiterungen, die wir Ihnen im
Rahmen von späteren Kapiteln ausführlich vorstellen. Dazu gehören
etwa der CONTAINS-Ausdruck für die Fuzzy-Suche, auf den wir in
Kapitel 10, »Textsuche und Analyse von unstrukturierten Daten«,
eingehen. In Listing 4.2 suchen wir etwa nach Buchungen, bei denen
der Passagiername Ähnlichkeit zu »Idda Pratt« aufweist (und finden
damit auch Einträge mit dem Namen »Ida Pratt«). Zusätzliche Erweiterungen sind etwa die geografischen Funktionen (etwa für die
Ermittlung von Distanzen und Flächeninhalten), die wir Ihnen in
Kapitel 13, »Verarbeitung von Geoinformationen«, zeigen werden.

*Zusätzliche
Erweiterungen*

4.2 SQLScript

Nachdem Sie im vorherigen Abschnitt bereits erfahren haben, wie
SAP HANA den SQL-Standard um einige Funktionen erweitert,
möchten wir uns nun mit SQLScript beschäftigen.

SQLScript ist eine auf SQL basierende Programmiersprache in SAP
HANA mit dem Ziel, datenintensive Kalkulationen möglichst einfach
und vollständig in die Datenbank verlagern zu können. Im Folgenden werden wir zunächst auf die Qualitäten von SQLScript eingehen
und Ihnen anschließend erläutern, wie SQLScript von der HANA-
Datenbank verarbeitet wird (wie Sie Prozeduren im SAP HANA konkret anlegen, erfahren Sie dann in Abschnitt 4.3, »Datenbankprozeduren«).

4.2.1 Grundlagen von SQLScript

SQLScript hat gegenüber Open SQL und dem SQL-Standard einige
Vorteile. Wir möchten Ihnen die wesentlichen Qualitäten von SQL-
Script anhand eines konkreten Beispiels erläutern. Einige Details
werden wir dabei zunächst bewusst auslassen (um sie zum Teil in
den nachfolgenden Abschnitten wieder aufzugreifen).

*Qualitäten von
SQLScript*

Wie in den vorangegangenen Kapiteln basiert unser Beispiel auf dem
SFLIGHT-Datenmodell. Wir möchten für die wichtigsten Verbindungen einer Fluggesellschaft zwei Kennzahlen berechnen:

*Beispiel:
Anforderungen*

▸ **Summe der Buchungseinnahmen**
Diese ergibt sich aus der Summierung des Feldes LOCCURAM für alle nicht stornierten Einzelbuchungen (das Feld CANCELLED ist leer) aus der Datenbanktabelle SBOOK.

▸ **Durchschnittliche Anzahl der Tage zwischen Flugdatum und Buchungsdatum**
Diese berechnet sich aus der Differenz der beiden Felder FLDATE und ORDER_DATE aller nicht stornierten Einzelbuchungen aus der Datenbanktabelle SBOOK.

Außerdem möchten wir die Reisebüros ermitteln, die bezogen auf die wichtigsten Verbindungen einer Fluggesellschaft den höchsten Umsatz erzielen. Der Umsatz pro Reisebüro wird analog zur Summe der Buchungseinnahmen ermittelt.

Modularisierung von Aufgaben-stellungen
Sie können SQLScript sowohl für die Implementierung von Datenbankprozeduren als auch für die Implementierung von Calculation Views verwenden (siehe Abschnitt 4.4.3, »Calculation Views«). Mittels SQLScript implementierte Calculation Views werden dabei intern ebenfalls als Datenbankprozeduren abgebildet.

Eine Datenbankprozedur besteht aus Eingabe-/Ausgabeparametern und Verarbeitungslogik. Mit Datenbankprozeduren können Sie komplexe Aufgabenstellungen modularisieren. Abbildung 4.1 veranschaulicht, wie verschiedene Datenbankprozeduren zusammenspielen können, um die Kennzahlen und Reisebüros der wichtigsten Verbindungen einer Fluggesellschaft zu ermitteln.

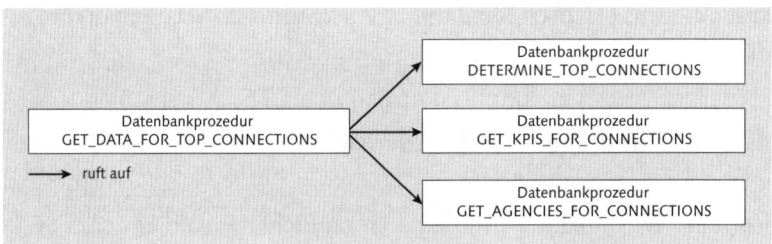

Abbildung 4.1 Modularisierung mithilfe mehrerer Datenbankprozeduren

Die Datenbankprozedur GET_DATA_FOR_TOP_CONNECTIONS verwendet intern:

▸ die Datenbankprozedur DETERMINE_TOP_CONNECTIONS, um die wichtigsten Verbindungen einer Fluggesellschaft zu ermitteln

▶ die Datenbankprozedur `GET_KPIS_FOR_CONNECTIONS`, um für die wichtigsten Flugverbindungen die Kennzahlen zu berechnen

▶ die Datenbankprozedur `GET_AGENCIES_FOR_CONNECTIONS`, um für die wichtigsten Flugverbindungen die Reisebüros mit dem höchsten Umsatz zu ermitteln

Durch die Modularisierung können Sie Teile der Implementierung einfach für andere Aufgabenstellungen wiederverwenden. Zum Beispiel ist es problemlos möglich, die Methode `GET_KPIS_FOR_CONNECTIONS` nicht nur für die wichtigsten Verbindungen einer Fluggesellschaft, sondern für beliebige Verbindungen mehrerer Fluggesellschaften aufzurufen

Neben der Modularisierung mithilfe mehrerer Datenbankprozeduren erlaubt SQLScript auch, komplexe Datenbankabfragen innerhalb einer Prozedur zu zerlegen. Dazu können Sie das Ergebnis einer `SELECT`-Anweisung an eine *Tabellenvariable* (Table Variable) binden und diese dann für nachfolgende `SELECT`-Anweisungen nutzen. Dies möchten wir beispielhaft anhand der Methode `GET_AGENCIES_FOR_CONNECTIONS` erläutern.

Zerlegung komplexer Datenbank-abfragen

Die Methode soll für gegebene Flugverbindungen alle nicht stornierten Buchungen aggregieren und die fünf Reisebüros mit den höchsten Umsätzen ermitteln. Anschließend soll sie die Adressen der fünf ermittelten Reisebüros hinzulesen. Die entsprechende Datenbankabfrage dazu kann so aussehen wie in Listing 4.3.

```
ET_AGENCIES = SELECT A.AGENCYNUM, T.NAME, T.POSTCODE,
  T.CITY, T.COUNTRY, A.PAYMENTSUM, A.CURRENCY
  FROM ( SELECT TOP 5 B.AGENCYNUM, SUM(B.LOCCURAM) AS
    PAYMENTSUM, B.LOCCURKEY AS CURRENCY
    FROM :IT_CONNECTIONS AS C INNER JOIN SBOOK AS B ON
    B.CARRID = C.CARRID AND B.CONNID = C.CONNID
    WHERE B.MANDT = :IV_MANDT AND B.CANCELLED <> 'X'
    GROUP BY B.AGENCYNUM, B.LOCCURKEY
    ORDER BY SUM(B.LOCCURAM) DESC ) AS A
  INNER JOIN STRAVELAG AS T ON
  T.AGENCYNUM = A.AGENCYNUM WHERE T.MANDT = :IV_MANDT;
```

Listing 4.3 Beispiel für eine komplexe Datenbankabfrage

Mit SQLScript können Sie alternativ zwei Datenbankabfragen mithilfe einer Tabellenvariablen kombinieren (siehe Listing 4.4).

```
LT_AGENCIES = SELECT TOP 5 B.AGENCYNUM,
  SUM(B.LOCCURAM) AS PAYMENTSUM, B.LOCCURKEY AS
  CURRENCY FROM :IT_CONNECTIONS AS C
  INNER JOIN SBOOK AS B ON B.CARRID = C.CARRID AND
  B.CONNID = C.CONNID
  WHERE B.MANDT = :IV_MANDT AND B.CANCELLED <> 'X'
  GROUP BY B.AGENCYNUM, B.LOCCURKEY
  ORDER BY SUM(B.LOCCURAM) DESC;

ET_AGENCIES = SELECT A.AGENCYNUM, T.NAME, T.POSTCODE,
  T.CITY, T.COUNTRY, A.PAYMENTSUM, A.CURRENCY
  FROM :LT_AGENCIES AS A INNER JOIN STRAVELAG AS T
  ON T.AGENCYNUM = A.AGENCYNUM
  WHERE T.MANDT = :IV_MANDT;
```

Listing 4.4 Zerlegte Datenbankabfrage

Die Zerlegung komplexer Datenbankabfragen mit SQLScript kann verschiedene Vorteile haben:

▶ Mehrere verhältnismäßig einfache SELECT-Anweisungen sind häufig einfacher zu lesen und damit einfacher zu warten als eine verhältnismäßig komplexe Datenbankabfrage.

▶ Zwischenergebnisse können durch eine Tabellenvariable einfach wiederverwendet werden (z. B. sowohl für die Berechnung der Kennzahlen als auch für die Ermittlung der Reisebüros).

▶ Sie erleichtern es dem Optimierer der HANA-Datenbank durch die Dekomposition komplexer Datenbankabfragen unter Umständen, redundante Unterabfragen zu erkennen und deren mehrfache Berechnung zu vermeiden.

Die Entscheidung, wie mehrere Datenbankabfragen (innerhalb einer Datenbankprozedur, aber auch über Datenbankprozeduren hinweg) ausgeführt werden, trifft der Datenbankoptimierer. Er kann mehrere SELECT-Anweisungen intern zu einer Datenbankabfrage kombinieren. Und er ist unter bestimmten Rahmenbedingungen in der Lage, mehrere SELECT-Anweisungen zu parallelisieren (nämlich dann, wenn die Anweisungen voneinander unabhängig sind).

Parallelisierung der Verarbeitung

Auch die parallele Verarbeitung voneinander unabhängiger Datenbankabfragen erklären wir Ihnen anhand unseres Beispiels. Zur Lösung der gegebenen Aufgabenstellung sind, wie Sie aus den vorhergehenden Erläuterungen bereits wissen, mehrere Schritte notwendig:

- Ermittlung der wichtigsten Verbindungen einer Fluggesellschaft
- Berechnung der beiden Kennzahlen
- Ermittlung der Reisebüros mit dem höchsten Umsatz
- Hinzulesen der Adressen der ermittelten Reisebüros

Die Berechnung der Kennzahlen sowie die Ermittlung der Reisebüros mit dem höchsten Umsatz (inklusive Hinzulesen der Adressen) setzen auf der Ermittlung der wichtigsten Verbindungen einer Fluggesellschaft auf, sind aber voneinander unabhängig. Daher ist die HANA-Datenbank in der Lage, die Verarbeitung zu parallelisieren, wie Abbildung 4.2 darstellt.

Die Parallelisierung von Datenbankabfragen in SQLScript ist ein wesentlicher Unterschied zu Open SQL. Wenn Sie über Open SQL mehrere SELECT-Anweisungen an die HANA-Datenbank senden (und z. B. über die Klausel FOR ALL ENTRIES verbinden), werden diese nacheinander abgearbeitet.

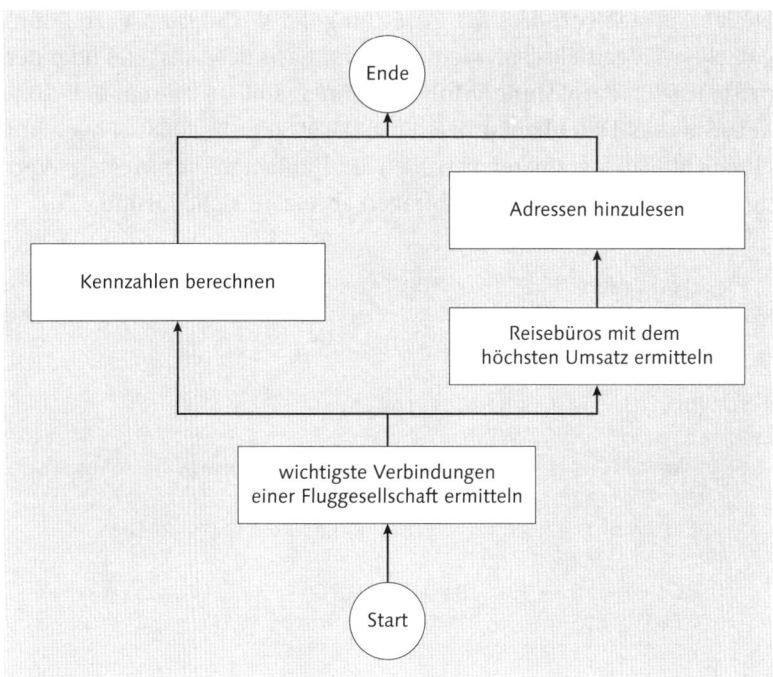

Abbildung 4.2 Parallelisierung der Verarbeitung

Durch die Parallelisierung von Datenbankabfragen lassen sich Aufgaben unter Umständen wesentlich beschleunigen. Dies ist aber nur eine Form der Parallelisierung in SAP HANA. Daneben kann das System auch einzelne Datenbankabfragen, etwa die Berechnung der Kennzahlen, über Nutzung mehrerer Threads parallelisieren (siehe dazu auch Abschnitt 1.2.2, »Softwareinnovationen«). Von dieser Form der Parallelisierung profitiert auch Open SQL.

Orchestrierung der Verarbeitungslogik

SQL ist eine deklarative Programmiersprache. Bei der deklarativen Programmierung steht die Problembeschreibung (also das »Was«) im Vordergrund. SQLScript erweitert den SQL-Standard um Elemente imperativer Programmierung. Bei der imperativen Programmierung steht die Problemlösung (also das »Wie«) im Vordergrund.

Die imperativen Sprachelemente in SQLScript erlauben Ihnen, in Datenbankprozeduren und Calculation Views z. B. mit Fallunterscheidungen (IF ... THEN ... ELSEIF ... ELSE ... END IF) und Schleifen (WHILE ... ENDWHILE) zu arbeiten. Dadurch können Sie die (deklarative) Verarbeitungslogik orchestrieren und haben Möglichkeiten, die weit über den SQL-Standard hinausgehen.

Stellen Sie sich vor, dass die Ermittlung der wichtigsten Verbindungen einer Fluggesellschaft wahlweise auf Basis des Umsatzes oder der prozentualen Auslastung erfolgen können soll. In diesem Fall können Sie die Datenbankprozedur DETERMINE_TOP_CONNECTIONS mit einem Eingabeparameter versehen und abhängig von dessen Wert unterschiedliche Datenbankabfragen absetzen (siehe Listing 4.5).

```
IF IV_ALGORITHM = 'P' THEN
  ET_CONNECTIONS = SELECT TOP 5 CARRID, CONNID
    FROM SFLIGHT
    WHERE MANDT = :IV_MANDT AND CARRID = :IV_CARRID
    GROUP BY CARRID, CONNID
    ORDER BY SUM(PAYMENTSUM) DESC;
ELSE
  ET_CONNECTIONS = SELECT TOP 5 CARRID, CONNID
    FROM SFLIGHT
    WHERE MANDT = :IV_MANDT AND CARRID = :IV_CARRID
    GROUP BY CARRID, CONNID
    ORDER BY AVG(TO_DECIMAL(SEATSOCC + SEATSOCC_B +
    SEATSOCC_F) / TO_DECIMAL(SEATSMAX + SEATSMAX_B +
    SEATSMAX_F)) DESC;
END IF;
```

Listing 4.5 Imperative Sprachelemente

Beachten Sie, dass Sie durch imperative Programmierung die Parallelisierung von Datenbankabfragen unter Umständen verhindern. Insbesondere empfehlen wir Ihnen, auf Schleifenverarbeitung – kombiniert mit der Verwendung von Cursors – so weit wie möglich zu verzichten

Eine Herausforderung beim Code Pushdown von der Applikationsschicht in die Datenbankschicht ist häufig der Zugriff auf Geschäftslogik. Gerade in der ABAP-Anwendungsentwicklung lag bisher der Großteil der Geschäftslogik in der Applikationsschicht und stand damit nur für von der Datenbank zum Applikationsserver übertragene Datensätze zur Verfügung. Ein gutes Beispiel ist die Währungsumrechnung.

Zugriff auf
Geschäftslogik

SQLScript stellt zentrale Funktionen der Geschäftslogik in der Datenbankschicht zur Verfügung. Neben der Währungsumrechnung unterstützt SQLScript auch die Umrechnung von Mengeneinheiten entsprechend dem Customizing des SAP NetWeaver AS ABAP. Darüber hinaus können Sie in Datenbankprozeduren und Calculation Views auch auf die HANA-Funktionsbibliotheken zugreifen (siehe Kapitel 12, »Funktionsbibliotheken in SAP HANA«). Dadurch haben Sie wesentlich mehr Möglichkeiten, datenintensive Kalkulationen in die Datenbank zu verlagern als mit Open SQL oder nativem SQL.

Nachdem wir auf die Vorteile von SQLScript eingegangen sind, möchten wir Ihnen nun erläutern, wie SQLScript von der HANA-Datenbank verarbeitet wird. Dabei unterscheiden wir zwischen der Verarbeitung beim Aktivieren und der Verarbeitung beim Aufruf von SQLScript.

Verarbeitung von
SQLScript

Beim Aktivieren von SQLScript prüft die HANA-Datenbank zunächst die Syntax der Datenbankprozedur. Anschließend prüft das System die Semantik. Dabei leitet es unter anderem die Typen von Tabellenvariablen ab, denn diese können in SQLScript implizit typisiert werden. Das System prüft, ob Variablen konsistent verwendet werden und ob alle Ausgabeparameter der Datenbankprozedur gefüllt werden.

Aktivieren von
SQLScript

Als Nächstes optimiert das System die Datenbankprozedur und erstellt ein, gegebenenfalls mehrstufiges, *Kalkulationsmodell* (Calculation Model), das einem grafischen Calculation View ähnelt. In diesem Modell werden imperative Sprachelemente als *L-Knoten* generiert. L ist eine Programmiersprache, die einige Sprachelemente von

C++ zur Verfügung stellt und das HANA-Datentypsystem unterstützt. Sie wird intern von der HANA-Datenbank als Zwischensprache bei der Kompilierung nach C++ verwendet.

Abschließend legt das System die Datenbankprozedur im Datenbankkatalog und gegebenenfalls im SAP HANA Repository ab.

Aufrufen von SQLScript

Der Aufruf einer Datenbankprozedur besteht aus zwei Phasen: der *Kompilierung* (Compilation) und der *Ausführung* (Execution).

Bei der Kompilierung schreibt die HANA-Datenbank den Aufruf der Datenbankprozedur zunächst für die Ausführung durch die *Calculation Engine* um. Bei der Ausführung der Datenbankprozedur bindet das System dann die *Aktualparameter* des Aufrufs an das bei der Optimierung der Prozedur angelegte Kalkulationsmodell. Dieser Vorgang wird als *Instanziierung* des Kalkulationsmodells bezeichnet. Im Rahmen der Instanziierung nimmt das System gegebenenfalls weitergehende Optimierungen des Kalkulationsmodells vor. Abschließend führt das System das Kalkulationsmodell unter Zuhilfenahme der zur Verfügung stehenden *Engines* (siehe Abschnitt 1.3, »Architektur der In-Memory-Datenbank«) aus.

4.2.2 SQLScript-Programmierung

Nachdem Sie nun einige Grundlagen von SQLScript kennengelernt haben, möchten wir konkret auf die Anlage von Datenbankprozeduren und Tabellentypen, Variablen, imperative Erweiterungen und CE-Funktionen eingehen.

Wie zuvor erläutert, besteht eine Datenbankprozedur in SAP HANA aus Eingabe-/Ausgabeparametern und Verarbeitungslogik. Technisch betrachtet werden Datenbankprozeduren über SQL erzeugt, aufgerufen, geändert und gelöscht. Die HANA-Datenbank bietet dazu die folgenden Anweisungen:

▸ Über die Anweisung CREATE PROCEDURE können Sie eine neue Datenbankprozedur anlegen.

▸ Mit dem Befehl CREATE TYPE können Sie einen Tabellentyp anlegen, den Sie anschließend in der Schnittstelle einer Datenbankprozedur verwenden können.

▸ Wenn Sie das Kalkulationsmodell einer Datenbankprozedur neu kompilieren möchten, nutzen Sie die Anweisung ALTER PROCEDURE.

▸ Der Aufruf einer Datenbankprozedur erfolgt über die Anweisung CALL.

▸ Die Anweisung DROP PROCEDURE erlaubt Ihnen, eine Datenbankprozedur zu löschen.

Obwohl Sie diese Befehle direkt über die SQL-Konsole ausführen können, empfehlen wir dies – außer für einfache Tests – nicht, da über die SQL-Konsole angelegte Prozeduren nicht im SAP HANA Repository abgelegt werden. Sie verlieren dadurch unter anderem den Anschluss an die Versionsverwaltung und das Transportmanagement. Wir empfehlen Ihnen stattdessen, native Datenbankprozeduren im SAP HANA Studio über die Perspektive SAP HANA DEVELOPMENT und damit über das SAP HANA Repository anzulegen (siehe Abschnitt 4.3, »Datenbankprozeduren«). Wenn Sie Prozeduren aus ABAP heraus nutzen möchten, nutzen Sie am besten ABAP-Datenbankprozeduren (*ABAP Managed Database Procedures*). Diese behandeln wir in Kapitel 6, »Erweiterte Datenbankprogrammierung mit ABAP 7.4«.

SQL-Konsole und Perspektive SAP HANA Development

SAP HANA unterscheidet zwei Arten von Datenbankprozeduren:

Arten von Datenbankprozeduren

▸ Datenbankprozeduren, die ausschließlich Daten lesen (sogenannte *Read Only Procedures*)

▸ Datenbankprozeduren, die Daten lesen und schreiben können (sogenannte *Read Write Procedures*)

In Read Only Procedures sind die Verwendung von INSERT, UPDATE und DELETE sowie die Nutzung von DDL-Anweisungen (Data Definition Language) verboten. Während Read Write Procedures beliebige Datenbankprozeduren aufrufen können, können Read Only Procedures ausschließlich rein lesende Prozeduren aufrufen (siehe Abbildung 4.3).

Datenbankprozeduren werden in der Regel mit SQLScript implementiert. Daneben unterstützt die HANA-Datenbank zwei weitere Programmiersprachen: L und R:

SQLScript, L, R

▸ Die Programmiersprache L ist an C++ angelehnt. Die Verwendung von L zur Implementierung von Datenbankprozeduren ist momentan SAP selbst vorbehalten.

▸ Bei R handelt es sich um eine freie Programmiersprache zur Lösung statistischer Problemstellungen (*http://www.r-project.org*). Durch die Implementierung einer Datenbankprozedur in der Sprache R können Sie in SAP HANA – und bei Bedarf eingebettet in ein umfangreicheres Kalkulationsmodell – R-Funktionalität nutzen. Wir behandeln R in diesem Buch nicht.

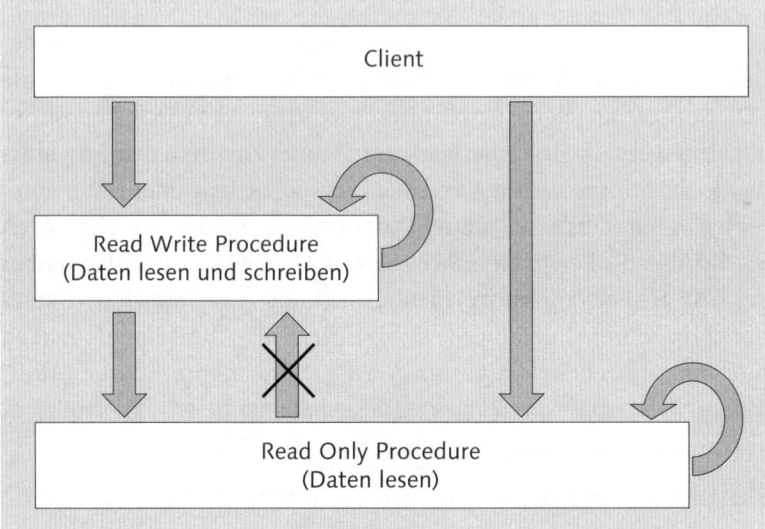

Abbildung 4.3 Read Only/Read Write Procedures

[»] **User-defined Functions**

Wir möchten nicht unerwähnt lassen, dass es neben Datenbankprozeduren auch sogenannte *benutzerdefinierte Funktionen* (User-defined Functions, UDF) gibt, die ebenfalls in SQLScript implementiert werden. Sie werden über die Anweisungen CREATE FUNCTION und DROP FUNCTION angelegt bzw. gelöscht. Folgendes Beispiel legt die benutzerdefinierte Funktion DETERMINE_TOP_CONNECTIONS an:

```
CREATE FUNCTION DETERMINE_TOP_CONNECTIONS(IV_MANDT
  NVARCHAR(3), IV_CARRID NVARCHAR(3), IV_ALGORITHM
  NVARCHAR(1)) RETURNS TABLE(CARRID NVARCHAR(3), CONNID
  NVARCHAR(4)) LANGUAGE SQLSCRIPT SQL SECURITY INVOKER AS
BEGIN
...
END;
```

Im Gegensatz zu Datenbankprozeduren können Sie benutzerdefinierte Funktionen direkt in SQL-Anweisungen verwenden. Das kann folgendermaßen aussehen:

```
SELECT C.CARRID, C.CONNID, S.CARRNAME
  FROM DETERMINE_TOP_CONNECTIONS('000', 'LH', 'P') AS C
  INNER JOIN SCARR AS S ON S.CARRID = C.CARRID
  WHERE S.MANDT = '000';
```

Anders als Datenbankprozeduren (wo es die bereits erwähnten ABAP Managed Database Procedures gibt) können benutzerdefinierte Funktionen nicht direkt in ABAP angelegt werden.

In den nächsten Abschnitten möchten wir Ihnen nun zunächst erklären, welche Befehle die HANA-Datenbank Ihnen zur Anlage von Datenbankprozeduren und Tabellentypen (die bei der Definition der Schnittstelle einer Prozedur genutzt werden können) zur Verfügung stellt. Anschließend gehen wir auf Variablen, imperative Erweiterungen und CE-Funktionen ein.

Anlage von Datenbankprozeduren

Die Anlage einer Datenbankprozedur basiert auf der Anweisung CREATE PROCEDURE. Die komplette Syntax sehen Sie in Listing 4.6.

CREATE PROCEDURE

```
CREATE PROCEDURE <proc_name> [(<parameter_clause>)]
[LANGUAGE <lang>] [SQL SECURITY <mode>]
[DEFAULT SCHEMA <default_schema_name>]
[READS SQL DATA [WITH RESULT VIEW <view_name>]] AS
BEGIN [SEQUENTIAL EXECUTION]
  <procedure_body>
END
```

Listing 4.6 Syntax der Anweisung CREATE PROCEDURE

Auf die Anweisung CREATE PROCEDURE folgt zunächst der Name <proc_name> der Datenbankprozedur, anschließend eine Reihe optionaler Zusätze und schließlich, zwischen BEGIN und END eingeschlossen, die eigentliche Implementierung in Form des Codings <procedure_body> (d. h. die Verarbeitungslogik). Die optionalen Zusätze haben folgende Bedeutung:

Zusätze zu CREATE PROCEDURE

- Hinter dem Namen der Datenbankprozedur können Sie Eingabe- und Ausgabeparameter in der Parameterliste <parameter_clause> definieren. Dabei können Sie sowohl *skalare Parameter* auf Basis *einfacher Datentypen* (wie z. B. INTEGER, DECIMAL oder NVARCHAR) als auch *Tabellenparameter* auf Basis von Datenbanktabellen oder *Tabellentypen* verwenden. Auf Tabellentypen gehen wir im folgenden Abschnitt genauer ein.

- Nach der Parameterliste können Sie die zur Implementierung der Datenbankprozedur verwendete Programmiersprache LANGUAGE spezifizieren. Zulässig für <lang> sind SQLSCRIPT und R.

▶ Mit dem Zusatz SQL SECURITY legen Sie fest, für welchen Benutzer das System zur Laufzeit die Berechtigungen prüft. Zulässig für <mode> sind DEFINER (Anleger der Prozedur) und INVOKER (Aufrufer der Prozedur).

▶ Das DEFAULT SCHEMA wird für Datenbankzugriffe innerhalb der Prozedur verwendet, wenn dort kein explizites Schema angegeben wird.

▶ Eine Datenbankprozedur, die ausschließlich Daten liest, kennzeichnen Sie durch READS SQL DATA. Wenn die Read Only Procedure genau einen Tabellenparameter zurückgibt, können Sie anschließend über WITH RESULT VIEW <view_name> einen View anlegen. In diesem Fall können Sie später über eine SELECT-Anweisung das Ergebnis der Datenbankprozedur abfragen.

▶ Über den Zusatz SEQUENTIAL EXECUTION können Sie die sequenzielle Ausführung der Datenbankprozedur erzwingen (also die Parallelisierung von Datenbankabfragen in SQLScript unterbinden).

Anlage von Tabellentypen

CREATE TYPE Wenn Sie in der Schnittstelle einer Datenbankprozedur Tabellenparameter nutzen möchten, können Sie diese entweder mit Bezug zu Datenbanktabellen oder Tabellentypen definieren. Tabellentypen sind eine Erweiterung des SQL-Standards und Teil des Typsystems der HANA-Datenbank. Von der Idee her ähneln Tabellentypen *Strukturen* des ABAP Dictionarys. Der relevante Befehl ist CREATE TYPE. Die komplette Syntax zeigt Listing 4.7.

```
CREATE TYPE <type_name> AS TABLE (<column_definition>
[{,<column_definition>}...])
```
Listing 4.7 Syntax der Anweisung CREATE TYPE

Auf den Befehl CREATE TYPE folgt zunächst der Name des Tabellentyps <type_name>. Anschließend folgen die einzelnen Spalten. Jeder Tabellentyp hat mindestens eine Spalte. Jede Spaltendefinition <column_definition> besteht aus dem Namen und dem (einfachen) Datentyp der Spalte.

Verwendung von Tabellenvariablen

Tabellenvariablen können entweder Eingabe-/Ausgabeparameter oder lokale Variablen sein. Sie basieren – explizit oder implizit – auf einem Tabellentyp und können mithilfe des Gleichheitszeichens »=« an das Ergebnis einer SQL-Anweisung oder CE-Funktion (siehe nachfolgenden Abschnitt zur Verwendung von CE-Funktionen) gebunden werden. Der Zugriff auf den Inhalt von Tabellenvariablen erfolgt über den um das Präfix »:« ergänzten Variablennamen und analog zum Zugriff auf Datenbanktabellen (weiter unten erläutern wir ein Beispiel).

Wenn Sie einen tabellarischen Eingabe- oder Ausgabeparameter definieren möchten, müssen Sie diesen explizit typisieren. Bei der Zuweisung des Ergebnisses einer SQL-Anweisung oder CE-Funktion an einen tabellarischen Ausgabeparameter prüft das System, ob die beiden typkompatibel sind.

Explizite Typisierung

Eine lokale Tabellenvariable *können* Sie – durch Verwendung der DECLARE-Anweisung – explizit typisieren, *müssen* dieses aber *nicht* tun. Das System leitet den benötigten Tabellentyp bei Bedarf automatisch aus der zugewiesenen SQL-Anweisung oder CE-Funktion ab. Das vereinfacht Ihnen die Programmierung und gibt Ihnen hohe Flexibilität, kann aber zu unnötigen Typkonvertierungen führen.

Implizite Typisierung

Mit dem Beispiel aus Listing 4.8 möchten wir die Verwendung von Tabellenvariablen verdeutlichen. Einige Details (wie z. B. die Einschränkung der Selektion auf einen Mandanten) haben wir im Coding bewusst ausgelassen.

```
CREATE PROCEDURE EXAMPLE_TABLE_VARIABLES (OUT
ET_FLIGHTS TT_FLIGHTS) LANGUAGE SQLSCRIPT SQL SECURITY
INVOKER READ SQL DATA AS
BEGIN
  LT_FLIGHTS = SELECT CARRID, CONNID, FLDATE
                   FROM SFLIGHT;
  ET_FLIGHTS = SELECT * FROM :LT_FLIGHTS;
END;
```

Listing 4.8 Verwendung von Tabellenvariablen

Im Beispiel werden der lokalen Tabellenvariablen LT_FLIGHTS durch eine SELECT-Anweisung die Spalten CARRID, CONNID und FLDATE der Datenbanktabelle SFLIGHT zugewiesen. Die Tabellenvariable LT_FLIGHTS wird dabei vom System implizit typisiert.

Anschließend wird der Tabellenvariablen ET_FLIGHTS, bei der es sich um einen Ausgabeparameter handelt, durch eine zweite SELECT-Anweisung der Inhalt der Tabellenvariablen LT_FLIGHTS zugewiesen. Der Ausgabeparameter ET_FLIGHTS ist explizit typisiert. Er verwendet den Tabellentyp TT_FLIGHTS.

Verwendung von skalaren Variablen

Bei skalaren Variablen kann es sich, analog zu Tabellenvariablen, entweder um Eingabe-/Ausgabeparameter oder lokale Variablen handeln. Sie basieren auf einem einfachen Datentyp. Die Zuweisung von Werten erfolgt über den Zuweisungsoperator »:=«. Der Zugriff auf den Wert skalarer Variablen erfolgt analog zu Tabellenvariablen über den um das Präfix »:« ergänzten Variablennamen.

Typisierung
Eine skalare Variable müssen Sie immer explizit typisieren. Für lokale Variablen verwenden Sie dabei (analog zu lokalen Tabellenvariablen) die DECLARE-Anweisung. Bei der Typisierung können Sie sich auf die von SAP HANA unterstützten SQL-Datentypen beziehen.

Auch die Verwendung skalarer Variablen möchten wir anhand eines einfachen Beispiels verdeutlichen. Dabei lassen wir in Listing 4.9 wiederum einige Details im Coding bewusst aus.

```
CREATE PROCEDURE EXAMPLE_SCALAR_VARIABLES (IN
IV_CUSTOMID NVARCHAR(8) , IN IV_ADDITIONAL_DISCOUNT
INTEGER) LANGUAGE SQLSCRIPT SQL SECURITY INVOKER
READS SQL DATA AS
BEGIN
   DECLARE LV_DISCOUNT INTEGER;
   DECLARE LV_NEW_DISCOUNT INTEGER;

   SELECT TO_INT(DISCOUNT) INTO LV_DISCOUNT
         FROM SCUSTOM WHERE ID = :IV_CUSTOMID;
   LV_NEW_DISCOUNT := :LV_DISCOUNT +
                      :IV_ADDITIONAL_DISCOUNT;
END;
```

Listing 4.9 Verwendung skalarer Variablen

Die im Beispiel verwendete Datenbankprozedur erhöht den Rabatt eines Kunden um einen bestimmten Prozentsatz. Sie verwendet mehrere skalare Variablen. Bei den Variablen IV_CUSTOMID und IV_ADDITIONAL_DISCOUNT handelt es sich um Eingabeparameter. Die Variablen LV_DISCOUNT und LV_NEW_DISCOUNT sind lokale Variablen.

Verwendung imperativer Erweiterungen

Bei Bedarf können Sie in SQLScript auch mit imperativen Sprachelementen arbeiten. In diesem Abschnitt möchten wir diese der Vollständigkeit halber kurz darstellen. Allgemein sollten Sie für imperative Erweiterungen allerdings die Regel befolgen: »So viel wie nötig, so wenig wie möglich«.

SQLScript dient insbesondere der Verlagerung datenintensiver Kalkulationen in die Datenbank. Datenintensive Kalkulationen sollten möglichst parallel von SAP HANA abgearbeitet werden. Wenn Sie mit imperativen Erweiterungen arbeiten, kann das die Parallelisierung unter Umständen verhindern.

Mit Kontrollstrukturen können Sie den Ablauf einer Datenbankprozedur steuern (orchestrieren). SQLScript unterstützt Schleifen und Fallunterscheidungen.

Kontrollstrukturen

Zur Schleifenverarbeitung stehen Ihnen die Anweisungen WHILE... DO... END WHILE und FOR... IN... DO... END FOR zur Verfügung. Um während der Schleifenverarbeitung den aktuellen Schleifendurchgang zu beenden, können Sie die CONTINUE-Anweisung verwenden. Mit der BREAK-Anweisung können Sie eine Schleife komplett verlassen. Fallunterscheidungen können Sie über die Anweisung IF... THEN... ELSEIF... ELSE... END IF abbilden.

Mit der beispielhaften Datenbankprozedur in Listing 4.10 möchten wir die Nutzung von Kontrollstrukturen verdeutlichen.

```
LT_SPFLI = SELECT MANDT, CARRID, CONNID FROM SPFLI
              WHERE MANDT = :IV_MANDT
                AND AIRPFROM = :IV_AIRPFROM
                AND AIRPTO = :IV_AIRPTO;
LV_DAYS := 0;
WHILE LV_DAYS <= IV_MAX_DAYS DO
  ET_FLIGHTS = SELECT P.CARRID, P.CONNID, F.FLDATE
    FROM :LT_SPFLI AS P
    INNER JOIN SFLIGHT AS F ON F.MANDT = P.MANDT AND
    F.CARRID = P.CARRID AND F.CONNID = P.CONNID
    WHERE TO_DATE(F.FLDATE) >=
      ADD_DAYS (TO_DATE(:IV_FLDATE), -1 * :LV_DAYS)
      AND TO_DATE(F.FLDATE) <=
      ADD_DAYS (TO_DATE(:IV_FLDATE), :LV_DAYS);
  SELECT COUNT(*) INTO LV_CONNECTION_FOUND
    FROM :ET_FLIGHTS;
  IF :LV_CONNECTION_FOUND > 0 THEN
```

```
    BREAK;
  ELSE
    LV_DAYS := :LV_DAYS + 1;
  END IF;
END WHILE;
```

Listing 4.10 Kontrollstrukturen in SQLScript

Die Datenbankprozedur ermittelt die verfügbaren Flüge zwischen zwei gegebenen Flughäfen (IV_AIRPFROM und IV_AIRPTO) und zu einem gegebenen Flugdatum (IV_FLDATE). Wenn zu dem gegebenen Flugdatum kein Flug verfügbar ist (und nur dann), versucht die Datenbankprozedur, Flüge am Tag vorher und am Tag nachher zu finden. Ist auch zu diesen Daten kein Flug verfügbar (und nur dann), sucht die Datenbankprozedur zwei Tage vorher und zwei Tage nachher etc. Der Eingabeparameter IV_MAX_DAYS steuert, wie viele Tage früher bzw. später bezogen auf das gegebene Flugdatum ein Flug maximal stattfinden darf. Die Datenbankprozedur nutzt eine WHILE... DO... END WHILE-Schleife, kombiniert mit einer IF... THEN... ELSE... END IF-Fallunterscheidung. Sie verwendet die BREAK-Anweisung, um die Schleife gegebenenfalls frühzeitig zu verlassen.

Cursor-Verarbeitung Ähnlich, wie in Abschnitt 3.2.2 für Open SQL beschrieben, können Sie auch in SQLScript mit *Cursors* arbeiten. Das Beispiel in Listing 4.11 zeigt, wie Sie in SQLScript einen Cursor definieren und anschließend darüber die Daten auslesen.

```
DECLARE CURSOR LT_CONNECTIONS (LV_MANDT NVARCHAR(3),
  LV_CARRID NVARCHAR(3)) FOR
  SELECT CARRID, CONNID FROM SPFLI
  WHERE MANDT = :LV_MANDT AND CARRID = :LV_CARRID;
BEGIN
  FOR LS_CONNECTIONS AS LT_CONNECTIONS(:IV_MANDT,
    :IV_CARRID) DO
    /* DO SOMETHING */
    ...
  END FOR;
END;
```

Listing 4.11 Cursor-Verarbeitung mit SQLScript

Verwenden Sie Cursors nur dann, wenn Sie Verarbeitungslogik nicht anders abbilden können, da Datenbankprozeduren mit Cursors von der HANA-Datenbank nicht gut optimiert werden können.

Mit dynamischem SQL können Sie SQL-Anweisungen zur Laufzeit konstruieren. Dazu stehen Ihnen die Anweisungen `EXEC` und `EXECUTE IMMEDIATE` zur Verfügung.

Dynamisches SQL

Das Beispiel in Listing 4.12 zeigt, wie Sie zur Laufzeit eine `SELECT`-Anweisung konstruieren können, um die Verbindungen einer Fluggesellschaft zu ermitteln (im gegebenen Beispiel wäre die Verwendung von dynamischem SQL nicht zwangsläufig notwendig).

```
EXECUTE IMMEDIATE 'SELECT * FROM SPFLI
  WHERE MANDT = ''' || :IV_MANDT || ''' AND CARRID =
  ''' || :IV_CARRID || ''';
```

Listing 4.12 Dynamisches SQL

Wir raten Ihnen, von der Verwendung von dynamischem SQL möglichst abzusehen. Die Optimierungsmöglichkeiten von dynamischem SQL sind beschränkt. Unter Umständen muss eine Datenbankprozedur, die dynamisches SQL enthält, bei jedem Aufruf neu kompiliert werden. Außerdem birgt dynamisches SQL das Risiko von *SQL Injections*.

Verwendung von CE-Funktionen

In diesem Abschnitt gehen wir der Vollständigkeit halber auf die sogenannten *CE-Funktionen* ein. Sie können CE-Funktionen in Datenbankprozeduren alternativ zu SQL-Anweisungen verwenden. Dies wird von SAP allerdings für die Implementierung von Datenbankprozeduren nicht (mehr) empfohlen. Stattdessen sollten Sie, wo möglich, innerhalb von Datenbankprozeduren immer SQL-Anweisungen nutzen. Wir erläutern daher nur kurz das Prinzip von CE-Funktionen und geben einen Überblick existierender Funktionen.

Damit Sie sich etwas unter CE-Funktionen vorstellen können, betrachten wir eine sehr einfache Datenbankprozedur zur Ermittlung des Umsatzes aller Verbindungen einer Fluggesellschaft. Mit einer SQL-Anweisung implementiert, sieht diese Datenbankprozedur wie in Listing 4.13 aus.

Beispiel zu CE-Funktionen

```
ET_PAYMENTSUM = SELECT CARRID, CONNID, CURRENCY,
  SUM(PAYMENTSUM) AS PAYMENTSUM
  FROM SFLIGHT
```

```
WHERE MANDT = :IV_MANDT AND CARRID = :IV_CARRID
GROUP BY CARRID, CONNID, CURRENCY;
```

Listing 4.13 Implementierung mit SQL-Anweisung

Die SQL-Anweisung selektiert Daten aus der Tabelle SFLIGHT. Sie verwendet eine WHERE-Klausel, um die Selektion auf die übergebene Fluggesellschaft einzuschränken, und die Aggregatfunktion SUM kombiniert mit einem GROUP BY-Ausdruck, um die Umsätze pro Fluggesellschaft, Verbindung und Währung zu summieren.

Mit CE-Funktionen implementiert, sieht die gleiche Datenbankprozedur wie in Listing 4.14 aus:

```
LT_SFLIGHT = CE_COLUMN_TABLE("SFLIGHT");
LT_SFLIGHT_PROJECTION = CE_PROJECTION(:LT_SFLIGHT,
  ["MANDT", "CARRID", "CONNID", "CURRENCY",
  "PAYMENTSUM"], '"MANDT" = '':IV_MANDT'' AND
  "CARRID" = '':IV_CARRID'' ');
LT_SFLIGHT_AGGREGATION = CE_AGGREGATION(
  :LT_SFLIGHT_PROJECTION, [SUM("PAYMENTSUM") AS
  "PAYMENTSUM"], ["CARRID", "CONNID", "CURRENCY"]);
ET_PAYMENTSUM = CE_PROJECTION(:LT_SFLIGHT_AGGREGATION,
  ["CARRID", "CONNID", "CURRENCY", "PAYMENTSUM"]);
```

Listing 4.14 Implementierung mit CE-Funktionen

Die Datenbankprozedur verwendet verschiedene CE-Funktionen, die jeweils über eine Tabellenvariable miteinander verknüpft werden:

1. Zunächst bindet sie durch die CE-Funktion CE_COLUMN_TABLE die Tabellenvariable LT_SFLIGHT an die Datenbanktabelle SFLIGHT.

2. Anschließend verwendet die Datenbankprozedur die CE-Funktion CE_PROJECTION, um die Selektion auf die Spalten MANDT, CARRID, CONNID und CURRENCY sowie die Verbindungen der übergebenen Fluggesellschaft einzuschränken. Als Eingabe dient dabei die im ersten Schritt gebundene Tabellenvariable LT_SFLIGHT, als Ausgabe die Tabellenvariable LT_SFLIGHT_PROJECTION.

3. Die CE-Funktion CE_AGGREGATION summiert die Umsätze pro Fluggesellschaft, Verbindung und Währung. Die Tabellenvariable LT_SFLIGHT_PROJECTION dient dabei als Eingabe, die Tabellenvariable LT_SFLIGHT_AGGREGATION als Ausgabe.

4. Im letzten Schritt führt die Datenbankprozedur nochmals eine Projektion mittels der CE-Funktion CE_PROJECTION durch. Diese Projektion ist notwendig, da die Reihenfolge der Spalten der Tabellenvariablen LT_SFLIGHT_AGGREGATION (bedingt durch die Arbeitsweise der CE-Funktion CE_AGGREGATION) nicht der Reihenfolge der Spalten des Ausgabeparameters ET_PAYMENTSUM entspricht.

CE-Funktionen sind direkt in der Calculation Engine implementiert. Sie lassen sich in *Zugriffsfunktionen*, *relationale Funktionen* und *sonstige* Funktionen unterteilen.

Durch Zugriffsfunktionen können Sie Tabellenvariablen an eine Datenbanktabelle oder Datensicht binden. Zu den Zugriffsfunktionen gehören: CE_COLUMN_TABLE, CE_JOIN_VIEW, CE_OLAP_VIEW und CE_CALC_VIEW.

Relationale Funktionen stellen Ihnen typische Operationen der relationalen Algebra zur Verfügung. Sie arbeiten auf Tabellenvariablen, die Sie zuvor z. B. mithilfe der Zugriffsfunktionen gebunden haben. SAP HANA stellt Ihnen aktuell die folgenden Zugriffsfunktionen zur Verfügung: CE_JOIN, CE_PROJECTION, CE_AGGREGATION, CE_UNION_ALL, CE_CALC.

Neben den Zugriffsfunktionen und relationalen Funktionen stellt Ihnen die Calculation Engine momentan drei weitere (sonstige) CE-Funktionen zur Verfügung: CE_VERTICAL_UNION, CE_CONVERSION und TRACE:

▶ Mit der CE-Funktion CE_VERTICAL_UNION können Sie Spalten mehrerer Tabellenvariablen aneinanderhängen (z. B. wenn diese nicht über einen *Join* verknüpft werden können). Bei Bedarf können Sie Spalten umbenennen. Beachten Sie unbedingt die Sortierung der verwendeten Tabellenvariablen. Andernfalls erhalten Sie unter Umständen unerwartete Ergebnisse.

▶ Die CE-Funktion CE_CONVERSION erlaubt Ihnen, Mengen- und Währungsumrechnungen durchzuführen.

▶ Zum Erstellen von Traces können Sie die Funktion TRACE nutzen. Verwenden Sie diese nicht in produktivem Code.

Weiterführende Informationen zu CE-Funktionen finden Sie bei Bedarf in der *SAP HANA SQLScript Reference*.

Verfügbare CE-Funktionen

4.3 Datenbankprozeduren

In diesem Abschnitt werden wir Ihnen erläutern, wie Sie Datenbankprozeduren im SAP HANA Studio mittels SQLScript implementieren können.

Datenbank-
prozeduren
implementieren

Nachdem Sie in Abschnitt 4.2, »SQLScript«, erfahren haben, welche Befehle Ihnen die HANA-Datenbank zur Anlage von Datenbankprozeduren zur Verfügung stellt und wie Sie SQLScript innerhalb von Prozeduren verwenden können, werden wir nun im Detail beschreiben, wie Sie eine Datenbankprozedur im SAP HANA Studio implementieren.

Perspektive
»SAP HANA
Development«

Wir verwenden hierzu die Perspektive SAP HANA DEVELOPMENT. Auf die alternative Nutzung der MODELER-Perspektive oder die Verwendung der *SAP HANA Web Workbench* gehen wir nicht ein, da Sie als ABAP-Entwickler vermutlich Datenbankprozeduren in den meisten Fällen (zumindest ab dem Release 7.4) aus ABAP heraus anlegen werden. Das Anlegen von Datenbankprozeduren aus ABAP heraus beschreiben wir in Kapitel 6, »Erweiterte Datenbankprogrammierung mit ABAP 7.4«.

Die Perspektive SAP HANA DEVELOPMENT nutzen Sie insbesondere, wenn Sie auf Basis der *SAP HANA Extended Application Services* Anwendungen bauen (siehe Abschnitt 1.1.4, »SAP HANA XS«). Wenn Sie in der Perspektive SAP HANA DEVELOPMENT eine Datenbankprozedur anlegen, legt das System diese – wie bei Verwendung der MODELER-Perspektive – im *SAP HANA Repository* ab und erzeugt bei der Aktivierung entsprechende Laufzeitobjekte für die Prozedur im Datenbankkatalog.

Wir beschreiben nun Schritt für Schritt, wie Sie eine Read Only Procedure `DETERMINE_CONNECTION_UTILIZATION` erstellen und anschließend testen. Die Datenbankprozedur soll pro Flugverbindung die prozentuale Auslastung ermitteln. Sie hat die folgenden Eingabe- und Ausgabeparameter:

- Eingabeparameter `IV_MANDT` (Mandant) vom SQL-Datentyp `NVARCHAR(3)`
- Eingabeparameter `IV_CARRID` (Fluggesellschaft) vom SQL-Datentyp `NVARCHAR(3)`
- Ausgabeparameter `ET_UTILIZATION`

Der Ausgabeparameter `ET_UTILIZATION` ist ein Tabellenparameter, der aus folgenden Spalten besteht:

▸ `CARRID` (Fluggesellschaft) vom SQL-Datentyp `NVARCHAR(3)`

▸ `CONNID` (Flugverbindung) vom SQL-Datentyp `NVARCHAR(4)`

▸ `UTILIZATION` (Auslastung) vom SQL-Datentyp `DECIMAL(5,2)`

Zur Anlage der Datenbankprozedur benötigen Sie ein *XS Project* und einen *Repository Workspace*. Im ersten Schritt legen Sie jetzt beide an:

Projekt und Repository Workspace anlegen

1. Öffnen Sie dazu die Perspektive SAP HANA DEVELOPMENT, und navigieren Sie zur Ansicht PROJECT EXPLORER.

2. Legen Sie über den Menüpfad FILE • NEW • OTHER... ein XS Project an.

3. Es erscheint ein Dialogfenster NEW XS PROJECT (siehe Abbildung 4.4). Dort geben Sie einen Projektnamen (PROJECT NAME) ein, z. B. `chapter04`. Anschließend drücken Sie den Button NEXT.

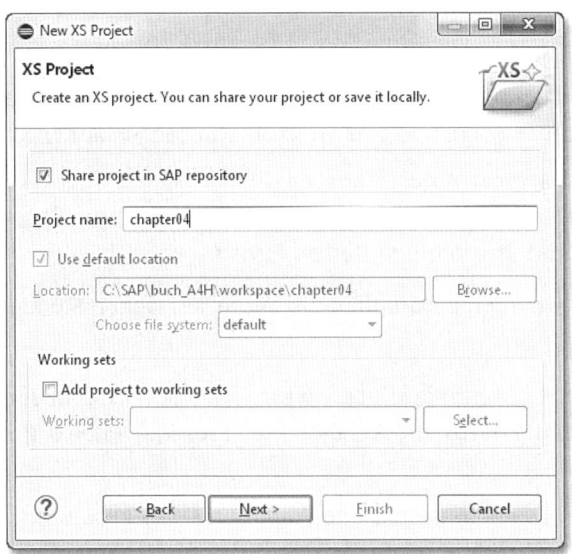

Abbildung 4.4 Anlage eines XS Project

4. Im nächsten Dialogschritt drücken Sie den Button ADD WORKSPACE...

5. Es erscheint das Dialogfenster CREATE NEW REPOSITORY WORKSPACE (siehe Abbildung 4.5). Wählen Sie ein SAP-HANA-System

aus, und selektieren Sie die Checkbox USE DEFAULT WORKSPACE. Anschließend drücken Sie den Button FINISH.

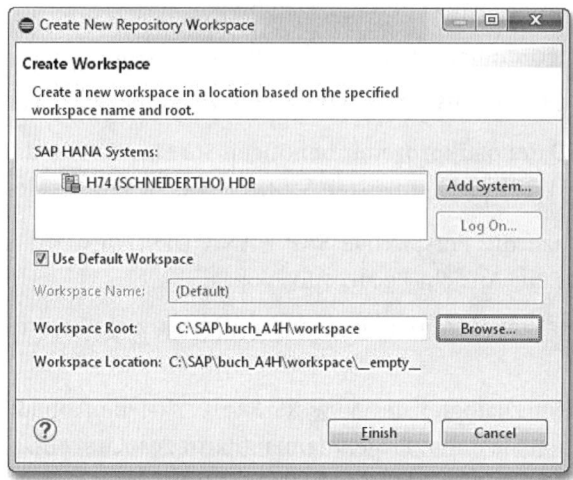

Abbildung 4.5 Anlage eines Repository Workspace

6. Zurück im Dialogfenster NEW XS PROJECT geben Sie ein Paket ein (im Beispiel das Paket `test.a4h.book`) und selektieren die Checkbox ADD PROJECT FOLDER AS SUBPACKAGE. Klicken Sie auf NEXT.

7. Im letzten Dialogschritt deselektieren Sie die beiden Checkboxen XS APPLICATION ACCESS (.XSACCESS) und XS APPLICATION DESCRIPTOR (.XSAPP) und drücken den Button FINISH.

Datenbank-prozedur anlegen Als Nächstes legen Sie die Datenbankprozedur an. Gehen Sie hierzu folgendermaßen vor:

1. Wählen Sie den Menüpfad FILE • NEW • OTHER... Anschließend wählen Sie den Wizard zur Anlage einer Prozedur (*Stored Procedure*) aus.

2. Im folgenden Dialogfenster (siehe Abbildung 4.6) geben Sie den Namen der Prozedur (FILE NAME) und das Zielschema (TARGET SCHEMA) ein. Im Beispiel ist der Name `DETERMINE_CONNECTION_UTILIZATION`. Das Zielschema ist `_SYS_BIC`.

3. Wählen Sie außerdem das Dateiformat (FILE FORMAT). Als Dateiformate stehen TEXT und XML zur Verfügung. In der Regel sollten Sie das TEXT-Dateiformat nutzen, da XML veraltet ist und nicht mehr verwendet werden sollte. Allerdings wird das TEXT-Dateiformat bei der Nutzung von *Database Procedure Proxies* (siehe

Abschnitt 5.2, »Einbettung von nativen Prozeduren in ABAP«)
nicht unterstützt, so dass Sie bei der Nutzung von Database Procedure Proxies keine Wahl haben. Beenden Sie den Dialog, indem
Sie den Button FINISH drücken.

Abbildung 4.6 Anlegen einer Datenbankprozedur

4. Nun öffnet sich der Editor zur Bearbeitung der Datenbankprozedur. Geben Sie dort den Quelltext der Prozedur ein (für unser Beispiel finden Sie den kompletten Quelltext in Listing 4.15). Passen
Sie bei Bedarf das Default-Schema an.

5. Übernehmen Sie den Quelltext, und aktivieren Sie anschließend
die Datenbankprozedur.

```
PROCEDURE "_SYS_BIC"."test.a4h.book.chapter04:
:DETERMINE_CONNECTION_UTILIZATION"
( IN IV_MANDT NVARCHAR(3), IN IV_CARRID NVARCHAR(3),
  OUT ET_UTILIZATION TABLE (
    CARRID NVARCHAR(3),
    CONNID NVARCHAR(4),
    UTILIZATION DECIMAL(5,2) )
)
  LANGUAGE SQLSCRIPT
  SQL SECURITY INVOKER
  DEFAULT SCHEMA "SAPH74"
```

```
   READS SQL DATA AS
BEGIN
   ET_UTILIZATION = SELECT CARRID, CONNID,
   AVG(TO_DECIMAL(SEATSOCC + SEATSOCC_B + SEATSOCC_F) /
   TO_DECIMAL(SEATSMAX + SEATSMAX_B + SEATSMAX_F) * 100)
   AS UTILIZATION FROM SFLIGHT
   WHERE MANDT = :IV_MANDT
      AND CARRID = :IV_CARRID
   GROUP BY CARRID, CONNID;
END;
```

Listing 4.15 Coding der Beispielprozedur

Datenbank-
prozedur testen

Das System legt die Datenbankprozedur im SAP HANA Repository und als Laufzeitobjekt im Datenbankkatalog (im Beispiel innerhalb des Schemas _SYS_BIC) ab. Sie können die Anlage des Laufzeitobjekts, wie in Abschnitt 2.4.3, »SAP HANA Studio«, beschrieben, nachprüfen.

Zum Testen der Datenbankprozedur können Sie die SQL-Konsole verwenden (auch zur SQL-Konsole finden Sie weitergehende Informationen in Abschnitt 2.4.3, »SAP HANA Studio«):

1. Öffnen Sie die SQL-Konsole (z. B., indem Sie innerhalb der Ansicht PROJECT EXPLORER das Kontextmenü auf dem Knoten SAP HANA SYSTEM LIBRARY verwenden).

2. Rufen Sie die Datenbankprozedur über die CALL-Anweisung auf. Abbildung 4.7 zeigt das Ergebnis.

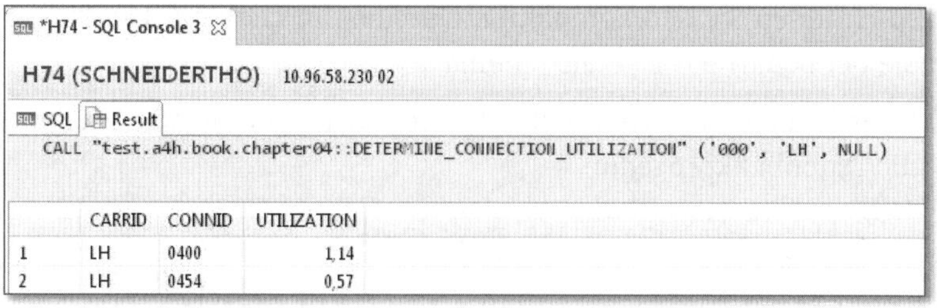

Abbildung 4.7 Testen einer Datenbankprozedur

Damit sind wir am Ende dieses Abschnitts angekommen. Weiterführende Informationen, z. B. zum Debuggen von Datenbankprozeduren, finden Sie im *SAP HANA Developer Guide (for SAP HANA Studio)*.

4.4 Analytische Modelle

In diesem Abschnitt beschäftigen wir uns mit modellierten Datensichten (*Views*), die zu Analysezwecken genutzt werden können. Vielleicht fragen Sie sich, wieso gerade dieses Thema eine so große Rolle bei SAP HANA spielt. Lassen Sie uns kurz ausholen und das zugrunde liegende Konzept erklären.

Geschäftsdaten einer Domäne werden (meist in einer normalisierten Form) in einem Satz von über Fremdschlüsselbeziehungen verbundenen Datenbanktabellen abgelegt (einem sogenannten *Entity-Relationship-Modell*). Dieses Datenmodell erlaubt ein effizientes und einfaches Anlegen und Auslesen von Einzelsätzen. Sobald aber Datenzugriffe dynamischer und komplexer werden oder gewisse Formen von Auswertungen oder Prüfungen gemacht werden sollen, ist eine Transformation der Daten notwendig.

Für diese Transformation hat sich in der Vergangenheit vor allem folgendes Muster entwickelt: Es werden zunächst Daten von der Datenbank gelesen, anschließend werden über ein Programm Berechnungen durchgeführt, und schließlich wird das Ergebnis wieder in der Datenbank gespeichert. Man spricht dabei von *Materialisierung* der transformierten Daten.

Ein einfaches Beispiel ist die Materialisierung von Summenberechnungen in einer speziellen Spalte oder *Summentabelle*. Auch die Datenstrukturen eines *Business-Intelligence-Systems*, in dem die ursprünglichen Daten in eine für Analysezwecke effizientere Form (Sternschema) gebracht werden, folgen im Prinzip diesem Muster. Die Hauptmotivation für diese Materialisierung war dabei stets Performance, da es in der Vergangenheit keine Möglichkeit gab, die Transformationen bei einer Anfrage eines Anwenders zur Laufzeit *on the fly* durchzuführen. Der Preis für die verbesserte Performance waren dabei jedoch eine erhöhte Komplexität und der Verlust von Echtzeitqualitäten, da die verschiedenen Datenstrukturen synchronisiert werden müssen, was in der Regel mit einem Zeitversatz geschieht. Es ist eines der zentralen Versprechen von SAP HANA, dass Sie in vielen Szenarien auf diese Redundanz verzichten können. Technisch bedeutet das, dass Sie die Transformationen direkt auf den Originaldaten in Echtzeit durchführen können. Datensichten sind dabei ein wesentliches Element, um Transformationen für Lesezugriffe auszudrücken, und SAP HANA bietet über analytische Modelle hier ein mächtiges und einfach zu verwendendes Werkzeug.

Referenzbeispiel für dieses Kapitel

Im Rahmen dieses Abschnitts werden wir, basierend auf dem SFLIGHT-Datenmodell, relativ einfache Analysen von Flugbuchungen und der Sitzplatzauslastung von Flügen erstellen. Dabei sollen neben einigen Stammdaten einer Flugverbindung (Fluggesellschaft, Abflug- und Zielort) pro Quartal gewisse statistische Informationen zu Sitzplatzauslastung, Einnahmen und Reisegepäck ausgewiesen werden. Für die Realisierung werden wir die verschiedenen Modellierungsoptionen von SAP HANA verwenden und Ihnen deren Eigenschaften und Einsatzgebiete vorstellen.

View-Typen

Wir gehen dabei auf folgende Arten von Column Views ein:

- *Attribute Views* zur Definition von Sichten auf Stammdaten (siehe Abschnitt 4.4.1). Wir stellen Ihnen die verschiedenen Möglichkeiten zum Join von Tabellen vor und erklären, wie Sie berechnete Attribute in eine Sicht aufnehmen können.

- *Analytic Views* erlauben Berechnungen und Analysen auf Bewegungsdaten, basierend auf einem Sternschema (siehe Abschnitt 4.4.2). Wir erklären Ihnen, wie Sie einfache und berechnete Kennzahlen definieren und Dimensionen hinzufügen. Als Spezialfälle von berechneten Kennzahlen werden Sie Währungsumrechnungen und Einheitenkonvertierungen kennenlernen.

- *Calculation Views* erlauben eine freie Kombination von Views und elementaren Operationen auf Daten (siehe Abschnitt 4.4.3). Wir stellen Ihnen sowohl die Modellierung als auch die Implementierung von Calculation Views mit SQLScript vor.

In diesem Kapitel zeigen wir Ihnen zunächst, wie Sie diese Views im SAP HANA Studio definieren und testen können. Auf den Zugriff aus ABAP-Programmen gehen wir in Kapitel 5, »Einbindung nativer SAP-HANA-Entwicklungsobjekte in ABAP«, ein.

4.4.1 Attribute Views

Attributsichten (*Attribute Views*) bestehen aus einer Menge von Feldern (Spalten) aus Datenbanktabellen, die durch Fremdschlüsselbeziehungen in Relation stehen. Darüber hinaus bieten Attribute Views Möglichkeiten zur Definition von berechneten Spalten und hierarchischen Beziehungen zwischen einzelnen Feldern (z. B. Vater-Kind-

Beziehung). Sie sind vor allem als Bauteile anderer View-Typen, insbesondere als *Dimensionen* von analytischen Sichten (siehe Abschnitt 4.4.2, »Analytic Views«) oder allgemeiner als *Knoten* in berechneten Sichten (siehe Abschnitt 4.4.3, »Calculation Views«) von Bedeutung.

Um die verschiedenen funktionalen Aspekte von Attribute Views zu demonstrieren, bauen wir in diesem Abschnitt mehrere solcher Views, da nicht alle Funktionen für beliebige Tabellen möglich bzw. sinnvoll sind. Damit Sie nicht den Überblick verlieren, sind in Tabelle 4.4 die in den Beispielen dieses Abschnitts vorkommenden Views mit Namen und Beschreibungen aufgeführt.

Referenzbeispiele für diesen Abschnitt

Spalte	Beschreibung	Funktionalität
AT_PASSENGER	einfache Sicht auf die Tabelle SCUSTOM (Passagierdaten)	erstes einfaches Beispiel
AT_FLIGHT	Flugdaten, angereichert mit Informationen aus dem Flugplan und zu Fluggesellschaften	verschiedene Join-Typen, berechnete Felder und Hierarchien
AT_TIME_GREG	reine Zeithierarchie (Jahr, Quartal, Kalenderwoche)	Attribute View des Typs TIME

Tabelle 4.4 Attribute-View-Beispiele in diesem Abschnitt

Die Views AT_FLIGHT, AT_PASSENGER und AT_TIME_GREG werden wir in Abschnitt 4.4.2, »Analytic Views«, weiterverwenden.

Grundlagen

Bevor wir Ihnen die Modellierung von Attribute Views vorstellen, gehen wir kurz auf die wesentlichen Konzepte und Begriffe ein. Einen Attribute View kann man alternativ auch als *Join View* bezeichnen, da er es erlaubt, eine Sicht auf Daten aus mehreren Tabellen zu erstellen, die über verschiedene Arten von Joins zueinander in Beziehung gesetzt werden. Da Joins bei Attribute Views die Hauptrolle spielen, werden die Zugriffe auf Attribute Views von der *Join Engine* in SAP HANA bearbeitet.

Join Engine

Bei der Modellierung von Attribute Views werden folgende Begriffe unterschieden:

Wichtige Begriffe

- *Attribute* bezeichnen die Spalten des Attribute Views. Dabei können Sie Spalten aus einer oder mehreren physischen Tabellen auswählen oder zusätzlich berechnete Spalten definieren.

► *Schlüsselfelder* (Key Attributes) sind jene Attribute des Views, die einen Eintrag eindeutig spezifizieren und für die Verwendung als Dimensionen von Analytic Views eine Rolle spielen (siehe Abschnitt 4.4.2, »Analytic Views«).

► *Filter* sind Einschränkungen auf den Werten einer Spalte, analog zu einer WHERE-Bedingung bei einer SELECT-Anweisung.

► *Hierarchien* sind Relationen auf den Attributen, wie etwa eine Vater-Kind-Beziehung (siehe den Abschnitt »Hierarchien« in Abschnitt 4.4.1).

[»] **Spezielle Join-Varianten**

Neben den in Abschnitt 4.1.2, »SQL-Standard und HANA-spezifische Erweiterungen«, vorgestellten Standard-Joins werden bei der Modellierung von Attribute Views in SAP HANA zwei weitere spezielle Join-Typen verwendet:

► *Referential Joins* sind eine spezielle Art der Bestimmung eines Inner Joins, wobei implizit *referenzielle Integrität* angenommen wird, was Vorteile bezüglich des Laufzeitverhaltens bringt. Wenn also kein Feld aus der rechten Tabelle angefragt wird, wird bei einem Referential Join nicht überprüft, ob es überhaupt einen passenden Eintrag gibt. Es wird angenommen, dass die Daten konsistent sind. Der Referential Join ist in vielen Fällen ein sinnvoller Standard bei der Definition von Joins in Attribute Views.

► *Text Joins* bieten die Möglichkeit, sprachabhängige Texte aus einer anderen Tabelle zuzulesen. Dabei müssen Sie in der Texttabelle die Spalte mit dem Sprachenschlüssel ausweisen, und zur Laufzeit wird basierend auf dem Kontext auf die richtige Sprache gefiltert.

Attribute Views anlegen

Attribute Views können Sie über die in Abschnitt 2.4.3, »SAP HANA Studio«, vorgestellte Perspektive MODELER im SAP HANA Studio definieren. Um einen View anzulegen, wählen Sie im Kontextmenü eines Pakets im CONTENT-Knoten NEW • ATTRIBUTE VIEW. Zunächst müssen Sie im in Abbildung 4.8 gezeigten Dialog einen Namen und eine Beschreibung auswählen.

Sie können in dem Dialog auch einen Attribute View als Kopie eines bereits existierenden Views anlegen. Die Auswahloption SUBTYPE erlaubt die Erstellung spezieller Arten von Attribute Views, z. B. für Zeithierarchien, auf die wir im Abschnitt »Attributsichten für Zeit« in

Abschnitt 4.4.1 eingehen. Nach einem Klick auf den Button Finish wird der Attribute View angelegt und der Editor für die Modellierung geöffnet.

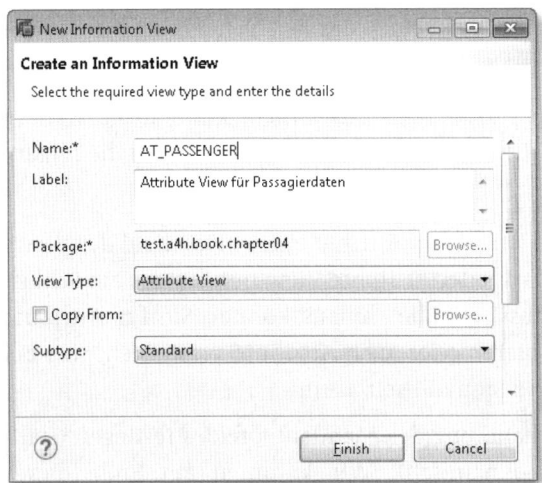

Abbildung 4.8 Anlegen eines Attribute Views

Der Editor für die Definition eines Attribute Views besteht aus zwei Bereichen: Data Foundation und Semantics. Diese sind im Editor als Kästen in dem Bereich Scenario auf der linken Seite repräsentiert (siehe Abbildung 4.9).

Modellierungs-editor

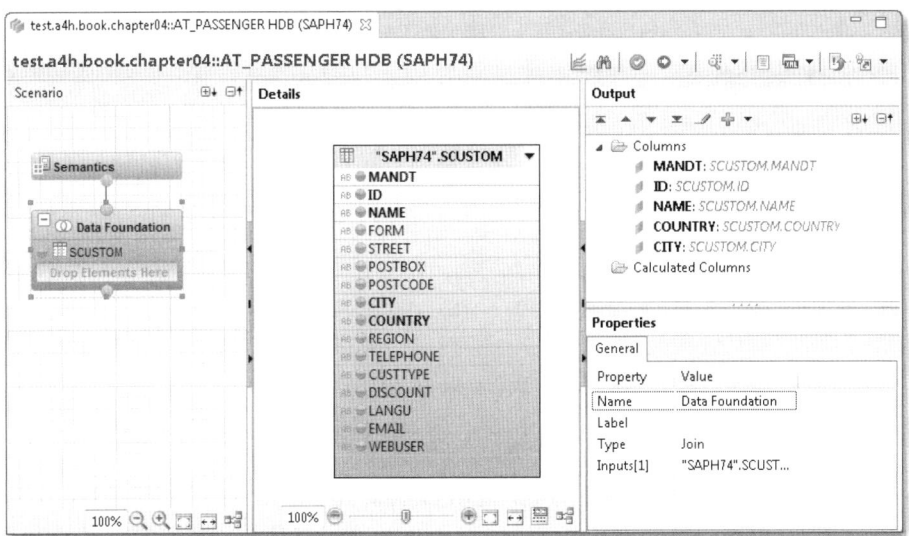

Abbildung 4.9 Definition der »Data Foundation«

Durch Selektion des jeweiligen Knotens wechseln Sie zwischen der Definition der Datenbasis (DATA FOUNDATION) und der semantischen Konfiguration (SEMANTICS). In der DATA FOUNDATION fügen Sie Tabellen hinzu, definieren die Joins und fügen die Attribute hinzu. In Abbildung 4.9 sehen Sie ein einfaches Beispiel, das auf der Tabelle (SCUSTOM) basiert.

Metadaten definieren

Wenn Sie den Knoten SEMANTICS auswählen, können Sie weitere Metadaten für den Attribute View pflegen. Dazu gehören die folgenden Angaben:

▶ Sie können auswählen, ob ein Attribut ein Schlüsselfeld des Views ist. Beachten Sie, dass jeder Attribute View mindestens ein Schlüsselfeld besitzen muss. Darüber hinaus können Sie für Attribute Texte (*Labels*) definieren oder auch Attribute verstecken, was bei berechneten Feldern sinnvoll sein kann.

▶ Sie können die Behandlung des Mandantenfeldes festlegen (statischer Wert oder dynamisch). Wir kommen am Ende dieses Abschnitts auf die Details der Mandantenbehandlung zurück.

▶ Sie können Hierarchien definieren.

Der Aufbau des Bereichs SEMANTICS ist in Abbildung 4.10 zu sehen.

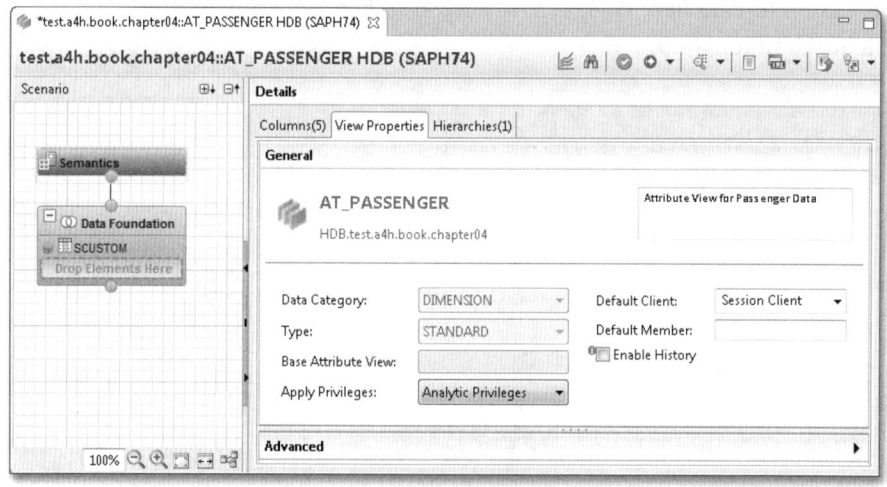

Abbildung 4.10 Weitere semantische Konfiguration des Attribute Views

Die selektierten Spalten aus der Tabelle SCUSTOM sind als Schlüsselfelder ausgezeichnet. Wie in Abschnitt 2.4.3, »SAP HANA Studio«, beschrieben, müssen Sie den Attribute View nun speichern und aktivieren, um ihn verwenden zu können.

Falls Sie bei der Modellierung einen Fehler gemacht haben, wird ein Aktivierungsfehler ausgegeben. Typische Fehler sind das Fehlen von Schlüsselfeldern, ungültige Joins oder Fehler bei der Definition von berechneten Feldern. In Abbildung 4.11 ist ein Beispiel dargestellt. Nicht in allen Fällen ist die Ursache eines Fehlers so offensichtlich.

Aktivierungsfehler

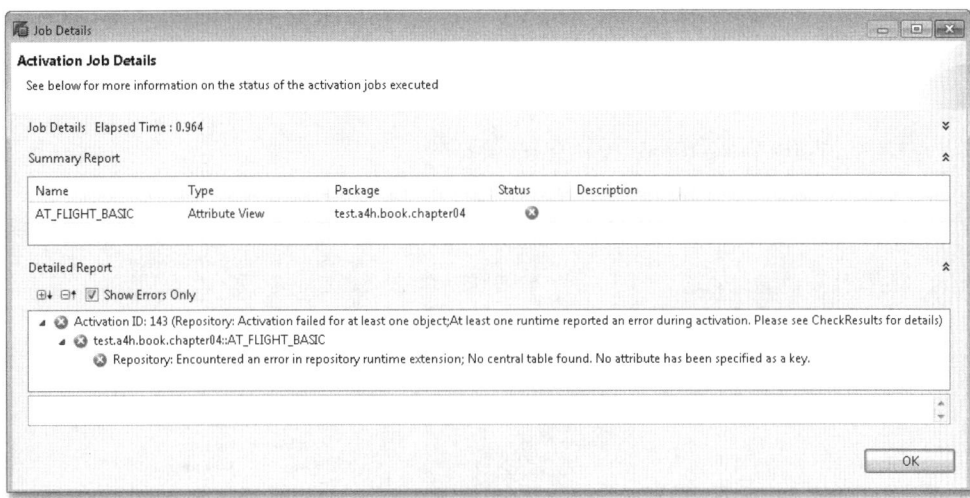

Abbildung 4.11 Beispiel für einen Aktivierungsfehler

Falls die verwendeten Tabellen mandantenabhängig sind, können Sie konfigurieren, ob der Mandant entweder basierend auf dem aktuellen Kontext in die Filterbedingung eingehen soll (Session Client) oder nicht (Cross-client). Alternativ können Sie auch einen statischen Wert für den Mandanten angeben. Wir werden Ihnen in Abschnitt 5.1.4, »Empfehlungen«, Tipps für die Verwendung geben.

Mandantenbehandlung

Bestimmung des Mandanten	**[«]**

Für jede Datenbankverbindung gibt es einen sogenannten *Session-Kontext*, der gewisse Eigenschaften der aktuellen Verbindung speichert. Dazu gehört insbesondere der aktuelle Mandant, der im Fall einer Verbindung durch den SAP NetWeaver AS ABAP von der DBSL gesetzt wird. Beim Data Preview oder einer Verbindung über die SQL-Konsole im SAP HANA Studio hängt der Mandant an den Benutzereinstellungen. Sie können dort für einen Benutzer einen Standardmandanten angeben. Falls dort kein Mandant angegeben ist, gibt es keinen Mandantenkontext, und bei einem Data Preview sehen Sie alle Daten (mandantenübergreifend).

View SFLIGHTS als
Attribute View

Nach diesem ersten einfachen Beispiel wollen wir jetzt einen etwas komplexeren Attribute View definieren. Dazu möchten wir den View SFLIGHTS aus dem ABAP Dictionary, den Sie in Abschnitt 3.2.3, »Datenbank-Views im ABAP Dictionary«, schon kennengelernt haben, als Attribute View definieren. Wir legen dazu einen neuen Attribute View AT_FLIGHT an und fügen in der DATA FOUNDATION die Tabelle SFLIGHT hinzu. Weitere Tabellen können Sie entweder manuell auswählen oder sich basierend auf den im ABAP Dictionary gepflegten Metadaten vorschlagen lassen. Selektieren Sie dazu die Tabelle, und wählen Sie im Kontextmenü den Eintrag PROPOSE TABLES. Daraufhin öffnet sich der Auswahldialog aus Abbildung 4.12.

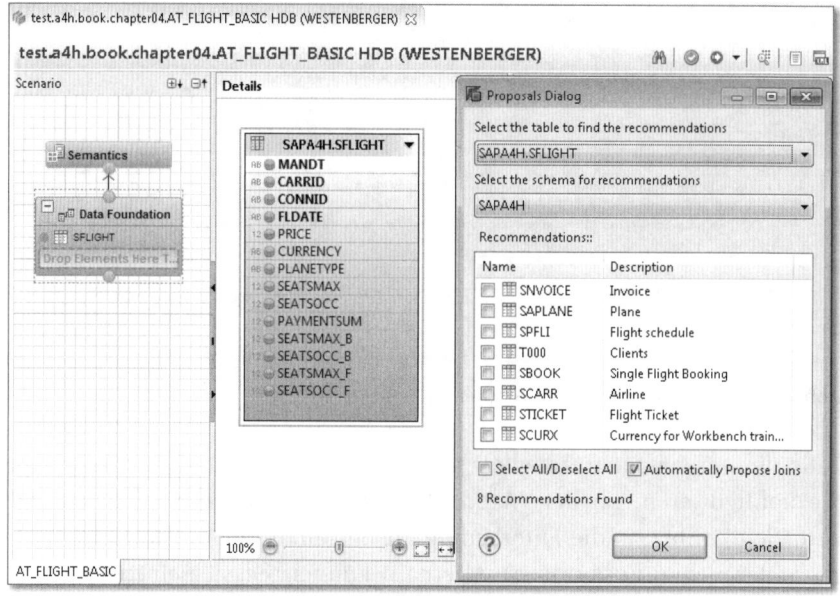

Abbildung 4.12 Vorschlagswerte für die Definition von Joins

Tabellen
auswählen und
Joins definieren

Um den View SFLIGHTS nachzubauen, nehmen wir die Tabellen SCARR und SPFLI hinzu und definieren die Joins, wie in Abbildung 4.13 dargestellt. Um einen neuen Join zu definieren, ziehen Sie mit festgehaltener Maustaste einfach eine Verbindungslinie zwischen den korrespondierenden Attributen aus zwei Tabellen. Um die Eigenschaften eines Joins zu definieren, müssen Sie ihn zunächst selektieren und können anschließend die Konfiguration über den Bereich PROPERTIES vornehmen (JOIN TYPE, CARDINALITY). Wir verwenden für unser Beispiel den Referential Join und wählen »n:1« als Kardinalität.

> **Attribute Views unterstützen nur Equi-Joins** [«]
>
> Bei der Formulierung einer Join-Bedingung ist es in SQL möglich, neben einer Überprüfung der Gleichheit von Spalten (*Equi-Join*) auch andere Ausdrücke zu verwenden (z. B. $<$, $>$), wie im folgenden Beispiel:
>
> ```
> SELECT ... FROM ... [
> INNER|OUTER] JOIN ... ON col1 < col2 ...
> ```
>
> Attribute Views unterstützen allerdings nur Equi-Joins.

Danach fügen Sie die gewünschten Attribute aus den Tabellen über das Kontextmenü der Ausgabestruktur des Views hinzu. Die ausgewählten Attribute werden anschließend hervorgehoben und erscheinen im Bereich OUTPUT auf der rechten Seite des Editors.

Attribute hinzufügen

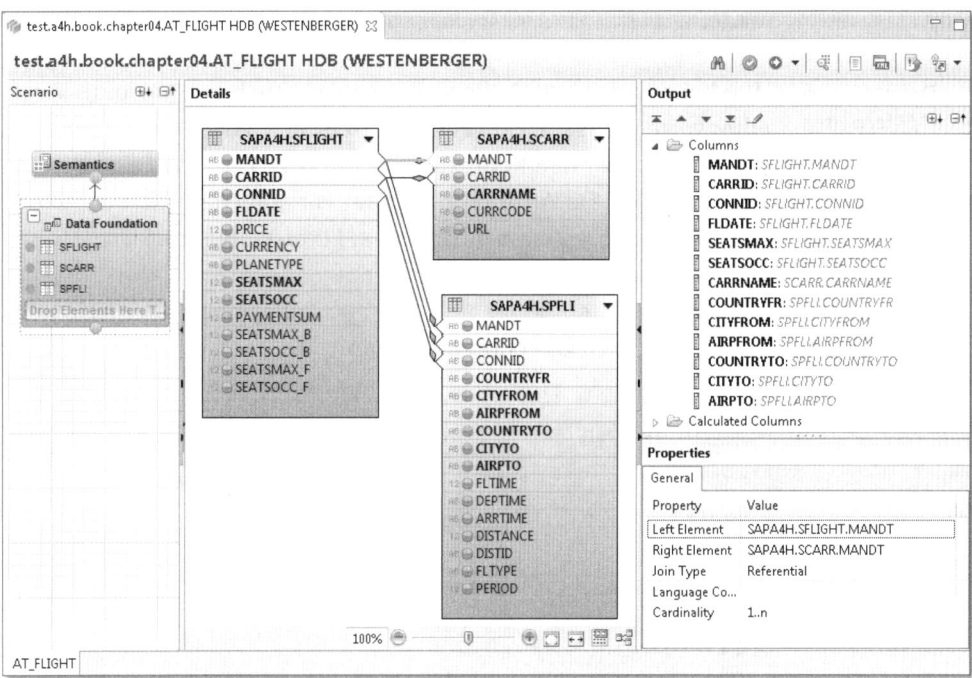

Abbildung 4.13 Attribute View analog zum DDIC View SFLIGHTS

Wir wählen die Spalten MANDT, CARRID, CONNID und FLDATE als Schlüsselfelder und aktivieren danach den View. Das Ergebnis liefert für jeden Flug den Namen der Fluggesellschaft und Informationen zu Abflugort und Zielort (siehe Abbildung 4.14).

View aktivieren

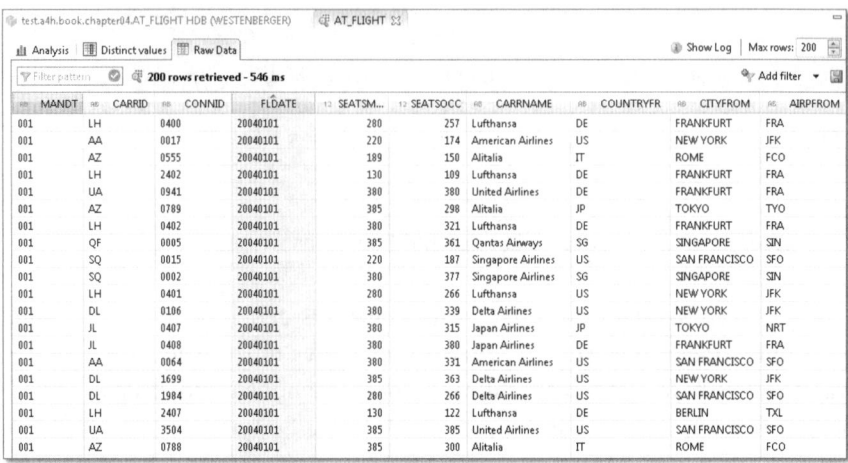

Abbildung 4.14 Resultat des Attribute Views

Definition von
Filterwerten Wie bei normalen SQL Views können Sie auch bei Attribute Views Filterwerte für Spalten angeben. Dazu öffnen Sie für ein Attribut den Filterdialog über den Kontextmenüeintrag APPLY FILTER und definieren den Filter. Ein Attribut mit einem vorhandenen Filter ist, wie in Abbildung 4.15 erkennbar, durch ein Filtersymbol markiert. Als Beispiel definieren wir einen Filter auf das Attribut PLANETYPE mit Gleichheit zu dem Wert »A330-300«. Sie können alternativ auch andere Vergleichsoperatoren ausprobieren.

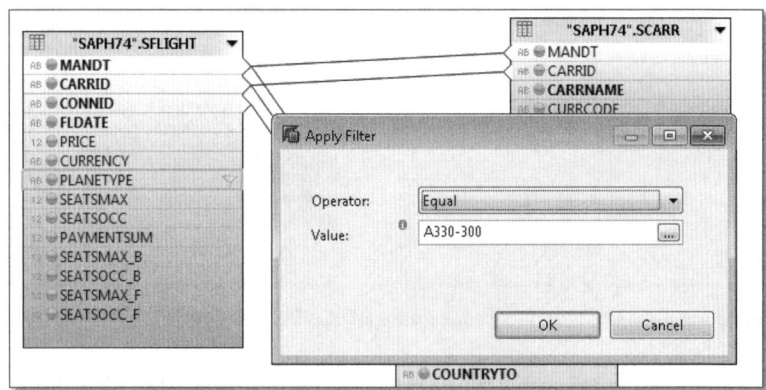

Abbildung 4.15 Filter für ein Attribut

Berechnete Felder

Virtuelle Attribute Nachdem Sie im vorangegangenen Abschnitt gesehen haben, wie Sie über einen Attribute View Daten aus verschiedenen Tabellen unter

Verwendung verschiedener Join-Typen lesen können, wollen wir nun einen Schritt weiter gehen und Spalten des Views dynamisch berechnen lassen. Die Möglichkeit im SAP HANA Studio, solche *virtuellen Attribute*, d. h. Attribute, die nicht direkt zu einer Spalte einer der physischen Tabellen gehören, zu definieren, erlaubt im Vergleich zu klassischen ABAP-Dictionary-Views neue Szenarien. In Kapitel 6, »Erweiterte Datenbankprogrammierung mit ABAP 7.4«, werden Sie die neuen CDS-Views in ABAP kennenlernen, die diese Möglichkeit ebenfalls anbieten.

Wir wollen dem Attribute View AT_FLIGHT aus Abbildung 4.13 ein weiteres berechnetes Attribut hinzufügen, das als Wert die vollständige Flugverbindung, bestehend aus Abflugort und Flughafen sowie Zielort und Flughafen, enthält: »NEW YORK (JFK) – SAN FRANCISCO (SFO)«.

Dazu definieren wir in der DATA FOUNDATION über den Knoten CALCULATED COLUMNS im Bereich OUTPUT ein berechnetes Attribut und wählen einen Namen, eine Beschreibung sowie einen Datentyp aus (siehe Abbildung 4.16).

Berechnetes Attribut definieren

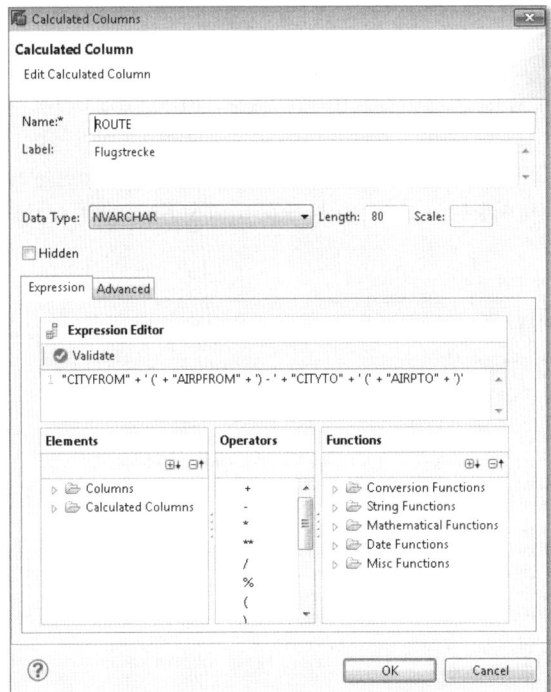

Abbildung 4.16 Definition eines berechneten Feldes

Ausdruck für
Berechnung
definieren

Über den EXPRESSION EDITOR können Sie einen Ausdruck hinterlegen, der zur Bestimmung des Wertes herangezogen wird. Dabei steht eine Vielzahl von Funktionen zur Verfügung (Konvertierungen, mathematische Operationen, Zeichenkettenoperationen, Datumsberechnungen und sogar einfache Fallunterscheidungen). In unserem Beispiel beschränken wir uns zunächst auf eine einfache Verkettung von Strings (siehe Listing 4.16).

```
"CITYFROM" + ' (' + "AIRPFROM" + ') -
' + "CITYTO" + ' (' + "AIRPTO" + ')'
```

Listing 4.16 Beispiel für einen Ausdruck für ein berechnetes Feld

---

[!] **Attributreferenzen und Konstanten bei Ausdrücken**

Bei der Definition der Ausdrücke (*Expressions*) für berechnete Attribute müssen Sie aufpassen, dass Sie die richtige Art von Anführungszeichen verwenden. Eine Referenz auf ein Attribut des Views (z. B. "CITYFROM" in Listing 4.16) muss in doppelten Anführungszeichen stehen. Hier bietet sich ein Drag & Drop über den Formeleditor an. Eine Textkonstante hingegen muss in einfache Anführungszeichen gesetzt werden – wie etwa bei den Klammern aus Listing 4.16.

Eine falsche Verwendung der Anführungszeichen führt in der Regel zu einem Aktivierungsfehler.

Ausgabe des
berechneten
Feldes

Nach der Aktivierung unseres Attribute Views sehen Sie die berechnete Spalte in der Ausgabe (siehe Abbildung 4.17). Berechnete Spalten lassen sich über SQL genauso abfragen wie normale Spalten, was wir Ihnen in Abschnitt 4.4.4, »Laufzeitobjekte und SQL-Zugriff«, zeigen werden.

CARRID	CONNID	FLDATE	CARRNAME	ROUTE
LH	0400	20040101	Lufthansa	FRANKFURT (FRA) - NEW YORK (JFK)
AA	0017	20040101	American Airlines	NEW YORK (JFK) - SAN FRANCISCO (SFO)
AZ	0555	20040101	Alitalia	ROME (FCO) - FRANKFURT (FRA)
LH	2402	20040101	Lufthansa	FRANKFURT (FRA) - BERLIN (SXF)
UA	0941	20040101	United Airlines	FRANKFURT (FRA) - SAN FRANCISCO (SFO)
AZ	0789	20040101	Alitalia	TOKYO (TYO) - ROME (FCO)
LH	0402	20040101	Lufthansa	FRANKFURT (FRA) - NEW YORK (JFK)
QF	0005	20040101	Qantas Airways	SINGAPORE (SIN) - FRANKFURT (FRA)
SQ	0015	20040101	Singapore Airlines	SAN FRANCISCO (SFO) - SINGAPORE (SIN)
SQ	0002	20040101	Singapore Airlines	SINGAPORE (SIN) - SAN FRANCISCO (SFO)
LH	0401	20040101	Lufthansa	NEW YORK (JFK) - FRANKFURT (FRA)
DL	0106	20040101	Delta Airlines	NEW YORK (JFK) - FRANKFURT (FRA)
JL	0407	20040101	Japan Airlines	TOKYO (NRT) - FRANKFURT (FRA)

Abbildung 4.17 Ausgabe des berechneten Feldes

Berechnete Felder werden auch für die anderen View-Typen unterstützt (siehe auch Abschnitt 4.4.2, »Analytic Views«), bei denen insbesondere die bereits erwähnten Berechnungen und Konvertierungen für Währungen und Maßeinheiten über berechnete Felder abgebildet werden.

Hierarchien

In vielen Daten gibt es hierarchische Beziehungen. Der Wohnort oder der Firmensitz von Kunden ist geografisch nach Land, Region und Stadt aufgebaut, ein Anlagedatum einer Bestellung hat durch Jahr, Quartal und Monat eine hierarchische Struktur, ein Produktkatalog kann über Kategorien aufgebaut sein etc.

Hierarchien spielen bei Datenanalysen eine wichtige Rolle. Sie erlauben es, mit einer aggregierten Sicht auf die Daten einzusteigen und dann entlang der hierarchischen Struktur zu navigieren. Man spricht dabei von *Drill-down* (oder auch Drill-up bei der Verdichtung).

Datenanalysen

Für Attribute Views können Sie Hierarchien über den Bereich SEMANTICS definieren. SAP HANA unterstützt derzeit zwei Arten von Hierarchien:

Hierarchien in SAP HANA

- **Vater-Kind-(Parent/Child-)Beziehungen**
  Hier müssen Sie zwei Attribute definieren, die eine Vater-Kind-Beziehung definieren. Als Beispiel können Sie sich etwa die ABAP-Pakethierarchie vorstellen, bei der die zugehörige Datenbanktabelle (TDEVC) Spalten für den Paketnamen (DEVCLASS) und den Namen des Oberpakets (PARENTCL) beinhaltet. Diese beiden Spalten bilden eine Vater-Kind-Relation, da jedes Oberpaket selbst wieder als Paket in der Tabelle auftaucht.

- **Gelevelte Hierarchie (Level Hierarchy)**
  Hier definieren Sie Hierarchieebenen, basierend auf den Werten von Tabellenspalten oder berechneten Attributen. Wenn eine Tabelle z. B. Spalten für Land und Stadt enthält (Beispiel SPFLI), definieren diese beiden Attribute eine Hierarchie, bestehend aus den Ländern und darunter den zugehörigen Städten. Die Attribute bilden auf der anderen Seite keine Vater-Kind-Hierarchie, denn ansonsten müssten die Werte für Städte auch als Länder auftauchen.

Hierarchie anlegen

Existierende Hierarchien sehen Sie im Bereich SEMANTICS und können von dort auch neue Hierarchien anlegen. Abbildung 4.18 zeigt eine Level-Hierarchie, basierend auf den Attributen des Abflugortes (Land, Stadt, Flughafen) aus der Tabelle SPFLI. Hierarchien können Sie hier auch für *Calculation Views* definieren (siehe Abschnitt 4.4.3.).

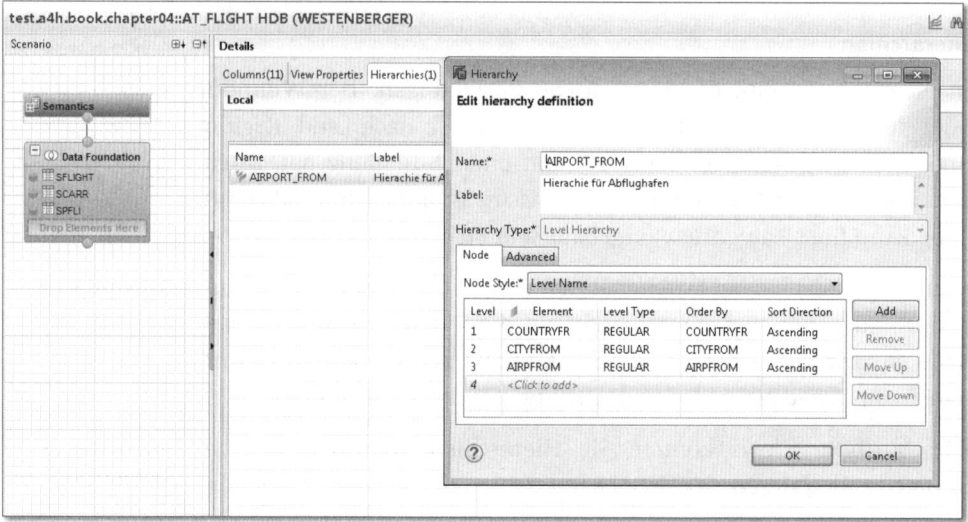

Abbildung 4.18 Hierarchie in einem Attribute View

Sie haben verschiedene Möglichkeiten, die modellierten Hierarchien einzusetzen. Insbesondere werten die unterstützten *Business-Intelligence-Clients* diese Informationen aus. Wir zeigen Ihnen eine Variante in Abschnitt 4.4.5, »Zugriff auf Column Views über Microsoft Excel«. SAP HANA bietet damit eine Basisunterstützung für einfache Hierarchien, ist aber im Vergleich zu einer vollen Hierarchiemodellierung, wie es sie etwa in SAP BW gibt, relativ eingeschränkt.

Attributsichten für Zeit

In den meisten Geschäftsdaten gibt es einen zeitlichen Bezug, wie z. B. ein Anlagedatum oder eine Gültigkeit. Diese sind in der Regel im Datenmodell als Datumsfeld oder Zeitstempel realisiert. Im Flugdatenmodell gibt es z. B. das Flugdatum in der Tabelle SFLIGHT oder den Buchungszeitpunkt in der Tabelle SBOOK. Für viele Analysen ist eine Zuordnung dieses Zeitpunkts zu einem gewissen Zeitintervall notwendig. Dies kann im einfachsten Fall das zugehörige Jahr oder

der Monat sein oder auch das Quartal oder die Kalenderwoche. Es gibt aber auch kompliziertere und vor allem konfigurierbare Zeitintervalle wie das Geschäftsjahr (*Fiskaljahr*), das für gewisse Szenarien der führende Kalender ist.

Fiskaljahr-Customizing   [«]

Die Konfiguration von Geschäftsjahren und Fiskalperioden erfolgt über das ABAP-Customizing. Dies erlaubt umfangreiche Einstellungen und Konfigurationen von Varianten sowie die Behandlung von Spezialfällen (z. B. ein verkürztes Geschäftsjahr bei einer Firmengründung). Sie finden diese Konfiguration in Transaktion SPRO unter dem Eintrag GESCHÄFTS-JAHRESVARIANTE PFLEGEN.

Für die Konvertierung eines normalen Datums (z. B. vom Typ DATS) in das zugehörige Geschäftsjahr und die Geschäftsperiode gibt es eine Reihe von Funktionsbausteinen im SAP-Standard.

Technisch wird das zugehörige Customizing insbesondere in den Tabellen T009 und T009B abgelegt. Diese Tabellen sind normalerweise Pool-/Cluster-Tabellen und damit nicht direkt auf der Datenbank vorhanden. Die Umwandlung solcher Tabellen in normale Datenbanktabellen bei der Migration auf SAP HANA (siehe auch Abschnitt 3.2.1, »ABAP Dictionary«) ist eine Voraussetzung dafür, dass auf solche Daten auch nativ in der Datenbank zugegriffen werden kann.

Für den Umgang mit Zeithierarchien bietet SAP HANA einen speziellen Attribute-View-Typ. Bevor wir diese Variante nutzen können, müssen wir zunächst einmalig Zeitdaten in speziellen technischen Tabellen in SAP HANA generieren. Dies können Sie über den Eintrag GENERATE TIME DATA auf dem Startschirm der Perspektive MODELER durchführen. Danach wählen Sie die Details im Hinblick auf Kalenderart und Zeitraum. In Abbildung 4.19 sehen Sie die Generierung von Zeitdaten auf der Basis von Tagen im normalen (gregorianischen) Kalender für die Jahre 2000 bis 2020. Analog können Sie auch die Daten im fiskalischen Kalender definieren, wobei Sie hier zusätzlich eine im Customizing eingestellte Variante angeben müssen (siehe Infokasten).

Generierung von Kalenderdaten

Danach können Sie einen Attribute View definieren, der diese Zeitdaten nutzt. Dazu wählen Sie beim Anlegen eines Attribute Views den Typ TIME aus und selektieren die gewünschten Details zu dem Kalender. Abbildung 4.20 zeigt das Anlegen des Attribute Views AT_TIME_GREG für einen tagesbasierten gregorianischen Kalender.

Attribute View vom Typ »Time«

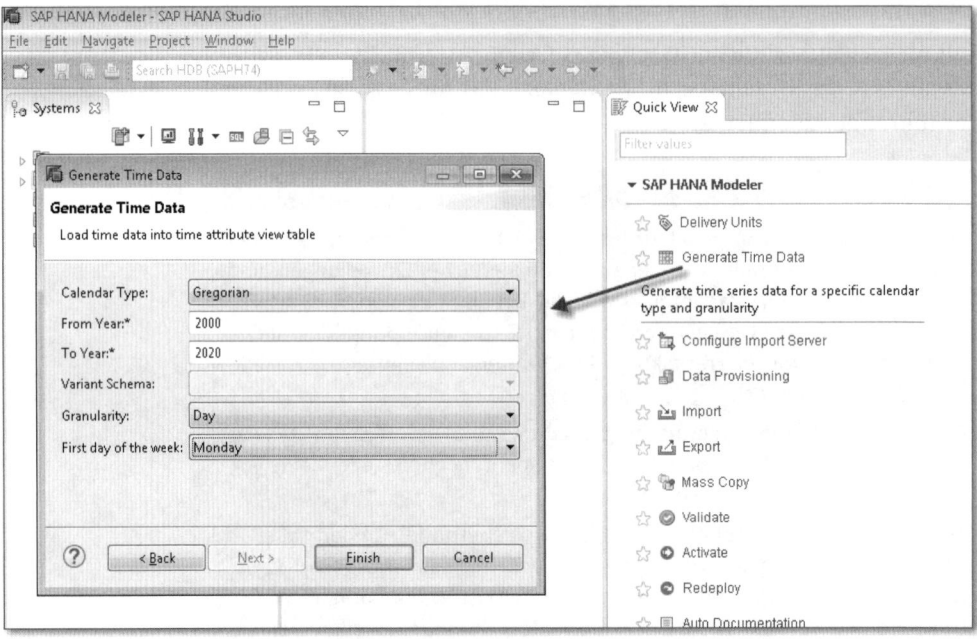

Abbildung 4.19 Zeitdaten generieren

Abbildung 4.20 Attribute View für gregorianischen Kalender

Schlüsselfeld Der View enthält dabei das Datum als Schlüsselfeld und erlaubt somit Joins über eine Datumsspalte in den Geschäftsdaten. Für einen

Join mit einer Spalte vom Type DATS (z. B. FLDATE in der Tabelle SFLIGHT) nutzen Sie dabei das Attribut DATE_SAP des Attribute Views.

Damit können Sie diese Views als Zeitdimensionen in einem *Analytic View* verwenden, wenn das Datum Teil der Faktentabelle ist. Darauf werden wir im nächsten Abschnitt ausführlich zurückkommen.

Technische Tabellen für Zeitdaten

Die Zeitdaten werden in speziellen Tabellen im Schema _SYS_BI abgelegt, z. B. M_TIME_DIMENSION und M_FISCAL_CALENDAR. Diese Tabellen können Sie auch direkt in Attribute Views (oder allgemein SQL-Anweisungen) verwenden.

[«]

4.4.2 Analytic Views

Analysesichten (*Analytic Views*) sind spezielle Datensichten in SAP HANA, die eine Berechnung und Analyse von Kennzahlen erlauben. Falls Sie sich bereits mit Data-Warehouse- oder Business-Intelligence-Anwendungen auskennen, können Sie sich unter einem Analytic View grob ein *Sternschema* vorstellen. Wir stellen Ihnen zunächst die wesentlichen Konzepte in kurzer Form vor und erklären Ihnen danach, wie Sie Analytic Views im SAP HANA Studio anlegen und insbesondere berechnete Kennzahlen definieren.

Wir werden in diesem Abschnitt zwei Szenarien als Analytic Views realisieren. Als erstes Beispiel (AN_BOOKING) werden wir eine Analyse der Flugbuchungen nach Attributen des Kunden und des Fluges modellieren, bei der wir die Buchungspreise und das Gepäckgewicht als Kennzahlen betrachten. Für beide Größen müssen wir dabei Konvertierungen wegen unterschiedlicher Währungen bzw. Gewichtseinheiten beachten. Basierend auf dem Gepäckgewicht, definieren wir eine weitere berechnete Größe, die definiert, ob es sich um Übergepäck (mehr als 20 kg) handelt. Als zweites Beispiel definieren wir einen Analytic View AN_SEAT_UTILIZATION, der eine Analyse der Sitzplatzauslastung für Flüge erlaubt.

Referenzbeispiele für diesen Abschnitt

Sowohl AN_BOOKING als auch AN_SEAT_UTILIZATION verwenden die Attribute Views aus dem vorangegangenen Abschnitt als Bausteine. In Abschnitt 4.4.3, »Calculation Views«, werden wir die beiden Analytic Views zu einer gemeinsamen Analyse zusammenfassen.

Grundlagen

Bei der Verwendung von Analytic Views ist es sinnvoll, die wesentlichen Begriffe aus dem OLAP-Umfeld (Online Analytical Processing), d. h. aus der Welt der Datenanalyse, zu kennen. Aus diesem Grund führen wir Sie in diesem Abschnitt kurz anhand eines Beispiels in die Thematik ein.

Faktentabelle   Für eine Analyse stehen meistens Bewegungsdaten (Bestellungen, Belege, Rechnungen etc.) im Mittelpunkt. Die zugehörige Tabelle bezeichnet man als *Faktentabelle*. In diesen Daten gibt es eine oder mehrere *Kennzahlen* (englisch *Measures*) – z. B. den Rechnungsbetrag –, die für eine Datenanalyse relevant sind. Faktentabellen enthalten in der Praxis sehr viele Einträge. Die Daten einer Faktentabelle können durchaus aus mehr als einer Datenbanktabelle stammen. Die Kennzahlen müssen dabei aus einer Tabelle stammen, und die Attribute der anderen Tabelle werden z. B. als Fremdschlüssel benötigt. Ein typisches Beispiel sind Faktentabellen aus Kopfdaten und Positionen.

Dimensionen   In den Bewegungsdaten gibt es Assoziationen zu Stammdaten (z. B. über die Kundennummer bei einer Bestellung) sowie zu anderen Daten wie Zeitstempeln (z. B. das Bestelldatum). Diese assoziierten Daten werden auch als *Dimensionen* bezeichnet, da man über sie die Faktentabelle in Datenscheiben zerlegen kann (englisch *Slice-and-dice*). Ein Beispiel ist etwa die Bestimmung der Gesamteinnahmen im Jahr 2015 mit Kunden aus Deutschland. Innerhalb der Dimensionen sind die Daten zumeist hierarchisch aufgebaut (z. B. nach geografischen Regionen oder Zeitintervallen). Damit lassen sich die Analysen entlang dieser Hierarchien fortsetzen (*Drill-down*, *Drill-up*) und somit etwa die Einnahmen aus 2015 in Deutschland noch einmal nach Bundesland oder nach Quartal untergliedern.

Beispiel für ein Sternschema   Betrachten wie ein konkretes Beispiel anhand des Flugdatenmodells. Wir verwenden die Tabelle SBOOK als Faktentabelle und die Spalte LOCCURAM (Flugpreis in Währung der Fluggesellschaft) als Kennzahl. Über die Kundennummer, das Flugdatum und die Flugverbindung liegen uns Assoziationen vor, die eine Analyse in mehreren Dimensionen zulassen.

Wenn man das Datenmodell grafisch darstellt, ergibt sich das typische Aussehen eines sogenannten *Sternschemas* (siehe Abbildung 4.21).

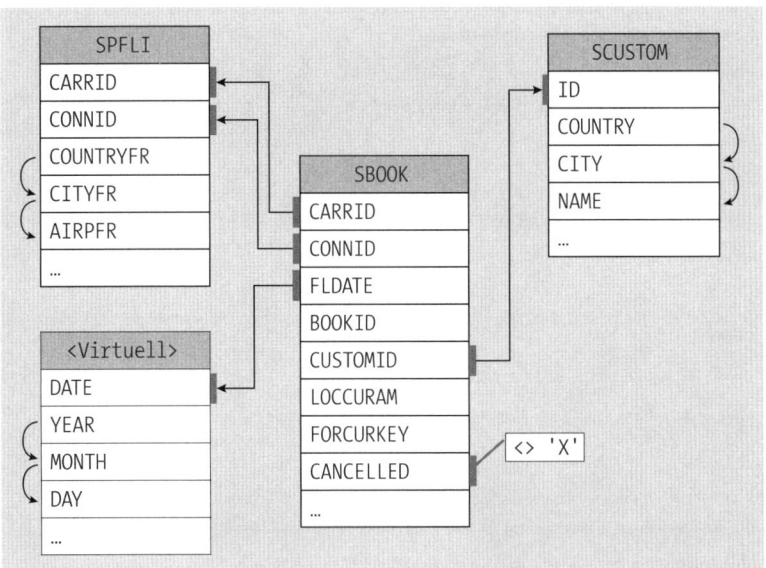

Abbildung 4.21 Beispiel für ein Sternschema mit SBOOK als Faktentabelle

Innerhalb der Dimensionen sind die Daten zumeist hierarchisch aufgebaut. Die Hierarchien sind in diesem Beispiel die geografischen Daten des Abflugortes und des Wohnsitzes der Kunden (Land, Stadt etc.) sowie das Flugdatum (Jahr, Monat, Tag); die hierarchische Beziehung ergibt sich über die Spalten, wie in Abbildung 4.21 dargestellt. Die Zeithierarchie ist dabei als *virtuell* markiert, da es im Flugdatenmodell keine Datenbanktabelle gibt, die die Zeitdaten enthält.

Hierarchien in den Dimensionen

In einem Sternschema gibt es verschiedene Filtervarianten. Auf der einen Seite kann es zunächst Einschränkungen auf den Bewegungsdaten geben. Zum Beispiel wollen wir bei der Analyse der Flugbuchungen nur die nicht stornierten Buchungen betrachten. Auf der anderen Seite gibt es auch die Möglichkeit, spezielle Kennzahlen zu definieren, die direkt Einschränkungen in den Dimensionen vornehmen, um z. B. nur Kunden in Deutschland zu betrachten. Man spricht hier auch von eingeschränkten Kennzahlen (*Restricted Measures*).

Filtervarianten

Analytic Views anlegen

Sie legen einen Analytic View im SAP HANA Studio analog zu einem Attribute View über das Kontextmenü eines Pakets in der Perspektive Modeler an. Nach der Zuweisung eines Namens und einer Beschreibung öffnet sich der zugehörige Editor (siehe Abbildung 4.22).

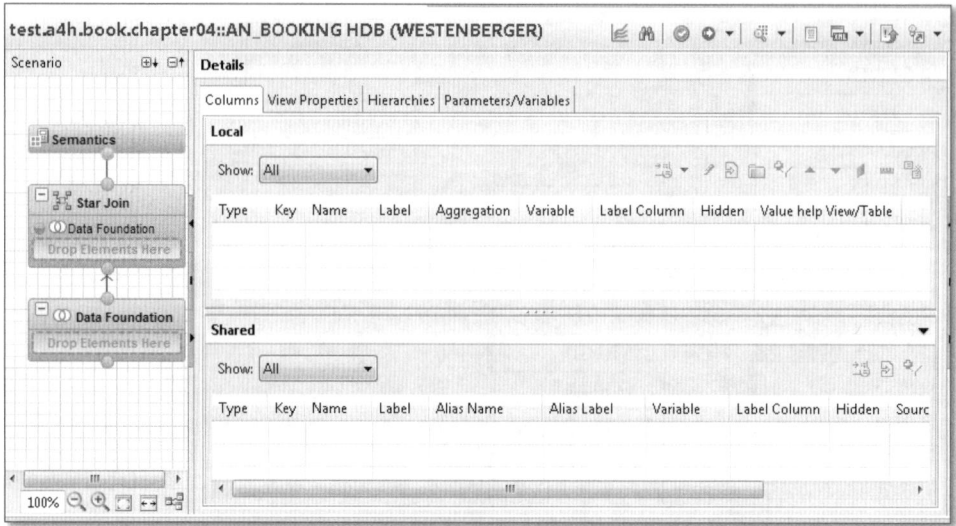

Abbildung 4.22 Editor für Analytic Views

Editor für
Analytic Views

Der Editor für Analytic Views hat drei Bereiche:

- DATA FOUNDATION für die Definition der Faktentabelle
- STAR JOIN zum Hinzufügen der Dimensionen, die durch Attribute Views definiert sind, sowie für die Definition von berechneten Attributen und eingeschränkten Kennzahlen
- SEMANTICS zur semantischen Anreicherung der Attribute und Definition von Eingabeparametern

Faktentabelle
modellieren

Als erstes Beispiel realisieren wir das Sternschema aus Abbildung 4.21 als Analytic View. Dazu fügen wir die Tabelle SBOOK als Faktentabelle hinzu, wählen wie bei einem Attribute View die gewünschten Felder aus und definieren den Filter für die Spalte CANCELLED.

Dimensionen
hinzufügen

Danach wechseln wir in den Bereich LOGICAL JOIN und fügen die Attribute Views AT_FLIGHT, AT_PASSENGER und AT_TIME_GREG aus Abschnitt 4.4.1, »Attribute Views«, als Dimensionen hinzu. Sie verbinden dabei die Faktentabelle mit den Attribute Views, indem Sie eine Verbindungslinie von innen nach außen ziehen. Abbildung 4.23 zeigt das daraus resultierende Diagramm.

Kennzahlen
zuweisen

Als letzten Schritt wählen wir im Abschnitt SEMANTICS die Kennzahlen aus. In unserem Beispiel sind dies der Flugpreis in der lokalen Währung der Fluggesellschaft (LOCCURAM) sowie das Gepäckgewicht (LUGGWEIGHT). Nach erfolgreicher Aktivierung können Sie über den

Data Preview eine erste einfache Analyse der Ergebnismenge vornehmen. Abbildung 4.24 zeigt z. B. einen Aufriss der Einnahmen nach Jahr, Quartal und Fluggesellschaft mit einem Filter auf dem Jahr 2013.

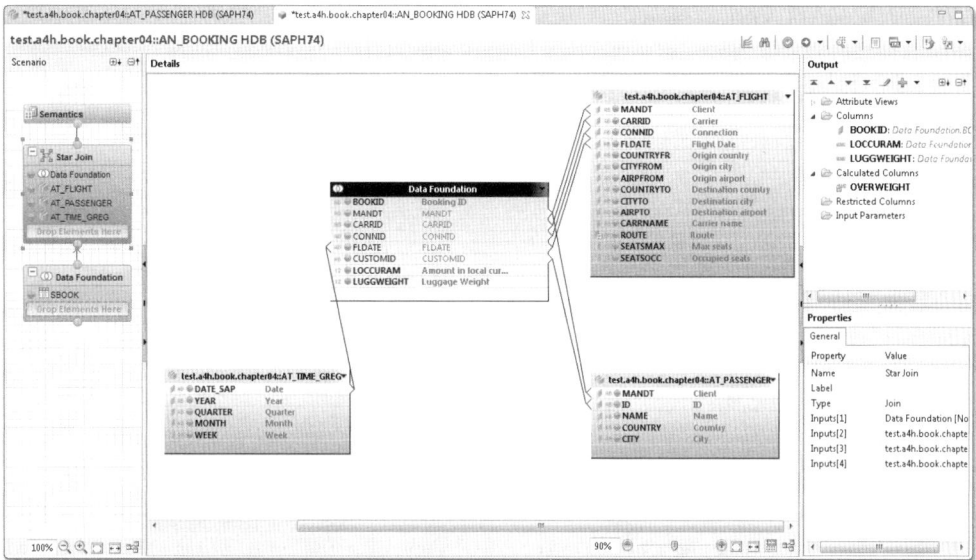

Abbildung 4.23 Analytic View auf der Basis von Buchungsdaten

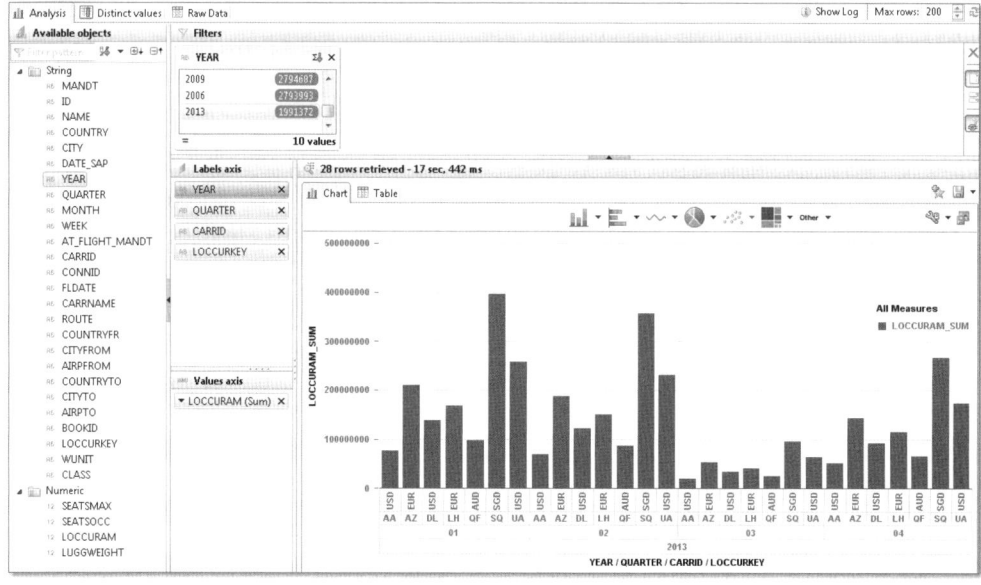

Abbildung 4.24 Data Preview mit Aufriss nach Jahr, Quartal und Fluggesellschaft

Weiteren Analytic
View anlegen Auf die gleiche Weise legen wir nun zusätzlich einen zweiten Analytic View AN_SEAT_UTILIZATION an, der anstelle der Flugbuchungen die Tabelle SFLIGHT als Faktentabelle nutzt, aber ebenfalls AT_TIME_GREG als Zeitdimension, was eine Analyse der Sitzplatzauslastung nach Quartal erlauben wird. Abbildung 4.25 zeigt das resultierende Sternschema.

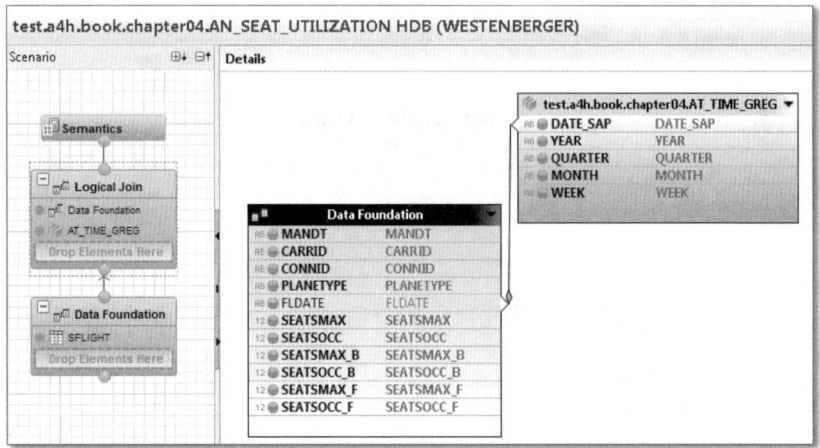

Abbildung 4.25 Weiterer Analytic View, basierend auf Flugdaten

Nachdem Sie nun gesehen haben, wie Sie Analytic Views anlegen und testen können, werden wir im nächsten Abschnitt auf berechnete Kennzahlen eingehen.

Berechnete Kennzahlen

Ebenso wie bei Attribute Views können Sie auch bei Analytic Views virtuelle Spalten definieren, deren Werte sich durch eine Berechnung ergeben. Bei Analytic Views definieren Sie dabei in der Regel berechnete Kennzahlen, also numerische Größen wie etwa Beträge oder Maßeinheiten. Ein Spezialfall solcher berechneten Größen sind Umrechnungen zwischen unterschiedlichen Währungen und Einheiten. Für die beiden Analytic Views aus dem letzten Abschnitt werden wir jeweils eine Kennzahl berechnen. Für den View AN_BOOKING werden wir über einen Ausdruck die Buchungen mit Übergepäck bestimmen und für AN_SEAT_UTILIZATION über eine Rechnung die relative Sitzplatzauslastung in Prozent definieren.

Berechnete Kennzahl definieren Die Definition einer berechneten Kennzahl erfolgt im Wesentlichen analog zur Definition bei Attribute Views. Sie müssen allerdings zusätzlich die neue Spalte als MEASURE auszeichnen (über den COLUMN TYPE) und angeben, ob sie vor oder nach einer Aggregation bestimmt werden soll. In vielen Fällen ist eine Berechnung auf den Rohdaten (also vor der Aggregation) notwendig. Abbildung 4.26 zeigt die Berechnung aller Flugbuchungen mit einem Gepäckgewicht größer als 20. Wir ignorieren hier zunächst die Tatsache, dass das Gewicht in verschiedenen Gewichtseinheiten angegeben sein könnte. Wenn über diese Spalte summiert wird, ergibt sich die Anzahl der Buchungen mit Übergepäck, da für alle anderen Buchungen der Wert der berechneten Spalte null ist.

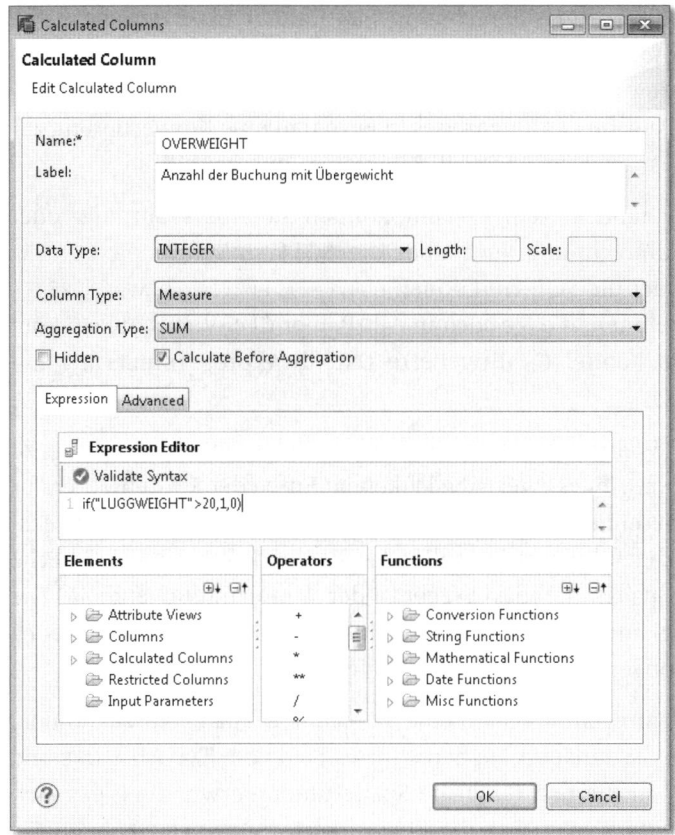

Abbildung 4.26 Berechnete Kennzahl für die Anzahl der Flugbuchungen mit Übergepäck

Analog definieren wir eine berechnete Kennzahl UTILIZATION (Datentyp DECIMAL) im View AN_SEAT_UTILIZATION und verwenden als Berechnungsvorschrift den folgenden Ausdruck:

Berechnung der Sitzplatzauslastung

```
if("SEATSMAX">0, decfloat( "SEATSOCC" + "SEATSOCC_
B" + "SEATSOCC_F" ) / decfloat( "SEATSMAX" + "SEATSMAX_
B" + "SEATSMAX_F" ),0)
```

Wir teilen also die Summe der belegten Plätze durch die Summe der verfügbaren Sitzplätze in den drei Klassen. Damit das Ergebnis als Dezimalzahl behandelt wird, realisieren wir eine Typumwandlung über die Funktion `decfloat`.

Währungsumrechnung und Einheitenkonvertierung

Als Spezialfall von berechneten Kennzahlen können Sie in Analytic Views eine Währungsumrechnung oder Einheitenkonvertierung von Daten in einer Spalte vornehmen. Dieses Mittel werden wir für den Beispiel-View `AN_BOOKING` verwenden, um eine Währungsumrechnung zur Angabe des Flugpreises in Euro und eine Konvertierung zur Angabe des Gepäckgewichts in Kilogramm durchzuführen.

Konvertierungen über SQL und SQLScript

Neben der modellierten Variante können Sie eine Währungs- oder Einheitenumrechnung auch über die SQLScript-Funktion `CE_CONVERSION` oder die SQL-Funktionen `CONVERT_CURRENCY` bzw. `CONVERT_UNIT` vornehmen, die Sie auch in ABAP über CDS-Views nutzen können (siehe Kapitel 6, »Erweiterte Datenbankprogrammierung mit ABAP 7.4«).

Konvertierung modellieren

Um eine Währungsumrechnung oder Einheitenkonvertierung zu modellieren, gibt es zwei Möglichkeiten: Entweder Sie definieren für eine existierende Spalte, dass bei einem Zugriff stets diese Umrechnung durchgeführt werden soll, oder Sie definieren eine zusätzliche virtuelle Spalte, die das Ergebnis der Umrechnung enthält. Die zweite Variante erlaubt es, sowohl auf den ursprünglichen wie auch auf den konvertierten Wert zuzugreifen.

Berechnetes Feld definieren

Um die Umrechnung über eine berechnete Spalte vorzunehmen, definieren Sie zunächst ein berechnetes Feld vom Typ MEASURE und binden es an die ursprüngliche Spalte unter Verwendung des gleichen Datentyps an. Über die Registerkarte ADVANCED können Sie nun die Details konfigurieren.

Wählen Sie aus, ob es sich um einen Geldbetrag oder eine Mengeneinheit handelt und in welchem Feld die zugehörige Währung oder Maßeinheit zu finden ist. Leider wird im SAP HANA Studio aktuell nicht die zugehörige Information aus dem ABAP Dictionary ausgewertet, wo diese Relation auch definiert ist (Registerkarte Währungs-/Mengenfelder in Transaktion SE11).

Abbildung 4.27 zeigt ein Beispiel für eine Währungsumrechnung der Spalte LOCURRAM der Tabelle SBOOK in die Zielwährung Euro zum Stichtag 13. September 2015 mit der Standardumrechnungsvariante M.

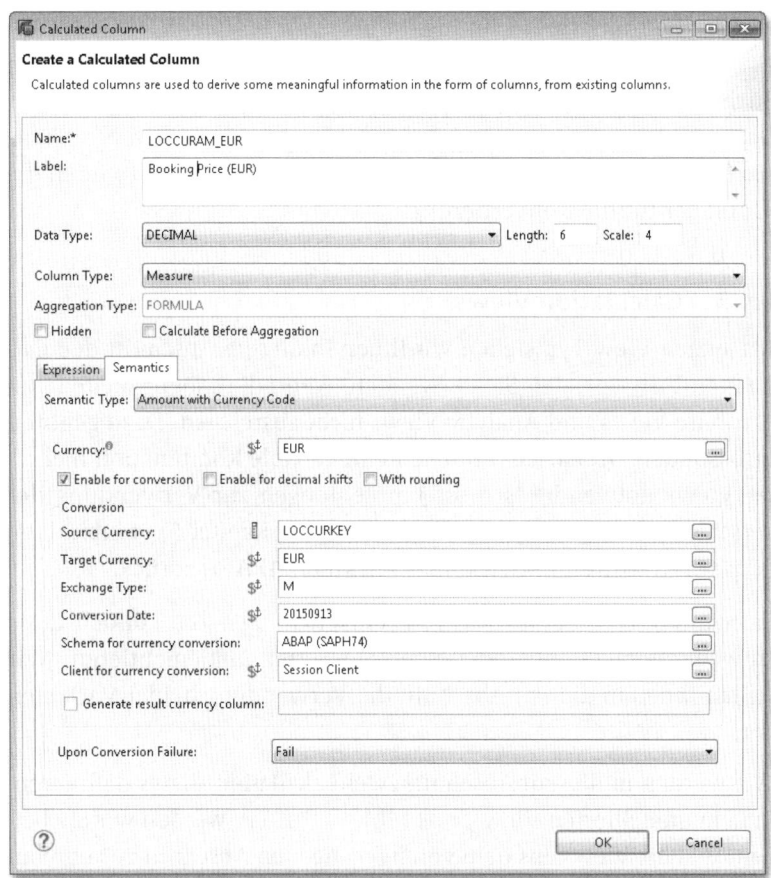

Abbildung 4.27 Definition der Parameter für eine Währungsumrechnung

In vielen Fällen ist es wünschenswert, die Zielwährung und den Stichtag für die Umrechnung parametrisierbar zu machen. Leider gibt es keine Möglichkeit, dies z. B. über die WHERE-Bedingung beim SQL-Zugriff auf den View mitzugeben, da in der Modellierung nicht auf Parameter der Anfrage zugegriffen werden kann. Aus diesem Grund können Sie für einen Analytic View Eingabeparameter (*Input Parameter*) definieren, die Sie als Parameter für die Umrechnung nut-

Währungsumrechnung parametrisieren

zen können. Eingabeparameter können Sie über den Bereich SEMANTICS im Tab PARAMETERS/VARIABLES definieren. Diesen Parameter können Sie anschließend als die Zielwährung (TARGET CURRENCY) bei der Konfiguration der Konvertierung in Abbildung 4.27 nutzen. Auf die gleiche Weise können Sie auch den Stichtag parametrisieren.

Einheiten-
konvertierung Die Einheitenkonvertierung funktioniert nach dem gleichen Prinzip wie die Währungsumrechnung. In unserem Beispiel-View AN_BOOK-ING möchten wir das Gepäckgewicht für die Bestimmung von Buchungen mit Übergepäck stets in Kilogramm (KG) betrachten. Dazu wählen wir im Dialog aus Abbildung 4.27 als SEMANTIC TYPE die Einstellung QUANTITY WITH UNIT OF MEASURE und definieren die Parameter für die Konvertierung.

4.4.3 Calculation Views

Als letzten View-Typ stellen wir Ihnen in diesem Abschnitt den *Calculation View* vor, den Sie verwenden, wenn die Möglichkeiten von Attribute Views und Analytic Views nicht ausreichen. Dazu gehören insbesondere Szenarien, in denen eine flexible Kombination mehrerer Views notwendig ist. Auf Empfehlungen zur Verwendung der verschiedenen View-Typen kommen wir in Kapitel 5, »Einbindung nativer SAP-HANA-Entwicklungsobjekte in ABAP«, zurück.

Calculation Views gibt es in zwei Ausprägungen. Sie können diese entweder modellieren oder über SQLScript implementieren. Wir stellen Ihnen in diesem Abschnitt die Verwendung beider Varianten vor.

Referenzbeispiele
für diesen
Abschnitt
Wir werden in diesem Abschnitt zwei Calculation Views definieren. In dem modellierten View CA_FLIGHT_STATISTIC werden wir die beiden Analytic Views aus dem vorangegangenen Abschnitt zusammenbringen und eine gemeinsame Datensicht über Sitzplatzauslastung und Anzahl der Buchungen mit Übergepäck, bezogen auf einen Flug, erstellen. In dem implementierten View CA_SEAT_UTILIZATION_DELTA werden wir die durchschnittliche Sitzplatzauslastung berechnen und mit dem Vorjahreswert vergleichen.

Grundlagen

Der wesentliche Unterschied zu den bisher vorgestellten View-Typen ist, dass Calculation Views beliebige andere View-Typen kombinieren können. Bei Attribute Views können Sie nur Datenbanktabellen über Joins verbinden, Analytical Views folgen stets dem Sternschema, basierend auf Datenbanktabellen als Faktentabelle und Attribute Views als Dimensionen. Diese strukturellen Einschränkungen bestehen bei Calculation Views in dieser Form nicht.

Einem Calculation View liegt ein Kalkulationsmodell bestehend aus Knoten und Operationen zugrunde. Die Knoten können dabei Tabellen oder beliebige Views sein.

Grafische Modellierung

Die Modellierung von Calculation Views ist grafisch durch einen Baum dargestellt, wobei die Blätter eine Tabelle oder einen View repräsentieren. Die restlichen Knoten definieren Operationen auf den Daten, wobei aktuell folgende Operationen unterstützt werden: JOIN, PROJECTION (Definition einer Feldliste), AGGREGATION (Berechnungen), UNION (Vereinigungsmenge) und RANK (Sortieren). Der Wurzelknoten repräsentiert dabei die Ausgabestruktur des Views und damit seine externe Schnittstelle.

Alle diese Operationen haben eine zugehörige eingebaute Funktion in SQLScript, so dass jedes grafische Modell einen kanonischen Ablaufplan in der Calculation Engine in SAP HANA hat. Diesen Ablaufplan können Sie sich auch über das Werkzeug *PlanViz* anzeigen lassen, in das wir Sie in Kapitel 7, »Laufzeit- und Fehleranalyse auf SAP HANA«, einführen werden.

Calculation Views unterstützen die Definition von Hierarchien und Eingabeparametern wie Attribute Views bzw. Analytic Views.

Grenzen der grafischen Modellierung

Wie bei fast jedem grafischen Modellierungsansatz gibt es auch bei der grafischen Modellierung von Calculation Views Grenzen, auf die wir kurz eingehen wollen:

▸ **Kein beliebiges SQL möglich**
Sie können etwa nicht jede Funktionalität im HANA-spezifischen SQL verwenden. Als Beispiel möchten wir an dieser Stelle den Aufruf der Textsuche (siehe Kapitel 10, »Textsuche und Analyse von unstrukturierten Daten«) oder von Funktionsbibliotheken (siehe Kapitel 12, »Funktionsbibliotheken in SAP HANA«) erwähnen.

▸ **Keine freie Parametrisierung**
Die Ausgabestruktur von modellierten Views können Sie nicht beliebig definieren.

▶ **Fehlende Möglichkeiten für Berechnungen basierend auf Aggregaten**

Es gibt aber auch andere, auf den ersten Blick einfache Szenarien, die Sie nicht über die Modellierung eines Views in SAP HANA abbilden können. Betrachten wir das Beispiel AN_SEAT_UTILIZA-TION aus dem vorherigen Abschnitt. Wir haben dabei pro Quartal für eine Flugverbindung die Sitzplatzauslastung in Prozent bestimmt. Nehmen wir an, wir wollen nun zusätzlich noch die Abweichung vom Vorjahr ausweisen, also um wie viel Prozent sich die Auslastung verbessert oder verschlechtert hat. Diese Berechnung lässt sich über keine der vorgestellten Modellierungsoptionen direkt realisieren.

Um diese Einschränkungen zu umgehen, bietet SAP HANA die Möglichkeit, Calculation Views auch über SQLScript zu implementieren, die wir Ihnen nach der modellierten Variante zeigen werden.

Grafische Modellierung von Calculation Views

Calculation View anlegen

Das Anlegen von Calculation Views funktioniert wie das Anlegen von Attribute Views und Analytic Views. Um einen grafischen Calculation View anzulegen, wählen Sie GRAPHICAL als TYPE, wie in Abbildung 4.28 zu sehen. Die Datenkategorie (DATA CATEGORY) definiert dabei den obersten Knoten des Modells und damit das primäre Verwendungsszenario. Für ein Modell, das als analytische Datenquelle genutzt werden können soll, wählen Sie CUBE als Einstellung. Für einen allgemeinen View können Sie die Einstellung auch leer lassen. Damit ist der oberste Knoten im Modell eine Projektion (siehe Abbildung 4.29).

Aufbau des Editors

Im Editor für Calculation Views können Sie Tabellen und Views als Datenquellen hinzufügen und über Operationen aus der TOOLS PALETTE verbinden. Operationen sind hier die bereits genannten PROJECTION, JOIN, AGGREGATION, UNION und RANK. In dem Editor sind sowohl die Datenquellen als auch die Operationen als Knoten realisiert. Der Knoten SEMANTICS repräsentiert die Ausgabestruktur des Calculation Views.

Analytic Views einbinden

Für unser Beispiel wollen wir die Daten aus den beiden Analytic Views in einer Sicht vereinen. Die Ausgabe soll für Flüge die Anzahl der Buchungen mit Übergepäck (berechnete Kennzahl OVERWEIGHT aus AN_BOOKING) sowie die Sitzplatzauslastung (berechnete Kennzahl UTILI-

ZATION aus AN_SEAT_UTILIZATION) anzeigen. Da die Daten von AN_BOOK-ING auf Buchungen basieren, müssen wir die Kennzahl OVERWEIGHT zunächst aggregieren und bilden danach einen Join.

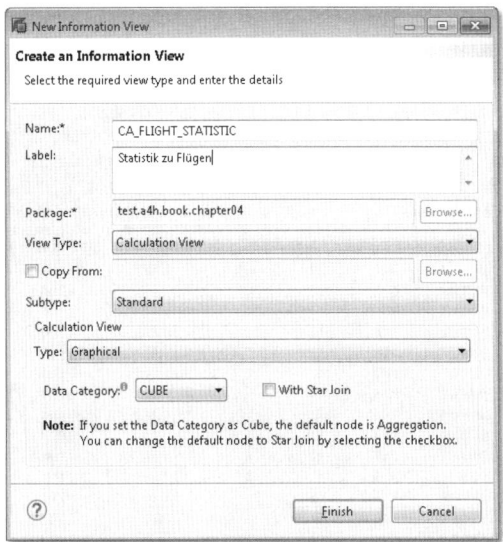

Abbildung 4.28 Anlegen eines grafischen Calculation Views

In Abbildung 4.29 ist der resultierende grafische Calculation View dargestellt.

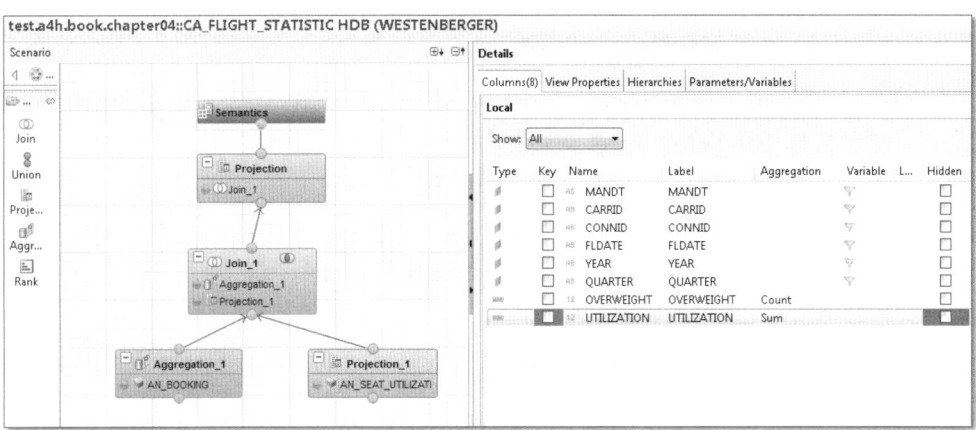

Abbildung 4.29 Grafischer Calculation View CA_FLIGHT_STATISTIC

Um diesen View zu realisieren, fügen Sie zunächst über die PALETTE eine AGGREGATION und eine PROJECTION hinzu und assoziieren diese mit den Views, wie weiter vorne beschrieben. Für die einzelnen

Knoten verbinden/ Attribute hinzufügen

Knoten müssen Sie jeweils die benötigten Attribute auswählen. Danach wählen Sie einen JOIN-Knoten aus und verbinden die Knoten, wie in Abbildung 4.29 dargestellt. Den Join definieren Sie dabei analog wie für Attribute Views, indem Sie den Knoten selektieren.

Ergebnis

Nach erfolgreicher Aktivierung erhalten Sie als Ergebnis den Calculation View `CA_FLIGHT_STATISTIC`, den Sie in Abbildung 4.30 sehen.

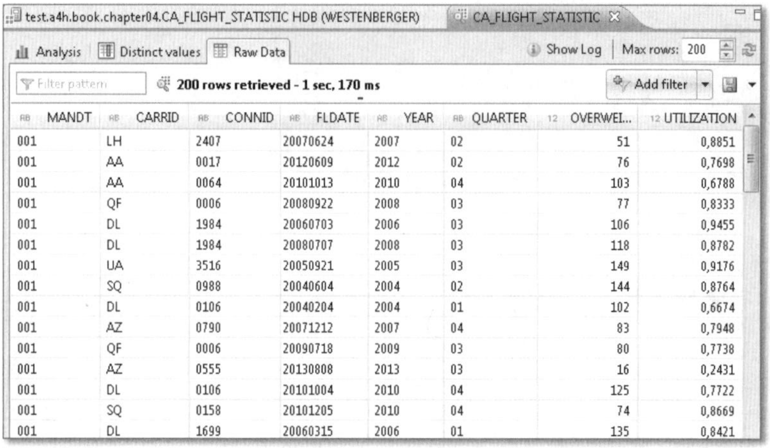

MANDT	CARRID	CONNID	FLDATE	YEAR	QUARTER	OVERWEI...	UTILIZATION
001	LH	2407	20070624	2007	02	51	0,8851
001	AA	0017	20120609	2012	02	76	0,7698
001	AA	0064	20101013	2010	04	103	0,6788
001	QF	0006	20080922	2008	03	77	0,8333
001	DL	1984	20060703	2006	03	106	0,9455
001	DL	1984	20080707	2008	03	118	0,8782
001	UA	3516	20050921	2005	03	149	0,9176
001	SQ	0988	20040604	2004	02	144	0,8764
001	DL	0106	20040204	2004	01	102	0,6674
001	AZ	0790	20071212	2007	04	83	0,7948
001	QF	0006	20090718	2009	03	80	0,7738
001	AZ	0555	20130808	2013	03	16	0,2431
001	DL	0106	20101004	2010	04	125	0,7722
001	SQ	0158	20101205	2010	04	74	0,8669
001	DL	1699	20060315	2006	01	135	0,8421

Abbildung 4.30 Data Preview für den Calculation View CA_FLIGHT_STATISTIC

Implementierung von Calculation Views über SQLScript

Wie bereits erwähnt, können Sie Calculation Views auch mithilfe von SQLScript implementieren.

Calculation View anlegen

Implementierte Calculation Views legen Sie analog zu der modellierten Variante an, wählen aber SQLSCRIPT als TYPE (siehe Abbildung 4.31).

[»]

Einstellungen für SQLScript-Views

In den Einstellungen (PROPERTIES-View in Eclipse) gibt es für über SQLScript implementierte Calculation Views drei wichtige Parameter (wobei Ihnen die ersten beiden bereits in Abschnitt 4.2.2, »SQLScript-Programmierung«, begegnet sind):

- DEFAULT SCHEMA definiert das Standardschema, so dass Sie beim SQL-Zugriff auf Tabellen oder Views keinen Schemanamen angeben müssen. In der Regel sollten Sie hier das Standardschema des ABAP-Systems auswählen.
- Mit RUN WITH können Sie konfigurieren, mit welchem Benutzer der SQLScript-Code ausgeführt wird. Die Einstellung INVOKER'S RIGHTS

bedeutet, dass der Aufrufer (also etwa der ABAP-Datenbankbenutzer) die benötigten SQL-Berechtigungen besitzen muss.

▶ Mit PARAMETER CASE SENSITIVE können Sie steuern, ob bei Parametern Groß- und Kleinschreibung unterschieden werden soll.

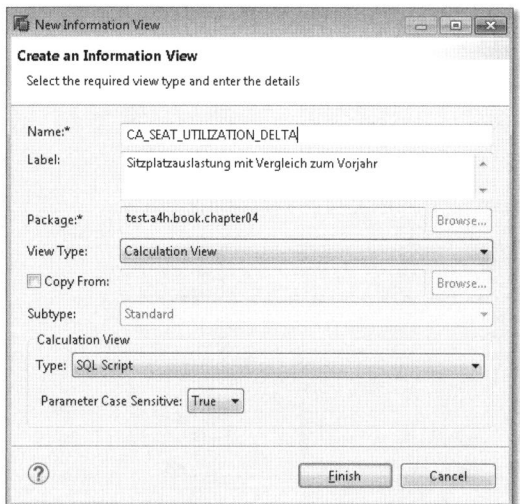

Abbildung 4.31 Anlegen eines implementierten Calculation Views

Nach einem Klick auf den Button FINISH öffnet das System den Editor für mit SQLScript implementierte Calculation Views, den Sie in Abbildung 4.32 sehen.

SQLScript-Editor

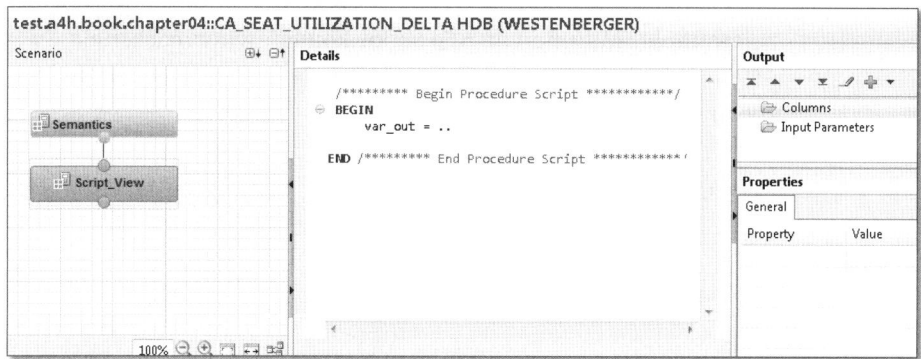

Abbildung 4.32 Editor für implementierte Calculation Views

Der Editor besteht aus zwei Knoten:

▶ Im SCRIPT_VIEW implementieren Sie die SQLScript-Logik und definieren die Ausgabestruktur im OUTPUT-Bereich.

▸ Unter SEMANTICS können Sie wiederum weitere Metadaten wie Labeltexte, Hierarchien usw. definieren.

Ausgabeparameter definieren
Für unser Beispiel definieren Sie zunächst die Spalten des Ausgabeparameters var_out. Das Ergebnis sehen Sie in Abbildung 4.33.

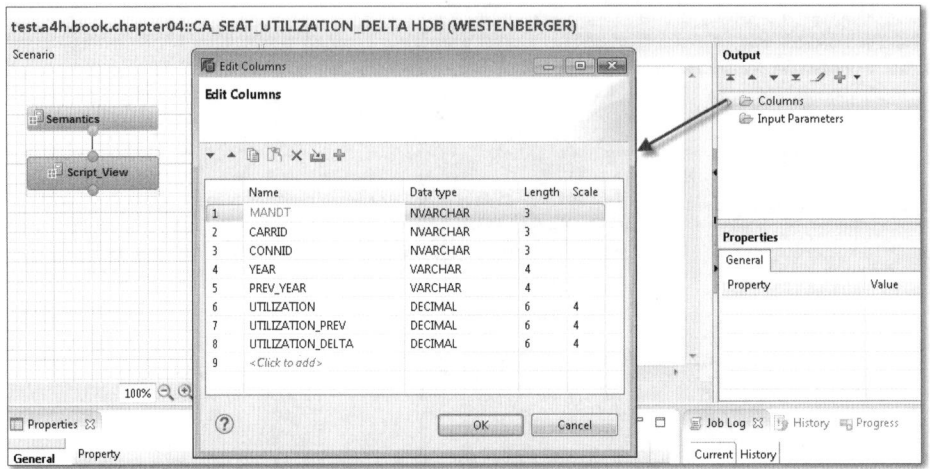

Abbildung 4.33 Struktur des Ausgabeparamters var_out

Danach können Sie das SQLScript-Coding aus Listing 4.17 als Implementierung einfügen. Dabei wird ein Join des Views AN_SEAT_UTILIZATION mit sich selbst (ein sogenannter *Self Join*) durchgeführt, um zwei *Zeitscheiben* (Daten des aktuellen Jahres und des Vorjahres) zu erzeugen und damit die Differenz der durchschnittlichen Auslastung zu ermitteln. Mithilfe von SQLScript können wir zunächst ein Zwischenergebnis in der Tabellenvariablen lt_data speichern und im zweiten Ausdruck verwenden.

```
/********* Begin Procedure Script ************/
BEGIN
   lt_data = select mandt, carrid, connid, year,
                avg(utilization) as utilization
      from "test.a4h.book.chapter04::AN_SEAT_UTILIZATION"
      group by mandt, carrid, connid, year;

   var_out = select c.mandt, c.carrid, c.connid,
      c.year, p.year as prev_year,
      c.utilization as utilization,
      p.utilization as utilization_prev,
      c.utilization - p.utilization as utilization_delta
    from :lt_data as c
    left outer join :lt_data as p
```

```
      on c.mandt = c.mandt and p.carrid = p.carrid and
         c.connid = p.connid and c.year = p.year + 1
      order by c.year desc;
END /********* End Procedure Script ************/
```

Listing 4.17 SQLScript-Implementierung des Calculation Views

Die beiden Zeitscheiben sind in der SQL-Anweisung mit c (*current*) und p (*previous*) bezeichnet, und die wesentliche Verbindung erfolgt über die Join-Bedingung c.year = p.year + 1.

Anschließend wechseln Sie im Bereich SEMANTICS zur Spaltendefinition des Views. Dort können Sie auswählen, welche Spalten des Ausgabeparameters var_out durch den Calculation View exponiert werden. Außerdem legen Sie fest, ob die Spalten als Attribut oder als Kennzahl exponiert werden. Wie bei modellierten Calculation Views können Sie bei Bedarf auch Hierarchien und Variablen anlegen.

View-Spalten definieren

Nach erfolgreicher Aktivierung können Sie sich im Data Preview das Resultat ansehen. Abbildung 4.34 zeigt eine Darstellung der prozentualen Zunahme oder Abnahme der Sitzplatzauslastung über die Jahre für die Verbindungen der Fluggesellschaft »LH«.

Ergebnis

Abbildung 4.34 Data Preview für den Calculation View CA_SEAT_UTILIZATION_DELTA

4.4.4 Laufzeitobjekte und SQL-Zugriff

Wie in Abschnitt 2.4.3, »SAP HANA Studio«, beschrieben, entstehen bei der Aktivierung von Views aus dem SAP HANA Repository im

Adressierung über SQL

Datenbankkatalog Column Views im Schema _SYS_BIC, die über normales SQL angesprochen werden können. Diese Column Views bilden auch die Basis für den ABAP-Zugriff, wie Sie in Abschnitt 5.1, »Einbindung von analytischen Views«, sehen werden. Die genauen *Laufzeitobjekte* hängen dabei vom View-Typ und der genauen Modellierung ab. In der Regel gibt es ein führendes Objekt, das für einen Zugriff als primäre Schnittstelle dient, und zusätzliche technische Objekte.

Attribute Views

Column Views

In diesem Abschnitt gehen wir auf die Spezifika bei Attribute Views ein. Zu jedem Attribute View gibt es zunächst einen zugehörigen Column View. Zusätzlich wird für jede Hierarchie ein weiterer Column View erzeugt. Für unseren Attribute View AT_FLIGHT finden Sie damit die in Abbildung 4.35 gelisteten Column Views im Datenbankkatalog im Schema _SYS_BIC.

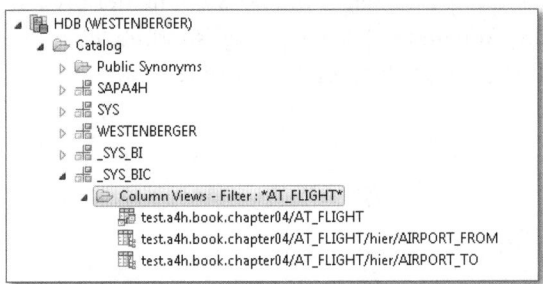

Abbildung 4.35 Generierte Column Views für den Attribute View AT_FLIGHT

Beachten Sie, dass die Laufzeitobjekte stets den Paketnamen beinhalten. Dies ist notwendig, da Sie in verschiedenen Paketen Objekte mit dem gleichen Namen anlegen können.

Öffentliches Synonym

Zusätzlich gibt es ein öffentliches Synonym (*Public Synonym*), über das alternativ zugegriffen werden kann:

```
"test.a4h.book.chapter04::AT_FLIGHT"
```

Sie können auf Attribute Views über normales SQL zugreifen. Sie sollten dabei aber beachten, dass Attribute Views nicht für Berechnungen, wie etwa Aggregationen auf einer Spalte, optimiert sind, sondern für eine effiziente Join-Berechnung. Mit anderen Worten: Nicht jede SQL-Anweisung ist für jeden View-Typ in SAP HANA sinnvoll.

Analytic Views

Zusätzlich zu dem primären Laufzeitobjekt wird für jeden Analytic View eine Reihe weiterer Column Views erzeugt, abhängig vom Vorkommen von Hierarchien, Kennzahlen und berechneten Feldern. Für Sie als Anwendungsentwickler spielt dies nur eine untergeordnete Rolle. Das führende Laufzeitobjekt des Analytic Views `AN_BOOKING` im Paket `test.a4h.book.chapter04` können Sie analog zu Attribute Views wieder über ein öffentliches Synonym ansprechen:

```
test.a4h.book.chapter04::AN_BOOKING
```

Beim Zugriff über SQL müssen Sie beachten, dass Analytic Views für einen aggregierten Zugriff und nicht für einen Einzelzugriff gedacht sind. Es wird z. B. nicht unterstützt, einfach über die folgende Anweisung alle Zeilen zu lesen:

Einschränkungen beim Zugriff über SQL

```
; Folgender Zugriff führt zu Fehlermeldung
SELECT * from "test.a4h.book.chapter04::AN_BOOKING";
```

Stattdessen müssen Sie stets eine Aggregation (`COUNT`, `SUM` etc.) und eine zugehörige Gruppierung verwenden. Darüber hinaus können Sie Analytic Views nicht direkt über SQL mit anderen Tabellen oder Views verknüpfen, da Sie nur über Spalten des Analytic Views gruppieren können. Wir haben dies im Abschnitt »Implementierung von Calculation Views über SQLScript« in Abschnitt 4.4.3 im Rahmen eines Beispiels erläutert.

Falls Sie Eingabeparameter für den View definiert haben, können Sie diese bei einer SQL-Anfrage wie in folgendem Beispiel übergeben:

Eingabeparameter

```
SELECT <Spalten> FROM <View> ('PLACEHOLDER' = ('$$TARGET_
CURRENCY$$', 'EUR')) WHERE ... GROUP BY ...
```

Calculation Views

Ebenso wie bei Attribute und Analytic Views gibt es auch bei Calculation Views ein führendes Laufzeitobjekt mit einem kanonischen Namen, z. B. für unseren View `CA_FLIGHT_STATISTIC` ein öffentliches Synonym mit dem Namen:

```
test.a4h.book.chapter04::CA_FLIGHT_STATISTIC
```

Darüber hinaus gibt es auch bei Calculation Views wieder spezielle technische Column Views für die Hierarchien und Kennzahlen.

Datenbank-
prozedur

Bei einem implementierten Calculation View legt das System außerdem eine Datenbankprozedur und einen Tabellentyp für den Ausgabeparameter var_out der Datenbankprozedur an.

4.4.5 Zugriff auf Column Views über Microsoft Excel

Bisher haben Sie nur gesehen, wie Sie sich über den Data Preview im SAP HANA Studio das Ergebnis eines Views ansehen können. Dies ist für erste Tests ausreichend, die Ergebnisse werden jedoch einerseits abgeschnitten (es gibt eine maximale Anzahl von Zeilen), und andererseits sind die Analysemöglichkeiten im Data Preview eingeschränkt.

SAP bietet eine Vielzahl von Werkzeugen, um auf SAP HANA Views zugreifen zu können. Insbesondere ist es möglich, mithilfe der *SAP BusinessObjects Business Intelligence Platform* Analysen, Dashboards etc. auf Basis von SAP HANA Views zu bauen. Es gibt auch eine Integration der SAP HANA Views in die Datenmodellierung in SAP BW. Auf diese fortgeschrittenen Optionen kommen wir in Kapitel 9, »Integration analytischer Funktionalität«, zurück.

SAP HANA Client
Package for
Microsoft Excel

In diesem Abschnitt wollen wir Ihnen eine relativ einfache Möglichkeit für den Zugriff aus Microsoft Excel vorstellen, für die Sie nur den *SAP HANA Client* benötigen, der zum Lieferumfang von SAP HANA gehört. Für die Details zur Installation verweisen wir an dieser Stelle auf die Dokumentation. Nach der Installation dieses Pakets sollten Sie in Microsoft Excel den SAP HANA MDX Provider als OLE-DB-Provider (Object-Linking-and-Embedding-Datenbankschnittstelle) im Datenimport-Wizard finden (siehe Abbildung 4.36).

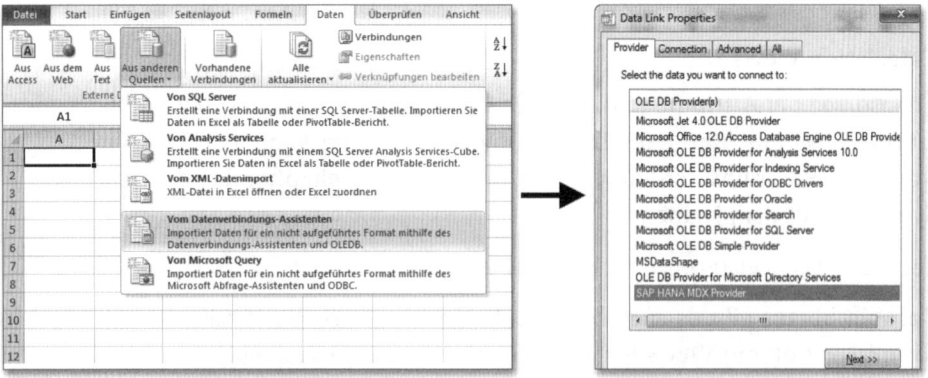

Abbildung 4.36 Datenimport über OLE-DB-Provider in Microsoft Excel

Sie können damit die Daten aus einem Analytic oder Calculation View in eine *Pivot-Tabelle* in Microsoft Excel importieren. Nach erfolgreichem Verbindungsaufbau des OLE-DB-Treibers wird Ihnen ein Auswahldialog mit den zur Verfügung stehenden SAP HANA Views angezeigt (siehe Abbildung 4.37).

Datenimport in eine Pivot-Tabelle

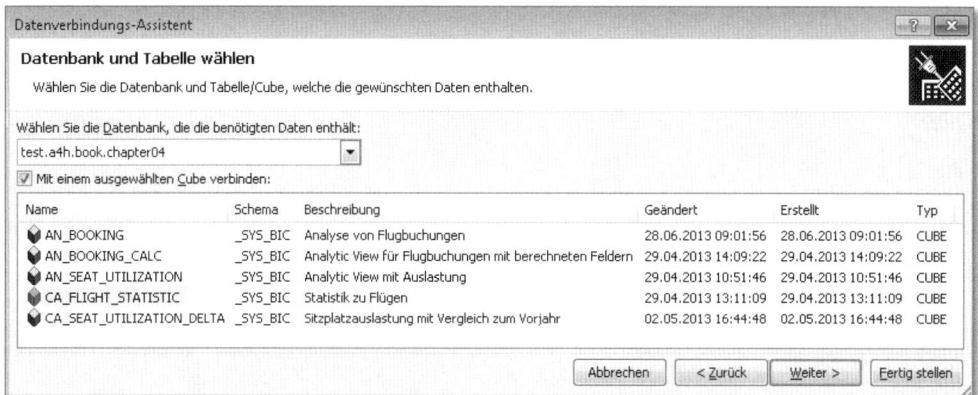

Abbildung 4.37 Import von SAP HANA Views in Microsoft Excel

Danach können Sie die Funktionen von Pivot-Tabellen in Microsoft Excel basierend auf den Daten des SAP HANA Views nutzen. Abbildung 4.38 zeigt eine Darstellung der Daten des Analytic Views AN_BOOKING, den wir in Abschnitt 4.4.2, »Analytic Views«, angelegt haben, bei der eine Hierarchie für den Abflughafen genutzt wird.

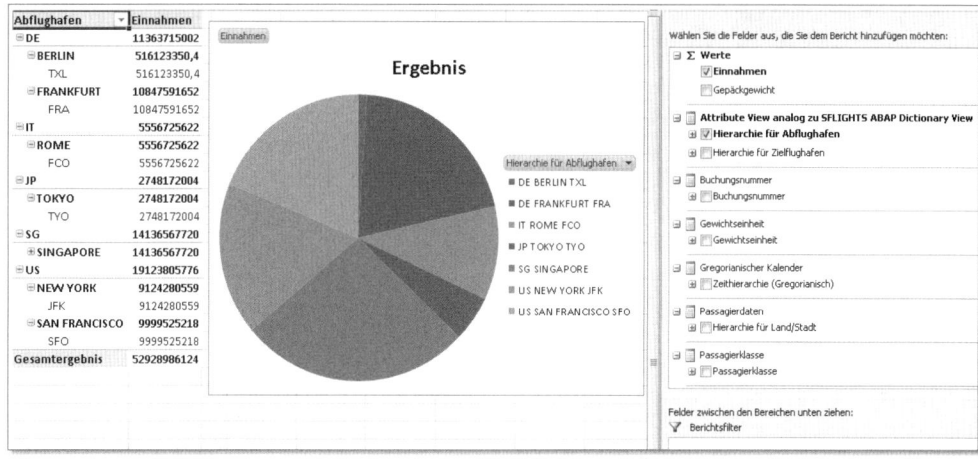

Abbildung 4.38 Pivot-Tabelle in Microsoft Excel, basierend auf dem Analytic View AN_BOOKING

ABAP-Entwickler möchten über das SAP HANA Studio ange-
legte Views und Datenbankprozeduren in ABAP nutzen.
Außerdem sind sie ein leistungsfähiges Transportwesen
gewöhnt und erwarten einen konsistenten Transport nativer
SAP-HANA-Entwicklungsobjekte über das Change and
Transport System.

5 Einbindung nativer SAP-HANA-Entwicklungsobjekte in ABAP

In Kapitel 4, »Native Datenbankentwicklung mit SAP HANA«, haben wir Ihnen gezeigt, wie Sie analytische Modelle (Views) und Datenbankprozeduren über das SAP HANA Studio anlegen können. Nun möchten wir Ihnen erklären, wie Sie diese nativen HANA-Objekte aus ABAP heraus aufrufen können.

Außerdem möchten wir Ihnen erläutern, wie Sie ABAP-Programme, die native HANA-Objekte nutzen, konsistent in Ihrer Systemlandschaft transportieren können.

5.1 Einbindung von analytischen Views

Sie haben in den vorangegangenen Abschnitten gelernt, wie Sie die unterschiedlichen Arten von Views im SAP HANA Studio modellieren können und wie Sie mit dem Data Preview oder in Microsoft Excel auf die Ergebnisse des Views zugreifen können. Wir haben Ihnen in Abschnitt 4.4.4, »Laufzeitobjekte und SQL-Zugriff«, auch bereits gezeigt, wie Sie über SQL die generierten Column Views adressieren können.

In diesem Abschnitt gehen wir auf den Zugriff aus ABAP ein. Wir müssen dabei zwischen ABAP-Release 7.4 und älteren Versionen unterscheiden. Vor ABAP 7.4 ist die einzige Zugriffsmöglichkeit die über natives SQL, was wir Ihnen in Abschnitt 5.1.1, »Zugriff über natives SQL«, kurz vorstellen werden. Ab ABAP 7.4 können Sie die

Zugriff vor und mit ABAP-Release 7.4

Views aus dem SAP HANA Repository in das ABAP Dictionary importieren und danach auf diese über Open SQL zugreifen. Darauf gehen wir in den Abschnitten 5.1.2, »Externe Views im ABAP Dictionary«, und 5.1.3, »Zugriffsmöglichkeiten auf externe Views«, im Detail ein. Im letzten Abschnitt geben wir Ihnen einige Empfehlungen, Tipps und Tricks für die SAP-HANA-View-Modellierung.

5.1.1 Zugriff über natives SQL

Bei allen vorgestellten View-Typen in SAP HANA entsteht bei der Aktivierung ein Column View im Datenbankkatalog im Schema _SYS_BIC mit einem öffentlichen Synonym (*Public Synonym*), z. B. 'test.a4h.book.chapter04::AT_FLIGHT'.

Über diesen Bezeichner können Sie aus ABAP auf diesen View zugreifen. Listing 5.1 zeigt den Zugriff auf den Attribute View AT_FLIGHT, den wir in Abschnitt 4.4.1, »Attribute Views«, angelegt haben über ADBC.

```
" Definition der Resultatstruktur
TYPES: BEGIN OF ty_data,
         carrid    TYPE s_carr_id,
         connid    TYPE s_conn_id,
         fldate    TYPE s_date,
         route     TYPE string,
       END OF ty_data.

CONSTANTS: gc_view TYPE string VALUE
                'test.a4h.book.chapter04::AT_FLIGHT'.
DATA: lt_data TYPE TABLE OF ty_data.

" Zugriff auf Attribute View
DATA(lv_statement) =
   | SELECT carrid, connid, fldate, route |
&& |  FROM "{ gc_view }"|
&& |  WHERE mandt = '{ sy-mandt }' ORDER BY fldate|.

TRY.
   " SQL-Verbindung und Statement vorbereiten
   DATA(lo_result_set) =
      cl_sql_connection=>get_connection(
         )->create_statement(
            tab_name_for_trace = conv #( gc_view )
         )->execute_query( lv_statement ).
```

```
    " Resultat abholen
    lo_result_set->set_param_table( REF #( lt_data ) ).
    lo_result_set->next_package( ).
    lo_result_set->close( ).
  CATCH cx_sql_exception INTO DATA(lo_ex).
    " Fehlerbehandlung
&& | WHERE mandt = '{ sy-mandt }' ORDER BY fldate|.
    WRITE: | { lo_ex->get_text( ) } |.
ENDTRY.

LOOP AT lt_data ASSIGNING FIELD-SYMBOL(<l>).
  WRITE: / <l>-carrid , <l>-connid, <l>-fldate,
           <l>-route .
ENDLOOP.
```

Listing 5.1 Zugriff auf einen Attribute View über ADBC

Wie Sie sehen, handelt es sich um einen herkömmlichen nativen SQL-Zugriff. Falls es bei der Ausführung zu einem Fehler kommt, erhalten Sie im Text der SQL-Exception Hinweise auf die Ursache. Neben den SQL-Code-Fehlern, die Sie auch beim Zugriff über die SQL-Konsole sehen, können auch Fehler bei der Abbildung in die ABAP-Zielstruktur auftreten. Wir kommen darauf in den Empfehlungen in Abschnitt 5.1.4 zurück.

5.1.2 Externe Views im ABAP Dictionary

In ABAP 7.4 gibt es im ABAP Dictionary einen neuen View-Typ, einen sogenannten *externen View*, der es erlaubt, im SAP HANA Repository definierte Views in das ABAP Dictionary zu importieren. Der View wird als extern bezeichnet, weil er nicht vollständig im ABAP Dictionary definiert ist, sondern als eine Art *Proxy* (also Stellvertreter) dient, über den ein Zugriff aus ABAP auf den zugehörigen Column View im Schema _SYS_BIC möglich ist.

Einen externen View können Sie ausschließlich über die ABAP Development Tools in Eclipse definieren. Dazu legen Sie ein neues Entwicklungsobjekt vom Typ DICTIONARY VIEW an. Abbildung 5.1 zeigt den Anlagedialog anhand des Attribute Views AT_FLIGHT.

Externen View in Eclipse anlegen

Während der Anlage wird geprüft, ob sich der View in das ABAP Dictionary importieren lässt. Sie müssen dabei beachten, dass nicht alle HANA-Datentypen in ABAP unterstützt werden. Wenn Sie also berechnete Attribute definieren oder in Views auf Tabellen zugreifen,

Prüfung der Importierbarkeit

die nicht über das ABAP Dictionary angelegt wurden, können potenziell solche nicht unterstützen Datentypen auftauchen. In diesem Fall erhalten Sie einen Fehler beim Anlegen des externen Views und können diesen View nicht importieren. Die Liste der unterstützten Datentypen entnehmen Tabelle 3.1 in Abschnitt 3.1.3, »Datentypen«.

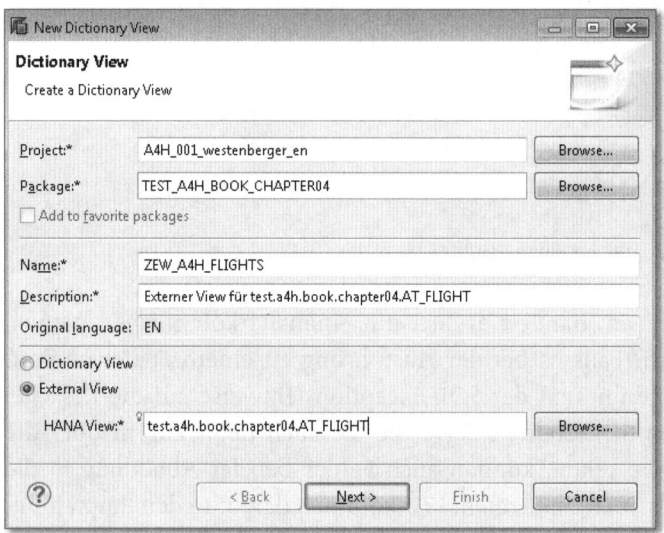

Abbildung 5.1 Anlegen eines externen Views im ABAP Dictionary

View-Struktur und Synchronisierung
Nach erfolgreichem Import des SAP HANA Views in das ABAP Dictionary zeigt der Editor die Struktur des Views mit Abbildung der Datentypen (siehe Abbildung 5.2). Zusätzlich gibt es in dem Dialog einen Button zum Synchronisieren (SYNCHRONIZE) des Views nach einer Änderung der Struktur des zugehörigen Views im SAP HANA Studio. Falls Sie also Attribute in die Ausgabestruktur aufnehmen, Attribute löschen oder Datentypen ändern, müssen Sie den externen View abgleichen, da es ansonsten zu Laufzeitfehlern kommt. Empfehlungen zur Synchronisierung von Entwicklungen in einem Entwicklungsteam geben wir Ihnen in Kapitel 14, »Praxistipps«.

Abbildung von Datentypen
Wie Sie in Abschnitt 3.1.3, »Datentypen«, erfahren haben, ist die Abbildung von SQL-Datentypen auf Dictionary-Typen nicht eindeutig. Vom Datentyp hängt aber die richtige Behandlung von Operationen ab (z. B. die Berechnung von Differenzen bei einem Datum). Aus diesem Grund müssen Sie als Entwickler die Zuordnung des richtigen ABAP-Datentyps manuell vornehmen.

Abbildung 5.2 Externer ABAP Dictionary View, basierend auf einem Attribute View

Tabelle 5.1 zeigt anhand des Beispiel-Views `AT_FLIGHT` die möglichen Datentypzuordnungen für einige Spalten.

Spalte	SQL-Datentyp	Mögliche Dictionary-Typen
`CARRID`	`NVARCHAR(3)`	`CHAR(3)`, `NUMC(3)`, `SSTR`, `CLNT`, `UNIT`, `CUKY`
`FLDATE`	`NVARCHAR(8)`	`CHAR(8)`, `NUMC(8)`, `SSTR`, `DATS`
`CARRNAME`	`NVARCHAR(20)`	`CHAR(20)`, `NUMC(20)`, `SSTR`

Tabelle 5.1 Beispiel für mögliche Typzuordnungen

Bei dem externen View in Abbildung 5.2 haben wir daher manuell der Spalte `FLDATE` den ABAP-Datentyp `DATS` zugeordnet. Dies mag auf den ersten Blick merkwürdig erscheinen, da diese Information ja in der zugrunde liegenden Dictionary-Tabelle bereits vorliegt, die Spalten von Column Views in SAP HANA haben jedoch keine für das ABAP Dictionary ersichtliche Referenz auf Spalten existierender Tabellen. Zum Beispiel könnte die Spalte `FLDATE` auch ein berechnetes Attribut sein.

Die Definition eines externen Views, der auf einem Analytic View oder Calculation View basiert, funktioniert wie auf der Basis eines

Voraussetzungen

Attribute Views. Das ABAP Dictionary verfügt bei einem externen View aktuell über kein Wissen darüber, um welchen speziellen HANA-View-Typ es sich handelt. Voraussetzung für die Verwendung externer Views ist lediglich, dass der View im SAP HANA Repository definiert ist. Column Views, die lediglich im Datenbankkatalog vorhanden sind (z. B. durch eine Generierung), können Sie nicht in das ABAP Dictionary importieren.

Auf den Transport von externen Views (und anderen HANA-spezifischen Entwicklungen) gehen wir in Abschnitt 5.3, »Transport nativer Entwicklungsobjekte«, ein.

5.1.3 Zugriffsmöglichkeiten auf externe Views

Vorteile   Der wesentliche Vorteil externer Views besteht darin, dass ein Zugriff auf SAP HANA Views auch über Open SQL möglich ist. Sie können daher insbesondere von folgenden Qualitäten in Open SQL profitieren:

- Syntaxprüfung durch den ABAP Compiler und Vorschlagswerte bei der Entwicklung (*Code Completion*)

- automatische Mandantenbehandlung

- Iterieren über eine Ergebnismenge innerhalb einer SELECT-Schleife

- Verwendung des Ausdrucks INTO CORRESPONDING FIELDS zur passenden Selektion in eine Zielstruktur unabhängig von der Reihenfolge in der Projektionsliste

- Verwendung von IN bei der WHERE-Bedingung zur Übertragung von Selektionsoptionen

Zugriff per   Listing 5.2 setzt den Zugriff auf den externen View aus Abbildung
Open SQL   5.2 um und entspricht funktional der ADBC-Zugriffsvariante aus Listing 5.1. Wie Sie sehen, hat sich der für den Zugriff notwendige ABAP-Code deutlich reduziert und entspricht einem Zugriff auf einen Standard-Dictionary-View.

```
REPORT ZR_A4H_CHAPTER4_VIEW_OPEN.

DATA: wa TYPE zev_a4h_flights.
" Daten von externem View lesen
SELECT carrid connid fldate route
     FROM zev_a4h_flights
```

```
     INTO CORRESPONDING FIELDS OF wa.
  WRITE: / wa-carrid, wa-connid, wa-fldate, wa-route.
ENDSELECT.
```

Listing 5.2 Zugriff auf externen View über Open SQL

> **Mögliche Laufzeitfehler beim Zugriff auf externe Views**
>
> Auch bei dem Open-SQL-basierten Zugriff auf einen externen View wird letztlich eine SQL-Abfrage auf den zugehörigen Column View in SAP HANA ausgeführt. Dabei gelten die gleichen Regeln und Restriktionen wie bei einem Zugriff mit nativem SQL.
>
> Wie wir in Abschnitt 4.4.4, »Laufzeitobjekte und SQL-Zugriff«, erklärt haben, müssen Sie etwa beim Zugriff auf Analytic Views über SQL einige Einschränkungen beachten. Eine nicht unterstützte Anfrage über Open SQL führt zu einem Laufzeitfehler. Dies erfordert von Ihnen als ABAP-Entwickler eine gewisse Vorsicht, da beim normalen Open-SQL-basierten Zugriff auf ABAP-Tabellen solche Fehler eher selten vorkommen. Auf die Werkzeuge zur Fehleranalyse und die möglichen Laufzeitfehler bei einem SQL-Zugriff kommen wir in Abschnitt 7.2, »Fehleranalyse«, zurück.

[!]

Neben dem Open-SQL-basierten Zugriff können Sie externe Views auch über natives SQL ansprechen. Diese auf den ersten Blick etwas merkwürdig erscheinende Variante ist dennoch sinnvoll, falls Sie etwa über eine SQL-Abfrage auf einen SAP HANA View zugreifen wollen, die über Open SQL nicht möglich ist. Ein Beispiel ist eine *Fuzzy-Suche* in einem Attribute View (siehe Abschnitt 10.4, »Einsatz der Textsuche in ABAP«). Im Vergleich zu einem Zugriff über natives SQL auf den generierten Column View im Schema _SYS_BIC hat der externe View den Vorteil, dass es dabei im ABAP Dictionary bereits eine geeignete Zielstruktur für eine Selektion über ADBC gibt.

Nativer Zugriff über ADBC

5.1.4 Empfehlungen

Zum Abschluss dieses Abschnitts wollen wir Ihnen einige Empfehlungen für die Verwendung von SAP HANA Views geben. Wir beschränken uns dabei auf funktionale Empfehlungen. Für Werkzeuge und Empfehlungen zur Performanceanalyse verweisen wir auf Kapitel 7, »Laufzeit- und Fehleranalyse auf SAP HANA«, und Kapitel 14, »Praxistipps«, wo wir auch Designaspekte wie Namenskonventionen aufgreifen werden.

Falls der Funktionsumfang von Standard-ABAP-Dictionary-Views für Sie ausreicht und Sie diese in der Vergangenheit verwendet haben,

Verwendung der View-Typen

gibt es keine Notwendigkeit, Ihre Anwendung auf einen nativen SAP HANA View umzubauen. Im nächsten Kapitel werden Sie über CDS-Views eine Möglichkeit kennenlernen, wie Sie auch direkt in ABAP komplexe Sichten mit berechneten Feldern definieren können.

Für spezielle analytische Szenarien bieten allerdings die modellierten SAP HANA Views einen einfachen Zugang. Welcher der drei vorgestellten View-Typen in SAP HANA für Ihr Szenario der richtige ist, können Sie über den folgenden Fragenkatalog bestimmen:

- Geht es um eine Sicht auf Stammdaten, die eventuell durch berechnete Attribute erweitert werden? Hier sollte der Attribute View der Startpunkt sein.

- Handelt es sich um eine Datenanalyse von Bewegungsdaten, basierend auf einem Sternschema? In diesem Fall sollte der Analytic View der erste Anlaufpunkt sein, wobei Sie die Dimensionen als Attribute Views realisieren.

- Müssen Sie Ergebnisse aus verschiedenen Tabellen und HANA-Views zusammenbringen oder adaptieren? In diesem Fall bietet sich der modellierte Calculation View an. Falls die modellierte Variante für einen Teil Ihres Szenarios nicht ausreicht, können Sie für diesen Teil auf eine SQLScript-basierte Implementierung ausweichen.

Mandanten-behandlung
Bei der Modellierung von Views sollten Sie auf die richtige Behandlung des Mandanten achten. Wir empfehlen Ihnen auch, stets das Mandantenfeld als erstes Feld des Views aufzunehmen und sicherzustellen, dass Sie den Mandanten in die Join-Modellierung aufgenommen haben. In den meisten Fällen sollte der Konfigurationswert SESSION CLIENT für Views, die auf ABAP-Tabellen aus dem gleichen System basieren, die richtige Einstellung sein. Falls Tabellen durch eine Replikation aus einem anderen System entstanden sind, kann auch ein fester Wert für den Mandanten sinnvoll sein. Nur in wenigen Fällen macht hingegen ein Zugriff über Mandantengrenzen hinweg Sinn.

Schema-behandlung
Sie sollten für Analytic und Calculation Views stets das richtige Standardschema auswählen. In diesem Schema wird insbesondere das für Konvertierungen relevante Customizing gesucht, wenn keine spezielle Einstellung am Attribut vorgenommen wurde. Noch wichtiger ist die Einstellung des Standardschemas bei der implementierten Variante von Calculation Views.

Sie sollten externe Views nur für solche SAP HANA Views definieren, über die Sie aus ABAP zugreifen wollen, da Sie diese bei Änderungen manuell synchronisieren müssen. Ebenso ist es nicht empfehlenswert, mehrere externe Views für einen SAP HANA View zu
definieren.

Definition von
externen Views

Falls Sie bei der Aktivierung von SAP HANA Views Fehlermeldungen
erhalten, finden Sie in der Regel im Fehlertext Hinweise auf die Ursache. Die richtige Interpretation der Fehlermeldung erfordert jedoch
in manchen Fällen ein wenig Erfahrung. Aus diesem Grund ist eine
gewisse Heuristik bei der Fehleranalyse sinnvoll. Zunächst sollten Sie
sicherstellen, dass Sie bei Attribute Views mindestens ein Feld als
Schlüsselfeld ausgezeichnet sowie bei Analytic Views mindestens
eine Kennzahl definiert haben. Falls es berechnete Attribute in Ihrem
View gibt, sollten Sie prüfen, ob Sie eventuell bei dem zugehörigen
Ausdruck einen Fehler gemacht haben.

Fehleranalyse

Falls Sie bei der Fehleranalyse einmal nicht weiterkommen, können
Sie das zugehörige Attribut (z. B. in einer Kopie des Views) probe-
weise einmal entfernen. Falls Sie beim Aufruf des Data Previews eine
Fehlermeldung oder unerwartete Daten bekommen, deutet das in
vielen Fällen auf einen Fehler bei der Join-Modellierung hin. Im Fall
von Währungskonvertierungen kann es durch einen fehlenden Mandantenkontext zu Fehlern kommen.

Beim Zugriff auf einen SAP HANA View aus ABAP über natives SQL
sollten Sie den Namen des Views mitgeben (über den Parameter `tab_
name_for_trace` wie in Listing 5.1 oder über die Methode `SET_TAB-
LE_NAME_FOR_TRACE`), der in Support-Szenarien eine einfachere Fehler-
analyse erlaubt.

5.2   Einbettung von nativen Prozeduren in ABAP

In Kapitel 4, »Native Datenbankentwicklung mit SAP HANA«, haben
Sie gelernt, was SQLScript ist und wie Sie es zur Implementierung
von Datenbankprozeduren nutzen können. Nun möchten wir Ihnen
erklären, wie Sie Datenbankprozeduren aus ABAP aufrufen. Dabei
unterscheiden wir zwei Möglichkeiten:

- Zugriff über *natives SQL* und *ABAP Database Connectivity* (*ADBC*, siehe auch Kapitel 3, »Datenbankprogrammierung mit dem SAP NetWeaver AS ABAP«)

- Nutzung von sogenannten *Database Procedure Proxies*

Voraussetzungen   Der Aufruf von Datenbankprozeduren in SAP HANA über ADBC ist ab dem ABAP-Release 7.0 und SAP-Kernel 7.20 möglich. Die Database Procedure Proxies stehen ab dem Release 7.4 zur Verfügung. Sie setzen voraus, dass SAP HANA als Primärdatenbank genutzt wird. Außerdem unterstützen Database Procedure Proxies ausschließlich das – eigentlich veraltete – XML-Dateiformat (*.procedure*).

5.2.1   Zugriff über natives SQL

Wie in Abschnitt 4.3, »Datenbankprozeduren«, beschrieben, erzeugt das System bei der Aktivierung einer Datenbankprozedur verschiedene Laufzeitobjekte im Datenbankkatalog (z. B. im Schema _SYS_BIC) sowie ein öffentliches Synonym. Darüber können Sie über natives SQL aus ABAP auf die Datenbankprozedur zugreifen.

Nachteile von nativem SQL   Die Verwendung von nativem SQL zum Aufruf einer Datenbankprozedur ist allerdings verhältnismäßig umständlich und fehleranfällig. Tabellarische Eingabe- und Ausgabeparameter können Sie, wie Sie im weiteren Verlauf dieses Abschnitts sehen werden, nur über temporäre Tabellen mit der Datenbankprozedur austauschen. Außerdem erkennt der SAP NetWeaver AS ABAP Syntaxfehler in nativen SQL-Anweisungen erst zur Laufzeit. Für mehr Details verweisen wir Sie auf die Erläuterungen in Kapitel 3, »Datenbankprogrammierung mit dem SAP NetWeaver AS ABAP«.

Beispiele   Wir beschreiben Ihnen die Verwendung von nativem SQL zum Zugriff auf Datenbankprozeduren anhand mehrerer Beispiele im Detail. Zunächst betrachten wir dazu eine Datenbankprozedur, die auf Basis der Kurzbezeichnung den Namen einer Fluggesellschaft ermittelt. Für die anschließend folgenden Beispiele greifen wir auf bereits bekannte Datenbankprozeduren aus Kapitel 4, »Native Datenbankentwicklung mit SAP HANA«, zurück.

Beispiel 1: Aufruf einer Datenbankprozedur

Für den Aufruf einer Datenbankprozedur über ADBC stellt die Klasse CL_SQL_STATEMENT die Methode EXECUTE_PROCEDURE zur Verfügung.

Diese können Sie nutzen, solange eine Datenbankprozedur keine
tabellarischen Eingabe-/Ausgabeparameter hat.

Das Programm ZR_A4H_CHAPTER5_CARRNAME_ADBC zeigt die Verwendung der Methode EXECUTE_PROCEDURE beispielhaft (siehe Listing
5.3). Es ruft die Datenbankprozedur DETERMINE_CARRNAME auf. Diese
hat folgende Eingabe- und Ausgabeparameter:

Beispiel für Aufruf

▸ IV_MANDT (Mandant)

▸ IV_CARRID (Kurzbezeichnung einer Fluggesellschaft)

▸ EV_CARRNAME (Name einer Fluggesellschaft)

```abap
PARAMETERS: p_carrid TYPE s_carr_id.

DATA: lo_sql_statement  TYPE REF TO cl_sql_statement,
      lv_carrname TYPE s_carrname.

TRY.
  " create statement
  lo_sql_statement =
  cl_sql_connection=>get_connection(
  )->create_statement( ).

  " bind parameters
  lo_sql_statement->set_param( data_ref =
  REF #( sy-mandt )
  inout = cl_sql_statement=>c_param_in ).

  lo_sql_statement->set_param( data_ref =
  REF #( p_carrid )
  inout = cl_sql_statement=>c_param_in ).

  lo_sql_statement->set_param( data_ref =
  REF #( lv_carrname )
  inout = cl_sql_statement=>c_param_out ).

  " call procedure
  lo_sql_statement->execute_procedure(
 '"test.a4h.book.chapter04::DETERMINE_CARRNAME"' ).

CATCH cx_sql_exception INTO DATA(lo_ex).
  " error handling
  WRITE: | { lo_ex->get_text( ) } |.
ENDTRY.

WRITE: / lv_carrname.
```

Listing 5.3 Aufruf einer Datenbankprozedur über natives SQL

Erläuterung des
Programms
Das Programm erzeugt zunächst eine Instanz der Klasse CL_SQL_STATE-MENT. Danach belegt es die Eingabe- und Ausgabeparameter der Datenbankprozedur durch Aufruf der Methode SET_PARAM mit den Aktualparametern. Anschließend ruft es die Methode EXECUTE_PRO-CEDURE auf.

Beispiel 2: Tabellarische Ausgabeparameter

Alternativ können Sie eine Datenbankprozedur auch über die Methode EXECUTE_QUERY (zusammen mit dem Zusatz WITH OVERVIEW) ausführen. Dies funktioniert auch bei Datenbankprozeduren mit tabellarischen Eingabe- und Ausgabeparametern.

Beispiel für
Ausgabe-
parameter
Das Programm ZR_A4H_CHAPTER5_TOP_ADBC in Listing 5.4 zeigt die Verwendung der Methode EXECUTE_QUERY beispielhaft, indem es die Datenbankprozedur DETERMINE_TOP_CONNECTIONS aufruft. Diese ermittelt die wichtigsten Verbindungen einer Fluggesellschaft und hat folgende Eingabe- und Ausgabeparameter:

▸ IV_MANDT (Mandant)

▸ IV_CARRID (Kurzbezeichnung einer Fluggesellschaft)

▸ IV_ALGORITHM (steuert, wie die wichtigsten Verbindungen ermittelt werden sollen)

▸ ET_CONNECTIONS (Tabellenparameter; enthält die Kurzbezeichnung CARRID der Fluggesellschaft sowie den Verbindungscode CONNID)

```
PARAMETERS: p_carrid TYPE s_carr_id.

" Definition der Resultatstruktur
TYPES: BEGIN OF ty_connections,
         carrid TYPE s_carr_id,
         connid TYPE s_conn_id,
       END OF ty_connections.

DATA: lt_connections TYPE TABLE OF ty_connections,
      lv_statement TYPE string,
      lo_result_set TYPE REF TO cl_sql_result_set,
      lo_connections TYPE REF TO data.

TRY.
    " lokale temporäre Tabelle löschen
    lv_statement = | DROP TABLE #ET_CONNECTIONS |.
    cl_sql_connection=>get_connection(
  )->create_statement( )->execute_ddl( lv_statement ).
```

```
  CATCH cx_sql_exception.
    " unter Umständen existiert die lokale temporäre
    " Tabelle nicht, diesen Fehler ignorieren wir
ENDTRY.

TRY.
    " lokale temporäre Tabelle anlegen
    lv_statement = | CREATE LOCAL TEMPORARY ROW|
    && | TABLE #ET_CONNECTIONS LIKE "_SYS_BIC".|
    && |"test.a4h.book.chapter04::GlobalTypes.t|
    && |t_connections" |.
    cl_sql_connection=>get_connection(
    )->create_statement( )->execute_ddl( lv_statement ).

    " Datenbankprozedur aufrufen
    lv_statement = | CALL "test.a4h.bo|
    && |ok.chapter04::DETERMINE_TOP_CONNECTIONS|
    && |"( '{ sy-mandt }' , '{ p_carrid }', 'P'|
    && |, #ET_CONNECTIONS ) WITH OVERVIEW |.
    lo_result_set = cl_sql_connection=>get_connection(
      )->create_statement( )->execute_query(
      lv_statement ).
    lo_result_set->close( ).

    " lokale temporäre Tabelle auslesen
    lv_statement = | SELECT * FROM #ET_CONNECTIONS |.
    lo_result_set = cl_sql_connection=>get_connection(
      )->create_statement( )->execute_query(
      lv_statement ).

    " Resultat auslesen
    GET REFERENCE OF lt_connections INTO
      lo_connections.
    lo_result_set->set_param_table( lo_connections ).
    lo_result_set->next_package( ).
    lo_result_set->close( ).
  CATCH cx_sql_exception INTO DATA(lo_ex).

    " Fehlerbehandlung
    WRITE: | { lo_ex->get_text( ) } |.
ENDTRY.

LOOP AT lt_connections ASSIGNING
  FIELD-SYMBOL(<ls_connections>).
  WRITE: / <ls_connections>-carrid ,
          <ls_connections>-connid.
ENDLOOP.
```

Listing 5.4 Behandlung von tabellarischen Ausgabeparametern

Temporäre Tabellen

Wir möchten Ihnen anhand des Programms vor allem die Übergabe tabellarischer Eingabe- und Ausgabeparameter an eine Datenbankprozedur erläutern: Das Programm ZR_A4H_CHAPTER5_TOP_ADBC verwendet zur Übergabe des Tabellenparameters ET_CONNECTIONS die *temporäre Tabelle* #ET_CONNECTIONS.

[»] **Temporäre Tabellen**

Viele Datenbanken, so auch die HANA-Datenbank, bieten Ihnen die Möglichkeit, Zwischen- und Endergebnisse von Kalkulationen *vorübergehend* in sogenannten *temporären Tabellen* zu speichern. Temporäre Tabellen haben, verglichen mit herkömmlichen Tabellen, verschiedene Vorteile für diesen Anwendungsfall:

- Tabellendefinition und Tabelleninhalt werden von der Datenbank automatisch gelöscht, wenn sie nicht mehr benötigt werden.
- Die Datenbank isoliert die Daten paralleler Sitzungen (*Sessions*) automatisch voneinander. Sperren auf temporären Tabellen sind weder notwendig noch möglich.
- Für temporäre Tabellen schreibt die Datenbank kein Transaktionslog.
- Die Verwendung temporärer Tabellen ist in der Regel performanter als die Verwendung herkömmlicher Tabellen.

SAP HANA unterstützt globale und lokale temporäre Tabellen:

- Die Tabellendefinition *globaler* temporärer Tabellen ist sitzungsübergreifend nutzbar. Der Tabelleninhalt ist nur für die aktuelle Session sichtbar, er wird zum Sitzungsende von der Datenbank automatisch gelöscht.
- Bei *lokalen temporären Tabellen* sind sowohl Tabellendefinition als auch Tabelleninhalt nur für die aktuelle Session sichtbar, d. h., beide werden am Ende der Sitzung von der Datenbank automatisch gelöscht.

Nutzung über den AS ABAP

Hinsichtlich der Nutzung temporärer Tabellen für die Datenübergabe zwischen dem SAP NetWeaver AS ABAP und einer Datenbankprozedur sollten Sie folgende Dinge beachten:

- Wenn Sie mit globalen temporären Tabellen arbeiten, können Sie diese (da sie sitzungsübergreifend nutzbar sind) einmalig anlegen, müssen allerdings organisatorisch sicherstellen, dass der Tabellenname nicht für verschiedene Anwendungsfälle (die eine unterschiedliche Tabellenstruktur voraussetzen) verwendet wird.
- Die Anlage globaler temporärer Tabellen kann bereits zur *Designtime* erfolgen. Dann müssen Sie dafür sorgen, dass die Tabellen nach einem Transport auch in Test- und Produktivsystemen zur Verfügung stehen.

▸ Falls Sie sich zur Anlage globaler temporärer Tabellen zur *Laufzeit (Runtime)* entscheiden, müssen Sie vor jedem Aufruf einer Datenbankprozedur sicherstellen, dass die Tabellenstruktur zur Schnittstelle der aufgerufenen Datenbankprozedur passt (denn diese könnte sich ja zwischenzeitlich geändert haben).

▸ Lokale temporäre Tabellen müssen Sie zumindest einmalig pro Session anlegen (beachten Sie dazu auch die nachfolgenden Erläuterungen zum Verhältnis von ABAP-Workprozess und Datenbankverbindung). Daher können Sie lokale temporäre Tabellen nur zur Run Time eines ABAP-Programms anlegen.

▸ Da jeder ABAP-Workprozess über eine stehende Verbindung mit der Datenbank verbunden ist, stellen mehrere nacheinander durch den gleichen Workprozess ausgeführte ABAP-Programme aus Datenbanksicht eine Session dar. Nach Beendigung eines ABAP-Programms werden daher weder Definition noch Inhalt lokaler (und globaler) temporärer Tabellen automatisch gelöscht.

▸ Sowohl für globale als auch für lokale temporäre Tabellen sollten Sie den Inhalt (der aktuellen Sitzung) vor Aufruf der Datenbankprozedur löschen.

Das Programm `ZR_A4H_CHAPTER5_TOP_ADBC` in Listing 5.4 arbeitet mit einer lokalen temporären Tabelle. Es löscht zunächst über `DROP TABLE #ET_CONNECTIONS` die eventuell bereits vorhandene lokale temporäre Tabelle `#ET_CONNECTIONS`. Anschließend legt es über die Anweisung `CREATE LOCAL TEMPORARY ROW TABLE` eine (neue) lokale temporäre Tabelle mit dem Namen `#ET_CONNECTIONS` an. Dabei bezieht sich das Programm auf den Tabellentyp, der beim Aktivieren der Datenbankprozedur vom System automatisch für den Ausgabeparameter `ET_CONNECTIONS` angelegt wurde. Durch dieses Vorgehen stellt das Programm vor dem Aufruf der Datenbankprozedur sicher, dass die temporäre Tabelle leer ist und zur aktuellen Struktur des Ausgabeparameters `ET_CONNECTIONS` passt.

Jetzt ruft das Programm die Datenbankprozedur über die Methode `EXECUTE_QUERY` auf. Dabei übergibt es `SY-MANDT`, `P_CARRID` und `'P'` an die Eingabeparameter und die temporäre Tabelle `#ET_CONNECTIONS` an den Ausgabeparameter der Datenbankprozedur.

Nach dem Aufruf der Datenbankprozedur liest das Programm den Inhalt der temporären Tabelle `#ET_CONNECTIONS` aus. Der Inhalt ent-

Erläuterung des Programms

spricht den wichtigsten Verbindungen der übergebenen Fluggesellschaft.

Beispiel 3: Tabellarische Eingabeparameter

Wenn eine Datenbankprozedur über tabellarische Eingabeparameter verfügt, können Sie analog zu tabellarischen Ausgabeparametern vorgehen. Das Programm ZR_A4H_CHAPTER5_KPIS_ADBC in Listing 5.5 zeigt, wie Sie die Datenbankprozedur GET_KPIS_FOR_CONNECTIONS für eine Menge von Flugverbindungen aufrufen können. Die Datenbankprozedur ermittelt pro übergebener Verbindung einige Kennzahlen.

Beispiel für Eingabeparameter

Sie hat folgende Eingabe- und Ausgabeparameter:

- IV_MANDT (Mandant)

- IT_CONNECTIONS (Tabellenparameter; enthält die Kurzbezeichnung CARRID der Fluggesellschaft sowie den Verbindungscode CONNID)

- ET_KPIS (Tabellenparameter; enthält die Kennzahlen der Verbindungen)

```
...
LOOP AT lt_connections INTO ls_connections.
  lv_statement = | INSERT INTO #IT_CONNECTIONS VALUES
    ( '{ ls_connections-carrid }', '{ ls_connections-
    connid }' )|.
  cl_sql_connection=>get_connection(
    )->create_statement(
      )->execute_update( lv_statement ).
ENDLOOP.
" Datenbankprozedur aufrufen
lv_statement = | CALL "test.a4h.bo|
&& |ok.chapter04::GET_KPIS_FOR_CONNECTIONS|
&& |"( '{ sy-mandt }' , #IT_CONNECTIONS, #ET_KPIS )
  WITH OVERVIEW |.
lo_result_set = cl_sql_connection=>get_connection(
  )->create_statement( )->execute_query( lv_statement ).
lo_result_set->close( ).
...
```

Listing 5.5 Behandlung von tabellarischen Eingabeparametern

Erläuterung des Programms

Vor dem Aufruf der Datenbankprozedur füllt das Programm die lokale temporäre Tabelle #IT_CONNECTIONS mit den gewünschten Flugverbindungen. Der Aufruf der Datenbankprozedur erfolgt über EXECUTE_QUERY.

5.2.2 Definition von Database Procedure Proxies

Ab dem ABAP-Release 7.4 können Sie einen sogenannten *Database Procedure Proxy* definieren, um aus ABAP nativ auf Datenbankprozeduren zuzugreifen, die im SAP HANA Repository der Primärdatenbank definiert worden sind. Beachten Sie, dass nur das XML-Dateiformat (*.procedure*) unterstützt wird (siehe Abschnitt 4.3, »Datenbankprozeduren«).

Bei einem Database Procedure Proxy handelt es sich (wie der Name bereits vermuten lässt) um ein *Proxy-Objekt*. Dieses repräsentiert eine Datenbankprozedur im ABAP Dictionary.

Mehrere Proxy-Objekte für eine Datenbankprozedur	[!]
Technisch ist es möglich, für eine Datenbankprozedur mehrere Database Procedure Proxies anzulegen. Wir empfehlen dies jedoch *nicht*. Legen Sie zu einer Datenbankprozedur immer maximal ein Proxy-Objekt im ABAP Dictionary an.	

Für jeden Database Procedure Proxy legt das System automatisch auch ein Interface an. Über dieses Interface können Sie Parameternamen und Datentypen, die beim Aufruf der Datenbankprozedur mit ABAP verwendet werden, beeinflussen:

Interface des Proxy-Objekts

- Die Namen von Eingabe- und Ausgabeparametern können Sie in SAP HANA ändern, sobald diese 30 Zeichen überschreiten. In diesem Fall verkürzt das System die Parameternamen zunächst. Sie können die verkürzten Namen bei Bedarf überschreiben.

- Komponentennamen von Tabellenparametern können Sie immer überschreiben.

- Jedem Parameter können Sie den zu verwendenden Datentyp zuordnen. Dies ist wichtig, da die Abbildung von SQL-Datentypen auf ABAP-Datentypen und Dictionary-Datentypen nicht eindeutig ist. Daher kann das System bei der Anlage eines Proxy-Objekts nicht (immer) den richtigen ABAP-Datentyp bzw. Dictionary-Typ ableiten.

Wir werden Ihnen nun erläutern, wie Sie für die Datenbankprozedur `DETERMINE_TOP_CONNECTIONS_XML` ein Proxy-Objekt anlegen. Dazu müssen Sie sich in den ABAP Development Tools in Eclipse befinden. Dort wählen Sie den Menüpunkt File • New • Other… aus. Anschließend selektieren Sie den Eintrag Database Procedure Proxy und kli-

Anlage eines Database Procedure Proxys

cken auf NEXT. Abbildung 5.3 zeigt das Fenster, das daraufhin erscheint.

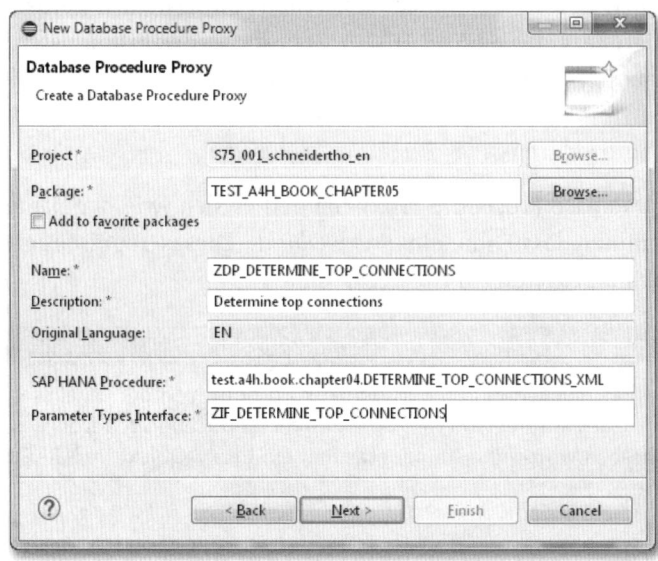

Abbildung 5.3 Anlegen eines Database Procedure Proxys

Parameter für
die Anlage

In diesem Fenster erfassen Sie für den Database Procedure Proxy folgende Daten:

- NAME: Über den Namen des Database Procedure Proxys können Sie die Datenbankprozedur (später) nativ in ABAP aufrufen.

- DESCRIPTION: Bei der Beschreibung handelt es sich um einen erläuternden Text.

- SAP HANA PROCEDURE: Name der (bereits existierenden) Datenbankprozedur im SAP HANA Repository

- PARAMETER TYPES INTERFACE: Name des Interface, das beim Anlegen des Proxy-Objekts automatisch angelegt wird (siehe Listing 5.6)

Nach nochmaligem Klick auf NEXT und anschließendem Klicken des Buttons FINISH legt das System den Database Procedure Proxy und das entsprechende Interface an.

Im PROJECT EXPLORER finden Sie den Database Procedure Proxy im entsprechenden Paket unterhalb des Knotens DICTIONARY • DB PROCEDURE PROXIES. Das Interface liegt (ebenso wie andere Interfaces) im entsprechenden Paket unterhalb des Knotens SOURCE LIBRARY.

Abbildung 5.4 zeigt den Database Procedure Proxy für die Datenbankprozedur DETERMINE_TOP_CONNECTIONS_XML. Wenn Sie Parameternamen oder Datentypen anpassen möchten, können Sie dies in
den Spalten ABAP Name, ABAP Type und DDIC Type Override tun.
Zum Beispiel können Sie die Spalte CONNID des tabellarischen Ausgabeparameters ET_CONNECTIONS auf das Datenelement S_CONN_ID (und
damit auf den ABAP-Datentyp N length 4) abbilden.

Anpassung des
Interface

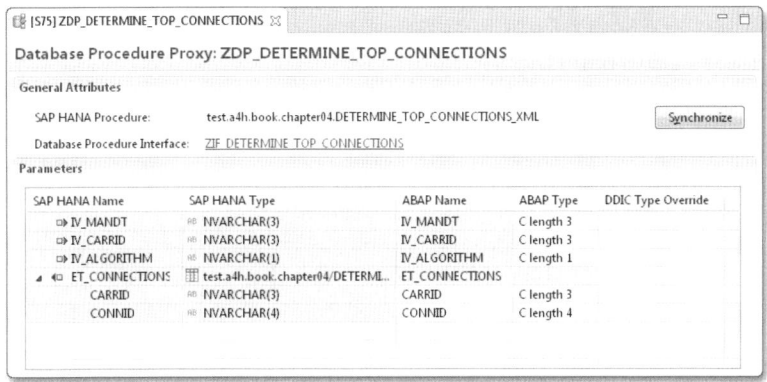

Abbildung 5.4 Database Procedure Proxy und Interface

Listing 5.6 zeigt das automatisch angelegte Interface nach Anpassung
der Datentypen.

```
interface ZIF_DETERMINE_TOP_CONNECTIONS public.
types: iv_mandt type mandt.
types: iv_carrid type s_carr_id.
types: iv_algorithm type c length 1.
types: begin of et_connections,
         carrid type s_carr_id,
         connid type s_conn_id,
       end of et_connections.
endinterface.
```

Listing 5.6 Interface des Proxy-Objekts

5.2.3 Aufruf von Database Procedure Proxies

Nach der Aktivierung des Database Procedure Proxys können Sie das
Proxy-Objekt zum Aufruf der Datenbankprozedur verwenden. Das
Programm ZR_A4H_CHAPTER5_TOP_PROXY in Listing 5.7 zeigt die Ver-
wendung beispielhaft.

```
PARAMETERS: p_carrid TYPE s_carr_id.

DATA: lt_connections TYPE TABLE OF
      zif_determine_top_connections=>et_connections.

TRY.
    CALL DATABASE PROCEDURE
      zdp_determine_top_connections
      EXPORTING
        iv_mandt = sy-mandt
        iv_carrid = p_carrid
        iv_algorithm = 'P'
      IMPORTING
        et_connections = lt_connections.

  CATCH cx_sy_db_procedure_sql_error
    cx_sy_db_procedure_call INTO DATA(lo_ex).
    " Fehlerbehandlung
        iv_algorithm = 'P'
    WRITE: | { lo_ex->get_text( ) } |.
ENDTRY.

LOOP AT lt_connections ASSIGNING
  FIELD-SYMBOL(<ls_connections>).
  WRITE: / <ls_connections>-carrid ,
          <ls_connections>-connid.
ENDLOOP.
```

Listing 5.7 Aufruf eines Database Procedure Proxys

Erläuterung des Programms

Das Programm verwendet die Anweisung CALL DATABASE PROCEDURE, um über den Proxy ZDP_DETERMINE_TOP_CONNECTIONS die Datenbankprozedur DETERMINE_TOP_CONNECTIONS_XML aufzurufen. Bei der Definition der internen Tabelle LT_CONNECTIONS bezieht sich das Programm auf das Interface ZIF_DETERMINE_TOP_CONNECTIONS. Beim Aufruf der Datenbankprozedur eventuell auftretende Probleme (Ausnahmen vom Typ CX_SY_DB_PROCEDURE_SQL_ERROR sowie CX_SY_DB_PROCEDURE_CALL) fängt das Programm ab.

5.2.4 Anpassung von Database Procedure Proxies

Wenn Sie eine Datenbankprozedur – genauer gesagt die Schnittstelle einer Datenbankprozedur – im SAP HANA Studio ändern, nachdem Sie einen Database Procedure Proxy angelegt haben, müssen Sie das Proxy-Objekt mit dem SAP HANA Repository synchronisieren. Dazu steht Ihnen der Button SYNCHRONIZE (siehe Abbildung 5.4) zur Verfügung.

Während des Synchronisationsvorgangs können Sie entscheiden, ob Sie am Proxy-Objekt vorgenommene Anpassungen (Komponentennamen oder Datentypen) beibehalten oder überschreiben wollen.

In Kapitel 6, »Erweiterte Datenbankprogrammierung mit ABAP 7.4«, lernen Sie ABAP-Datenbankprozeduren (*ABAP Managed Database Procedures*) kennen. Diese haben – bei der Verwendung im Rahmen von ABAP – im Vergleich zur Verwendung von Prozeduren, die Sie über das SAP HANA Studio angelegt haben, mehrere Vorteile. Daher empfehlen wir grundsätzlich die Nutzung von ABAP-Datenbankprozeduren, wenn Sie SQLScript innerhalb von ABAP nutzen möchten.

5.3 Transport nativer Entwicklungsobjekte

In diesem Abschnitt möchten wir Ihnen erklären, wie Sie ABAP-Programme, die native HANA-Objekte nutzen, konsistent in Ihrer Systemlandschaft transportieren können. Wir beschäftigen uns dazu mit dem sogenannten *HANA-Transportcontainer*. Auf das *erweiterte Change and Transport System (CTS+)*, das Ihnen ebenfalls Möglichkeiten bietet, gehen wir nicht ein.

Wir nehmen für unsere Ausführungen an, dass Sie sich mit der Entwicklungsorganisation und dem Transport im SAP NetWeaver AS ABAP bereits auskennen.

5.3.1 Exkurs: Entwicklungsorganisation und Transport in SAP HANA

Damit Sie die Funktionsweise des HANA-Transportcontainers (besser) verstehen, geben wir Ihnen in diesem Abschnitt einige Hintergrundinformationen zur Entwicklungsorganisation und zum Transport in SAP HANA.

Entwicklungsorganisation

Die Entwicklungsorganisation in SAP HANA ähnelt in vielerlei Hinsicht der im SAP NetWeaver AS ABAP. Sie unterscheidet sich aber auch in einigen wesentlichen Aspekten von ihr. Wie in Kapitel 2,

»Einführung in die Entwicklungsumgebung«, beschrieben, ist das SAP HANA Repository die zentrale Ablage von Entwicklungsobjekten der HANA-Datenbank.

Namensraum für Kunden

Innerhalb des Repositorys liefert SAP Content unterhalb des Wurzelpakets `sap` aus. Unterhalb dieses Pakets dürfen daher keine Kundenentwicklungen angelegt werden, da diese andernfalls versehentlich überschrieben werden könnten. Bauen Sie stattdessen eine parallele Pakethierarchie für Kundenentwicklungen auf. Verwenden Sie als Wurzelpaket z. B. Ihren Domänennamen.

Lokale Entwicklungen

Einen Sonderfall stellt das Paket `system-local` dar. Es ähnelt von der Idee her den lokalen Paketen des SAP NetWeaver AS ABAP. Verwenden Sie es für Entwicklungsobjekte, die nicht transportiert werden sollen.

Transport

Delivery Units

Ein Transport erfolgt in SAP HANA in der Regel auf Basis einer *Delivery Unit* (übersetzt heißt das so viel wie *Liefereinheit*). Eine Delivery Unit fasst Pakete zusammen, die gemeinsam transportiert bzw. ausgeliefert werden sollen. Sie entspricht konzeptionell weitestgehend einer Softwarekomponente im Sinn des AS ABAP. Während Sie im AS ABAP allerdings in der Regel mit der Softwarekomponente HOME arbeiten, müssen Sie in SAP HANA immer eigene Delivery Units für Kundenentwicklungen anlegen. Voraussetzung dafür ist, dass Sie bzw. ein Administrator vorher den Systemparameter `content_vendor` in der Datei *indexserver.ini* über die ADMINISTRATION CONSOLE des SAP HANA Studios gepflegt haben.

Zuweisung Delivery Unit

Betrachten wir die Zuweisung einer Delivery Unit und den anschließenden Transport anhand eines Attribute Views `AT_CUSTOMER`. Bei der Anlage des Attribute Views `AT_CUSTOMER` ordnen Sie diesem ein Paket zu. In den Eigenschaften des Pakets können Sie eine Delivery Unit pflegen. Verwenden Sie dazu den Kontextmenüeintrag EDIT des Pakets. Alle im System vorhandenen Delivery Units sehen Sie in der Ansicht QUICK VIEW über den Menüeintrag DELIVERY UNITS. Dort können Sie auch neue Delivery Units anlegen. Abbildung 5.5 veranschaulicht den Zusammenhang zwischen Entwicklungsobjekt, Paket und Delivery Unit am Beispiel des Attribute Views `AT_CUSTOMER` (die Delivery Unit `ZA4H_BOOK_CHAPTER05` ist *nicht* Teil der mit diesem Buch ausgelieferten Beispiele).

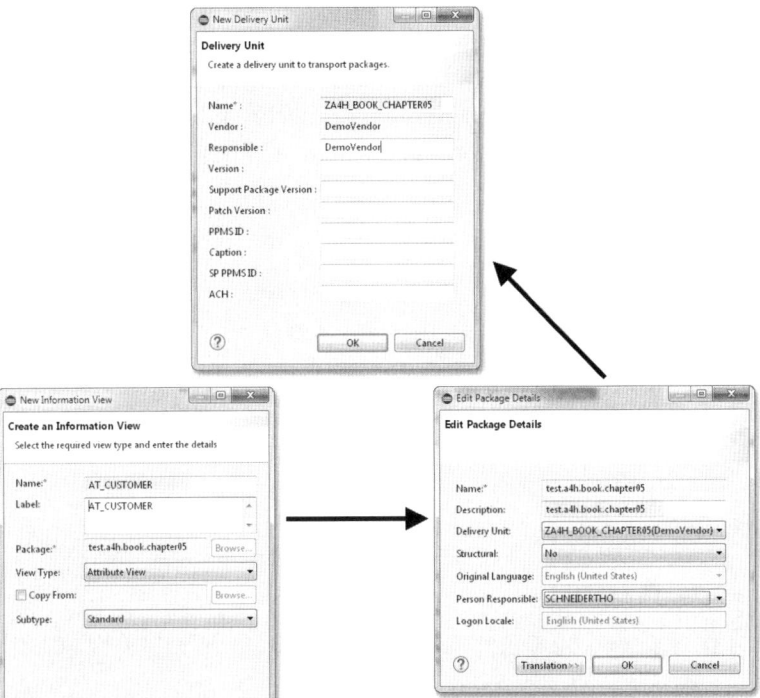

Abbildung 5.5 Entwicklungsobjekt, Paket und Delivery Unit

Im SAP HANA Studio können Sie Entwicklungsobjekte auf zwei Arten transportieren, d. h. exportieren und im Zielsystem importieren: **Import und Export**

▸ Export/Import einer Delivery Unit (optional gekoppelt mit CTS+)

▸ Export/Import einzelner Objekte (der sogenannte *Developer Mode*)

Für einen konsistenten Transport von HANA-Content (der nicht eng mit einer ABAP-Entwicklung gekoppelt ist) in einer produktiven Systemlandschaft empfehlen wir grundsätzlich den Export/Import auf Basis von Delivery Units und des CTS+.

Schema-Mapping

Eine Besonderheit beim Transport von HANA-Content ist das sogenannte *Schema-Mapping*. Ein Schema-Mapping ist notwendig, wenn die Datenbankschemata im Quellsystem und Zielsystem eines Transports voneinander abweichen. Es handelt sich um eine Abbildung eines Entwicklungsschemas (*Authoring Schema*) auf ein physikalisches Schema (*Physical Schema*).

Sie pflegen ein Schema-Mapping in der Ansicht QUICK VIEW über den Menüeintrag SCHEMA MAPPING. Bevor wir genauer darauf eingehen, wann und wie das System es auswertet, möchten wir die Notwendigkeit für das Schema-Mapping zunächst anhand des Attribute Views AT_CUSTOMER erläutern. Betrachten Sie hierzu Abbildung 5.6.

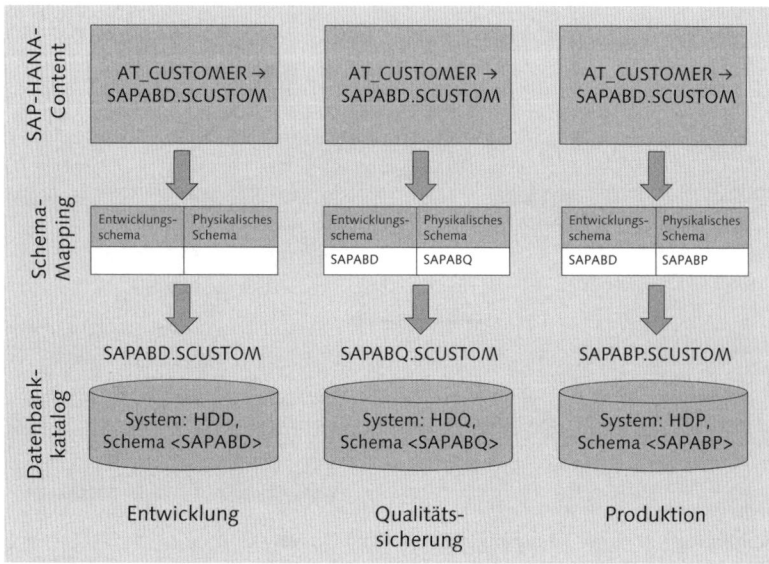

Abbildung 5.6 Prinzip des Schema-Mappings

Beispiel zum Schema-Mapping

Der Attribute View AT_CUSTOMER liest Kundendaten aus der Datenbanktabelle SCUSTOM. Diese Tabelle gehört zum Flugdatenmodell des AS ABAP und liegt im Entwicklungssystem im Datenbankschema SAPABD (weil die Systemkennung des ABAP-Systems ABD ist). Folglich verweist der Attribute View auf SAPABD.SCUSTOM.

Im Qualitätssicherungs- und Produktivsystem gibt es die Tabelle SAPABD.SCUSTOM nicht. Aufgrund der abweichenden Systemkennungen liegt die Datenbanktabelle im Qualitätssicherungssystem im Schema SAPABQ und im Produktivsystem im Schema SAPABP.

Das Schema-Mapping ermöglicht Ihnen, das Schema SAPABD im Qualitätssicherungssystem auf SAPABQ und im Produktivsystem auf SAPABP abzubilden.

Schema-Mapping-Pflege

Bei der Pflege eines Schema-Mappings müssen Sie einige Aspekte beachten:

- Das Schema-Mapping steuert letztlich, in welchem Datenbankschema ein Entwicklungsobjekt des SAP HANA Repositorys ein Objekt des Datenbankkatalogs sucht.

- Wenn kein Schema-Mapping gepflegt ist, sind Entwicklungsschema und physikalisches Schema identisch.

- Sie können mehrere Entwicklungsschemata auf das gleiche physikalische Schema abbilden.

- Sie können einem Entwicklungsschema *nicht* mehrere physikalische Schemata zuordnen.

- Der HANA-Content speichert Verweise zu Datenbankobjekten mit dem Entwicklungsschema. Wenn dieses (aufgrund einer Mehrfachzuordnung) nicht eindeutig ermittelt werden kann, speichert das System den Verweis mit dem physikalischen Schema.

Schema-Mapping bei Installation von SAP NetWeaver AS ABAP 7.4 [«]

Wenn Sie SAP NetWeaver AS ABAP 7.4 auf einer HANA-Datenbank installieren, erzeugt das Installationsprogramm das ABAP-Schema SAP<SID>. Außerdem legt das Installationsprogramm auch (mindestens) ein Schema-Mapping an, nämlich vom Entwicklungsschema ABAP auf das physikalische Schema SAP<SID>.

Sollten Sie sich für weiterführende Informationen zur Entwicklungsorganisation und zum Transport in SAP HANA interessieren, konsultieren Sie bitte die Dokumentation der HANA-Datenbank.

5.3.2 Nutzung des SAP-HANA-Transportcontainers

Nun betrachten wir den Transport von ABAP-Programmen, die native HANA-Objekte nutzen, über den HANA-Transportcontainer. Hierzu verwenden wir den Report ZR_A4H_CHAPTER5_LIST_CUSTOMER. Dieser greift über den externen View ZEV_A4H_CUSTOMER des ABAP Dictionarys auf den Attribute View AT_CUSTOMER des SAP HANA Repositorys zu. Den Quelltext des Reports finden Sie in Listing 5.8.

```
REPORT zr_a4h_chapter5_list_customer.

DATA: lt_customer TYPE STANDARD TABLE OF
      zpv_a4h_customer,
      ls_customer TYPE zpv_a4h_customer.

IF cl_db_sys=>dbsys_type = 'HDB'.
```

```
SELECT * FROM zev_a4h_customer
   INTO TABLE lt_customer.
ELSE.
  SELECT * FROM zpv_a4h_customer
    INTO TABLE lt_customer.
ENDIF.
LOOP AT lt_customer INTO ls_customer.
  WRITE: / ls_customer-id, ls_customer-name.
ENDLOOP.
```

Listing 5.8 Zu transportierender Beispielreport

Probleme beim
Transport

Sowohl der Report ZR_A4H_CHAPTER5_LIST_CUSTOMER als auch der externe View ZEV_A4H_CUSTOMER können durch die Änderungsaufzeichnung und das Transportwesen des SAP NetWeaver AS ABAP problemlos transportiert werden (das geschieht im Prinzip »automatisch«). Der dem externen View zugrunde liegende Attribute View AT_CUSTOMER unterliegt hingegen nicht der Änderungsaufzeichnung und dem Transportwesen des Applikationsservers. Damit fehlt er (ohne dass wir entsprechende Maßnahmen ergreifen) nach einem Transport im Zielsystem. Daher kommt es im Zielsystem beim Aufruf des Reports zu einem Laufzeitfehler. Abhilfe kann der HANA-Transportcontainer schaffen.

Grundlegende Funktionsweise

Der HANA-Transportcontainer steht im Release SAP NetWeaver 7.31 ab dem Support Package 5 sowie ab dem Release 7.4 zur Verfügung. Er kann genutzt werden, wenn SAP HANA die Primärdatenbank ist.

Der HANA-Transportcontainer erlaubt Ihnen, über das SAP HANA Studio angelegte Entwicklungsobjekte des SAP HANA Repositorys mit den Mechanismen des Change and Transport Systems des ABAP-Applikationsservers (und insbesondere ohne die Notwendigkeit für einen Java-Stack, wie er für CTS+ benötigt würde) zu transportieren.

Technisch betrachtet handelt es sich beim HANA-Transportcontainer um ein logisches Transportobjekt, das als Proxy-Objekt für genau eine Delivery Unit agiert. Die Funktionsweise des HANA-Transportcontainers veranschaulicht Abbildung 5.7.

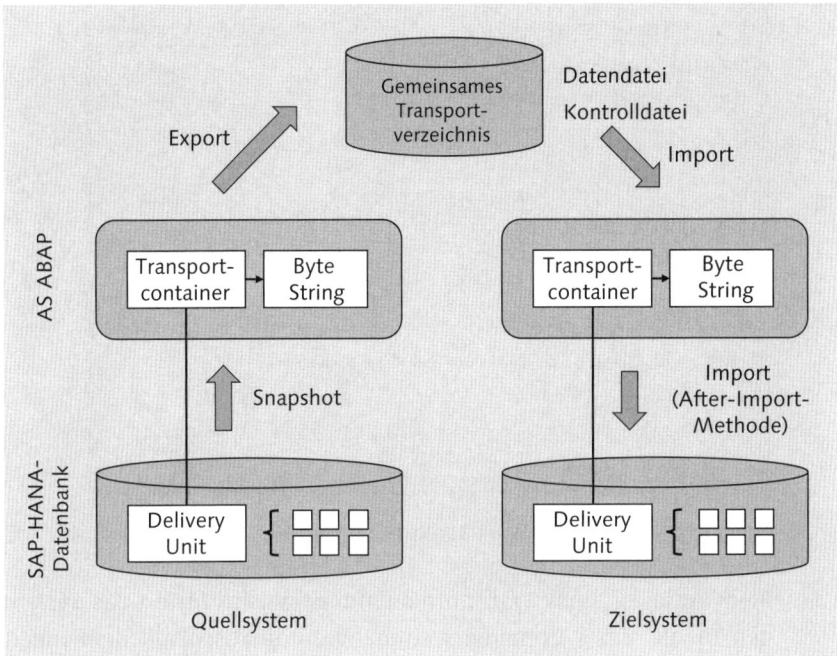

Abbildung 5.7 Funktionsweise des HANA-Transportcontainers

Sie können einen HANA-Transportcontainer über die ABAP Development Tools (und nur dort) anlegen. Dazu folgen Sie in der ABAP-Perspektive z. B. dem Menüpfad FILE • NEW • OTHER... • ABAP • SAP HANA TRANSPORT CONTAINER. Anschließend geben Sie den Namen der Delivery Unit ein, für die Sie den Transportcontainer anlegen möchten. Das System leitet daraus automatisch den Namen des Transportcontainers ab (siehe Abbildung 5.8; der HANA-Transportcontainer ZA4H_BOOK_CHAPTER05 ist *nicht* Teil der mit diesem Buch ausgelieferten Beispiele).

Anlage des Transportcontainers

Falls Sie in ABAP einen Präfixnamensraum verwenden möchten, müssen Sie vor der Anlage des Transportcontainers dem Namen des content_vendor (siehe Abschnitt 5.3.1, »Exkurs: Entwicklungsorganisation und Transport in SAP HANA«) den gewünschten Präfixnamen zuordnen. Dazu können Sie die Datenbanktabelle SNHI_VENDOR_MAPP über die Tabellensicht-Pflege füllen.

Nutzung eines Präfix-namensraums

Wenn die Transporteigenschaften des verwendeten Pakets – im Beispiel TEST_A4H_BOOK_CHAPTER05 – entsprechend gepflegt sind, zeichnet das System die Anlage des Transportcontainers in einem transportierbaren Änderungsauftrag auf.

Änderungsaufzeichnung

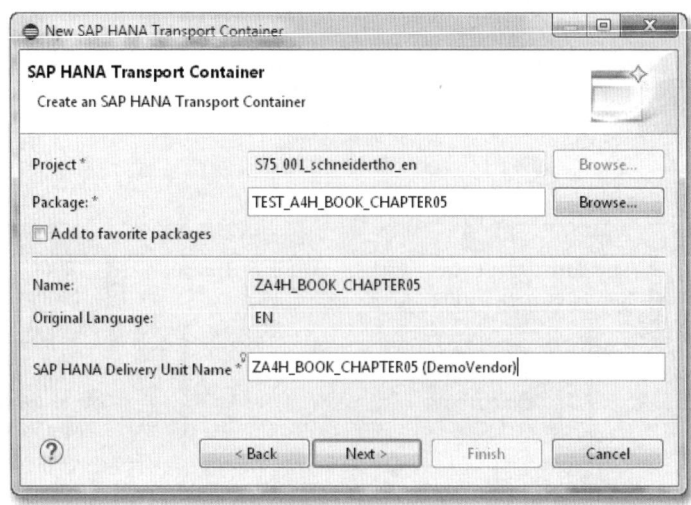

Abbildung 5.8 Anlage eines Transportcontainers

Synchronisation

Beim Anlegen eines Transportcontainers synchronisiert das System den Inhalt dieses Containers einmalig automatisch mit dem Inhalt der Delivery Unit. Das bedeutet, dass alle Objekte der Delivery Unit als gepackte Datei auf den ABAP-Applikationsserver geladen und dort als *Byte String* in einer Datenbanktabelle (nämlich der Tabelle SNHI_DU_PROXY) abgelegt werden. Genau genommen liegt der Inhalt der Delivery Unit anschließend zweimal in der HANA-Datenbank:

- im SAP HANA Repository
- über die Datenbanktabelle SNHI_DU_PROXY

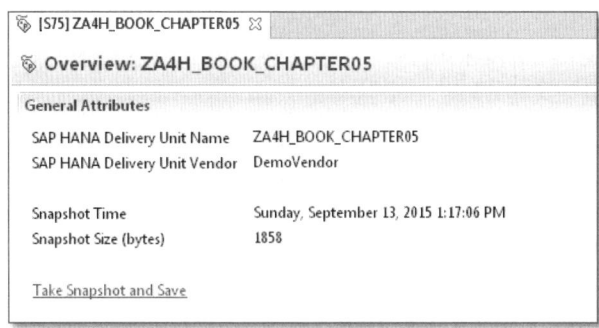

Abbildung 5.9 Synchronisation und Inhalt eines Transportcontainers

Wenn Sie den Transportcontainer nach der Anlage – z. B. weil Sie Änderungen am Attribute View AT_CUSTOMER vorgenommen haben –

mit der Delivery Unit synchronisieren möchten, müssen Sie dies manuell tun. Verwenden Sie dazu den Link Take Snapshot and Save. Den aktuellen Inhalt des Transportcontainers können Sie sich über die Registerkarte Contents anschauen (beides ist in Abbildung 5.9 dargestellt).

Der Transport vom Entwicklungs- ins Qualitätssicherungs- und Produktivsystem erfolgt mit den Mechanismen des CTS:

Export und Import

▸ Beim Export (genauer beim *Export Release Preprocessing*) schreibt das System den Inhalt des Transportcontainers in die Datendatei im gemeinsamen Transportverzeichnis der am Transport beteiligten Systeme.

▸ Beim Import (genauer gesagt in einer *After-Import-Methode*) liest das System den Inhalt des Transportcontainers aus der Datendatei und importiert die Delivery Unit in die HANA-Datenbank des Zielsystems. Eine Aktivierung des Contents findet dabei nur statt, wenn Sie dies für die Softwarekomponente des Transportcontainers in der Tabelle `SNHI_DUP_PREWORK` aktiviert haben (und zwar im Zielsystem).

Sie können die beiden Schritte anhand des Transportprotokolls jederzeit nachvollziehen.

Gemischte Systemlandschaften

Einen Sonderfall bei der ABAP-Entwicklung auf SAP HANA stellen gemischte Systemlandschaften dar. Stellen Sie sich dazu vor, dass Sie als ABAP-Entwickler ein Programm für SAP HANA optimieren und dabei von spezifischen Möglichkeiten der HANA-Datenbank Gebrauch machen möchten. Gleichzeitig soll dieses Programm aber auch auf traditionellen Datenbanken lauffähig sein, z. B. weil Ihr Arbeitgeber nur in Teilbereichen des Unternehmens SAP HANA als Datenbank nutzt. Eine Systemlandschaft könnte in diesem Fall (vereinfacht) wie in Abbildung 5.10 aussehen.

Durch eine Fallunterscheidung können Sie – um beim Beispiel des Programms `ZR_A4H_CHAPTER5_LIST_CUSTOMER` zu bleiben – einmal den Projektions-View `ZPV_A4H_CUSTOMER` und einmal den externen View `ZEV_A4H_CUSTOMER` aufrufen (siehe Listing 5.8). Dadurch stellen Sie sicher, dass *zur Laufzeit* keine Fehler auftreten.

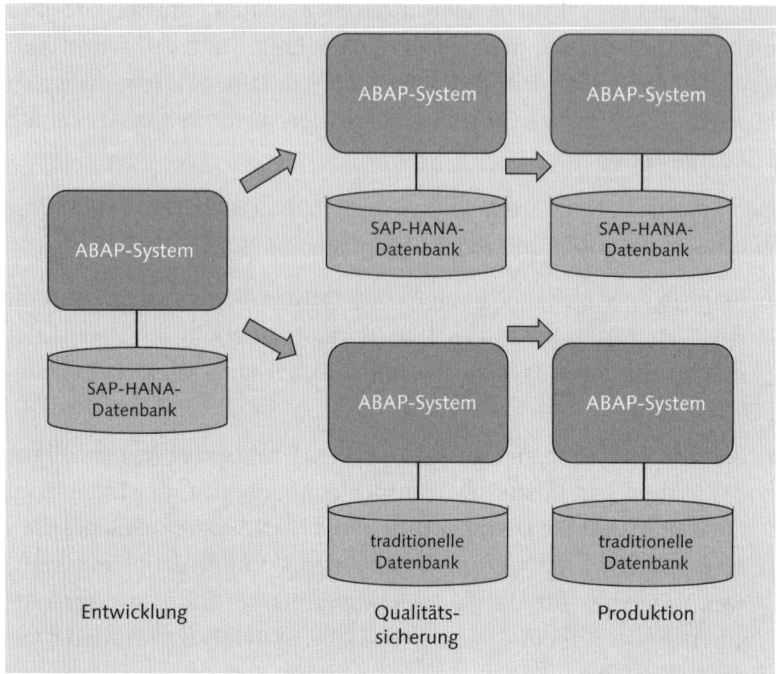

Abbildung 5.10 Gemischte Systemlandschaft

Systeme ohne
HANA-Datenbank
Die Implementierung des Transportcontainers sorgt dafür, dass *beim Transport* keine Fehler auftreten und der HANA-Content nur dann importiert wird, wenn es sich beim Zielsystem des Imports um ein HANA-basiertes System handelt.

Empfehlungen zur Verwendung des Transportcontainers

Einschränkungen
Bei der Verwendung des Transportcontainers sollten Sie einige Einschränkungen beachten:

- Bei der Verwendung des Transportcontainers transportieren Sie immer die komplette Delivery Unit. Es besteht keine Möglichkeit, nur den Inhalt einer Delivery Unit zu transportieren, der in einem bestimmten Zeitintervall geändert wurde.

- Anders als bei Entwicklungsobjekten, die im SAP NetWeaver AS ABAP verwaltet werden, zeichnet das System Änderungen am Inhalt einer Delivery Unit nicht automatisch auf, und die Objekte einer Delivery Unit werden nicht exklusiv für einen Transportauftrag gesperrt. Es liegt folglich in Ihrer Verantwortung, den Transportcontainer manuell mit der Delivery Unit zu synchronisieren.

▸ Beim Export der Entwicklungsobjekte aus dem Quellsystem berücksichtigt der Transport nur die aktiven Objekte.

▸ Das Transportsystem erkennt keine Abhängigkeiten zwischen mehreren gleichzeitig transportieren Transportcontainern.

Im Rahmen der Einschränkungen erlaubt Ihnen der Transportcontainer, Anwendungen, die zum Teil aus ABAP-Objekten und zum Teil aus HANA-Content bestehen, konsistent zu transportieren. Wir empfehlen Ihnen seine Verwendung, wenn die zu Beginn des Abschnitt 5.3.2, »Nutzung des SAP-HANA-Transportcontainers«, beschriebenen Voraussetzungen erfüllt sind.

Wenn Sie von den in Kapitel 6, »Erweiterte Datenbankprogrammierung mit ABAP 7.4«, beschriebenen Möglichkeiten Gebrauch machen, brauchen Sie den HANA-Transportcontainer nicht.

Um einen Code Pushdown besser zu unterstützen und die dafür erforderlichen Datenbankobjekte besser in den ABAP-Entwicklungsprozess zu integrieren, wurde der Funktionsumfang von Open SQL und ABAP-Datenbank-Views seit SAP NetWeaver AS ABAP 7.4 SP5 erweitert. In diesem Kapitel stellen wir Ihnen die neuen Funktionen vor.

6 Erweiterte Datenbankprogrammierung mit ABAP 7.4

Damit das Code-to-Data-Paradigma in ABAP-Anwendungen umgesetzt werden kann, benötigt man Mittel, um die Verarbeitungslogik in der Datenbank zu implementieren und auszuführen. In den Abschnitten 5.1.2, »Externe Views im ABAP Dictionary«, und 5.2.2, »Definition von Database Procedure Proxies«, haben wir Ihnen gezeigt, wie Sie HANA-Entwicklungsobjekte zu diesem Zweck einsetzen können. Allerdings haben Sie möglicherweise festgestellt, dass die Verwendung dieser Objekte auch Nachteile hat.

Im Gegensatz zu Objekten, die vollständig von AS ABAP verwaltet werden, gibt es bei der Entwicklung der HANA-Entwicklungsobjekte und der Verwendung der dazugehörigen Vertreterobjekte in ABAP (externer View und Database Procedure Proxies) folgende Einschränkungen:

Nachteile von HANA-Entwicklungsobjekten in ABAP

- ▶ HANA-Entwicklungsobjekte sind nicht komplett in das ABAP Lifecycle Management integriert.
    - – Bei Änderungen der HANA-Entwicklungsobjekte müssen die passenden Vertreterobjekte und die HANA-Transportcontainer, die vom ABAP Dictionary verwaltet werden, manuell synchronisiert werden.
    - – HANA-Entwicklungsobjekte sind nicht an die ABAP-Versionsverwaltung angeschlossen.
- ▶ HANA-Entwicklungsobjekte werden bei der Syntaxprüfung und der Aktivierung der ABAP-Anwendung nicht berücksichtigt. Fehler und Warnungen in den Implementierungen der HANA-Ent-

wicklungsobjekte werden in der ABAP-Entwicklungsumgebung nicht angezeigt. Die Folge sind häufig Laufzeitfehler.

▸ HANA-Entwicklungsobjekte und folglich auch ihre Vertreterobjekte sind nicht erweiterbar.

▸ Die Abbildung von SQL-Datentypen auf Dictionary-Datenelemente in externen Views ist nicht möglich. Sollten diese Vertreterobjekte in Benutzeroberflächen verwendet werden, fehlen vorerst die Feldbezeichner und Kurzbeschreibungen.

▸ Um HANA-Entwicklungsobjekte implementieren zu können, benötigen ABAP-Entwickler zusätzlich einen Benutzer für die SAP-HANA-Datenbank und entsprechende Datenbankberechtigungen.

Erweiterte Code-Pushdown-Möglichkeiten
In diesem Kapitel stellen wir Ihnen neue Möglichkeiten der Datenbankprogrammierung und des Code Pushdowns in ABAP vor. Die daraus resultierenden Objekte werden vollständig von ABAP verwaltet. Somit sind die gewohnte Integration der Objekte in das ABAP Lifecycle Management inklusive der Versionsverwaltung und die Erweiterbarkeit der Objekte sichergestellt. Wir gehen auf die folgenden Erweiterungen ein, die seit ABAP 7.4 SP5 entwickelt wurden:

▸ Erweiterter Funktionsumfang von ABAP-Datenbank-Views im Rahmen von *Core Data Services* (siehe Abschnitt 6.1):
Wir erläutern das Konzept und die Einsatzzwecke der Core Data Services und zeigen Ihnen, wie Sie diese optimal einsetzen können, um Ihre Datensichten zu modellieren.

▸ neue Open-SQL-Features, z. B. die Unterstützung von SQL-Ausdrücken in der SELECT-Liste und in den GROUP BY-, HAVING- und WHERE-Klauseln von SELECT-Anweisungen (siehe Abschnitt 6.4)

▸ Die Möglichkeit, HANA-Datenbankprozeduren in ABAP-Methoden zu implementieren (siehe Abschnitt 6.5):
Diese *ABAP Managed Database Procedures* ermöglichen es Ihnen, Verarbeitungslogik in der Datenbank auszuführen. Sie können diese Datenbankprozeduren in der gewohnten ABAP-Entwicklungsumgebung implementieren, ohne einen Benutzer für die SAP-HANA-Datenbank zu benötigen.

6.1 Einführung in Core Data Services

Core Data Services (CDS) sind eine Spezifikation von SAP zur Definition persistenter Datenmodelle. Die Spezifikation ist stark an die

Standards SQL-92 und SQL:1999 angelehnt. Wie SQL definieren CDS eine *Data Definition Language* (DDL) und eine *Data Control Language* (DCL). Sie definiert auch eine Query Language (QL). Mit der Data Definition Language können z. B. Datenbanktabellen und strukturierte Typen beschrieben werden. Die Query Language ist eine Abfragesprache, die es erlaubt, Daten bequem zu lesen. Sie wird zusammen mit der DDL verwendet, um Datenbank-Views zu definieren. Zugriffseinschränkungen auf CDS-Objekten werden mit der Data Control Language definiert.

CDS beinhalten zusätzlich Ergänzungen zu SQL, die notwendig sind, um Datenmodelle für betriebswirtschaftliche Anwendungen optimal zu erstellen. Zu diesen Erweiterungen gehören unter anderem:

SQL-Erweiterungen

▸ *Annotationen*, um CDS-Objekte mit zusätzlichen Metadaten anzureichern, die in SQL nicht zum Ausdruck gebracht werden können. Diese Metadaten können von Client-Anwendungen abgefragt und verwendet werden. Client-Anwendungen können auch ihre eigenen Annotationen definieren und ihre eigenen Metadaten gemeinsam mit dem Datenmodell abspeichern.

▸ *benutzerdefinierte, skalare und strukturierte Datentypen*, um die Semantik der verwendeten Datentypen besser aufzuzeigen

▸ *Assoziationen*, um die Beziehungen zwischen CDS-Objekten festzuhalten. Die Beziehungen, die mit Assoziationen beschrieben wurden, können dann während der Modellierung und sogar beim Lesen der Daten von der Datenbank auf einfache Weise mit Pfadausdrücken angesprochen werden.

Die CDS-Spezifikation ist sowohl im SAP NetWeaver AS ABAP als auch in SAP HANA implementiert. Diese Implementierungen sind weitgehend unabhängig voneinander erfolgt. Während sich die CDS-Implementierung im SAP NetWeaver AS ABAP (auch *ABAP CDS* genannt) die Infrastruktur des ABAP-Anwendungsservers zunutze macht und die ABAP-CDS-Objekte weitgehend datenbankunabhängig sind, ist die CDS-Implementierung in SAP HANA (auch *HANA CDS* genannt) komplett an die Gegebenheiten der HANA-Datenbank gebunden. Somit ist es zurzeit nicht möglich, HANA-CDS-Objekte im SAP NetWeaver AS ABAP oder ABAP-CDS-Objekte in SAP HANA zu verwenden.

CDS in ABAP und SAP HANA

Trotz der verschiedenen Implementierungen ist eine gemeinsame Spezifikation für Sie von großem Vorteil: CDS beschreibt eine einheitliche und durch die Erweiterungen ausdrucksstarke Syntax für

Vorteile von ABAP CDS

die Datenmodellierung. Wenn Sie diese Syntax beherrschen, sind die Modelle für Sie leicht verständlich, unabhängig davon, wo sie implementiert wurden. Auch weitere Aspekte der Datenmodellierung werden durch CDS harmonisiert. CDS definiert beispielsweise, wie Datenmodelle erweitert werden können. Dadurch können SAP-Kunden und Partner existierende ABAP- oder HANA-CDS-Objekte auf gleiche Weise an ihre Bedürfnisse anpassen. Schließlich profitieren Sie auch davon, dass CDS auf den Standards SQL-92 und SQL:1999 basiert. Dadurch stehen Ihnen viele Funktionen zur Verfügung, um den Code Pushdown in Ihren Datenmodellen realisieren zu können, die Ihnen vielleicht schon aus SQL bekannt sind.

6.2   ABAP Core Data Services

In diesem Abschnitt stellen wir Ihnen die neuen Funktionen von ABAP CDS im Detail vor und zeigen Ihnen anhand von Beispielen, wie Sie diese Funktionen für Ihre Entwicklungen einsetzen können. Dazu ziehen wir wieder das schon bekannte SFLIGHT-Datenmodell heran.

CDS-Views Wie in Abschnitt 6.1, »Einführung in Core Data Services«, erläutert, implementiert ABAP CDS aktuell nur einen Teil der CDS-Spezifikation, und zwar die Anforderungen, die sich im Rahmen der Anwendungsentwicklung in ABAP heute ergeben. Die Daten von SAP-Lösungen, die schon in Unternehmen im Einsatz sind, werden bereits dauerhaft im Datenbanksystem gespeichert. Somit ist nachvollziehbar, dass der Hauptfokus von ABAP CDS vorerst auf der Bildung von Sichten auf schon existierende Geschäftsdaten liegt und nicht auf der Definition von neuen Datenbanktabellen. Die daraus resultierenden *CDS-Views* bilden sowohl die Grundlage für die Beschleunigung bestehender ABAP-Programme als auch für die Entwicklung neuer, innovativer Anwendungen. In SAP S/4HANA beispielsweise werden die Geschäftsdaten durch wohldefinierte CDS-Views auf die Datenbanktabellen der SAP Business Suite bereitgestellt. Mit diesen Views können neue Client-Anwendungen auf saubere und in sich konsistente Schnittstellen zugreifen und vom Code Pushdown dieser Views profitieren. Dies ist eine wichtige Eigenschaft von ABAP CDS. Sie können Ihre existierenden Datenmodelle und ABAP-Dictionary-Objekte (Tabellen, Views, Datenelemente) in ABAP CDS direkt wiederverwenden. Die ABAP-CDS-Spezifikation ist somit eine Erweiterung des ABAP Dictionarys und der darin definierten SQL-Objekte.

Eine weitere wichtige Eigenschaft von ABAP CDS ist, dass die Spezifikation weitgehend datenbankunabhängig ist. Ähnlich wie Open SQL sind auch CDS-Views auf dem SAP NetWeaver AS ABAP 7.4 auf allen von SAP unterstützten Datenbanksystemen lauffähig. Dadurch haben Sie die Sicherheit, dass sich die Datenmodelle, die Sie mit ABAP CDS modelliert haben, unabhängig von Ihrem Anwendungsfall und Ihrer Systemlandschaft funktional einheitlich verhalten. Wenn Ihre CDS-Views auf der HANA-Datenbank ausgeführt werden, profitieren Sie zudem von den Performancevorteilen der Hauptspeicher-Datenverarbeitung.

Datenbankunabhängigkeit

In den folgenden Abschnitten stellen wir Ihnen die Funktionen von CDS vor, die seit SAP NetWeaver AS ABAP 7.4 SP5 ausgeliefert wurden. Die Weiterentwicklung der CDS-Spezifikation und ihrer Implementierung im SAP NetWeaver AS ABAP ist aber noch nicht abgeschlossen. Es sind daher zukünftig weitere neue und nützliche Funktionen zu erwarten.

6.2.1 CDS-Views

Im Allgemeinen sind *Views* Abfragen, die in der Datenbank gespeichert werden. Die Struktur und der Inhalt der Daten, die als Ergebnis der Abfrage zurückgeliefert werden, basieren auf anderen Datenbanktabellen oder Views. Die Ergebnisse selbst werden dabei nicht gespeichert, d. h., bei jedem neuen Aufruf eines Views wird die zugehörige Abfrage neu ausgeführt. Views können für lesende Zugriffe in ABAP an jeder Stelle verwendet werden, an der auch Datenbanktabellen verwendet werden können.

Views

Im Gegensatz zu klassischen ABAP Dictionary Views werden die Abfragen für CDS-Views mit der Data Definition Language der CDS-Spezifikation definiert. Eine solche Definition wird in eine *DDL Source* geschrieben. Beim Aktivieren der DDL Source in ABAP wird die Abfrage als SQL View in der Datenbank gespeichert. Zusätzlich werden die CDS-Metadaten, z. B. die Annotationen und Assoziationen, im ABAP Repository gespeichert, und für die View-Definition im ABAP-Repository-Puffer wird ein Eintrag erstellt. Für jede DDL Source erfolgt ein Eintrag in der Tabelle `TADIR`. Das zugehörige Transportobjekt hat die Bezeichnung `R3TR DDLS <DDL-Source-Name>`.

DDL Source

Wichtige Begriffe Neben DDL Sources und CDS-Views sollten Sie die folgenden Begriffe im Zusammenhang mit ABAP CDS kennen:

- *CDS-Objekt* ist der Oberbegriff für alle CDS-Artefakte, die in DDL Sources definiert werden können. Dazu gehören auch die CDS-Views.

- Eine *CDS-Entität* ist ein strukturierter Datentyp, dessen Daten persistent gespeichert werden. Ein CDS-View ist somit auch eine CDS-Entität. Für jede CDS-Entität erfolgt ebenso wie für DDL Sources ein Eintrag in der Tabelle TADIR, dieser hat den Schlüssel R3TR STOB <Entitätsname>. STOB steht dabei für »strukturiertes Objekt«. CDS-Entitäten werden nicht transportiert. Sie werden beim Aktivieren der DDL Sources generiert.

- Der *SQL View* ist die eigentliche Datenbanksicht, die für die Abfrage gespeichert wird. Er wird im ABAP Dictionary angelegt, unterscheidet sich von einem klassischen ABAP Dictionary View aber dadurch, dass er nur ein technisches Hilfsmittel ist und nicht direkt in ABAP-Programmen verwendet wird. Der SQL View hat keinen Zugriff auf die CDS-spezifischen Metadaten und ist daher kein eigenständiges Objekt, sondern nur ein Teilobjekt des CDS-Views. Der SQL View wird nicht transportiert. Er wird beim Aktivieren der DDL Source generiert.

- Die Datenquelle *(Data Source)* ist die Persistenzschicht, die dem CDS-View zugrunde liegt. Als Datenquelle können Datenbanktabellen, klassische ABAP Dictionary Views, andere CDS-Views oder externe Views dienen.

CDS-View anlegen

Entwicklungs-werkzeug Um Ihnen zu zeigen, wie Sie einen CDS-View anlegen, definieren wir den View SFLIGHTS aus dem ABAP Dictionary, den wir in Abschnitt 3.2.3, »Datenbank-Views im ABAP Dictionary«, verwendet haben, als CDS-View. CDS-Views können Sie mithilfe der in Abschnitt 2.4.2 vorgestellten ABAP Development Tools for SAP NetWeaver in der Perspektive ABAP definieren. Eine Definition über die ABAP Workbench ist nicht möglich.

DDL Source anlegen Um einen CDS-View definieren zu können, müssen Sie eine DDL Source anlegen. Öffnen Sie dazu im PROJECT EXPLORER das Kontextmenü zu einem Paket, und wählen Sie NEW • OTHER ABAP REPOSITORY OBJECT. Im folgenden Dialogfenster wählen Sie dann DICTIO-

NARY • DDL SOURCE. Es öffnet sich der Anlegeassistent, den Sie in Abbildung 6.1 sehen. Geben Sie hier einen Namen und eine Beschreibung für die DDL Source an.

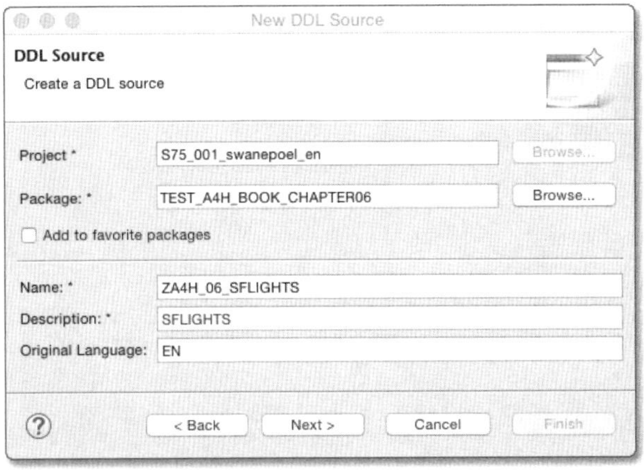

Abbildung 6.1 DDL Source anlegen

Da es aktuell in ABAP nicht möglich ist, mehr als einen CDS-View in einer DDL Source zu definieren, ist es zur Konvention geworden, der DDL Source den gleichen Namen zu geben wie dem CDS-View, der darin definiert wird. Das ist hilfreich, da der Name des CDS-Views nicht im PROJECT EXPLORER sichtbar ist, sondern lediglich der Name der DDL Source. Vergeben Sie für unser Beispiel »ZA4H_06_SFLIGHTS« als Namen.

DDL Sources in ABAP 7.5	**[«]**
Ab SAP NetWeaver AS ABAP 7.5 legen Sie die DDL Sources im PROJECT EXPLORER unter CORE DATA SERVICES • DATA DEFINITIONS an statt unter DICTIONARY • ABAP DDL SOURCES.	

Gehen Sie alle weiteren Schritte des Assistenten durch. Im letzten Schritt können Sie zwischen verschiedenen Anlegevorlagen wählen. SAP liefert solche Vorlagen für alle CDS-Objekte, die Sie in DDL Sources definieren können. Sie stellen das Grundgerüst Ihrer Definitionen bereit und sind besonders hilfreich, wenn Sie die CDS-Syntax gerade erlernen. Da sie als *Code Templates* in Eclipse ausgeliefert werden, können Sie sie modifizieren oder eigene Vorlagen definieren. Unter WINDOW • PREFERENCES • ABAP DEVELOPMENT • EDITORS • SOURCE CODE EDITORS • DDL TEMPLATES können Sie die Vorlagen ver-

Vorlagen

walten. Wählen Sie für unser Beispiel die Vorlage DEFINE VIEW WITH
JOIN, wie in Abbildung 6.2 gezeigt.

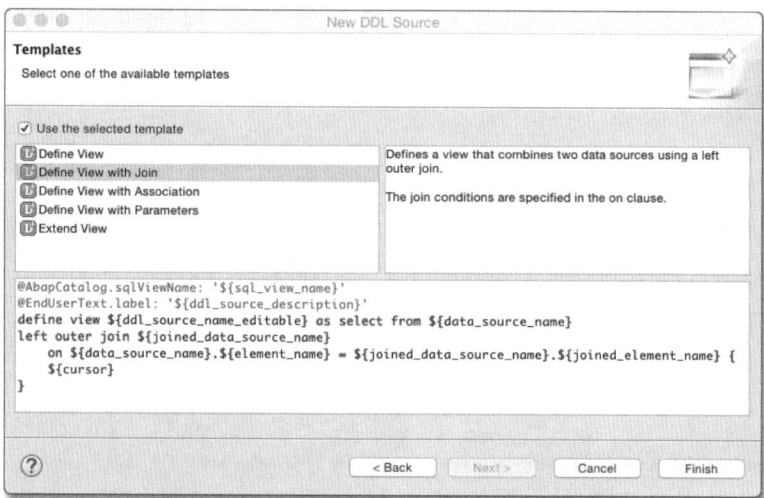

Abbildung 6.2 Vorlage zum Anlegen eines CDS-Views auswählen

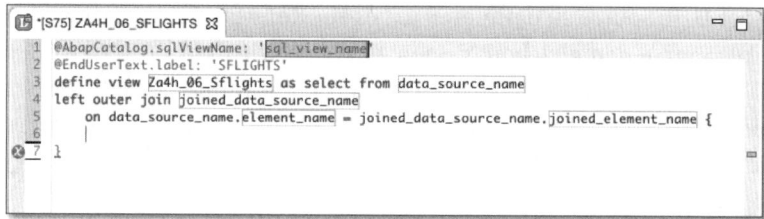

Abbildung 6.3 Codevorlage »Define View With Join«

Codevervoll-
ständigung

Nachdem Sie die Vorlage ausgewählt haben, wird die neu angelegte
DDL Source im *DDL Editor* in Eclipse geöffnet. Haben Sie keine Vorlage ausgewählt, ist die DDL Source leer. Sie können in diesem Fall
nachträglich eine Vorlage zuweisen, indem Sie die Codevervollständigung des Editors verwenden. Verwenden Sie dazu die Tastenkombination ⌷Strg⌷ + Leertaste, und wählen Sie DEFINE VIEW WITH JOIN.

Platzhalter füllen

Die Vorlage beinhaltet zuerst noch Platzhalter, die von Ihnen gefüllt
werden müssen (siehe Abbildung 6.3):

► sql_view_name ist der Name der Sicht, die für die Abfrage im
Datenbankmanagementsystem gespeichert wird. Der Name wird
mit der Annotation @AbapCatalog.sqlViewName angegeben. Diese
Annotation ist zwingend erforderlich, wenn Sie einen CDS-View

definieren. Sie erfahren mehr hierzu in Abschnitt 6.2.4, »Annotationen«. Der SQL-View-Name muss sich vom CDS-View-Namen unterscheiden.

▶ `Za4h_06_Sflights` ist der Name des CDS-Views. Oft wird dieser Name auch als *Entitätsname* bezeichnet. Die Vorlage setzt hier standardmäßig den Namen der DDL Source ein. Wir empfehlen Ihnen, es bei dieser Voreinstellung zu belassen.

▶ `data_source_name` ist der Name der ersten Datenquelle in der `FROM`-Klausel, auf der der CDS-View basiert.

▶ `joined_data_source_name` ist der Name einer weiteren Datenquelle in der `FROM`-Klausel, die in der Abfrage verwendet wird und mit der ersten Persistenz über einen Join verknüpft wird.

▶ `element_name` und `joined_element_name` sind die Namen der Datenfelder, die in der Verknüpfungsbedingung benutzt werden (in der `ON`-Bedingung der `JOIN`-Klausel).

Mit der ⇥-Taste können Sie von einem Platzhalter zum nächsten navigieren und diese dann editieren. Listing 6.1 zeigt ein Beispiel für die Ausgestaltung des CDS-Views `Za4h_06_Sflights`.

```
@AbapCatalog.sqlViewName: 'ZA4H06SFLIGHTS'
define view Za4h_06_Sflights as
select from scarr
    inner join spfli
        on  scarr.carrid = spfli.carrid
    inner join sflight
        on  spfli.carrid = sflight.carrid
        and spfli.connid = sflight.connid {
    scarr.carrid,
    scarr.carrname,
    spfli.connid,
    spfli.countryfr,
    spfli.cityfrom,
    spfli.airpfrom,
    spfli.countryto,
    spfli.cityto,
    spfli.airpto,
    sflight.fldate,
    sflight.seatsmax,
    sflight.seatsocc
}
```

Listing 6.1 CDS-View Za4h_06_Sflights

CDS-Elemente

Die View-Abfrage erfolgt über eine SELECT-Anweisung. Als erste Datenquelle wird die Datenbanktabelle SCARR aufgerufen. Als zusätzliche Datenquellen dienen die Datenbanktabellen SPFLI und SFLIGHT. Die Datenquellen werden mit JOIN-Operatoren miteinander verknüpft, unter Berücksichtigung der definierten ON-Bedingungen. Die Felder, die aus den Datenbanktabellen selektiert werden, werden in der SELECT-Liste zwischen den geschweiften Klammern angegeben. Die durch Kommata voneinander getrennten Felder bestimmen die Struktur der zurückgelieferten Daten. In CDS werden diese Felder auch *Elemente* genannt. Wie Sie später noch sehen werden, können diese Elemente auch Assoziationen sein.

Prüfen (Tastaturkürzel [Strg] + [F2]) und aktivieren (Tastaturkürzel [Strg] + [F3]) Sie nun die DDL Source. Nach der Aktivierung können Sie den automatisch angelegten View in der Datenvorschau in Eclipse über DATA PREVIEW testen. Drücken Sie hierzu einfach die [F8]-Taste. Abbildung 6.4 zeigt die Ergebnismenge, die von unserem CDS-View zurückgeliefert wird.

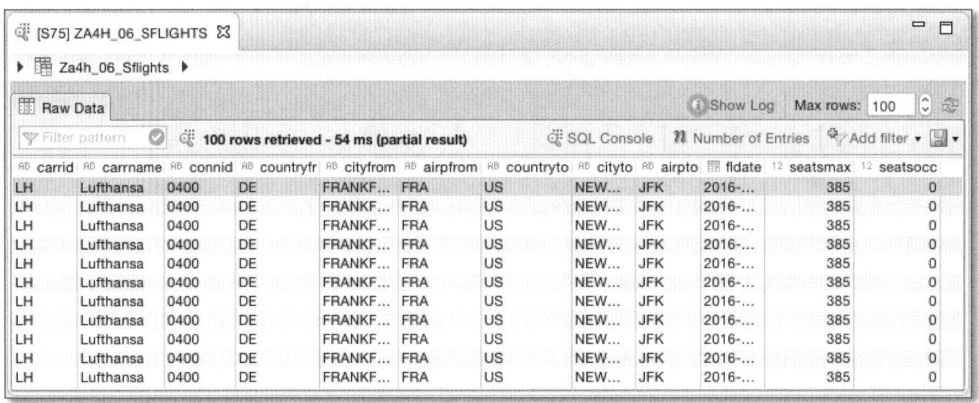

Abbildung 6.4 Ergebnismenge von Za4h_06_Sflights in der Data Preview

[»] **Formatierung von DDL Sources**

Im DDL-Editor gibt es bisher keinen Pretty Printer, den Sie zur Formatierung Ihrer DDL Sources aufrufen können. Allerdings sorgt der DDL-Editor beim Speichern Ihrer DDL Sources automatisch dafür, dass alle verwendete Namen einheitlich formatiert werden. Die Namen aller CDS-Entitäten und ihrer Elemente werden entsprechend der Schreibweise bei der Definition formatiert (»case preservation«). Alle anderen Namen und alle CDS-Schlüsselwörter werden klein geschrieben.

Joins

Vielleicht ist Ihnen aufgefallen, dass wir den von der Codevorlage   Join-Typen
vorgesehenen Left Outer Join in Abbildung 6.3 in einen Inner Join
umgewandelt haben. Dies war notwendig, um sicherzustellen, dass
die Abfrage des CDS-Views genauso funktioniert wie die Abfrage des
Views SFLIGHTS. Im Vergleich zu klassischen Datenbank-Views, die
im ABAP Dictionary definiert werden, bietet ABAP CDS zwei neue
Join-Möglichkeiten an: Left Outer Join und Right Outer Join. Der
Join-Typ zur Verknüpfung zweier Datenquellen beeinflusst die
Ergebnismenge der Abfrage stark:

▸ Ein Inner Join führt Datensätze aus einer sogenannten *linken* und
   einer *rechten* Datenquelle zusammen, wenn die angegebenen
   Bedingungen erfüllt sind. Treffen die Bedingungen nicht zu, ist die
   Ergebnismenge leer.

▸ Ein Left Outer Join überführt immer alle Datensätze aus der linken
   Datenquelle in die Ergebnismenge. Entsprechen ein Datensatz der
   rechten Datenquelle und ein Datensatz der linken Datenquelle
   zusammen den ON-Bedingungen, werden die Datensätze zeilenba-
   siert verknüpft und gemeinsam in die Ergebnismenge aufgenommen. Gibt es keinen passenden Datensatz in der rechten Datenquelle, bleiben die Felder, die von der rechten Datenquelle
   stammen sollten, in der Ergebnismenge leer (NULL-Werte). Die Felder der linken Datenquelle werden unabhängig von den ON-Bedingungen immer übernommen.

▸ Ein Right Outer Join arbeitet genau entgegengesetzt zu einem Left
   Outer Join. Der Right Outer Join überführt immer alle Datensätze
   aus der rechten Datenquelle in die Ergebnismenge. Sie werden mit
   den Datensätzen der linken Datenquelle verknüpft, wenn diese
   die ON-Bedingungen erfüllen.

> **NULL-Werte in CDS-Views**   **[«]**
>
> Obwohl es keine Repräsentation des NULL-Wertes aus SQL im ABAP-
> Typsystem gibt, müssen Sie bei Ihren View-Definitionen trotzdem auf
> NULL-Werte achten. Ihre CDS-View-Abfragen werden in der SQL-Engine
> der unterliegenden Datenbank ausgeführt, außerhalb der Kontrolle des
> ABAP-Anwendungsservers. Hier können NULL-Werte insbesondere bei der
> Verwendung der neuen Join-Typen Left Outer Join und Right Outer Join
> entstehen. Sie können Vergleichsoperatoren (IS [NOT] NULL) und Funkti-
> onen (COALESCE) verwenden, um NULL-Werte bei der Ausführung Ihrer
> Abfrage im Datenbanksystem zu behandeln. Unbehandelte NULL-Werte in
> der Ergebnismenge werden durch intiale Werte in ABAP repräsentiert.

Reihenfolge der Verknüpfungen

Da wir einen Inner Join verwenden, werden in unserem View `Za4h_06_Sflights` nur die Fluggesellschaften zurückgeliefert, die auch Flüge anbieten. Um alle Fluggesellschaften auszugeben, müssten wir den Join-Operator `LEFT OUTER JOIN` verwenden. Dabei sollten Sie auf die implizite Reihenfolge der Verknüpfungen achten. Joins in CDS-View-Definitionen werden standardmäßig von links nach rechts ausgeführt. Sie können die Join-Reihenfolge explizit durch geeignete Sortierung der `ON`-Bedingungen und Klammerung der `JOIN`-Klauseln angeben.

[»]

Reihenfolge der Joins

Die Join-Reihenfolge kann alleine über die Reihenfolge der `ON`-Bedingungen bestimmt werden. Eine Klammerung der `JOIN`-Operationen ist dabei nicht verpflichtend. Trotzdem raten wir Ihnen, die Klammer immer zu setzen, um die Lesbarkeit Ihrer Definition zu verbessern und die Intention der Abfrage zu verdeutlichen.

Mandantenbehandlung

Ein wichtiges Unterscheidungsmerkmal zwischen ABAP CDS und HANA CDS ist die automatische Mandantenbehandlung in ABAP. Obwohl in der CDS-View-Definition in Listing 6.1 das Mandantenfeld der unterliegenden Datenquellen nicht explizit behandelt wurde, ist der definierte View mandantenabhängig. In der `CREATE`-Anweisung für den SQL View wird die Mandantenbehandlung vom ABAP-Anwendungsserver automatisch hinzugefügt, sofern die verwendeten Datenquellen mandantenabhängig sind.

Anweisung SQL CREATE anzeigen

Schauen wir uns die SQL-View-Definition an, die in der Datenbank für den CDS-View aus Listing 6.1 erzeugt wurde. Sie können dazu von der DDL Source in den ABAP Development Tools direkt zur Transaktion SE11 navigieren. Positionieren Sie hierzu den Cursor in der DDL Source auf den SQL-View-Namen `ZA4H06SFLIGHTS` in der Annotation `@AbapCatalog.sqlViewName`, und drücken Sie die `F3`-Taste. Sie gelangen in Transaktion SE11, wo Sie die `CREATE`-Anweisung des SQL Views im Menü über EXTRAS • CREATE STATEMENT aufrufen können. Die Anweisung sehen Sie in Listing 6.2.

```
CREATE VIEW "ZA4H06SFLIGHTS" AS SELECT
  "SCARR"."MANDT" AS "MANDT",
  "SCARR"."CARRID",
  "SCARR"."CARRNAME",
```

```
    "SPFLI"."CONNID",
    "SPFLI"."COUNTRYFR",
    "SPFLI"."CITYFROM",
    "SPFLI"."AIRPFROM",
    "SPFLI"."COUNTRYTO",
    "SPFLI"."CITYTO",
    "SPFLI"."AIRPTO",
    "SFLIGHT"."FLDATE",
    "SFLIGHT"."SEATSMAX",
    "SFLIGHT"."SEATSOCC"
FROM (
  "SCARR" "SCARR" INNER JOIN "SPFLI" "SPFLI" ON (
    "SCARR"."MANDT" = "SPFLI"."MANDT" AND
    "SCARR"."CARRID" = "SPFLI"."CARRID"
  )
) INNER JOIN "SFLIGHT" "SFLIGHT" ON (
  "SPFLI"."CARRID" = "SFLIGHT"."CARRID" AND
  "SPFLI"."CONNID" = "SFLIGHT"."CONNID" AND
  "SCARR"."MANDT" = "SFLIGHT"."MANDT"
)
```

Listing 6.2 CREATE-Anweisung für den SQL View ZA4H06SFLIGHTS

Im Vergleich zur CDS-View-Definition wurde in der SQL-View-Definition das Mandantenfeld der ersten Datenquelle in der FROM-Klausel automatisch der SELECT-Liste hinzugefügt, und die ON-Bedingungen der JOIN-Klauseln wurden ebenfalls entsprechend erweitert. Dadurch wird der CDS-View mandantenabhängig. Das automatisch hinzugefügte Mandantenfeld ist im CDS-View aber nicht sichtbar, d. h., Sie können das Feld MANDT in Open SQL oder in einer anderen CDS-View-Definition nicht ansprechen, wenn Sie den CDS-View als mandantenabhängige Datenquelle verwenden.

Explizite Mandantenbehandlung [«]

Sie sollten das Mandantenfeld nicht explizit in die SELECT-Liste Ihrer View-Definition aufnehmen oder die Mandantenfelder selbst in den Join-Bedingungen behandeln. Die Mandantenbehandlung für CDS-Views mit mandantenabhängigen Datenquellen erfolgt im SAP NetWeaver AS ABAP automatisch.

Sie können die automatische Mandantenbehandlung in CDS-Views wie folgt ausschalten:

Automatische Mandantenbehandlung ausschalten

▶ Mit der Annotation @ClientDependent: false wird der CDS-View als mandantenunabhängig definiert. Die Annotation muss vor die Anweisung DEFINE VIEW geschrieben werden.

▶ Der Open-SQL-Zusatz CLIENT SPECIFIED ändert nicht die Mandantenabhängigkeit des CDS-Views, sondern schaltet lediglich die automatische Mandantenbehandlung bei der Verwendung des Views in Open SQL aus. Wenn Sie diesen Zusatz verwenden, ist eine Mandantenspalte automatisch Teil der Ergebnismenge, obwohl sie kein Feld des CDS-Views ist. Hinter dem Zusatz können Sie der automatisch hinzugefügten Mandantenspalte einen Namen geben und diese dann in der SELECT-Anweisung in Open SQL ansprechen.

Mit dem neuen Zusatz CLIENT SPECIFIED zur ABAP-Anweisung TYPES können Sie zudem noch einen geeigneten Zielbereich mit zusätzlicher Mandantenspalte zur Abholung der Ergebnisse deklarieren.

In Listing 6.3 sehen Sie, wie Sie die Zusätze CLIENT SPECIFIED in ABAP verwenden können, um die Flüge des Mandanten '001' über den CDS-View Za4h_06_Sflights lesen zu können. Wir geben die Flüge anschließend mit einer WRITE-Anweisung aus.

```
TYPES: ty_result TYPE za4h_06_sflights
       CLIENT SPECIFIED clnt.
DATA: lt_results TYPE STANDARD TABLE OF ty_result
      WITH EMPTY KEY.

SELECT * FROM za4h_06_sflights
    CLIENT SPECIFIED za4h_06_sflights~clnt
    WHERE clnt = '001'
    INTO TABLE @lt_results.

LOOP AT lt_results ASSIGNING FIELD-SYMBOL(<flight>).
  WRITE: / <flight>-clnt,
           <flight>-carrid,
           <flight>-connid,
           <flight>-fldate.
ENDLOOP.
```

Listing 6.3 Zusatz CLIENT SPECIFIED für CDS-Views verwenden

Assoziationen

Bessere Verständlichkeit

Im SFLIGHT-Datenmodell sind die Beziehungen zwischen den Datenbanktabellen SCARR, SPFLI und SFLIGHT durch Fremdschlüssel im ABAP Dictionary definiert. Diese Beziehungen haben wir uns zunutze gemacht, um die Datenquellen für unseren CDS-View zu bestimmen und die Join-Bedingungen zu definieren. Allerdings sind diese Fremdschlüsselbeziehungen auch bei diesem einfachen Datenmodell recht technisch. Sie entsprechen nicht unbedingt unserer natürlichen Denkweise, wenn wir mit diesem Datenmodell arbeiten. Eine Problemstellung, die wir mit dem ABAP Dictionary View SFLIGHTS lösen wollen, würden wir wahrscheinlich so formulieren: »Ich möchte alle Flüge der Fluggesellschaften sehen, inklusive der Details zu ihren Flugplänen und der Namen der Fluggesellschaften.« Sicherlich müssen wir die gewünschten Details noch genauer spezifizieren, aber auf keinen Fall würden wir sagen: »Ich möchte einen INNER JOIN von SCARR und SPFLI, bei dem die CARRIDs gleich sind und …«. CDS und insbesondere die Assoziationen helfen Ihnen, das Datenmodell für die Anwender und Fachexperten zugänglicher zu machen.

Assoziationen definieren

In diesem Abschnitt definieren wir wieder SFLIGHTS als CDS-View, verwenden aber diesmal Assoziationen. Dazu definieren wir zuerst CDS-Views auf die Datenbanktabellen SPFLI und SFLIGHT, in denen wir die Beziehungen zwischen den Datenquellen als Assoziationen modellieren. Diese Views dienen uns dann als Datenquellen für den CDS-View Za4h_06_Sflights_Using_Assocs, in dem die Assoziationen verwendet werden. Tabelle 6.1 gibt einen Überblick über die zu definierenden Views und ihre Assoziationen.

CDS-View	Datenquelle (Tabelle)	Definierte Assoziation	Durch die Assoziation modellierte Beziehung
Za4h_06_Flightplan	SPFLI	Airline	Za4h_06_Flightplan (SPFLI) zu SCARR
Za4h_06_Flight	SFLIGHT	Flightplan	Za4h_06_Flight (SFLIGHT) zu Za4h_06_Flightplan (SPFLI)

Tabelle 6.1 CDS-Views und Assoziationen für die Datenbanktabellen SPFLI und SFLIGHT

Als Erstes definieren wir den CDS-View Za4h_06_Flightplan, wie in Listing 6.4 zu sehen.

Assoziationsdefinition

287

```
@AbapCatalog.sqlViewName: 'ZA4H06FLIGHTPLAN'
define view Za4h_06_Flightplan as select from spfli
association [1..1] to scarr as Airline
  on spfli.carrid = Airline.carrid
{
 carrid,
 connid,
 countryfr,
 cityfrom,
 airpfrom,
 countryto,
 cityto,
 airpto,
 fltime,
 deptime,
 arrtime,
 distance,
 distid,
 fltype,
 period,
 //Assoziation für externe Verwendung sichtbar machen
 Airline
}
```

Listing 6.4 CDS-View Za4h_06_Flightplan mit Definition der Assoziation »Airline«

Verknüpfung zwischen den Datenquellen

Die Assoziation Airline wird mit dem Schlüsselwort ASSOCIATION definiert. Sie modelliert eine Verknüpfung zwischen der Datenquelle in der FROM-Klausel (Tabelle SPFLI) und der Datenquelle hinter dem Schlüsselwort TO (Tabelle SCARR). Die Datenquelle hinter TO wird *Zieldatenquelle* genannt. Die Bedingung für die Verknüpfung wird in der ON-Klausel definiert. Alle Felder der Datenquellen, die in der FROM-Klausel stehen und in der ON-Bedingung verwendet werden, müssen auch in die SELECT-Liste aufgenommen werden. Der Name der Assoziation dient auch als Alias für die Zieldatenquelle in der Assoziationsdefinition. Dieser Alias muss in der ON-Klausel verwendet werden. Die Vergabe eines Assoziationsnamens ist nicht verpflichtend. Wird kein Name definiert, erhält die Assoziation den Name der Zieldatenquelle.

Umwandlung in Datenbank-Join

Auf den ersten Blick sieht die Assoziationsdefinition der Join-Definition in Listing 6.1 sehr ähnlich aus. Tatsächlich kann aus dieser Assoziationsdefinition ein Join in der Datenbank erzeugt werden. Dies passiert aber erst, wenn die Assoziation verwendet wird. Bei der Aktivierung der DDL Source wird die verwendete Assoziation vom

SAP NetWeaver AS ABAP in einen SQL-Join umgewandelt, bevor der SQL View in der Datenbank angelegt wird.

Eine Assoziation kann sowohl lokal in dem CDS-View verwendet werden, in dem sie definiert wurde, als auch extern von anderen CDS-Views, die den View als Datenquelle verwenden. Dazu muss die Assoziation zuerst sichtbar gemacht werden, indem sie in die SELECT-Liste aufgenommen wird. Andernfalls bleibt sie unsichtbar für andere CDS-Views.

Sichtbarkeit

Zur Assoziationsdefinition gehört zuletzt noch die Kardinalität der Zieldatenquelle, die in eckigen Klammern angegeben wird ([<min>..<max>]). Diese Information dient dem besseren Verständnis der Beziehung zwischen den Datenquellen und kann auch beim Erzeugen der SQL-Joins für Optimierungen in der SAP-HANA-Datenbank benutzt werden. Um auszudrücken, dass ein Flugplan zu *genau einer* Fluggesellschaft gehört, wird z. B. die Kardinalität [1..1] definiert. Wenn ein Flugplan zu *keiner oder einer* Fluggesellschaft gehören könnte, lautet die Schreibweise [0..1] oder abgekürzt [1] (wenn der Mindestwert weggelassen wird, wird der Default-Wert 0 herangezogen). Auf die Angabe der Zielkardinalität kann verzichtet werden, wir empfehlen jedoch, sie immer anzugeben, wenn sie bekannt ist. Der Default-Wert, der herangezogen wird, wenn die Zielkardinalität weggelassen wird, ist [1].

Kardinalität

> **Laufzeitprüfung der Zielkardinalität** [«]
>
> Die Kardinalität der Zieldatenquelle wird zur Laufzeit nicht geprüft. Trotzdem sollten Sie auf die Korrektheit der Angabe achten, da sie ab SAP NetWeaver AS ABAP 7.5 zur Optimierung der SQL-Joins in SAP HANA verwendet wird. Die Kardinalität wird auch für Syntaxprüfungen im Rahmen der Verwendung der Assoziation herangezogen. Nur Assoziationen mit der Kardinalität [1] können beispielsweise in WHERE-Klauseln verwendet werden.

Als Nächstes definieren wir einen CDS-View Za4h_06_Flight für die Tabelle SFLIGHT (siehe Listing 6.5). Die Assoziation Flightplan verwendet den CDS-View Za4h_06_Flightplan als Zieldatenquelle. In der Assoziationsdefintion sehen Sie das Schlüsselwort $PROJECTION. Damit können Sie auf Felder der SELECT-Liste referenzieren. Wenn Sie Ihren Feldern Aliasse zugewiesen haben, um die Lesbarkeit zu verbessern, können Sie diese Aliasse mit $PROJECTION auch in Ihrer Assoziationsdefinition verwenden.

$projection

```
@AbapCatalog.sqlViewName: 'ZA4H06FLIGHT'
define view Za4h_06_Flight as select from sflight
association [1..1] to Za4h_06_Flightplan
  as Flightplan on
    $projection.carrid = Flightplan.carrid and
    $projection.connid = Flightplan.connid
{
 carrid,
 connid,
 fldate,
 price,
 currency,
 planetype,
 seatsmax,
 seatsocc,
 paymentsum,
 seatsmax_b,
 seatsocc_b,
 seatsmax_f,
 seatsocc_f,
 //Assoziation für externe Verwendung sichtbar machen
 Flightplan
}
```

Listing 6.5 CDS-View Za4h_06_Flight mit Definition der Assoziation »Flightplan«

[+]   Modellierung von Assoziationen

Wenn Sie Assoziationen modellieren, sollten Sie zunächst die gleichen Überlegungen anstellen wie bei der Definition von Fremdschlüsselbeziehungen in SQL (*Foreign Key*). Assoziationen werden bevorzugt von den Bewegungsdaten zu den Stammdaten modelliert. Dabei werden die Assoziationen in der Entität der Bewegungsdaten definiert, und die Entität der Stammdaten wird als Zieldatenquelle angegeben.

Trotzdem ist es auch möglich und oft sinnvoll, Beziehungen zwischen Entitäten mit Assoziationen zu beschreiben, die die Integritätsbedingung nicht erfüllen. Ähnlich wie Joins sind Assoziationen nicht an referenzielle Integrität gebunden. Assoziationen sollen einen leichten und semantisch nachvollziehbaren Zugang zum Datenmodell und zu den Beziehungen der darin enthaltenen Entitäten ermöglichen.

Allerdings sollten Sie darauf achten, dass die Assoziationsdefinitionen nicht zu zyklischen Abhängigkeiten zwischen den CDS-Views führen. Zumindest in SAP NetWeaver AS ABAP 7.4 können solche Definitionen Fehler bei der Aktivierung der beteiligten CDS-Sources verursachen.

Assoziationen verwenden

Die CDS-Views Za4h_06_Flightplan und Za4h_06_Flight bilden nun die Schnittstelle zum Lesen der Flugdaten. Direkte Lesezugriffe auf die Datenbanktabellen des Flugdatenmodells sind nicht mehr notwendig. Die Vorteile von CDS-Views als Schnittstelle zu den Geschäftsdaten erkennen Sie, wenn wir diese Views verwenden, um unser Eingangsproblem zu lösen, alle Flüge der Fluggesellschaften, die Details zu den Flugplänen und die Namen der Fluggesellschaften aufzurufen. Listing 6.6 zeigt, wie wir diese Abfrage mit einem CDS-View und durch Verwendung der Assoziationen Flightplan und Airline realisieren können.

```
@AbapCatalog.sqlViewName: 'ZA4H06SFLIGHTSUA'
define view Za4h_06_Sflights_Using_Assocs
as select from Za4h_06_Flight as Flight {
    Flight.carrid,
    Flight.Flightplan.Airline.carrname,
    Flight.connid,
    Flight.Flightplan.countryfr,
    Flight.Flightplan.cityfrom,
    Flight.Flightplan.airpfrom,
    Flight.Flightplan.countryto,
    Flight.Flightplan.cityto,
    Flight.Flightplan.airpto,
    Flight.fldate,
    Flight.seatsmax,
    Flight.seatsocc
}
```

Listing 6.6 CDS-View Za4h_06_Sflights_Using_Assocs mit Pfadausdrücken

Die View-Definition ist im Vergleich zu Listing 6.1 deutlich intuitiver. Durch Verwendung der Assoziationen in den Pfadausdrücken ist es nicht notwendig, die technischen Join-Bedingungen der verwendeten Datenquellen zu kennen oder zu spezifizieren. Die Verknüpfung der Datenquellen muss nur einmal in der Assoziationsdefinition angegeben werden und kann bei jeder Verwendung der Assoziation vom ABAP-Anwendungsserver interpretiert werden. Wir können uns somit bei der Modellierung ganz auf die semantischen Beziehungen zwischen den Entitäten konzentrieren: »Ein Flug hat einen Flugplan, und ein Flugplan gehört zu einer Fluggesellschaft.« Unsere Abfrage spiegelt so viel besser die Anforderungen der Anwender wider, wie Tabelle 6.2 zeigt. Um die Pfadausdrücke noch klarer zu gestalten, haben wir einen Alias Flight für die Daten-

Vorteile von Assoziationen

291

quelle `Za4h_06_Flight` vergeben und diesen Alias in der `SELECT`-Liste verwendet. Dieser Alias ist nicht verpflichtend und kann in den Pfadausdrücken auch weggelassen werden.

Anforderung	Anweisung/Pfad-ausdruck	Erklärung
»Ich möchte alle Flüge der Flugge-sellschaften sehen …	`select from Za4h_ 06_Flight`	Lies alle Flüge.
… inklusive der Details zu ihren Flugplänen …	`Flight.Flight-plan.<detail>`	Lies die Details aus dem Flugplan des Fluges. Verfolge dazu den Pfad vom Flug über (die Assoziation) Flugplan zum Detail. Jedes Detail ist ein Feld aus der Zieldatenquelle der Assoziation `Flightplan`.
… und inklusive der Namen der Flugge-sellschaften.«	`Flight.Flight-plan.Air-line.carrname`	Lies den Namen der Flugge-sellschaft aus dem Flugplan. Verfolge dazu den Pfad vom Flug über (die Assoziationen) Flugplan und Fluggesellschaft zum Namen.

Tabelle 6.2 Ausdrucksstärke von CDS, demonstriert am CDS-View Za4h_Sflights_Using_Assocs

[!] **Präfixe in Assoziationsnamen**

Der Assoziationsname ist ein semantischer Alias für die Zieldatenquelle. In dem Pfad `Flight.Flightplan` repräsentiert `Flightplan` z. B. den CDS-View `Za4h_06_Flightplan`. Der Pfad wird durch den Punktoperator erzeugt. Der Punktoperator erlaubt den Zugriff auf die Elemente im View `Za4h_06_Flightplan` (inklusive der darin definierten Assoziationen).

Aus diesem Grund ist es überflüssig, in den Assoziationsnamen auszudrücken, dass es sich um eine Assoziation bzw. einen Pfad handelt (z. B. durch `Flight.toFlightPlan.toAirline.carrname`). Präfixe wie `to` erschweren die Lesbarkeit und gelten als schlechter Stil. Sollten Sie Präfixe verwenden wollen, um bei der Definition der Assoziation z. B. Namenskonflikte mit anderen Feldern der `SELECT`-Liste zu vermeiden, dann empfiehlt es sich, einen Unterstrich zu verwenden (z. B. `Flight._ FlightPlan._Airline.carrname`) In fast allen von SAP ausgelieferten CDS-Datenmodellen werden solche Unterstriche als Präfixe verwendet, um Konflikte zu vermeiden und eine konsistente Schreibweise zu erzielen.

Schauen wir uns nun die zugehörige SQL-View-Definition, die in der Datenbank erzeugt wurde, in Listing 6.7 an.

SQL-View-Definition

```
CREATE VIEW "ZA4H06SFLIGHTSUA" AS SELECT
  "FLIGHT"."MANDT" AS "MANDT",
  "FLIGHT"."CARRID",
  "=A1"."CARRNAME",
  "FLIGHT"."CONNID",
  "=A0"."COUNTRYFR",
  "=A0"."CITYFROM",
  "=A0"."AIRPFROM",
  "=A0"."COUNTRYTO",
  "=A0"."CITYTO",
  "=A0"."AIRPTO",
  "FLIGHT"."FLDATE",
  "FLIGHT"."SEATSMAX",
  "FLIGHT"."SEATSOCC"
FROM (
  "ZA4H06FLIGHT" "FLIGHT"
  LEFT OUTER JOIN "ZA4H06FLIGHTPLAN" "=A0" ON (
    "FLIGHT"."CARRID" = "=A0"."CARRID" AND
    "FLIGHT"."CONNID" = "=A0"."CONNID" AND
    "FLIGHT"."MANDT" = "=A0"."MANDT"
  )
) LEFT OUTER JOIN "SCARR" "=A1" ON (
  "FLIGHT"."MANDT" = "=A1"."MANDT" AND
  "=A0"."CARRID" = "=A1"."CARRID"
)
```

Listing 6.7 SQL-View-Definition für den CDS-View Za4h_06_Sflights_Using_Assocs

Da die Datenbankmanagementsysteme ABAP-CDS-Entitäten nicht nativ unterstützen, werden die Entitätsnamen durch ihren korrespondierenden SQL-View-Namen ersetzt und die verwendeten Assoziationen vom ABAP-Anwendungsserver in SQL-Joins umgewandelt. In der generierten SQL-Anweisung wurden für die Datenquellen ZA4H06FLIGHTPLAN und SCARR automatisch Aliasse definiert (=A0 und =A1) und aus den verwendeten Assoziationen wurden Left Outer Joins erzeugt.

Welcher Join-Typ für die verwendeten Assoziationen erzeugt wird, ist abhängig davon, wo die Assoziationen verwendet werden. Assoziationen können in der SELECT-Liste und in den FROM-, WHERE- und GROUP-BY-Klauseln verwendet werden. Standardmäßig wird bei der Verwendung in der FROM-Klausel ein Inner Join erzeugt. Für alle anderen Verwendungsorte werden Left Outer Joins erzeugt. Sie können den Join-

Join-Typ bei der Verwendung von Assoziationen

Typ selbst bestimmen, indem Sie den Join-Operator und die zu erwartende Zielkardinalität hinter dem Assoziationsnamen im Pfadausdruck angeben, z. B. `Flight.Flightplan[1: inner].countryfrom`.

Auch hier ist die Angabe der Zielkardinalität nicht verpflichtend, wird aber empfohlen. Sie können bei Assoziationsverwendungen nur die maximale Zielkardinalität angeben.

Bei der Verwendung von Assoziationen sollten Sie besonders auf die Reihenfolge der generierten Joins achten. Die Assoziationsverwendungen werden vom ABAP-Anwendungsserver ebenfalls von links nach rechts übersetzt. Es lohnt sich bei komplexeren CDS-Views, einen Blick auf die erzeugte `CREATE`-Anweisung zu werfen.

[»]	**Unterstützte Join-Typen bei der Verwendung von Assoziationen**
	Bei der Bestimmung des Join-Typs können nur die Operatoren `INNER` und `LEFT OUTER` verwendet werden. Es ist nicht möglich, `RIGHT OUTER` zu spezifizieren. Sollten Sie einen Right Outer Join benötigen, müssen Sie vorerst, wenn möglich und modellierungstechnisch sinnvoll, entweder die Richtung Ihrer Assoziation bei der Definition umkehren (Source und Ziel) und einen Left Outer Join verwenden oder die Verknüpfungen der Datenquellen mit klassischen Join-Definitionen wie in Listing 6.1 definieren.

Assoziationsfilter Sie können die Daten, die durch die Verwendung der Assoziationen verknüpft werden, auch filtern. Assoziationsfilter können ebenfalls innerhalb der eckigen Klammern formuliert werden und beeinflussen dann die Ergebnismenge. Beispielsweise können Sie sich mit der folgenden Assoziationsverwendung nur die Flüge anzeigen lassen, die das Ziel Deutschland haben:

```
Flightplan[1: inner where countryto = 'DE'].countryfrom
```

Wenn Sie Filterbedingungen gemeinsam mit einem Join-Typ definieren, müssen Sie die Filterbedingungen mit dem Schlüsselwort `WHERE` einleiten. Assoziationsfilter können nicht in View-Definitionen verwendet werden, die Aggregationen bilden. Die Bedingungen der Assoziationsfilter werden vom ABAP-Anwendungsserver in die generierte `ON`-Bedingung des SQL-Joins eingefügt.

Grundsätzlich wird für jede Assoziationsverwendung ein Join erzeugt. Wenn keine Filter angegeben sind, werden gleichartige Joins vom ABAP-Anwendungsserver zu einem Join zusammengefasst. Bei der Verwendung von Assoziationsfiltern erfolgt dies nicht mehr automatisch. Sie können diese Optimierung jedoch erzwingen, indem Sie die Annotation `@AbapCatalog.compiler.CompareFilter:` `true` verwenden. Diese Annotation muss vor der Anweisung `DEFINE VIEW` stehen. In der Folge werden dann die Filter der Assoziationen verglichen und Joins mit gleichem Filter ebenfalls zu einem Join zusammengefasst. Wir empfehlen Ihnen, diese Annotation bei Ihren CDS-View-Definitionen grundsätzlich zu setzen.

Views mit Parametern

Die Verwendung von Literalen in View-Definitionen, beispielsweise in Vergleichsausdrücken, sind im Allgemeinen unflexibel. Wenn Sie einem CDS-View Werte beim Aufruf übergeben wollen, können Sie Parameter für diesen View definieren. In Listing 6.8 verwenden wir Parameter, um das Zielland, auf das die Ergebnisliste der Flüge eingeschränkt werden soll, erst bei der Ausführung der View-Abfrage zu übergeben.

Werte übergeben

```
@AbapCatalog.sqlViewName: 'ZA4H06SFLIGHTSUP'
@AbapCatalog.compiler.compareFilter: true
define view Za4h_06_Sflights_Using_Params
with parameters p_countryto : abap.char(3)
as select from Za4h_06_Flight as Flight {
    Flight.carrid,
    Flight.Flightplan.Airline.carrname,
    Flight.connid,
    Flight.Flightplan.countryfr,
    Flight.Flightplan.cityfrom,
    Flight.Flightplan.airpfrom,
    Flight.Flightplan.countryto,
    Flight.Flightplan.cityto,
    Flight.Flightplan.airpto,
    Flight.fldate,
    Flight.seatsmax,
    Flight.seatsocc
}
where Flight.Flightplan.countryto =
      $parameters.p_countryto
and   Flight.Flightplan.countryto is not null
```

Listing 6.8 CDS-View Za4h_06_Sflights_Using_Params mit Parametern

View-Parameter werden vor der `SELECT`-Anweisung mit dem Schlüsselwort `WITH PARAMETERS` definiert. Zur Parameterdefinition gehört die Angabe des Parameternamens und des Typs. Der Typ muss skalar

Definition und Verwendung

sein. Sie können sowohl ausgewählte ABAP-Dictionary-Typen als auch Datenelemente aus dem ABAP Dictionary als Parametertyp angeben.

ABAP-Dictionary-Typen wird in CDS-Views das Präfix `abap` vorangestellt, z. B. `abap.int4`. Es ist üblich, Parameternamen mit `p_` zu beginnen, um Namenskonflikte zu vermeiden. Obwohl bei Parametern das Schlüsselwort `$PARAMETERS` oder der Scope-Operator »:« verwendet werden müssen, meldet der ABAP CDS Compiler einen Syntaxfehler, wenn Parameter und Elemente der `SELECT`-Liste gleiche Namen verwenden.

Sie können mehrere, durch Komma getrennte Parameter in einem CDS-View definieren. Parameter können grundsätzlich überall in der View-Definition verwendet werden, wo Literale auch verwendet werden dürfen, insbesondere auf der rechten Seite von Vergleichsoperatoren.

Datenbank-unterstützung
CDS-Views mit Parametern können als Datenquelle in anderen CDS-Views und in Open-SQL-Anweisungen verwendet werden. In SAP NetWeaver AS ABAP 7.4 unterstützen SAP HANA und auch viele weitere Datenbanksysteme CDS-Views mit Parametern. Falls CDS-Views mit Parametern nicht verfügbar sein sollten, kommt es bei der Ausführung des Views zu der Ausnahme `CX_SY_SQL_UNSUPPORTED_FEATURE`. Ab AS ABAP 7.5 gibt es dieses Feature für alle Datenbanksysteme.

Versions-abhängigkeit
Wenn Sie CDS-Views mit Parametern in Open-SQL-Anweisungen verwenden, werden Sie unter AS ABAP 7.4 durch eine Syntaxwarnung darauf hingewiesen, dass diese Views nicht von jeder Datenbankversion unterstützt werden. Sie können diese Warnung mit dem Pragma `##DB_FEATURE_MODE` unterdrücken. Sie können auch die Klasse `CL_ABAP_DBFEATURES` verwenden, um zur Laufzeit zu prüfen, ob CDS-Views mit Parametern unterstützt werden. Gegebenenfalls können Sie die Funktionalität dann alternativ implementieren.

Verwendung in Open SQL
Listing 6.9 zeigt Ihnen, wie Sie CDS-Views mit Parametern in Open SQL verwenden. Beachten Sie dabei, dass die strengere Open-SQL-Syntax verwendet werden muss. Den ABAP-Variablen lv_`countryto` und lt_`flights` muss das Fluchtsymbol @ vorangestellt werden. Details zur Syntax erfahren Sie in Abschnitt 6.4, »Open-SQL-Erweiterungen«.

```
DATA:
  lv_countryto TYPE za4h_06_flightplan-countryto,
  lt_flights   TYPE STANDARD TABLE OF
                    za4h_06_sflights_using_params
                    WITH EMPTY KEY.
lv_countryto = 'US'.
IF abap_true =
  cl_abap_dbfeatures=>use_features(
    requested_features =
    VALUE #( (
      cl_abap_dbfeatures=>views_with_parameters ) )
  ).
  SELECT *
  FROM za4h_06_sflights_using_params(
    p_countryto = @lv_countryto )
    INTO TABLE @lt_flights
    ##DB_FEATURE_MODE[VIEWS_WITH_PARAMETERS].
ELSE.
* Alternative Implementierung ...
ENDIF.
```

Listing 6.9 Verwendung von CDS-Views mit Parametern in Open SQL

Parameter können mit Literalen oder mit anderen Parametern versorgt werden. Wenn ein CDS-View mit Parametern als Zieldatenquelle einer Assoziation verwendet wird, muss der Parameter ebenfalls bei der Verwendung der Assoziation mit einem Wert versorgt werden. In diesem Fall ist es auch möglich, ein Feld der Datenquellen als Parameterwert zu verwenden.

Unterstützung von Session-Variablen ab SAP NetWeaver AS ABAP 7.5 [«]

Ab SAP NetWeaver AS ABAP 7.5 können *Session-Variablen* in CDS-View-Definitionen verwendet werden. Diese Variablen müssen nicht als Parameter übergeben werden, sondern können als globale Variablen angesprochen werden. Die Werte für die Session-Variablen werden bei der Verwendung von Open SQL automatisch gesetzt. Beispielsweise wird für die Session-Variable $session.user der Wert aus dem Systemfeld sy-uname gesetzt. Wird kein Open SQL verwendet und der View nicht auf SAP HANA ausgeführt, sind die Werte der Session-Variablen zum Zeitpunkt der View-Ausführung undefiniert. Dies sollten Sie bei der Verwendung von Session-Variablen immer berücksichtigen.

6.2.2 Code Pushdown

In den vorangehenden Abschnitten haben wir Ihnen CDS und die Datenmodellierung mittels ABAP CDS vorgestellt. ABAP CDS bietet aber noch weit mehr Funktionalität, damit Sie Berechnungen und Anwendungslogik in Ihren CDS-Views implementieren können, um einen Code Pushdown zu realisieren. Wenn Sie sich schon mit den Standards SQL-92 und SQL:1999 beschäftigt haben, werden Ihnen viele davon bekannt vorkommen.

In diesem Abschnitt geben wir Ihnen einen Überblick über diese neuen Funktionen und zeigen Ihnen deren Verwendung anhand von Beispielen. Nach der Lektüre werden Sie in der Lage sein, schnell beurteilen zu können, welche Verarbeitungslogik Sie in ABAP-CDS-Views implementieren können. Eine vollständige Dokumentation der einzelnen Funktionen finden Sie in der ABAP-Hilfe ([F1]-Hilfe).

Schlüsselwörter in ABAP 7.4

Tabelle 6.3 bis Tabelle 6.8 geben Ihnen einen Überblick über die `SELECT`-Klauseln, Operatoren und Funktionen, die ABAP CDS seit SAP NetWeaver AS ABAP 7.4 SP 8 unterstützt. Daneben können einfache (englisch *simple case*) und komplexe (englisch *searched case*) `CASE`-Anweisungen in der `SELECT`-Liste verwendet werden, um Bedingungsausdrücke zu definieren. Sie können sich einfache `CASE`-Anweisungen wie `SWITCH`-Anweisungen vorstellen, wohingegen sich komplexe `CASE`-Anweisungen wie die Anweisungen `IF ... ELSE ... IF` verhalten.

Klausel/ Operator	Verwendung/Bemerkung
WHERE	Filterangaben für die Ergebnismenge. Die Filter werden angewandt, nachdem alle Datenquellen verknüpft sind. Unterabfragen (Subselects) werden nicht unterstützt.
GROUP BY	Angabe von Feldern, mit denen Aggregationen (AVG, SUM, MIN, MAX, COUNT) gebildet werden sollen. Zeilen mit gleichen Werten in den angegebenen Feldern definieren eine Gruppe und werden in der Ergebnismenge zu einer Zeile zusammengefasst.
AS	Angabe eines Alternativnamens (*Alias*)
UNION	Vereinigt die Ergebnismengen zweier SELECT-Anweisungen in der gleichen View-Definition. Duplikate in der vereinten Ergebnismenge werden gelöscht.

Tabelle 6.3 SELECT-Klauseln und Mengenoperatoren in ABAP CDS 7.4

Klausel/ Operator	Verwendung/Bemerkung
HAVING	Filterangaben für die Ergebnismenge. Im Gegensatz zur WHERE-Klausel können hier Aggregationsfunktionen in den Bedingungen verwendet werden. Sofern Aggregationsfunktionen in den Bedingungen verwendet werden, werden die Filter erst nach den Filtern in der WHERE-Klausel angewandt.
UNION ALL	Wie UNION, wobei mehrfach vorkommende Ergebnisse in der vereinten Ergebnismenge erhalten bleiben. UNION ALL ist performanter als UNION und sollte bevorzugt werden, wenn Sie anhand der Daten schon wissen, dass keine Duplikate existieren.

Tabelle 6.3 SELECT-Klauseln und Mengenoperatoren in ABAP CDS 7.4 (Forts.)

Funktion	Verwendung/Bemerkung
AVG([DISTINCT] field)	Durchschnittswert von field für jede Gruppe. Wenn DISTINCT angegeben wird, werden Duplikate beim Aggregieren ignoriert.
MIN(field)	minimaler Wert von field für jede Gruppe
MAX(field)	maximaler Wert von field für jede Gruppe
SUM([DISTINCT] field)	Addition der Werte von field für jede Gruppe. Wenn DISTINCT angegeben wird, werden Duplikate beim Aggregieren ignoriert.
COUNT(DISTINCT field)	Anzahl der Zeilen in der Gruppe. Die Duplikate werden beim Zählen ignoriert.
COUNT(*)	Anzahl der Zeilen in der Gruppe

Tabelle 6.4 Aggregationsfunktionen in ABAP CDS 7.4

Funktion	Verwendung/Bemerkung
CEIL(expr)	kleinste ganze Zahl, die größer oder gleich dem numerischen Ausdruck expr ist
MOD(expr1, expr2)	Teilt den numerischen Ausdruck expr1 durch expr2 und gibt den Rest zurück.
ABS(expr)	Absolutbetrag des numerischen Ausdrucks expr

Tabelle 6.5 Numerische Funktionen in ABAP CDS 7.4

Funktion	Verwendung/Bemerkung
DIV(expr1, expr2)	Integer-basierte Division des numerischen Ausdrucks expr1 durch expr2
DIVISION(expr1, expr2, dec)	Dezimalbasierte Division des numerischen Ausdrucks expr1 durch expr2. Das Ergebnis wird auf dec Nachkommastellen gerundet.
FLOOR(expr)	größte ganze Zahl, die kleiner oder gleich dem numerischen Ausdruck expr ist
ROUND(expr, pos)	Gerundeter Wert des numerischen Ausdrucks expr. pos gibt die Position der Rundung relativ zum Dezimaltrennzeichen an.

Tabelle 6.5 Numerische Funktionen in ABAP CDS 7.4 (Forts.)

Funktion	Verwendung/Bemerkung
SUBSTRING(expr, pos, len)	Gibt einen Teil der Zeichenkette aus dem String-Ausdruck expr zurück. Das Teilstück wird durch die Position pos und Länge len in der Zeichenkette bestimmt.
LPAD(expr, len, literal)	Füllt die rechtsbündige Zeichenkette aus dem String-Ausdruck expr mit den Zeichen aus literal bis zur Länge len von links auf.
CONCAT(expr1, expr2)	Verkettet die Zeichenketten aus den String-Ausdrücken expr1 und expr2.
REPLACE(expr1, expr2, expr3)	Ersetzt alle Vorkommen der Zeichenkette expr2 in der Zeichenkette expr1 durch den Inhalt von expr3. Alle angegebenen Zeichenketten können String-Ausdrücke sein.

Tabelle 6.6 String-Funktionen in ABAP CDS 7.4

Funktion	Verwendung/Bemerkung
CAST(expr AS type)	Konvertierung des Ergebnistyps des Ausdrucks expr in den angegebenen ABAP-Dictionary-Typ type. Nur ausgewählte ABAP-Dictionary-Typen werden in SAP NetWeaver AS ABAP 7.4 unterstützt. Sie werden mit dem Präfix abap angegeben, z. B. abap.int4 oder abap.char(3).

Tabelle 6.7 Weitere Funktionen in ABAP CDS 7.4

Funktion	Verwendung/Bemerkung
COALESCE(expr1, expr2)	Liefert den Wert des Ausdrucks expr1 zurück, sofern dieser ungleich NULL ist. Ansonsten wird der Wert des Ausdrucks expr2 zurückgeliefert.
CURRENCY_CONVERSION(...)	Führt eine Währungskonvertierung durch.
UNIT_CONVERSION(...)	Führt eine Einheitenkonvertierung durch.
DECIMAL_SHIFT(...)	Setzt das Dezimaltrennzeichen eines Wertes gemäß der angegebenen Währung.

Tabelle 6.7 Weitere Funktionen in ABAP CDS 7.4 (Forts.)

Operatorenart	Operatoren	Verwendung/Bemerkung
boolesche Operatoren	NOT, AND, OR	AND und OR verknüpfen logische Ausdrücke. NOT kehrt das Ergebnis eines logischen Ausdrucks um.
Vergleichs-operatoren	BETWEEN, =, <>, <, >, <=, >=, LIKE, IS [NOT] NULL	IS [NOT] NULL kann nur in WHERE-Klauseln verwendet werden.
arithmetische Operatoren	+, -, *, /	Der Operator / wird für float-basierte Divisionen verwendet. Er ist im Allgemeinen nicht für Finanzanwendungen geeignet.

Tabelle 6.8 Operatoren in ABAP CDS 7.4

Um Ihnen die Verwendung dieser Funktionen anhand eines Beispiels zu zeigen, implementieren wir eine Variante der Open-SQL-Abfrage mit Aggregatfunktionen aus Listing 3.6 in Abschnitt 3.2.2, »Open SQL«, als CDS-View. Wir wollen wissen, ob es für einen Flug mehr Buchungen für eine Buchungsklasse gibt (basierend auf den Einträgen in der Tabelle SBOOK) als belegte Plätze (Tabelle SFLIGHT). Die gewünschte Klasse soll durch die Verwendung eines View-Parameters angegeben werden.

Listing 6.10 zeigt den CDS-View. Wir betrachten nur die Buchungen, die nicht storniert wurden, und schränken die Buchungen entsprechend der angefragten Klasse in der WHERE-Klausel ein. Die eigentliche Prüfung, ob es mehr Buchungen als belegte Plätze gibt, erfolgt in

CDS-Schlüsselwort »key«

der HAVING-Klausel. Die Prüfung implementieren wir für jede Klasse einzeln. Mit dem Schlüsselwort key haben wir auch die Schlüsselfelder des Views gekennzeichnet. Die Angabe des Schlüssels dient in SAP NetWeaver 7.4 hauptsächlich dem besseren Verständnis des Datenmodells und hat keine Relevanz bei der Ausführung der View-Abfrage in Open SQL. Da es allerdings ABAP-Frameworks gibt, die sich diese Metadaten zunutze machen, wie der SAP List Viewer mit Integrated Data Access (ALV with IDA), empfehlen wir Ihnen, die Schlüsselfelder in Ihrem View immer zu definieren.

```
@AbapCatalog.sqlViewName: 'ZA4H06BOOKCHKP'
@AbapCatalog.compiler.compareFilter: true
define view Za4h_06_Booking_Cchk_Params
with parameters p_Booking_Class : abap.char( 1 )
as select from sbook as booking
inner join sflight as flight
    on  booking.carrid = flight.carrid
    and booking.connid = flight.connid
    and booking.fldate = flight.fldate
{
    key booking.carrid,
    key booking.connid,
    key booking.fldate,
    case $parameters.p_Booking_Class
        when 'Y' //Economy Class
            then flight.seatsocc
        when 'C' //Business Class
            then flight.seatsocc_b
        else      //First Class
            flight.seatsocc_f
    end as count_Occupied_Seats,
    count( * ) as count_Bookings
}
where booking.cancelled <> 'X'
  and booking.class = $parameters.p_Booking_Class
group by
    booking.carrid,
    booking.connid,
    booking.fldate,
    booking.class,
    flight.seatsocc,
    flight.seatsocc_b,
    flight.seatsocc_f
having
    //Occupied seats < number of bookings
    ( booking.class = 'Y' and
```

```
        flight.seatsocc < count( * ) )
 or ( booking.class = 'C' and
        flight.seatsocc_b < count( * ) )
 or ( booking.class = 'F' and
        flight.seatsocc_f < count( * ) )
```

Listing 6.10 Konsistenzcheck der Flugbuchungen

Zuletzt bauen wir einen CDS-View, der alle Klassen auf Inkonsistenzen hin überprüft und diese Inkonsistenzen als Ergebnismenge zurückliefert. Für jede Inkonsistenz soll ersichtlich sein, um welche Buchungsklasse es sich handelt, und auch die Differenz zwischen der Anzahl der Buchungen und der Anzahl der belegten Plätze soll berechnet werden. Dafür definieren wir einen CDS-View mit `union all`, wie in Listing 6.11 zu sehen.

Schlüsselwort
»union all«

```
@AbapCatalog.sqlViewName: 'ZA4H06BOOCKCHKA'
@AbapCatalog.compiler.compareFilter: true
define view Za4h_06_Booking_Check_All as
select from
  Za4h_06_Booking_Cchk_Params( p_Booking_Class: 'Y' )
{
  key carrid,
  key connid,
  key fldate,
  cast('ECONOMY' as abap.char( 8 )) as class,
  count_Bookings,
  count_Occupied_Seats,
  abs(count_Bookings - count_Occupied_Seats)
    as difference
}
union all
select from Za4h_06_Booking_Cchk_Params( p_Booking_
Class: 'C' )
{
  carrid,
  connid,
  fldate,
  'BUSINESS' as class,
  count_Bookings,
  count_Occupied_Seats,
  abs(count_Bookings - count_Occupied_Seats)
    as difference
}
union all
select from Za4h_06_Booking_Cchk_Params( p_Booking_
Class: 'F' )
```

```
{
  carrid,
  connid,
  fldate,
  'FIRST' as class,
  count_Bookings,
  count_Occupied_Seats,
  abs(count_Bookings - count_Occupied_Seats)
    as difference
}
```

Listing 6.11 Konsistenzcheck für die Flugbuchungen aller Klassen

Unions in CDS-Views

Für jede Buchungsklasse definieren wir eine eigene Abfrage. Die Ergebnisse führen wir mit UNION ALL zusammen, da keine Duplikate in der vereinten Ergebnismenge zu erwarten sind. Für jedes Ergebnis definieren wir ein Feld class, das die gebuchte Klasse wiedergibt. Wir verwenden ein Literal, um den Wert dieses Feldes zu definieren. Wichtig ist, dass jede Abfrage die gleiche Anzahl von Feldern hat und dass die korrespondierenden Felder in den einzelnen Abfragen typkompatibel sind. Wenn Ergebnisse zusammengeführt werden, ist die erste Abfrage immer führend, d. h., die Elementnamen und Elementtypen sowie die Annotationen, die für die Elemente des Gesamtergebnisses definiert werden, werden aus der ersten SELECT-Liste entnommen. Aus diesem Grund konvertieren wir das Feld class der ersten Abfrage, um einen passenden Typ für alle Literale zu definieren.

[»] **Weitere neue Funktionen mit AS ABAP 7.5**

In den folgenden Abschnitten zeigen wir Ihnen noch weitere Beispiele für Code Pushdowns in CDS-Views, z. B. die Verwendung der Funktion CURRENCY_CONVERSION in Listing 12.5 aus Abschnitt 12.3.2, »Verwendung des Application Function Modelers«. In diesem Bereich wird es in Zukunft viele neue Entwicklungen geben. Ab SAP NetWeaver AS ABAP 7.5 können Sie auch folgende Funktionen verwenden:

- String-Funktionen: CONCAT_WITH_SPACE, INSTR, LEFT, LENGTH, LTRIM, RIGHT, RPAD, RTRIM

- Byte-Ketten-Funktionen: BINTOHEX, HEXTOBIN

- Datums- und Zeitfunktionen: DATS_DAYS_BETWEEN, DATS_ADD_DAYS, DATS_ADD_MONTHS, DATS_IS_VALID, TIMS_IS_VALID, TSTMP_IS_VALID, TSTMP_CURRENT_UTCTIMESTAMP, TSTMP_SECONDS_BETWEEN, TSTMP_ADD_SECONDS

6.2.3 View-Erweiterungen

Die CDS-Spezifikation beschreibt auch, wie CDS-Views modifikationsfrei erweitert werden können. Durch solche Erweiterungen können zusätzliche Felder aus den verwendeten Datenquellen in den View aufgenommen werden. Auch berechnete Felder können hinzugefügt werden. View-Erweiterungen in ABAP CDS werden wie View-Definitionen in einer eigenen DDL Source definiert. Der Anlegeassistent stellt hierzu die Vorlage EXTEND VIEW bereit. Listing 6.12 zeigt eine Erweiterung des CDS-Views Za4h_06_Sflights aus Listing 6.1.

```
@AbapCatalog.sqlViewAppendName: 'ZA4H06SFLIEXT'
@EndUserText.label: 'ZA4H_06_SFLIGHTS_EXTENSION'

extend view Za4h_06_Sflights with Za4h_06_Sflights_
Extension {
  sflight.planetype,
  replace( scarr.url, 'http:', '' ) as protocol_relative_url
}
```

Listing 6.12 Erweiterung des CDS-Views Za4h_06_Sflights

Mit dem Schlüsselwort EXTEND VIEW wird der CDS-View erweitert. Der Name der CDS-Erweiterung steht hinter dem Schlüsselwort WITH. Die Erweiterungen werden technisch über die Standard-Erweiterungsmechanismen des ABAP-Systems realisiert. Für jede Erweiterung wird ein *Append View* erzeugt und dem SQL View angehängt. Der Name des Append Views wird in der Annotation @AbapCatalog.sqlViewAppendName definiert.

CDS-Erweiterungen sind immer genau einem CDS-View zugeordnet. Sie können jedoch mehr als eine Erweiterung für einen CDS-View anlegen.

Innerhalb der geschweiften Klammern können Sie die zusätzlichen Felder angeben, um die der CDS-View ergänzt werden soll. Den Namen dieser Felder müssen Sie die Namen der jeweiligen Datenquelle voranstellen, damit die Felder eindeutig bezeichnet sind. Sollte es zu Namenskonflikten kommen, können Aliasse für die einzelne Felder definiert werden. In Listing 6.12 haben wir den CDS-View Za4h_06_Sflights um zwei Felder erweitert: planetype und protocol_relative_url.

Felder eindeutig angeben

Die Felder der Datenquellen können Sie auch in Ausdrücken und Berechnungen verwenden. Das Feld scarr.url wird z. B. verwen-

Berechnungen

det, um die absolute URL der Fluggesellschaft in eine relative URL umzuwandeln (ohne »http:«).

Es ist nicht erlaubt, Parameter, Assoziationen oder Aggregations-funktionen in einer CDS-Erweiterung zu verwenden oder neue Join-Bedingungen zu definieren. Auch CDS-Views mit einer GROUP-BY- oder UNION-Klausel können nicht erweitert werden. Manche dieser Einschränkungen wurden mit SAP NetWeaver AS ABAP 7.5 aufgehoben.

»Element Info« in Eclipse

Wie in Abbildung 6.5 dargestellt, erkennen Sie anhand einer Markierung am linken Rand des Editors, ob ein CDS-View erweitert wurde. Klicken Sie auf diese Markierung, um eine Liste der CDS-Erweiterungen anzuzeigen. Über die Hyperlinks können Sie zu den einzelnen Erweiterungen navigieren. In der ELEMENT INFO sehen Sie alle Elemente des ausgewählten CDS-Views inklusive der Erweiterungen. Um die ELEMENT INFO aufzurufen, positionieren Sie den Mauszeiger auf dem Entitätsnamen in der DDL Source und drücken die F2-Taste.

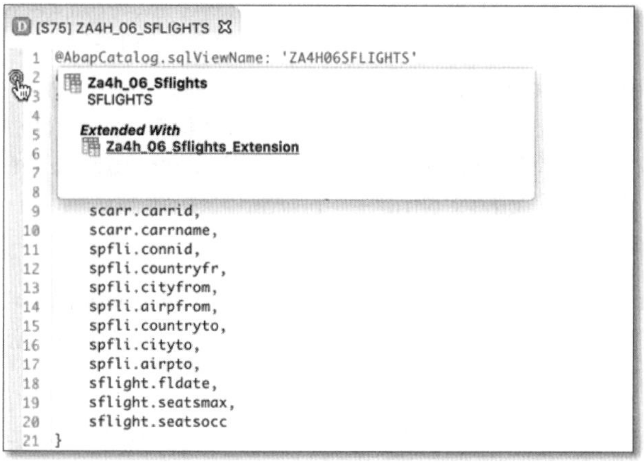

Abbildung 6.5 Erweiterungsmarker am linken Rand des DDL Editors

Abbildung 6.6 zeigt Informationen zu dem View Za4h_06_Sflights. Die ELEMENT INFO ist für alle Datenquellen und Elemente (inklusive Assoziationen) verfügbar, die in der DDL Source verwendet werden.

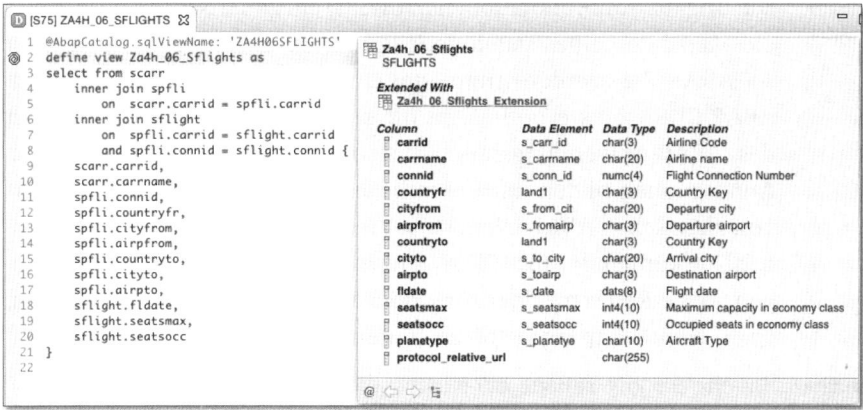

Abbildung 6.6 »Element Info« zu einem erweiterten CDS-View

6.2.4 Annotationen

In unseren Beispielen für View-Definitionen in diesem Kapitel haben Sie schon vier wichtige Annotationen kennengelernt, über die Sie Metadaten zu den CDS-Objekten ergänzen können: `AbapCatalog.sqlViewName`, `AbapCatalog.sqlViewAppendName`, `AbapCatalog.compiler.compareFilter` und `ClientDependent`. In einer DDL Source wird einer solchen Annotation das Zeichen @ vorangestellt. Zusätzlich muss ein Wert für die Annotation angegeben werden, sofern die Annotation keinen Default-Wert besitzt. Abhängig vom Typ der Annotation können Wahrheitswerte (`true` oder `false`), Literale (numerische oder String-Literale) oder Enumerationswerte angegeben werden.

Verwendung von Annotationen

Annotationen haben einen bestimmten Sichtbarkeitsbereich (*Scope*), in dem sie nutzbar sind. In SAP NetWeaver AS ABAP 7.4 können Annotationen für einen View (Scope VIEW), eine View-Erweiterung (Scope EXTEND VIEW) oder ein Element (Scope ELEMENT) angegeben werden. Annotationen mit dem Scope VIEW oder EXTEND VIEW müssen immer vor der Anweisung `DEFINE VIEW` bzw. `EXTEND VIEW` stehen. Annotationen mit dem Scope ELEMENT stehen vor dem Element.

Scope

> **Post-Annotationen** [«]
>
> Element-Annotationen können auch direkt hinter das Element geschrieben werden. In diesem Fall wird das Zeichen @< vorangestellt, um die Annotation als *Post-Annotation* zu kennzeichnen. Diese Schreibweise ist aber eher unüblich. Wir empfehlen Ihnen, eine Annotation immer vor das Element zu stellen.

Mögliche Inhalte
von Annotationen
Die Angabe von Annotationen in CDS ist ein generisches Konzept, um die Metadaten eines Datenmodells zu erweitern. In SAP NetWeaver AS ABAP 7.4 werden Annotationen hauptsächlich verwendet, um ABAP-CDS-Objekte optimal in die schon existierende Infrastruktur des ABAP-Anwendungsservers zu integrieren. Die verwendbaren Annotationen bilden im Wesentlichen die Funktionalität ab, die Sie von klassischen ABAP-Dictionary-Views und Datenbanktabellen kennen. Sie können für Ihre CDS-Views z. B. Texte, Pufferungseinstellungen sowie Referenzfelder für Felder mit Mengenangaben (Datentyp QUAN) oder Währungsbeträgen (Datentyp CURR) definieren.

Unterstützte
Annotationen
Tabelle 6.9 bis Tabelle 6.11 listen die Annotationen auf, die in SAP NetWeaver AS ABAP 7.4 unterstützt werden.

Annotation	Gültige Werte	Default-Wert bei Verwendung	Wirkung
AbapCatalog. sqlViewName	String-Literal mit höchstens 16 Zeichen	–	Angabe des SQL-View-Namens
AbapCatalog. compiler. compareFilter	true, false	true	Vergleich von Annotationsfiltern und Optimierung von SQL-Joins
ClientDependent	true, false	true	Definiert einen View als mandantenabhängig.
AbapCatalog. buffering. status	#ACTIVE, #SWITCHED_OFF, #NOT_ALLOWED	#SWITCHED_OFF	Bestimmt, ob der View gepuffert ist oder sein darf.
AbapCatalog. buffering.type	#SINGLE, #GENERIC, #FULL, #NONE	#NONE	Bestimmt die Pufferungsart.
AbapCatalog. buffering. numberOfKeys	Integer-Wert zwischen 0 und der Anzahl der Schlüsselfelder minus 1	0	Definiert die Anzahl der Schlüsselfelder bei generischer Pufferung.
EndUserText. label	String-Literal mit höchstens 60 Zeichen	–	Angabe eines übersetzbaren Kurztextes für den CDS-View

Tabelle 6.9 View-Annotationen (Scope »View«)

Annotation	Gültige Werte	Default-Wert bei Verwendung	Wirkung
EndUserText. label	String-Literal mit höchstens 60 Zeichen	–	Gibt einen übersetzbaren Kurztext für das Element an.
EndUserText. quickInfo	String-Literal mit höchstens 100 Zeichen	–	Gibt einen übersetzbaren Tooltipp für das Element an.
Semantics. currencyCode	true, false	true	Kennzeichnet das Feld als Währungsschlüssel.
Semantics. amount. currencyCode	Feldname eines Währungsschlüssels	–	Kennzeichnet das Feld als Währungsfeld und ordnet ihm einen Währungsschlüssel zu.
Semantics. unitOfMeasure	true, false	true	Kennzeichnet das Feld als Einheitenschlüssel.
Semantics. quantity. unitOfMeasure	Feldname eines Einheitenschlüssels	–	Kennzeichnet das Feld als Mengenfeld und ordnet ihm einen Einheitenschlüssel zu.

Tabelle 6.10 Element-Annotationen (Scope »Element«)

Annotation	Gültige Werte	Default-Wert bei der Verwendung	Wirkung
AbapCatalog. sqlViewAppend- Name	String-Literal mit höchstens 16 Zeichen	–	Angabe des Append-View-Namens

Tabelle 6.11 Annotationen zu View-Erweiterungen (Scope »Extend View«)

In Listing 6.13 haben wir Annotationen verwendet, um die Pufferung des CDS-Views einzuschalten und um dem Währungsfeld PRICE einen Währungsschlüssel zuzuordnen. Die Auswirkung der Pufferung-Annotationen auf den SQL View sehen Sie in Abbildung 6.7. Standardmäßig werden in ABAP CDS die Kurztexte für View-Felder vom Datenelement aus dem ABAP Dictionary abgeleitet. Die Annotation @EndUserText.label sollte bei View-Feldern verwendet werden, wenn die Datenelement-Texte überschrieben werden sollen, die Felder berechnet wurden oder die Felder in eingebaute ABAP-Dictionary-Typen konvertiert wurden.

```
@AbapCatalog.sqlViewName: 'ZA4H06FLIPRICE'
@EndUserText.label: 'Flight prices'
@AbapCatalog.buffering.status: #ACTIVE
@AbapCatalog.buffering.type: #FULL
define view Za4h_06_Flight_Price as
select from sflight {

    key carrid,

    @EndUserText.label: 'Flight Number'
    key connid,

    @EndUserText.quickInfo: 'Flight departure date'
    key fldate,

    @EndUserText.label: 'Airfare Currency'
    @Semantics.currencyCode: true
    currency,

    @EndUserText.quickInfo: 'Airfare Economy Class'
    @Semantics.amount.currencyCode: 'currency'
    price

}
```

Listing 6.13 Verwendung von Annotationen in CDS-Views

[»] | **Neue Annotationen ab SAP NetWeaver AS ABAP 7.5**

Ab SAP NetWeaver AS ABAP 7.5 gibt es viele neue Annotationen, die es unter anderem ermöglichen, analytische Queries, OData-Services und Modelle für SAP NetWeaver Enterprise Search zu definieren.

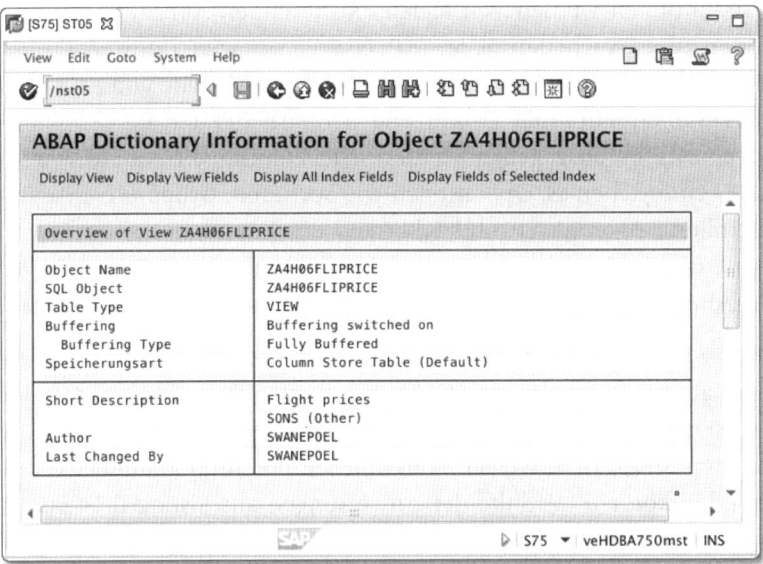

Abbildung 6.7 Auswirkung der Pufferung-Annotationen auf den SQL View (Transaktion ST05)

6.2.5 CDS-Views in ABAP und in ALV with IDA verwenden

Der CDS-View-Name repräsentiert einen strukturierten Datentyp im ABAP Dictionary, der die Felder des CDS-Views als Strukturkomponenten enthält. Sie können ihn daher verwenden, um Variablen und Parameter in Ihren ABAP-Programmen zu typisieren. Grundsätzlich sollen Sie immer den Entitätsnamen (CDS-View-Name) anstelle des SQL-View-Namens in Ihren ABAP-Programmen verwenden. Nur dann stehen Ihnen nicht nur die CDS-spezifischen Eigenschaften der Entität zur Verfügung, sondern können auch viele zusätzliche Prüfungen zur Sicherung der Qualität Ihrer Entwicklungen ausgeführt werden.

CDS-Entitäten können die folgenden Funktionen haben:

Einsatz von CDS-Entitäten

▶ Sie können als Datenquelle in der CDS-View-Definition, in lesenden Open-SQL-Anweisungen und in anderen ABAP-Frameworks dienen.

▶ Sie können als eigenständiger Datentyp in ABAP-Programmen verwendet werden.

Sie können jedoch nicht als Datentyp für die Definition klassischer Dictionary-Objekte wie Tabellentypen verwendet werden.

ALV with IDA CDS-Entitäten werden von vielen existierenden ABAP-Frameworks unterstützt. Auch der neue *SAP List Viewer with Integrated Data Access* (ALV with IDA) unterstützt CDS-Views. Mithilfe von ALV with IDA können sehr große Datenmengen verarbeitet und auf der Benutzeroberfläche ausgegeben werden. Die Funktionen von ALV with IDA ermöglichen es, Operationen wie Sortieren, Gruppieren, Paging (Scrollen), Aggregieren und Filtern in der Datenbank auszuführen, ohne die Daten zuerst in interne Tabellen auf dem SAP NetWeaver AS ABAP laden zu müssen.

ALV with IDA kann nicht nur mit SAP HANA genutzt werden, sondern auch mit anderen, von SAP unterstützten Datenbanken. Mit der statischen Methode `DB_CAPABILITIES` der Klasse `CL_SALV_GUI_TABLE` können Sie prüfen, welche Funktion Sie mit Ihrer Datenbank verwenden können. Mithilfe der Anweisungen aus Listing 6.14 lassen wir den CDS-View `Za4h_06_Flight_Price` aus Listing 6.13 als ALV-Liste mit integriertem Datenzugriff anzeigen. Abbildung 6.8 zeigt die Ausgabe.

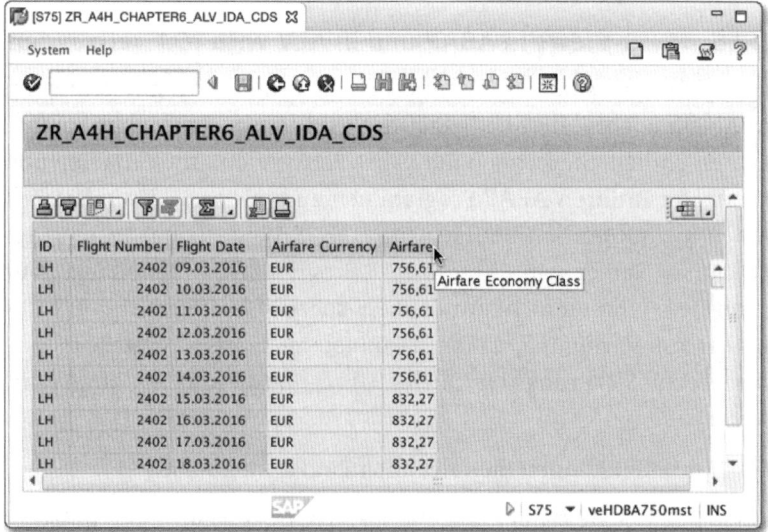

Abbildung 6.8 ALV-Ausgabe der Flugdaten aus dem CDS-View Za4h_06_Flight_Price

Der Tooltip, den wir mit der Annotation `@EndUserText.quickInfo` definiert haben, wird hier angezeigt, wenn der Anwender mit dem Mauszeiger über die Spalte AIRFARE fährt.

```
DATA(lo_alv_display) =
  cl_salv_gui_table_ida=>create_for_cds_view(
    CONV #( 'ZA4H_06_FLIGHT_PRICE' )  ).

lo_alv_display->fullscreen( )->display( ).
```

Listing 6.14 CDS-View mit Parametern mit ALV with IDA anzeigen

ALV with IDA unterstützt auch CDS-Views mit Parametern. Mit der Interface-Methode `IF_SALV_GUI_TABLE_IDA~SET_VIEW_PARAMETERS` können Sie die Werte der Parameter setzen. Sie finden ausführliche Information zu ALV with IDA im SAP Help Portal (*help.sap.com*) unter dem Suchbegriff »ALV with IDA«.

6.2.6 Tipps für die Anwendung von ABAP-CDS-Views

Zum Abschluss des Abschnitts zu ABAP CDS möchten wir Ihnen noch einige Empfehlungen für deren Verwendung in der Praxis mitgeben.

View-on-View-Muster

Subselects

Obwohl es schon viele Code-Pushdown-Möglichkeiten in ABAP CDS gibt, werden manche Anwendungsfälle noch nicht unterstützt. In vielen Fällen hilft hier das *View-on-View-Muster*. Bei diesem Modellierungsmuster werden Teilaufgaben in eigenen CDS-Views implementiert, die wiederum als Datenquellen in anderen CDS-Views verwendet werden. Sie können beispielsweise `SELECT`-Anweisungen mit Unterabfragen (englisch *Subselects*) nachbilden, indem Sie die Unterabfrage in einem eigenen CDS-View implementieren und diesen dann mittels `INNER JOIN` mit der Datenquellen der Hauptabfrage verknüpfen.

Moderate Modularisierung   **[!]**

Mit dem View-on-View-Muster können Sie Ihr Datenmodell so in kleinere Bausteine modularisieren. Dadurch können Teile des Modells leichter wiederverwendet werden, um neue Abfragen zu definieren. Hierbei sollten Sie allerdings immer dem Leitsatz »Modularize, don't atomize« folgen, d.h., Sie sollten immer sicherstellen, dass die einzelnen Bausteine semantisch sinnvoll sind und ausreichend Logik beinhalten.

Aktivierungsprotokoll

Bei Aktivierungsfehlern ist es ratsam, sich das Aktivierungsprotokoll des CDS-Views anzuschauen. Darin stehen wichtige Informationen, die zur Lösung des Problems beitragen können. Sie können von der Anzeige der DDL Source direkt über NAVIGATE • OPEN ACTIVATION LOG zum Aktivierungsprotokoll navigieren. Ausgehend vom ABAP-Log rufen Sie das detaillierte Log auf, indem Sie die ⟨Strg⟩-Taste festhalten und auf den Hyperlink klicken. Nutzen Sie die Suchfunktionalität, um Fehler zu finden. Aktivieren Sie hierzu die Such-Werkzeugleiste über die Schaltfläche SHOW SEARCH TOOLBAR, und suchen Sie nach dem Begriff »error«. Stellen Sie vorher auch über das VIEW MENÜ • SHOW ALL COLUMNS sicher, dass alle Spalten im Werkzeug angezeigt werden (Abbildung 6.9).

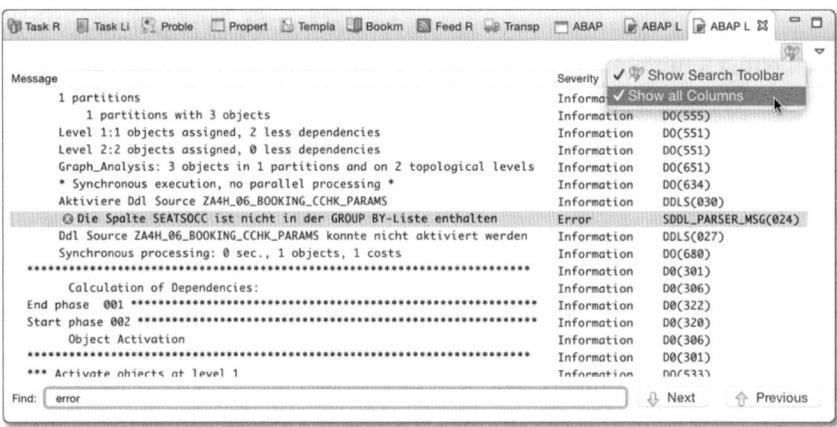

Abbildung 6.9 Verwendung des ABAP-Log-Werkzeugs

Weitere Informationen

Weitere Informationen zu den ABAP-CDS-Werkzeugen in den ABAP Development Tools finden Sie unter HELP • HELP CONTENTS • SAP – CORE DATA SERVICES FOR ABAP. Eine detaillierte Beschreibung der Sprachfunktionen von ABAP CDS können Sie mit der ⟨F1⟩-Hilfe aufrufen. Positionieren Sie dazu den Mauszeiger auf einem CDS-Schlüsselwort und drücken Sie die ⟨F1⟩-Taste.

[»] **Umgang mit den ABAP Development Tools**

Weitere Tipps zum Umgang mit den ABAP Development Tools finden Sie in dem Buch *ABAP-Entwicklung in Eclipse* von Daniel Schön (SAP PRESS 2015).

6.3 SAP HANA Core Data Services

Obwohl HANA CDS zurzeit bei der Entwicklung von ABAP-Anwendungen auf SAP HANA eine untergeordnete Rolle spielt, möchten wir Ihnen einen kurzen Überblick über diese Variante vermitteln. HANA CDS ist die Bezeichnung für die Implementierung der CDS-Spezifikation in der SAP-HANA-Datenbank. Sie wird von den Anforderungen der nativen Anwendungsentwicklung für SAP HANA getrieben. SAP implementiert zielgerichtet Funktionen, die die HANA-Architektur und die In-Memory-Datenverarbeitung optimal nutzen und die Anwendungsentwicklung im HANA-Umfeld unterstützen.

Unterschied zu ABAP CDS

HANA CDS kann unter anderem für die Definition folgender CDS-Objekte verwendet werden:

Mögliche Objekte

▸ Datenbanktabellen

▸ SQL Views

▸ Assoziationen

▸ benutzerdefinierter skalarer und strukturierter Datentypen

HANA-CDS-Objekte werden in einer eigenen Datei definiert. Hierfür benötigen Sie einen Benutzer der HANA-Datenbank mit den entsprechenden Berechtigungen. Die Objektdateien und die daraus generierten HANA-Katalogobjekte unterliegen vollständig dem Lifecycle Management in SAP HANA. Diese enge Integration der CDS-Objekte in SAP HANA bedeutet, dass sie nur schwer in ABAP-Anwendungen konsumiert und mit anderen ABAP-Objekten synchronisiert werden können. Aus diesem Grund wird ABAP CDS bei der Anwendungsentwicklung in ABAP bevorzugt.

Obwohl HANA-CDS-Objekte in der Regel nicht in ABAP-Anwendungen verwendet werden, schauen wir uns die HANA-CDS-Syntax kurz zum Vergleich an. In HANA CDS können mehrere CDS-Objekte in einer Datei definiert werden. Listing 6.15 zeigt die Definition zweier Datenbanktabellen (`Address` und `Partner`) und eines Views (`Supplier`) in HANA CDS. Die semantisch zusammengehörenden Objekte werden in einem Kontext gruppiert. Die Annotation `@Catalog.tableType` gibt an, welcher Tabellentyp in der Datenbank angelegt werden soll. Die Beziehung zwischen den Entitäten wird mit der Assoziation `_Address` modelliert.

Syntax

```
context BusinessPartner {

@Catalog.tableType : #COLUMN
 define entity Address {
    key id      : Integer;
    city        : String(40);
    postalCode  : String(10);
    street      : String(80);
    countryCode : String(3);
 };

@Catalog.tableType : #COLUMN
 define entity Partner {
      key id         : Integer;
      addressId      : Integer;
      role           : String(3);
      companyName    : String(80);
      _Address: association[1] to Address
       on addressId = _Address.id;
 };

define view Supplier as select from Partner {
   id,
   'SUPPLIER' as role,
   companyName,
   _Address.street,
   _Address.countryCode
 } where role = '02';
};
```

Listing 6.15 Beispiel für die Syntax von HANA CDS

Obwohl der Funktionsumfang von ABAP CDS und HANA CDS unterschiedlich ist, ist das Datenmodell trotzdem leicht verständlich, und die Syntax ist bei den gemeinsamen Funktionen konsistent. Diesen View könnten wir genauso in ABAP CDS definieren, müssten die Datenquelle Partner jedoch durch einen CDS-View ersetzen. Diese Harmonisierung erleichtert Ihnen den Zugang zu den nativen HANA-Datenmodellen und auch den Umstieg auf die In-Memory-Entwicklung, beispielsweise in Side-by-Side-Szenarien.

[»] **Weitere Informationen zu HANA CDS**

Mehr zu HANA CDS erfahren Sie im *SAP HANA Developer Guide for SAP HANA Studio* im SAP Help Portal (*help.sap.com*).

6.4   Open-SQL-Erweiterungen

In Kapitel 5, »Einbindung nativer SAP-HANA-Entwicklungsobjekte in ABAP«, haben Sie schon Open-SQL-Erweiterungen kennengelernt, die es Ihnen ermöglichen, ABAP-CDS-Views in Open-SQL-Anweisungen zu verwenden. Seit SAP NetWeaver AS ABAP 7.4 SP5 gibt es zudem viele weitere Neuerungen, mit denen Sie Ihre persistenten Daten abfragen und bearbeiten können. Mit diesen Neuerungen nähert sich Open SQL weiter dem Funktionsumfang des SQL-92-Standards. In diesem Abschnitt geben wir Ihnen einen kurzen Überblick über die neuen Open-SQL-Features.

Eine der signifikantesten Erweiterungen in Open SQL ist die Unterstützung von SQL-Ausdrücken in der SELECT-Liste und in den WHERE-, GROUP-BY- und HAVING-Klauseln von SELECT-Anweisungen. Die Operanden des Ausdrucks können im Allgemeinen Felder der verwendeten Datenquellen, ABAP-Variablen (sogenannte *Hostvariablen*) oder Literale sein. Zusätzlich werden eine Reihe neuer Operatoren und SQL-Funktionen unterstützt. Hierzu gehören die folgenden:

SQL-Ausdrücke

▸ Arithmetische Operatoren: +, -, * und /. Der Operator / wird für float-basierte Divisionen verwendet und ist in Ganzzahlausdrücken nicht erlaubt. Beim Überlauf von Ganzzahlausdrücken oder Gleitpunktzahlausdrücken kommt es zur Ausnahme CX_SY_OPEN_SQL_DB.

▸ String-Operator: &&. Der Operator && wird in String-Ausdrücken verwendet und verkettet zwei zeichenartige Operanden. Ab SAP NetWeaver AS ABAP 7.5 stehen Ihnen noch weitere String-Funktionen zur Verfügung: CONCAT, LPAD, LENGTH, LTRIM, REPLACE, RTRIM, RIGHT und SUBSTRING.

▸ Unärer Negationsoperator: -. Der unäre Negationsoperator erzeugt den negativen Wert eines numerischen Operanden.

▸ Arithmetische Funktionen: ABS(expr), CEIL(expr), FLOOR(expr), DIV(expr1, expr2) und MOD(expr1, expr2). Die Funktion DIV wird für Integer-basierte Divisionen von den numerischen Ausdrücken expr1 und expr2 verwendet. Hat der Operand einer arithmetischen Funktion den Wert NULL, liefert die Funktion NULL zurück.

▸ Weitere Funktionen: CAST(expr AS fltp) und COALESCE(expr1, expr2). In SAP NetWeaver AS ABAP 7.4 können Operanden in der CAST-Funktion nur nach FLTP konvertiert werden. Ab AS ABAP 7.5 können auch weitere DDIC-Typen verwendet werden.

▸ Fallunterscheidungen: Einfache (englisch *simple case*) und komplexe (englisch *searched case*) CASE-Anweisungen. Einfache CASE-Anweisungen funktionieren wie SWITCH-Anweisungen, wogegen sich komplexe CASE-Anweisungen wie die Anweisungen IF ... ELSE ... IF verhalten.

Im Vergleich zu ABAP CDS können SQL-Ausdrücke auch als Operanden in den Aggregationsfunktionen MAX, MIN, SUM und COUNT(DISTINCT) verwendet werden.

Neue Join-Typen   Auch bei der Definition von Joins in SELECT-Anweisungen gibt es viele Neuerungen, z. B.:

▸ Sie können RIGHT OUTER JOIN verwenden, um Datenquellen zu verknüpfen.

▸ Die Operatoren LIKE und IN können nun in ON-Bedingungen verwendet werden.

▸ Einzelne Vergleiche in ON-Bedingungen können mit OR verknüpft und mit NOT negiert werden.

▸ Als Operand einer ON-Bedingung können auch Literale verwendet werden. Durch die Formulierung von ON-Bedingungen, die immer den Wahrheitswert true haben, z. B. ON 1 = 1, können zudem Cross Joins implementiert werden. Dabei werden die beteiligten Datenquellen als kartesisches Produkt miteinander verknüpft.

Inline-Deklarationen   Um die Implementierung der Abfragen in Open-SQL-SELECT-Anweisungen zu erleichtern, können Sie jetzt auch ABAP-Inline-Deklarationen für den Zielbereich von SELECT-Anweisungen einsetzen. Hierzu verwenden Sie in der INTO-Klausel der SELECT-Anweisung einen Deklarationsausdruck mit dem Deklarationsoperator DATA() (siehe Listing 6.16). Mit der Kurzschreibweise <data_source>~* können Sie zudem alle Felder einer Datenquelle in die SELECT-Liste aufnehmen.

Strikter Modus   Wenn Sie eine der obigen Neuerungen in Open SQL verwenden, wird die Syntaxprüfung der Open-SQL-Anweisung automatisch in einem strikten Modus ausgeführt. Dabei werden strengere Prüfungen durchgeführt, um die Korrektheit der Anweisung sicherzustellen. Im strikten Modus werden bisherige Syntaxwarnungen als Syntaxfehler gemeldet. Auch neue Prüfungen sind hinzugekommen, beispielsweise müssen Felder, die in der HAVING-Klausel einer SELECT-Anweisung vorkommen, zwingend auch in der GROUP-BY-Klausel aufgelistet werden. Zusätzlich müssen folgende Regeln im strikten Modus befolgt werden:

▸ Feldlisten, z. B. in der SELECT- und GROUP-BY-Liste, müssen durch Kommata separiert werden.

▸ ABAP-Variablen (Hostvariablen), die in den Open-SQL-Anweisungen verwendet werden, müssen dem Fluchtsymbol @ vorangestellt werden.

Der strikte Modus ist nicht nur für SELECT-Anweisungen verfügbar, sondern für alle Open-SQL-Anweisungen. Er wird allerdings nur für die aktuelle Anweisung angewandt und nicht automatisch für alle Open-SQL-Anweisungen der Kompilierungseinheit. Wenn Sie von den strengeren Prüfungen auch in Ihren schon existierenden Open-SQL-Anweisungen profitieren wollen, können Sie durch minimale Änderungen Ihrer Anweisungen den strikten Modus einschalten. Hierfür müssen Sie nur eine der oben genannten Regeln anwenden, beispielsweise indem Sie die verwendeten Hostvariablen dem Fluchtsymbol @ voranstellen.

Strikten Modus einschalten

Strikter Open-SQL-Modus

Wir empfehlen Ihnen immer, den strikten Open-SQL-Modus zu verwenden. Der strikte Modus kann in Unicode-Programmen, in denen die Programmeigenschaft *Festpunktarithmetik* eingeschaltet ist, verwendet werden.

[«]

Um die Verwendung der neuen Features zu demonstrieren, überprüfen wir das Gesamtgepäckgewicht der einzelnen Flugklassen eines Fluges mittels einer Open-SQL-Abfrage (siehe Listing 6.16). Das Ergebnis beinhaltet alle Klassen, die das maximale Gesamtgewicht überschreiten. Der zu prüfende Flug und die Obergrenze für das Gepäckgewicht eines Passagiers einer Klasse werden in den Hostvariablen lv_flight und lv_max_luggweight (Economy-Klasse), lv_max_luggweight_b (Business-Klasse) und lv_max_luggweight_f (Erste Klasse) angegeben. Um die Ergebnisse lesbarer zu machen, transformieren wir mittels einer CASE-Anweisung die internen Kennungen der Flugklassen in benutzerfreundlichen Konstanten.

Beispiel

```
SELECT
    flight~carrid,
```

```
    flight~connid,
    flight~fldate,
    CASE booking~class
        WHEN 'Y' THEN 'ECONOMY'
        WHEN 'C' THEN 'BUSINESS'
        ELSE 'FIRST'
    END AS class,
    SUM( booking~luggweight ) AS luggage_weight
  FROM sflight AS flight
  RIGHT OUTER JOIN sbook AS booking
    ON      flight~carrid = @lv_flight-carrid
    AND     flight~connid = @lv_flight-connid
    AND     flight~fldate = @lv_flight-fldate
    AND     booking~class IN ( 'C', 'Y', 'F' )
  INTO TABLE @DATA(results)
  WHERE booking~cancelled <> 'X'
  GROUP BY
      flight~carrid,
      flight~connid,
      flight~fldate,
      booking~class
  HAVING
    ( booking~class = 'Y' AND
      SUM( booking~luggweight ) >
      MAX( flight~seatsmax    * @lv_max_luggweight    ) )
  OR ( booking~class = 'C' AND
      SUM( booking~luggweight ) >
      MAX( flight~seatsmax_b  * @lv_max_luggweight_b ) )
  OR ( booking~class = 'F' AND
      SUM( booking~luggweight ) >
      MAX( flight~seatsmax_f * @lv_max_luggweight_f ) ).
```

Listing 6.16 Neue Open-SQL-Features

Mit diesen Open-SQL-Erweiterungen stehen Ihnen nun viele neue Möglichkeiten zur Verfügung, um auf Ihre persistenten Daten zuzugreifen und sie zu manipulieren. Insbesondere die Unterstützung von SQL-Ausdrücken ermöglicht Ihnen, die Stärken Ihrer Datenbank bei der Datenverarbeitung noch mehr zu nutzen.

6.5   ABAP-Datenbankprozeduren

Wie Sie schon in Kapitel 4, »Native Datenbankentwicklung mit SAP HANA«, erfahren haben, bieten SQLScript und HANA-Datenbankprozeduren viele Vorteile, wenn Sie einen Code Pushdown von der Applikationsschicht in die SAP-HANA-Datenbank realisieren wollen.

Das *ABAP Managed Database Procedure Framework* (AMDP Framework) ist ein ABAP-Framework, das Datenbankprozeduren verwaltet und optimal in die ABAP-Programmiersprache, Entwicklungswerkzeuge und in das Lifecycle Management integriert. Die Integration erfolgt über die Verwendung von ABAP-Klassen, in denen die Datenbankprozeduren und ihre Parameterschnittstellen als spezielle ABAP-Methoden (AMDP-Methoden) modelliert werden. Die Verarbeitungslogik einer ABAP-Managed-Datenbankprozedur (AMDP) wird in einer AMDP-Methode in SQLScript implementiert. Die Vorteile dieser Integration sind folgende:

Vorteile von AMDPs

▶ Sie können Datenbankprozeduren in der gewohnten Entwicklungsumgebung mit einem ABAP-Benutzer entwickeln, ohne dass Sie einen zusätzlichen HANA-Datenbankbenutzer benötigen. Das AMDP-Framework übernimmt jegliche Kommunikation mit der HANA-Datenbank und legt die Datenbankprozeduren beim ersten Aufruf der AMDP-Methode automatisch als HANA-Katalogobjekt an.

▶ Sie können AMDPs mit der gewohnten ABAP-Syntax als ABAP-Methode aufrufen.

▶ Zur Definition der Parameterschnittstelle verwenden Sie nur ABAP- und DDIC-Typen. Somit ist sichergestellt, dass nur Typen in der AMDP verwendet werden, die auch eine Abbildung in ABAP finden.

▶ Die Datenbankprozeduren werden mit der ABAP-Kompilierungseinheit geprüft. Dadurch sind Fehler in der Prozedurimplementierung auch in der ABAP-Entwicklungsumgebung für Sie sichtbar.

▶ AMDPs sind vollständig in das ABAP Lifecycle Management integriert. Sie können AMDPs mit anderen ABAP-Objekten leicht synchronisieren und transportieren.

▶ Mit AMDPs haben Sie den am weitesten reichenden Zugang zur In-Memory-Technologie der SAP-HANA-Datenbank in Ihren ABAP-Anwendungen.

▶ Sie können AMDPs durch Verwendung des Frameworks *SAP Business Add-Ins (BAdI)* erweitern.

6.5.1 AMDPs anlegen

AMDP-Klassen *AMDP-Klassen* werden wie normale ABAP-Klassen in ADT angelegt. Ähnlich wie bei ABAP CDS ist es nicht möglich, AMDP-Klassen im Class Builder in SAP GUI (Transaktion SE24) anzulegen oder zu modifizieren.

AMDP-Klassen werden durch die Verwendung eines speziellen ABAP-Interface IF_AMDP_MARKER_HDB als solches gekennzeichnet. AMDPs können nur in ABAP-Klassen angelegt werden, die dieses Interface implementieren. Das Interface selbst ist schreibgeschützt und definiert keine Methoden. Es dient ausschließlich der Markierung der ABAP-Klasse als AMDP-Klasse.

Listing 6.17 zeigt, wie Sie das Beispiel aus Listing 4.15 in Abschnitt 4.3, »Datenbankprozeduren«, als AMDP-Methode implementieren können. Die Datenbankprozedur greift auf die Datenbanktabelle SFLIGHT zu und ermittelt für jede angefragte Fluggesellschaft die durchschnittliche prozentuale Auslastung der Flüge je Flugverbindung. Das Ergebnis weist sie dem Ausgabeparameter ET_UTILIZATION zu.

```
CLASS zcl_a4h_chapter6_flights_amdp DEFINITION
  PUBLIC
  CREATE PUBLIC .
  PUBLIC SECTION.
    INTERFACES: if_amdp_marker_hdb.
    TYPES: BEGIN OF ty_flight_utilization,
             carrid      TYPE s_carr_id,
             connid      TYPE s_conn_id,
             utilization TYPE p LENGTH 5 DECIMALS 2,
           END OF ty_flight_utilization.
    TYPES: tt_flight_utilization
           TYPE STANDARD TABLE OF
           ty_flight_utilization
           WITH EMPTY KEY.
    METHODS:
      get_utilization
        IMPORTING
          VALUE(iv_mandt)      TYPE mandt
          VALUE(iv_carrid)     TYPE s_carr_id
        EXPORTING
          VALUE(et_utilization) TYPE tt_flight_utilization.
ENDCLASS.

CLASS zcl_a4h_chapter6_flights_amdp IMPLEMENTATION.
```

```
METHOD get_utilization
    BY DATABASE PROCEDURE
    FOR HDB LANGUAGE SQLSCRIPT
  OPTIONS READ-ONLY USING sflight.
  et_utilization =
     SELECT carrid,
            connid,
            avg(to_decimal(seatsocc + seatsocc_b +
                           seatsocc_f) /
                to_decimal(seatsmax + seatsmax_b +
                           seatsmax_f) * 100 )
            AS utilization
     FROM sflight
     WHERE mandt  = :iv_mandt
       AND carrid = :iv_carrid
     GROUP BY carrid, connid;
  ENDMETHOD.
ENDCLASS.
```

Listing 6.17 Implementierung einer AMDP-Methode

AMDP-Methoden können statische oder Instanzmethoden sein. Sie unterscheiden sich in folgenden Punkten von normalen ABAP-Methoden:

AMDP-Methoden

▸ Alle Parameter müssen per VALUE übergeben werden. IMPORTING-, EXPORTING- und CHANGING-Parameter werden unterstützt.

▸ Mit den Schlüsselwörtern BY DATABASE PROCEDURE FOR HDB LANGUAGE SQLSCRIPT wird eine Methode als AMDP-Methode definiert. Der Zusatz READ-ONLY ist optional und gibt an, dass die Datenbankprozedur ausschließlich Daten liest. Wenn die Datenbankprozedur andere DDIC-Objekte oder andere ABAP Managed Datenbankprozeduren verwendet, müssen diese zwecks Abhängigkeitsverwaltung hinter dem Schlüsselwort USING aufgelistet werden. Die Angaben FOR HDB und LANGUAGE SQLSCRIPT definieren, dass es sich um eine HANA-Datenbankprozedur in SQLScript handelt. Aktuell wird nur SAP HANA unterstützt, aber es ist denkbar, dass in Zukunft auch weitere Sprachen und Datenbanken unterstützt werden.

▸ Bei der Ausführung einer AMDP-Methode können Ausnahmen der Basisklasse CX_AMDP_ERROR auftreten. Folgende Unterklassen stellen die vier Hauptfehlerquellen dar:

– CX_AMDP_VERSION_ERROR: Fehler bei der AMDP-Versionsverwaltung

- CX_AMDP_CREATION_ERROR: Fehler bei der Erzeugung der Prozedur in der Datenbank

- CX_AMDP_EXECUTION_ERROR: Fehler bei der Ausführung der Prozedur in der Datenbank

- CX_AMDP_CONNECTION_ERROR: Fehler bei der Datenbankverbindung während der Erzeugung oder Ausführung der Prozedur

▶ Die Implementierung der Datenbankprozedur erfolgt in SQLScript
  im Bereich zwischen METHOD und ENDMETHOD. Die Prozedur hat
  Zugriff auf die Parameter der Methodendefinition.

Datenbank-
prozedur-Namen

Wie erwähnt, werden die Datenbankprozeduren vom AMDP-Framework erst bei der ersten Ausführung der AMDP-Methode im Standardschema des ABAP-Systems erzeugt. Der Name der erzeugten
Prozedur wird aus den ABAP-Klassen- und Methodennamen und
dem Trennzeichen => gebildet. Im obigen Beispiel heißt die generierte Datenbankprozedur ZCL_A4H_CHAPTER6_FLIGHTS_AMDP=>GET_
UTILIZATION. Diese Datenbankprozedur kann selbst von anderen
AMDPs in SQLScript aufgerufen werden. In diesem Fall muss die
ABAP Managed Procedure auch in der USING-Klausel des Verwenders
aufgelistet werden. Durch die explizite Abhängigkeitsangabe in der
USING-Klausel wird auch dafür gesorgt, dass andere verwendete
AMDPs mit erzeugt werden. AMDP-Klassen können auch in System-
landschaften ohne SAP HANA transportiert und aktiviert werden.
Wird eine AMDP-Methode in einem Nicht-HANA-System aufgeru-
fen, kommt es zur Ausnahme CX_AMDP_WRONG_DBSYS. In Listing 6.18
sehen Sie, wie Sie die AMDP-Methode in ABAP aufrufen können.

```
TRY.
    DATA(lo_flights) =
        NEW zcl_a4h_chapter6_flights_amdp( ).
    lo_flights->get_utilization(
        EXPORTING
            iv_mandt = sy-mandt
            iv_carrid = 'AA'
        IMPORTING
            et_utilization = DATA(utilization) ).
    CATCH cx_amdp_error INTO DATA(error).
    "Error handling
ENDTRY.
```

Listing 6.18 Aufruf einer AMDP-Methode in ABAP

Aufruf von Datenbankprozeduren in AMDPs	**[«]**

> Grundsätzlich können Sie beliebige, auch nicht über ABAP-verwaltete Datenbankprozeduren in AMDPs aufrufen. Allerdings raten wir Ihnen, möglichst immer nur andere AMDPs aufzurufen, da Sie sonst viele Vorteile der ABAP-Managed Prozeduren, wie Lifecycle Management usw., verlieren.

Das AMDP-Framework erlaubt es Ihnen auch, eine Datenbankverbindung anzugeben, die zur Ausführung der AMDP verwendet werden soll. Hierfür müssen Sie zusätzlich einen IMPORTING-Parameter mit dem vordefinierten Namen connection definieren. Der Parameter muss vom Typ dbcon_name sein. Beim Aufruf Ihrer AMDP-Methode können Sie dem connection-Parameter entweder die Standardverbindung (DEFAULT) oder eine Serviceverbindung zur Standarddatenbank (R/3*<connection_name>) übergeben. Das Framework verwendet dann diese Datenbankverbindung zur Ausführung der Datenbankprozedur. Es ist momentan nicht möglich, eine sekundäre Datenbankverbindung zu einer anderen Datenbank zu verwenden.

Datenbank-verbindung

6.5.2 Fehleranalyse

Wenn Sie AMDPs implementieren, gibt es Hilfsmittel, die Sie bei der Fehlersuche unterstützen können. Als Erstes sollten Sie die Fehler auswerten, die vom HANA-Server gemeldet werden. Diese Meldungen werden im ADT Problems View beim Prüfen oder Aktivieren der AMDP-Klasse angezeigt. Sollte es zu einem Kurz-Dump bei der Ausführung einer AMDP-Methode kommen, werden zusätzliche, AMDP-relevante Informationen in der ABAP-Dump-Analyse (Transaktion ST22) im Bereich INFORMATIONEN ZU DATENBANKPROZEDUREN (AMDP) bereitgestellt.

HANA-Server-Fehlermeldungen

Eine weitere Möglichkeit zur Fehleranalyse von AMDPs ist der SQL-Script Debugger im SAP HANA Studio. Wenn Sie ABAP Managed Datenbankprozeduren debuggen wollen, benötigen Sie einen HANA-Datenbankbenutzer mit bestimmten Berechtigungen, um Datenbankprozeduren des Standard-ABAP-Datenbankbenutzers debuggen zu können. Alle AMDPs werden mit dem gleichen ABAP-Datenbankbenutzer angelegt, typischerweise mit dem SAP<SAPSID>-Benutzer. Die erforderlichen Berechtigungen werden im SAP-Hinweis 1942471 beschrieben (*http://service.sap.com/sap/support/notes/1942471*). Bevor Sie debuggen können, müssen Sie auch sicherstel-

SQLScript Debugger

len, dass die Datenbankprozedur in der Datenbank schon erzeugt wurde. Hierfür reicht es, die AMDP-Methode zumindest einmal zuvor ausgeführt zu haben. Als Alternative können Sie auch das ABAP-Programm `RSDBGEN_AMDP` verwenden, um die Datenbankprozedur anzulegen.

Breakpoint setzen Nun können Sie einen Breakpoint in der Datenbankprozedur setzen und die externe Session des Standard-ABAP-Datenbankbenutzers im HANA-System debuggen. Wechseln Sie in die DEBUG-Perspektive im SAP HANA Studio. Wählen Sie DEBUG • DEBUG CONFIGURATIONS ..., und legen Sie eine neue Konfiguration zum Debuggen der SAP HANA STORED PROCEDURE an. Im Register GENERAL wählen Sie Ihr SAP-HANA-System aus und setzen einen Filter für den Standard-ABAP-Datenbankbenutzer (HANA USER) und optional den ABAP-Benutzer (APPLICATION USER). Es ist ratsam, den ABAP-Benutzer zusätzlich anzugeben, um zu vermeiden, dass Sie unbeabsichtigt die Prozesse anderer ABAP-Benutzer einfangen, die ebenfalls mit dem Standard-ABAP-Datenbankbenutzer auf die Datenbank zugreifen. Sie können den Debugger über den Button DEBUG starten. Abbildung 6.10 zeigt, wie Sie eine Debug-Konfiguration anlegen.

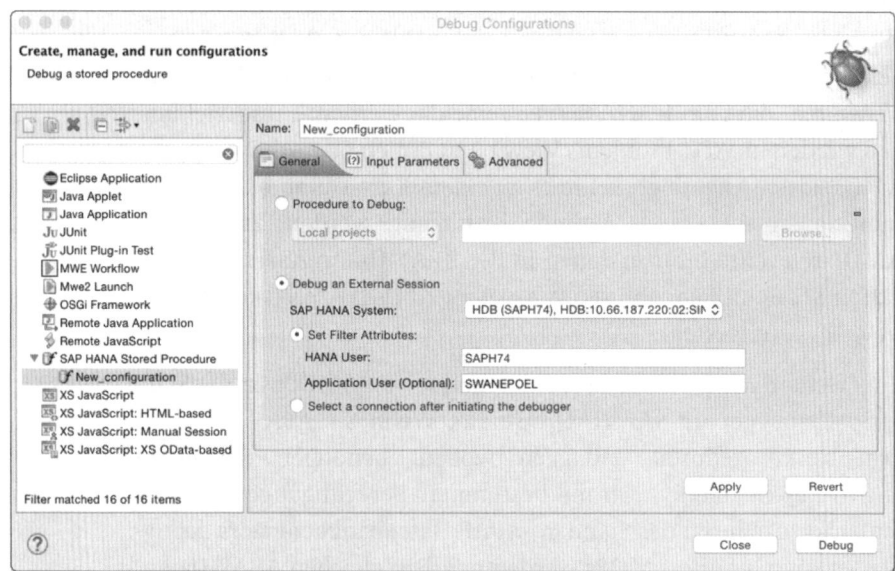

Abbildung 6.10 Debug-Konfiguration anlegen

Wenn Sie jetzt Ihre AMDP-Methode ausführen, stoppt der SQLScript Debugger bei Ihrem gesetzten Breakpoint. Da manche Standard-

Debugger-Funktionen (wie z. B. STEP INTO oder STEP OVER) noch nicht unterstützt werden, können Sie weitere Breakpoints in Ihrer Datenbankprozedur setzen und mit RESUME die Datenbankprozedur immer bis zum nächsten Breakpoint ausführen. Im VARIABLES VIEW können Sie die Variablen der Prozedur untersuchen. Für tabellenartige Variablen bietet sich das Werkzeug Data Preview an (siehe Abbildung 6.11). Sie können das Werkzeug im Kontextmenü der Variablen starten (OPEN DATA PREVIEW). Mit RUN • TERMINATE beenden Sie den Debugger in SAP HANA Studio.

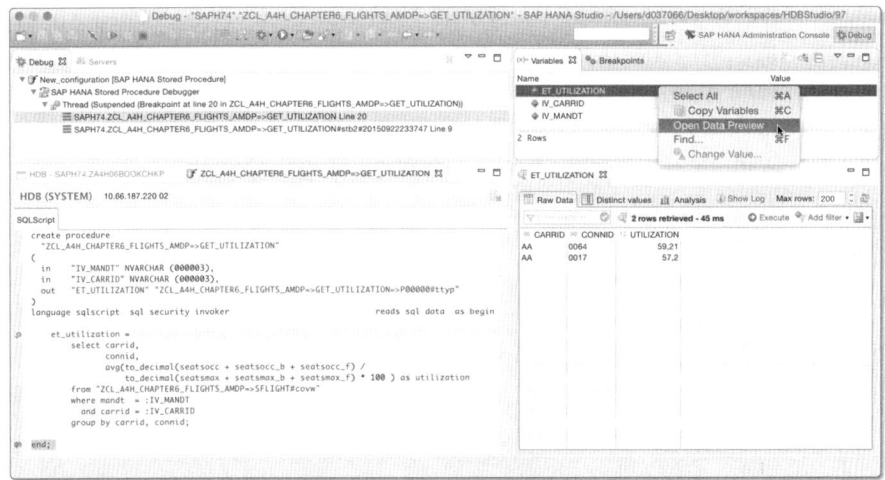

Abbildung 6.11 AMDP-Debugger

AMDP-Debugging ab SAP NetWeaver AS ABAP 7.5 [«]

Ab SAP NetWeaver AS ABAP 7.5 können Sie AMDPs mit Ihrem ABAP-Benutzer direkt im ADT ABAP Debugger untersuchen.

6.5.3 Erweiterungen

Wie eingangs erwähnt, können Sie ABAP-Managed-Datenbankprozeduren mit dem BAdI-Framework erweitern. In diesem Abschnitt werden wir Ihnen zeigen, wie das funktioniert.

Um AMDPs modifikationsfrei erweitern zu können, wurden ab SAP NetWeaver AS ABAP 7.4 SP8 spezielle AMDP-BAdIs eingeführt. In AMDP-BAdIs können BAdI-Methoden als AMDP-Methoden implementiert werden. AMDP-BAdIs können für Erweiterungsspots wie gewohnt im Enhancement Builder (Transaktion SE20) angelegt werden.

AMDP-BAdIs

Eigenschaften In den folgenden Punkten unterscheiden sich AMDP-BAdIs von anderen BAdIs:

▶ Bei der Verwendbarkeit der BAdIs muss AMDP BADI gewählt werden.

▶ AMDP-BAdIs unterstützen keine Filter.

▶ Es muss eine Fallback-Klasse angegeben werden.

▶ Alle Implementierungen der Methoden des BAdI-Interface müssen AMDP-Methoden sein.

Die Wirkungsweise von AMDP-Erweiterungen verdeutlichen wir am Beispiel eines AMDP-BAdIs der Einstellung MULTIPLE USE zur Prüfung der Flugdaten. Die BAdI-Definition ZA4H_06_FLIGHTS_CHECK und den Erweiterungsspot ZA4H_CHAPTER6_FLIGHTS_CHECK zur Verwaltung des BAdIs sehen Sie in Abbildung 6.12.

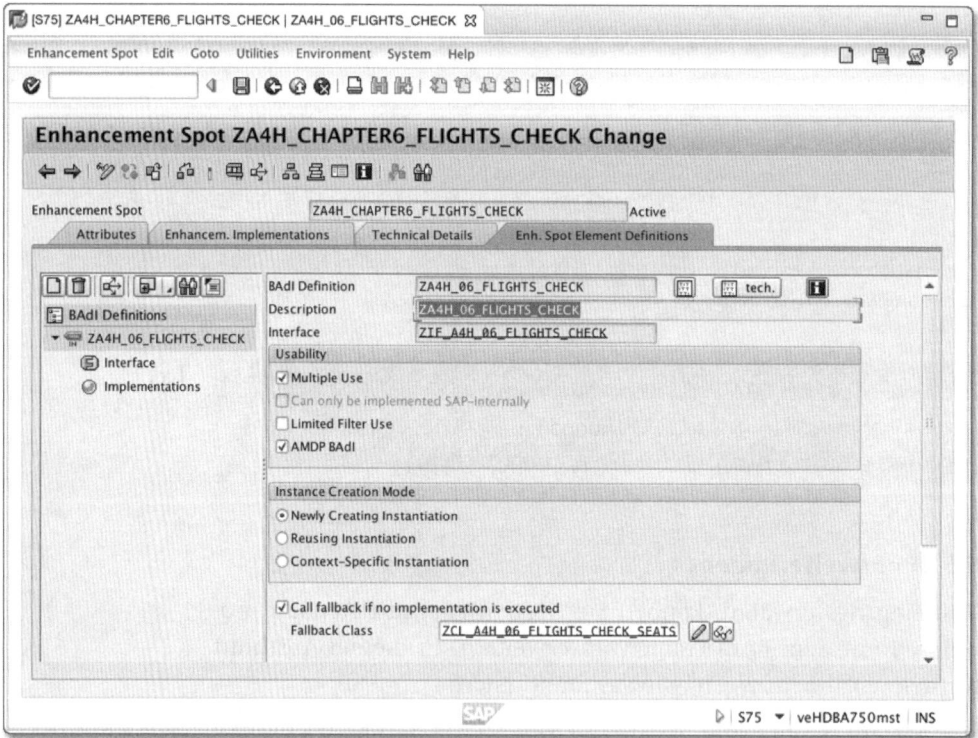

Abbildung 6.12 Definition eines AMDP-BAdIs

Listing 6.19 zeigt das dazugehörige BAdI-Interface ZIF_A4H_06_FLIGHTS_CHECK.

```
INTERFACE zif_a4h_06_flights_check
  PUBLIC .
  INTERFACES if_badi_interface .
  TYPES:
    BEGIN OF ty_finding,
      carrid     TYPE s_carr_id,
      connid     TYPE s_conn_id,
      fldate     TYPE s_date,
      class      TYPE s_class,
      error_code TYPE c LENGTH 30,
    END OF ty_finding .
  TYPES:
    ty_findings TYPE STANDARD TABLE OF ty_
finding WITH EMPTY KEY .
  METHODS check
    IMPORTING
      VALUE(i_clnt)     TYPE mandt
    CHANGING
      VALUE(c_findings) TYPE ty_findings
    RAISING
      cx_amdp_error .
ENDINTERFACE.
```

Listing 6.19 AMDP-BAdI-Interface ZIF_A4H_06_FLIGHTS_CHECK

In der Fallback-AMDP-Klasse ZCL_A4H_06_FLIGHTS_CHECK_SEATS wird die BAdI-Interface-Methode CHECK als AMDP-Methode implementiert. Diese BAdI-Implementierung prüft die Konsistenz der Flugbuchungen und die belegten Plätze (siehe Listing 6.20). Beachten Sie dabei, wie ABAP-CHANGING-Parameter in AMDPs realisiert werden. In der ABAP-Managed-Datenbankprozedur wird für den CHANGING-Parameter ein IN-Parameter (c_findings__in__) und ein gleichnamiger OUT-Parameter (c_findings) angelegt. Der IN-Parameter bekommt immer das Suffix __in__. Das AMDP-Framework sorgt dafür, dass automatisch beim Aufruf der Prozedur als Erstes der Inhalt von c_findings__in__ nach c_findings kopiert wird. Somit wird das CHANGING-Verhalten emuliert. Wie Sie unten sehen können, müssen Sie bei der Verwendung von CHANGING-Parametern besonders Acht geben. Um die Ergebnisse anreichern zu können, müssen wir UNION ALL verwenden. Damit stellen wir sicher, dass die Ergebnisse, die vom Framework nach c_findings kopiert wurden und in unserer Implementierung im ersten SELECT überschrieben werden, weiterhin dem Gesamtergebnis angehören.

AMDP-CHANGING-Parameter

```
METHOD zif_a4h_06_flights_check~check
  BY DATABASE PROCEDURE FOR HDB LANGUAGE SQLSCRIPT
```

```
        OPTIONS READ-ONLY USING sflight sbook.
          c_findings =
            select
                booking.carrid,
                booking.connid,
                booking.fldate,
                booking.CLASS as CLASS,
                'SEATSOCC_LT_BOOKINGS' as error_code
            from sbook as booking
            inner join sflight as flight
                ON   booking.mandt  = :i_clnt
                and booking.carrid = flight.carrid
                and booking.connid = flight.connid
                and booking.fldate = flight.fldate
            where booking.cancelled <> 'X'
            group by booking.carrid, booking.connid,
                    booking.fldate, booking.CLASS,
                    flight.seatsocc, flight.seatsocc_b,
                    flight.seatsocc_f
            having
            ( booking.class = 'Y' and
              flight.seatsocc   < count(*) )
        or  ( booking.class = 'C' and
              flight.seatsocc_b < count(*) )
        or  ( booking.class = 'F' and
              flight.seatsocc_f < count(*) )

          union all
              SELECT * FROM :c_findings__in__;
        ENDMETHOD.
```

Listing 6.20 Fallback-BAdI-Implementierung

Verwendung von AMDP-BAdIs

Sie können nun das AMDP-BAdI wie gewöhnlich in ABAP mit GET BADI/CALL BADI aufrufen (siehe Listing 6.21).

```
DATA:
 lo_flights_check TYPE REF TO za4h_06_flights_check,
 lt_findings TYPE zif_a4h_06_flights_check=>ty_findings.

GET BADI lo_flights_check.
CALL BADI lo_flights_check->check
  EXPORTING
    i_clnt     = sy-mandt
  CHANGING
    c_findings = lt_findings.
```

Listing 6.21 Aufruf eines AMDP-BAdIs in ABAP

Sie können AMDP-BAdIs auch in anderen AMDP-Methoden aufrufen. Für jedes AMDP-BAdI wird vom AMDP-Framework eine Datenbankprozedur generiert. Der Name der BAdI-Datenbankprozedur
wird aus dem BAdI-Namen, dem Namen der BAdI-Interface-
Methode und dem Trennzeichen => gebildet. In unserem Beispiel
heißt die BAdI-Datenbankprozedur ZA4H_06_FLIGHTS_CHECK=>CHECK.
Den Aufruf sehen Sie in Listing 6.22.

AMDP-BAdIs in
AMDP-Methoden

```
METHOD amdp_badi_call
  BY DATABASE PROCEDURE FOR HDB LANGUAGE SQLSCRIPT
  OPTIONS READ-ONLY
  USING za4h_06_flights_check=>check.
    CALL  "ZA4H_06_FLIGHTS_CHECK=>CHECK"(
        i_clnt          => :i_clnt,
        c_findings__in__ => :c_findings,
        c_findings      => :c_findings );
ENDMETHOD.
```

Listing 6.22 Aufruf eines AMDP-BAdIs in einer AMDP-Methode

Sollte es mehrere Implementierungen für das BAdI geben, delegiert
die generierte BAdI-Datenbankprozedur ZA4H_06_FLIGHTS_CHECK=
>CHECK den Aufruf an die aktiven BAdI-Implementierungen. Sie
berücksichtigt dabei die Schalter des SWITCH-Frameworks beim Aufruf. Somit können Sie selbst Erweiterungsoptionen in Ihrem SQL-
Script-Code anlegen und die von SAP gelieferten AMDP-Erweite-
rungsoptionen implementieren.

AMDP-Klassen und implizite Erweiterungsoptionen [«]

Implizite Erweiterungsoptionen in AMDP-Klassen und -Methoden, wie
z. B. am Anfang und am Ende einer Methode, werden nicht unterstützt.

Sie finden weitere Information zu SAP Business Add-Ins (BAdIs) und
SAP Enhancement Framework im SAP Help Portal (*help.sap.com*).

6.5.4 Praxistipps

Die Funktion SELECT-OPTIONS in ABAP deklariert eine Selektionstabelle, die mit einem Feld einer Datenbanktabelle verknüpft werden
kann. In der Selektionstabelle werden dann komplexe Selektionskriterien definiert, die direkt in der WHERE-Klausel einer Open-SQL-
SELECT-Anweisung benutzt werden. Die Umwandlung der Selekti-

SELECT-OPTIONS
in AMDPs

onskriterien in SQL-WHERE-Bedingungen übernimmt dabei der ABAP-Anwendungsserver.

Wenn Sie ABAP-Selektionstabellen in AMDPs verwenden wollen, müssen Sie die Selektionskriterien zuerst selbst in SQL-WHERE-Bedingungen umwandeln und die Bedingungen als IMPORTING-Parameter der AMDP-Methode übergeben. Dies können Sie mithilfe der Klassenmethode CL_SHDB_SELTAB=>COMBINE_SELTABS tun. In SQLScript können Sie dann die APPLY_FILTER-Funktion verwenden, um eine Datenquelle mit den Bedingungen zu filtern.

[»] **Verfügbarkeit von CL_SHDB_SELTAB**

Sollte CL_SDHB_SELTAB in Ihrem SAP-NetWeaver-AS-ABAP-7.4-System noch nicht verfügbar sein, spielen Sie ab SP5 den SAP-Hinweis 2124672 ein (*http://service.sap.com/sap/support/notes/2124672*).

Im ABAP-Anwendungsserver gibt es mächtige Werkzeuge für Laufzeit- und Fehleranalysen, die Sie bei der Beschleunigung von ABAP-Programmen auf SAP HANA unterstützen. Der richtige Einsatz dieser Hilfsmittel erleichtert das Aufspüren von Optimierungspotenzialen sowie das Durchführen und Testen von Änderungen.

7 Laufzeit- und Fehleranalyse auf SAP HANA

In den vorangegangenen Kapiteln haben Sie die Möglichkeiten kennengelernt, die Ihnen in ABAP für den Zugriff auf die HANA-Datenbank zur Verfügung stehen. Neben dem bekannten Datenbankzugriff auf Tabellen über SQL (Open SQL inklusive Erweiterungen und natives SQL) haben Sie die neuen Optionen zur Modellierung und Implementierung von Views und Datenbankprozeduren kennengelernt und wissen, wie Sie mit ABAP auf diese Objekte zugreifen können.

Wenn Sie planen, eine existierende Anwendung für SAP HANA zu optimieren oder eine neue Anwendung zu entwickeln, stellen Sie sich vielleicht die Frage, wie Sie dabei idealerweise vorgehen und welche Werkzeuge Sie dabei unterstützen können. In diesem Kapitel wollen wir Ihnen einen Überblick über die verfügbaren Hilfsmittel zur Laufzeit- und Fehleranalyse geben. Wir fokussieren uns dabei vor allem auf die richtige Verwendung im Kontext von Optimierungen von Datenbankzugriffen und gehen auf andere Einsatzszenarien (z. B. Systemadministration) sowie Konfigurationsmöglichkeiten nicht im Detail ein. Einige Werkzeuge, die Sie dazu verwenden können, werden Ihnen bereits bekannt sein (z. B. der SQL-Trace (Transaktion ST05), die ABAP-Laufzeitanalyse (Transaktion SAT) und der SAP Code Inspector). Wir beschreiben deren Bedienung daher nicht im Detail. Grundlegende Informationen zu diesen Werkzeugen finden Sie z. B. im Buch *ABAP Performance Tuning* von Hermann Gahm (SAP PRESS 2009) oder im Buch *Besseres ABAP* (SAP PRESS 2015). In der Schulung BC490 können Sie den Umgang mit den Analysetools erlernen. In diesem Kapitel legen wir den Fokus auf die für SAP HANA spezifischen neuen Auswertungsmöglichkeiten dieser Werkzeuge.

Wir verwenden im Rahmen dieses Kapitels sehr einfache Beispiele, um Ihnen die Fähigkeiten (und Unterschiede) der einzelnen Werkzeuge nacheinander vorzustellen. Darauf aufbauend werden wir Ihnen den richtigen, kombinierten Einsatz der Werkzeuge im Kontext eines fiktiven Optimierungsprojekts für ein Gesamtszenario in Kapitel 8, »Beispielszenario: Optimierung einer bestehenden Anwendung«, vorstellen.

7.1 Übersicht der verfügbaren Werkzeuge

Bevor wir Ihnen die Werkzeuge nacheinander vorstellen, möchten wir Ihnen zunächst einen Überblick geben und sie nach Einsatzszenario und primärer Benutzerrolle einordnen. Wir erwähnen in dieser Übersicht auch die notwendigen ABAP-Release-Voraussetzungen. Wir unterteilen die Werkzeuge in die in Tabelle 7.1 aufgeführten Kategorien.

Kategorie	Ziel	Rollen
Fehleranalyse (Abschnitt 7.2)	Identifikation und Beseitigung von funktionalen Problemen	▶ Entwickler ▶ Support
ABAP-Code-Analyse (Abschnitt 7.3)	Identifikation von ABAP-Programmstellen mit Optimierungspotenzial	▶ Entwickler ▶ Qualitätsmanager
Laufzeitstatistiken und Traces (Abschnitt 7.4)	Detailanalyse der Laufzeit einer einzelnen Anfrage (z. B. eines Dialogschrittes)	▶ Entwickler ▶ Performanceexperte
systemweite SQL-Analysen (Abschnitt 7.5)	▶ Ermittlung des SQL-Profils einer Anwendung oder des Systems ▶ Laufzeitprüfungen für bestimmte SQL-Anweisungen	▶ Administrator ▶ Performanceexperte

Tabelle 7.1 Kategorisierung der Werkzeuge zur Laufzeit- und Fehleranalyse

Kategorie	Ziel	Rollen
SQL-Performance-optimierung (Abschnitt 7.6)	Planung und Durchführung einer Optimierung	▶ Entwickler ▶ Performanceexperte

Tabelle 7.1 Kategorisierung der Werkzeuge zur Laufzeit- und Fehleranalyse (Forts.)

Wenn Sie Implementierungen auf SAP HANA durch Verlagerung von Berechnungen in die Datenbank optimieren, entstehen potenziell neue Fehlerquellen. Im Bereich der Fehleranalyse wollen wir Ihnen primär die Möglichkeiten zur Analyse (und Vermeidung) von Programmabbrüchen bei Datenbankzugriffen vorstellen. Dabei gehen wir insbesondere auf das Testen, Analysieren und Debuggen von SQL-Anweisungen und SQLScript-Prozeduren aus ABAP-Programmen ein.

Fehleranalyse

Eine statische *Code-Analyse* gibt Ihnen Hinweise, welche ABAP-Programmstellen sich für eine Optimierung anbieten. Man spricht dabei von einer *statischen* Analyse, weil dabei einerseits keine Laufzeitdaten einfließen (z. B. wie oft ein Programm oder eine Funktionalität in einem Zeitraum aufgerufen wurde) und andererseits keine dynamischen Aufrufe analysiert werden (z. B. SQL-Anweisungen, die erst zur Laufzeit generiert werden). Für eine Code-Analyse gibt es im SAP NetWeaver AS ABAP den *Code Inspector* (Transaktion SCI), der eine Reihe von Prüfungen bietet, die sich in Prüfvarianten gruppieren lassen. Sie können diese Prüfungen in der Entwicklungsumgebung über das ABAP Test Cockpit (Transaktion ATC) oder über den Code Inspector durchführen. Gerade für die performante ABAP-Programmierung sind in ABAP 7.4 einige neue oder verbesserte Prüfungen hinzugekommen.

Code-Analyse

Für die Laufzeitanalyse einer Datenbankanfrage (oder einer Abfolge von Anfragen) steht im SAP NetWeaver AS ABAP eine Vielzahl von Werkzeugen zur Verfügung. Die *Statistiksätze* (Transaktion STAD) liefern eine einfache Übersicht der Datenbankzeiten und sind häufig ein sinnvoller Einstieg. Der *ABAP-Trace* (Transaktion SAT) bietet Möglichkeiten für eine Detailanalyse der einzelnen Aufrufe. Auf dieser Infrastruktur basiert auch der neue *ABAP Profiler* in der ABAP-Entwicklungsumgebung in Eclipse, der auch weitere Funktionen wie grafische Darstellungen bietet. Den *SQL-Trace* (Transaktion ST05) haben wir Ihnen bereits in Kapitel 3, »Datenbankprogrammierung mit dem SAP NetWeaver AS ABAP«, vorgestellt. Er bietet für eine Laufzeitanalyse weitere nützliche Funktionen. Mit der *Single*

Laufzeitanalyse

Transaction Analysis (Transaktion ST12) steht Ihnen ein spezielles Werkzeug zur Verfügung, das die Transaktionen STAD, SAT und ST05 in einer Oberfläche zusammenfasst.

Um eine einzelne SQL-Anweisung oder eine komplexere SQLScript-Implementierung in SAP HANA zu analysieren, gibt es in SAP HANA spezielle Werkzeuge. Der *Explain Plan* liefert Informationen über den Ausführungsplan einer SQL-Anweisung. Der SAP HANA Plan Visualizer (*PlanViz*) visualisiert die Ausführungspläne von SQL-Anweisungen und kombiniert sie mit weiteren Laufzeitinformationen.

Systemanalyse und -optimierung Das Datenbankadministrationscockpit (DBA-Cockpit, Transaktion DBACOCKPIT) haben wir Ihnen bereits in Abschnitt 3.2.5, »Sekundäre Datenbankverbindungen«, vorgestellt. Neben der Administration und Konfiguration der Datenbank bietet das DBA-Cockpit auch einige Funktionen für eine SQL-Performanceanalyse, z. B. durch den *SQL-Cache* und den *Expensive SQL Statement Trace*.

Neue Werkzeuge Um ein detaillierteres SQL-Profil der Anwendungen eines SAP-Systems zu ermitteln, gibt es seit SAP NetWeaver AS ABAP 7.4 ein neues Werkzeug: den *SQL Monitor* (Transaktion SQLM). Dieser Monitor überwacht das Produktivsystem und liefert wertvolle Daten für eine Performanceoptimierung. Ebenso neu ist der sogenannte *Laufzeitprüfungs-Monitor*, mit dem sich bestimmte SQL-Anweisungen aufzeichnen lassen. Mithilfe eines neuen *SQL-Performanceoptimierungswerkzeugs* (Transaktion SWLT) lassen sich die Daten des SQL Monitors mit den Ergebnissen einer Code-Analyse zusammenführen, und Sie können so eine Erfolg versprechende Optimierung planen. In den folgenden Abschnitten werden wir Ihnen die Verwendung der genannten Werkzeuge vorstellen.

7.2 Fehleranalyse

Bevor wir auf die Hilfsmittel eingehen, die Sie bei einer Performanceoptimierung unterstützen können, möchten wir Ihnen die wichtigsten Werkzeuge zur Fehleranalyse vorstellen. Gemäß dem Sprichwort »Wo gehobelt wird, fallen Späne« kann es bei Umstellungen eines Programms oder auch einer Neuentwicklung zu funktionalen Problemen kommen, gerade wenn der alte Programmcode schon länger existiert und der Autor nicht mehr verfügbar ist.

Daher gehen wir in diesem Abschnitt auf die bereits genannten Elemente Testen, Analyse von Programmabbrüchen, Tracing und Debugging ein, wobei wir uns auf Fehleranalysen im Rahmen von Datenbankzugriffen bei der Nutzung nativer Implementierungen in SAP HANA fokussieren.

Testen, Analysieren, Tracen, Debuggen

Wir erklären Ihnen dabei mögliche Ansätze für das Schreiben von *Unit Tests* für SAP HANA Views und Prozeduren in ABAP, gehen auf die Analyse von Programmabbrüchen bei Datenbankzugriffen in Transaktion ST22 ein und führen Sie in das Tracing und Debugging von SQLScript ein.

7.2.1 Unit Tests

Bei einer Umstellung von Programmcode ist es sehr hilfreich, wenn eine Reihe von möglichst automatischen Tests existiert, die vor und nach der Umstellung durchgeführt werden können, um Fehler möglichst frühzeitig zu erkennen. *Unit Testing* nennt man in diesem Zusammenhang den Ansatz, einzelne Objekte (*Units*) einzeln oder in Kombination zu testen. Mit *ABAP Unit* steht Ihnen ein in die ABAP-Sprache und Entwicklungsinfrastruktur integriertes Werkzeug für das Schreiben von Unit Tests zur Verfügung. ABAP Unit ist auch mit dem ABAP-Testcockpit integriert, das wir Ihnen in Abschnitt 7.3, »ABAP-Code-Analyse«, vorstellen werden. Neben ABAP Unit bietet der SAP NetWeaver AS ABAP auch Unterstützung für weitere Testansätze, wie etwa Integrationstests oder Simulationen von Benutzerinteraktionen, auf die wir im Rahmen dieses Buches allerdings nicht eingehen.

Komplexe Implementierungen in SAP HANA in SQL und insbesondere SQLScript sollten Sie ebenfalls durch Tests absichern. Hier bietet Ihnen die ausgereifte Testinfrastruktur im ABAP-Anwendungsserver einen guten Rahmen. Als Beispiel wollen wir die AMDP-Methode `GET_UTILIZATION` verwenden, die wir Ihnen in Abschnitt 6.5, »ABAP-Datenbankprozeduren«, als Beispiel vorgestellt haben. Sie ermittelt für jede angefragte Fluggesellschaft die durchschnittliche prozentuale Auslastung der Flüge je Flugverbindung. Ein einfacher Unit Test der AMDP-Methode ist in Listing 7.1 dargestellt.

Komplexe SQL-/SQLScript-Operationen

Dieser Test überprüft, ob die durchschnittliche Auslastung für die Flugverbindung `LH 0400` erwartungsgemäß berechnet wird.

```
CLASS ltcl_flights_amdp DEFINITION FINAL FOR TESTING
  DURATION SHORT
  RISK LEVEL HARMLESS.

  PRIVATE SECTION.
    DATA:
      flights_under_test TYPE REF TO zcl_a4h_chapter6_
flights_amdp,
      act_utilization    TYPE zcl_a4h_chapter6_flights_amdp
=>tt_flight_utilization.
    METHODS:
      setup,
      flights_gt_0_utilization_gt_0 FOR TESTING RAISING cx_
static_check.
ENDCLASS.


CLASS ltcl_flights_amdp IMPLEMENTATION.

  METHOD setup.
    CREATE OBJECT flights_under_test.
  ENDMETHOD.

  METHOD flights_gt_0_utilization_gt_0.

    flights_under_test->get_utilization(
        EXPORTING            `
            iv_mandt = sy-mandt
            iv_carrid = 'LH'
        IMPORTING
            et_utilization = act_utilization ).

    READ TABLE act_utilization
        WITH KEY connid = '0400'
        ASSIGNING FIELD-SYMBOL(<connection>).

    cl_abap_unit_assert=>assert_subrc(
      act = sy-subrc
      msg = 'Test data not installed correctly. Flights not
found for LH 0400.'
      level = if_aunit_constants=>tolerable ).

    cl_abap_unit_assert=>assert_equals(
        act = <connection>-utilization
        exp = '48.44'
        msg = 'Incorrect utilization for LH 0400.' ).
```

```
ENDMETHOD.

ENDCLASS.
```

Listing 7.1 Unit Test für eine AMDP-Methode

Um beurteilen zu können, ob die Berechnung innerhalb der Proze-   **Testdaten**
dur richtig ist, müssen die Ausgangsdaten exakt bekannt sein. Hier
zahlt es sich im Allgemeinen aus, verschiedene Sätze von stabilen
und konsistenten Testdaten vorliegen zu haben, die in verschiedenen Systemen für unterschiedliche Tests eingesetzt werden können.
Sie können auch das ABAP-Mandantenkonzept einsetzen, um in speziellen Mandanten geeignete Testdatenkonstellationen zu erzeugen.

Entwurfsmuster erleichtern das Schreiben von Tests   **[+]**

Der Einsatz geeigneter Entwurfsmuster (*Design Patterns*) erleichtert das
Schreiben von Unit Tests. Dazu gehören die Modularisierung und Entkopplung durch die Definition sauberer Schnittstellen sowie die Vermeidung von Abhängigkeiten von speziellen Systemzuständen.

Zum Beispiel kann es für das Testen von Datenbankprozeduren sinnvoll
sein, nicht direkt in der Prozedur aus einer Customizing-Tabelle oder dem
Applikationskontext zu lesen, sondern die benötigten Werte als Parameter zu übergeben. Eine solche (generischere) Implementierung lässt sich
besser testen und erhöht auch die Wiederverwendbarkeit.

Ebenso ist es in der Regel empfehlenswert, eine Berechnung in der ABAP-
Anwendung über ein geeignetes Interface zu abstrahieren und damit
etwa eine HANA-spezifische Implementierung zu kapseln.

7.2.2 Dump-Analyse

Falls es bei einer Transaktion zu einem Programmabbruch (*Dump*)
kommt, liefert Transaktion ST22 wertvolle Hinweise für die Fehlersuche. In diesem Abschnitt erläutern wir Ihnen die Informationen,
die Sie im Fall eines Fehlers bei einem Datenbankzugriff erhalten.

Bei SQL-Anweisungen kann es zu verschiedenen Arten von Laufzeit-   **Laufzeitfehler und**
fehlern kommen, die zu einem Dump führen. Viele dieser Fehler   **Ausnahmen**
können innerhalb der Anwendung über eine klassenbasierte Ausnahme abgefangen werden. Tabelle 7.2 stellt die wichtigsten Ausnahmen zusammen, wobei für jede Kategorie jeweils spezielle Lauf-
zeitfehlertypen existieren.

Kategorie	Ausnahme	Beispiel
Fehler bei Open-SQL-Zugriff	`CX_SY_OPEN_SQL_DB`	Verwendung eines invaliden Cursors (siehe auch Abschnitt 3.2.2, »Open SQL«)
syntaktischer Fehler bei dynamischem Open SQL	`CX_SY_DYNAMIC_OSQL_SYNTAX`	ungültige, dynamisch erzeugte `WHERE`-Bedingung (siehe ebenfalls Abschnitt 3.2.2)
semantischer Fehler bei dynamischem Open SQL	`CX_SY_DYNAMIC_OSQL_SEMANTICS`	Aggregation über eine nicht numerische, dynamisch spezifizierte Spalte (siehe auch Abschnitt 3.2.2)
Fehler bei ABDC-Zugriff (ABAP Database Connectivity)	`CX_SQL_EXCEPTION`	syntaktischer Fehler in nativer SQL-Anweisung (siehe auch Abschnitt 3.2.4, »Datenbankzugriff über natives SQL«)
Fehler bei Aufruf einer Datenbankprozedur	`CX_SY_DB_PROCEDURE`	Laufzeitfehler in SQLScript (siehe Kapitel 4, »Native Datenbankentwicklung mit SAP HANA«)
Fehler im Kontext von ABAP Managed Database Procedures	`CX_AMDP_ERROR` (und Unterklassen)	Laufzeitfehler in SQLScript (siehe Abschnitt 6.5, »ABAP-Datenbankprozeduren«)
Fehler, die nicht abgefangen werden können	keine	interner Fehler beim Datenbankzugriff

Tabelle 7.2 Fehlerkategorien bei SQL-Zugriffen

SQL-Fehlernummer und Fehlertext der Datenbank

In Transaktion ST22 ist neben der aufgetretenen Ausnahme und dem Laufzeitfehlertyp (z. B. `DBIF_RSQL_SQL_ERROR`) der Kurztext die erste Anlaufstelle für eine Analyse. Im Kurztext finden Sie etwa Informationen wie »SQL-Fehler <Nummer> beim Zugriff auf Tabelle <Tabelle> aufgetreten«. Abbildung 7.1 zeigt als Beispiel einen Fehler bei einem Zugriff auf einen (nicht vorhandenen) SAP HANA View. Häufig gibt Ihnen dieser Fehlertext schon genügend Hinweise, um das Problem zu lokalisieren und zu beheben.

Weitere Informationen zum Kontext eines ABAP-Programms finden Sie in den folgenden Abschnitten in Transaktion ST22:

- Informationen zur Abbruchstelle
- Ausschnitt des Quelltextes
- Inhalt der Systemfelder
- ausgewählte Variablen
- aktive Aufrufe/Ereignisse

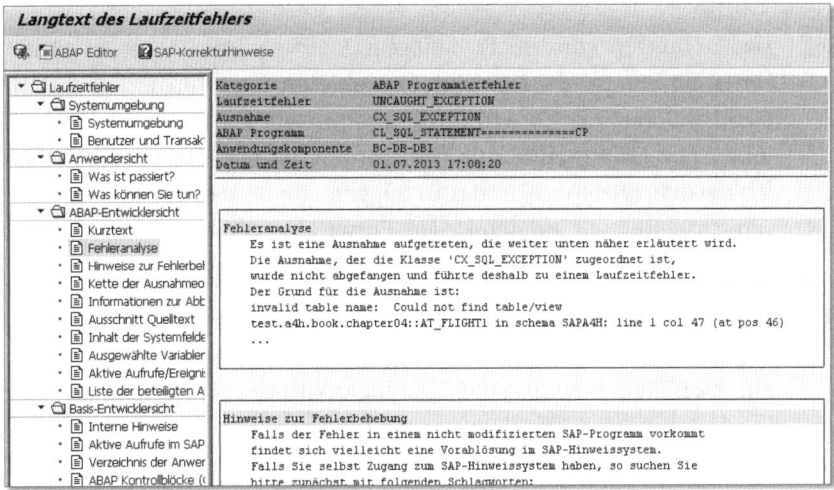

Abbildung 7.1 Fehlertext der Datenbank

Fehler bei Zugriffen auf SAP HANA Views und Datenbankprozeduren [+]

Bei der Verwendung von externen Views und Database Procedure Proxies (siehe Kapitel 5, »Einbindung nativer SAP-HANA-Entwicklungsobjekte in ABAP«) können besonders während der Entwicklung Fehler durch Inkonsistenzen entstehen, z. B. wenn der View oder die Prozedur geändert wurde, ohne den Proxy zu aktualisieren. Diese Situation führt in den meisten Fällen zu einer Ausnahme vom Typ CX_SY_OPEN_SQL_DB (z. B. mit einem Fehlertext »Invalidated view ...«). In diesem Fall müssen Sie die Objekte über die Entwicklungsumgebung synchronisieren, wie in Kapitel 5 beschrieben.

Falls weitere Informationen von der Datenbank benötigt werden, muss die Analyse direkt dort fortgesetzt werden. Gerade bei umfangreicheren Implementierungen in der Datenbank (z. B. einer Datenbankprozedur, die eine weitere Prozedur aufruft), reichen die Informationen in Transaktion ST22 nicht mehr aus. In diesem Fällen können Sie allerdings über die zur Verfügung gestellten Informationen den Aufruf rekonstruieren, der zu dem Fehler geführt hat, und die Analyse über Debugging und Tracing weiterführen.

Grenzen der Dump-Analyse

7.2.3 Debugging und Tracing in SQLScript

Wenn Sie einen Fehler in einer Implementierung in SQLScript analysieren, möchten Sie unter Umständen gewisse Zwischenergebnisse einsehen oder schrittweise durch die Implementierung nachverfolgen. Dazu können Sie entweder SQLScript debuggen oder auch mithilfe der TRACE-Anweisung in Zwischenergebnissen in temporären Tabellen zwischenspeichern.

Debugging | Das Debuggen von ABAP Managed Database Procedures haben wir Ihnen bereits in Abschnitt 6.5.2, »Fehleranalyse«, im Detail erklärt. Damit können Sie die SQLScript-Ausführung genau nachvollziehen, indem Sie Haltepunkte in der Implementierung setzen und Variablenwerte inspizieren. Für das Debuggen von nativen HANA-Prozeduren verweisen wir auf den HANA-Entwicklungsleitfaden unter *http://help.sap.com/hana*.

Tracing | Zusätzlich gibt es in SQLScript die CE-Funktion TRACE, die es Ihnen ermöglicht, den Inhalt einer lokalen Tabellenvariablen (die letztlich ein Zwischenergebnis einer Datenbankprozedur darstellt) in eine lokale temporäre Tabelle zu protokollieren. Damit können Sie Aufrufe mit verschiedenen Parameterkonstellationen testen.

CE-Funktion TRACE | Für die Datenbankprozedur GET_AGENCIES_FOR_CONNECTIONS, die wir als Beispiel in Abschnitt 4.2.1, »Grundlagen von SQLScript«, verwendet haben, kann die Verwendung der TRACE-Funktion folgendermaßen aussehen:

```
LT_AGENCIES = SELECT...
LT_AGENCIES = TRACE(:LT_AGENCIES);
ET_AGENCIES = SELECT...
```

Die lokale temporäre Tabelle wird vom System beim Aufruf der Datenbankprozedur automatisch angelegt und hat die gleiche Struktur wie die Tabellenvariable. Um ihren Namen zu ermitteln, können Sie nach dem Aufruf der Datenbankprozedur den Monitoring View SQLSCRIPT_TRACE auslesen. Da es sich um eine *lokale* temporäre Tabelle handelt, ist sie nur innerhalb der gleichen Datenbankverbindung sichtbar. Beachten Sie, dass das System bei Verwendung der CE-Funktion TRACE einige Optimierungen nicht vornimmt und sich die Protokollierung negativ auf die Laufzeit auswirkt. Verwenden Sie die CE-Funktion TRACE daher nicht in produktivem Coding.

7.3 ABAP-Code-Analyse

Der Code Inspector kann Sie dabei unterstützen, Programmstellen zu identifizieren, die ein Verbesserungspotenzial haben. Dazu gibt es im Code Inspector eine Reihe von Prüfungen, die Sie auf Ihren Entwicklungsobjekten durchführen können. Als Ergebnis erhalten Sie eine priorisierte Liste von Meldungen mit einer Zuordnung zur jeweiligen Prüfung. Da es bei diesen Prüfungen durchaus zu »Fehlalarmen« kommen kann (also gar kein Problem vorliegt), gibt es die Möglichkeit, über spezielle Kommentare im Code das Auslösen einer Meldung zu unterdrücken. Sie müssen bei der Code-Analyse beachten, dass es SAP nicht erlaubt, den SAP-Standardcode zu scannen.

Die Funktionen des Code Inspectors sind insgesamt sehr umfangreich und können hier nicht umfassend betrachtet werden. Wenn Sie sich im Detail für den Code Inspector interessieren, möchten wir Ihnen das Buch *Besseres ABAP* (SAP PRESS 2015) empfehlen. Wir stellen Ihnen hier vor allem die neuen und überarbeiteten, für SAP HANA relevanten Prüfungen des Code Inspectors vor. Sie erfahren, wie Sie Prüfungen in der Entwicklungsumgebung durchführen oder das ganze System prüfen.

Umfangreiche Prüfmöglichkeiten

7.3.1 Prüfungen und Prüfvarianten

Die Code-Analyse durch den Code Inspector erfolgt durch die Ausführung einer Prüfliste mit einer definierten Menge von Entwicklungsobjekten. Die Liste der durchzuführenden Prüfungen sowie deren Einstellungen können Sie über sogenannte *Prüfvarianten* konfigurieren.

Prüfliste

In diesem Abschnitt stellen wir Ihnen die Prüfungen vor, die Sie bei einer Migration oder Optimierung auf SAP HANA unterstützen können. Diese stammen primär aus den Bereichen ROBUSTE PROGRAMMIERUNG, SICHERHEITSPRÜFUNGEN und PERFORMANCE. Der Code Inspector enthält zusätzlich eine große Zahl weiterer Prüfungen, die wir nicht im Detail vorstellen. Eine genaue technische Dokumentation aller Prüfungen finden Sie in Transaktion SCI zur Konfiguration der Prüfvarianten, die Sie im Rahmen dieses Abschnitts kennenlernen werden.

Relevante Prüfungen bei der Migration auf SAP HANA

Bei der Migration möchten Sie primär sicherstellen, dass es keine funktionalen Einbrüche gibt. Dazu gehören neben harten Programmabbrüchen auch unerwünschte Änderungen des Verhaltens einer Anwendung. Durch die Kompatibilität und Portierbarkeit von ABAP-Code sind in der Regel keine Anpassungen notwendig.

Natives SQL/
Datenbankhints

Eine Ausnahme sind Programmstellen, an denen Sie in der Vergangenheit datenbankabhängige Implementierungen genutzt haben. Dazu gehören neben der Verwendung von nativem SQL auch Datenbankhinweise. Um solche Stellen zu finden, stehen die beiden Prüfungen NUTZUNG DER ADBC SCHNITTSTELLE und KRITISCHE ANWEISUNGEN zur Verfügung.

Sortierverhalten

Beim Sortierverhalten können ebenso Anpassungen notwendig sein, und zwar dann, wenn keine explizite Sortierung im Programmcode, z. B. mittels ORDER BY oder SORT, angegeben ist. Wenn keine ORDER-BY-Klausel angeben ist, liefert die Datenbank die Daten in einer nicht bestimmten Reihenfolge zurück. Bei klassischen Datenbanken konnte es sich dabei um die Reihenfolge eines Datenbankindex handeln, sofern dieser für die Abfrage benutzt wurde. Die Daten kamen so häufig in der gewünschten Reihenfolge im ABAP-Programm an. Allerdings war dies eher zufällig der Fall, und eine Garantie gab es dafür nicht. Für eine robuste Programmierung musste hier der Zusatz ORDER BY angegeben werden.

Bei SAP HANA gibt es viel weniger Datenbankindexe, und es handelt sich meistens auch um andere Indexe als bei klassischen Datenbanken. Um die gelesenen Daten in der gewünschten Reihenfolge zu erhalten, muss auf jeden Fall der Zusatz ORDER BY verwendet werden oder anschließend im ABAP-Programm mit SORT sortiert werden, wie das auch bei klassischen Datenbanken der Fall war. Um Programmstellen zu finden, bei denen eine Ergebnismenge, die eine Sortierung erfordert (z. B. bei der binären Suche), mit einem ABAP-Befehl bearbeitet wird, aber eine Sortierung im Programm per ORDER BY oder SORT nicht erkennbar ist, können Sie die Prüfung PROBLEMAT. ANWEISUNGEN FÜR ERGEBNIS VON SELECT/OPEN CURSOR OHNE ORDER BY verwenden.

Depooling/
Declustering

Ein weiteres Beispiel betrifft Pool-/Cluster-Tabellen, die bei der Migration auf SAP HANA in transparente Tabellen umgewandelt werden, wie Sie in Abschnitt 3.2.1, »ABAP Dictionary«, erfahren haben. Dies erfordert zunächst keine Umstellung in der Anwendung, wobei Sie jedoch einen Aspekt beachten müssen: Bei der Selektion von Daten über Open SQL ohne angegebene Sortierung kann sich der Verwender laut Dokumentation nicht auf eine Sortierung (z. B. nach Primärschlüssel) verlassen. Bei Pool-/Cluster-Tabellen wird allerdings intern von der Datenbankschnittstelle immer der Zusatz ORDER BY PRIMARY KEY ergänzt. Falls Sie sich auf dieses Verhalten verlassen haben (also auf die Angabe einer Sortierung verzichtet haben), müssen Sie eventuell nach der Migration eine ORDER-BY-Anweisung hinzufügen. Um diese Stellen zu finden, gibt es eine Prüfung in der Kategorie ROBUSTE PROGRAMMIERUNG. SAP empfiehlt, diese Programmstellen unabhängig von einer Migration auf SAP HANA anzupassen, da es sich um einen Programmierfehler handelt. In Kapitel 14, »Praxistipps«, werden wir Ihnen weitere Empfehlungen für die Durchführung einer Migration auf SAP HANA geben.

Relevante Prüfungen bei einer Optimierung für SAP HANA

Für die Erkennung von Optimierungspotenzialen beim Datenbankzugriff gibt es eine ganze Reihe von Prüfungen, die im Wesentlichen die Performanceempfehlungen für Open SQL widerspiegeln, die Sie ebenfalls in Kapitel 14, »Praxistipps«, finden. Im Folgenden stellen wir Ihnen einige wichtige Prüfungen vor und gehen besonders auf Erweiterungen und Verbesserungen in SAP NetWeaver AS ABAP 7.4 ein.

Unsichere Verwendung von FOR ALL ENTRIES

Eine häufig erfolgreiche Performanceoptimierung besteht darin, eine geschachtelte SELECT-Anweisung in ein FOR ALL ENTRIES oder einen Join umzubauen. Bei einem Ausdruck FOR ALL ENTRIES darf die *Treibertabelle* niemals leer sein, da ansonsten alle Datensätze von der Datenbank gelesen werden, was in der Regel nicht erwünscht ist. Daher sollte, bevor eine Anweisung FOR ALL ENTRIES ausgeführt wird, immer überprüft werden, ob die Treibertabelle leer ist. Die Prüfung auf unsichere Verwendung von FOR ALL ENTRIES sucht nach Programmstellen, in denen keine Prüfung der Treibertabelle erkennbar ist.

Leere
Treibertabelle

Zu transformierende Klauseln FOR ALL ENTRIES suchen

In vielen Situationen bietet ein Join gegenüber einer Klausel FOR ALL ENTRIES zusätzliche Performancevorteile. Aus diesem Grund gibt es die Prüfung auf zu transformierende FOR-ALL-ENTRIES-Klauseln, die Programmstellen findet, in denen ein FOR ALL ENTRIES in einen Join umgewandelt werden könnte. Dies ist immer dann der Fall, wenn die Treibertabelle des Ausdrucks FOR ALL ENTRIES direkt mit einem Datenbankzugriff bestimmt wurde.

SELECT-Anweisungen, die am Tabellenpuffer vorbeilesen

Auch bei SAP HANA spielt der ABAP-Tabellenpuffer eine wichtige Rolle. Um eine erhöhte Datenbanklast zu vermeiden, sollten Sie für gepufferte Tabellen diesen Puffer nicht umgehen. Dazu gibt es eine Prüfung auf SELECT-Anweisungen, die den Puffer nicht berücksichtigen. Beachten Sie, dass diese Prüfung Sie nicht dabei unterstützen kann, die richtige Puffereinstellung für eine Tabelle zu finden.

Problematische SELECT*-Anweisungen

Lesen zu großer Datenmengen

Sie sollten vermeiden, mehr Spalten von der Datenbank zu lesen, als Sie benötigen. Dazu gibt es eine Prüfung, die SELECT-Anweisungen findet, bei denen zu viele Felder selektiert werden. Häufig handelt es sich dabei um reine *Existenzchecks*, bei denen alle Felder selektiert werden, obwohl der Rückgabewert der SELECT-Anweisung bereits ausreichend wäre. Es werden aber auch Fälle erkannt, in denen nur ein kleiner Teil der Felder tatsächlich verwendet wird. Mit SAP NetWeaver AS ABAP 7.4 sind diese Prüfungen auch in der Lage, Verwendungen zu erkennen, die in einer anderen *Modularisierungseinheit* liegen (z. B. einer anderen ABAP-Klasse oder einem anderen Funktionsbaustein). Es wird also die gesamte Aufrufkette analysiert, wobei Sie die Suchtiefe bei der Konfiguration dieser Prüfung einstellen können.

SELECTs in Schleifen in Modularisierungseinheiten suchen

In der Regel entstehen Performanceprobleme nicht durch einen einzelnen Datenbankzugriff, sondern durch eine Abfolge von sehr vielen Zugriffen. Gerade durch Zugriffe in Schleifen können Probleme entstehen. Aus diesem Grund gibt es eine Reihe von Prüfungen, die diese Schleifen finden können. Dazu gehört vor allem eine Prüfung, die SELECT-Anweisungen findet, die in Schleifen ausgeführt werden, wobei seit SAP NetWeaver AS ABAP 7.4 ebenfalls über Modularisierungseinheiten hinweg gesucht werden kann. Somit kann auch für komplexe Implementierungen die auslösende Programmstelle für eine SELECT-Anweisung ermittelt werden.

Ändernde Datenbankzugriffe in Schleifen

Auch bei ändernden Operationen sollten Sie, falls möglich, stets die Array-Verarbeitung (siehe auch Abschnitt 3.2.2, »Open SQL«) einzel-

nen Operationen vorziehen. Dazu gibt es eine Prüfung, die einzelne
INSERT-, UPDATE- oder DELETE-Anweisungen in Schleifen findet.

EXIT/CHECK in SELECT... ENDSELECT-Schleife

Wenn Sie eine SELECT... ENDSELECT-Schleife über EXIT verlassen,
kann es passieren, dass unnötig viele Datensätze gelesen werden, da
die Daten in Blöcken übertragen werden. Eine CHECK-Anweisung, die
direkt auf eine SELECT-Anweisung folgt, deutet darauf hin, dass ein
Filter erst nach dem Lesen der Daten angewendet wird. Häufig können diese beiden Ausdrücke in eine geeignete WHERE-Bedingung
umgewandelt werden.

Prüfvarianten konfigurieren

Sie können Prüfvarianten in Transaktion SCI oder über das ABAP
Test Cockpit konfigurieren. SAP stellt dabei eine Reihe von Standardvarianten zur Verfügung. Abbildung 7.2 zeigt die mit SAP NetWeaver AS ABAP 7.4 verfügbare Prüfvariante PERFORMANCE_DB, die eine
sinnvolle Standardkonfiguration bietet und die in diesem Abschnitt
vorgestellten Prüfungen enthält.

Standardvarianten

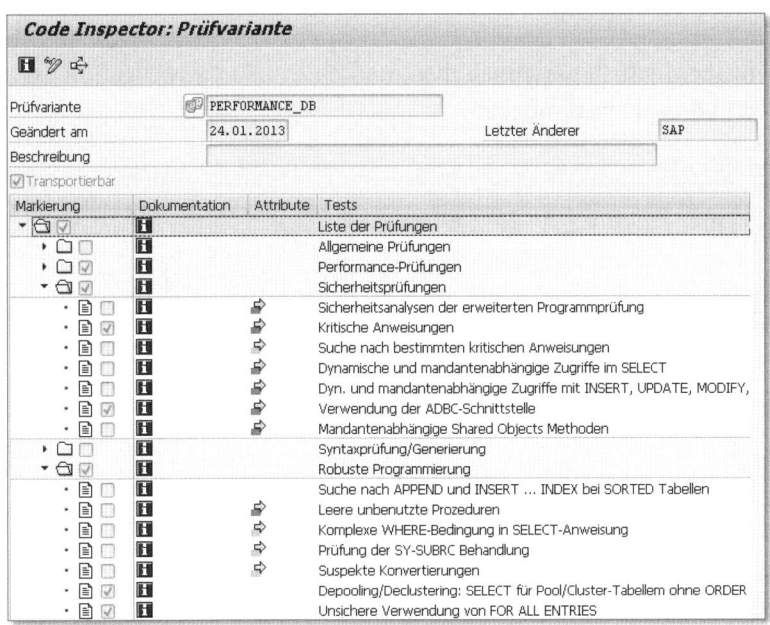

Abbildung 7.2 Code Inspector – Prüfvariante »Performance_DB«

Eigene Varianten
konfigurieren

Sie können jedoch auch eigene Prüfvarianten definieren, indem Sie aus dem Baum die geeigneten Prüfungen auswählen und konfigurieren. Prüfvarianten können Sie benutzerspezifisch oder global für alle Benutzer des Systems definieren.

7.3.2 Prüfungen in der Entwicklungsinfrastruktur

In diesem Abschnitt zeigen wir Ihnen zunächst, wie Sie als Entwickler einzelne Objekte prüfen können. Damit können Sie etwa vor der Freigabe einer Neuentwicklung oder Änderung die statische Code-Analyse durchführen, um bereits vor dem Transport in ein Testsystem Fehler zu finden.

Codeprüfung in
Transaktion SE80

In der ABAP Workbench (Transaktion SE80) können Sie eine Prüfung für ein Entwicklungsobjekt oder ein Paket über den Kontextmenüeintrag PRÜFEN • ABAP TEST COCKPIT durchführen. Die Ergebnisse werden in einer Liste dargestellt, und Sie können zu der jeweiligen Programmstelle navigieren (siehe Abbildung 7.3).

Codeprüfung
in Eclipse

Die Prüfungen sind auch nativ in die ABAP Development Tools in Eclipse integriert, was einige Vorteile hat. Auch hier starten Sie die Prüfung über das Kontextmenü mit RUN AS • ABAP TEST COCKPIT. Abbildung 7.4 zeigt das Ergebnis einer Prüfung anhand des Beispiels aus Listing 3.10 aus Abschnitt 3.2.2, »Open SQL«. Die Programmstellen sind deutlich hervorgehoben, und eine einfache Navigation über die Fundstellen ist möglich.

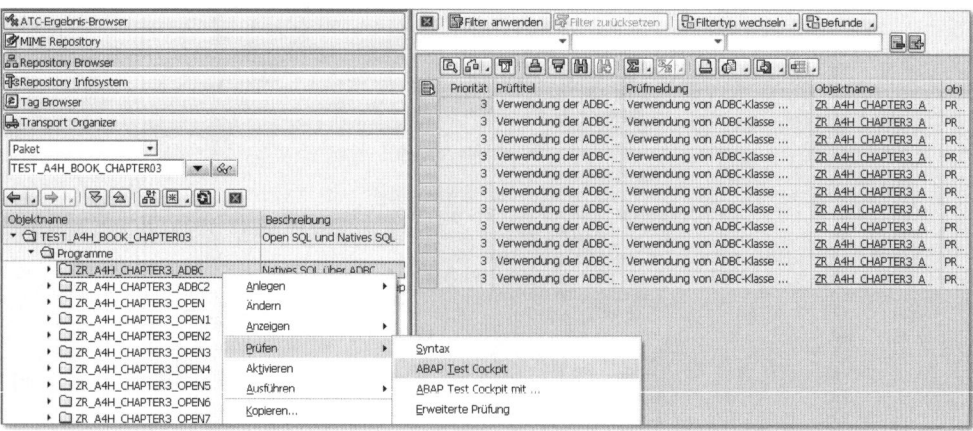

Abbildung 7.3 Codeprüfung in Transaktion SE80

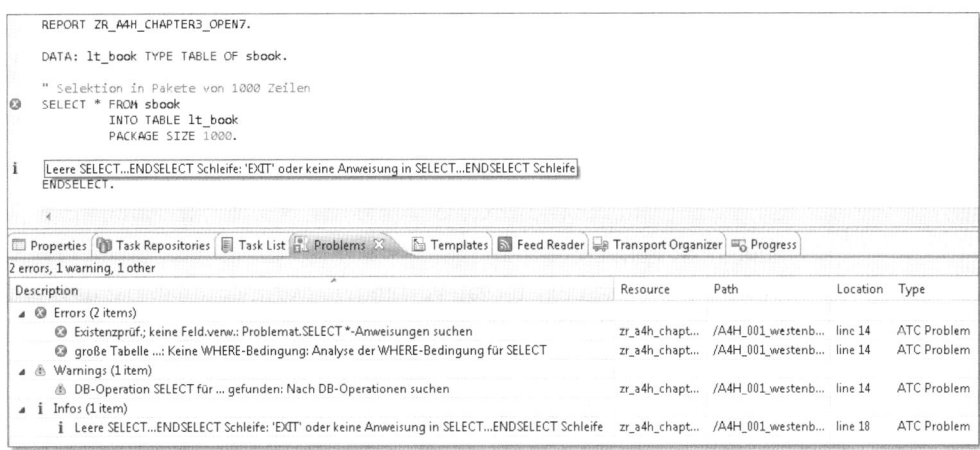

Abbildung 7.4 Codeprüfung in Eclipse

Es wird dabei zunächst die Prüfvariante verwendet, die im System als Standard ausgezeichnet ist. Über die Projekteinstellung in Eclipse können Sie diese durch eine eigene Variante ersetzen, wie in Abbildung 7.5 dargestellt.

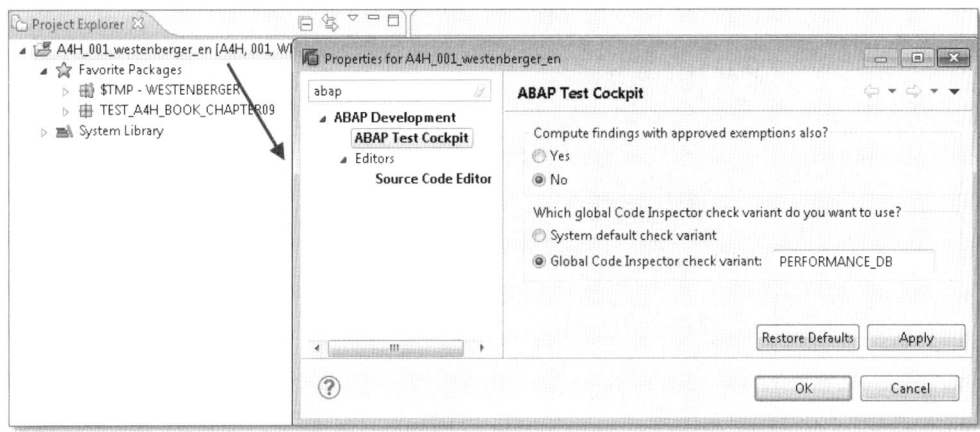

Abbildung 7.5 Prüfvariante in Eclipse auswählen

7.3.3 Globale Prüfläufe im System

Im vorangegangenen Abschnitt haben Sie erfahren, wie Sie einzelne Entwicklungsobjekte oder ein ganzes Entwicklungspaket prüfen können. Um solche Prüfungen systematisch im Rahmen eines Qualitätsmanagementprozesses einzusetzen, ist es sinnvoll, die Prüfungen automatisch zu gewissen Zeitpunkten für alle Entwicklungen (oder ausgewählte Teile) durchzuführen und die Ergebnisse zu analysieren.

Verwendung des ABAP Test Cockpits

Wir zeigen Ihnen in diesem Abschnitt, wie Sie die Codeprüfungen über das *ABAP Test Cockpit* (ATC) durchführen können, was deutliche Vorteile gegenüber einer Verwendung des Code Inspectors bietet. Sie können damit Ergebnisse von Prüfläufen verwalten, in andere Systeme replizieren, die Ausnahmen verwalten sowie Ergebnisse automatisch per E-Mail versenden. Darüber hinaus ist das ATC mit der ABAP Workbench (über einen speziellen Browser) und dem SAP Solution Manager integriert.

Sie starten das ABAP Test Cockpit mit Transaktion ATC, in der Sie das Cockpit konfigurieren, Prüfläufe einplanen und die Ergebnisse analysieren können. Abbildung 7.6 zeigt den Einstiegsbildschirm der Transaktion. Über den Eintrag LÄUFE EINPLANEN können Sie einen Prüflauf konfigurieren. Dazu wählen Sie eine Prüfvariante des Code Inspectors und eine Objektmenge aus. Abbildung 7.7 zeigt eine Konfiguration der in Abschnitt 7.3.1, »Prüfungen und Prüfvarianten«, vorgestellten Variante PERFORMANCE_DB für die Pakete TEST_A4H_BOOK*, die die Beispiele aus diesem Buch enthalten.

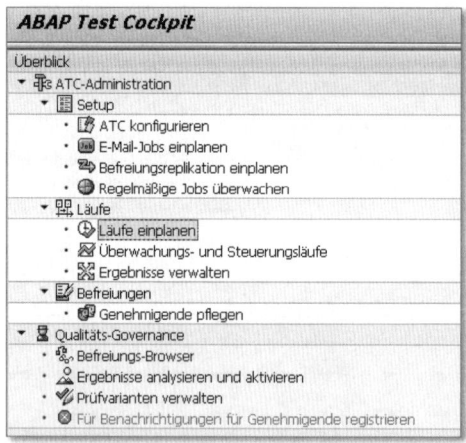

Abbildung 7.6 ABAP Test Cockpit – Einstieg

Einen solchen Prüflauf können Sie nun einplanen (einmalig oder regelmäßig zu definierten Zeitpunkten), der dann asynchron im Hintergrund ausgeführt wird. Das Ergebnis können Sie sich im ATC unter ERGEBNISSE ANALYSIEREN oder in der ABAP Workbench im ATC-ERGEBNIS-BROWSER ansehen (siehe Abbildung 7.8). Dazu müssen Sie unter Umständen diesen Browser zunächst über die Work-bench-Einstellungen für Ihren Benutzer aktivieren.

Konfiguration: Bearbeiten

Prüflauf

| Beschreibung | &SYS&: &DOW&, CW&CW& &YEAR& |

Prüfungen

| Prüfvariante | PERFORMANCE_DB |

Objektauswahl

⦿ Nach Abfrage
○ Nach Objektmenge

Objektauswahldetails

Paket	TEST_A4H*	bis	⇨
Transportschicht		bis	⇨
Softwarekomponente		bis	⇨

Abbildung 7.7 Konfiguration eines Prüflaufs

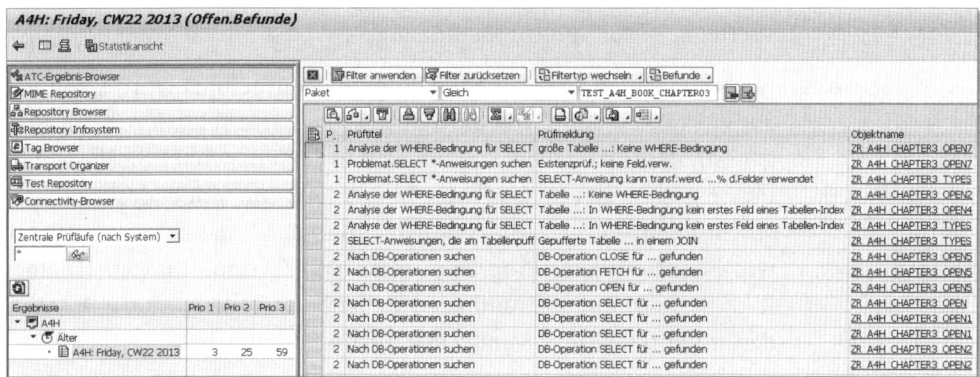

Abbildung 7.8 Ergebnis eines ATC-Prüflaufs in Transaktion SE80

In Abschnitt 7.6, »SQL-Performanceoptimierung«, werden wir Ihnen zeigen, wie Sie die Ergebnisse eines ATC-Laufs mit Laufzeitdaten aus dem SQL Monitor abmischen.

7.4   Laufzeitstatistiken und Traces

Die Laufzeitstatistiken und Traces werden eingesetzt, wenn ein lang laufendes Programm bereits bekannt ist und dessen Laufzeitverhalten genauer analysiert werden soll. Mit den Laufzeitstatistiken erhalten Sie eine erste Übersicht darüber, an welcher Stelle die Zeit verbraucht wurde, d. h., ob dies z. B. auf der Datenbank oder eher im Applikationsserver war. Die Traces zeichnen die ABAP- oder SQL-Ausführung im Detail auf und helfen Ihnen so, teure Anweisungen zu entdecken. Der Explain Plan und der SAP HANA PlanViz zeigen im Detail, wie eine bestimmte SQL-Anweisung ausgeführt wurde.

7.4.1 Laufzeitstatistik

Im SAP-System werden für jeden *Request* statistische Daten gesammelt und persistiert. Ein Request ist dabei z. B. die Ausführung eines Programms, eines Dialogschrittes oder eines RFC-Aufrufs. Diese Daten werden vom jeweiligen Applikationsserver, auf dem der Request ausgeführt wird, gesammelt und in das lokale Dateisystem geschrieben. Dort stehen die Dateien standardmäßig für 48 Stunden zur Verfügung, bevor sie überschrieben werden. In den Statistiken finden Sie unter anderem Daten zu Gesamtlaufzeit, CPU-Zeit, Datenbankzeit und Zeit für SAP-Sperren, aber auch verschiedene andere Werte, z. B. zur Speicherbenutzung.

Selektion | Nachdem das zu analysierende Programm ausgeführt wurde, können Sie in Transaktion STAD die statistischen Sätze selektieren. Im Eingangsbildschirm geben Sie ein Zeitfenster an, wobei Sie beachten müssen, dass der Statistiksatz immer erst am Ende des Requests geschrieben wird. Darüber hinaus können Sie noch weitere Filter wie Benutzername, Programm oder Transaktion, Tasktyp (Dialog, RFC, Background etc.) und verschiedene Schwellenwerte, z. B. Mindestantwortzeit oder Mindestdatenbankzeit, angeben.

Auswertung | Auf der Grundliste (siehe Abbildung 7.9) sehen Sie schon wichtige KPIs wie RESPONSE TIME, CPU TIME und DB REQ. TIME (DB request time).

Nach einem Doppelklick auf einen statistischen Satz in der Grundliste sehen Sie weitere Details in der Detailanzeige (siehe Abbildung 7.10). Hier möchten wir die datenbankrelevanten Themen Zeiten (TIME), Datenbankzeit (DB) und Datenbankprozeduren und Tabellen (DB PROCEDURES und TABLE) besonders hervorheben.

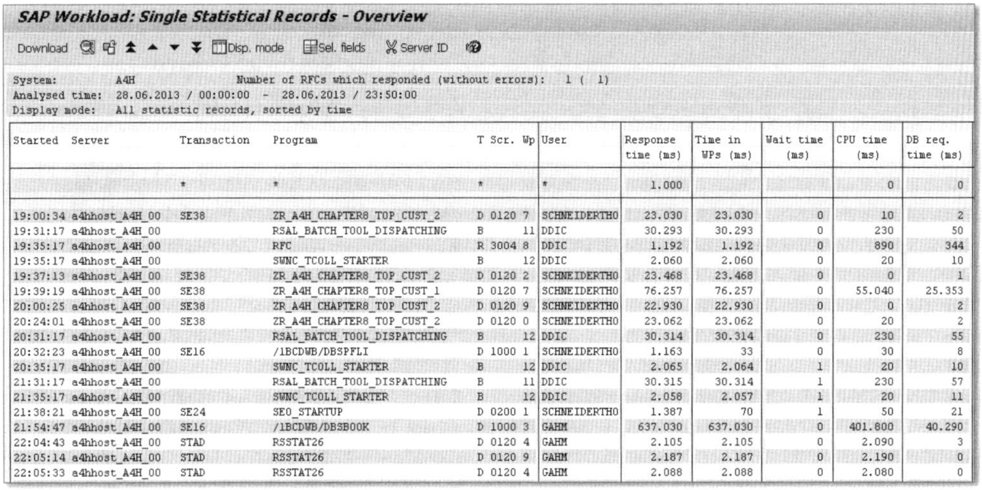

Abbildung 7.9 Grundliste in Transaktion STAD

Zeiten

In Tabelle 7.3 sehen Sie, wie sich die Antwortzeit (*Response time*) zusammensetzt. Für SAP HANA sind hier besonders die Datenbankzeit und die Zeit für Datenbankprozeduren von Interesse.

Zeitüberblick

CPU-Zeit wird in der Regel zum größten Teil während der Processing-Zeit verbraucht, fällt aber auch bei allen anderen in Tabelle 7.3 genannten Zeitkomponenten an. Die RFC+CPIC TIME (Abbildung 7.10) ist die Zeit für *Remote Function Calls* (RFC) und wird, je nachdem, ob der Workprozess ausgerollt wurde oder nicht, während der *Processing-* oder der *Roll-in-* und *Roll-Wartezeit* verbraucht. In Abbildung 7.10 sehen Sie in der oberen Hälfte die Detailauswertung der einzelnen Zeiten.

Zeit	Bedeutung
WAIT FOR WORK PROCESS	Zeit, die auf einen freien Workprozess gewartet wurde (in der Dispatcher-Queue)
PROCESSING TIME	Berechnet aus der Antwortzeit alle anderen hier genannten Zeiten. Beinhaltet in der Regel Zeit für ABAP-Processing und CPU-Verbrauch, aber auch Wartezeiten (z. B. RFC-Zeit, Verbuchungszeit, Roll-Wartezeit), wenn der Workprozess nicht ausgerollt ist.

Tabelle 7.3 Zeitkomponenten in der Transaktion STAD

Zeit	Bedeutung
LOAD TIME	Zeit für das Laden von Programmen
GENERATING TIME	Zeit für das Generieren von Programmen
ROLL (IN+WAIT) TIME	Zeiten, in denen der Workprozess ausgerollt war, und die Zeit für den anschließenden Roll-in (Laden des Benutzerkontextes)
DATABASE REQUEST TIME	Zeit, die für Datenbankzugriffe (Open SQL und natives SQL) verbraucht wurde
ENQUEUE TIME	Zeit für Sperranfragen an den SAP-Enqueue-Service
DB PROCEDURE CALL TIME	Zeit für das Aufrufen von Datenbankproze-duren (z. B. CALL DATABASE PROCEDURE, siehe Abschnitt 5.2.3, »Aufruf von Database Procedure Proxies«), oder AMDP

Tabelle 7.3 Zeitkomponenten in der Transaktion STAD (Forts.)

Datenbankzeiten

Zugriffszeiten

Im Abschnitt DB wird die DATABASE REQUEST TIME weiter unterteilt. Sie sehen hier, wie sich die Datenbankzeit in verschiedene Zugriffsarten (READ, INSERT, UPDATE, DELETE) aufteilt. Für jede Zugriffsart sehen Sie, wie viele Zeilen verarbeitet wurden und wie viel Zeit dafür benötigt wurde. In der unteren Hälfte von Abbildung 7.10 sehen Sie die Datenbankdetails.

[»] **Nützliche Parameter für Transaktion STAD**

Das Auswertungszeitfenster von 48 Stunden kann über den Parameter stat/max_files auf bis zu 99 Stunden verlängert werden. Die hier vorgestellten Detaildaten auf Tabellen- und Datenbankprozedurebene werden nur angezeigt, wenn die beiden Parameter stat/tabrec und stat/dbprocrec auf Werte gesetzt werden, die größer als Null sind. Diese Parameter können Sie in Transaktion ST03 über den folgenden Pfad dynamisch für einen bestimmten Zeitraum ändern:

KOLLEKTOR & PERF. DATENBANK • STATISTIKSÄTZE UND -DATEI • ONLINE PARAMETER • DIALOGSCHRITTSTATISTIK

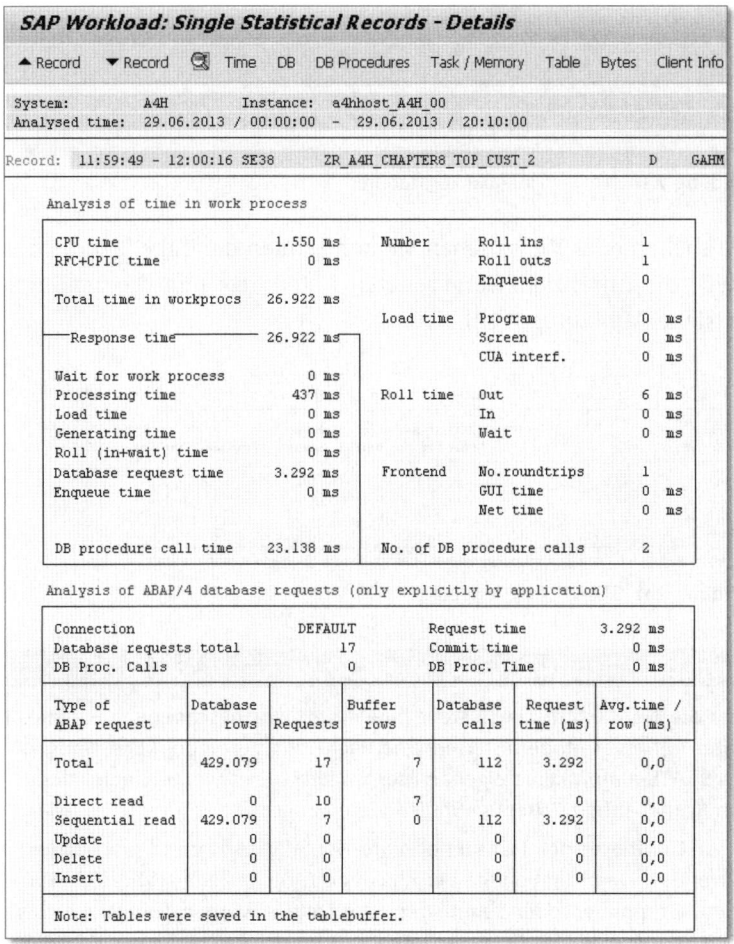

Abbildung 7.10 STAD DB – Details

Datenbankprozeduren und Tabellen

In den Abschnitten DB procedures und Table sehen Sie die Datenbankprozeduren und Tabellen, die am meisten Zeit benötigt haben. Es werden höchstens so viele Prozeduren und Tabellen angezeigt, wie in den Profilparametern `stat/dbprocrec` und `stat/tabrec` konfiguriert wurden.

Für jede Prozedur sehen Sie den Namen der Prozedur, die Datenbankverbindung, die Anzahl der Aufrufe und die Zeit (siehe Abbildung 7.11).

355

```
DB procedures   (list might be incomplete!)

DB procedure                     Log. DB connection   No. of exec.   Exec. time   Time / exec.
                                                                      (ms)         (ms)

"_SYS_BIC"."test.a4h.book.chap   R/3                  1              23.137       23.137,0
GET_OBJECT_VERSION               R/3                  1              1            1,0
```

Abbildung 7.11 STAD – Datenbankprozeduren

Für Tabellen oder Views sehen Sie den Namen der Tabelle (oder des Views), die Anzahl der verarbeiteten Datensätze und die benötigte Zeit (siehe Abbildung 7.12).

```
Table accesses   (list might be incomplete!)

                                          Number of rows accessed
Table name                  Total   Dir. reads   Seq. reads   Changes   Time (ms)

TOTAL                     429.079           0      429.079          0     3.292
SBOOK                     429.079           0      429.079          0     3.292
AAB_ID_ACT                      0           0            0          0         0
VARID                           0           0            0          0         0
```

Abbildung 7.12 STAD – Tabellendetails

[»] **Alternative Oberfläche für statistische Daten**

Über die Transaktion STATS steht Ihnen die zuvor beschriebene Funktionalität mit einer modernisierten Oberfläche zur Verfügung. Die Transaktion STATS nimmt keine eigenen Messungen vor, es werden lediglich die vom Kernel aufgezeichneten Statistikdaten angezeigt.

In der Grundliste der Transaktion wird der ALV (Advanced List Viewer) verwendet. Damit haben Sie verschiedene Möglichkeiten, wie z. B. Sortieren, Gruppieren oder Summieren. Die Details werden ebenfalls etwas anders dargestellt. So sind die Daten z. B. nach verschiedenen Kriterien wie Zeiten, Datenbank, Speicher usw. gruppiert. Bei den Zeiten hilft die hierarchische Darstellung, leichter zu erkennen, welche Zeiten in anderen Zeiten enthalten sind.

7.4.2 ABAP-Trace und ABAP Profiler

Der *ABAP-Trace* (Transaktion SAT) ist ein mächtiges Werkzeug für die Laufzeitanalyse von ABAP-Anwendungen und ist seit dem SAP-NetWeaver-Release 7.02 der Nachfolger der Transaktion SE30. Basierend auf dieser Infrastruktur, gibt es als Teil der ABAP-Entwicklungsumgebung in Eclipse eine neue Oberfläche (den sogenannten *ABAP Profiler*), die gerade für Entwickler eine übersichtliche Darstellung der Ergebnisse inklusive grafischer Darstellung bietet. In diesem Abschnitt stellen wir Ihnen beide Varianten vor.

ABAP-Trace

Zur Aufzeichnung des ABAP-Traces wird zunächst eine Messvariante konfiguriert und dann der Trace aufgezeichnet. In einer Messvariante legen Sie Folgendes fest:

Konfiguration und Aufzeichnung

▸ Wie wird aufgezeichnet (Registerkarte DAUER UND ART)?

▸ Was wird aufgezeichnet (Registerkarte ANWEISUNGEN, siehe Abbildung 7.13)?

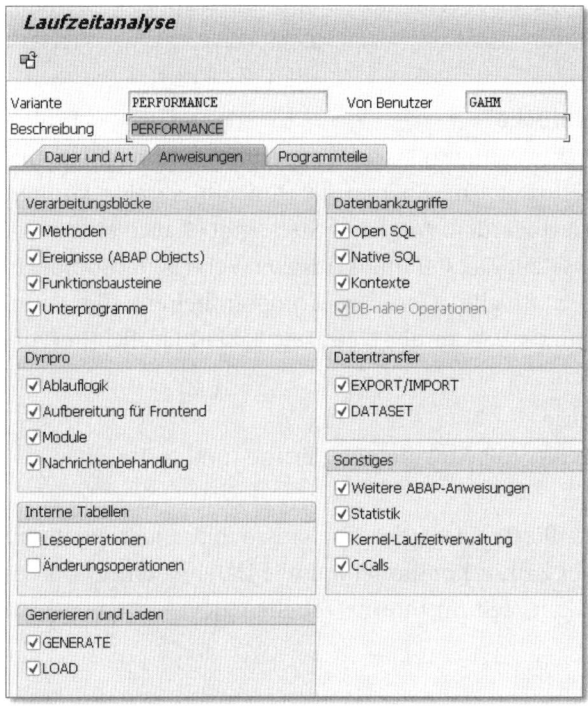

Abbildung 7.13 Messvariante im ABAP-Trace

Zur Aufzeichnung führen Sie das Programm anschließend mit der konfigurierten Messvariante aus.

Zur Auswertung klicken Sie auf der Registerkarte AUSWERTEN doppelt auf einen Trace. Je nachdem, ob der Trace mit oder ohne Aggregation erstellt wurde, stehen vier oder sechs Sichten zur Analyse zur Verfügung. Alle Sichten sind miteinander verlinkt, d. h., Sie können in der Sicht das Kontextmenü zu einem Ereignis öffnen und dieses in einer anderen Sicht darstellen.

Analyse

Es stehen folgende Sichten zur Verfügung:

- **Hitliste**
Zeigt alle Trace-Ereignisse mit Anzahl der Aufrufe, Brutto- und Nettozeit. Die Bruttozeit entspricht in etwa der TOTAL TIME und die Nettozeit der OWN TIME des ABAP Profilers (siehe Abbildung 7.17).

- **DB-Tabellen**
Zeigt alle Zugriffe auf Datenbanktabellen an und entspricht der Sicht DATABASE ACCESSES im ABAP Profiler (siehe Abbildung 7.20).

- **Profil**
Zeigt die Ereignisse nach verschiedenen Profilen an. Es stehen folgende Sichten zur Auswahl: EREIGNIS, PAKETE, KOMPONENTEN, PROGRAMME.

- **Verarbeitungsblöcke**
Zeigt eine interaktive, hierarchische Darstellung der Ereignisse mit Brutto- und Nettozeit. Die Ebenen der Aufrufhierarchie können beliebig analysiert werden. An dieser Stelle gibt es auch eine automatische Analyse zur Darstellung kritischer Verarbeitungsblöcke. Es können so z. B. alle Modularisierungseinheiten, die einen Anteil von mehr als 5 % an der Nettozeit haben, farblich hervorgehoben werden.

- **Aufrufhierarchie**
Zeigt die Ereignisse mit Aufrufebene, Brutto- und Nettozeit.

- **Zeiten**
Zeigt eine detaillierte Liste der Ereignisse mit einer weiteren Unterteilung der Zeit in Komponenten wie Datenbankzeit, Datenbank-Interface-Zeit, Zeit für interne Tabellen etc.

ABAP Profiler

Aufzeichnungs-optionen

In diesem Abschnitt zeigen wir Ihnen, wie Sie den ABAP Profiler in Eclipse bedienen und damit eine ABAP-Laufzeitanalyse erstellen können.

Um mit dem ABAP Profiler einen Trace zu erstellen, klicken Sie auf das Icon PROFILE 🔍 ▾ (siehe Abbildung 7.14). Auf diese Weise wird ein Trace mit Standardeinstellungen gestartet.

Sie können über den Eintrag PROFILE CONFIGURATIONS... im Dropdown-Menü des Profile-Icons auch Aufzeichnungsoptionen auswählen. Dazu nehmen Sie auf der Registerkarte TRACING die gewünschten Einstellungen vor und bestätigen sie mit dem Button PROFILE (siehe Abbildung 7.15).

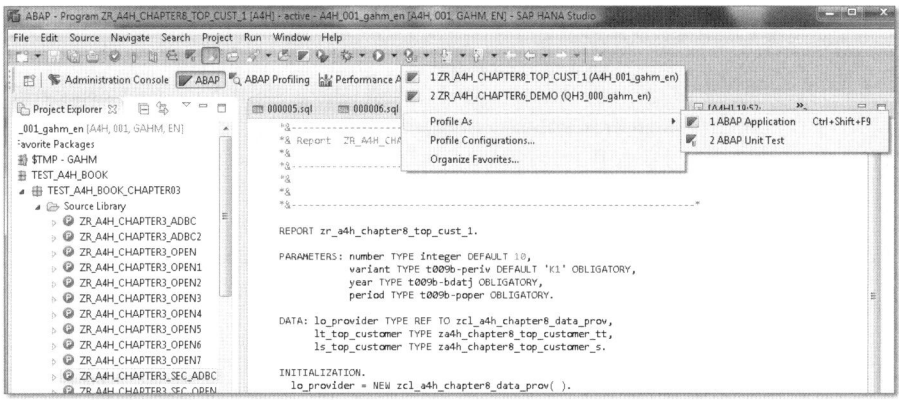

Abbildung 7.14 ABAP Profiler mit Standardeinstellungen

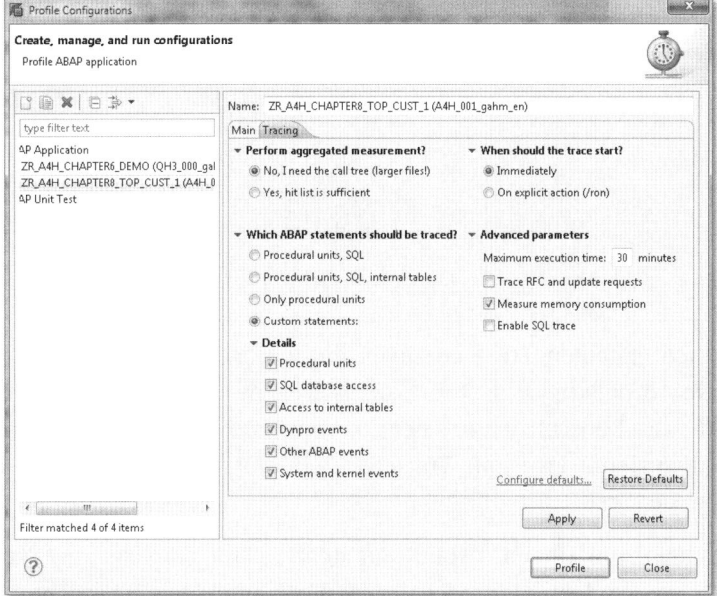

Abbildung 7.15 ABAP Profiler mit Trace-Konfiguration

Die wesentlichen Einstellungsmöglichkeiten sind in Tabelle 7.4 zusammengefasst.

Kategorie	Einstellung	Bedeutung
Wann?	WHEN SHOULD THE TRACE START (IMMEDIATELY/RON)?	Legt fest, ob der der Trace sofort gestartet werden soll oder erst nach einer Startmarkierung.

Tabelle 7.4 Einstellungen des ABAP Profilers

Kategorie	Einstellung	Bedeutung
Wie?	PERFORM AGGREGATED MEASUREMENT (YES/NO)?	Legt den Detailgrad der Aufzeichnung fest. Diese Einstellung wirkt sich stark auf den Trace-Umfang aus. Bei einer aggregierten Messung steht Ihnen nicht die Aufrufhierarchie zur Verfügung (siehe Abbildung 7.18).
Was?	WHICH ABAP STATEMENT SHOULD BE TRACED?	In diesem Bereich können Sie konfigurieren, welche Aufrufe getract werden sollen: ▸ nur Modularisierungseinheiten ▸ Modularisierungseinheiten und SQL-Aufrufe ▸ Modularisierungseinheiten, SQL-Aufrufe und Tabellenzugriffe
weitere Parameter	ADVANCED PARAMETERS	In diesem Bereich können Sie weitere Einstellungen vornehmen: ▸ Dauer der Aufzeichnung ▸ Tracen von RFCs und Updates ▸ Speicherverbrauch aufzeichnen ▸ SQL-Trace zusätzlich einschalten

Tabelle 7.4 Einstellungen des ABAP Profilers (Forts.)

Trace-Analyse Um einen erstellten Trace auszuwerten, wechseln Sie auf die Perspektive ABAP PROFILING. Dort aktualisieren Sie die Liste im unteren Bereich des Bildschirms auf der Registerkarte ABAP TRACES. Sie sehen dann eine Liste mit Trace-Dateien. Mit einem Doppelklick können Sie Ihren Trace öffnen.

Es erscheint ein Übersichtsbild, auf dem Sie im Bereich GENERAL INFORMATION sehen können, was, wann, wo und wie aufgezeichnet wurde. Im Bereich ANALYSIS TOOLS stehen verschiedene Detailsichten zur Verfügung, die wir gleich im Anschluss erklären. Im Bereich RUNTIME DISTRIBUTION erhalten Sie einen ersten Überblick über die Laufzeit. Es wird grafisch dargestellt, wie viel Zeit für ABAP-Anweisungen, wie z. B. die Verarbeitung von internen Tabellen, die Datenbank (Open SQL …) und das System (z. B. Ladevorgänge) verbraucht wurde. In Abbildung 7.16 sehen Sie die Darstellung eines Traces im ABAP Profiler. Der Überblicksbereich zeigt Ihnen die Gesamtlaufzeit und die Verteilung auf Datenbank und Anwendungsserver. Als

Nächstes erklären wir Ihnen die verschiedenen Detailsichten des ABAP Profilers.

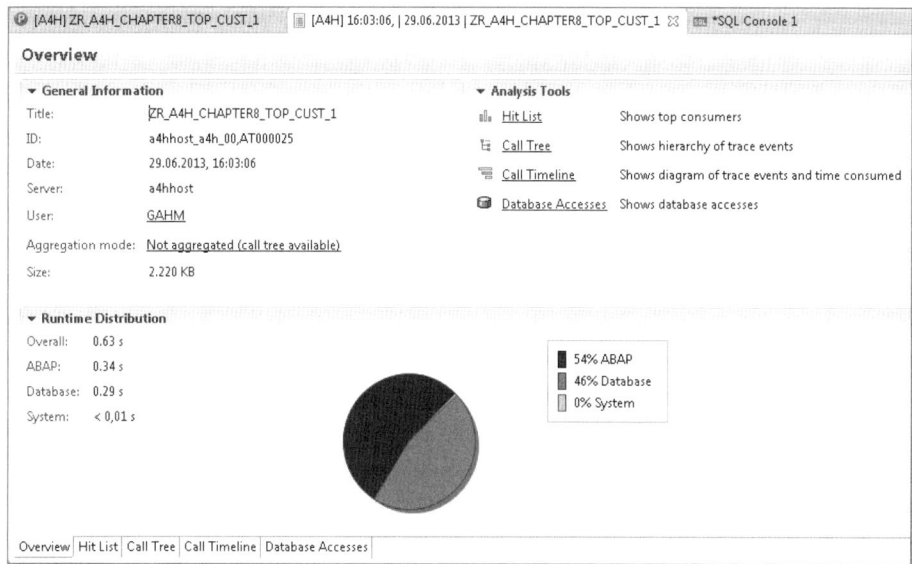

Abbildung 7.16 ABAP Profiler – Einstiegsseite

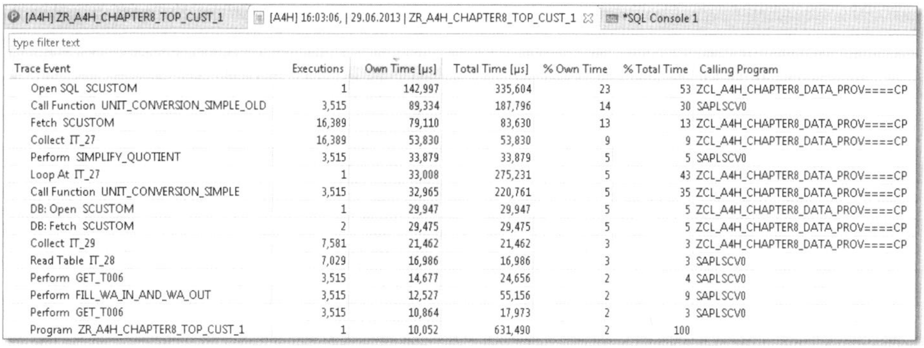

In der *Hitliste* (HIT LIST) sehen Sie alle aufgezeichneten Trace-Ereignisse (siehe Abbildung 7.17).

Hitliste

Trace Event	Executions	Own Time [µs]	Total Time [µs]	% Own Time	% Total Time	Calling Program
Open SQL SCUSTOM	1	142,997	335,604	23	53	ZCL_A4H_CHAPTER8_DATA_PROV====CP
Call Function UNIT_CONVERSION_SIMPLE_OLD	3,515	89,334	187,796	14	30	SAPLSCV0
Fetch SCUSTOM	16,389	79,110	83,630	13	13	ZCL_A4H_CHAPTER8_DATA_PROV====CP
Collect IT_27	16,389	53,830	53,830	9	9	ZCL_A4H_CHAPTER8_DATA_PROV====CP
Perform SIMPLIFY_QUOTIENT	3,515	33,879	33,879	5	5	SAPLSCV0
Loop At IT_27	1	33,008	275,231	5	43	ZCL_A4H_CHAPTER8_DATA_PROV====CP
Call Function UNIT_CONVERSION_SIMPLE	3,515	32,965	220,761	5	35	ZCL_A4H_CHAPTER8_DATA_PROV====CP
DB: Open SCUSTOM	1	29,947	29,947	5	5	ZCL_A4H_CHAPTER8_DATA_PROV====CP
DB: Fetch SCUSTOM	2	29,475	29,475	5	5	ZCL_A4H_CHAPTER8_DATA_PROV====CP
Collect IT_29	7,581	21,462	21,462	3	3	ZCL_A4H_CHAPTER8_DATA_PROV====CP
Read Table IT_28	7,029	16,986	16,986	3	3	SAPLSCV0
Perform GET_T006	3,515	14,677	24,656	2	4	SAPLSCV0
Perform FILL_WA_IN_AND_WA_OUT	3,515	12,527	55,156	2	9	SAPLSCV0
Perform GET_T006	3,515	10,864	17,973	2	3	SAPLSCV0
Program ZR_A4H_CHAPTER8_TOP_CUST_1	1	10,052	631,490	2	100	

Abbildung 7.17 ABAP Profiler – Hitliste

Die Liste ist absteigend nach OWN TIME sortiert, also der Zeit, die das jeweilige Ereignis selbst verbraucht hat. Aufrufe, die innerhalb des Ereignisses aufgerufen und ebenfalls vermessen wurden, sind nicht Teil dieser Zeit. Die TOTAL TIME umfasst hingegen alle Aufrufe und gibt an, wie viel Zeit das Ereignis und die von ihm ausgeführten Aufrufe insgesamt verbraucht haben. Darüber hinaus sehen Sie in der Hitliste, wie häufig ein Ereignis ausgeführt wurde und in welchem Programm es aufgerufen wurde. Für Aufrufe von Modularisierungseinheiten sehen Sie, welches Programm aufgerufen wurde. Wenn Sie diese Liste nach der Spalte OWN TIME sortieren, sehen Sie die teuersten Ausführungen der aufgezeichneten Anweisungen. Wenn Sie diese Liste nach TOTAL TIME sortieren, sehen Sie die teuersten Modularisierungseinheiten im Programm.

Aufrufhierarchie Die *Aufrufhierarchie* (CALL TREE) (siehe Abbildung 7.18) stellt die Anweisungen hierarchisch geordnet dar, d. h., Sie sehen, welche Anweisungen auf welcher Ebene der Aufrufhierarchie aufgerufen wurden. Anweisungen, die direkt in einer Modularisierungseinheit stehen, werden zunächst ausgeblendet und können über SHOW eingeblendet werden. Die Zeile ALL STATEMENTS WITHIN … gibt an, wie lange die Anweisungen, die nicht separat aufgezeichnet wurden, gedauert haben. Diese Zeiten sind Teil der OWN TIME der selektierten Modularisierungseinheit.

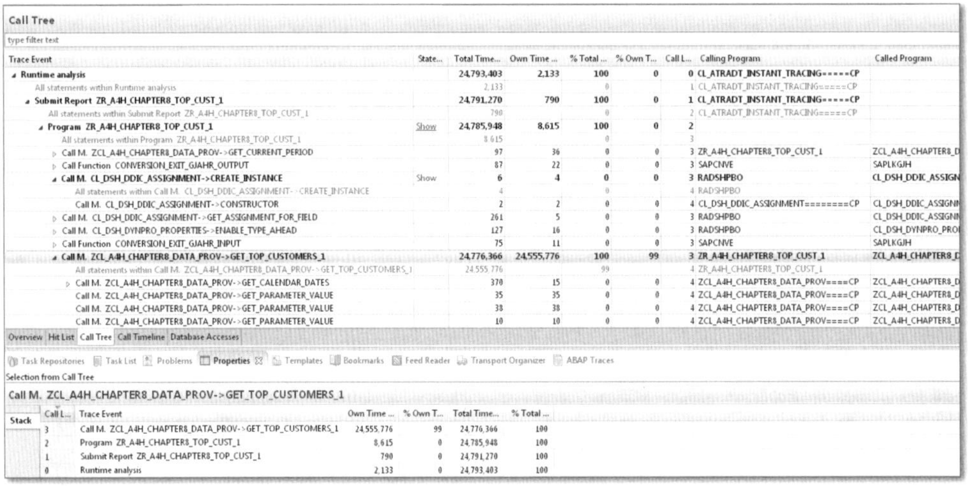

Abbildung 7.18 ABAP Profiler – Aufrufhierarchie

Call Timeline Die CALL TIMELINE zeigt Ihnen die Aufrufhierarchie im zeitlichen Verlauf (siehe Abbildung 7.19). Jeder Aufruf wird als ein horizontaler Balken dargestellt, dessen Länge der Dauer des Aufrufs entspricht. Aufrufe, die innerhalb eines Aufrufs gemacht wurden, werden unterhalb dieses Balkens dargestellt. Von oben nach unten sehen Sie also die Tiefe der Aufrufhierarchie (*Callstack*). Die Balken sind dabei nach Aufruftyp farblich codiert, so dass Sie z. B. Datenbankaufrufe direkt erkennen können. Im unteren Bereich der Grafik können Sie mit dem schwarzen Rechteck den dargestellten Bereich verschieben, vergrößern oder verkleinern. Wenn Sie die Maus über einen Balken bewegen, sehen Sie im Popup-Fenster Informationen zum Ereignis, TOTAL TIME und OWN TIME. Nach einem Rechtsklick auf einen Balken können Sie folgende Aktionen ausführen:

▶ zum selben Ereignis in der Hitliste navigieren
▶ den Callstack für dieses Ereignis anzeigen
▶ das Ereignis in den Datenbankzugriffen anzeigen
▶ zur Aufrufstelle im ABAP-Programm springen

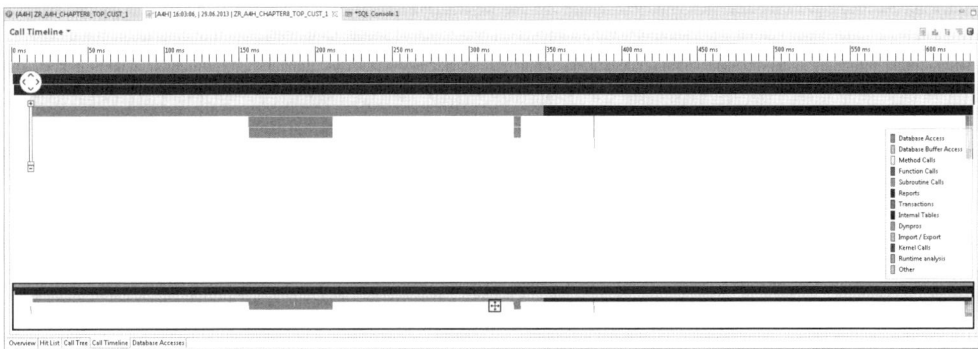

Abbildung 7.19 ABAP Profiler – Call Timeline

Darüber hinaus können Sie die Farbcodierung des Diagramms anpassen.

In der Sicht DATABASE ACCESSES sehen Sie, auf welche Tabellen mit welchen Statements zugegriffen wurde (siehe Abbildung 7.20). Sie sehen die Anzahl der Ausführungen, getrennt nach Datenbank- und Tabellenpufferzugriffen, und die dafür benötigte Zeit. Außerdem erhalten Sie Informationen zu Tabellentyp, Kurzbeschreibung und dem Paket, dem die Tabelle zugeordnet ist.

Datenbankzugriffe

[A4H] ZR_A4H_CHAPTER8_TOP_CUST_1   [A4H] 16:03:06, | 29.06.2013 | ZR_A4H_CHAPTER8_TOP_CUST_1   *SQL Console 1

Database Accesses [Total Time: 632 ms, Database Time: 290.134 µs (46%)]

Table Name	SQL Statement	Access Type	Executions	Buffered Acce...	Positions	Total Time [µs]	% Tota...	Buffer Settings	Table T...	Short Text	Package
SCUSTOM	select	OpenSQL	1	0	1	281,774	44	Single Entries bu	TRANSP	Flight customers	SAPBC_DATAMODEL
SCUSTOM	select single	OpenSQL	10	10	1	5,390	1	Single Entries bu	TRANSP	Flight customers	SAPBC_DATAMODEL
<DB Time of S			0	0	0	2,464	0				
<DB Access fr			2	0	0	134	0				
ZA4H_C8_PAR	select single	OpenSQL	4	4	1	105	0	Entirely buffered	TRANSP	Parameters for miles calcul	TEST_A4H_BOOK_CHAPTER8
T006	select single	OpenSQL	2	2	1	84	0	Generically buff	TRANSP	Units of Measurement	SZME
T009Y	select	OpenSQL	1	1	1	79	0	Generically buff	TRANSP	Shortened fiscal years in As:	SFBX
T006D	select	OpenSQL	1	1	1	44	0	Entirely buffered	TRANSP	Dimensions	SZME
T009	select single	OpenSQL	1	1	1	34	0	Entirely buffered	TRANSP	Fiscal Year Variants	SFBX
T006A	select single	OpenSQL	1	1	1	26	0	Generically buff	TRANSP	Assign Internal to Language	SZME

Abbildung 7.20 ABAP Profiler – Datenbankzugriffe

7.4.3   SQL-Trace

Transaktion ST05 beinhaltet verschiedene Funktionen, von denen wir uns den SQL-Trace genauer anschauen wollen. Wir haben den SQL-Trace bereits in Kapitel 3, »Datenbankprogrammierung mit dem SAP NetWeaver AS ABAP«, verwendet, um Ihnen das Zusammenspiel von Open SQL und nativen SQL-Anweisungen zu erläutern. In diesem Abschnitt erklären wir Ihnen, wie Sie den SQL-Trace als Werkzeug für Laufzeitanalysen nutzen.

Aufzeichnung

Auf dem Hauptbildschirm wählen Sie als TRACETYP den SQL-TRACE aus. Im rechten Bereich des Bildschirms können Sie zusätzlich die Aufzeichnung des Stack-Traces aktivieren. Damit legen Sie fest, dass nicht nur die SQL-Anweisung selbst, sondern auch Informationen zum Callstack aufgezeichnet werden. Um einen SQL-Trace aufzuzeichnen, wählen Sie dann die Funktion TRACE EINSCHALTEN oder TRACE MIT FILTER EINSCHALTEN. Mit der ersten Funktion wird der Trace für Ihren Benutzer eingeschaltet. Mit der zweiten können Sie den Trace mit verschiedenen Filtern aktivieren. In Abbildung 7.21 sehen Sie die Trace-Aufzeichnung mit Filtermöglichkeiten. Nachdem Sie die Trace-Aufzeichnung aktiviert haben, führen Sie das gewünschte Programm aus. Klicken Sie auf TRACE AUSSCHALTEN, sobald das Programm beendet ist.

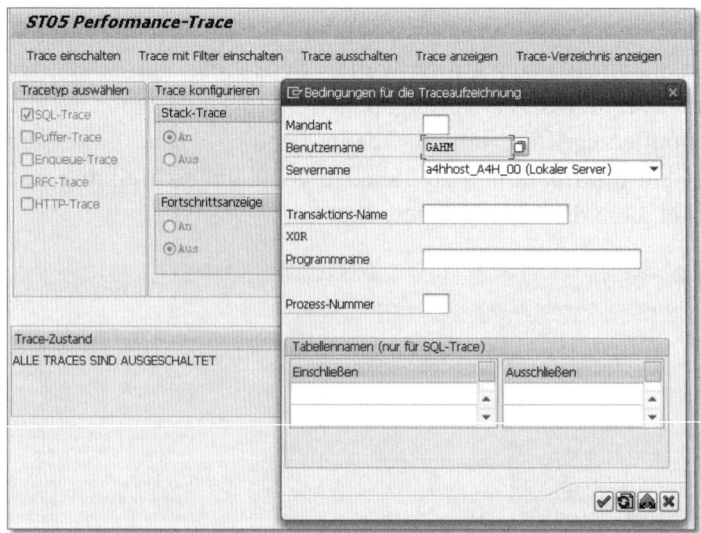

Abbildung 7.21 Trace-Aufzeichnung in Transaktion ST05

Auswertung

Um den Trace anzuzeigen, klicken Sie auf TRACE ANZEIGEN. Im darauffolgenden Dialog sind die Filter entsprechend den Einstellungen bei der Aufzeichnung voreingestellt. Das heißt, Sie müssen hier normalerweise nichts ändern, wenn Sie den Trace direkt nach der Aufzeichnung anzeigen wollen. Wollen Sie hingegen einen Trace zu einem späteren Zeitpunkt oder den Trace eines anderen Benutzers anzeigen, müssen Sie Folgendes sicherstellen:

▸ Sie sind auf dem Server angemeldet, auf dem der Trace gespeichert wurde.

▸ Die Filter für Benutzer und Zeitraum stimmen mit denen der Aufzeichnung des Traces überein.

Sie können zwischen verschiedenen Ansichten wählen, indem Sie das jeweilige Icon am oberen Bildschirmrand anklicken (siehe Abbildung 7.22).

Abbildung 7.22 Anzeige des SQL-Traces

Es stehen folgende Sichten zur Auswahl:

▸ **Zusammengefasste Statements**
Hier entspricht eine SQL-Anweisung einer Zeile im Trace, d. h., Details wie OPEN, FETCH und CLOSE werden hier in eine Zeile aggregiert.

Von dieser Liste gibt es weitere Absprünge zur Liste der detaillierten Statements, zur Liste der identischen Statements oder zu einer aggregierten Sicht pro Tabelle.

▸ **Detaillierte Statements**
Hier sehen Sie alle Aufrufe, die an die Datenbank geschickt wurden. Eine SQL-Anweisung wird dabei z. B. in einem OPEN, einer oder mehreren FETCH-Anweisungen oder einem CLOSE angezeigt.

▸ **Strukturgleiche Zusammenfassung**
Hier werden alle SQL-Anweisungen, die die gleiche Form haben, zusammengefasst. Wenn es also ähnliche SQL-Anweisungen an unterschiedlichen Aufrufstellen im Programm gibt, werden diese aggregiert dargestellt.

▸ **Trace-Übersicht**
Hier sehen Sie eine Zusammenfassung des gesamten SQL-Traces.

▸ **Speichern**
Darüber hinaus steht eine Funktion zum Speichern des SQL-Traces in der Datenbank zur Verfügung.

Im Folgenden zeigen wir Ihnen die strukturidentische Zusammenfassung und die Auswertung der Aufrufhierarchie (*Stack-Trace*).

Strukturgleiche Anweisungen

Lassen Sie sich zunächst die strukturgleichen Anweisungen anzeigen (siehe Abbildung 7.23). Wir empfehlen Ihnen, die Analyse mit dieser Liste zu beginnen, da Sie hier den besten Überblick über die teuersten SQL-Anweisungen haben. Sie sehen, welche Anweisung insgesamt am längsten gedauert hat, wie oft sie ausgeführt wurde und ob es redundante Zugriffe gab (sogenannte *Identical Selects*). Diese Informationen werden Ihnen jeweils in absoluten Zahlen und prozentual bereitgestellt. Darüber hinaus sehen Sie die Zeiten für alle Ausführungen, pro Ausführung und Datensatz sowie die Anzahl der Datensätze insgesamt und pro Ausführung. Schließlich erhalten Sie Informationen zur Pufferung aus dem ABAP Dictionary (siehe Abbildung 7.23).

Performance-Analyse: Strukturgleiche Anweisungen

Σ Ausführung	Σ Redundanz	Identisch Σ	Dauer Σ	Sätze	Dauer/Ausf	Sätze/Ausf	Dauer/Satz	Dauer/Satz	Länge	Tab-Typ	Objektname	Anweisung
18	4	•	69.192	• 5.078								
1	0	0	55.347	5.070	55.347	5.070,0	11	11	112	TRANSP	SFLIGHT	SELECT WHERE mandt = '001' and days_betwe
3	2	67	3.424	0	1.141	0,0	1.141	202	0			COMMIT WORK ON CONNECTION 0
1	0	0	2.486	0	2.486	0,0	2.486	2.486	0	TRANSP	DWINACTIV, SABAP_INACTIVE	SELECT <JOIN> WHERE T_00 . "UNAME" = ?

Abbildung 7.23 Strukturgleiche Anweisungen

Stack-Trace

Wenn Sie doppelt auf die Zahl der Ausführungen klicken, verzweigen Sie auf die Liste der zusammengefassten Anweisungen. Eine Zeile entspricht hier einer Ausführung. Für diese Ausführung können Sie sich die Aufrufhierarchie anzeigen lassen. Sie sehen dann in einem Popup-Fenster den ABAP-Callstack für diese Anweisung (siehe Abbildung 7.24). Diese Funktion ist z. B. bei ADBC-Aufrufen sehr hilfreich. Das SQL-Statement wird erst in den Klassen des ADBC ausgeführt, die eigentliche Anwendung findet sich auf einer höheren Ebene im Callstack. Mit dem Stack-Trace können Sie auf jede Ebene im Callstack navigieren, indem Sie doppelt auf die jeweilige Zeile klicken.

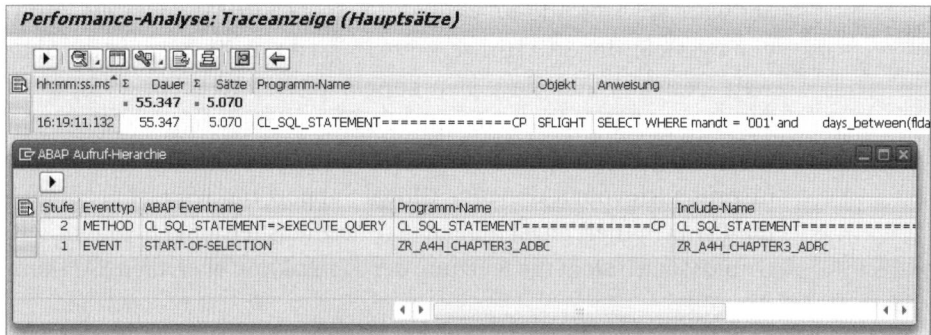

Abbildung 7.24 Aufrufhierarchie für eine SQL-Anweisung

Die *Identical Selects* können Sie sich ausgehend von der Liste der zusammengefassten Anweisungen anzeigen lassen, indem Sie im Menü TRACE • WERTGLEICHE ANWEISUNGEN wählen. Dort sehen Sie die Statements, die mit den exakt gleichen Werten in der WHERE-Bedingung mehrfach ausgeführt wurden, wie lange dies gedauert hat und wie viele Datensätze gelesen wurden.

Identical Selects

Wenn Sie auf der Liste der zusammengefassten Anweisungen doppelt auf den Text der SQL-Anweisung klicken, sehen Sie die komplette Anweisung und die Parameter, mit denen sie ausgeführt wurde.

Anweisungsdetails

Überschreiben von Trace-Daten **[!]**

Der SQL-Trace ist Teil der Datenbankschnittstelle und damit applikations-serverspezifisch. Der Trace selbst wird in Dateien auf dem jeweiligen Applikationsserver geschrieben. Die Größe der Dateien ist begrenzt, und wenn alle Dateien voll sind, wird die erste Datei wieder überschrieben. Bei sehr großen Traces kann es vorkommen, dass auf diese Weise Daten überschrieben werden. Sie werden in diesem Fall in Transaktion ST05 darauf hingewiesen, dass möglicherweise Dateien überschrieben wurden. Sie können den Inhalt der Dateien auch in der Datenbank speichern, um sie vor dem Überschreiben zu sichern.

7.4.4   Single Transaction Analysis

Transaktion ST12 vereint die Transaktionen SAT, ST05 und STAD unter einer Oberfläche und bietet durch diese Kombination einige Vorteile beim Aufzeichnen und Auswerten von Traces bei der Performanceanalyse.

Voraussetzungen
Bei Transaktion ST12 handelt es sich um eine Zusatzentwicklung im Rahmen der Servicewerkzeuge für Anwendungen (ST-A/PI). Die Software wird als Add-on vom SAP Active Global Support zur Verfügung gestellt. Im SAP-Hinweis 69455 erfahren Sie, wie Sie die Software beziehen und einspielen können. Das Softwarepaket ist nicht Teil des SAP-Standards und nicht offiziell dokumentiert und steht nur in englischer Sprache zur Verfügung. Transaktion ST12 wurde ursprünglich vom SAP Active Global Support für den Eigengebrauch im Rahmen der angebotenen Servicedienstleistungen entwickelt. Grundsätzlich steht die Nutzung der Transaktion aber allen SAP-Kunden offen.

Vorteile
Durch die Kombination der verschiedenen Transaktionen in einer Oberfläche ergeben sich einige Vorteile:

▸ Bei einer Analyse können der ABAP-Trace und der SQL-Trace gemeinsam ein- und wieder ausgeschaltet werden. Die Aufzeichnung kann auf allen Applikationsservern gleichzeitig gestartet werden, wenn unbekannt ist, auf welchem Applikationsserver ein bestimmter Request laufen wird.

▸ Die Daten der Traces und zusätzlich die Daten aus Transaktion STAD werden gesammelt und in der Datenbank abgelegt. Dies erleichtert eine spätere Analyse, weil alle Daten an einer zentralen Stelle abgespeichert sind und nicht mehr überschrieben werden.

▸ Die Daten der Traces können verbunden werden. Sie können sich z. B. im ABAP-Trace bei einer SELECT-Anweisung die zugehörigen Daten aus Transaktion ST05 einblenden lassen. Bei Daten aus Transaktion ST05 kann dann der prozentuale Anteil einer SELECT-Anweisung an der Gesamtlaufzeit angegeben werden. Darüber hinaus besteht die Möglichkeit, den Code Inspector für einzelne Ergebnisse aufzurufen.

▸ Für die ABAP-Traces gibt es weitere Funktionen zur Auswertung der aggregierten Traces, die in Transaktion SAT nicht möglich sind. So können z. B. Rückschlüsse auf Aufrufhierarchien gezogen werden.

Wenn Sie viele Performanceanalysen durchführen, kann die Single Transaction Analysis einige Vorteile im Vergleich zum Standard bringen. Im SAP-Hinweis 7559777 und im SCN finden Sie weitere Informationen: *http://wiki.sdn.sap.com/wiki/display/ABAP/Single+Transaction+Analysis*.

7.4.5 Explain Plan

Explain Plan ist eine Funktion in Datenbanken, um einen Ausführungsplan sichtbar zu machen. Beim Ausführungsplan handelt es sich um eine textuelle oder grafische Beschreibung, wie eine SQL-Anweisung ausgeführt wird. Diese Beschreibung wird vom Datenbankoptimierer stets zum Aufrufzeitpunkt der Funktion erstellt. Die Entscheidung des Optimierers beruht also auf dem Zustand des Systems zum Zeitpunkt der Planerstellung.

Sie können den Explain Plan von verschiedenen Stellen aus aufrufen, z. B. in Transaktion ST05 im SQL-Trace oder in Transaktion DBA-COCKPIT in den Bereichen Expensive Statements oder SQL Cache. Auch im SAP HANA Studio steht die Funktion zur Verfügung. Dort finden Sie den Explain Plan z. B. im SQL Editor.

Im SAP HANA Studio rufen Sie den Ausführungsplan auf, indem Sie eine SQL-Anweisung in die SQL-Konsole eingeben und dann per Rechtsklick im Kontextmenü zur Anweisung die Funktion Explain Plan wählen.

Aufruf im SAP HANA Studio

Folgende Spalten sind für eine Auswertung interessant:

▸ Operator_Name: Name der ausgeführten Operation, z. B. der Zugriff auf eine Column Table, eine Row Table oder einen Join

▸ Operator_Details: weitere Details zur Operation, z. B. Filter- oder Join-Bedingungen

▸ Table_Name: der Name des Datenbankobjekts, auf den sich der Operator bezieht

▸ Execution_Engine: die Engine, die den Operator ausführt

▸ Schema_Name: Name des Schemas der Tabelle

▸ Table_Type: Typ der Tabelle, z. B. Column Table, Row Table, OLAP View, Calculation View etc.

▶ TABLE_SIZE: geschätzte Größe der Tabelle für diesen Schritt (Anzahl der Zeilen für Column Tables und Anzahl der Seiten für Row Tables)

▶ OUTPUT_SIZE: geschätzte Anzahl der Zeilen für die Ergebnismenge für diesen Schritt

Die Ausgabe des Ausführungsplans sehen Sie in Abbildung 7.25. Zusätzlich gibt es eine grafische Variante des Ausführungsplans, auf die wir an dieser Stelle nicht näher eingehen. Im Ausführungsplan können Sie sehen, wie eine SQL-Anweisung ausgeführt wird, insbesondere welche Engine welche Teile der Ausführung übernimmt. Um einen tieferen Einblick in die Details der Ausführung zu bekommen, kann der SAP HANA Plan Visualizer verwendet werden.

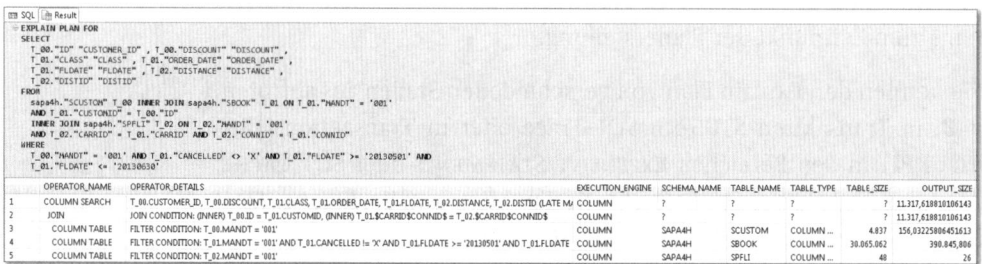

Abbildung 7.25 Explain Plan im SAP HANA Studio

7.4.6 SAP HANA Plan Visualizer

Der SAP HANA Plan Visualizer (PlanViz) stellt die Ausführung einer SQL-Anweisung oder einer Datenbankprozedur grafisch dar. Zusätzlich bietet er die Option, die Anweisung auszuführen und Laufzeitdaten zu sammeln. Dazu sind die entsprechenden Berechtigungen z. B. zum Lesen der Daten notwendig.

Aufzeichnung Um eine SQL-Anweisung oder eine Prozedur mit dem PlanViz zu analysieren, öffnen Sie die SQL-Konsole im SAP HANA Studio und fügen die zu untersuchende Anweisung (oder die Prozedur) ein. Im Kontextmenü der SQL-Konsole wählen Sie VISUALIZE PLAN • EXECUTE. Falls die SQL-Anweisung Parameter enthält, erscheint nach dem Klick auf EXECUTE die Registerkarte PREPARED SQL. Geben Sie dort die benötigten Eingabeparameter an. Rückgabeparameter werden leer gelassen. Klicken Sie anschließend auf das EXECUTE-Symbol

⌗ ▾ am oberen rechten Rand. Daraufhin werden intern Daten zur Laufzeit gesammelt, die auf der Registerkarte EXECUTION grafisch aufbereitet werden, nachdem die Abfrage beendet wurde.

In der SAP-HANA-PlanViz-Perspektive sehen Sie dann auf der Registerkarte OVERVIEW einen Überblick über die Ausführung. Sie sehen, wie viel Zeit für Compilation und Execution benötigt wurde. Darunter sehen Sie die Operatoren, die am meisten Zeit benötigt haben. Weiterhin finden Sie Informationen zur verteilten Ausführung (so vorhanden) und Informationen zum Datenfluss wie Anzahl der beteiligten Tabellen, maximale Anzahl verarbeiteter Zeilen sowie die Anzahl der Ergebniszeilen. Auf dem Register STATEMENT STATISTICS finden Sie noch weitere KPIs aus dem SQL-Cache zu den ausgeführten SQL-Anweisungen.

Auswertung

Eine detaillierte Analyse können Sie auf dem Register EXECUTED PLAN durchführen. Sie sehen dort Knoten (technisch *Plan Operators*), die mit Pfeilen verbunden sind. Die Pfeile stellen Datenflüsse von einem Knoten zum nächsten dar. Am Pfeil selbst steht die tatsächlich übertragene Menge der Daten. In den Knoten sehen Sie zusätzliche Informationen zu Tabellen, Spalten, Filtern, Ausführungs- und CPU-Zeiten. Über das Symbol am oberen rechten Rand eines Knotens ▶ können Sie den jeweiligen Knoten öffnen. Bewegen Sie die Maus im Hauptbildschirm über einen Knoten, öffnet sich ein Popup-Fenster mit allen aufgezeichneten Details zu diesem Knoten. Je nach Knoten werden dort verschiedene Werte wie Ausführungszeit und Start- und End-Zeiten sowie Informationen zu Tabellen, Spalten und Filtern angezeigt.

Im Folgenden zeigen wir Ihnen noch Detailanalysen mit den Werkzeugen *Timeline*, *Tables Used* und *Operator List*.

Ein sehr hilfreiches Werkzeug ist die *Timeline*. Dieses Werkzeug (wie auch die anderen) können Sie über das Menü WINDOW • SHOW VIEW • OTHER… einblenden (falls es nicht direkt sichtbar ist), indem Sie unter SAP HANA PLANVIZ die TIMELINE auswählen und mit OK bestätigen.

Timeline

In der TIMELINE wird jeder Knoten als Balken dargestellt. Die Länge des Balkens entspricht der Laufzeit des Knotens. Sie sehen so sehr leicht die Laufzeit eines Knotens und wann die Ausführung für diesen Knoten gestartet bzw. beendet wurde. Außerdem sehen Sie, welche Knoten parallel zueinander verarbeitet wurden.

Tables Used Im Werkzeug *Tables Used* sehen Sie die verwendeten Tabellen und die maximale Anzahl der verarbeiteten Datensätze je Tabelle (gegebenenfalls über mehrere Operatoren aufsummiert) sowie sowohl die Anzahl der Zugriffe als auch die benötigte Zeit je Tabelle. In dieser Sicht werden auch temporäre Tabellen dargestellt, die Zwischenergebnisse beinhalten können.

Operator List Die *Operator List* zeigt die einzelnen Operatoren des Ausführungsplans in einer Liste. Hier können Sie filtern, sortieren und aggregieren. Dieses Werkzeug ist sehr nützlich, wenn es nicht einen langen Operator gibt, der die Zeit verbraucht, sondern viele verschiedene Zeitverbraucher. Hier können Sie z. B. die Operatoren herausfinden, die die meisten Daten verarbeiten, um dann zu prüfen, ob noch mehr Filter angewendet werden könnten.

Datenbankprozedur analysieren

Zum Abschluss zeigen wir Ihnen, wie Sie eine Datenbankprozedur analysieren. Wir ziehen dazu als Beispiel die Prozedur DETERMINE_TOP_CONNECTIONS hinzu, die Sie in Abschnitt 5.2.1, »Zugriff über natives SQL«, kennengelernt haben. Innerhalb der Prozedur werden drei weitere Prozeduren aufgerufen, zunächst die Prozedur DETERMINE_TOP_CONNECTIONS, dann die Prozeduren GET_KPIS_FOR_CONNECTIONS und GET_AGENCIES_FOR_CONNECTIONS.

Sie analysieren die Hauptprozedur, indem Sie den Aufruf wie folgt in die SQL-Konsole eingeben (beachten Sie, dass '001' der Mandant ist; wenn Sie einen anderen Mandanten nutzen, tauschen Sie die Ziffernfolge bitte aus):

```
call "test.a4h.book.chapter05::GET_DATA_FOR_TOP_
CONNECTIONS"('001', 'LH', ?, ?)
```

Rufen Sie im Kontextmenü der SQL-Konsole VISUALIZE PLAN • EXECUTE auf. Auf der Registerkarte EXECUTED PLAN klicken Sie im Kontextmenü auf EXECUTE. Wir beginnen mit der Analyse auf der Registerkarte OVERVIEW (siehe Abbildung 7.26).

Dort sehen Sie im linken oberen Bereich die Zeiten für Ausführung und Kompilation. Darunter finden sich die teuersten Operatoren

und Informationen zur verteilten Ausführung (hier nicht verteilt, da
NUMBER OF NODES = 1). Im rechten Teil finden Sie noch Informationen zum Datenfluss.

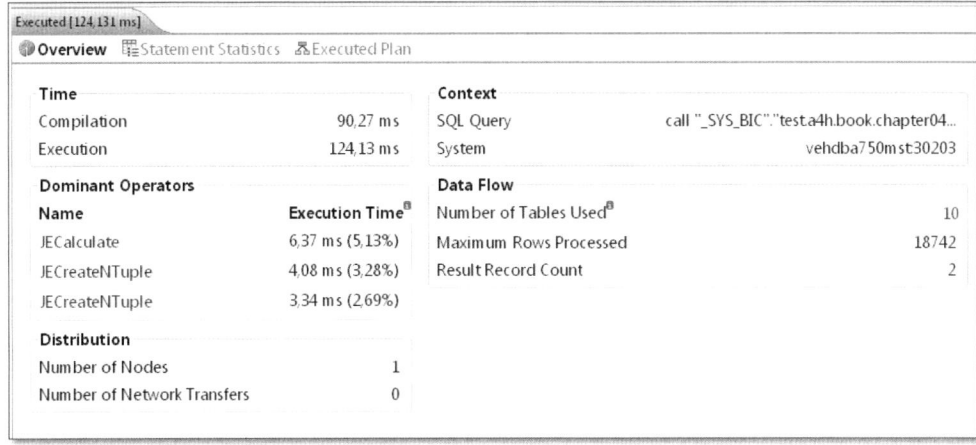

Abbildung 7.26 PlanViz – Overview

Im Werkzeug TABLES USED (siehe Abbildung 7.27) sehen Sie die in der Prozedur verwendeten Datenbanktabellen SFLIFGHT, STRAVELAG und SBOOK. Weiterhin wurden noch einige temporäre Tabellen für die Verarbeitung der Prozedur benötigt. Sie sehen, wie oft auf diese Tabellen zugegriffen wurde, wie viele Datensätze verarbeitet wurden und wie viel Zeit verbraucht wurde.

Tables Used

📇 Timeline	📇 Operator List	📇 Tables Used ⊠	🗡 Performance Trace	🚌 Network		
Showing 10 item(s)						
Table Name		Max. Entries Processed	Number of Accesses	Max. Processing Time		
SAPH74.SFLIGHT		94	8	1		
SAPH74.0x00007f342f906580:2:0:#400000004d12292		5	1	0		
SAPH74.vehdba750mst:30203:COL_0x7f350da2a4c00...		5	1	0		
SAPH74.STRAVELAG		4	2	1		
SAPH74.SBOOK		18.742	15	6		
SAPH74.IT_0x00007f342f913f40:2:0		5	1	0		
SAPH74.0x00007f342f913f40:2:0:#400000004d122aa		5	1	0		
SAPH74.IT_0x00007f350da2a4c0:2:0		5	1	0		
SAPH74.Temporary Table(s)		5	6	0		
SAPH74.0x00007f350da2a4c0:2:0:#400000004d122c3		5	1	0		

Abbildung 7.27 Plan Viz – Tables Used

Timeline   Im Werkzeug TIMELINE (siehe Abbildung 7.28) können wir nun die Laufzeit der einzelnen Schritte und Operatoren genauer analysieren. Sie können hier sehen, dass der erste Knoten ein CALCULATION NODE ist, der ein CELJITPOP beinhaltet, unter dem dann ein weiterer Knoten mit unserer Prozedur DETERMINE_TOP_CONNECTIONS hängt. Wenn Sie in der TIMELINE auf diesen Knoten klicken, wird im oberen Bildschirmbereich direkt zum jeweiligen Knoten navigiert. Dort erkennen Sie in der Detailsicht (dem gelben Popup, das erscheint, wenn die Maus über diesen Knoten bewegt wird), dass es sich dabei um die Prozedur DETERMINE_TOP_CONNECTIONS handelt. Die Laufzeit dieser Prozedur beträgt 18 Millisekunden (siehe Abbildung 7.28).

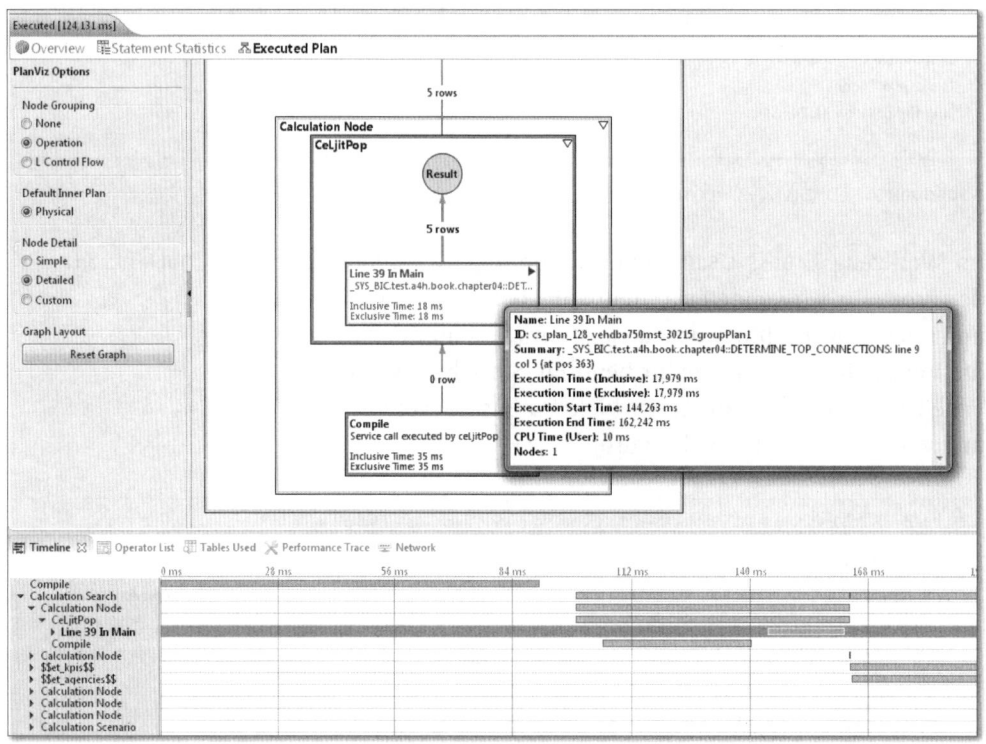

Abbildung 7.28 PlanViz – Timeline und Operator Details

Nach Abschluss dieser Prozedur werden die Ergebnisse an zwei weitere Knoten übergeben, die parallel zueinander laufen.

In den Details der jeweiligen Knoten sehen Sie, dass es sich dabei um die beiden Prozeduren GET_KPIS_FOR_CONNECTIONS und GET_AGEN-CIES_FOR_CONNECTIONS handelt und wie lange deren Ausführung jeweils gedauert hat. In der TIMELINE sehen Sie, dass diese beiden Prozeduren parallel zueinander ausgeführt wurden, da die beiden blauen Balken nahezu gleichzeitig beginnen und parallel zueinander verlaufen (siehe Abbildung 7.29).

Parallele Ausführung

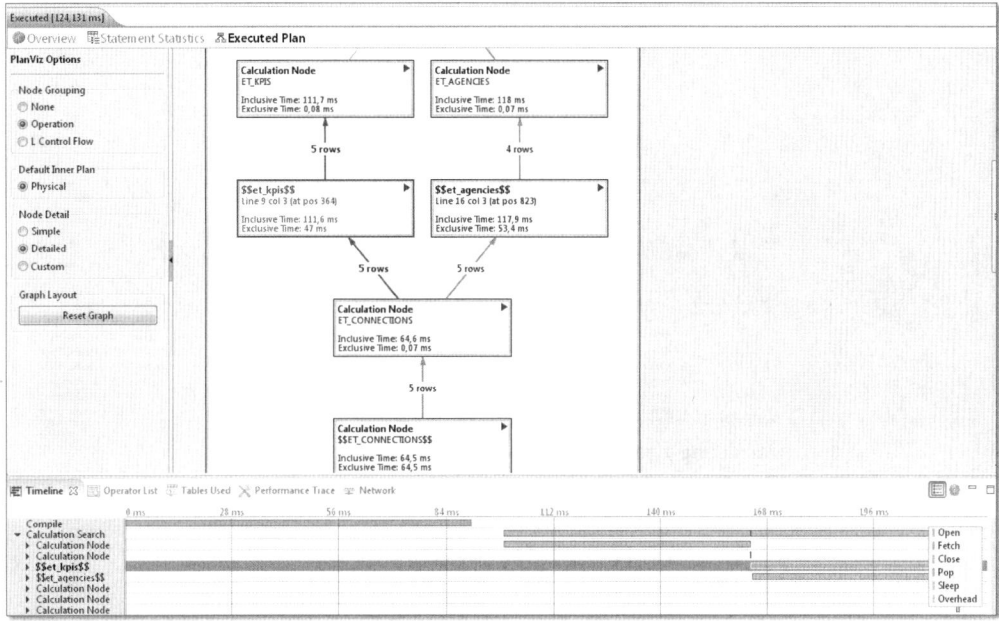

Abbildung 7.29 PlanViz – parallele Prozeduraufrufe

In der OPERATOR LIST können Sie die Liste der Operatoren nach verschiedenen Feldern sortieren, filtern und aggregieren (siehe Abbildung 7.30). So können Sie eine Analyse nach Zeit oder nach der Anzahl der verarbeiteten Datensätze vornehmen. Anhand der Namen der Knoten können Sie Rückschlüsse auf die Engine bzw. Verarbeitung ziehen, in der der Knoten ausgeführt wird. So steht CE für die Calculation Engine, BW für die OLAP Engine und JE für die Join Engine. Darüber hinaus sehen Sie, um welche Art von Operation es sich handelt (z. B. Aggregation, Sortierung …).

Operator List

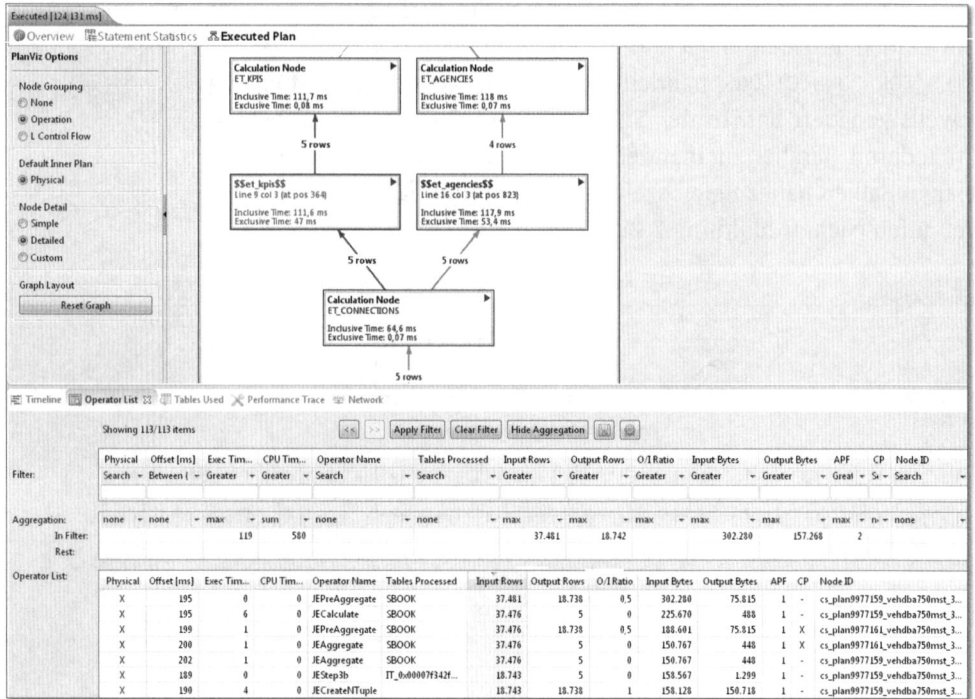

Abbildung 7.30 PlanViz – Liste der Operatoren

7.5 Systemweite Analysen

Die systemweiten SQL-Analysen helfen Ihnen, unter anderem teure SQL-Anweisungen im gesamten System zu identifizieren. Kenntnisse über die Anwendung sind zur Identifikation zunächst nicht nötig. Bei der Optimierung können solche Kenntnisse jedoch hilfreich oder sogar notwendig sein. In diesem Abschnitt zeigen wir Ihnen, wie Sie Analysen im DBA-Cockpit durchführen können. Außerdem lernen Sie den SQL Monitor zur systemweiten SQL-Analyse und den Laufzeitprüfungs-Monitor kennen, die beide ab SAP NetWeaver AS ABAP 7.4 zur Verfügung steht.

7.5.1 DBA-Cockpit

Das DBA-Cockpit beinhaltet alle Funktionen zum Datenbank-Monitoring und zur Datenbankadministration. Sie finden dort einen Überblick über den aktuellen Status der Datenbank sowie Fehlermeldungen und Warnungen. Darüber hinaus gibt es Funktionen zu Performanceanalyse, Konfiguration, Datenbankjobs, Diagnose und Systeminformation. Es handelt sich dabei um eine Untermenge der Funktionen, die im SAP HANA Studio zur Auswertung der HANA-Datenbank zur Verfügung stehen. Das SAP HANA Studio und weitere Werkzeuge zur Systemadministration werden im Buch *SAP HANA Administration* von Richard Bremer und Lars Breddemann (SAP PRESS 2014) vorgestellt. Im Folgenden stellen wir Ihnen die wichtigsten Funktionen des DBA-Cockpits vor.

Unter AKTUELLER STATUS • ÜBERBLICK finden Sie Informationen zum aktuellen Status der Datenbank. So sehen Sie z. B. den aktuellen CPU- und Speicherverbrauch der Datenbank. Bei den ALERTS sehen Sie die aktuellen Warnungen.

Überblick und Alerts

Im Bereich PERFORMANCE gibt es verschiedene Monitore zur Performanceanalyse. Bei den THREADS sehen Sie die gerade auf der Datenbank aktiven Threads. Bei den JOBS sehen Sie, welche Datenbankjobs gerade aktiv sind und wie deren aktueller Status der Fertigstellung ist. Die Sicht TEURE ANWEISUNGEN zeigt eine Liste teurer SQL-Anweisungen, wenn der Trace aktiviert ist. In diesem Trace werden SQL-Anweisungen festgehalten, die eine bestimme Laufzeit, die vom Datenbankadministrator festgelegt wird, übersteigen. Der Bereich SQL-PLAN-CACHE zeigt aggregierte Informationen zu ausgeführten SQL-Anweisungen aus dem SQL-Cache der Datenbank. Im SQL-Cache werden alle ausgeführten SQL-Statements gespeichert und Laufzeitdaten zu diesen erfasst. Durch Verdrängungen aus Platzgründen oder Neuerstellung von SQL-Statements kann es aber sein, dass die Daten unvollständig sind, d. h., es kann sein, dass nicht alle Ausführungsdaten seit Datenbankstart dort vorliegen. Diese beiden Funktionen werden wir Ihnen noch genauer zeigen. In der Sicht HISTORIE DER SYSTEMLAST können Sie verschiedene Key-Performance-Indikatoren (KPIs), wie z. B. den CPU- oder Speicherverbrauch der Datenbank, grafisch darstellen. Sie können hier verschiedene Zeiträume auswählen und z. B. die Daten der letzten Stunden oder Tage anzeigen.

Performance

Im Bereich KONFIGURATION finden Sie Informationen zu den HOSTS der Datenbank und den verfügbaren SERVICES. Darüber hinaus gibt es Informationen zu Trace-Konfigurationen, Konfigurationsdateien.

Konfiguration

Im Bereich JOBS finden Sie Informationen zu Jobs zur Datenbankadministration. Es gibt einen zentralen Kalender und einen DBA-EIN-

Jobs

PLANUNGSKALENDER. Die Ergebnisse dieser Jobs finden Sie auch in den DBA-LOGS.

Diagnostics

Im Bereich DIAGNOSE gibt es eine Reihe von Expertenfunktionen. Wir möchten hier nur auf einige hinweisen. Der SQL-EDITOR erlaubt die Ausführung von lesenden SQL-Anweisungen. Es können so Abfragen auf Monitoring Views oder Anwendungstabellen ausgeführt werden, sofern die Berechtigung dafür vorliegt. Im Bereich TABELLEN/VIEWS finden Sie die Definition und Laufzeitinformationen zu Datenbankobjekten. Über die Funktion PROZEDUREN können Sie die verfügbaren Datenbankprozeduren sehen. Die Bereiche DIAGNOSE-DATEIEN und ZUSAMMENGEFÜHRTE DIAGNOSE-DATEIEN erlauben es, wichtige Trace- und Diagnosedateien der Datenbank einzusehen und miteinander zu mischen, um die Informationen aus verschiedenen Dateien in eine zeitliche Reihenfolge zu bringen. Über die Funktion BACKUP CATALOG sehen Sie Informationen zu Datenbank-Backups. Zusätzlich finden Sie verschiedene Informationen zu Sperren und diverse Trace-Funktionen, die wir in diesem Buch nicht näher beschreiben.

Im Unterorder SPERREN finden Sie verschiedene Sichten über Datenbanksperren. So gibt es z. B. folgende Monitore: BLOCKIERTE TRANSAKTIONEN, TABELLENSPERREN und SATZSPERREN.

Systeminformationen

Im Bereich SYSTEMINFORMATIONEN können Sie verschiedene Monitoring-Views abfragen. Es stehen Informationen zu VERBINDUNGEN, VERBINDUNGSSTATISTIKEN, TRANSAKTIONEN, CACHES, GROSSE TABELLEN, SQL-ARBEITSLAST, LIZENZ sowie ein DATA BROWSER FÜR SYSTEMTABELLEN zur Verfügung.

Systemlandschaft

Im Bereich SYSTEMLANDSCHAFT können Sie Informationen zur Systemkonfiguration und den Datenbankverbindungen finden.

Im Folgenden zeigen wir Ihnen, wie Sie anhand des Überblicks, der Threads, des SQL-Caches und des Expensive Statement Traces im DBA-Cockpit die Auslastung der HANA-Datenbank analysieren können.

Transaktion ST04 – Überblick

Im Überblick (ALLGEMEINE SYSTEMINFORMATIONEN), den Sie mit Transaktion ST04 aufgerufen, sehen Sie im oberen Bereich, ob alle Services der Datenbank aktiv sind und wann diese gestartet wurden. Sie sehen, ob es sich um ein verteiltes System handelt, und erhalten Informationen zur Datenbankversion und dem Betriebssystem. Im oberen rechten Bereich sehen Sie, ob es aktuell Alerts gibt, zu denen Sie direkt per Mausklick navigieren können.

Im mittleren und unteren Bereich des Überblicks sehen Sie die aktuelle Auslastung des Hauptspeichers und der CPUs, bezogen auf die Datenbank und den Host, auf dem die Datenbank läuft. Daneben gibt es jeweils Informationen zu den Festplatten bzw. den Daten-, Log- und Trace-Bereichen. Alle Informationen beziehen sich auf den Zeitpunkt, zu dem Sie den Überblick aufgerufen bzw. auf AKTUALISIEREN geklickt haben. Diese Informationen sind in Abbildung 7.31 dargestellt.

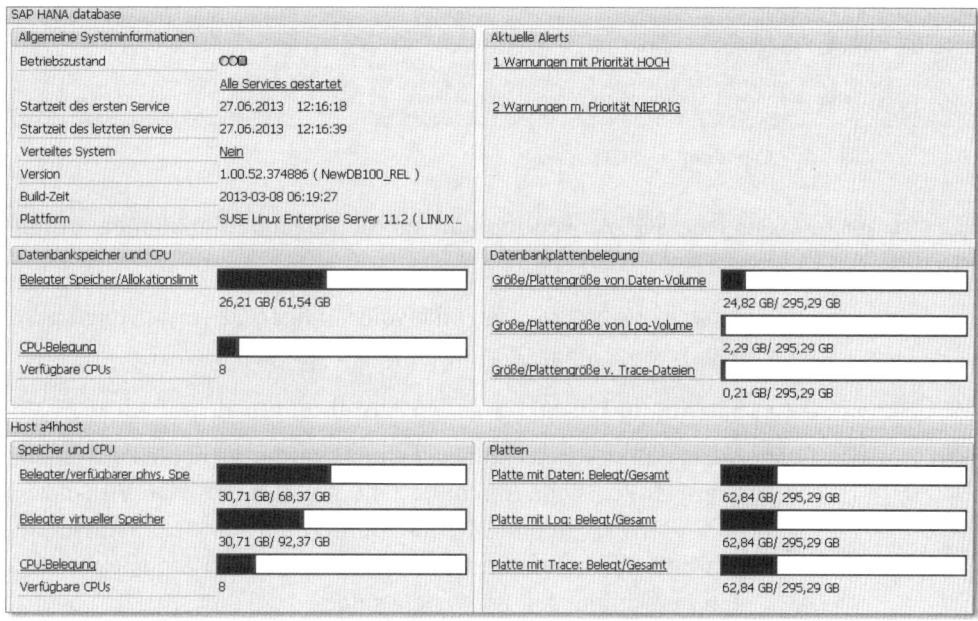

Abbildung 7.31 Transaktion ST04 – Überblick

Im Bereich THREADS sehen Sie die aktiven Threads in der Datenbank und finden Informationen zum Service und zum Typ und der ausgeführten Methode. Ihnen werden die gerade ausgeführte SQL-Anweisung, die bisherige Laufzeit, der Aufrufer und der Benutzer, der das Statement ausführt, angezeigt. Sie sehen ein Beispiel für die Threads in Abbildung 7.32.

Threads

Port-Nummer	Service-Name	Hierarchie	Thread-ID	Thread-Typ	Thread-Methode	Thread-Detail	Dauer	Aufrufer	Aufruf läuft	Benutzername
30201	nameserver	208785/-1642795	6477	Request	stat		0	a4hhost:*		DBACOCKPIT
30202	preprocessor	208785/-1642795	9818	Request	stat		0	a4hhost:*		DBACOCKPIT
30203	indexserver	208785/-1642795	6728	Request	stat		0	671S@a4hhost:30203		DBACOCKPIT
30203	indexserver	208785/-1642795	6720	SqlExecutor	ExecutePrepared	SELECT HOST , PORT , SERVICE_NAME , HIERARCHY , THREA	6		6715	DBACOCKPIT
30203	indexserver	200050/-1642772	6628	SqlExecutor	FetchCursor	SELECT * FROM "SBOOK" WHERE "MANDT" = ? AND "CUSTOMID" = ? AND "FLDATE" >=	1			SAPA4H
30205	statisticsserver	208785/-1642795	32122	Request	stat		0	a4hhost:*		DBACOCKPIT
30207	xsengine	208785/-1642795	30332	Request	stat		1	a4hhost:*		DBACOCKPIT

Abbildung 7.32 Transaktion ST04 – Threads

Threads

SQL-Cache

Im SQL-Cache können Sie im oberen Bereich Filter für die anzuzeigenden SQL-Anweisungen angeben (siehe Abbildung 7.33).

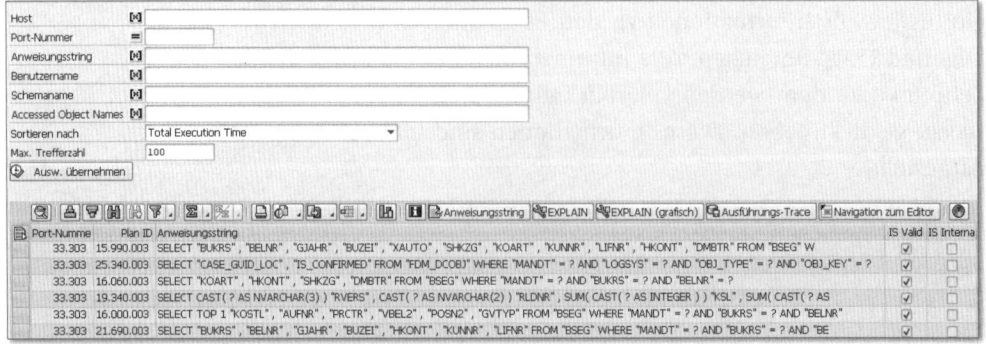

Abbildung 7.33 SQL-Cache

Funktionen

Für jede SQL-Anweisung können Sie folgende Funktionen ausführen:

- ANWEISUNGSSTRING: Zeigt die vollständige SQL-Anweisung an.
- EXPLAIN: Zeigt den Ausführungsplan als Text an.
- EXPLAIN (GRAFISCH): Zeigt den Ausführungsplan grafisch an.
- AUSFÜHRUNGS-TRACE: Erzeugt eine Datei zur weiteren Analyse mit dem PlanViz (siehe Abschnitt 7.4.6, »SAP HANA Plan Visualizer« im SAP HANA Studio. Dies funktioniert nur für `SELECT`-Anweisungen und führt diese im Hintergrund aus, wofür die entsprechenden Berechtigungen notwendig sind.
- NAVIGATION ZUM EDITOR: Zeigt die Aufrufstelle des ABAP-Programms im Programm an.

Informationen im SQL-Cache

Im SQL-Cache finden Sie für jeden eindeutigen SQL-String einen Eintrag. Dabei können verschiedene Aufrufstellen in ABAP-Programmen in einen Eintrag aggregiert werden, sofern es sich um die exakt gleiche SQL-Anweisung handelt. Für jeden Eintrag sind zahlreiche Informationen abrufbar, wie z. B. die Anzahl der Ausführungen, die Ausführungszeit, die Anzahl der übertragenen Datensätze, der Zeitpunkt der letzten Ausführung und die Zeit für Datenbanksperren.

Teure Anweisungen

Die Sicht TEURE ANWEISUNGEN enthält ähnliche Funktionen wie der SQL-Cache, funktioniert aber nach dem Prinzip eines Traces. Das heißt, hier muss konfiguriert werden, welche SQL-Anweisungen auf-

gezeichnet werden sollen (z. B. alle SQL-Anweisungen, deren Ausführung länger dauert als 3 Sekunden). Diese werden in einen
begrenzten Speicherbereich der Datenbank geschrieben. Wenn dieser voll ist, werden alte Einträge einfach überschrieben, wodurch
kein Risiko hinsichtlich des zur Verfügung stehenden Platzes besteht.
Der Vorteil dieser Funktion gegenüber dem SQL-Cache ist, dass einzelne Anweisungen, die den Konfigurationskriterien genügen, festgehalten werden, ohne diese zu aggregieren. Daher stehen an dieser
Stelle dann auch Informationen zum Applikationsbenutzer (Benutzer
im SAP-System) zur Verfügung.

7.5.2 SQL Monitor

Der SQL Monitor ist eine Neuentwicklung, die ab SAP NetWeaver
AS ABAP 7.4 zur Verfügung steht und bis in Release 7.00 portiert
wurde (siehe SAP-Hinweis 1885926). Seine Grundidee ist es, Laufzeitinformationen zu SQL-Anweisungen im Datenbank-Interface
(DBI) zu sammeln, zu aggregieren und zu persistieren. Während der
SQL-Cache der Datenbank datenbankspezifische Informationen zur
SQL-Anweisung, wie etwa die Anzahl der gelesenen Seiten oder die
benötigte I/O- und CPU-Zeit, bietet, werden im SQL Monitor die
Daten mit Informationen zum ABAP-Programm und dem Aufrufkon-
text, in dem die Anweisung ausgeführt wurde, festgehalten. Diese
beiden Datenquellen ergänzen sich daher und bieten jeweils spezifische Zusatzinformationen zu SQL-Anweisungen. Wir zeigen Ihnen
in diesem Abschnitt, wie Sie den SQL Monitor aktivieren und welche
Daten für Analysen zur Verfügung stehen.

Aufzeichnung

Um den SQL Monitor zu aktivieren, rufen Sie Transaktion SQLM auf.
Dort können Sie den SQL Monitor auf allen Applikationsservern
(oder nur auf bestimmten) aktivieren und den Zeitraum für die Aufzeichnung sowie eine obere Grenze für die Anzahl der Datensätze
festlegen. Die Aufzeichnung der Daten wird gestoppt, sobald das
Datum oder die Anzahl der Datensätze erreicht wurde. In Abbildung
7.34 sehen Sie den Einstiegsbildschirm des SQL Monitors nach der
Aktivierung.

Abbildung 7.34 SQL Monitor – Aktivierung

Nach der Aktivierung werden für jede ausgeführte SQL-Anweisung (neben Open SQL auch natives SQL, Datenbankprozeduren, wie z. B. AMDP, EXPORT- und IMPORT-Anweisungen und systemnahe Aktivitäten wie das Laden von Tabellenpuffern) Daten gesammelt und aggregiert. Die Datensammlung erfolgt im Hauptspeicher, und die Daten werden asynchron in eine Datenbanktabelle geschrieben. Etwa eine Stunde nach der Aufzeichnung stehen die Daten zur Auswertung in der Transaktion SQLM bereit. Die Daten werden dabei über einen Hintergrundjob bereitgestellt. Diese Maßnahmen helfen, die Laufzeitauswirkungen der Messungen minimal zu halten.

Auswertung

Um die Daten auszuwerten, klicken Sie auf DATEN ANZEIGEN. Es erscheint ein Selektionsbild, wie Sie es in Abbildung 7.35 sehen.

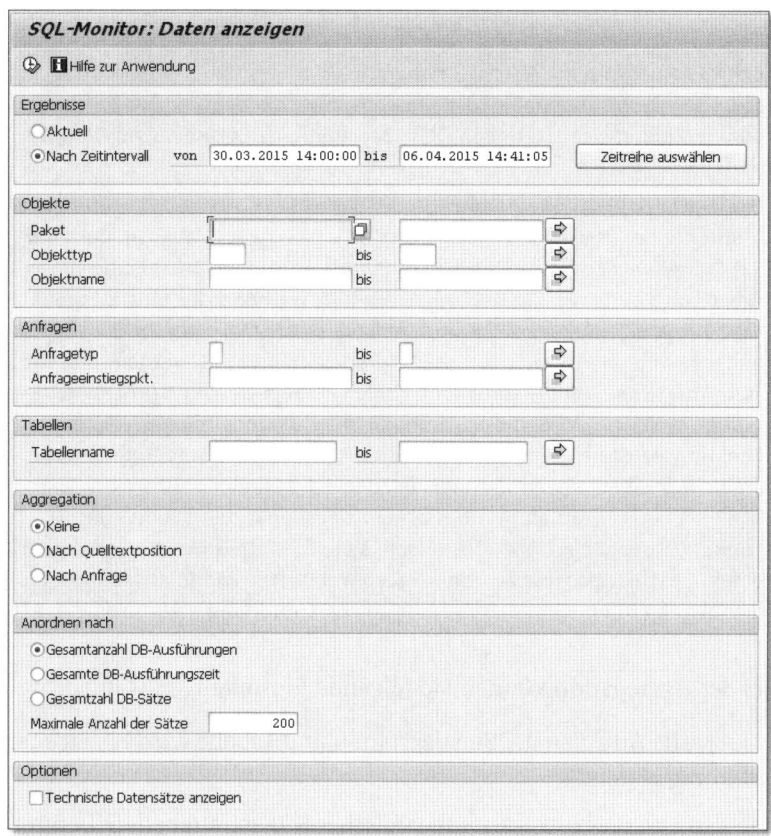

Abbildung 7.35 SQL-Monitor-Auswertung

Sie können im oberen Bereich eine zeitliche Einschränkung vornehmen:

Einschränkungen und Filter

▶ AKTUELL (aktuelle Messung)

▶ NACH ZEITINTERVALL (bestimmtes Zeitfenster)

Darunter können Sie nach folgenden Informationen filtern:

▶ PAKET (Softwarepaket)

▶ OBJEKTTYP (Programm, Funktionsbaustein etc.)

▶ OBJEKTNAME (Name der Objekte)

▶ ANFRAGETYP (Typ des Einstiegspunktes)

▶ ANFRAGEEINSTIEGSPKT. (Name des Einstiegspunktes)

▶ TABELLENNAME (Name der Tabellen)

Einstiegspunkt

Beim Einstiegspunkt (Anfrage) handelt es sich um den ersten Eintrag in der ABAP-Aufrufhierarchie, der semantisch von Bedeutung ist. Einstiegspunkte können Transaktionen, RFC-Bausteine, URLs oder ABAP-Reports sein.

Ein Beispiel: Ein Programm `ZR_A4H_CHAPTER8_TOP_CUST` ruft eine Methode der Klasse `ZCL_A4H_CHAPTER8_DATA_PROV` auf, in der eine `SELECT`-Anweisung ausgeführt wird. Dann wäre der Objektname dieser Anweisung `ZCL_A4H_CHAPTER8_DATA_PROV`, während der Einstiegspunkt das Programm `ZR_A4H_CHAPTER8_TOP_CUST` ist. Ohne diesen Einstiegspunkt könnte kein Bezug zum ABAP-Report hergestellt werden, und die SQL-Anweisung könnte unter Umständen keinem Geschäftsprozess zugeordnet werden. Wird diese Methode nun darüber hinaus von einem Funktionsbaustein aufgerufen, der seinerseits per RFC aufgerufen wurde, ergibt das einen neuen Eintrag, der den Objektnamen `ZCL_A4H_CHAP-TER8_DATA_PROV` erhält und dessen Einstiegspunkt den Namen des RFC-Funktionsbausteins trägt. So lassen sich `SELECT`-Anweisungen leicht einem Geschäftsprozess zuordnen, auch wenn sie in Modularisierungseinheiten aufgerufen werden, die keine solche Zuordnung erkennen lassen.

Bei der Aggregation können Sie folgende Einstellungen wählen:

- KEINE (je Aufrufstelle, Einstiegspunkt und Tabelle wird ein eigener Eintrag erstellt)

- NACH QUELLTEXPOSITION (dynamisches SQL wird tabellenübergreifend pro Aufrufstelle zusammengefasst)

- NACH ANFRAGE (siehe Kasten »Einstiegspunkt«)

Schließlich können Sie noch nach verschiedenen Kriterien sortieren sowie die Anzahl der angezeigten Datensätze einschränken. Mit der Einstellung TECHNISCHE DATENSÄTZE ANZEIGEN legen Sie fest, ob systemnahe Aktivitäten, wie z. B. das Laden der Tabellenpuffer, ebenfalls angezeigt werden sollen.

Ergebnislisten
In der *Ergebnisliste* finden Sie je nach gewählter Aggregation unterschiedliche Informationen. Wir beschreiben hier die wichtigsten Spalten jeder Liste.

Aggregation nach Anfrage
Bei der Aggregation nach Anfrage (siehe Abbildung 7.36) sind folgende Spalten besonders wichtig:

- GES.DBAUSF (Anzahl der Ausführungen aller SQL-Anweisungen der Anfrage)

- GESAMTE DB-ZEIT (Summe der Datenbankzeit aller ausgeführten SQL-Anweisungen der Anfrage)

- GESAMTZEIT (Summe der Zeit der Anfrage im ABAP-Workprozess)

- DB-ZEIT/GESAMTZEIT (prozentualer Anteil der Datenbankzeit an der Gesamtzeit)

- GESAMTZ.SÄTZE (Anzahl aller verarbeiteten Datensätze der Anfrage)

- SESSIONS (Anzahl der Aufrufe der Anfrage)

- ANFRAGETYP (Art der Anfrage: Transaktion, Hintergrundjob, Report, ...)

- ANFRAGEEINSTIEGSPKT. (Name der Anfrage)

Weitere Spalten zeigen die Anzahl der SQL-Anweisungen sowie verschiedene Statistiken (Minimal-, Mittel- und Maximalwerte sowie Standardabweichung für verschiedene Spalten).

SQL-Monitor: Top 200 Anfragen (aggregiert)

Gesamte DB-Z.	Gesamtzeit	DB-Zt/	Ges.DBAusf	Gesamtz.Sätze	Mittl.DB-Z	MiWe.	Sessio.	Anfragetyp	Anfrageeinstiegspkt.	DB-Anw.	Max.DBZ
111.169.778.333	204.397.261.586	54,39	112.128.896	129.390.376	0,991	1,154	2.684	Hintergrundjob	RBDMIDOX	129	1.953.83
75.280.471.436	222.466.653.217	33,84	1.836.374	33.223.221	40,994	18,092	208	Hintergrundjob	ZC_BKL_BACKLOG_REFRESH	172	31.803,
58.742.453.351	73.169.401.185	80,28	2.601.976	2.648.140	22,576	1,018	23	Hintergrundjob	FDM_INVOICE_MEMORY	96	1.735,87
32.745.425.466	137.347.379.096	23,84	6.745.106	4.970.654.741	4,855	736,9	16.623	Remote Funct.	/SSF/CALL_SUBROUTINE_RFC	367	30.959,

Abbildung 7.36 Transaktion SQLM – Ergebnisliste nach Anfrage

Wenn Sie in dieser Ansicht eine Zeile doppelt anklicken, gelangen Sie direkt in die nicht aggregierte Liste der SQL-Anweisungen für diese Anfrage. Die Spalten dieser Liste stellen wir Ihnen im Folgenden vor.

Bei der Aggregation nach Quelltextposition (siehe Abbildung 7.37) bzw. wenn nicht aggregiert wird, sind folgende Spalten besonders wichtig:

Aggregation nach Quelltextposition

- DB-AUSFÜHRUNGEN (Anzahl der Ausführungen der SQL-Anweisung)

- DB-AUSFÜHRUNGEN % (prozentualer Anteil der SQL-Anweisung an der gesamten Anzahl der Ausführungen von SQL-Anweisungen der Anfrage)

- Gesamte DB-Zeit (Zeitverbrauch aller Ausführungen der SQL-Anweisung)

- DB-Zeit % (prozentualer Anteil der Zeit der Anweisung an der gesamten Datenbankzeit der Ausführungen von SQL-Anweisungen der Anfrage)

- DB-Zeit/Gesamtzeit % (prozentualer Anteil der Zeit der Anweisung an der gesamten Zeit der Ausführungen von SQL-Anweisungen der Anfrage)

- Gesamtz. Sätze (Summe der verarbeiteten Datensätze der SQL-Anweisung)

- Sätze % (prozentualer Anteil der verarbeiteten Datensätze der SQL-Anweisung an der gesamten Summe der Datensätze aller SQL-Anweisungen der Anfrage)

- Mittel.DB-Zeit (durchschnittliche Zeit für die Ausführung der SQL-Anweisung)

- Mittel.DB-Sätze (durchschnittliche Anzahl der Datensätze für die Ausführung der SQL-Anweisung)

- Tabellennamen (bei Joins werden die Tabellen durch Kommata separiert gelistet)

- SQL-Operationstyp (Art der SQL-Anweisung)

- Informationen zum Objekt (Typ, Name, Include, Include Zeile)

- ABAP-Quelltexfragment (Ausschnitt der SQL-Anweisung im ABAP Programm)

- Geändert (zeigt, ob die Aufrufstelle seit der Aufzeichnung verändert wurde)

- Int.Sess (Anzahl der Sessions)

- Ausf/Sess. (Anzahl der Ausführungen pro Session)

[»] **Interne Sessions und Ausführungen pro Session**

Die beiden Felder Int. Sess und Ausf./Sess erlauben Ihnen, die Anzahl der Ausführungen genauer zu analysieren. Hier sehen Sie, ob sich die Gesamtzahl aus einem Programmlauf ergibt, in dem viele Ausführungen der Anweisung erfolgt sind (Modi = 1, Anzahl pro Modus = 1.000), oder ob es viele Modi waren, die die Anweisung jeweils nur einmal ausgeführt haben (Modi = 1.000, Anzahl pro Modus = 1).

In Abbildung 7.37 sehen Sie eine beispielhafte Ergebnisliste des SQL Monitors.

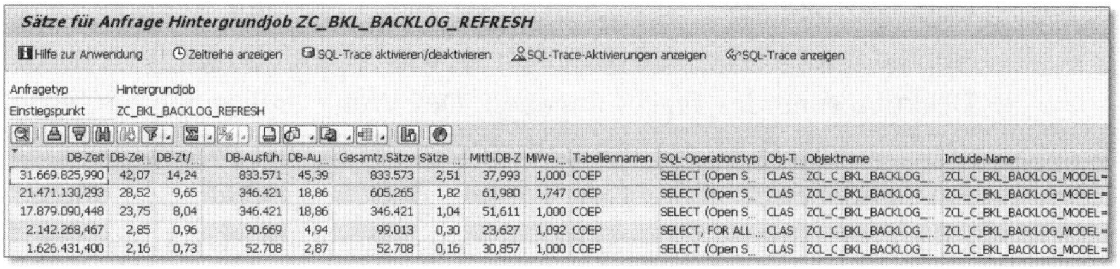

Abbildung 7.37 Transaktion SQLM – Ergebnisliste nach Aufrufposition

Die Spalten beinhalten Informationen zum Programm, Paket und der Modularisierungseinheit sowie verschiedene Statistiken (Minimal-, Mittel- und Maximalwerte sowie Standardabweichung für verschiedene Spalten).

Zeitreihen   [«]

Wenn Sie ein bestimmtes Zeitfenster (Selektion NACH ZEITINTERVALL auf dem Selektionsbild) gewählt haben, steht Ihnen die Funktion ZEITREIHE ANZEIGEN (siehe Abbildung 7.37) zur Verfügung. Damit können Sie die wichtigsten KPIs einer SQL-Anweisung, nach Stunden aggregiert, betrachten. Diese Funktion ist sehr hilfreich, um zu beurteilen, ob sich eine SQL-Anweisung immer gleich verhält oder Änderungen im zeitlichen Verlauf unterworfen ist. Diese Funktion ist nicht verfügbar, wenn Sie nur die aktuelle Messung auswerten.

Eine besonders mächtige Funktion im SQL Monitor ist die Integration des SQL-Traces (Transaktion ST05). Diese Funktion möchten wir im Folgenden vorstellen. Voraussetzung für die Funktion ist, dass Sie die Berechtigung (Anlegen, Aktivieren, …) für Logpoints (Berechtigungsobjekt S_DYNLGPTS) haben. Diese Funktion erlaubt das Aktivieren eines SQL-Traces für eine bestimmte Aufrufstelle einer SQL-Anweisung. Das Besondere dabei ist, dass nun erstmals mehrere SQL-Traces pro Applikationsserver aktiviert werden können. Dabei werden nur die im SQL Monitor aktivieren SQL-Anweisungen in den SQL-Trace geschrieben. Es gelten aber weiterhin die Limits der Transaktion ST05, so kann bei entsprechend vielen Trace-Sätzen nach wie vor die Trace-Datei überschrieben werden. Wir zeigen Ihnen hier, wie Sie den SQL-Trace für eine bestimmte SQL-Anweisung aus dem SQL Monitor heraus aktivieren und auswerten können.

Integration des SQL-Traces (Transaktion ST05)

Um einen SQL-Trace zu aktivieren, klicken Sie auf die Schaltfläche SQL-TRACE AKTIVIEREN/DEAKTIVIEREN (siehe Abbildung 7.37). Bitte beachten Sie, dass diese Schaltfläche nur sichtbar ist, wenn die Berechtigung für Logpoints vorhanden ist. Im folgenden Popup

SQL-Trace aktivieren

(siehe Abbildung 7.38) können Sie den Trace auf Benutzer oder Applikationsserver einschränken sowie einen Zeitpunkt für die Deaktivierung des Traces angeben. Des Weiteren können Sie festlegen, ob der SQL-Trace mit Callstack aufgezeichnet werden soll. Die Einstellung N. ANFRAGE FILT. legt fest, dass die gewählte SQL-Anweisung auch nur zum gewählten Einstiegspunkt im SQL-Trace aufgezeichnet wird. Mit den MAX. AUSFÜHRUNGEN PRO SITZUNG legen Sie fest, dass nur eine bestimmte Anzahl von Ausführungen der SQL-Anweisung aufgezeichnet wird. Beachten Sie bitte, dass es sich hierbei nicht um einen globalen Zähler pro Applikationsserver, sondern nur um einen Zähler pro Session handelt. Viele Sessions würden also jeweils die hier eingestellte Anzahl von Ausführungen aufzeichnen. Dies ist z. B. wichtig, wenn sich die aufzuzeichnende SQL-Anweisung in einem (RFC) Funktionsbaustein befindet, der häufig aufgerufen wird. Klicken Sie auf SICHERN, um den SQL-Trace zu aktivieren.

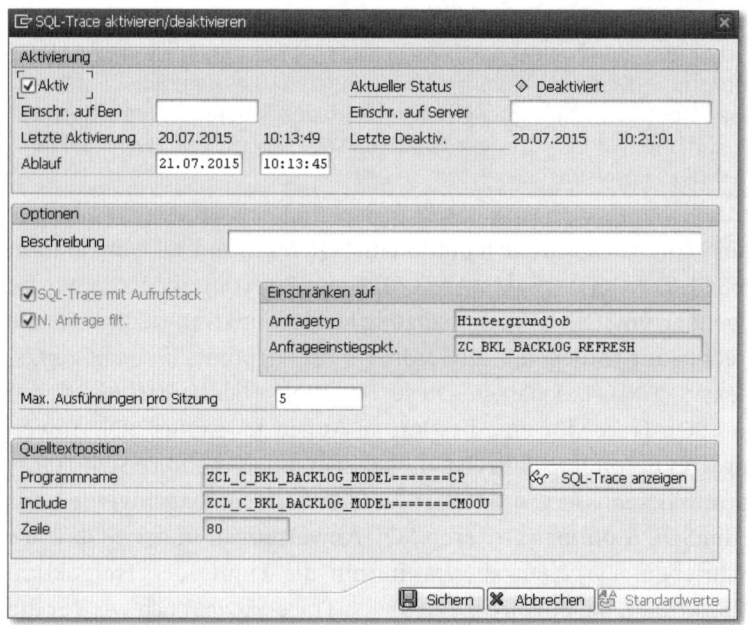

Abbildung 7.38 SQL-Trace aktivieren

Nachdem ein SQL-Trace aktiviert wurde, erscheinen die beiden Schaltflächen SQL-TRACE-AKTIVIERUNGEN ANZEIGEN und SQL-TRACE ANZEIGEN. Weiterhin werden die Zeilen, für die ein SQL-Trace aktiviert wurde, grün angezeigt (wenn der Trace wieder deaktiviert wird, werden die Zeilen gelb angezeigt).

Klicken Sie auf die Schaltfläche SQL-TRACE-AKTIVIERUNGEN ANZEIGEN, und Sie gelangen zum Dialog aus Abbildung 7.39. Dort können Sie den SQL-Trace wieder deaktivieren oder Einstellungen ändern oder den Eintrag löschen.

SQL-Trace verwalten und anzeigen

Abbildung 7.39 Aktivierte SQL-Traces

In der Spalte AUSFÜHRUNGEN in der Abbildung 7.39 sehen Sie, wie oft die SQL-Anweisung seit der Aktivierung des Traces ausgeführt wurde. Mit der Schaltfläche SQL-TRACE ANZEIGEN. gelangen Sie zur Auswertung in die Transaktion ST05. Zuvor wird eventuell noch abgefragt, auf welchem Server die Trace-Sätze angezeigt werden sollen, falls der Trace für mehrere Server aktiviert wurde und die SQL-Anweisungen auf mehr als einem Server aufgezeichnet wurden. Die Transaktion ST05 startet dann auf dem ausgewählten Server und beinhaltet alle nötigen Filter, um nur die ausgewählte SQL-Anweisung anzuzeigen, Sie brauchen dann dort bei der Selektion keine Änderung mehr vorzunehmen und können diese direkt ausführen. Bitte beachten Sie, dass die aufgezeichneten Daten von anderen ST05-Traces (aus dem SQL Monitor heraus oder direkt in der Transaktion ST05) überschrieben worden sein können, wenn keine Trace-Sätze mehr angezeigt werden. Aus diesem Grund ist es wichtig, die Anzahl der aufzuzeichnenden Ausführungen (siehe Abbildung 7.37) möglichst gering zu halten.

Mit dem SQL Monitor lassen sich sehr interessante Auswertungen vornehmen. Die folgenden Beispiele sollen Ihnen ein paar Anhaltspunkte geben:

Beispiele für Auswertungen

▸ Welche Anfragen haben am meisten Datenbankzeit verbraucht (Aggregation nach Anfrage, Sortierung nach Zeit)?

▸ Welche Anweisungen haben am längsten gedauert (keine Aggregation, Sortierung nach Zeit)?

▸ Welche Anweisungen wurden am häufigsten ausgeführt (keine Aggregation, viele Sessions oder viele Ausführungen pro Session)?

▸ Welche Anweisungen wurden direkt in einem bestimmten Funktionsbaustein (z. B. ZFUNC2) ausgeführt (Selektion nach Objektname ZFUNC2)?

▶ Welche Anweisungen wurden innerhalb und unterhalb eines bestimmten per RFC aufgerufenen Funktionsbausteins (z. B. ZFUNC2) direkt und auch von anderen Funktionsbausteinen, Methoden oder Programmen, die davon aufgerufen wurden, aufgerufen (Selektion nach Anfrageeinstiegspunkt = ZFUNC2)?

▶ Welche Anweisungen auf Kundentabellen wurden innerhalb und unterhalb einer bestimmten Transaktion (z. B. VA01) aufgerufen (Selektion nach Anfrageeinstiegspunkt = VA01 und Tabellenname = Z*)?

▶ Welche Programme haben auf eine bestimmte Tabelle (z. B. ZTAB1) zugegriffen (Selektion nach Tabellenname ZTAB1)?

Vorteile des SQL Monitors

Mit dem SQL Monitor kann schnell analysiert werden, an welchen Stellen ein Datenbanktuning notwendig und Erfolg versprechend ist.

Da die Daten des SQL Monitors periodisch in einer Datenbanktabelle abgelegt werden, gibt es keine Verdrängung von Informationen, wie dies im SQL-Cache der Fall ist. Die Daten des SQL Monitors können Sie mit den Ergebnissen einer statischen Code-Analyse in Zusammenhang bringen und so den statischen Prüfungsergebnissen Laufzeitinformationen zur Seite stellen. So wird schnell klar, wo sich eine Optimierung am meisten lohnt. Wie das geht, zeigen wir Ihnen in Abschnitt 7.6, »SQL-Performanceoptimierung«.

Die Integration des SQL-Traces (ST05) in den SQL Monitor ist eine sehr mächtige Funktion, die es erlaubt, nur die »interessanten« Stellen einer Anwendung im SQL-Trace aufzuzeichnen.

Der SQL Monitor ist ein umfassendes Werkzeug zur Ermittlung eines SQL-Profils einer Anwendung oder eines ganzen Systems. Für jede Aufrufstelle entsteht pro Tabelle und Anwendung ein Eintrag. Durch das asynchrone Schreiben in Datenbanktabellen entstehen keine Performanceeinbußen. Außerdem gehen keine Informationen verloren, und die zusätzlichen Informationen erlauben genauere Rückschlüsse auf das ABAP-Programm und den Kontext, in dem es ausgeführt wurde.

7.5.3 Laufzeitprüfungs-Monitor

Mit dem Laufzeitprüfungs-Monitor (Transaktion SRTCM) können Sie bestimmte Prüfungen aktivieren, die während der Laufzeit von ABAP-Programmen durchgeführt werden. Anschließend können Sie die Ergebnisse dieser Prüfungen analysieren.

Die Transaktion beinhaltet im Moment die folgenden beiden Prüfungen: Prüfungen

▶ Leere Tabelle in der Klausel FOR ALL ENTRIES
Diese Prüfung zeichnet alle Ausführungen von SELECT-Anweisungen auf, bei denen die interne Tabelle der Klausel FOR ALL ENTRIES leer ist. Mit dieser Prüfung können Sie Probleme identifizieren, bei denen zu viele Datensätze von der Datenbank gelesen werden (siehe Abschnitt 7.3.1, »Prüfungen und Prüfvarianten«).

▶ ORDER BY oder SORT fehlt nach SELECT
Diese Prüfung zeichnet alle Ausführungen von SELECT-Anweisungen ohne ORDER-BY- oder nachfolgender SORT-Anweisung auf, bei denen die interne Tabelle anschließend eine Sortierung erfordert. Dies ist z. B. der Fall, wenn Sie mit der Anweisung READ .. BINARY SEARCH arbeiten, aber auch bei anderen Anweisungen (siehe ebenfalls Abschnitt 7.3.1).

Im Folgenden zeigen wir Ihnen, wie Sie den Monitor aktivieren und anschließend die Daten auswerten können.

Aufzeichnung

Nachdem Sie die Transaktion SRTCM gestartet haben, erhalten Sie einen Überblick über den Status der verfügbaren Prüfungen (siehe Abbildung 7.40).

Abbildung 7.40 Transaktion SRTCM – Übersicht

Dort können Sie den Aktivierungsstatus und weitere Informationen zu den zwei Prüfungen sehen. Über das Info-Icon gelangen Sie zur Dokumentation der Prüfungen. Um eine Prüfung zu aktivieren, klicken Sie auf Global aktivieren oder auf Für ausgewählte Server aktivieren, je nachdem, ob die Prüfung auf allen oder nur bestimmen Servern ausgeführt werden soll. Im folgenden Popup geben Sie den Zeitpunkt an, an dem die Prüfung wieder deaktiviert werden soll.

Auswertung

Klicken Sie auf Ergebnisse anzeigen (siehe Abbildung 7.40), um die Daten auszuwerten. Auf dem erscheinenden Selektionsbild wählen Sie die gewünschte Prüfung im Bereich Laufzeitprüfungsauswahl aus und klicken dann auf Ergebnisse anzeigen (siehe Abbildung 7.41). Alternativ können Sie auch die Transaktion SRTCMD aufrufen, um direkt hier zu starten.

Abbildung 7.41 Transaktion SRTCM – Ergebnisse auswählen

Im Ergebnis sehen Sie dann eine Liste der Prüfergebnisse (siehe Abbildung 7.42). Mit einem Klick auf den Link in den Spalten Include oder Incl.Zeile können Sie direkt zum ABAP-Quelltext navigieren. Die Spalte Geändert zeigt an, ob der ABAP-Quelltext in der Zeit zwischen der Prüfung und der Auswertung geändert wurde.

Laufzeitprüfungs-Monitor - Ergebnisanzeige

Laufzeitprüfung: Leere Tabelle in FOR ALL ENTRIES-Klausel
Anzahl der Datensätz: 26

Häufigkeit	Dat. Auft.	Zeit Auft.	Paket	Objekttyp	Objektname	Include	Incl.Zeile	Geändert	ABAP-Quelltextfragment
2	01.09.2014	19:11:28	<<NO PACKAGE AVAILABLE>>	CLAS	ZCL_IM_SRM_ERP_USER_SEQ				<<NO SOURCE AVAILABLE>>
2	05.05.2014	11:20:48	<<NO PACKAGE AVAILABLE>>	PROG	ZZDEMO_01				<<NO SOURCE AVAILABLE>>
2	06.02.2015	06:31:38	YMM0	CLAS	ZCL_IM__CATMAN_CE	ZCL_IM_CATMAN_CE===========CM005	15		SELECT WERKS MATNR LVORM
1	31.10.2014	12:22:15	Z_ODT_CUSTOM	PROG	ZZODT_NOTIFICATIONS_TO_SFP	ZZODP_NOTIFICATIONS_SFP_F01	43		IF LT_MONI IS NOT INITIAL.
1	06.01.2015	09:06:08	ZCA1	FUGR	ZCAT	LZCATF99	22		SELECT MANDT INTO CSLA-M
3	01.12.2014	15:58:40	ZDSO	CLAS	ZCL_IM_FI_TAX_BADI_015_TW	ZCL_IM_FI_TAX_BADI_015_TW=====CM001	56		SELECT BUKRS BELNR GJAHR (
5	02.09.2014	10:49:56	ZFSCM_CM	PROG	ZUKM_DNB_CM_PRTF_HQDUNS_REPAIR	ZUKM_DNB_CM_PRTF_HQDUNS_REPAIR	80		SELECT PRTF_YEAR PRTF_MO
1	11.09.2014	22:22:58	ZK00	FUGR	ZK_RFC	LZK_RFCU06	50		SELECT VBELN POSNR FKDAT
1	16.02.2015	20:32:09	ZRCM_CONTRACT_III	CLAS	ZCL_V_CMS_RCM_P_SEARCH	ZCL_V_CMS_RCM_P_SEARCH========CM002	2.115		SELECT * FROM USER_ADDRP

Abbildung 7.42 Transaktion SRTCM – Ergebnisse anzeigen

7.6   SQL-Performanceoptimierung

Das SQL-Performanceoptimierungswerkzeug (*SQL Performance Tuning Worklist*) ist eine Neuentwicklung, die ab SAP NetWeaver AS ABAP 7.4 zur Verfügung steht und bis Release 7.02 portiert wurde. Mit ihm können Sie Daten aus einer statischen Code-Analyse (z. B. die Daten eines Prüflaufs im ABAP Test Cockpit) mit Laufzeitmessungen aus dem SQL Monitor (oder dem Coverage Analyzer SCOV) kombinieren und so schnell erkennen, wo eine Optimierung für SAP HANA am meisten Erfolg verspricht. Im Folgenden zeigen wir Ihnen, wie Sie die Ergebnisse einer statischen Analyse mit denen des SQL Monitors verknüpfen können. Diese Verknüpfung funktioniert über einen Join, der auf der Aufrufstelle beruht.

Wie Sie statische Code-Analysen durchführen, haben Sie in Abschnitt 7.3, »ABAP-Code-Analyse«, erfahren. Die Datensammlung mithilfe der Transaktion SQLM haben wir Ihnen in Abschnitt 7.5.2, »SQL Monitor«, vorgestellt. In Transaktion SWLT können Sie diese beiden Datenpools miteinander verknüpfen. Dazu gehen Sie wie folgt vor:

Daten aus SQLM und SCI verknüpfen

Auf der Registerkarte ALLGEMEIN nehmen Sie keine Einschränkungen oder Änderungen vor. Dann setzen Sie auf der Registerkarte STATISCHE PRÜFUNGEN (siehe Abbildung 7.43) den Haken bei DATEN DER STATISCHEN PRÜFUNGEN VERWENDEN. Anschließend wählen Sie eine vorher ausgeführte ABAP-Code-Inspector- oder ABAP-Test-Cockpit-(ATC-)Prüfung aus. Diese kann sowohl aus dem lokalen als auch aus einem entfernten System (über das Feld RFC-DESTINATION) verwendet werden.

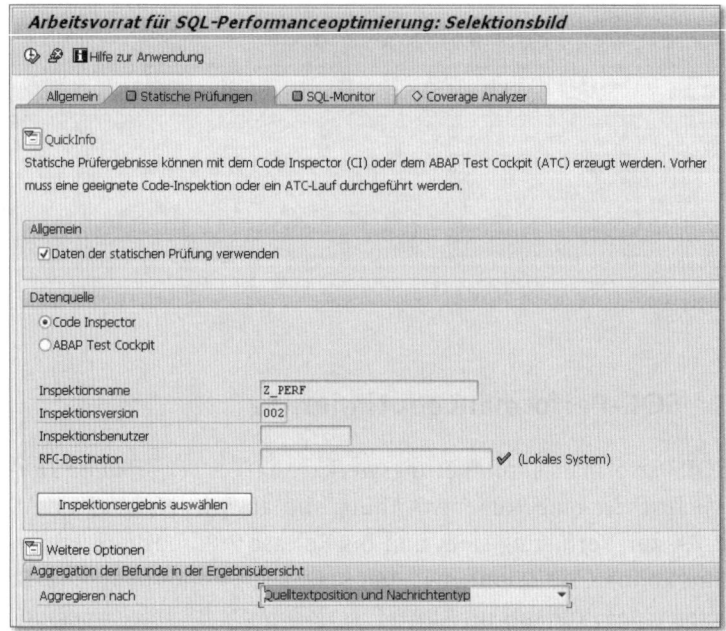

Abbildung 7.43 Transaktion SWLT – statische Prüfungen

Schließlich setzen Sie auf der Registerkarte SQL-MONITOR (siehe Abbildung 7.44) den Haken bei SQL-MONITOR-DATEN VERWENDEN. Um einen Snapshot auszuwählen, klicken Sie auf SNAPSH. VERWALT./ ERSTELLEN. Als Datenquelle können Sie das lokale, ein per RFC verbundenes entferntes System oder einen Dateiimport verwenden. Zuvor muss ein SQL-Monitor-Snapshot erstellt worden sein.

Nun können Sie die Analyse durch Klicken auf das Symbol ⊕ ausführen.

Auswertung   In der Ergebnisliste sehen Sie einen dreigeteilten Bildschirm (siehe Abbildung 7.45). Im oberen Bereich finden Sie die Daten aus dem SQL Monitor. Sobald Sie doppelt auf einen Datensatz im oberen Bereich klicken, werden die Daten in den unteren Bildschirmbereichen gefüllt. Mit einem Klick auf die Spalte INCLUDE-NAME navigieren Sie direkt zur Aufrufstelle im ABAP-Programm.

▸ In der Liste links unten sehen Sie die jeweiligen Aufrufer für die SQL-Anweisung (ANFORDEINSTIEGSPKT., erstes Programm in der ABAP-Aufrufhierarchie) und die wichtigsten Messwerte dazu aus dem SQL Monitor. Mit einem Klick auf die Tabelle rufen Sie Transaktion SE12 (ABAP Dictionary) für diese Tabelle auf.

Abbildung 7.44 Transaktion SWLT – SQL-Monitor-Daten

▶ In der Liste rechts unten sehen Sie die einbezogenen Ergebnisse aus dem Code Inspector bzw. dem ABAP Test Cockpit. Sie können von dort aus die Dokumentation für die Prüfung aufrufen oder beim Klick auf die Spalte ZUSATZINFORMATIONEN direkt zu den Details des Ergebnisses im Code Inspector oder ABAP Test Cockpit springen.

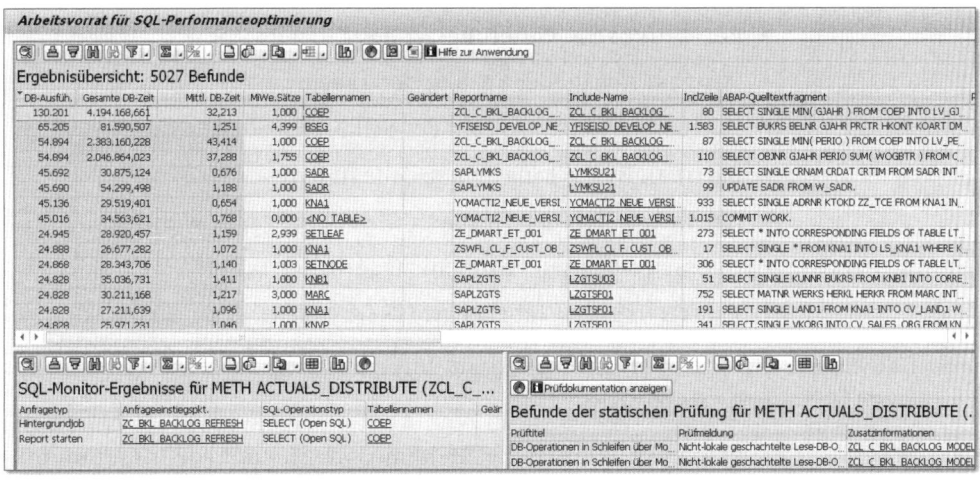

Abbildung 7.45 Transaktion SWLT – Auswertung

Daten aus dem
ABAP Dictionary

Im oberen Bereich des Bildschirms werden die Daten aus dem SQL Monitor und die entsprechenden Ergebnisse der ABAP-Code-Inspector-Prüfung (beides aggregiert nach Aufrufstelle) angezeigt (siehe Abbildung 7.45 rechts oben). Ein Klick auf das Feld INCLUDE-NAME führt Sie direkt zur Aufrufstelle der SQL-Anweisung. Wenn Sie eine Zeile aus dieser Ergebnisübersicht doppelklicken, erhalten Sie unten links die SQL-Monitor Ergebnisse (nicht aggregiert). Ein Klick auf ANFRAGEEINSTIEGSPKT. oder TABELLENNAMEN führt Sie zum Anfrageeinstiegspunkt oder DDIC. Im rechten Bereich werden die ABAP-Code-Inspector-Ergebnisse ebenfalls nicht aggregiert dargestellt. Über das Feld ZUSATZINFORMATIONEN kommen Sie zu den Ergebnissen der Code-Inspector-Prüfung, wie z. B. der Aufrufhierarchie bei einer SQL-Anweisung in Schleifen.

Die SQL Performance Tuning Worklist ist ein sehr mächtiges Werkzeug. Optimierungsprojekte für SAP HANA können Sie mit dessen Hilfe sehr effizient planen. Die Zuordnung von SQL-Anweisungen zu Anwendungen erlaubt eine Zuordnung zu Geschäftsprozessen. Die Laufzeitmessungen zeigen, welche SQL-Anweisungen viel Zeit benötigen oder häufig durchlaufen werden. Die statische Analyse zeigt, wo Optimierungspotenzial vorhanden ist und wie aufwendig eine Optimierung ist. Die Kombination dieser Daten in einer Transaktion ist für eine zielgerichtete Optimierung sehr nützlich.

Im Vergleich zum SQL Monitor gibt es in der Hauptergebnisliste noch einige zusätzliche Spalten. Sie erhalten folgende Informationen aus dem ABAP Dictionary zu den Datenbanktabellen:

- ▸ PUFFERUNGSTYP: Pufferungsart der Tabelle
- ▸ SPALTEN: Anzahl der Spalten der Tabelle
- ▸ SCHLÜSSELSPALTEN: Anzahl der Schlüsselspalten
- ▸ BREITE IN BYTES: Länge einer Zeile in Bytes
- ▸ ABLAGETYP: Typ der Tabelle (COLUMN STORE, ROW STORE)
- ▸ GRÖSSENKATEGORIE: Größenkategorie der Tabelle
- ▸ TABELLENKLASSE: Tabellenart (TRANSPARENT, POOL, CLUSTER)

Informationen aus
dem Code
Inspector

Darüber hinaus erhalten Sie Informationen zu den Prüfungen des Code Inspectors:

- ▸ PRIORITÄT: Priorität der Meldung, wie sie im Code Inspector konfiguriert ist

▶ SCHWEREGRAD: Dieser Wert ist abhängig vom jeweiligen Check, Informationen dazu erhalten Sie in der Dokumentation zum Code Inspector. Er gibt an, wie kritisch das Ergebnis ist. Bei der Prüfung `SELECT *` gibt diese Spalte an, wie viele überflüssige Spalten gelesen wurden. Allgemein gilt, je höher dieser Wert ist, desto größer ist der negative Einfluss auf die Performance.

▶ AUFWAND: Dieser Wert ist abhängig vom jeweiligen Check (siehe Dokumentation zum Code Inspector) und beinhaltet eine Schätzung, wie groß der Aufwand für die Korrektur ist. Allgemein gilt, je höher dieser Wert ist, desto größer ist der Aufwand.

▶ BEFUNDE: Anzahl der Ergebnisse des Code Inspectors für diese SQL-Anweisung

Anhand dieser Spalten können Sie Ergebnisse vergleichen und priorisieren, wo sich eine Optimierung am meisten lohnt.

*Durch die Optimierung bestehender ABAP-Programme kön-
nen Sie diese unter Umständen signifikant beschleunigen. Als
ABAP-Entwickler sollten Sie in der Lage sein, Programme zu
identifizieren, die für eine Optimierung geeignet sind, und
diese anschließend so umzubauen, dass sie von der SAP-
HANA-Architektur profitieren.*

8 Beispielszenario: Optimierung einer bestehenden Anwendung

In den vorangegangenen Kapiteln haben Sie sich mit den Grundlagen der In-Memory-Technologie und der ABAP-Entwicklung auf SAP HANA vertraut gemacht. Sie wissen nun, wie Sie Teile der Anwendungslogik (insbesondere komplexe Kalkulationen mit großen Datenmengen) in die Datenbankschicht verlagern können. Außerdem haben Sie gelernt, welche Werkzeuge Ihnen der SAP NetWeaver AS ABAP zur Verfügung stellt, um Optimierungspotenziale in Programmen aufzuspüren.

In diesem Kapitel geht es nun darum, die einzelnen Techniken und Werkzeuge in einem ersten Beispielszenario miteinander zu kombinieren und anzuwenden. In diesem Beispiel soll eine gegebene Anwendung für SAP HANA optimiert werden.

Wir haben das Kapitel in drei Teile untergliedert. Zunächst werden wir das Vorgehen für die Optimierung von Systemen und Anwendungen beschreiben. Im zweiten Teil stellen wir Ihnen das Beispielszenario und die Optimierungsanforderungen vor. Im Anschluss erläutern wir, wie Sie das Beispielprogramm optimieren. Dabei werden wir nicht auf jeden Schritt im Detail eingehen, sondern uns auf die wichtigsten, für die Optimierung relevanten Ausschnitte beschränken. Die Anwendung und ihren Quellcode können Sie im Downloadbereich zu diesem Buch unter *www.sap-press.de/3773* herunterladen (siehe Anhang E, »Installation der Beispiele«).

8.1 Vorgehen bei der Optimierung

In diesem Abschnitt stellen wir die allgemeine Vorgehensweise in Optimierungsprojekten vor. Wir unterscheiden dabei folgende Szenarien:

- Migration auf SAP HANA
- Systemoptimierung
- Anwendungsoptimierung

Jedes Szenario hat einen anderen Fokus und unterscheidet sich in den verantwortlichen Rollen. Wir nennen und beschreiben die wichtigsten Werkzeuge für jedes Szenario. Manche Werkzeuge werden in mehreren Szenarien eingesetzt und werden dann mit einem anderen Fokus verwendet.

8.1.1 Migration auf SAP HANA

Im Rahmen einer Migration auf SAP HANA möchten Sie sicherstellen, dass alle Programme weiterlaufen wie bisher. Darüber hinaus möchten Sie unter Umständen vor bzw. während der Migration auch bereits Optimierungspotenziale im Kontext des Datenbankzugriffs erkennen und die Optimierung umsetzen. Die Verantwortlichkeit für beides liegt hauptsächlich bei ABAP-Entwicklern und Qualitätsbeauftragten für ABAP-Programme. Darüber hinaus kann es sein, dass die Mitarbeit von Prozessverantwortlichen benötigt wird, um mögliche Performanceoptimierungen anhand der Wichtigkeit der jeweiligen Geschäftsprozesse zu priorisieren.

Prüfungs- und Optimierungsschritte

Die Prüfung und gegebenenfalls Anpassung bzw. Optimierung von ABAP-Code während einer Migration auf SAP HANA erfolgt in den folgenden Schritten:

- Daten- bzw. Informationssammlung
- Durchführung einer ABAP-Code-Analyse (inklusive Kombination mit den gesammelten Daten)
- Priorisierung der als optimierungsrelevant erkannten Anwendungen
- Umsetzung der Programmänderungen

Da das Coding nicht nur statisch überprüft werden soll, sondern die Auswertungsergebnisse – um die Priorisierung zu erleichtern – auch mit Laufzeitdaten angereichert werden sollen, ist der erste Schritt die Einplanung der Datensammlung. Dazu aktivieren Sie den SQL Monitor im produktiven System über einen Zeitraum, in dem alle wichtigen Geschäftsprozesse einmal ablaufen (siehe auch Abschnitt 7.5.2, »SQL Monitor«). In diesem Zeitraum sollte zumindest ein Monatsende enthalten sein, damit die Prozesse des Monatsabschlusses berücksichtigt werden. Wir empfehlen einen Zeitraum von mindestens sechs Wochen.

Parallel zur Datensammlung können Sie eine ABAP-Code-Analyse mithilfe des SAP Code Inspectors und des ABAP Test Cockpits durchführen. Dabei unterscheiden wir funktionale Prüfungen und Performanceprüfungen (siehe Abschnitt 7.3.1, »Prüfungen und Prüfvarianten«). Führen Sie die Prüfung in einem Entwicklungssystem durch, das den aktuellen Stand der Entwicklungen beinhaltet und bezüglich des Codings mit dem Produktivsystem vergleichbar ist.

Wir empfehlen Ihnen, die Ergebnisse der Performanceprüfungen nach Wichtigkeit für den Geschäftsprozess, Einfluss auf das System und Aufwand für die Umsetzung zu priorisieren. Für die Priorisierung kombinieren Sie in der Anzeige des SQL-Performanceoptimierungswerkzeugs die Ergebnisse der ABAP-Code-Analyse mit den Laufzeitdaten:

- Vom Code Inspector erhalten Sie die Information, in welchen SQL-Anweisungen es Optimierungspotenzial gibt, wie hoch der Einfluss auf die Performance ist und wie hoch der Aufwand für eine Umstellung ist.

- Vom SQL Monitor erhalten Sie die Information, ob eine SQL-Anweisung überhaupt bzw. wie oft sie ausgeführt wurde und wie viel Zeit dafür benötigt wurde. Darüber hinaus erhalten Sie hier Daten zum Einstiegspunkt, wodurch Sie eine Verknüpfung zum betroffenen Geschäftsprozess herstellen können. So können Sie die Geschäftsprozessrelevanz in die Priorisierung einfließen lassen und die Gewichtung gemeinsam mit Prozessverantwortlichen diskutieren.

Im Rahmen der Umsetzung leiten Sie aus den Ergebnissen der funktionalen Prüfungen und der Performanceprüfungen geeignete Maßnahmen ab:

Marginalien (rechte Spalte):
Datensammlung

Durchführung der Prüfungen

Priorisierung

Umsetzung

▸ Wir empfehlen Ihnen, die Ergebnisse der funktionalen Prüfungen in allen Fällen – d. h. unabhängig von den Laufzeitmessungen – zu berücksichtigen und Korrekturen umzusetzen, um sicherzustellen, dass alle Programme nach der Migration weiterlaufen wie bisher. Da die Umsetzung nicht vom Ergebnis der Laufzeitauswertung abhängt, kann sie schon parallel zur Datensammlung beginnen.

▸ Geht aus den Performanceprüfungen hervor, dass Optimierungs-potenzial besteht, führen Sie die Optimierung der betroffenen Programme entsprechend der Priorisierung nach und nach durch. Wie Sie die notwendigen Anpassungen eines Programms im Detail erarbeiten, erfahren Sie in Abschnitt 8.1.3, »Anwendungsoptimie-rung«.

8.1.2 Systemoptimierung

Die Systemoptimierung betrachtet das System als Ganzes. Sie hat einen sehr technischen Fokus und wird üblicherweise von SAP-Sys-tem- und Datenbankadministratoren durchgeführt. Es werden zusätzlich ABAP-Entwickler mit einbezogen, wenn es um die Opti-mierung von Anwendungen geht, die nicht direkt von System- und Datenbankadministratoren optimiert werden können. Die System-optimierung steht im Vordergrund, wenn viele Prozesse eines Sys-tems zu langsam sind und die Laufzeitprobleme sich nicht auf eine oder wenige Anwendungen eingrenzen lassen.

Es gibt zwei mögliche Ansatzpunkte für die Systemoptimierung, zum einen die Analyse der Systemeinstellungen und Hardwareressourcen und zum anderen die Anwendungs- und SQL-Analyse. Dabei müssen Sie beachten, dass die beiden Themenblöcke voneinander abhängig sind. Das heißt, ein schlecht eingestelltes System oder Ressourcen-engpässe können zu langsamen Anwendungen führen. Langsame Anwendungen (z. B. mit einem hohen Ressourcenverbrauch) kön-nen Ressourcenengpässe zur Folge haben.

System-einstellungen und Hardware-ressourcen
Bei der Analyse der Systemeinstellungen und Hardwareressourcen werden z. B. die Einstellungen des Systems anhand verschiedener Konfigurationsparameter, etwa für Speichergrößen, Anzahl von Pro-zessen und CPU, überprüft. Darüber hinaus wird geprüft, ob die zur Verfügung stehenden Hardwareressourcen für die Arbeitslast über-haupt ausreichend sind oder das System überladen ist und mehr Hardware benötigt wird. Klassische Werkzeuge dafür sind die SAP-

Speichereinstellungen in Transaktion ST02, der Datenbankperformancemonitor (Transaktion ST04 bzw. DBACOCKPIT) und der Betriebssystemmonitor (Transaktion ST06). Außerdem können Sie Systemlastanalysen im SAP HANA Studio durchführen.

Ein anderer Ansatz besteht darin, zu analysieren, welche Anwendungen oder SQL-Anweisungen besonders viele Ressourcen benötigen und so einen negativen Einfluss auf das Gesamtsystem haben. Dazu stehen Ihnen der Workload Monitor (Transaktion ST03), der SQL Monitor, der SQL-Cache der Datenbank und der Expensive Statement Trace zur Verfügung.

Anwendungs- und SQL-Analyse

Ressourcenintensive Anwendungen analysieren Sie bei Bedarf mit den in Abschnitt 8.1.3, »Anwendungsoptimierung«, beschriebenen Werkzeugen weiter. Bei ressourcenintensiven SQL-Anweisungen können insbesondere folgende Fälle vorliegen:

▶ SQL-Anweisungen, die viele Datensätze von der Datenbank an den Applikationsserver übertragen

▶ SQL-Anweisungen, die für sich genommen schnell sind, aber sehr häufig ausgeführt werden und in der Summe viel Zeit verbrauchen

▶ SQL-Anweisungen, die selten ausgeführt werden und wenige Datensätze von der Datenbank an den Applikationsserver übertragen, aber eine lange Laufzeit haben

Im ersten und zweiten Fall muss zur Lösung des Problems häufig eine Anwendungsoptimierung durchgeführt werden. Im dritten Fall muss der Zugriffspfad auf die Datenbank analysiert werden. Hier kann unter Umständen vom SAP-System- oder Datenbankadministrator eine Optimierung, z. B. mit einem Index, vorgenommen werden.

Über die Systemoptimierung können Konfigurationsprobleme, Ressourcenengpässe und teure ABAP-Programme oder SQL-Anweisungen ermittelt werden. Sie wird ausführlich im Buch *SAP-Performanceoptimierung* von Thomas Schneider (SAP PRESS 2013) behandelt und ist Lerninhalt des SAP-Kurses ADM315 zur Workload-Analyse.

8.1.3 Anwendungsoptimierung

Ziel der Anwendungsoptimierung ist es, eine bestehende Anwendung bzw. einzelne Programme der Anwendung performanceseitig zu optimieren. Häufig geben konkrete Beschwerden der Endanwender für Unternehmen den Ausschlag, eine Anwendungsoptimierung in Angriff zu nehmen.

Die Anwendungsoptimierung wird in der Regel von ABAP-Entwicklern durchgeführt. Unter Umständen werden SAP-System- oder Datenbankspezialisten bei technischen Sachverhalten hinzugezogen. Genauso kann es nötig sein, Geschäftsprozessspezialisten mit ins Boot zu nehmen, wenn Designänderungen zu diskutieren oder Fragen zu einem Geschäftsprozess zu klären sind.

Phasen | Die Anwendungsoptimierung ist ein iterativer Prozess. Sie besteht im Wesentlichen aus drei Phasen:

- Analyse
- Anpassung
- Vergleich

Analyse

Im Rahmen der Analysephase versuchen Sie, Ursachen für Performanceprobleme zu identifizieren und daraus mögliche Performanceoptimierungen abzuleiten.

Laufzeitstatistiken | Wir empfehlen Ihnen, die Analyse eines Programms mit der Auswertung der Laufzeitstatistiken, d. h. mit Transaktion STAD, zu beginnen (siehe Abschnitt 7.4.1, »Laufzeitstatistik«). Dadurch erhalten Sie erste Hinweise, wo die Laufzeit verbraucht wird und welches Werkzeug sich für eine umfassendere Analyse am besten eignet. Wir möchten drei Fälle unterscheiden:

- Der überwiegende Teil der Laufzeit ist CPU-Zeit.
- Der überwiegende Teil der Laufzeit ist Datenbankzeit.
- Die Laufzeit besteht überwiegend aus Wartezeiten.

CPU-Zeit | Wenn der überwiegende Teil der Laufzeit CPU-Zeit ist, empfehlen wir Ihnen, die Analyse anschließend mit einem ABAP-Trace (Transaktion SAT bzw. ABAP Profiler) fortzusetzen.

Datenbankzeit | Ist die Datenbankzeit das Problem, erhalten Sie bereits in Transaktion STAD weiterführende Informationen zu den Datenbankzugriffen, z. B. hinsichtlich der betroffenen Datenbanktabellen. Falls diese Informationen nicht ausreichen, können Sie als Nächstes einen SQL-

Trace durchführen. Dieser lässt im Detail erkennen, welche SQL-Anweisungen auf der Datenbank wie oft ausgeführt wurden und wie viele Datensätze verarbeitet wurden. Ergänzend können Sie auf den SQL Monitor und das SQL-Performanceoptimierungswerkzeug zurückgreifen, um ein SQL-Profil der Anwendung zu erstellen und dieses mit den Daten aus einer statischen Code-Analyse zu kombinieren. Bei Bedarf können Sie schließlich weiterführende Analysen auf Basis des Ausführungsplans und/oder des SAP HANA Plan Visualizers (PlanViz) vornehmen. Beide Analysen erfordern jedoch sehr gute Kenntnisse der SAP-HANA-Datenbank.

Falls der größte Zeitverbrauch weder die CPU noch die Datenbank ist, hat das Programm üblicherweise hohe Wartezeiten. Ursachen dafür können unter anderem ein synchroner RFC-Aufruf, die ABAP-Anweisung `WAIT` oder eine synchrone Verbuchung sein. In diesem Fall sollten Sie die Verursacher der Wartezeiten im Detail analysieren. Das kann im Fall eines RFC- oder Verbuchungsbausteins bedeuten, die Laufzeitstatistik der gerufenen Funktion und darauf aufbauend die CPU- und Datenbankzeit zu analysieren.

Wartezeit

Anpassung

Die Erkenntnisse der Analyse verwenden Sie, um das Programm anzupassen. Die Möglichkeiten zur Anpassung können sehr unterschiedlich sein. Vielleicht können Sie die Performance durch Umstellung der Tabellenart einer internen Tabelle verbessern, vielleicht können einfache Anpassungen einer Datenselektion einen Performancegewinn bringen, oder Sie müssen das Programm grundsätzlich umbauen, um es zu beschleunigen.

Bei jeder Anpassung sollten Sie mögliche Seiteneffekte bedenken. Führen Sie daher nach der Anpassung eines Programms auf jeden Fall funktionale Tests durch. Unit Tests können Ihnen dabei helfen, sicherzustellen, dass Sie keine Regression erzeugen.

Funktionale Tests

Vergleich

Nach der Anpassung – bzw. parallel dazu – vergleichen Sie die Laufzeit des optimierten Programms mit der Laufzeit, die Sie im Rahmen der Analyse gemessen haben. Wenn keine oder nicht die erwartete Performanceverbesserung eintritt, können Sie im Anschluss an den Vergleich eine weitere Analysephase mit weiteren Anpassungen und nochmaligem Vergleich durchführen. In Abbildung 8.1 ist der Ablauf einer Anwendungsoptimierung grafisch dargestellt.

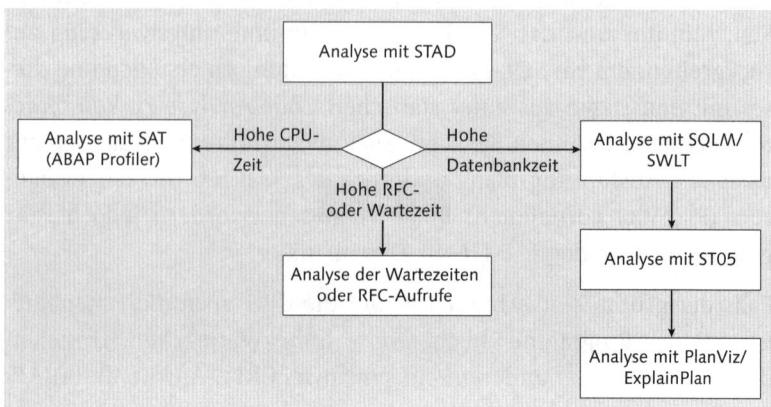

Abbildung 8.1 Anwendungsanalyse

8.2 Szenario und Anforderungen

Nachdem Sie nun einen Überblick über das Vorgehen bei der Optimierung von Systemen und Anwendungen erhalten haben, stellen wir Ihnen die Beispielanwendung vor, die wir in diesem Kapitel exemplarisch für SAP HANA optimieren.

8.2.1 Ausgangssituation

Ausgangssituation Im Zentrum unseres Beispielszenarios steht ein Netzwerk von Fluggesellschaften, das den angeschlossenen Fluggesellschaften auf Basis einer zentralen Datenbank verschiedene Dienstleistungen zur Verfügung stellt. Dazu gehört unter anderem die regelmäßige Erstellung von Berichten zur Auslastung der Flüge, zu Umsätzen und zum Buchungsverhalten der Kunden. Außerdem stellt das Netzwerk den Fluggesellschaften ein Bonussystem zur Verfügung, mit dem die Kunden der angeschlossenen Fluggesellschaften Meilen sammeln und einlösen können.

Berichtswesen

Verfügbare Berichte Für das Berichtswesen stellt das Netzwerk insbesondere die folgenden Berichte zur Verfügung:

- Auslastung je Flugverbindung, bezogen auf ein Geschäftsjahr oder eine Geschäftsjahresperiode

- gesammelte Meilen je Kunde, bezogen auf ein Geschäftsjahr oder eine Geschäftsjahresperiode

- Liste der Premiumkunden (Kunden mit den meisten gesammelten Meilen, bezogen auf einen Zeitraum von 24 Monaten)

- durchschnittliche Auslastung, Gesamtumsatz, Buchungsverhalten auf den verschiedenen Flugverbindungen je Geschäftsjahresperiode und im Vergleich zur Vorperiode

Meilenberechnung

Die Meilenberechnung basiert auf einem zwischen den angeschlossenen Fluggesellschaften abgestimmten Regelwerk. Die für eine Flugbuchung gutzuschreibenden Meilen bestimmen sich nach folgender Formel:

Meilen = (Entfernung der Flugverbindung × Faktor Flugklasse
+ Entfernung der Flugverbindung × Faktor frühe Buchung)
× (100 – kundenindividueller Rabattsatz) ÷ 100

Durch den *Faktor Flugklasse* werden Kunden für Flugbuchungen in der Business Class bzw. First Class mehr Meilen gutgeschrieben als für Flugbuchungen in der Economy Class. Momentan gelten folgende Faktoren:

- Faktor Business Class: 1,2

- Faktor First Class: 1,5

Der *Faktor frühe Buchung* soll Kunden anspornen, einen Flug möglichst frühzeitig zu buchen. Für Flugbuchungen, die mindestens 100 Tage vor dem Flugdatum erfolgen, beträgt er 0,1. In allen anderen Fällen beträgt er 0.

Einige Kunden erhalten bei einer Flugbuchung einen *kundenindividuellen Rabatt*. Dieser verringert die gutzuschreibenden Meilen um den gleichen Prozentsatz wie den Flugpreis. Wenn ein Kunde 30 % Rabatt erhält und damit für einen Flug nur 70 % des regulären Flugpreises bezahlt, werden ihm im Vergleich zu einem Kunden, der den vollen Flugpreis bezahlt, nur 70 % der Meilen gutgeschrieben.

Meilenberechnung

Faktor Buchungsklasse

Faktor frühe Buchung

Kundenindividueller Rabatt

Beispiel zur
Meilenberechnung

Zur Verdeutlichung des Regelwerks betrachten wir eine Flugbuchung des Kunden Tom Peterson (Kundennummer 178, der kundenindividuelle Rabatt beträgt 20 %) von Frankfurt nach New York in der Business Class. Die Entfernung auf dieser Verbindung beträgt 6.162 Kilometer. Das entspricht 3.829 Meilen. Der Flug fand am 20. August 2012 statt und wurde am 24. Juli 2012 gebucht. Für diesen Flug werden Herrn Peterson folgende Meilen gutgeschrieben:

$$Meilen = (3.829 \times 1,2 + 3.829 \times 0) \times (100 - 20) \div 100 = 3.676$$

8.2.2 Technische Umsetzung

Das Netzwerk der Fluggesellschaften nutzt ein ABAP-basiertes IT-System. Die darin enthaltenen Tabellen und Daten entsprechen dem SFLIGHT-Datenmodell.

Datenbanktabellen

SFLIGHT-
Datenmodell

Die an dem Netzwerk beteiligten Fluggesellschaften übermitteln alle relevanten Daten in Echtzeit an ein zentrales System. Die dafür relevanten Datenbanktabellen des SFLIGHT-Datenmodells sind in Tabelle 8.1 aufgeführt:

Tabelle	Beschreibung
SCARR	Fluggesellschaften
SPFLI	Flugplan
SCUSTOM	Kundendaten
SFLIGHT	Flüge
SBOOK	Flugbuchungen

Tabelle 8.1 Relevante Datenbanktabellen des SFLIGHT-Datenmodells

Sonstige Daten-
banktabellen

Darüber hinaus gibt es zwei Erweiterungen des SFLIGHT-Datenmodells, die Sie in Tabelle 8.2 sehen.

Tabelle	Beschreibung
ZA4H_C8_PARAMS	Parameter zur Meilenberechnung
ZA4H_C8_STATIST	Ablage von statischen Daten zu den Flugverbindungen

Tabelle 8.2 Sonstige Datenbanktabellen

Berichte

Sämtliche benötigten Berichte sind ausführbare ABAP-Programme, und zu jedem dieser Programme existiert ein Transaktionscode (siehe Tabelle 8.3).

ABAP-Programme

ABAP-Programm	Transaktion	Beschreibung
ZR_A4H_CHAPTER8_ UTILIZATION	ZR_A4H_C8_UTIL	Auslastung je Flugverbindung
ZR_A4H_CHAPTER8_ MILES	ZR_A4H_C8_MILES	gesammelte Meilen je Kunde
ZR_A4H_CHAPTER8_ TOP_CUST	ZR_A4H_C8_TOP_ CUST	Liste der Premiumkunden
ZR_A4H_CHAPTER8_ FILL_STATISTIC	ZR_A4H_C8_FILL_ STAT	Der Report füllt die Daten- banktabelle ZA4H_C8_STA- TIST aus.
ZR_A4H_CHAPTER8_ READ_STATISTIC	ZR_A4H_C8_READ_ STAT	Der Report wertet die Daten- banktabelle ZA4H_C8_STA- TIST aus.

Tabelle 8.3 Benötigte ABAP-Programme

Die ABAP-Programme nutzen zur Visualisierung klassische ABAP-Listen. Abbildung 8.2 zeigt exemplarisch die Ausgabe des Programms ZR_A4H_CHAPTER8_TOP_CUST.

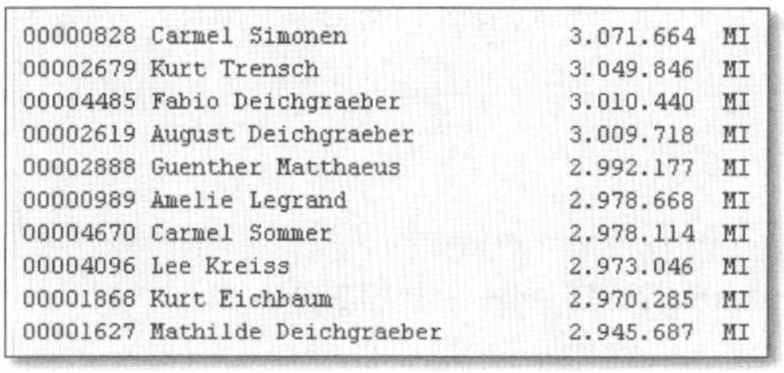

```
00000828 Carmel Simonen            3.071.664 MI
00002679 Kurt Trensch              3.049.846 MI
00004485 Fabio Deichgraeber        3.010.440 MI
00002619 August Deichgraeber       3.009.718 MI
00002888 Guenther Matthaeus        2.992.177 MI
00000989 Amelie Legrand            2.978.668 MI
00004670 Carmel Sommer             2.978.114 MI
00004096 Lee Kreiss                2.973.046 MI
00001868 Kurt Eichbaum             2.970.285 MI
00001627 Mathilde Deichgraeber     2.945.687 MI
```

Abbildung 8.2 Ausgabe des Programms ZR_A4H_CHAPTER8_TOP_CUST

Customizing

Die Parameter zur Meilenberechnung werden in der Customizing-Tabelle ZA4H_C8_PARAMS abgelegt. In dieser Datenbanktabelle speichert das System folgende Werte:

Parameter zur
Meilenberechnung

▸ FACTOR_C: Faktor für Business Class

▸ FACTOR_F: Faktor für First Class

▸ EARLYB_D: Mindestabstand zwischen Buchungsdatum und Flugdatum, um zusätzliche Meilen gutgeschrieben zu bekommen

▸ EARLYB_F: Faktor für frühe Buchungen

Der kundenindividuelle Rabatt ergibt sich aus dem Feld DISCOUNT in
der Datenbanktabelle SCUSTOM.

Sonstiges

Web Dynpro, RFC   Neben den ausführbaren ABAP-Programmen gehören eine Web-
Dynpro-ABAP-Anwendung und eine RFC-Schnittstelle zur Anwendung:

▸ Die Web-Dynpro-Anwendung ZWD_A4H_CHAPTER8_APP steht Mitarbeitern des Netzwerks zur Verfügung, um die gesammelten Meilen
je Kunde über den Browser auszuwerten (siehe Abbildung 8.3).

▸ Über den remotefähigen Funktionsbaustein ZA4H_CHAPTER8_GET_
UTILIZATION können alle dem Netzwerk angeschlossenen Fluggesellschaften die Auslastung von Verbindungen abfragen.

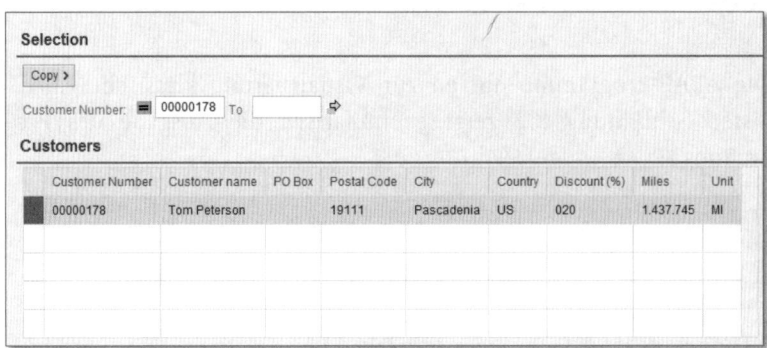

Abbildung 8.3 Web-Dynpro-Anwendung ZWD_A4H_CHAPTER8_APP

Zentrale Klasse   Intern greifen die ABAP-Programme, die Web-Dynpro-Anwendung
und der Funktionsbaustein auf Methoden der Klasse ZCL_A4H_CHAP-
TER8_DATA_PROV zurück.

8.2.3   Aktuelle Probleme

Schlechte
Performance   Seit einiger Zeit beschweren sich die angeschlossenen Fluggesellschaften über den Service des Netzwerks. Die benötigten Berichte
stehen nur mit großer zeitlicher Verzögerung bereit. Die Endanwender sind mit der Antwortzeit vieler Berichte unzufrieden.

Aufgrund dieser Beschwerden wurde das System auf SAP HANA umgestellt. Obwohl die Migration problemlos verlief und einige Berichte nun auch schon schneller laufen (z. B. dauerte die Ausführung des Programms `ZR_A4H_CHAPTER8_TOP_CUST` vor der Migration 1.491 Sekunden anstelle von 567 Sekunden mit SAP HANA), hat die Migration nicht alle Probleme gelöst.

Migration auf SAP HANA

Sie sollten daher nun eine Anwendungs- und Prozessoptimierung durchführen, um herauszufinden, wie das Antwortzeitverhalten des Systems verbessert werden kann. Dabei werden Sie sich aus Zeitgründen auf das Programm `ZR_A4H_CHAPTER8_TOP_CUST` und damit auf die Ermittlung der Premiumkunden beschränken. Sie sollten möglichst schnell und unter Vermeidung unnötiger Risiken mögliche Änderungen vorschlagen und umsetzen.

8.3 Umsetzung der Anforderungen

Sie wissen aus den vorangegangenen Kapiteln, dass eine existierende ABAP-Anwendung nur dann von SAP HANA profitieren wird, wenn sie dem *Code-to-Data-Paradigma* folgt. Um Risiken zu vermeiden, möchten Sie aber nur möglichst wenige Teile des existierenden Systems umbauen. Um die Portabilität des Systems zu gewährleisten, möchten Sie außerdem nur dann SAP HANA Views und SQLScript verwenden, wenn dies zwingend erforderlich ist bzw. gegenüber einer Implementierung mit Open SQL einen deutlichen Performancegewinn bringt.

In den folgenden Abschnitten zeigen wir Ihnen daher, wie Sie untersuchen, inwieweit das Programm `ZR_A4H_CHAPTER8_TOP_CUST` die HANA-Datenbank ausnutzt und durch welche Anpassungen es beschleunigt werden kann.

8.3.1 Eingrenzung des Problems mit der Laufzeitstatistik

Bei der Analyse des Programms `ZR_A4H_CHAPTER8_TOP_CUST` beginnen Sie mit der Transaktion STAD. Dort rufen Sie die Laufzeitstatistik zu einer Programmausführung auf, um zu analysieren, wie sich die Laufzeit des Programms grob verteilt hat und wie viele Daten von dem Programm verarbeitet wurden.

Zeitverteilung   Ein Blick auf die Laufzeitstatistiken in Abbildung 8.4 zeigt, dass die Ausführung des Programms ZR_A4H_CHAPTER8_TOP_CUST 547 Sekunden gedauert hat (RESPONSE TIME). Dabei entfallen 475 Sekunden auf die PROCESSING TIME und 71 Sekunden auf die DATABASE REQUEST TIME. Der größte Teil der Laufzeit wurde also im ABAP-Programm selbst außerhalb der Datenbankzugriffszeit verbraucht. Die Zeit für den Datenbankzugriff ist für ein Dialogprogramm jedoch ebenfalls zu lang.

Details zu den Datenbank- zugriffen   Im unteren Teil von Abbildung 8.4 sehen Sie Detailinformationen zu den Datenbankzugriffen. Daraus geht hervor, dass in den 71 Sekunden etwas mehr als 5,2 Millionen Datensätze gelesen wurden.

```
Analysis of time in work process

  CPU time              488.850 ms    Number     Roll ins           2
  RFC+CPIC time               0 ms               Roll outs          2
                                                 Enqueues           2
  Total time in workprocs 547.004 ms
                                       Load time  Program       2 ms
  ┌─Response time──────547.005 ms─┐               Screen        0 ms
                                                  CUA interf.   0 ms
  Wait for work process       1 ms
  Processing time       475.465 ms    Roll time  Out           0 ms
  Load time                   2 ms               In            0 ms
  Generating time             0 ms               Wait          0 ms
  Roll (in+wait) time         0 ms
  Database request time  71.536 ms    Frontend   No.roundtrips     0
  Enqueue time                0 ms               GUI time      0 ms
                                                 Net time      0 ms


Analysis of ABAP/4 database requests (only explicitly by application)

  Connection              DEFAULT        Request time      71.536 ms
  Database requests total   4.706        Commit time            3 ms
  DB Proc. Calls                0        DB Proc. Time          0 ms

  Type of          Database          Buffer   Database  Request   Avg.time /
  ABAP request         rows Requests   rows       calls time (ms)  row (ms)

  Total           5206.001    4.706       24      4.672  71.536        0,0

  Direct read            0       24       23          0       0        0,0
  Sequential read 5205.988    4.669        1      4.659  71.528        0,0
  Update                 8        8                   8       5        0,6
  Delete                 1        1                   1       0        0,0
  Insert                 4        4                   4       3        0,8

  Note: Tables were saved in the tablebuffer.


  No database procedure statistics for this record.
```

Abbildung 8.4 Laufzeitstatistiken aus der Transaktion STAD

Tabellenstatistiken   Da während der ausgewählten Ausführung des Programms die Tabellenstatistiken (siehe Abschnitt 7.4.1, »Laufzeitstatistik«) aktiviert waren, sehen Sie sich noch die fünf Tabellen an, für die das Programm am meisten Zeit benötigt hat (siehe Abbildung 8.5). Die 71 Sekunden Zugriffszeit wurden fast ausschließlich für Zugriffe auf die Tabelle SBOOK benötigt, aus der 5.201.341 Datensätze gelesen wurden. Die Zugriffe auf die Tabelle SCUSTOM dauerten nur 0,02 Sekunden, und insgesamt wurden daraus 4.637 Datensätze gelesen.

```
Table accesses    (list might be incomplete!)

                                  Number of rows accessed
Table name                  Total Dir. reads Seq. reads   Changes  Time (ms)

TOTAL                   5.205.989         0  5.205.981          8    71.531
SBOOK                   5.201.341         0  5.201.341          0    71.491
SCUSTOM                     4.637         0      4.637          0        29
TSP01                          3         0          1          2         5
TST01                          7         0          1          6         3
TPRI_DEF                       1         0          1          0         2
```

Abbildung 8.5 Tabellenstatistiken

Der Großteil der Ausführungzeit des ABAP-Programms wurde also außerhalb von Datenbankzugriffen verbraucht. Auf der Datenbank wurden 13 % (71 Sekunden) der Zeit für das Lesen von etwa 5,2 Millionen Datensätzen verbraucht. Die nächsten Schritte sind daher eine Analyse der ABAP-Verarbeitung und die weitere Analyse der Datenbankzugriffe.

Nächste Schritte

8.3.2 Detailanalyse des ABAP-Programms mit Transaktion SAT

Um mehr Aufschluss über die ABAP-Verarbeitung zu erhalten, analysieren Sie das Programm ZR_A4H_CHAPTER8_TOP_CUST nun mit der ABAP-Laufzeitanalyse in Transaktion SAT im Detail. Abbildung 8.6 zeigt das Ergebnis der Programmausführung mit Transaktion SAT. Bei der Ausführung lief das Programm 545 Sekunden.

Im Detail lassen sich die Ergebnisse der Laufzeitmessung wie folgt auswerten:

Auswertung der Laufzeitmessung

▶ **Funktionsbausteine für Umrechnungen**
Circa 30 % (162 Sekunden) der Laufzeit wurden für interne Verarbeitungsblöcke verwendet, im Beispiel vor allem für den Aufruf von Funktionsbausteinen und Unterprogrammen. Auffällig ist, dass der Funktionsbaustein UNIT_CONVERSION_SIMPLE, der zur Einheitenumrechnung verwendet wird, mehr als 2 Millionen Mal aufgerufen wurde und damit 22 % (123 Sekunden) der Gesamtlaufzeit ausmacht.

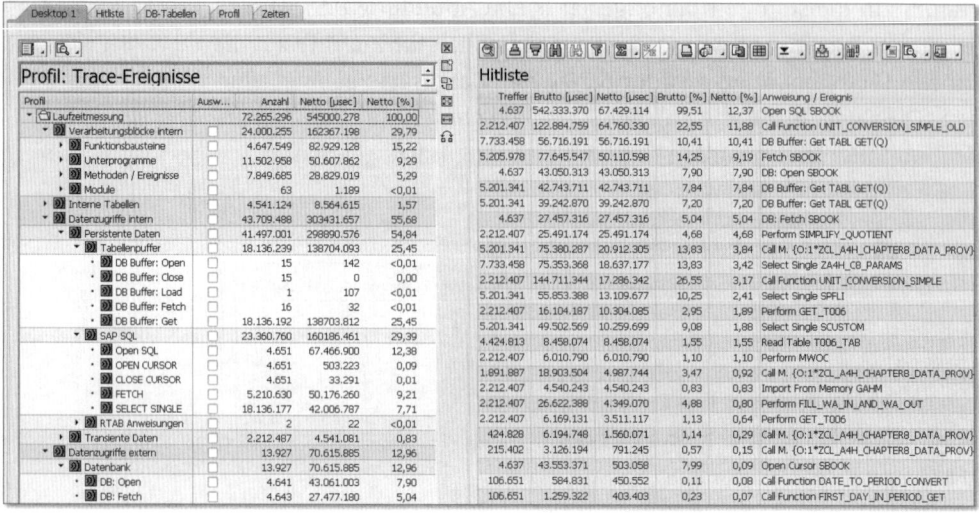

Abbildung 8.6 ABAP-Trace in Transaktion SAT

▸ **Datenbank-Interface und Tabellenpuffer**

Transaktion SAT unterscheidet bei Datenbankzugriffen zwischen interner (DATENZUGRIFFE INTERN) und externer Datenbankzeit (DATENZUGRIFFE EXTERN). Bei der internen Datenbankzeit handelt es sich insbesondere um die Zeit, die SQL-Anweisungen innerhalb des ABAP-Workprozesses in Anspruch nehmen, und um Zugriffe auf den Tabellenpuffer. Im Beispiel beträgt die interne Datenbankzeit ca. 56 % (303 Sekunden) der Gesamtlaufzeit. Sie verteilt sich auf Zeit für SQL-Anweisungen innerhalb des ABAP-Workprozesses (160 Sekunden) und Zugriffe auf den Tabellenpuffer (138 Sekunden).

Auffällig ist die hohe Anzahl der Zugriffe auf die Datenbank bzw. den Tabellenpuffer. Wir sehen 23 Millionen Ausführungen von SQL-Anweisungen und 18 Millionen Zugriffe auf den Tabellenpuffer. Ein Doppelklick auf eine Zeile der Hitliste für einen Pufferzugriff öffnet den Quelltext (in Abbildung 8.6 nicht dargestellt) und zeigt, dass die Zugriffe auf den Tabellenpuffer insbesondere die Tabellen ZA4H_C8_PARAMS, SCUSTOM und SPFLI betreffen.

Bei der externen Datenbankzeit handelt es sich um die Zeit, die außerhalb des ABAP-Workprozesses für SQL-Anweisungen benötigt wird. Sie beträgt im Beispiel etwa 13 % (70 Sekunden) der Gesamtlaufzeit.

8.3.3 Detailanalyse der Datenbankzugriffe

Bevor wir das Programm mit dem SQL-Trace genauer untersuchen, möchten wir einen Blick auf das SQL-Profil unserer Anwendung werfen und dieses mit statischen Codeprüfungen abgleichen.

Code-Analyse mit dem SQL Monitor

Zunächst prüfen Sie mit dem SAP Code Inspector die Performance des Pakets TEST_A4H_BOOK_CHAPTER8. Die Ergebnisse verknüpfen Sie mit den bereits vorliegenden Daten des SQL Monitors in Transaktion SWLT. Dort sehen Sie für unseren Zugriff auf die Tabelle SBOOK Laufzeitdaten für das ganze System. In Abbildung 8.7 sehen Sie, dass die SELECT-Anweisung über 33.000-mal ausgeführt wurde, im Mittel 14,8 Millisekunden lang lief und dabei 1.196 Datensätze las. Wenn Sie hier nach rechts scrollen, ist in den Spalten TYP und NAME DES VERARBEITUNGSBLOCKS (in Abbildung 8.7 nicht zu sehen) zu erkennen, dass die SELECT-Anweisung in der Methode GET_MILES_FOR_CUSTOMER ausgeführt wird.

SQL-Profil

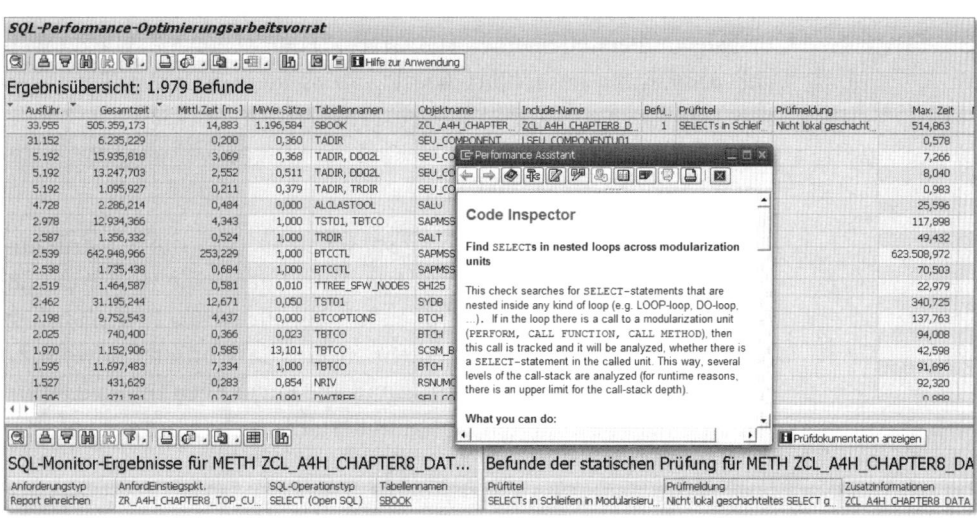

Abbildung 8.7 Performanceauswertungen in Transaktion SWLT

In den Spalten PRÜFTITEL und PRÜFMELDUNG sehen Sie auch eine Code-Inspector-Prüfung zu dieser Methode, die darauf hinweist, dass es sich um eine SELECT-Anweisung innerhalb einer Schleife handelt, wobei die Schleife nicht innerhalb der gleichen Modularisierungseinheit liegt wie der Datenbankzugriff selbst.

Bei einem Klick auf die Spalte ZUSATZINFORMATIONEN zeigt Ihnen das System die verschiedenen Ebenen der Aufrufhierarchie an (hier nicht zu sehen). So können Sie bequem zu den verschiedenen Ebenen der Aufrufhierarchie navigieren und dadurch erkennen, dass die Schleife in der Methode GET_TOP_CUSTOMERS liegt. Eine Dokumentation mit Tipps zur Optimierung erhalten Sie mit einem Klick auf den Button PRÜFDOKUMENTATION ANZEIGEN (siehe Abbildung 8.7). Dort finden Sie eine Beschreibung des Problems und mögliche Optimierungsvorschläge.

Sie wissen nun, dass es sich bei dem Zugriff auf die Tabelle SBOOK um eine sehr häufig ausgeführte SQL-Anweisung handelt, wo diese ausgeführt wird und wo die verantwortliche Schleife liegt. Da Sie nun noch sehen wollen, ob die Ausführungen der SQL-Anweisung auch mit identischen Werten durchgeführt werden, zeichnen wir einen SQL-Trace auf.

SQL-Trace mit Transaktion ST05

Nun führen Sie das Programm ZR_A4H_CHAPTER8_TOP_CUST noch einmal aus und erstellen einen SQL-Trace. Damit sehen Sie, wie oft welche Anweisung ausgeführt wurde, ob es identische Ausführungen gab, wie lange die Ausführungen gedauert haben, wie viele Datensätze gelesen wurden sowie den Text der SQL-Anweisung, die an die Datenbank übertragen wurde.

In Abbildung 8.8 und Abbildung 8.9 sehen Sie die Liste der strukturgleichen SQL-Anweisungen und die Aufrufhierarchie (Callstack) für die SQL-Anweisung zum Zugriff auf die Tabelle SBOOK. In den Spalten REDUNDANZ und IDENTISCH erkennen Sie, dass unsere Anweisung nicht identisch ausgeführt wurde und alle Buchungen für einen Kunden in einem bestimmten Zeitraum liest, die nicht storniert wurden.

Performance-Analyse: Strukturgleiche Anweisungen

Σ Ausführung	Σ Redundanz	Identisch Σ	Dauer	Σ Sätze	Dauer/Ausf	Sätze/Ausf	Dauer/Satz	Dauer/Satz	Länge	Puffer-T.	Tab-Typ	Objektname	Anweisung
4.992	256		71.147.253	5.2...									
4.637	0	0	70.891.980	5.201	15.288	1.121,7	14	12	272		TRANSP	SBOOK	SELECT WHERE "MANDT"
85	54	64	44.155	85	519	1,0	519	412	1.176	DESNG	TRANSP	USOB_AUTHVAL	SELECT WHERE "NAME" =

Abbildung 8.8 SQL-Trace – strukturgleiche SQL-Anweisungen

Dafür mussten 4.637 SQL-Anweisungen ausgeführt werden. Mit dem Stack-Trace aus den Hauptsätzen können Sie sich anzeigen lassen, wie die Anweisung für die Tabelle SBOOK über den ABAP-Stack umgesetzt wurde. Mit einem Doppelklick auf einen Eintrag können Sie bequem in jede Ebene der Aufrufhierarchie navigieren.

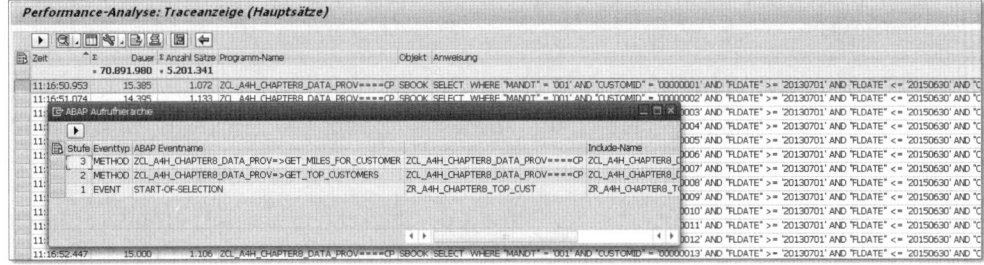

Abbildung 8.9 SQL-Trace – Aufrufhierarchie

8.3.4 Ergebnis der Analyse

Die in den vorangegangenen Abschnitten durchgeführte Analyse des Programms ZR_A4H_CHAPTER8_TOP_CUST hat gezeigt, dass die lange Laufzeit hauptsächlich durch viele Ausführungen von SQL-Anweisungen und Funktionsbausteinen (insbesondere für die Einheitenumrechnung) entsteht. Dies liegt wiederum an der großen Anzahl von Datensätzen, die von der Datenbank zur Applikation übertragen werden.

Wenn Sie eine Quellcode-Analyse durchführen, stellen Sie fest, dass durch Verwendung der Methode GET_TOP_CUSTOMERS die Flugbuchungen für jeden Kunden separat gelesen und verarbeitet werden. Durch die große Anzahl von Flugbuchungen (im Beispiel wurden über 5 Millionen Buchungen gelesen) kommt es zu den vielen Zugriffen auf Datenbank und Tabellenpuffer sowie zu den vielen Funktionsbausteinaufrufen.

Separate Verarbeitung der Flugbuchungen

Eine Einzelverarbeitung von Datensätzen entsteht häufig durch die (Wieder)Verwendung von Funktionsbausteinen und Methoden, die nicht für Massendaten geeignet sind. In unserem Beispiel werden die Meilen jedes einzelnen Kunden über die Methode GET_MILES_FOR_CUSTOMER bestimmt, um anschließend die Premiumkunden zu ermitteln.

8.3.5 Optimierung mit Open SQL

Im ersten Schritt möchten wir versuchen, die Ermittlung der Premiumkunden ohne Verwendung von SAP HANA Views und SQLScript zu beschleunigen. Zur Beschleunigung erstellen wir ein neues Programm ZR_A4H_CHAPTER8_TOP_CUST_1 und rufen innerhalb dieses Programms die Methode GET_TOP_CUSTOMERS_1 auf.

Code-
Optimierungen

Die neue Implementierung unterscheidet sich von dem ursprünglich verwendeten Programm in folgender Weise:

▸ Vermeidung von geschachtelten SELECT-Anweisungen (da diese im Allgemeinen und insbesondere für SAP HANA ungünstig sind)

▸ Verwendung von Feldleisten anstelle der Anweisung SELECT *

▸ Minimierung der Anzahl der Pufferzugriffe (insbesondere durch nur einmaliges Lesen der Customizing-Tabelle ZA4H_C8_PARAMS)

▸ Minimierung der Anzahl der Funktionsbausteinaufrufe (konkret rechnet die neue Implementierung die Einheiten nur am Ende des Algorithmus um, nachdem die Buchungen – soweit möglich – bereits aggregiert wurden)

Coding vor der
Optimierung

Listing 8.1 zeigt die ursprüngliche Implementierung zur Ermittlung der Premiumkunden als Pseudocode.

```
"Selektion der Kunden
SELECT * FROM scustom ...

    ...
    "Ermittlung der Meilen pro Kunde durch Wieder-
    "verwendung der Methode GET_MILES_FOR_CUSTOMER
    CALL METHOD GET_MILES_FOR_CUSTOMER(...)

        ...
        "Selektion der Buchungen für den Kunden
        SELECT * FROM sbook...

            ...
            "Selektion der Verbindungsstammdaten für die
            "Buchungen
            SELECT SINGLE * FROM spfli...

            ...
            "Einheitenumrechnung pro Buchung
            CALL FUNCTION 'UNIT_CONVERSION_SIMPLE'...

            ...
            "Auslesen der Customizings pro Buchung
            CALL METHOD GET_PARAMETER_VALUE(...)

            ...
            "Selektion der Stammdaten für den Kunden
            SELECT SINGLE * FROM scustom...

            ...
        ENDSELECT.
    ...
```

```
  ...
ENDSELECT.
```

Listing 8.1 Ursprüngliche Implementierung

Listing 8.2 zeigt das optimierte Coding für die Ermittlung der Premiumkunden.

Coding nach der
Optimierung

```
"Einmaliges Auslesen des Customizings
CALL METHOD GET_PARAMETER_VALUE(...)

"Auslesen aller Kunden, Buchungen und Stammdaten der
"Verbindungen über einen JOIN und unter Verwendung
"einer Feldleiste
SELECT... FROM scustom
  INNER JOIN sbook...
  INNER JOIN spfli...
  WHERE...
  ...
  "Berechnung der Meilen entsprechend dem ausgelesenen
  "Customizing
  IF class = 'C'.
    lv_miles = ...
  ELSEIF class = 'F'.
    lv_miles = ...
  ELSE.
    ...
  ENDIF.
  ...
  COLLECT ls_miles INTO lt_miles.
ENDSELECT.

"Einheitenumrechnung nur einmal pro Kunde und in der
"für diesen Kunden auftretenden Einheit
LOOP AT lt_miles INTO ls_miles.
  ...
  CALL FUNCTION 'UNIT_CONVERSION_SIMPLE'...
  ...
ENDLOOP.
```

Listing 8.2 Mit Open SQL optimiertes Coding

Die Ermittlung der Premiumkunden erfolgt trotz der Optimierung
weiter in ABAP, da sich die in Abschnitt 8.2.1, »Ausgangssituation«,
beschriebene Logik nicht mit Open SQL ausdrücken lässt.

8.3.6 Analyse der ersten Optimierung

Nun führen Sie das Programm ZR_A4H_CHAPTER8_TOP_CUST_1 aus. Das Programm läuft wesentlich schneller. Eine Laufzeitanalyse mit Transaktion STAD bestätigt die positive Auswirkung der vorgenommenen Änderungen (siehe Abbildung 8.10). Die Laufzeit beträgt jetzt nur noch 71 Sekunden. Der Datenbankanteil hat sich auf knapp 25 Sekunden reduziert. Es werden aber nach wie vor über 5,5 Millionen Datensätze von der Datenbank gelesen.

```
Analysis of time in work process

    CPU time              50.660 ms   Number    Roll ins          1
    RFC+CPIC time              0 ms             Roll outs         1
                                                Enqueues          0
    Total time in workprocs  71.474 ms
                                        Load time Program       0  ms
  ┌─Response time─────────── 71.474 ms─┐        Screen          0  ms
                                                CUA interf.     0  ms
    Wait for work process      0 ms
    Processing time       46.794 ms     Roll time Out           0  ms
    Load time                  0 ms               In            0  ms
    Generating time            0 ms               Wait          0  ms
    Roll (in+wait) time        0 ms
    Database request time 24.679 ms     Frontend  No.roundtrips  1
    Enqueue time               0 ms               GUI time      0  ms
                                                  Net time      0  ms


Analysis of ABAP/4 database requests (only explicitly by application)

    Connection          DEFAULT         Request time      24.679 ms
    Database requests total     14      Commit time           0 ms
    DB Proc. Calls               0      DB Proc. Time         0 ms

    Type of      Database           Buffer Database Request  Avg.time /
    ABAP request     rows Requests  rows   calls    time (ms) row (ms)

    Total        5201.342    14      11     359     24.679    0,0

    Direct read        0    10      10               0        0,0
    Sequential read 5201.342  4      1      359     24.679    0,0
    Update             0     0               0        0        0,0
    Delete             0     0               0        0        0,0
    Insert             0     0               0        0        0,0

    Note: Tables were saved in the tablebuffer.
```

Abbildung 8.10 Laufzeitstatistik nach der ersten Optimierung

Funktionsbausteinaufrufe Auch im ABAP-Trace (Transaktion SAT) sind die Verbesserungen deutlich zu sehen. In Abbildung 8.11 sehen Sie, dass der Funktionsbaustein UNIT_CONVERSION_SIMPLE nur noch einmal pro Kunde aufgerufen wurde (4.637-mal) und die Zugriffe auf die Tabellenpuffer nicht mehr so häufig ausgeführt wurden. Die Anzahl der von der Datenbank gelesenen Datensätze und der damit verbundene Aufwand in der Datenbankschnittstelle sind jedoch gleich geblieben.

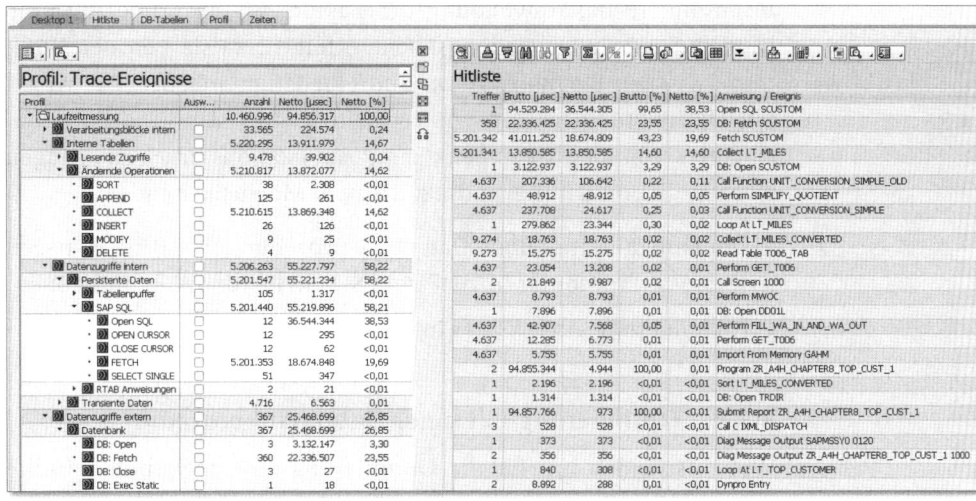

Abbildung 8.11 ABAP-Trace nach der ersten Optimierung

Auch der SQL-Trace in Transaktion ST05 zeigt die Verbesserung. Es wird jetzt ein Join verwendet, der nur einmal ausgeführt wird und alle Datensätze (über 5,5 Millionen) auf einmal in das Programm überträgt (siehe Abbildung 8.12).

Join zur Datensatzübertragung

Performance-Analyse: Strukturgleiche Anweisungen

Σ Ausführ.	Σ Redunda.	Identi...	Σ Dauer	Σ Anzahl Sätze	Dauer/Ausf	Sätze/A.	Dauer/Sa.	Dauer/Sa.	Länge	Puffer-T.	Tab-Typ	Objektname	Anweisung
30	4		25.326...	5.201.357									
1	0	0	25.231.042	5.201.341	25.231.042	5.201...	5	5	0	MULTI	TRANSP	SCUSTOM, SBO...	SELECT \<JOIN\>
1	0	0	29.616	1	29.616	1,0	29.616	29.616	600	DDIC	TRANSP	DD03L	SELECT WHERE
1	0	0	9.550	1	9.550	1,0	9.550	9.550	340		VIEW	TRDIR	SELECT WHERE
1	0	0	8.655	1	8.655	1,0	8.655	8.655	312		TRANSP	ABDBG_LISTENER	SELECT WHERE

Abbildung 8.12 SQL-Trace nach der ersten Optimierung

8.3.7 Ergebnis der Analyse

Die Analyse mit den Transaktionen STAD, SAT und ST05 zeigt, dass trotz des Umbaus immer noch über 5,2 Millionen Datensätze vom Datenbankserver zum Applikationsserver übertragen werden. Dies ist insbesondere damit zu begründen, dass einige Berechnungen auf Einzelbuchungsebene erfolgen. Momentan sind dies:

Einzelbuchungen

- ▶ Anwendung des Faktors für die Buchungsklasse
- ▶ Anwendung des Faktors für die frühe Buchung
- ▶ Anwendung des kundenindividuellen Rabattsatzes

Insbesondere die Anwendung des Faktors für die frühe Buchung kann nur auf Einzelbuchungsebene erfolgen, da sie von der Differenz zwischen Buchungsdatum und Flugdatum abhängt. Zur weiteren Optimierung müssen wir vermeiden, dass sämtliche Einzelbuchungen von der Datenbank zum Applikationsserver übertragen werden. Es gibt dafür grundsätzlich zwei Möglichkeiten:

▸ Implementierung einer Datenbankprozedur mit ABAP Managed Database Procedures (AMDP) und SQLScript (bzw. CE-Funktionen)

▸ Modellierung eines Views im SAP HANA Studio

8.3.8 Optimierung mit einer Datenbankprozedur

Wir entscheiden uns für die Optimierung des Programms mithilfe einer AMDP. Dazu erstellen Sie ein neues Programm ZR_A4H_CHAPTER8_TOP_CUST_2. Dieses Programm ruft die Methode GET_TOP_CUSTOMERS_2 auf. Diese Methode ruft die AMDP-Methode GET_TOP_CUSTOMERS der Klasse ZCL_A4H_CHAPTER8_TOP_CUST_AMDP auf, die in SQLScript implementiert ist (siehe Listing 8.3). Darin werden zunächst die Werte aus dem Customizing gelesen und in Variablen gespeichert, die im folgenden Schritt benötigt werden. Anschließend werden die Buchungen gelesen und die Zuschläge für die Buchungsklassen sowie die Frühbuchungen (Werte aus dem Customizing) berechnet. Die Daten werden pro Kunde und Einheit für die geflogene Strecke unter Berücksichtigung des Abschlags für eventuelle Rabatte aggregiert. Anschließend wird eine Umrechnung aller Entfernungen in Meilen durchgeführt. Schließlich werden die Top-Kunden ermittelt und in die Rückgabestruktur der Prozedur übergeben. So werden schließlich nur die benötigten Daten der Top-Kunden an den ABAP-Applikationsserver übertragen.

```
METHOD get_top_customers
BY DATABASE PROCEDURE FOR HDB LANGUAGE SQLSCRIPT
    USING za4h_c8_params scustom sbook spfli.

    declare lv_factor_c decimal := 0;
    declare lv_factor_f decimal := 0;
    declare lv_earlyb_d integer := 0;
    declare lv_earlyb_f decimal := 0;

/* Get the customizing */
select value into lv_factor_c from za4h_c8_params
where mandt = :iv_mandt and name = 'FACTOR_C';
```

```
select value into lv_factor_f from za4h_c8_params
where mandt = :iv_mandt and name = 'FACTOR_F';
select value into lv_earlyb_d from za4h_c8_params
where mandt = :iv_mandt and name = 'EARLYB_D';
select value into lv_earlyb_f from za4h_c8_params
where mandt = :iv_mandt and name = 'EARLYB_F';

/* Calculate the miles and read additional data
which is needed later */
lt_miles = select s.mandt as mandt, s.id as customer_id,
s.discount as discount, i.distid as miles_unit,
( case b.class when 'Y' then i.distance
  when 'C' then i.distance * :lv_factor_c
  when 'F' then i.distance * :lv_factor_f end )
as miles_with_factor,
( case when days_between(b.order_date, b.fldate)
< :lv_earlyb_d then 0
  when days_between(b.order_date, b.fldate)
>= :lv_earlyb_d then i.distance * :lv_earlyb_f end )
as miles_earlyb
from scustom as s
inner join sbook as b ON b.mandt = s.mandt
and b.customid = s.id
inner join spfli as i ON i.mandt = b.mandt
and i.carrid = b.carrid and i.connid = b.connid
                    where s.mandt = :iv_mandt
                        and b.fldate >= :iv_date_from
                        and b.fldate <= :iv_date_to
                        and b.cancelled != 'X';

/* Aggregate the data and consider the discount */
lt_miles_aggregated = select mandt, customer_id,
miles_unit as unit_code,
sum( ( miles_with_factor + miles_earlyb ) * ( 100 -
discount ) / 100 ) as unit_value
from :lt_miles
group by mandt, customer_id, miles_unit;

/* Do the conversion    */
lt_miles_converted = CE_CONVERSION(
          :lt_miles_aggregated,
          [ error_handling = 'set to null',
          client = :iv_mandt,
          family = 'unit',
          method = 'ERP',
          erp_rate_lookup = 'ERP_DIMENSION_ONLY',
          target_unit = 'MI',
          source_unit_column = "UNIT_CODE",
          output_unit_column = "UNIT_CODE_CONVERTED",
```

```
                    output = 'input,converted,output_unit' ],
                [ "UNIT_VALUE" as "UNIT_VALUE_CONVERTED" ]
           );
/* Fill the output parameter     */
et_top_customer = select top :iv_number customer_id,
s.name, sum(round(unit_value_converted, 0)) as miles,
unit_code_converted as miles_unit
from :lt_miles_converted as c
inner join scustom as s on s.mandt = c.mandt
and s.id = c.customer_id
group by customer_id, name, unit_code_converted
order by miles desc;

ENDMETHOD.
```

Listing 8.3 AMDP-Methode GET_TOP_CUSTOMERS

8.3.9   Analyse nach der zweiten Optimierung

Die Analyse nach der zweiten Optimierung beginnen wir wieder mit der Transaktion STAD. In Abbildung 8.13 sehen Sie, dass die Laufzeit jetzt nur noch 2,3 Sekunden beträgt und nahezu vollständig von der Zeit auf der Datenbank bestimmt wird. Es wurden nur noch elf Datensätze übertragen.

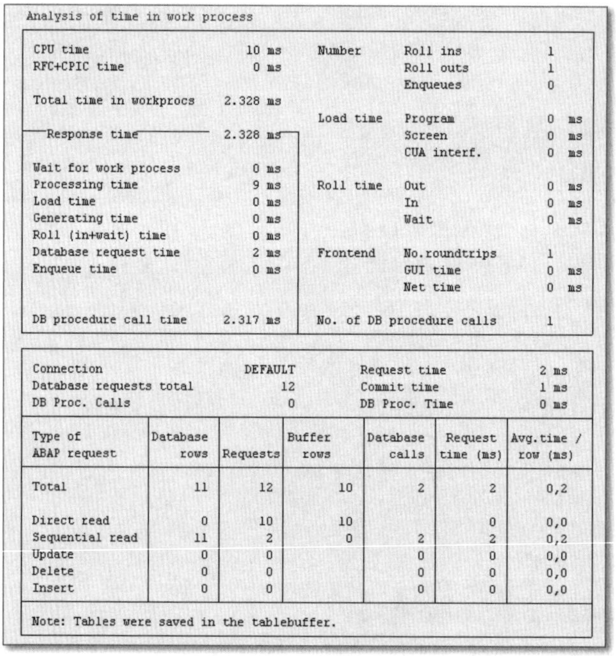

Abbildung 8.13 Laufzeitstatistik nach der zweiten Optimierung

Aggregierte Datensätze

Bei den Tabellenzugriffen (siehe Abbildung 8.14) sehen Sie, dass von der Methode `ZCL_A4H_CHAPTER8_TOP_CUST_AMDP=>GET_TOP_CUSTOMERS` nur noch zehn Datensätze gelesen werden. Dabei handelt es sich um das aggregierte Endergebnis.

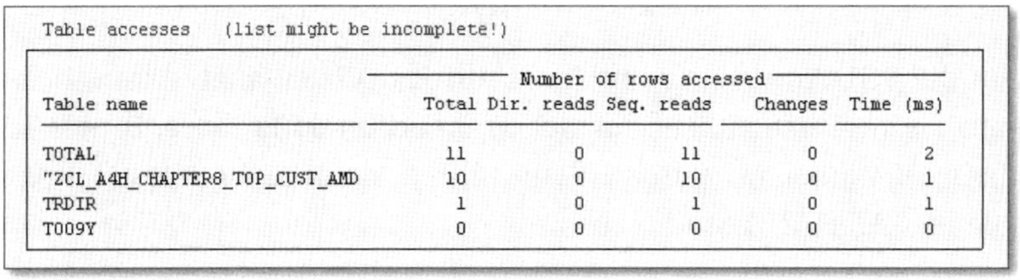

Table accesses (list might be incomplete!)

	Number of rows accessed				
Table name	Total	Dir. reads	Seq. reads	Changes	Time (ms)
TOTAL	11	0	11	0	2
"ZCL_A4H_CHAPTER8_TOP_CUST_AMD	10	0	10	0	1
TRDIR	1	0	1	0	1
T009Y	0	0	0	0	0

Abbildung 8.14 Laufzeitstatistik – Tabellenzugriffe

Programmlaufzeit in Datenbank verschoben

Aufgrund der kleineren Ergebnismenge hat sich die Anzahl der Aufrufe der internen Datenbankanweisungen im ABAP-Programm drastisch reduziert. Wie Sie mithilfe des ABAP-Traces (siehe Abbildung 8.15) erkennen können, liegt die Laufzeit des Programms fast komplett in der Datenbank (98 %).

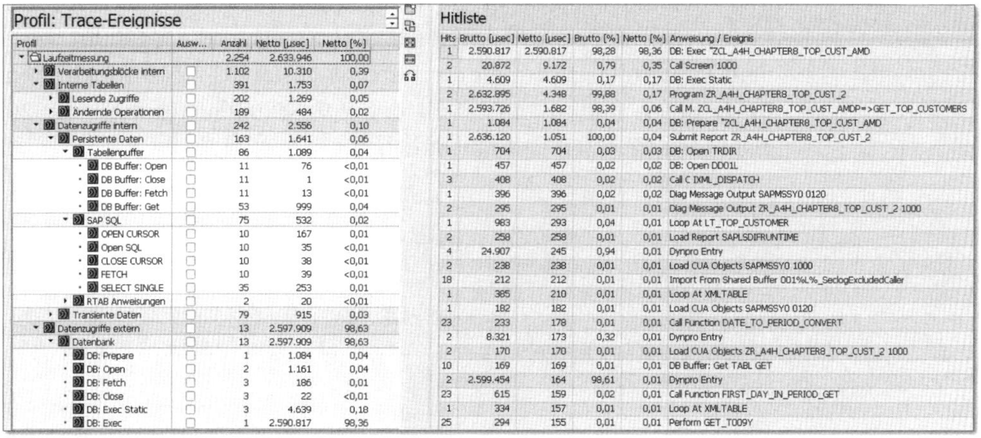

Profil: Trace-Ereignisse

Profil	Ausw...	Anzahl	Netto [µsec]	Netto [%]
Laufzeitmessung		2.254	2.633.946	100,00
Verarbeitungsblöcke intern		1.102	10.310	0,39
Interne Tabellen		391	1.753	0,07
Lesende Zugriffe		202	1.269	0,05
Ändernde Operationen		189	484	0,02
Datenzugriffe intern		242	2.556	0,10
Persistente Daten		163	1.641	0,06
Tabellenpuffer		86	1.089	0,04
DB Buffer: Open		11	76	<0,01
DB Buffer: Close		11	1	<0,01
DB Buffer: Fetch		11	13	<0,01
DB Buffer: Get		53	999	0,04
SAP SQL		75	532	0,02
OPEN CURSOR		10	167	0,01
Open SQL		10	35	<0,01
CLOSE CURSOR		10	38	<0,01
FETCH		10	39	<0,01
SELECT SINGLE		35	253	0,01
RTAB Anweisungen		2	20	<0,01
Transiente Daten		79	915	0,03
Datenzugriffe extern		13	2.597.909	98,63
Datenbank		13	2.597.909	98,63
DB: Prepare		1	1.084	0,04
DB: Open		2	1.161	0,04
DB: Fetch		3	186	0,01
DB: Close		3	22	<0,01
DB: Exec Static		3	4.639	0,18
DB: Exec		1	2.590.817	98,36

Hitliste

Hits	Brutto [µsec]	Netto [µsec]	Brutto [%]	Netto [%]	Anweisung / Ereignis
1	2.590.817	2.590.817	98,28	98,36	DB: Exec "ZCL_A4H_CHAPTER8_TOP_CUST_AMD
2	20.872	9.172	0,79	0,35	Call Screen 1000
1	4.609	4.609	0,17	0,17	DB: Exec Static
2	2.632.895	4.348	99,88	0,17	Program ZR_A4H_CHAPTER8_TOP_CUST_2
1	2.593.726	1.682	98,39	0,06	Call M. ZCL_A4H_CHAPTER8_TOP_CUST_AMDP=>GET_TOP_CUSTOMERS
1	1.084	1.084	0,04	0,04	DB: Prepare "ZCL_A4H_CHAPTER8_TOP_CUST_AMD
1	2.636.120	1.051	100,00	0,04	Submit Report ZR_A4H_CHAPTER8_TOP_CUST_2
1	704	704	0,03	0,03	DB: Open TRDIR
1	457	457	0,02	0,02	DB: Open DD01L
3	408	408	0,02	0,02	Call C IXML_DISPATCH
1	396	396	0,02	0,02	Diag Message Output SAPMSSY0 0120
2	295	295	0,01	0,01	Diag Message Output ZR_A4H_CHAPTER8_TOP_CUST_2 1000
1	983	293	0,04	0,01	Loop At LT_TOP_CUSTOMER
2	258	258	0,01	0,01	Load Report SAPLSDIFRUNTIME
4	24.907	245	0,94	0,01	Dynpro Entry
2	238	238	0,01	0,01	Load CUA Objects SAPMSSY0 1000
18	212	212	0,01	0,01	Import From Shared Buffer 001%L%_SeclogExcludedCaller
1	385	210	0,01	0,01	Loop At XMLTABLE
1	182	182	0,01	0,01	Load CUA Objects SAPMSSY0 0120
23	233	178	0,01	0,01	Call Function DATE_TO_PERIOD_CONVERT
2	8.321	173	0,32	0,01	Dynpro Entry
2	170	170	0,01	0,01	Load CUA Objects ZR_A4H_CHAPTER8_TOP_CUST_2 1000
10	169	169	0,01	0,01	DB Buffer: Get TABL GET
2	2.599.454	164	98,61	0,01	Dynpro Entry
23	615	159	0,02	0,01	Call Function FIRST_DAY_IN_PERIOD_GET
1	334	157	0,01	0,01	Loop At XMLTABLE
25	294	155	0,01	0,01	Perform GET_T009Y

Abbildung 8.15 ABAP-Trace nach der zweiten Optimierung

Singulärer Zugriff

Auch der SQL-Trace in Transaktion ST05 (siehe Abbildung 8.16) bestätigt das gute Ergebnis. Auch dort sehen Sie, dass nur noch ein Zugriff auf die Methode `ZCL_A4H_CHAPTER8_TOP_CUST_AMDP=>GET_TOP_CUSTOMERS` stattfindet. Wie bereits geschrieben, werden bei diesem Zugriff nur zehn Datensätze übertragen.

Performance-Analyse: Strukturgleiche Anweisungen													
Σ Ausführ.	ΣRedunda.	Identi	Σ	Dauer	Σ Sätze	Dauer/Ausf	Sätze/A.	Dauer/Satz	Dauer/Satz	Länge	Puffer-T	Tab-Typ	Objektname	Anweisung
18	3		2.321.485		18								
1	0	0	2.306.720		0	2.306.720	0,0	2.306.720	2.306.720	0			"ZCL_A4H_CHAP.	CALL "ZCL_A4H_CHAPTER8_TOP_CUST_AMDP=>GET_TOP_CUSTOMERS#
3	2	67	3.676		0	1.225	0,0	1.225	1.136	0				COMMIT WORK ON CONNECTION 0
2	1	50	2.773		2	1.387	1,0	1.387	802	342		VIEW	PROGDIR	SELECT WHERE "NAME" = ? AND "STATE" = ?

Abbildung 8.16 SQL-Trace nach der zweiten Optimierung

SQL-Anweisung anzeigen

Um die SQL-Anweisung im Detail mit PlanViz zu analysieren, nehmen Sie nun den Aufruf aus der Transaktion ST05 der z. B. wie in Listing 8.4 aussieht. Anschließend führen Sie diese in der SQL-Konsole im SAP HANA Studio aus.

```
CALL  "ZCL_A4H_CHAPTER8_TOP_CUST_AMDP=>GET_TOP_CUSTOMERS#
stb2#20150614202022"  ('001',10,'20130701','20150630')
```

Listing 8.4 Aufruf der Prozedur

Analytical Search und CPU-Zeit

In Abbildung 8.17 sehen Sie das Ergebnis der Auswertung im PlanViz. Sie erkennen, dass eine sogenannte *Analytical Search* ausgeführt wurde. Das bedeutet, dass die OLAP Engine benutzt wurde. Für die jeweiligen Knoten werden Ihnen die Laufzeit und die CPU-Zeit in Mikrosekunden angezeigt. Da die CPU-Zeit höher ist als die Laufzeit, bedeutet dies, dass die jeweiligen Knoten parallel ausgeführt wurden. Es wurden also mehrere Threads gestartet, die auf mehreren CPUs liefen und so innerhalb der 2,9 Sekunden Laufzeit ca. 20 Sekunden CPU-Zeit verbraucht haben.

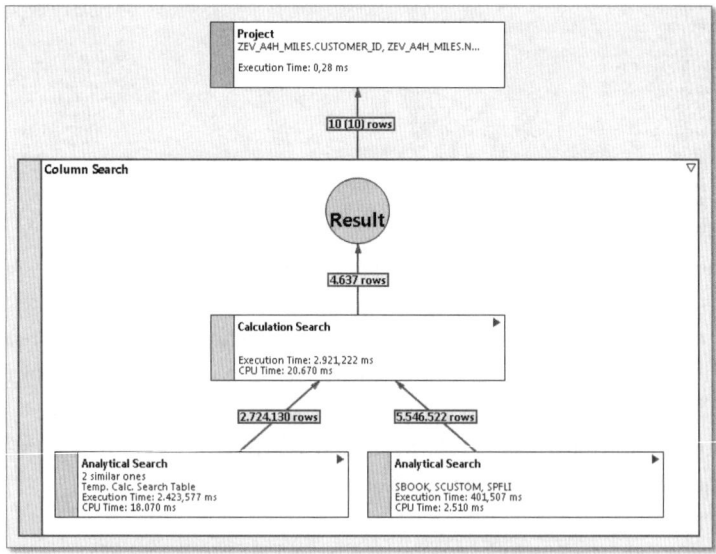

Abbildung 8.17 PlanViz

| **Beispielausführungszeiten** | **[«]** |

Bitte beachten Sie, dass unser Programmbeispiel und seine optimierten Versionen auf einem kleinen System in der Cloud liefen und ihnen keine sehr leistungsfähige Hardware zugrunde lag. Würden Sie diese Beispiele auf einem leistungsfähigeren System laufen lassen, läge die Laufzeit der Prozedur bei 1 Sekunde oder darunter, da bei leistungsfähigen Systemen noch mehr CPUs zur Verfügung stehen.

8.3.10 Ergebnis der Analyse

Wir haben die Ermittlung der Premiumkunden in zwei Schritten optimiert:

Laufzeitverbesserung

▸ Durch Optimierung mit Open SQL konnten wir die Laufzeit von 547 Sekunden auf 71 Sekunden verbessern. Das entspricht etwa einem Faktor von 7,5.

▸ Mit der anschließenden Optimierung auf Basis einer Datenbankprozedur haben wir die Laufzeit auf 2,3 Sekunden verbessert. Das entspricht (bezogen auf die ursprüngliche Laufzeit) etwa einem Faktor von 230.

Durch die Optimierung des Programms und des Datenbankzugriffs kann die Ermittlung der Premiumkunden nun signifikant schneller durchgeführt werden. In Abbildung 8.18 sind die Laufzeiten grafisch dargestellt.

Diese Verbesserung erlaubt den Einsatz in Dialogprogrammen und eröffnet komplett neue Möglichkeiten. So kann die Datenbankprozedur z. B. im Rahmen von Planungen und Simulationen eingesetzt werden, um zu analysieren, welche Auswirkungen geänderte Parameter zur Meilenberechnung haben.

Fazit

Mit diesem Beispielszenario haben wir Folgendes veranschaulicht:

▸ wie Sie die in Kapitel 7, »Laufzeit- und Fehleranalyse auf SAP HANA«, vorgestellten Werkzeuge zur Optimierung einsetzen

▸ dass Sie auch mit Open SQL und durch gute ABAP-Programmierung schnelle Programme schreiben können

▸ dass zum Teil Performancegewinne nur durch Verwendung nativer Funktionen aus SAP HANA möglich sind

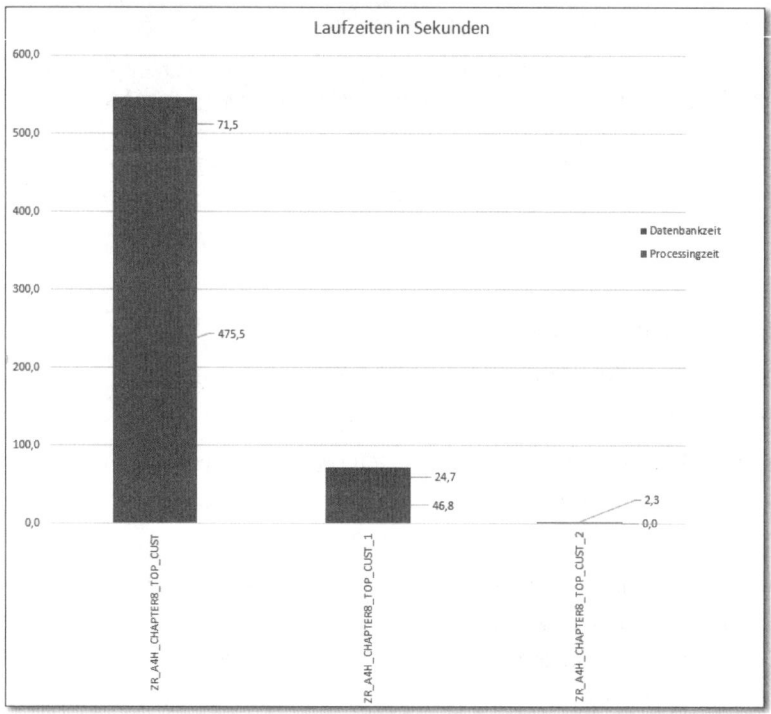

Abbildung 8.18 Übersicht über die Laufzeiten

Sie können nun auch die restlichen Programme des Pakets TEST_A4H_ BOOK_CHAPTER08 weiter untersuchen und versuchen, diese durch Ausnutzung der technischen Möglichkeiten zu beschleunigen.

TEIL III

Fortgeschrittene Techniken für die ABAP-Programmierung mit SAP HANA

Mithilfe von SAP HANA können Sie transaktionale Anwendungen um analytische Fähigkeiten erweitern. Dabei steht Ihnen eine Vielzahl von Technologien und Werkzeugen zur Verfügung, mit denen Sie häufig analytische Funktionen ergänzen können, ohne viel programmieren zu müssen.

9   Integration analytischer Funktionalität

Bereits in Kapitel 1, »SAP HANA im Überblick«, haben Sie gelesen, dass es ein Versprechen von SAP HANA ist, transaktionale und analytische Funktionalität in einer Anwendung zu kombinieren bzw. bestehende transaktionale Anwendungen um analytische Fähigkeiten zu erweitern. In diesem Kapitel beschäftigen wir uns etwas tiefer gehend mit diesem Thema. Dies ist aus unserer Sicht wichtig, damit Sie nicht in die Eigenentwicklung analytischer Funktionalität investieren, die Ihnen *out of the box* ohnehin zur Verfügung stünde.

Im Rahmen einer kurzen Einführung erläutern wir zunächst einige in diesem Zusammenhang wesentliche Begriffe. Anschließend geben wir Ihnen einen Überblick über das SAP-BusinessObjects-Portfolio und erläutern Ihnen die Möglichkeiten, die Ihnen die *Analytic Engine* des *SAP Business Warehouse* bietet. Zu guter Letzt beschreiben wir zwei mögliche Architekturen zur Erweiterung transaktionaler, ABAP-basierter Systeme um analytische Fähigkeiten sowie deren Vor- und Nachteile.

Auf Details zu den vorgestellten Technologien und Werkzeugen müssen wir aus Platzgründen häufig verzichten. Sie werden nach der Lektüre dieses Kapitels daher nicht von jeder Möglichkeit zur Integration analytischer Funktionalität in eine transaktionale Anwendung unmittelbar Gebrauch machen können.

9.1 Was ist analytische Funktionalität?

Zum Verständnis der in diesem Kapitel beschriebenen Möglichkeiten ist es wichtig, dass Sie wissen, was wir unter *analytischer Funktionalität* verstehen und wie sich die Integration analytischer Funktionalität in transaktionale Anwendungen von einem *Data Warehouse* abgrenzt.

Berichtswesen vs. Datenanalysen Analytische Funktionalität ist mehr als nur Berichtswesen (*Reporting*). Das Berichtswesen hilft Ihnen, Daten darzustellen und aufzubereiten. Die Datenanalyse soll Ihnen darauf aufbauend helfen, Zusammenhänge und Ursachen zu erkennen sowie letztlich eine Handlung abzuleiten (*Insight to Action*). Diese Handlung hat idealerweise eine positive Auswirkung auf Ihr Unternehmen (z. B. höhere Erlöse, niedrigere Kosten, verbesserte Kundenbindung). Abbildung 9.1 veranschaulicht den Zusammenhang dieser Begriffe.

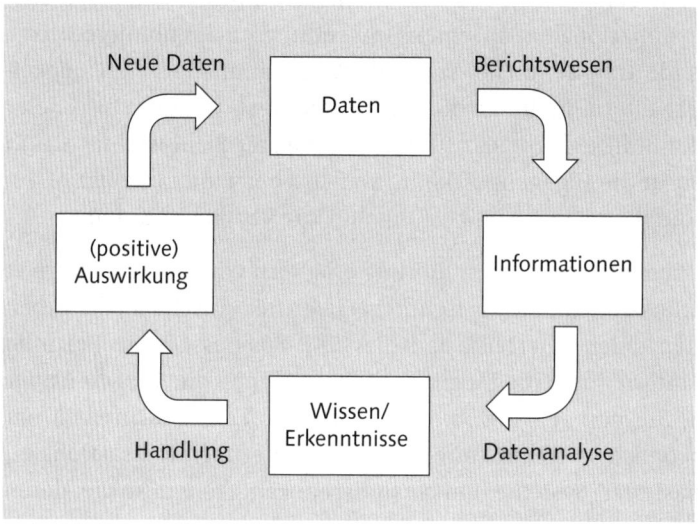

Abbildung 9.1 Analytische Funktionalität im Überblick

Ebenen von Berichtswesen und Datenanalyse

Berichtswesen und Datenanalyse können auf verschiedenen Ebenen stattfinden (siehe Abbildung 9.2):

▸ **Strategische Ebene**
Die strategische Ebene beschäftigt sich mit grundsätzlichen Fragestellungen, die langfristig Auswirkungen auf ein Unternehmen haben. Mögliche strategische Fragestellungen – um beim in den vorangegangenen Kapiteln verwendeten Beispiel des SFLIGHT-

Datenmodells zu bleiben – für eine Fluggesellschaft sind: Welche Flugverbindungen sollten ausgebaut werden? Wie sollte das Bonusmeilenprogramm weiterentwickelt werden?

▸ **Taktische Ebene**

Auf taktischer Ebene werden Fragestellungen beleuchtet, die das Unternehmen oder einzelne Unternehmensbereiche mittelfristig beeinflussen. Mögliche taktische Fragestellungen sind: Wie sind die Ticketpreise zum ersten Januar des kommenden Jahres anzupassen, wenn sich der Kerosinpreis ähnlich wie in den letzten drei Monaten entwickelt? Welche Auswirkung hat die neue Luftverkehrssteuer auf das Betriebsergebnis der nächsten drei Jahre?

▸ **Operative Ebene**

Kurzfristige Fragen des Tagesgeschäfts beantwortet die operative Ebene. Mögliche operative Fragestellungen sind: Welche Produkte des Duty-free-Sortiments sollten aufgrund fehlender Nachfrage ersetzt werden? Durch Ansprache welcher Kunden könnte die Auslastung der Business Class auf einer bestimmten Flugverbindung kurzfristig verbessert werden?

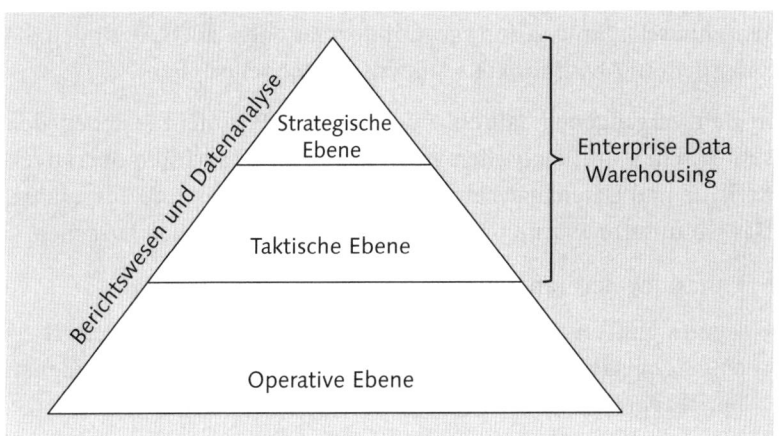

Abbildung 9.2 Ebenen des Berichtswesens und der Datenanalyse

Während für Reporting und Datenanalyse auf strategischer und taktischer Ebene ein (geringer) Zeitversatz bei der Datenbereitstellung in der Regel kein Problem darstellt und sich unter Umständen auch gar nicht vermeiden lässt, da auf diesen Ebenen oft Daten aus verschiedenen Systemen konsolidiert werden müssen, ist auf operativer Ebene die latenzfreie Bereitstellung der Daten häufig von entscheidender Bedeutung. Stellen Sie sich dazu vor, dass ein Mitarbeiter

Zeitversatz für Datenbereitstellung

eines Reisebüros mit einem Kunden telefoniert, der einen Flug buchen möchte. Idealerweise kennt der Mitarbeiter nicht nur die aktuelle Auslastung des gewünschten Fluges, sondern kann dem Kunden auch alternative Flüge an anderen Tagen und zu eventuell besseren Konditionen anbieten. Ebenso sollte der Mitarbeiter wissen, wie viele Status- und Bonusmeilen der Kunde aktuell hat, welche Rabatte ihm zustehen etc. Ein Zeitversatz bei der Datenbereitstellung ist in diesem Beispiel nicht akzeptabel.

OLTP und OLAP
Häufig nutzen Unternehmen heute neben *transaktionalen Systemen* zur Durchführung der Geschäftsprozesse (also z. B. SAP ERP) separate *analytische Systeme*, sogenannte *Data Warehouses* (also z. B. SAP Business Warehouse). Die transaktionalen Systeme sind Systeme für das *Online Transaction Processing* (OLTP). Als Synonym für analytische Systeme wird oft *Online Analytical Processing* (OLAP) verwendet. Letzteres ist nur bedingt richtig, denn während OLAP mehrdimensionale Analysen auf einem Sternschema beschreibt, können Daten in einem Data Warehouse auch in flachen Datenbanktabellen organisiert vorliegen (bei SAP Business Warehouse z. B. in Form sogenannter *ODS-Objekte*, siehe Abschnitt 9.3, »Exkurs: SAP Business Warehouse«). Einige Hintergrundinformationen zu OLAP finden Sie außerdem in Abschnitt 4.4 »Analytische Modelle«.

Nutzung für operative Szenarien
In den vergangenen Jahren wurden im SAP-Umfeld – neben den strategischen und taktischen Analysen – häufig auch die operativen Berichte und Datenanalysen in SAP Business Warehouse ausgeführt. Das hat unseres Erachtens unter anderem die folgenden Ursachen:

▸ Entlastung der transaktionalen Systeme

▸ keine signifikante Weiterentwicklung von Report Painter, Recherche, Logistikinformationssystem und anderen vorhandenen Berichtswerkzeugen innerhalb der transaktionalen Systeme

▸ umfangreicher BI-Content (d. h. vorkonfigurierte Datentransformationen und Informationsmodelle für SAP Business Warehouse)

Für die Endbenutzer standen daher nicht immer alle benötigten Daten in Echtzeit, sondern nur mit einem Zeitversatz zur Verfügung.

Analysen on the fly
Heute haben Sie die Chance, das operative Berichtswesen dorthin zurückzubringen, wohin es gehört: in die transaktionalen Systeme. Analysen, die früher nur über Nacht und nach diversen Datentransformationen möglich waren, können nun auf den Originaldaten *on*

the fly durchgeführt und z. B. unter Einsatz der Werkzeuge des *SAP-BusinessObjects-Portfolios* dargestellt werden.

9.2   Das SAP-BusinessObjects-Portfolio

Das SAP-BusinessObjects-Portfolio gibt Ihnen zahlreiche Werkzeuge für die verschiedenen Ebenen des Berichtswesens an die Hand. Die Werkzeuge haben unterschiedliche Einsatzgebiete sowie jeweils spezifische Vor- und Nachteile. Eine detaillierte Beschreibung aller Werkzeuge würde den Umfang dieses Kapitels sprengen. Wir beschränken uns daher darauf, die Werkzeuge zu kategorisieren und im Überblick zu beschreiben.

Wir unterteilen die Werkzeuge des SAP-BusinessObjects-Portfolios entsprechend Tabelle 9.1 in drei Kategorien: Berichtswesen, Datenanalyse und Datenexploration.

Kategorisierung

Berichtswesen	Datenanalyse	Datenexploration
SAP Crystal Reports	SAP BusinessObjects Analysis, Edition for Microsoft Office	SAP Business Explorer (SAP BEx)
SAP BusinessObjects Web Intelligence	SAP BusinessObjects Analysis, Edition for OLAP	SAP Lumira
SAP BusinessObjects Dashboards		
SAP BusinessObjects Design Studio		

Tabelle 9.1 SAP-BusinessObjects-Portfolio im Überblick

Berichtswesen

Die Werkzeuge für das Berichtswesen helfen Ihnen, Daten zusammenzutragen und aufzubereiten. Das sicherlich bekannteste Werkzeug in diesem Zusammenhang ist *SAP Crystal Reports*. Hiermit können Sie formatierte Berichte erstellen sowie – falls notwendig – pixelgenau formatieren und drucken. Es ist der De-facto-Standard für formatiertes Berichtswesen.

SAP Crystal Reports

Abbildung 9.3 zeigt die Vorschau eines mit SAP Crystal Reports erstellten Berichts, der die Umsätze der Fluggesellschaften nach Verbindung aufschlüsselt.

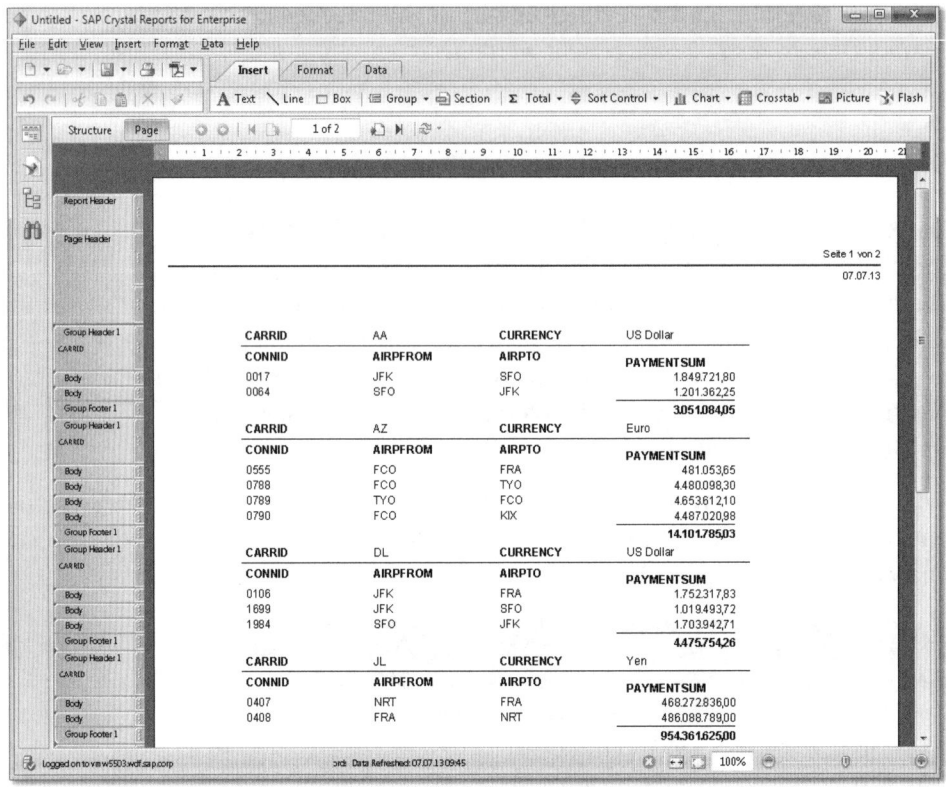

Abbildung 9.3 Bericht in SAP Crystal Reports

Web Intelligence

SAP BusinessObjects Web Intelligence ermöglicht Ihnen ebenfalls, formatierte Berichte zu erzeugen. Es stellt Ihnen allerdings nicht die gleichen umfangreichen Formatierungs- und Druckmöglichkeiten wie in SAP Crystal Reports zur Verfügung. Dafür ist das Werkzeug im Vergleich zu SAP Crystal Reports besser geeignet, wenn Endanwender aus den Fachabteilungen selbst Berichte erstellen möchten (*Self-Service Business Intelligence*).

Dashboards

Dashboards verdichten wichtige Kennzahlen für Entscheidungsträger. *SAP BusinessObjects Dashboards* stellt Ihnen verschiedenste Komponenten zur Visualisierung ansprechender Dashboards zur Verfügung. Die Dashboards erlauben *What-if-Szenarien* und stehen bei Bedarf offline zur Verfügung. Während SAP BusinessObjects Dashboards weiterhin gewartet und stellenweise verbessert wird, ist *SAP BusinessObjects Design Studio* das von SAP empfohlene und strategische Werkzeug zur Erstellung von Dashboards (wir beschreiben dieses kurz im nächsten Abschnitt).

Datenanalyse

Damit kommen wir zu den Werkzeugen für die Datenanalyse. *SAP BusinessObjects Analysis, Edition for Microsoft Office*, erlaubt Ihnen, einen mehrdimensionalen Datenbestand interaktiv und auf Basis von Microsoft Excel zu analysieren. Damit eignet sich dieses Werkzeug in besonderer Weise für Mitarbeiter der Fachabteilungen, die häufig im Umgang mit Microsoft Excel geübt sind. Analysis, Edition for Microsoft Office, ist ähnlich konzipiert wie der *BEx Analyzer*, bietet aber mehr Funktionen und eine höhere Benutzerfreundlichkeit. Neben Microsoft Excel erlaubt es auch die Einbettung von Daten in Microsoft PowerPoint.

Analysis, Edition for MS Office

Abbildung 9.4 zeigt die Aufbereitung einer BW Query mit Analysis, Edition for Microsoft Office.

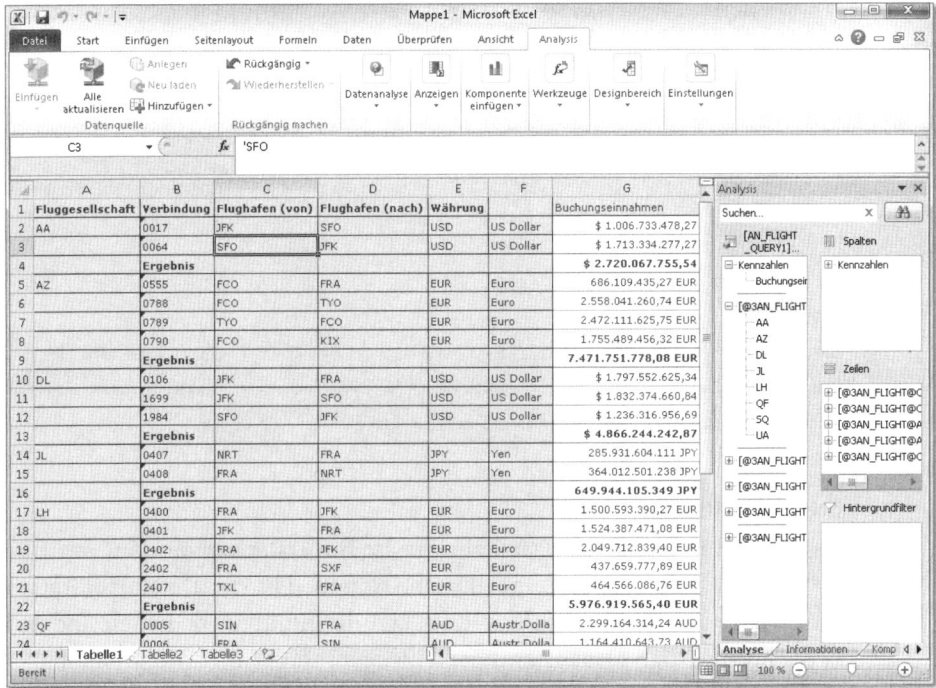

Abbildung 9.4 Analysis, Edition for Microsoft Office

Die webbasierte Variante zur Analyse eines mehrdimensionalen Datenbestands ist *SAP BusinessObjects Analysis, Edition for OLAP*. Alternativ können Sie zur Analyse mehrdimensionaler Datenbestände auch *SAP BusinessObjects* Design Studio verwenden.

Analysis, Edition for OLAP

SAP
BusinessObjects
Design Studio

SAP BusinessObjects Design Studio ist ein Werkzeug zur Erstellung analytischer Applikationen und Dashboards. Mithilfe des Design Studios können Sie analytische Applikationen und Dashboards pixelgenau erstellen. Es stellt Ihnen verschiedenste Diagramme und ein umfangreiches *Theming* zur Verfügung. Außerdem unterstützt es auch mobile Szenarien.

Abbildung 9.5 zeigt den Entwurf einer einfachen analytischen Applikation auf Basis des Design Studios.

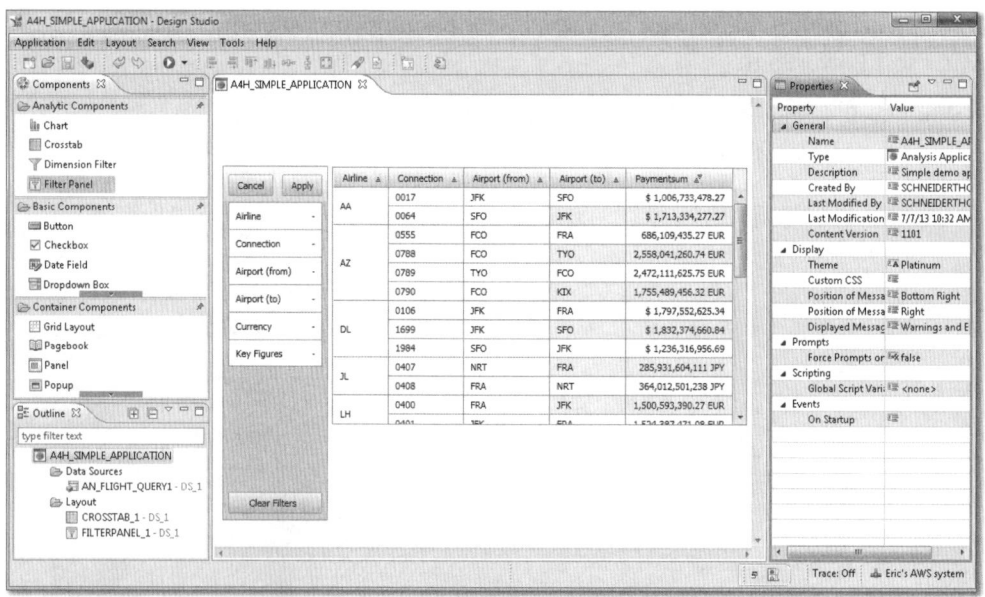

Abbildung 9.5 SAP BusinessObjects Design Studio

Datenexploration

SAP Business-
Objects Explorer
und SAP Lumira

Ein Sonderfall der Datenanalyse ist die Datenexploration, also die interaktive Analyse eines Datenbestands. Für die Datenexploration benötigen Endanwender Werkzeuge, die intuitiv zu bedienen sind und hochwertige Visualisierungen erzeugen. Das SAP-Portfolio beinhaltet zwei Werkzeuge: SAP Business Explorer (SAP BEx) und SAP Lumira. Während der SAP Business Explorer weiterhin gewartet und stellenweise verbessert wird, ist SAP Lumira das von SAP empfohlene und strategische Werkzeuge zur Datenexploration.

Für weiterführende Informationen möchten wir auf folgende Informationsquellen verweisen:

▸ Im SAP Community Network und SAP Service Marketplace finden Sie vollständige Informationen zu den verschiedenen Produkten des SAP-BusinessObjects-Portfolios und deren Roadmaps.

▸ Das Buch *Reporting mit SAP BW und SAP BusinessObjects* von Thorsten Kessler et al. (SAP PRESS 2014) betrachtet die verschiedenen Werkzeuge umfassend.

▸ Im Web finden Sie viele nützliche Informationen, z. B. unter *http://blogs.sap.com/analytics/2014/06/25/run-simple-convergence-of-the-sap-businessobjects-bi-product-portfolio/*.

9.3   Exkurs: SAP Business Warehouse

Zwei Fragen, die regelmäßig auftreten, sind: Ersetzt SAP HANA das SAP Business Warehouse? Stimmt es, dass jeder SAP NetWeaver AS ABAP BW-Funktionalität enthält? Auf diese beiden Fragen möchten wir in diesem Abschnitt eingehen.

9.3.1   SAP HANA vs. SAP Business Warehouse

Auf die Frage, ob SAP HANA das SAP Business Warehouse ersetzt, gibt es eine klare Antwort: Nein. SAP HANA ist zwar mehr als eine Datenbank, jedoch für sich allein noch kein Data Warehouse.

Einige Szenarien, die in der Vergangenheit über das SAP Business Warehouse abgebildet wurden, werden zukünftig ohne dieses Data Warehouse auskommen. Anstatt für diese Szenarien ETL-Prozesse einzurichten, nutzen Sie die Originaldaten der transaktionalen Systeme (falls SAP HANA die Primärdatenbank ist) oder replizieren benötigte Daten mittels der in Abschnitt 1.1.5, »Zusatzoptionen«, beschriebenen Replikationsmöglichkeiten in eine sekundäre HANA-Datenbank (d. h., Sie nutzen SAP HANA als Data Mart).

Andere Szenarien werden auch in Zukunft von den Möglichkeiten eines Data Warehouse profitieren. Durch den Einsatz des SAP Business Warehouse (auf Basis einer traditionellen oder der HANA-Datenbank) können Sie z. B.:

Vorteile eines Data Warehouse

▸ Last von den transaktionalen System nehmen

▸ Datenmodelle aufbauen, die insbesondere für strategische und taktische Berichte und Datenanalysen besser geeignet sind als die Originaldaten

▸ Daten aus verschiedenen Datenquellen harmonisieren und integrieren

▸ historische Daten vorhalten, ohne die transaktionalen Systeme mit diesen zu belasten

Aus unserer Sicht bietet sich der Einsatz von SAP HANA anstelle des SAP Business Warehouse insbesondere für operative Berichte und Datenanalysen sowie unter Umständen für Systemlandschaften an, in denen heute nur ein einziges transaktionales System an das Data Warehouse angeschlossen ist. Für Enterprise Data Warehousing auf taktischer und strategischer Ebene empfehlen wir auch weiterhin die Nutzung des SAP Business Warehouse (wenn möglich, auf Basis von SAP HANA).

BW-Funktion
im AS ABAP

Das bringt uns zur zweiten Frage: Stimmt es, dass jeder SAP Net-Weaver AS ABAP BW-Funktionalität enthält? Die Antwort auf diese Frage ist: Ja. Jeder SAP NetWeaver AS ABAP enthält ab Release 6.40 die Softwarekomponente SAP_BW. Damit ist in jedem aktuellen ABAP-System, z. B. auch in SAP ERP oder SAP CRM, die *Analytic Engine* des SAP Business Warehouse enthalten. Und Sie können in SAP ERP oder SAP CRM – also direkt im OLTP-System – BW-Funktionalität nutzen. Im Gegensatz zum Enterprise Data Warehousing wird diese Nutzungsform von BW als *Embedded Reporting* bezeichnet und eignet sich insbesondere für operative Berichte und Datenanalysen. Die Nutzung von SAP Business Warehouse kann einige Vorteile mit sich bringen, wenn Sie transaktionale Anwendungen um analytische Fähigkeiten erweitern möchten. Auf diese Vorteile werden wir in Abschnitt 9.4, »Mögliche Architekturen im Überblick«, genauer eingehen. Vorher möchten wir Ihnen aber einige Grundbegriffe des SAP Business Warehouse erläutern und darauf eingehen, wie Sie über sogenannte *InfoProvider* auf Daten in SAP HANA zugreifen können.

9.3.2 Terminologie im Überblick

Damit Sie verstehen, wie Sie unter Nutzung sogenannter InfoProvider auf Daten in SAP HANA zugreifen können, müssen Sie einige Begriffe und Konzepte des SAP Business Warehouse kennen. Falls Sie noch nie mit dem SAP Business Warehouse gearbeitet haben, können Sie sich in Abbildung 9.6 einen Überblick über wesentliche Begriffe verschaffen.

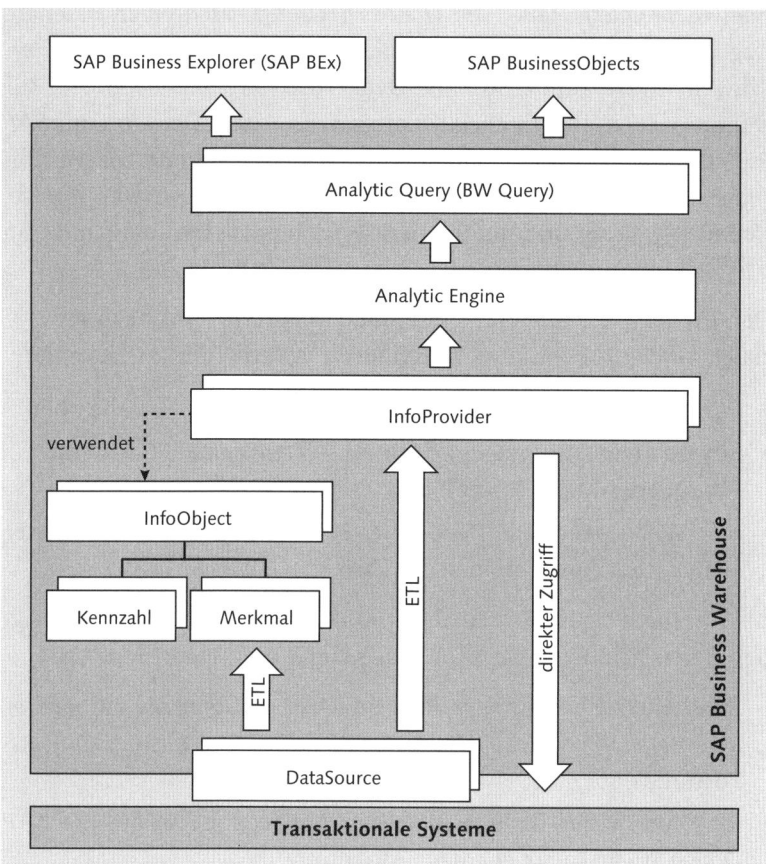

Abbildung 9.6 SAP Business Warehouse

InfoProvider stellen im SAP Business Warehouse den Zugriff auf Daten zur Verfügung. Dabei unterscheidet das System InfoProvider, in die über ETL-Prozesse tatsächlich physisch Daten geladen werden, und InfoProvider, die nur eine logische Sicht auf Daten darstellen. Beispiele für InfoProvider sind *InfoCubes*, *ODS-Objekte*, *InfoObjects*, *transiente* und *virtuelle InfoProvider* sowie *MultiProvider*.

InfoObjects untergliedern sich, vereinfacht gesagt, in *Kennzahlen* (wie z. B. Umsatz) und *Merkmale* (wie z. B. eine Fluggesellschaft). Sie verwenden InfoObjects für die Modellierung von InfoProvidern. Merkmale können aber auch selbst als InfoProvider dienen (und dann in der Regel einen Zugriff auf Stammdaten zur Verfügung stellen).

DataSources übertragen Daten in das SAP Business Warehouse, z. B. aus einem transaktionalen System wie SAP ERP.

InfoProvider

InfoObjects

DataSources

BW Queries *Analytische Queries* (auch *BW Queries* genannt) beschreiben Datenabfragen an InfoProvider. Sie definieren Zeilen und Spalten, Filter, Schwellenwerte (um bestimmte Datensätze hervorzuheben) etc. Zur Definition von analytischen Queries verwenden Sie den zum *SAP Business Explorer* (*BEx*) gehörenden BEx Query Designer. Die Ausführung der analytischen Queries erfolgt über die *Analytic Engine*. Neben Reporting und multidimensionalen Analysen unterstützt sie auch Planungsfunktionen.

SAP Business Explorer Der SAP Business Explorer stellt Ihnen Reporting- und Analysewerkzeuge für das SAP Business Warehouse zur Verfügung, insbesondere:

- *BEx Query Designer* (zur Definition von BW Queries, siehe oben)
- *BEx Analyzer* (zur Erstellung von Auswertungen auf Basis von BW Queries in Microsoft Excel)
- *BEx Web Application Designer* (zur Erstellung browserbasierter analytischer Applikationen auf Basis von BW Queries)

SAP Business-Objects Als Alternative zum BEx Analyzer und BEx Web Application Designer bieten sich heute die Werkzeuge von *SAP BusinessObjects* an:

- Eine Alternative für den BEx Analyzer ist *Analysis, Edition for Microsoft Office* (siehe Abschnitt 9.2, »Das SAP-BusinessObjects-Portfolio«).
- Eine Alternative für den BEx Web Application Designer ist *SAP Design Studio* (siehe ebenfalls Abschnitt 9.2).

Mehr Informationen zum SAP Business Explorer finden Sie unter *http://scn.sap.com/community/business-explorer*.

9.3.3 InfoProvider bei Nutzung von SAP HANA

In diesem Abschnitt erfahren Sie, wie Sie mittels transienter und virtueller InfoProvider auf Datensichten in SAP HANA zugreifen können. Ergänzend werden wir Ihnen auch weitere transiente InfoProvider zum Zugriff auf Daten in der HANA-Datenbank vorstellen. Anschließend sehen Sie anhand eines Beispiels, wie Sie InfoProvider in BW Queries nutzen.

Transiente InfoProvider auf Basis von Views

Ein transienter InfoProvider ist ein InfoProvider, der ohne Modellierung in der Data Warehousing Workbench *zur Laufzeit* auf Basis einer Datenquelle generiert wird. Er enthält selbst keine Daten. Beim Zugriff auf einen transienten InfoProvider liest das System die Daten aus der zugrunde liegenden Datenquelle.

Wenn Sie SAP HANA als Primärdatenbank nutzen, können Sie über transiente InfoProvider auf SAP HANA Views zugreifen. Dazu müssen Sie die Views allerdings zunächst publizieren. Geeignet dafür sind Analytic Views und Calculation Views (siehe Abschnitt 4.4, »Analytische Modelle«). **Publikation**

Zur Publikation eines SAP HANA Views verwenden Sie die Transaktion RSDD_HM_PUBLISH. Diese erzeugt für einen SAP HANA View einen sogenannten *analytischen Index* und darauf aufbauend einen transienten InfoProvider @3<Name des analytischen Index>. Die Merkmale und Kennzahlen des transienten InfoProviders leitet das System im Fall eines Analytic Views aus der Faktentabelle (*Data Foundation*) und den Dimensionstabellen (also den verknüpften Attribute Views) ab.

Abbildung 9.7 zeigt den analytischen Index und den transienten InfoProvider für den Analytic View AN_FLIGHT.

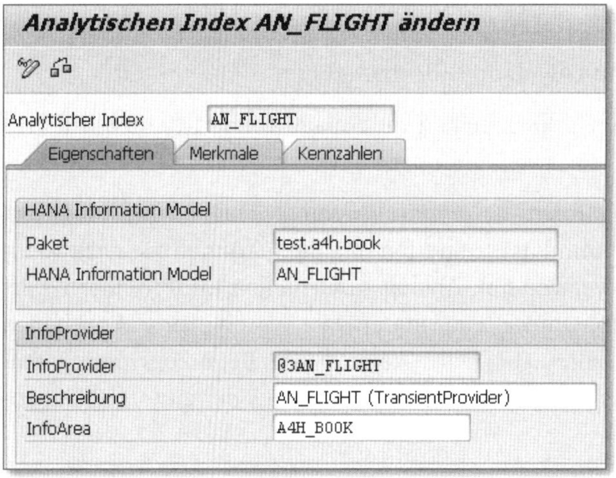

Abbildung 9.7 Anlage eines analytischen Index

Optional können Sie den Merkmalen und Kennzahlen des transienten InfoProviders in der Data Warehousing Workbench definierte *InfoObjects* zuordnen. Dadurch können Sie ihn um weitere Metadaten anreichern, die z. B. bei Berechtigungsprüfungen herangezogen **Zuordnung von InfoObjects** werden können. Navigationsattribute der referenzierten InfoObjects können Sie momentan nicht nutzen.

Vor- und Nachteile Der große Vorteil eines transienten InfoProviders ist, dass ihn das System zur Laufzeit bei Bedarf neu generiert. Dadurch passen sich der InfoProvider und die darauf aufsetzenden BW Queries in der Regel automatisch an, wenn Sie den zugrunde liegenden Analytic View oder Calculation View ändern.

Nachteilig ist, dass Sie einen transienten InfoProvider nicht transportieren können. Sie müssen ihn daher in jedem System (Entwicklung, Qualitätssicherung, Produktion) manuell anlegen.

Virtuelle InfoProvider auf Basis von Views

Anstatt mit einem transienten InfoProvider zu arbeiten, können Sie auch einen virtuellen InfoProvider definieren. Ein virtueller InfoProvider wird anders als ein transienter InfoProvider in der Data Warehousing Workbench (Transaktion RSA1) modelliert. Analog zu einem transienten InfoProvider enthält er selbst keine Daten. Beim Zugriff auf einen virtuellen InfoProvider liest das System die Daten aus der zugrunde liegenden Datenquelle. Bei Nutzung von SAP HANA als Primärdatenbank können Sie über virtuelle InfoProvider auf Analytic und Calculation Views zugreifen.

Virtuellen Info- Provider anlegen Abbildung 9.8 zeigt beispielhaft die Anlage eines virtuellen InfoProviders AN_FLIGHT.

Merkmale und Kennzahlen- Virtuelle InfoObjects Wenn Sie im Rahmen der Definition eines virtuellen InfoProviders auf virtuelle Stammdaten zugreifen möchten, können Sie dazu *virtuelle InfoObjects* verwenden. Analog zu virtuellen InfoProvidern werden virtuelle InfoObjects zwar in der Data Warehousing Workbench modelliert, enthalten aber selbst keine Daten. Beim Zugriff auf virtuelle InfoObjects liest das System die Daten aus der zugrunde liegenden Datenquelle.

Bei der Definition eines virtuellen InfoObjects können Sie sich auf einen Attribute View in der primären HANA-Datenbank beziehen. Abbildung 9.9 zeigt dies beispielhaft anhand des InfoObjects CARRID und des Attribute Views AT_AIRLINE.

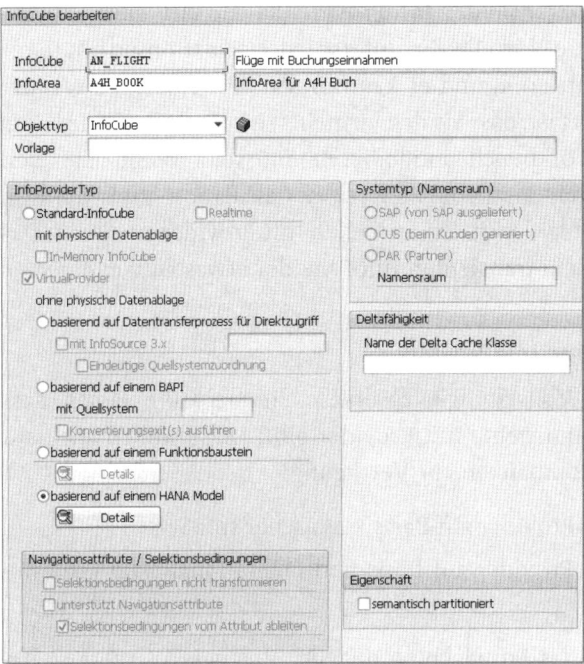

Abbildung 9.8 Anlage eines virtuellen InfoProviders

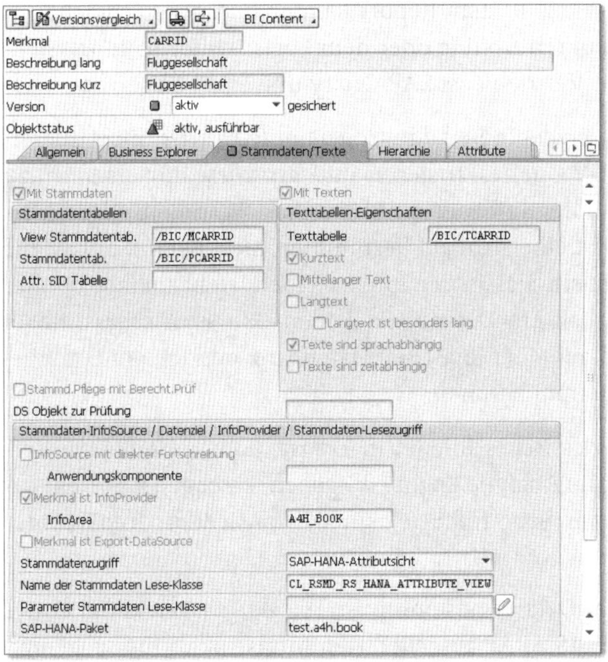

Abbildung 9.9 Anlage eines virtuellen InfoObjects

Vor- und Nachteile

Gegenüber einem transienten InfoProvider hat ein virtueller InfoProvider verschiedene Vorteile: Er unterstützt Navigationsattribute, er lässt sich transportieren, und er kann in MultiProvidern verwendet werden. Nachteilig ist, dass Sie den virtuellen InfoProvider in der Data Warehousing Workbench modellieren müssen. Wenn Sie den zugrunde liegenden Analytic View oder Calculation View ändern, müssen Sie bei Bedarf auch den virtuellen InfoProvider anpassen. Das ist gegenüber einem transienten InfoProvider etwas aufwendiger.

Sonstige transiente InfoProvider

Wir möchten der Vollständigkeit halber nicht unerwähnt lassen, dass es noch weitere transiente InfoProvider gibt. Diese stehen auch auf traditionellen Datenbanken zur Verfügung:

▸ transiente InfoProvider auf Basis klassischer InfoSets
▸ transiente InfoProvider auf Basis von Operational Data Provisioning

Klassische InfoSets

Schon lange vor der Entwicklung des SAP Business Warehouse hat SAP Unternehmen mit *SAP Query* ein Werkzeug zur Erzeugung von Berichten zur Verfügung gestellt. Im Gegensatz zu anderen Berichtswerkzeugen – wie z. B. dem Report Painter und der Recherche für Finanzwesen und Controlling oder dem Logistikinformationssystem für Einkauf und Vertrieb – ist SAP Query universell einsetzbar.

Mit SAP Query erzeugte Berichte (sogenannte *Queries*, nicht zu verwechseln mit BW Queries) basieren auf *klassischen* InfoSets (nicht zu verwechseln mit den InfoSets in SAP Business Warehouse). Ein klassisches InfoSet ist eine Sicht auf bestimmte Daten. Sehr häufig ist die Datenquelle für ein klassisches InfoSet eine Datenbanktabelle oder ein *Join* über mehrere Datenbanktabellen. Ein klassisches InfoSet kann aber auch auf einer logischen Datenbank oder einem Datenbeschaffungsprogramm beruhen.

Wenn Sie ein klassisches InfoSet in Transaktion SQ02 für die Verwendung über die Analytic Engine freigeben, erzeugt das System auf Basis des klassischen InfoSets einen transienten InfoProvider `@1<Name des klassischen InfoSets>`.

Operational Data Provisioning

Das Operational Data Provisioning ist Teil der ab Release 7.31 des SAP NetWeaver AS ABAP ausgelieferten Infrastruktur für Suche und operative Datenanalyse (*Search and Operational Analytics*). Im Rahmen des Enterprise Data Warehousings werden *DataSources* (siehe Abschnitt 9.3.2, »Terminologie im Überblick«) verwendet, um Daten aus transaktionalen Systemen in SAP Business Warehouse zu laden.

Die Grundidee beim Operational Data Provisioning ist, durch Verknüpfung und Anreicherung von DataSources um analytische Eigenschaften im transaktionalen System ein Such- und Analysemodell zu definieren. Auf Basis dieses Such- und Analysemodells können Sie anschließend einen *Operational Data Provider* erzeugen. Dieser steht über einen transienten InfoProvider für operative Berichte und Datenanalysen zur Verfügung, ohne dass eine Extraktion in ein Data Warehouse notwendig wäre. Optional können die Daten dabei auf Basis der Infrastruktur des ABAP-Applikationsservers in einer sekundären HANA-Datenbank oder im *SAP Business Warehouse Accelerator* (BWA) indiziert werden.

Verwendung der InfoProvider in BW Queries

Alle im bisherigen Verlauf dieses Abschnitts beschriebenen InfoProvider können Sie bei der Anlage einer BW Query verwenden. Eine BW Query beschreibt eine Datenabfrage an einen InfoProvider. Zur Definition einer BW Query verwenden Sie den BEx Query Designer.

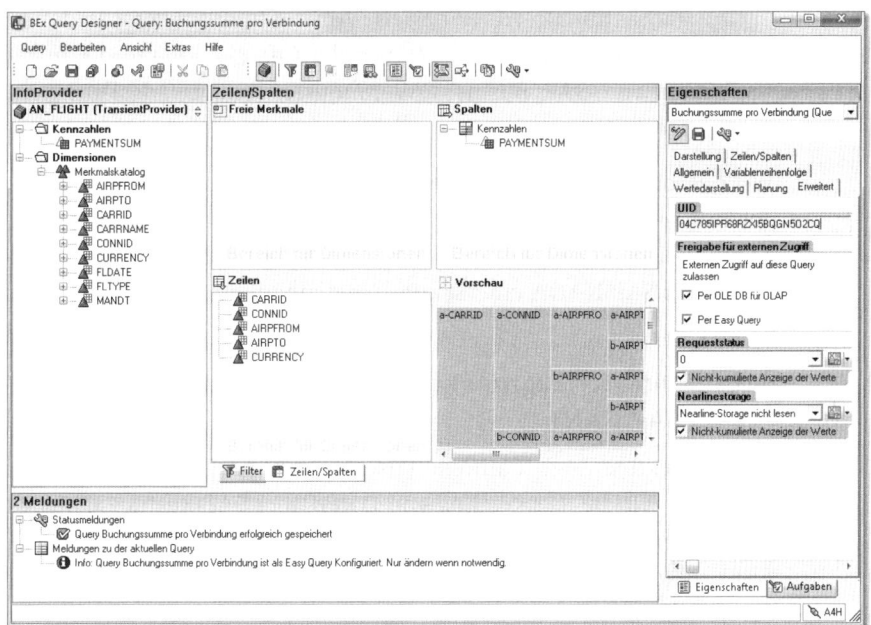

Abbildung 9.10 BW Query auf Basis des InfoProviders AN_FLIGHT

Abbildung 9.10 zeigt beispielhaft eine BW Query `AN_FLIGHT_QUERY1` (BUCHUNGSSUMME PRO VERBINDUNG) auf Basis des transienten Info-Providers `AN_FLIGHT`. Die BW Query beschreibt einen Bericht, der pro Flugverbindung den Umsatz ausweist. Einen allerersten Test Ihrer Query können Sie in Transaktion RSRT durchführen.

9.4 Mögliche Architekturen im Überblick

Damit kommen wir zum letzten Abschnitt dieses Kapitels. In diesem Abschnitt bauen wir auf den Grundlagen der vorherigen Abschnitte auf und stellen zwei grundsätzliche Architekturen dar, um transaktionale, ABAP-basierte Systeme um analytische Fähigkeiten zu erweitern:

▶ den *direkten Zugriff* auf analytische Funktionalität in SAP HANA und die Einbindung der analytischen Funktionalität in eine transaktionale, ABAP-basierte Anwendung über User-Interface-Integration (z. B. mittels SAP Enterprise Portal oder SAP Business Client)

▶ den *Zugriff* auf analytische Funktionalität *über den SAP NetWeaver AS ABAP*, insbesondere über die Analytic Engine in SAP Business Warehouse, und die Integration der analytischen Funktionalität in eine transaktionale, ABAP-basierte Anwendung auf verschiedenen Ebenen. Hier verwenden Sie über die Analytic Engine die Infrastruktur von SAP Business Warehouse, ohne zwangsläufig ein separates BW-System zu betreiben.

Wir beschränken uns dabei auf die operative Berichts- und Analyseebene und gehen davon aus, dass SAP HANA als Primärpersistenz genutzt wird. Teilweise sind die beiden Ansätze aber auch realisierbar, wenn SAP HANA eine Sekundärdatenbank ist.

9.4.1 Direkter Zugriff auf analytische Funktionalität in SAP HANA

Unter direktem Zugriff auf analytische Funktionalität in SAP HANA verstehen wir die Auswertung von Daten über SAP-BusinessObjects-Werkzeuge, ohne dass an der Auswertung ein SAP NetWeaver AS ABAP beteiligt ist. Darüber hinaus ordnen wir darunter auch die Bereitstellung von analytischer Funktionalität über die *SAP HANA*

Extended Application Services (XS Engine, siehe Abschnitt 1.1.4, »SAP HANA XS«) ein.

Abbildung 9.11 zeigt die Architektur für den direkten Zugriff auf analytische Funktionen in SAP HANA. Die Kommunikation verläuft vom Endbenutzer über das SAP-BusinessObjects-Portfolio zur HANA-Datenbank bzw. direkt zwischen Endbenutzer und SAP HANA, ohne dass der ABAP-Applikationsserver in die Kommunikation eingebunden ist.

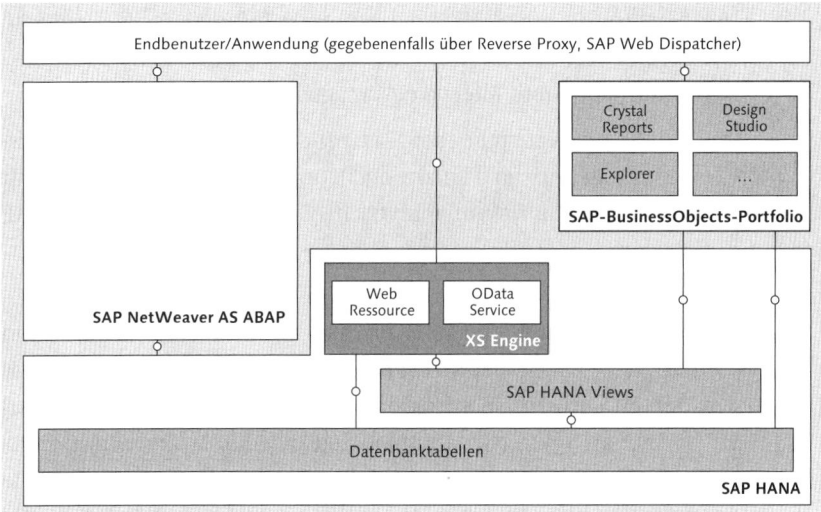

Abbildung 9.11 Direkter Zugriff auf SAP HANA

SAP HANA Live **[«]**

Ein Anwendungsfall für den direkten Zugriff auf SAP HANA für das operative Berichtswesen ist *SAP HANA Live* (früher bekannt unter dem Namen *SAP HANA Analytics Foundation*). Vereinfacht stellt SAP HANA Live ein virtuelles, mehrstufiges Datenmodell (*Virtual Data Model*) auf den Datenbanktabellen der SAP Business Suite zur Verfügung, das aus SAP HANA Views besteht.

Der Zugriff auf SAP HANA Live kann sowohl über die SAP-BusinessObjects-Werkzeuge als auch über spezielle HTML5-basierte Anwendungen auf Basis der SAP HANA Extended Application Services erfolgen. Sie können SAP HANA Live sowohl mit einer primären als auch mit einer sekundären HANA-Datenbank nutzen.

Die Vor- und Nachteile des direkten Zugriffs auf analytische Funktionalität in SAP HANA liegen auf der Hand:

▶ Der große Vorteil bei der Verwendung der Werkzeuge des SAP-BusinessObjects-Portfolios liegt darin, dass diese eine Vielzahl von Anforderungen an Berichtswesen und Datenanalyse standardmäßig abdecken (siehe Abschnitt 9.2, »Das SAP-BusinessObjects-Portfolio«). Sie müssen zur Erstellung von Berichten nicht programmieren und können die erstellten Berichte zentral speichern und damit einer Vielzahl von Endbenutzern zur Verfügung stellen. Alternativ können Endbenutzer – entsprechende Berechtigungen vorausgesetzt – auch selbst Berichte und Datenanalysen anlegen.

Der Nachteil ist, dass Sie für bestimmte Werkzeuge neben dem SAP NetWeaver AS ABAP einen Java-Server (mit eigener Administration und eigenem Lifecycle Management) benötigen.

Die Vor- und Nachteile bei Verwendung der BusinessObjects-Werkzeuge gelten im Prinzip auch beim im nächsten Abschnitt beschriebenen Zugriff auf analytische Funktionalität über den SAP NetWeaver AS ABAP.

▶ Wenn Sie sich für die Entwicklung von Berichten und Datenanalysen über SAP HANA XS entscheiden, sind Sie sehr flexibel und können analytische Benutzeroberflächen exakt den Anforderungen der Endanwender anpassen. Insbesondere bei Nutzung von SAP HANA als Sekundärdatenbank hat sich der Ansatz auch bereits in der Praxis bewährt, da dies letztlich die Architektur ist, die viele der ersten Kundenprojekte im Umfeld von SAP HANA verwendet haben (SAP HANA als Data Mart). Ein großer Nachteil ist, dass Ihnen kaum Funktionen zur Berichterstellung und Datenanalyse *out of the box* zur Verfügung stehen. Ein weiterer Nachteil ist, dass jeder Endanwender neben dem Benutzer für den SAP NetWeaver AS ABAP auch einen entsprechenden Benutzer für die HANA-Datenbank braucht, dem Sie die notwendigen Berechtigungen für den Zugriff auf die relevanten Datenmodelle zuweisen.

9.4.2 Zugriff über SAP NetWeaver AS ABAP

Anstatt über das SAP-BusinessObjects-Portfolio oder die XS Engine direkt auf SAP HANA zuzugreifen, können Sie analytische Funktionalität alternativ über den SAP NetWeaver AS ABAP zur Verfügung stellen. Dabei haben Sie neben den SAP-BusinessObjects-Werkzeugen auch weitere Möglichkeiten, um transaktionale Anwendungen mit analytischer Funktionalität anzureichern. Eine zentrale Infrastrukturkomponente ist dabei die bereits erwähnte Analytic Engine.

Abbildung 9.12 veranschaulicht die Architektur zum Zugriff auf analytische Funktionalität über den SAP NetWeaver AS ABAP. Die Kommunikation mit der SAP-HANA-Datenbank erfolgt bei dieser Architektur immer über den Applikationsserver.

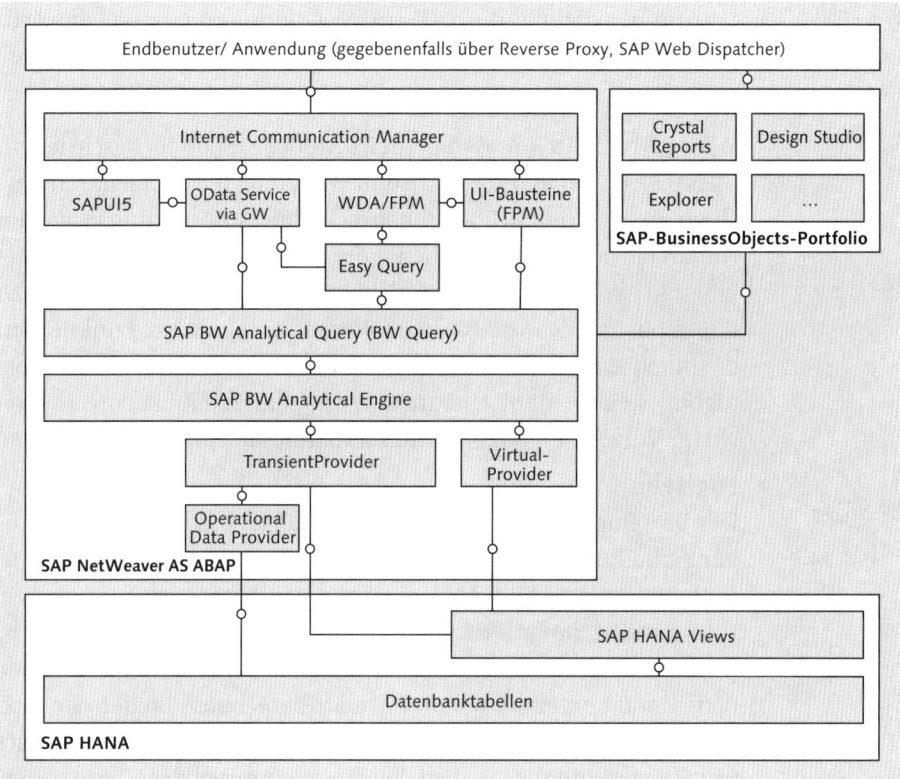

Abbildung 9.12 Zugriff auf analytische Funktionalität über den SAP NetWeaver AS ABAP

Zur Integration analytischer Funktionalität in transaktionale Anwendungen haben der Zugriff auf SAP HANA über den SAP NetWeaver AS ABAP und die Verwendung der Analytic Engine aus unserer Sicht einige wesentliche Vorteile im Vergleich zum direkten Zugriff auf SAP HANA.

Erstens müssen Sie beim Zugriff auf analytische Funktionalität über die Analytic Engine im Gegensatz zum direkten Zugriff auf SAP HANA Benutzer und Berechtigungen nur in einem System verwal-

Benutzer-verwaltung

451

ten. Endanwender benötigen ausschließlich einen Benutzer für den SAP NetWeaver AS ABAP. Die Kommunikation mit der HANA-Datenbank erfolgt – wie in Kapitel 3, »Datenbankprogrammierung mit dem SAP NetWeaver AS ABAP«, beschrieben – über einen technischen Datenbankbenutzer. Zusätzlich müssen Sie gegebenenfalls noch Benutzer im SAP BusinessObjects BI-Server anlegen.

Funktionsumfang der Analytic Engine

Zweitens stehen Ihnen bei Nutzung der Analytic Engine einige Funktionen zur Verfügung, die SAP HANA (zumindest zum gegenwärtigen Zeitpunkt) noch nicht bietet, z. B.:

- **Hierarchieverarbeitung**:
  Wie in Abschnitt 4.4, »Analytische Modelle«, bereits beschrieben, bietet SAP HANA eine Basisunterstützung für einfache Hierarchien. Wenn Sie darüber hinausgehende Anforderungen an die Hierarchieverarbeitung stellen, können Sie diese mit hoher Wahrscheinlichkeit durch die Modellierung der Hierarchie über die Funktionalität des SAP Business Warehouse abbilden. Funktionen, die Ihnen aktuell über BW, aber nicht direkt in SAP HANA zur Verfügung stehen, sind: Hierarchieversionen, zeitabhängige Hierarchien, Vorzeichenumkehr und Binnenumsatzeliminierung.

- **Formeln**:
  Der BEx Query Designer stellt Ihnen einige Funktionen zur Verfügung, die Ihnen bei der Definition berechneter Felder und Kennzahlen direkt in SAP HANA nicht zur Verfügung stehen. Zum Beispiel können Sie im BEx Query Designer Funktionen verwenden, die den Anteil eines Ergebnisses an einem Zwischenergebnis oder dem Gesamtergebnis der BW Query berechnen. Stellen Sie sich dazu vor, dass Sie in einem Bericht sowohl den absoluten Umsatz pro Flugverbindung als auch den relativen Anteil des Umsatzes am Gesamtumsatz der entsprechenden Fluggesellschaft ausweisen möchten.

- **Bericht-Bericht-Schnittstelle**:
  Über die *Bericht-Bericht-Schnittstelle* (BBS) können Sie aus einer BW Query zu anderen BW Queries, Transaktionen und Reports eines ABAP-Systems oder beliebigen Webadressen navigieren. Eine vergleichbare Funktion gibt es direkt in SAP HANA nicht.

Einfache Integration

Drittens stellt Ihnen die Infrastruktur des SAP NetWeaver AS ABAP einige interessante Ansätze zur Integration analytischer Funktionen in transaktionale Anwendungen bereit. Diese können wir nicht im Detail beschreiben, möchten sie aber auch nicht unerwähnt lassen:

► **Easy Query**
Durch Nutzung der *Easy-Query-Schnittstelle* können Sie das Ergebnis von BW Queries über Funktionsbausteine, Webservices oder das OData-Protokoll (Letzteres erfolgt im Zusammenspiel mit SAP NetWeaver Gateway) exponieren.

► **SAP Gateway**
SAP Gateway erlaubt Ihnen, Geschäftsdaten als OData-Service zur Verfügung zu stellen. Innerhalb eines OData-Services können Sie die Analytic Engine entweder über MDX (was wir in diesem Buch nicht näher betrachten) oder über die Easy-Query-Schnittstelle ansprechen. Auf Basis eines OData-Services und unter Zuhilfenahme von SAPUI5 können Sie HTML5-basierte Benutzeroberflächen implementieren.

► **Benutzeroberflächenbausteine**
Zu guter Letzt beinhaltet die SAP Business Suite (genauer gesagt, die Softwarekomponente SAP_BS_FND) einige wiederverwendbare Benutzeroberflächenbausteine für den Floorplan Manager, mit denen Sie – wenn Sie in einem System der SAP Business Suite entwickeln – direkt auf BW Queries zugreifen können.

Gerade durch die vorgenannten Ansätze, die über die Werkzeuge des SAP-BusinessObjects-Portfolios hinausgehen, können Sie bestehende Anwendungen sehr leicht und risikofrei erweitern – etwa indem Sie den Endanwendern des Systems analytische Sidepanels im SAP Business Client zur Verfügung stellen.

In diesem Kapitel konnten wir viele Technologien und Werkzeuge nur anreißen. Wir hoffen trotzdem, dass Sie einige Ideen bekommen haben, um transaktionale, ABAP-basierte Anwendungen um analytische Fähigkeiten zu erweitern.

Durch die Fähigkeit von SAP HANA, unstrukturierte Daten (Texte, Dokumente etc.) zu analysieren, können Sie die Benutzerfreundlichkeit von Suchen innerhalb einer Anwendung deutlich verbessern. Darüber hinaus können Sie auch Muster in existierenden Datenbeständen erkennen.

10 Textsuche und Analyse von unstrukturierten Daten

Kaum eine digitale Funktion hat in den letzten Jahren durch das Internet einen so großen Schub erhalten wie die Suche in großen Datenbeständen, egal, ob Sie den Katalog eines Anbieters, das Telefonbuch oder das ganze Internet durchsuchen. In diesem Kapitel stellen wir Ihnen die Fähigkeiten von SAP HANA zum Suchen und Analysieren von Texten und Dokumenten vor, was viele Einsatzmöglichkeiten gerade für Geschäftsanwendungen eröffnet, in denen diese Funktionen bisher noch keine große Verbreitung genießen.

Ein einfaches Einsatzszenario für die Textsuche in SAP HANA sind *Wertehilfen*. Wertehilfen gibt es an vielen Stellen in SAP-Anwendungen. In manchen Situationen suchen Sie als Anwender dabei in einem großen Datenbestand nach einem Eintrag, kennen aber gar nicht die Details des zu findenden Eintrags oder haben sie gerade nicht bei der Hand. Vielleicht suchen Sie nach einem speziellen Kunden in Argentinien, der seinen Sitz in Buenos Aires hat und in der Telekommunikationsbranche tätig ist. Da Sie die Kundennummer nicht vorliegen haben, suchen Sie mithilfe einer komplexen Eingabemaske, die eine Eingabe von Firmennamen, Land, Stadt, Branche oder Ähnlichem erlaubt. Oft benötigen Sie dabei einige Anläufe und verwenden *Wildcards* wie das Sternchen (*). Falls Sie sich bei der Eingabe verschreiben oder die Daten in der Datenbank anders vorliegen, als erwartet (z. B. der Name einer Stadt in der Schreibweise der Landessprache), wird Ihnen in der Regel kein Ergebnis ausgegeben.

Einsatzszenario Wertehilfen

Mithilfe der Textsuche in SAP HANA ist es möglich, Suchhilfen zu bauen, die sich ähnlich wie moderne Internetsuchen verhalten.

Diese bieten eine gewisse Fehlertoleranz und können mit mehrsprachigen Begriffen und Synonymen umgehen. Im eben genannten Beispiel könnte eine solche Suchhilfe aus einem Eingabefeld bestehen, das eine Benutzeranfrage wie »buenes eires tele« trotz falscher Rechtschreibung und der Suche über Felder *richtig* interpretiert, wobei es für einen Anwender bei dieser Art der fehlertoleranten Suche – auch *Fuzzy-Suche* genannt – nicht immer einfach zu erkennen ist, was genau das erwartete Ergebnis ist. Sie haben sich vermutlich bei mancher Suche im Internet auch schon gefragt, warum Sie in einigen Fällen unerwartete Ergebnisse erhalten.

Einsatzszenario Mustererkennung

Eine ganz andere Einsatzmöglichkeit für die Textanalyse ist die Erkennung von Mustern in Texten oder Dokumenten. Dies umfasst viele Einsatzmöglichkeiten, von denen wir Ihnen einige beispielhaft vorstellen wollen. Um etwa Duplikate von Geschäftspartnern in Ihrem Datenbestand zu vermeiden, möchten Sie vor dem Anlegen eines neuen Kunden im System prüfen, ob bereits ein *ähnlicher* Kunde vorhanden ist, und den Anwender darauf hinweisen. Ähnlichkeit könnte dabei etwa bedeuten, dass Nachname und Adresse eines existierenden und des neuen Kunden (fast) gleich sind. Gerade bei Namen und Adressen kommen unterschiedliche Schreibweisen häufig vor, so dass eine einfache Überprüfung auf Gleichheit selten zum Ziel führt.

Mit der Textanalyse in SAP HANA können Sie nicht nur in Texten suchen, sondern daraus auch andere Informationen extrahieren. Zum Beispiel gibt es die Möglichkeit, Zusammenhänge und sogar Intentionen oder Emotionen innerhalb von Texten zu erkennen. Stellen Sie sich vor, Sie betreiben einen Onlineshop, über den Kunden im Internet Produkte bestellen und dabei Kommentare sowohl zu den Produkten als auch zum Verkäufer hinterlassen können. Die sogenannte *Sentiment-Analyse* ist Teil des Funktionsumfangs der Text-Engine in SAP HANA und bietet Möglichkeiten, in solchen unstrukturierten Daten Muster zu erkennen. Zum Beispiel könnte im Zusammenhang mit dem Onlineshop erkannt werden, ob ein gewisses Produkt häufig positive oder negative Kommentare hervorruft.

Kapitelüberblick

In diesem Kapitel stellen wir Ihnen zunächst einige technische Grundlagen und Voraussetzungen für die Nutzung der Textsuche in SAP HANA vor. Danach gehen wir auf ihren konkreten Aufruf über SQL ein und zeigen Ihnen, wie Sie die Textsuche in ABAP verwenden können, wobei wir insbesondere auf die Einbettung in Wertehilfen eingehen. Neben der Vorstellung der direkten Verwendung der Textsuche geben wir Ihnen auch einen Überblick über existierende SAP-Komponenten, die eine Realisierung komplexer Suchen vereinfachen. Darüber hinaus zeigen wir Ihnen anhand von konkreten Beispielen die Mustererkennung in Texten. Zum Abschluss gehen wir auf nicht funktionale Aspekte wie Ressourcenverbrauch, Performance und Fehleranalyse ein.

Als Beispiele werden wir dabei Suchen über die Namen der Fluggesellschaften (Tabelle SCARR), die Flugplandaten (Flughäfen und Städte aus den Tabellen SPFLI und SAIRPORT) sowie die Adressdaten der Flugpassagiere (Name, Straße, Stadt und Land aus der Tabelle SCUSTOM) realisieren.

Referenzbeispiel für dieses Kapitel

10.1 Grundlagen der Textsuche in SAP HANA

Hauptziel der Textsuche in SAP HANA ist es, Anwendern eine optimale Bedienbarkeit von Suchoberflächen zu ermöglichen, was neben einigen Standardfähigkeiten heutiger Internetsuchmaschinen Funktionen beinhaltet, die für betriebswirtschaftliche Anwendungen von besonderer Bedeutung sind (z. B. industriespezifische Synonymlisten).

Dazu gehören insbesondere folgende Eigenschaften, die zumeist kombiniert eingesetzt werden:

Eigenschaften der HANA-Textsuche

▶ **Freestyle-Suche**
Der Anwender muss nicht die genauen Spalten kennen, in denen gesucht werden soll. Zum Beispiel kann eine Adresssuche über ein einziges Eingabefeld realisiert werden, wobei alle technischen Felder wie Straße, Postleitzahl, Stadt, Land etc. berücksichtigt werden.

▶ **Fehlertolerante Suche (Fuzzy-Suche)**
Der Anwender kann bei der Suchanfrage kleine Fehler bei Schreibweisen machen.

▶ **Linguistische Suche und Synonymsuche**
Sprachliche Varianten und synonyme Ausdrücke werden berücksichtigt.

▶ **Vorschlagslisten**
Während der Formulierung der Suchanfrage eines Anwenders kann das System effizient bereits wahrscheinliche Suchergebnisse ermitteln und dem Nutzer präsentieren.

- **Ranking der Resultate**

  Dem Anwender werden die Suchergebnisse in einer optimalen Reihenfolge präsentiert, so dass die Ergebnisse mit der höchsten Trefferwahrscheinlichkeit zuerst erscheinen.

- **Suchfacetten**

  Die Verteilung der Suchergebnisse kann nach bestimmten Merkmalen abgefragt werden. Zum Beispiel kann bei einer Suche nach Fluggesellschaften die Verteilung nach Ländern dargestellt werden.

- **Textanalyse (insbesondere Sentiment-Analyse)**

  Aus Texten können weitere Informationen extrahiert werden, die Schlüsse auf die Semantik erlauben.

10.1.1 Technische Architektur

In den folgenden Abschnitten lernen Sie die Verwendung der Textsuche und Textanalyse kennen. Um Ihnen ein Gefühl für die involvierten Komponenten in SAP HANA zu geben, ist in Abbildung 10.1 die Architektur der Textsuche dargestellt. Der Column Store unterstützt dabei die für die Suche notwendigen Datentypen und Operationen, die wir Ihnen in Abschnitt 10.2, »Textdatentypen und Full-Text-Indizes in SAP HANA«, sowie in Abschnitt 10.3, »Verwendung der Textsuche über SQL«, vorstellen. Für komplexe Textanalysen und die Extraktionen von Informationen greift der Column Store auf den *Präprozessor-Server* zurück. Dabei kommt das sogenannte *Document Analysis Toolkit* zum Einsatz.

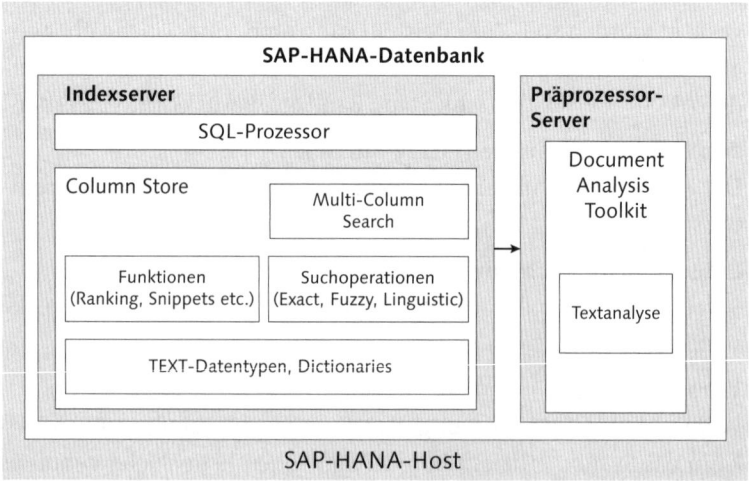

Abbildung 10.1 Architektur der Textsuche in SAP HANA

In Abschnitt 10.1.3, »SAP-Komponenten und Produkte für die Suche«, gehen wir auf weitere Einsatzszenarien der Textsuche ein.

> **Fuzzy-Suche als Bestandteil von SAP HANA** [«]
>
> Die Fuzzy-Suche in SAP HANA ist die Weiterentwicklung einer Lösung zur Datenqualitätsanalyse der Firma Fuzzy Informatik AG, die von SAP (indirekt über die Akquisition von BusinessObjects) übernommen wurde. Neben der reinen Fuzzy-Suche liegen besondere Stärken dieser Lösung in der Erkennung von *Dubletten*, insbesondere bei Adressdaten.

10.1.2 Fehlertolerante Suche

Die fehlertolerante oder auch unscharfe (englisch *fuzzy*) Suche ist die Suche nach einer Zeichenkette (Suchanfrage) in textbasierten Daten, bei der keine exakte Übereinstimmung mit der Suchanfrage notwendig ist, sondern auch hinreichend ähnliche Einträge in die Ergebnismenge übernommen werden. In diesem Abschnitt geben wir Ihnen einen Überblick darüber, welche Techniken die Fuzzy-Suche in SAP HANA umfasst.

Fuzzy-Suche

Grundlage der Fuzzy-Suche sind stets mathematische Algorithmen, über die das Maß der Übereinstimmung zwischen der Suchanfrage und einem Datensatz ermittelt werden kann. Das Ergebnis dieser Berechnung ist meistens ein numerischer Wert, der für die Entscheidung, ob ein Datensatz hinreichend ähnlich zur Suchanfrage ist, herangezogen wird. Für Texte kann ein solcher Algorithmus im einfachsten Fall daraus bestehen, zu ermitteln, wie viele Operationen (Austauschen oder Verschieben von Zeichen) minimal notwendig sind, um aus der Suchanfrage einen Teil des eigentlichen Datensatzes zu erzeugen. In der Praxis ist die Bestimmung des Ähnlichkeitsgrades von Texten sehr kompliziert und mit Varianten und Heuristiken verbunden, die je nach Einsatzszenario Vor- oder Nachteile haben. Bei der Textsuche in SAP HANA wird ein Wert zwischen 0 und 1 für die Ähnlichkeit ermittelt. Als Programmierer übergeben Sie einen Schwellenwert (z. B. »0.8«), ab dem ein Wert der durchsuchten Datenmenge als zu einer Suchanfrage passend kategorisiert wird.

Algorithmen

Die Funktionsweise der Fuzzy-Suche kann außerdem für spezielle (semantische) Datentypen ausgeprägt werden. Zum Beispiel kann eine unscharfe Suche nach einem Datum bedeuten, dass auch Datumswerte berücksichtigt werden, die wenige Tage davor oder danach liegen. Hier ist das Ähnlichkeitsmaß eher der Zeitraum und nicht die

Semantische Fuzzy-Suche

Ähnlichkeit der Zeichenkette (d. h., das Datum »01.01.1909« ist nach diesem Kriterium nicht ähnlich zu »01.01.1990«, obwohl nur die Position eines Zeichens vertauscht wurde). Ein anderes Beispiel ist die Suche nach einer Stadt, basierend auf der Postleitzahl. In den meisten Ländern ist die Postleitzahl so strukturiert, dass eine Übereinstimmung der ersten Ziffern mehr über geografische Nähe aussagt als eine Übereinstimmung der hinteren Ziffern.

Ausdruckssprache in der Suche

Für eine Fuzzy-Suche kann auch eine einfache *Ausdruckssprache* eingesetzt werden, die es einem Experten ermöglicht, genauere Suchanfragen zu formulieren. Dazu gehört etwa die Möglichkeit, für einen Bestandteil der Suchanfrage eine exakte Suche zu erzwingen oder logische Ausdrücke zu verwenden. Tabelle 10.1 enthält einige Beispiele für Ausdrucksmöglichkeiten in der HANA-Textsuche am Beispiel einer Suche nach einer Fluggesellschaft.

Suchanfrage	Bedeutung
lufthansa OR united	Ergebnisse, die entweder ähnlich zu »Lufthansa« oder zu »United« sind
airline – united	Ergebnisse, die ähnlich zu »airline« sind, aber nicht zu »united«
»south air«	Ergebnisse, die ähnlich zum ganzen Ausdruck »south air« sind und nicht nur zu den Bestandteilen »south« und »air«. Bei diesem Beispiel würde etwa »South African Airways« nicht als Ergebnis erscheinen.

Tabelle 10.1 Ausdrucksmöglichkeiten in der HANA-Textsuche

Linguistische Suche

Für die Bestimmung der Ähnlichkeit ist es sinnvoll, auch grammatische und andere sprachliche Aspekte einfließen zu lassen. Dabei werden unter anderem Termini auf ihren Wortstamm zurückgeführt, so dass etwa Wortvarianten von »Haus« wie »Häuser«, »Hause«, »Hauses« etc. erkannt werden. Ebenso stellt die linguistische Suche Verfahren zur Verfügung, um mit mehrsprachigen Texten und Suchanfragen umzugehen.

Synonymlisten

Die Fuzzy-Suche kann auch über *Synonymlisten* angereichert werden. Dabei kann für einen Begriff eine Liste von äquivalenten Begriffen hinterlegt werden, die bei der Suche mitberücksichtigt werden soll. Zum Beispiel könnte »Notebook« als Synonym von »Laptop« oder »Fernseher« als Synonym von »Fernsehgerät« behandelt werden. Diese Fähigkeit ist besonders für industriespezifische Abkürzungen und Begriffe interessant.

Eine weitere Möglichkeit, eine Suche intelligenter zu gestalten, ist es, dem System semantische Eigenschaften bestimmter Begriffe bekannt zu machen. Dazu ist es wichtig zu verstehen, dass nicht jeder Begriff einer Suchabfrage die gleiche *Selektivität* hat. Zum Beispiel sind bei der Suche nach einer Firma Begriffe wie »AG« oder »GmbH« nicht so selektiv wie der eigentliche Firmenname. Es ist also in der Regel wichtiger, dass der Firmenname ähnlich ist, als dass das Suchergebnis z. B. eine AG ist. Ebenso sind in längeren Texten, wie etwa Produktbeschreibungen, Übereinstimmungen bei Wortarten wie Artikeln oder Pronomen weniger wichtig als Übereinstimmungen bei den im Text vorkommenden Bezeichnungen (z. B. Markennamen). Bei einer Suchanfrage in SAP HANA kann eine Liste solcher sogenannten *Stoppwörter* (Noise Words) übergeben werden, die bei Übereinstimmung niedriger gewichtet werden als andere Begriffe.

Stoppwörter

Da hinter der Textsuche recht aufwendige Algorithmen stehen, kann es für eine optimale Performance bei großen Datenmengen notwendig sein, spezielle *Fuzzy-Search-Indizes* anzulegen, um die Suche zu beschleunigen. Diese Indizes benötigen zusätzlichen Speicher. In Abschnitt 10.6, »Ressourcenverbrauch und Laufzeitaspekte der Textsuche«, geben wir Empfehlungen für ihre Verwendung.

Fuzzy-Search-Index

10.1.3 SAP-Komponenten und Produkte für die Suche

Wir werden Ihnen in Abschnitt 10.3, »Verwendung der Textsuche über SQL«, den direkten Zugriff auf die Suchfähigkeiten von SAP HANA über SQL im Detail vorstellen. Daneben stellt SAP spezielle Komponenten und Frameworks zur Verfügung, die Sie beim Erstellen von Suchen unterstützen können. Da diese nicht im Mittelpunkt dieses Buches stehen, gehen wir darauf nicht im Detail ein.

Seit Release 7.0 bietet der SAP NetWeaver AS ABAP die sogenannte *Embedded Search* an. Diese Komponente erlaubt eine Extraktion von Daten zur Indizierung über die *TREX Search and Classification Engine*, eine separat installierbare SAP-NetWeaver-Komponente (*Standalone Engine*). Embedded Search stellt Schnittstellen für die effiziente Suche in den extrahierten Daten einer Anwendung zur Verfügung.

Embedded Search

Embedded Search ist dabei auf die Suche innerhalb eines SAP-Systems beschränkt. Um auch über Systemgrenzen hinweg suchen zu können (z. B. in einem Anwendungsportal), gibt es die Lösung *SAP*

SAP NetWeaver Enterprise Search

NetWeaver Enterprise Search, die auf den Fähigkeiten der lokalen Embedded Search in den angebundenen Systemen aufsetzt.

Da SAP HANA die meisten Fähigkeiten der TREX Engine direkt unterstützt, ist es möglich, diese in SAP HANA direkt und ohne eine separate TREX-Installation zu nutzen. So können existierende Embedded-Search-Modelle in SAP HANA genutzt werden, wobei dabei standardmäßig die Daten weiterhin extrahiert und innerhalb von SAP HANA repliziert werden. SAP arbeitet aktuell daran, auch direkte Suchen in Tabellen über Embedded Search in SAP HANA zu ermöglichen, ohne dass die Daten repliziert werden müssen.

Darüber hinaus bietet SAP HANA seit SPS 5 das *UI Toolkit for Information Access* (*InA*) an, mit dem sich einfache HTML5-basierte Suchoberflächen bauen lassen. Basierend auf Attribute Views können Sie mithilfe von HTML und JavaScript sowie in InA enthaltenen *UI Templates* nach dem Baukastenprinzip eine einfache Suchanwendung bauen. Diese verwendet die in Abschnitt 1.3, »Architektur der In-Memory-Datenbank«, angesprochenen SAP HANA Extended Application Services (XS).

10.2 Textdatentypen und Full-Text-Indizes in SAP HANA

Die Fuzzy-Suche in SAP HANA basiert auf den Datentypen im Column Store. Dabei gibt es mit TEXT und SHORTTEXT zwei spezifische Datentypen, die dediziert für die Textsuche (und Textanalyse) vorgesehen sind. Der Datentyp SHORTTEXT ist für Zeichenketten einer gegebenen Länge (analog zu NVARCHAR) vorgesehen, während TEXT ein *Large Object* ist (analog zu NCLOB, dem SQL-Datentyp für einen String im ABAP Dictionary). Die Texte werden dabei intern in Wörter (*Tokens*) zerlegt, die die Basis für Suchen und Analysen bilden. Darauf werden wir in den folgenden Abschnitten noch genauer eingehen.

Die Datentypen TEXT und SHORTTEXT werden aktuell allerdings in ABAP nicht nativ unterstützt. Es ist also nicht möglich, eine Tabelle über das ABAP Dictionary anzulegen, die diese Datentypen verwendet. Die Fuzzy-Suche wird prinzipiell zwar auch für andere Datentypen (z. B. VARCHAR und NVARCHAR) unterstützt, dies ist allerdings mit

Einschränkungen verbunden. Ohne eine Zerlegung der durchsuchten Texte in Wörter kann z. B. eine Vertauschung von Wörtern nicht gut erkannt werden, was eine Grundvoraussetzung einer modernen Suche ist. Ebenso funktioniert die Zurückführung auf ihren Wortstamm nicht direkt mit diesen Datentypen.

Es ist allerdings möglich, über das Anlegen eines Full-Text-Index eine Spalte mit der Funktionalität der Textdatentypen anzureichern. Über diesen Weg können Sie den vollen Umfang der Textsuche und Textanalyse für die meisten zeichenartigen ABAP-Dictionary-Typen ermöglichen (inklusive CHAR, STRING, DATS etc.). Beim Anlegen eines Full-Text-Index für eine Spalte einer Tabelle wird intern eine unsichtbare Spalte (*Schattenspalte*) vom Typ TEXT angelegt, die die gleichen Daten enthält, jedoch in einer für Suchanfragen optimierten Darstellung. Dabei wird der Text in Wörter zerlegt und zusätzlich ein Dictionary erzeugt. Abbildung 10.2 veranschaulicht die interne Darstellung schematisch anhand des Beispiels der Namen von Fluggesellschaften. Beachten Sie, dass die Schattenspalte ausschließlich transient im Hauptspeicher existiert. Beim Laden der Tabelle in den Speicher (z. B. nach einem Neustart der Datenbank) wird diese Datenstruktur neu aufgebaut. Auf den Speicherverbrauch eines Full-Text-Index kommen wir in Abschnitt 10.6, »Ressourcenverbrauch und Laufzeitaspekte der Textsuche«, zurück.

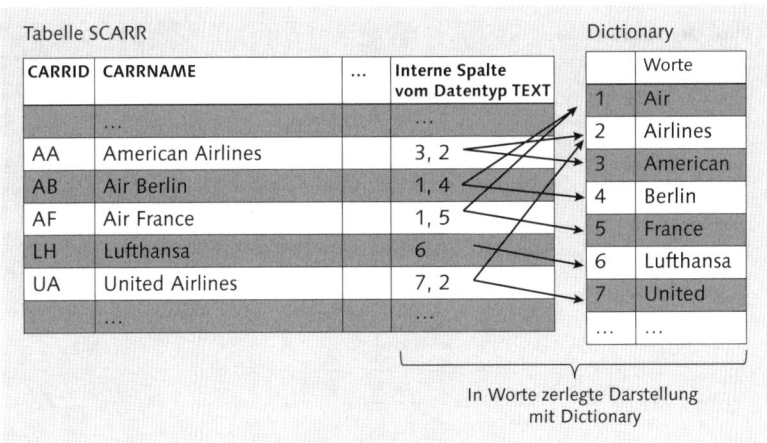

Abbildung 10.2 Schematische Darstellung des Full-Text-Index

Der Full-Text-Index wird über die SQL-Anweisung CREATE FULLTEXT INDEX angelegt. Die Syntax sieht dabei wie folgt aus:

Full-Text-Index

Anlegen mit SQL

```
CREATE FULLTEXT INDEX <Indexname>
ON <Tabellenname> ( <Spaltenname> )
[<Parameterliste>]
```

Dabei gibt es eine Vielzahl möglicher Einstellungen, auf die wir im Folgenden nur anhand von Beispielen eingehen. Eine vollständige Referenz finden Sie auf *http://help.sap.com/hana*. Sie sollten beachten, dass der Name des Full-Text-Index innerhalb eines Schemas eindeutig sein muss, so dass es sinnvoll ist, dass der Name der Tabelle ein Teil des Indexnamens ist, um Namenskonflikte zu vermeiden.

Anlegen im ABAP Dictionary Die folgende SQL-Anweisung definiert einen Full-Text-Index für die Spalte CARRNAME der Tabelle SCARR:

```
CREATE FULLTEXT INDEX scarr~name ON scarr(carrname);
```

Full-Text-Indizes können Sie vor ABAP-Release 7.4 nicht über das ABAP Dictionary (Transaktion SE11) anlegen. Somit ist leider kein automatischer Transport dieser Indizes möglich. Ab ABAP-Release 7.4 können Sie einen Full-Text-Index mit den gängigsten Parametern auch über das ABAP Dictionary anlegen. Dazu definieren Sie einen neuen Index für eine Tabelle in Transaktion SE11 bzw. einen *Extension Index* (zur modifikationsfreien Erweiterung einer SAP-Standardtabelle), der nur die gewünschte Spalte als Feld enthält und ausschließlich auf der HANA-Datenbank angelegt wird. Abbildung 10.3 zeigt einen solchen Index in der Spalte CITY der Tabelle SCUSTOM.

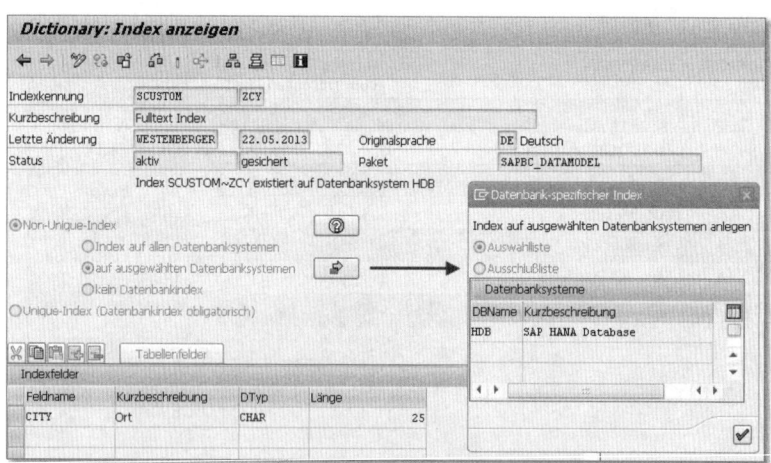

Abbildung 10.3 Anlegen eines Full-Text-Index über das ABAP Dictionary

Über den Menüpfad Springen • Full Text Index können Sie danach den Full-Text-Index aktivieren und eine Vielzahl an Parametern einstellen (siehe Abbildung 10.4). Die Parameter entsprechen den zuvor erwähnten Parametern der Anweisung CREATE FULLTEXT INDEX. Für eine Fuzzy-Suche reichen neben einer Sprachenkonfiguration (über eine Spalte der Tabelle oder eine feste Sprache) in der Regel die Standardeinstellungen.

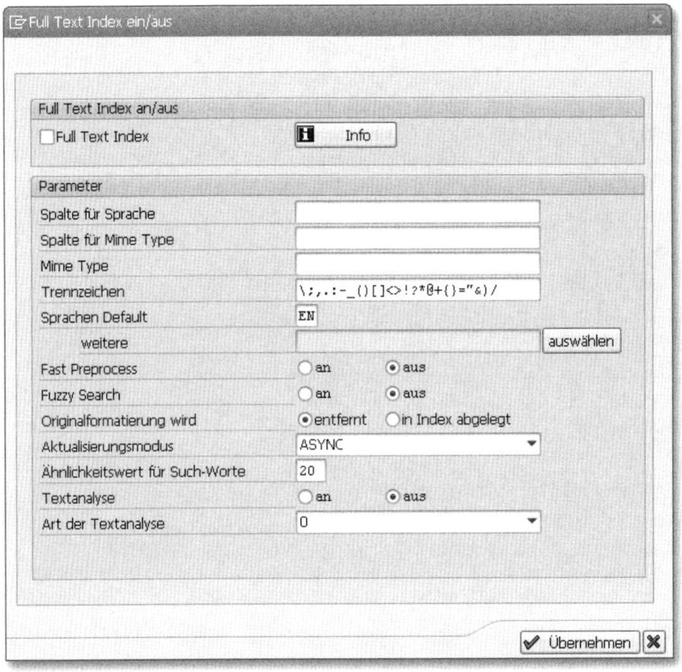

Abbildung 10.4 Konfiguration eines Full-Text-Index im ABAP Dictionary

Neben dem empfohlenen Anlegen über das ABAP Dictionary ist es auch möglich, den Full-Text-Index über natives SQL in einem ABAP-Programm anzulegen. Damit können Sie alle Möglichkeiten der Textsuche verwenden (auch solche, die nicht über die Konfigurationsmaske in der Transaktion SE11 auswählbar sind), Sie müssen sich allerdings selbst um die Verwaltung des Index kümmern. Diese Variante kann auch in älteren ABAP-Releases oder im Fall von Side-by-Side-Szenarien nützlich sein. Listing 10.1 demonstriert das Anlegen und Entfernen von Full-Text-Indizes über die ADBC-Schnittstelle.

Anlegen über ADBC

```
REPORT zr_a4h_chapter9_adbc_ft_index.

" Konfiguration
PARAMETERS:
  table LIKE dd02l-tabname DEFAULT 'SCUSTOM',
```

```
      column LIKE dd03l-fieldname DEFAULT 'NAME',
      fzyidx TYPE abap_bool AS CHECKBOX DEFAULT abap_false,
      ta TYPE abap_bool AS CHECKBOX DEFAULT abap_false,
      taconfig TYPE string DEFAULT 'EXTRACTION_CORE',
      drop TYPE abap_bool AS CHECKBOX DEFAULT abap_true,
      create TYPE abap_bool AS CHECKBOX DEFAULT abap_true.

" Indexname (<Tabelle>~<Spalte>)
DATA(lv_idx) = table && '~' && column.

" SQL-Anweisung zum Anlegen eines Full-Text-Index
DATA(lv_sql) = |CREATE FULLTEXT INDEX { lv_idx } |
            && |ON { table }({ column })|.

" Zusätzlicher Fuzzy-Search-Index
IF ( fzyidx = abap_true ).
  lv_sql = lv_sql && ' FUZZY SEARCH INDEX ON'.
ENDIF.

" Textanalyse
IF ( ta = abap_true ).
 lv_sql = lv_sql && ' TEXT ANALYSIS ON'.

 " Spezielle Konfiguration der Textanalyse
 IF ( taconfig IS NOT INITIAL ).
  lv_sql = lv_sql && | CONFIGURATION '{ taconfig }'|.
 ENDIF.
ENDIF.

IF ( drop = abap_true ).
  TRY.

    " Index entfernen
    cl_sql_connection=>get_connection(
      )->create_statement( )->execute_ddl(
        |DROP FULLTEXT INDEX { lv_idx }|
      ).

    WRITE: / |Fulltext index { lv_idx } entfernt|.
  CATCH cx_sql_exception INTO DATA(lo_ex).

    " Fehlerbehandlung
    WRITE: / | Fehler: { lo_ex->get_text( ) }|.
  ENDTRY.
ENDIF.

IF ( create = abap_true ).
  TRY.
```

```
    " Textindex über ADBC anlegen
    cl_sql_connection=>get_connection(
        )->create_statement(
        )->execute_ddl( lv_sql ).

    WRITE: / |Fulltext index { lv_idx } angelegt|.
  CATCH cx_sql_exception INTO DATA(lo_ex1).

    " Fehlerbehandlung
    WRITE: / | Fehler: { lo_ex1->get_text( ) }|.
  ENDTRY.
ENDIF.
```

Listing 10.1 Anlegen eines Textindex über ADBC

Die vorhandenen Full-Text-Indizes sehen Sie im SAP HANA Studio auf der Registerkarte INDEXES (siehe Abbildung 10.5), wenn Sie eine Tabelle öffnen. Hier können Sie die technischen Eigenschaften einsehen, wie etwa das Synchronisationsverhalten.

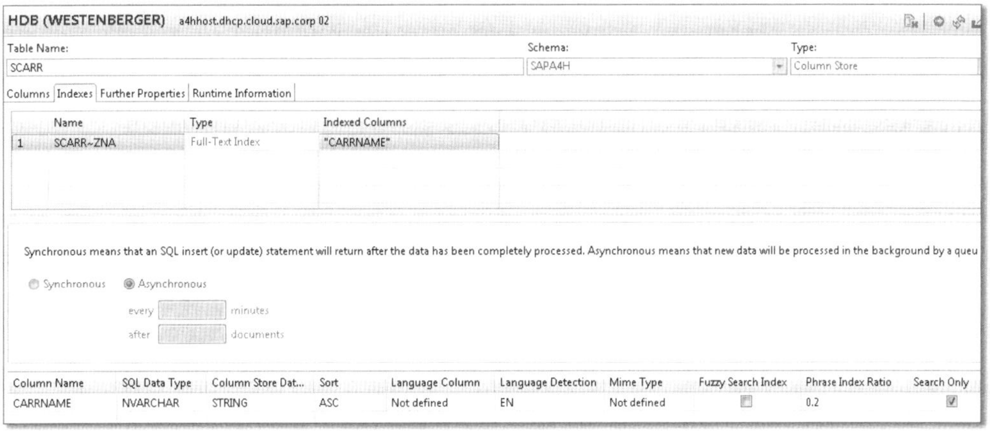

Full-Text-Indizes anzeigen

Abbildung 10.5 Anzeige eines Full-Text-Index im SAP HANA Studio

10.3   Verwendung der Textsuche über SQL

Wie die meisten Funktionen in SAP HANA können Sie die Textsuche über SQL ansprechen. Dazu verwenden Sie in einer SELECT-Anweisung das Schlüsselwort CONTAINS, das es erlaubt, die vielfältigen Varianten der Textsuche aufzurufen. Die Syntax sieht allgemein wie folgt aus:

Schlüsselwort CONTAINS

```
SELECT <Feldliste>
FROM <Tabelle oder View>
WHERE CONTAINS (<Spalten>,<Suchanfrage>,<Parameter>);
```

Das folgende Beispiel gibt Ihnen einen ersten Eindruck von der Verwendung der CONTAINS-Klausel für eine Fuzzy-Suche:

```
SELECT * FROM scarr WHERE CONTAINS( carrname, 'lusthansa',
FUZZY(0.8));
```

Wir suchen hier nach Fluggesellschaften, deren Namen *hinreichend ähnlich* zu der Suchanfrage 'lusthansa' sind. Obwohl die Suchanfrage zwei Fehler enthält (der Suchbegriff ist kleingeschrieben, und ein Buchstabe ist falsch), liefert das System den erwarteten Datensatz »Lufthansa«.

Parameter FUZZY · Auf die Bestimmung der Ähnlichkeit gehen wir in den folgenden Abschnitten näher ein. An dieser Stelle sei erwähnt, dass der Parameter FUZZY(0.8) den Schwellenwert definiert, wobei ein Schwellenwert zwischen 0.7 und 0.8 in der Regel ein guter Standardwert ist, um Ergebnisse zu erhalten, die der Suchanfrage relativ ähnlich sind. Außer dem Schwellenwert bietet der Parameter FUZZY viele weitere Einstellungsmöglichkeiten.

Exakte Suche/ linguistische Suche · Neben dem Parameter FUZZY gibt es zwei weitere mögliche Varianten zur Verwendung des CONTAINS-Ausdrucks: EXACT und LINGUISTIC. Bei einer Suche mit dem Zusatz EXACT wird nach genauen Übereinstimmungen der Suchanfrage mit ganzen Wörtern gesucht (basierend auf der Zerlegung des Textes in der Datenbank). EXACT ist auch der Standardwert, wenn Sie keinen Parameter übergeben. Sie können dabei in der Suchanfrage auch Wildcards wie '*' verwenden. Im Gegensatz zu einem LIKE im Standard-SQL können Sie mit CONTAINS auch über mehrere Spalten suchen. Das folgende Beispiel zeigt eine exakte Suche nach Fluggesellschaften, deren Name oder Webadresse »Airlines« oder »Airways« enthält oder auf ».com« endet.

```
SELECT * FROM scarr WHERE CONTAINS ((carrname,url), 'Airlines
OR Airways OR *.com', EXACT)
```

An diesem Beispiel lässt sich auch gut erklären, wie sich ein fehlender Full-Text-Index auswirkt. Falls für die Spalte carrname kein Full-Text-Index existiert, gibt es keine Zerlegung der Namen in Wörter und damit keine exakte Übereinstimmung der Suchanfrage `'Air-lines'` mit einem Eintrag wie »United Airlines«.

Falls Sie eine zusätzliche Berechnung der Wortstämme über eine Textanalyse durchführen (siehe Abschnitt 10.5, »Textanalyse«), können Sie über den Parameter `LINGUISTIC` auch Ergebnisse finden, bei denen lediglich die Wortstämme übereinstimmen müssen.

Einschränkungen der Textsuche in SAP HANA SQL   [«]

Die Textsuche in SAP HANA kann, wie erwähnt, über SQL erfolgen. Allerdings gibt es dabei aktuell Einschränkungen bezüglich der unterstützten Kombinationen, insbesondere:

▶ Die Textsuche über `CONTAINS` kann nur auf Tabellen im Column Store angewandt werden.

▶ Die Textsuche kann nicht auf berechnete Attribute eines Views angewandt werden.

Im Rahmen dieses Buches werden wir uns vor allem auf die Fuzzy-Suche konzentrieren, da es schwierig ist, mit der exakten oder linguistischen Suche eine intuitiv benutzbare Suche innerhalb einer ABAP-Anwendung zu realisieren. In beiden Fällen kann es leicht vorkommen, dass weniger Ergebnisse gefunden werden als bei einer klassischen ABAP-Wertehilfe.

10.3.1 Fuzzy-Suche

In diesem Abschnitt stellen wir Ihnen zunächst die einfache Verwendung der Fuzzy-Suche über eine oder mehrere Spalten einer Tabelle oder eines Views vor. In den Abschnitten 10.3.2, »Synonyme und Stoppwörter«, und 10.3.3, »Suche über Datumsfelder und Adressdaten«, gehen wir danach auf die speziellen Suchvarianten ein, die weitere semantische Informationen über die Daten ausnutzen.

Als Beispiel verwenden wir die Namen der Fluggesellschaften (Spalte `CARRNAME` der Tabelle `SCARR`) sowie der Städte aus dem Flugplan (Spalten `CITYFR` und `CITYTO` der Tabelle `SPFLI`). Dazu definieren wir für diese Attribute jeweils einen Full-Text-Index über das ABAP Dictionary, wie in Abschnitt 10.2, »Textdatentypen und Full-Text-Indizes in SAP HANA«, vorgestellt.

Suche über mehrere Spalten

Mehrere Spalten einer Tabelle
Die Anweisung CONTAINS erlaubt die Angabe mehrerer zu durchsuchender Spalten. Das folgende Beispiel zeigt eine Suche im Flugplan nach Tokio.

```
SELECT * FROM spfli WHERE CONTAINS ((cityfrom,cityto),
'Tokio', fuzzy(0.8))
```

Als Ergebnis erhalten Sie alle Flüge mit Tokio als Abflug- oder Zielort trotz der abweichenden Schreibweise der Stadt (siehe Abbildung 10.6). Sie können anstelle der einzelnen Spalten auch einen Stern (*) angeben, damit die Suche über alle Spalten durchgeführt wird, die eine Textsuche unterstützen.

Mehrere Spalten verschiedener Tabellen
Falls Sie über mehrere Spalten aus verschiedenen, über Fremdschlüsselbeziehungen verbundenen Tabellen suchen möchten, gibt es zwei Möglichkeiten: Entweder Sie schreiben einen SQL-Join, oder Sie verwenden einen View.

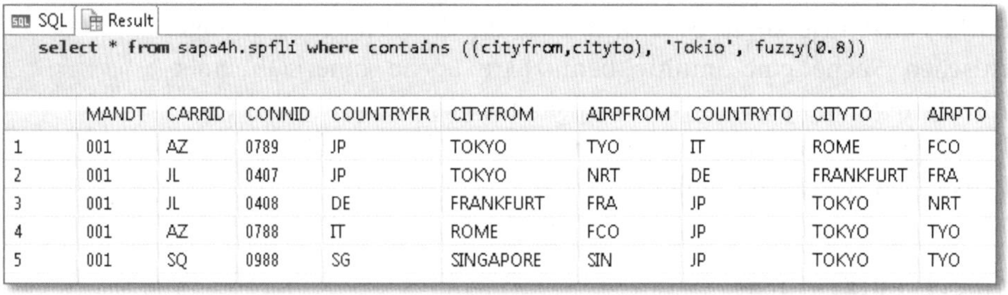

SQL | Result

```
select * from sapa4h.spfli where contains ((cityfrom,cityto), 'Tokio', fuzzy(0.8))
```

	MANDT	CARRID	CONNID	COUNTRYFR	CITYFROM	AIRPFROM	COUNTRYTO	CITYTO	AIRPTO
1	001	AZ	0789	JP	TOKYO	TYO	IT	ROME	FCO
2	001	JL	0407	JP	TOKYO	NRT	DE	FRANKFURT	FRA
3	001	JL	0408	DE	FRANKFURT	FRA	JP	TOKYO	NRT
4	001	AZ	0788	IT	ROME	FCO	JP	TOKYO	TYO
5	001	SQ	0988	SG	SINGAPORE	SIN	JP	TOKYO	TYO

Abbildung 10.6 Fuzzy-Suche über mehrere Spalten

Um bei der Flugplansuche zusätzlich zu Abflugs- und Zielort auch den Namen der Fluggesellschaft zu berücksichtigen, nutzen wir einen einfachen CDS-View DEMO_CDS_SCARR_SPFLI, der in Abbildung 10.7 grafisch dargestellt ist. Der dazu gehörige Datenbank-View heißt DEMO_CDS_JOIN.

Fuzzy-Suche im CDS-View
Die Fuzzy-Suche über SQL erfolgt bei einem View genau wie bei einer Tabelle. Als Ergebnis der folgenden SELECT-Anweisung erhalten wir damit alle Flüge von oder nach Singapur oder von der Fluggesellschaft Singapore Airlines.

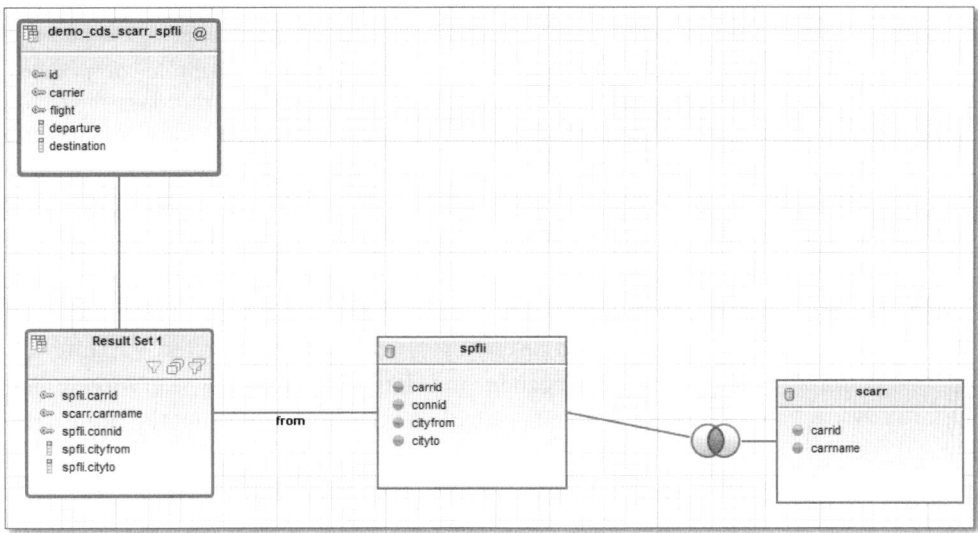

Abbildung 10.7 CDS-View als Basis für eine Fuzzy-Suche über zwei Tabellen

```
select * from DEMO_CDS_
JOIN WHERE CONTAINS(*, 'singapur', fuzzy(0.8))
```

Analog können Sie auch andere View-Typen wie z. B. Attribute Views nutzen.

Spezielle Funktionen

Für einen Datensatz in der Ergebnismenge können Sie zusätzlich über spezielle skalare Funktionen weitere Informationen abholen. SAP HANA bietet aktuell die Funktionen `score()`, `highlighted()` und `snippets()`, auf deren Verwendung wir im Folgenden eingehen.

Die Funktion `score()` macht für ein Suchergebnis eine Angabe bezüglich der Ähnlichkeit zur Anfrage. Dieser Wert liegt zwischen 0 und 1, wobei größere Werte eine höhere Übereinstimmung kennzeichnen. In der Regel verwenden Sie die Funktion für eine Sortierung der Suchergebnisse, damit die Resultate mit dem höchsten Grad der Übereinstimmung weiter vorne erscheinen als Ergebnisse mit einem geringeren Wert:

Score

```
SELECT * FROM scarr WHERE CONTAINS( carrname, 'airways',
fuzzy(0.8)) ORDER BY score() desc;
```

[!] **Unterschied zwischen score() und Schwellenwert für Suche**

Der Rückgabewert der Funktion `score()` korreliert nicht direkt mit dem Schwellenwert im Ausdruck `fuzzy()`. Es ist damit durchaus möglich, Ergebnisse für eine Suche zu erhalten, bei denen der Wert der Funktion `score()` unterhalb des übergebenen Schwellenwertes liegt.

Highlighted und Snippets

Gerade bei einer Suche über längere Texte ist es für den Anwender oft hilfreich, wenn die genaue Fundstelle der Suchanfrage im Text hervorgehoben ist. Dazu gibt es in SAP HANA SQL die Funktionen `highlighted()` und `snippets()`, wobei bei der ersten Variante der gesamte Text ausgegeben und darin die Fundstelle hervorgehoben wird und bei `snippets()` lediglich ein Ausschnitt um die Fundstelle herum ausgegeben wird. Bei kürzeren Texten, wie etwa den Namen der Fluggesellschaften, ist dabei kein Unterschied erkennbar.

Bei der Verwendung dieser Funktionen müssen Sie die Spalte wie in folgendem Beispiel angeben:

```
SELECT *, highlighted(carrname) FROM scarr
   WHERE CONTAINS( carrname, 'airways', fuzzy(0.8))
   ORDER BY score() desc;
```

Im Ergebnis ist die Fundstelle über *Markups* eingeschlossen, wobei das HTML-Tag `<b>...</b>` verwendet wird (siehe Abbildung 10.8). Falls Sie eine eigene Darstellung der Suchergebnisse realisieren wollen, müssen Sie diese Ausdrücke ersetzen.

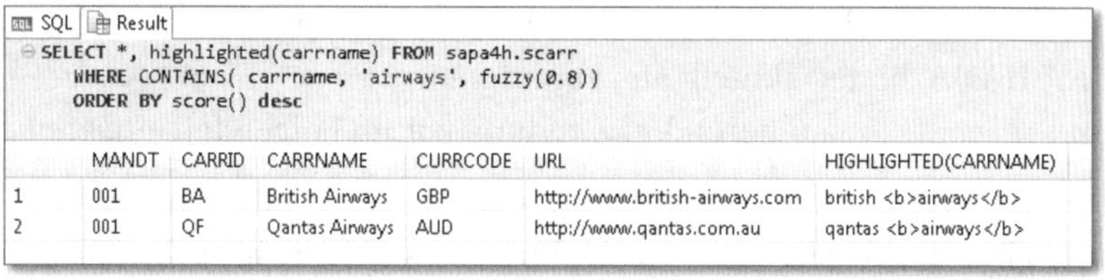

Abbildung 10.8 Hervorhebung der Fundstelle über die Funktion highlighted()

[»] **Einschränkungen von highlighted() und snippets()**

Die Funktionen `highlighted()` und `snippets()` können nur die Treffer innerhalb einer Spalte hervorheben. Bei einer Suche über mehrere Spalten können Sie lediglich für die einzelnen Attribute den Wert abfragen. Falls keine Fundstelle in einer Spalte liegt, finden Sie dann keine Hervorhebung im Wert der Funktion. Darüber hinaus erhalten Sie jeweils nur die erste Fundstelle in einem Dokument und nicht alle Vorkommnisse.

Weitere Parametrisierungen

Wir sind bisher nicht im Detail auf die Parametrierung der Fuzzy-Suche eingegangen. Alle Möglichkeiten und Varianten vorzustellen würde den Rahmen dieses Buches sprengen. Dennoch sollten Sie einige Aspekte kennen, die für die richtige Verwendung unerlässlich sind. Dazu zählen vor allem die beiden Parameter `similarCalculationMode` und `textSearch`. Sie übergeben solche Parameter in Form einer Zeichenkette wie in folgendem Beispiel, wobei Sie mehrere Parameter durch Kommata trennen.

```
SELECT * FROM scarr WHERE
  CONTAINS(carrname, 'lusthansa',
  fuzzy(0.8, 'similarCalculationMode=search'));
```

Über den Parameter `similarCalculationMode` können Sie grob kontrollieren, wie der Fuzzy Score, d. h. der Ähnlichkeitsgrad, berechnet wird. Sie müssen dabei zwischen zwei Szenarien unterscheiden: Bei einem Vergleich von Texten sollen die Anfrage und der Text in der Datenbank als Ganzes sehr ähnlich sein, während es bei einer normalen Suche ausreichend sein sollte, dass die Suchanfrage ein Teil des Textes ist. Für den Textvergleich sollten Sie aus diesem Grund den Parameterwert `compare` verwenden und für die Suche den Wert `search`. Im nächsten Abschnitt werden wir manuell einen speziellen Full-Text-Index anlegen und auf die Unterschiede der Parameterwerte zurückkommen.

Parameter similarCalculationMode

Für die Erläuterung einiger umfangreicherer Suchmöglichkeiten in den folgenden Abschnitten spielt außerdem der Parameter `textSearch` eine Rolle, der zwischen verschiedenen technischen Implementierungen in SAP HANA umschaltet. Wir gehen an dieser Stelle nicht näher auf die Details ein und verweisen für eine Verwendung auf die Beispiele in Abschnitt 10.3.2.

Parameter textSearch

10.3.2 Synonyme und Stoppwörter

Synonymlisten und Stoppwörter sind eine Möglichkeit, eine Suche intelligenter zu machen. Dazu müssen diese zusätzlichen Daten in Tabellen einer gegebenen Struktur abgelegt und die Namen dieser Tabellen bei den Suchanfragen mitgegeben werden.

Zunächst gehen wir auf die Verwendung von Stoppwörtern ein. In den Namen von Fluggesellschaften ist z. B. der Begriff »Air« sehr häufig und bei einer Suche vermutlich weniger entscheidend als

Stoppwort-Tabelle

andere Begriffe. Aus diesem Grund wollen wir diesen Begriff in die Liste der Stoppwörter aufnehmen, wobei – anders als der Begriff vielleicht zunächst suggeriert – der Begriff nicht komplett ignoriert oder gar die Suche abgebrochen wird, sondern der Begriff lediglich weniger stark gewichtet wird.

Die Struktur der Konfigurationstabelle ist dabei wie in Tabelle 10.2 dargestellt.

Spalte	SQL-Datentyp	Beispiel
stopword_id	VARCHAR(32)	»1«
list_id	VARCHAR(32)	»airline«
language_code	CHAR(2)	
term	NVARCHAR(200)	»Air«

Tabelle 10.2 Struktur der Tabelle zur Konfiguration der Stoppwörter

Schlüssel stopword_id

Das Feld stopword_id ist dabei der eindeutige Schlüssel. Über die Spalte list_id können in der Tabelle mehrere unabhängige Listen für verschiedene Verwendungsszenarien hinterlegt werden. Sie können außerdem Wörter hinterlegen, die nur für spezielle Sprachen relevant sind (für den Namen von Fluggesellschaften lassen wir diesen Wert leer).

Suche in Beispieltabelle

Abbildung 10.9 zeigt eine Tabelle ZA4H_BOOK_STOPW im ABAP Dictionary mit einer passenden Struktur.

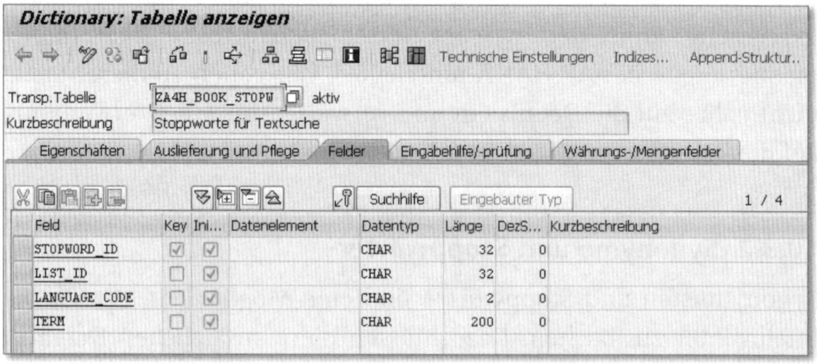

Abbildung 10.9 Stoppwort-Tabelle im ABAP Dictionary

In diese Tabelle tragen wir nun den Beispieldatensatz aus Tabelle 10.2 ein. Um bei einer Fuzzy-Suche die Liste der Stoppwörter mitzugeben, verwenden Sie die Parameter stopwordTable und stopword-

ListId. Das Beispiel in Listing 10.2 zeigt die Suche nach den beiden Begriffen »air« und »united« unter Verwendung der erzeugten Stoppwort-Tabelle.

```
SELECT * FROM scarr WHERE CONTAINS( carrname, 'air
OR united', fuzzy(0.8, 'textsearch=compare,
stopwordTable=ZA4H_BOOK_STOPW, stopwordListId=airline,
similarCalculationMode=search')) ORDER BY score();
```

Listing 10.2 Fuzzy-Suche mit Stoppwort-Tabelle

Der Parameter `textsearch=compare` ist notwendig für die Verwendung dieser Suchvarianten. Im Ergebnis finden wir den Eintrag »United Airlines«, aber z. B. nicht »Air Canada«, da durch die Stoppwort-Tabelle der Term »Air« eine geringere Gewichtung bekommt.

Als Nächstes stellen wir Ihnen die Verwendung von Synonymen vor. Dabei müssen Sie in einer Konfigurationstabelle eine Abbildung hinterlegen, welche Begriffe mit welchen anderen Begriffen synonym zu behandeln sind (*Term Mapping*). Sie können dies wie bei Stoppwörtern in verschiedenen Listen und sprachenabhängig konfigurieren. Zusätzlich besteht die Möglichkeit, eine Gewichtung zwischen 0 und 1 zu hinterlegen, um auszudrücken, wie stark das Finden eines Synonyms zu einer Reduktion des Ähnlichkeitswertes führen soll. Die Struktur der zugehörigen Konfigurationstabelle ist in Tabelle 10.3 dargestellt.

Synonymlisten

Spalte	SQL-Datentyp	Beispiel
mapping_id	VARCHAR(32)	»1«
list_id	VARCHAR(32)	»airline«
language_code	CHAR(2)	
term_1	NVARCHAR(255)	»Airways«
term_2	NVARCHAR(255)	»Airlines«
weight	DECIMAL	0.8

Tabelle 10.3 Struktur der Tabelle zur Konfiguration der Synonyme

Mandantenabhängige Stoppwort- und Synonymlisten [«]

Obwohl in SAP HANA die Tabellenstrukturen für Stoppwörter und Synonyme keine Mandantenspalte besitzen, können Sie in ABAP-Tabellen natürlich eine solche Spalte hinzufügen und danach einfach einen View über die Tabellen legen, indem Sie diese Spalte aus der Projektionsliste nehmen.

Analog zum vorherigen Beispiel legen wir eine ABAP-Tabelle `ZA4H_BOOK_TMAP` mit der Struktur aus Tabelle 10.3 an und tragen den Beispielwert aus Tabelle 10.3: ein. Das Beispiel in Listing 10.3 zeigt die Suche nach dem Begriff »United Airways«.

```
SELECT * FROM scarr WHERE CONTAINS( carrname,
'united airways', fuzzy(0.8, 'textsearch=compare,
termMappingTable=ZA4H_BOOK_TMAP, termMappingListId=airline,
similarCalculationMode=search')) ORDER BY score();
```

Listing 10.3 Fuzzy-Suche mit Synonymliste

Durch die Angabe der Mapping-Tabelle über die Parameter `termMappingTable` und `termMappingListId` wertet die Fuzzy-Suche die Synonymliste aus, und wir erhalten im Ergebnis ebenfalls den Eintrag »United Airlines«.

Hypernyme, Hyponyme

Neben Begriffen mit der gleichen Bedeutung (also Synonyme) können Sie über den Mapping-Mechanismus auch Ober- und Unterbegriffe (*Hypernyme* bzw. *Hyponyme*) einbinden, was gerade bei größeren, unstrukturierten Texten sinnvoll sein kann. Auf diese Weise können Sie z. B. bei einer Suche nach »Lufthansa« in einem Text auch das Vorkommen des Oberbegriffs »Fluggesellschaft« erkennen. Dabei würden Sie als Gewicht (`WEIGHT`) einen niedrigen Wert (z. B. `0.2` wählen).

Stoppwörter und Synonyme lassen sich auch in einer Suchanfrage kombinieren, wobei dabei zunächst die synonymen Varianten errechnet und danach die Stoppwörter berücksichtigt werden.

10.3.3 Suche über Datumsfelder und Adressdaten

Zum Abschluss dieses Abschnitts zu den Fähigkeiten der Textsuche möchten wir Ihnen einige der in Abschnitt 10.1.2, »Fehlertolerante Suche«, vorgestellten umfassenderen Möglichkeiten vorstellen, um Ihnen einen Eindruck von ihrer Verwendung zu vermitteln. Wir gehen dabei auf die Fuzzy-Suche in Datumsfeldern und Suche nach Postleitzahlen ein. In beiden Fällen ist leider eine direkte Verwendung aus ABAP nicht möglich, da spezielle Datentypen und Spaltendefinitionen notwendig sind. Bei solchen nativen Entwicklungen in der Datenbank sind zusätzliche Designüberlegungen notwendig.

Beispielszenario

Für unser Beispiel legen wir aus diesem Grund eine zusätzliche Tabelle in einem eigenen Datenbankschema an, das wir zuvor erzeugt haben. In dieser Tabelle speichern wir Kundenadressen und den Zeitpunkt der letzten Buchung aus den ABAP-Tabellen unter Verwendung von nativen HANA-Typen. Auf diesen Daten führen wir dann eine Fuzzy-Suche durch, bei der wir die semantischen Eigenschaften von Datum und Postleitzahl ausnutzen.

Wir realisieren das Szenario in diesem Abschnitt der Einfachheit halber ausschließlich über die SQL-Konsole im SAP HANA Studio. Sie können diese nativen SQL-Anweisungen natürlich auch über die ADBC-Schnittstelle aus einem ABAP-Programm absetzen.

Die Tabelle legen wir über SQL an, wie in Listing 10.4 dargestellt. Ersetzen Sie dabei `<schema>` durch ein eigenes Datenbankschema.

Native Datenbanktabelle mit SQL

```
create column table <schema>.custom_fuzzy (
 mandt NVARCHAR(3) DEFAULT '000' NOT NULL ,
 id    NVARCHAR(8) DEFAULT '00000000' NOT NULL ,
 name  NVARCHAR(25) DEFAULT '' NOT NULL ,
 city  NVARCHAR(25) DEFAULT '' NOT NULL ,
 postcode NVARCHAR(10) FUZZY SEARCH MODE 'postcode',
 lastbooking DATE
 );
```

Listing 10.4 Tabelle mit Kundenadressen und Buchungsdaten mit SQL anlegen

Wir verwenden für das Datum den nativen Datentyp DATE und spezifizieren für die Postleitzahl einen speziellen Fuzzy-Suchmodus. Beide Einstellungen sind in dieser Form für eine ABAP-Dictionary-Tabelle nicht möglich.

Wir füllen die Tabelle danach – basierend auf den Daten der Tabellen SCUSTOM und SBOOK – über die SQL-Anweisung in Listing 10.5.

```
INSERT INTO <schema>.custom_fuzzy
SELECT c.mandt, c.id, c.name, c.city, c.postcode,
       to_date( MIN ( b.order_date ) ) as lastbooking
FROM  sbook as b INNER JOIN  scustom as c
      ON b.mandt = c.mandt and b.customid = c.id
GROUP BY c.mandt, c.id, c.name, c.city, c.postcode;
```

Listing 10.5 Datenbanktabelle mit Daten füllen

Bei der Fuzzy-Suche nach einem Datumsfeld wird der Grad der Ähnlichkeit einerseits über den zeitlichen Abstand der Datumswerte und andererseits durch typische Schreibfehler bei Datumsangaben beeinflusst. Für diese Art der Fuzzy-Suche müssen Sie keinen Full-Text-Index anlegen, da keine Zerlegung in Wörter notwendig ist.

Fuzzy-Suche nach einem Datum

In Listing 10.6 werden Kunden gesucht, deren letzte Buchung *ungefähr* am 13. November 2015 vorgenommen wurde. Durch den Parameter `maxDateDistance=3` geben wir einen maximalen Abstand in Tagen an. Zusätzlich werden auch Ergebnisse geliefert, bei denen z. B. eine Ziffer falsch oder Monat und Tag vertauscht sind.

```
SELECT lastbooking, score() FROM <schema>.custom_fuzzy
    WHERE CONTAINS(lastbooking, '2015-11-13',
        FUZZY(0.9, 'maxDateDistance=3'))
ORDER BY score() DESC;
```

Listing 10.6 Fuzzy-Suche nach einem Datum

Fuzzy-Suche nach der Postleitzahl

Wie in Abschnitt 10.1.2, »Fehlertolerante Suche«, vorgestellt, wird bei der Fuzzy-Suche über Postleitzahlen die Ähnlichkeit über die geografische Nähe bestimmt, die sich in der internen Struktur der Postleitzahlen verbirgt. Listing 10.7 sucht nach Postleitzahlen in der Nähe von ›69190‹.

```
SELECT postcode, score() FROM custom_fuzzy
  WHERE CONTAINS( postcode, '69190', fuzzy(0.7))
ORDER BY score() desc;
```

Listing 10.7 Fuzzy-Suche nach Postleitzahlen

Abbildung 10.10 zeigt das Suchergebnis bei einer kombinierten Suche nach Kunden in der Nähe von Walldorf (Postleitzahl 69190), deren letzte Buchung ungefähr am 31. Januar 2016 war.

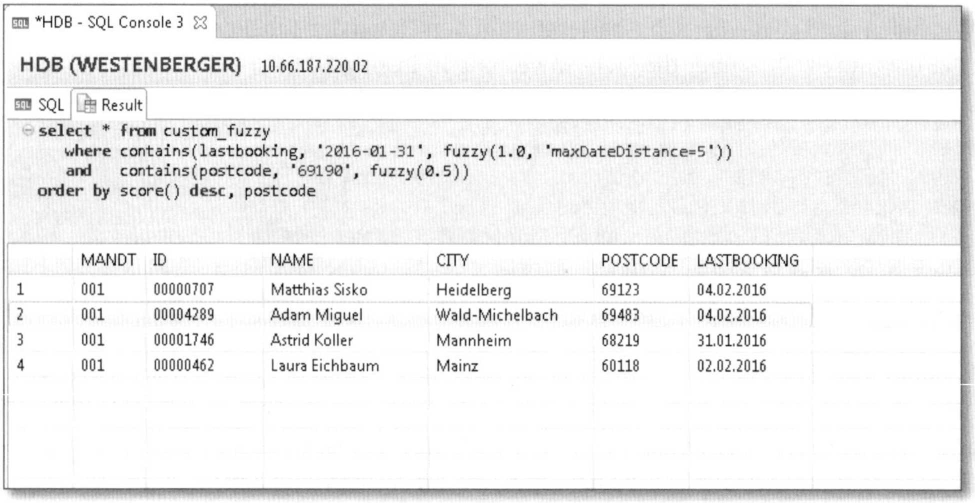

Abbildung 10.10 Fuzzy-Suche nach Datum und Postleitzahl

Neben Postleitzahlen gibt es bei Adressen auch eine Unterstützung für Hausnummern, die gewisse Spezifika wie Bereiche (Hausnummer ›8-10‹) oder Buchstaben (›8a‹) berücksichtigen kann.

10.4   Einsatz der Textsuche in ABAP

Wie Sie gesehen haben, ergeben sich mit der Fuzzy-Suche in SAP HANA viele innovative Möglichkeiten, in vorhandenen Daten zu suchen. Für manche Szenarien müssen dabei die Daten aufbereitet oder transformiert werden, um diese Fähigkeiten nutzen zu können. In diesem Abschnitt stellen wir Ihnen vor, wie Sie die Textsuche mit ABAP aufrufen können, wobei wir auf die direkte Verwendung *innerhalb* einer Anwendung eingehen, also z. B. in einer Wertehilfe für ein Feld eines Formulars.

Zunächst schicken wir jedoch einige allgemeine Worte voraus. Der direkte Einsatz der Textsuche aus ABAP erfordert in manchen Situationen einige technische Kniffe (vor allem vor ABAP 7.4 SP06). Dies hat Konsequenzen, die vor einer produktiven Verwendung einige Designüberlegungen erfordern. Auf einige dieser Aspekte kommen wir in Kapitel 14, »Praxistipps«, im Rahmen unserer Empfehlungen für den Einsatz der fortgeschrittenen HANA-Funktionen zurück.

Lifecycle Management beachten

10.4.1 Direkter SQL-Zugriff aus ABAP

Da die Textsuche von SAP HANA keine Standardfähigkeit einer traditionellen Datenbank ist, gibt es leider aktuell keine Unterstützung des CONTAINS-Ausdrucks in Open SQL. Um dennoch direkt aus ABAP die Textsuche über SQL verwenden zu können, müssen Sie deswegen auf Datenbankprozeduren (AMDP) oder natives SQL via ADBC zurückgreifen.

Die Verwendung der Textsuche über eine AMDP ist sehr einfach. Sie müssen dazu wie im Beispiel aus Listing 10.8 lediglich den Ausdruck CONTAINS in die native SQL-Anweisung aufnehmen.

Zugriff über eine Datenbankprozedur

```
CLASS zcl_a4h_chapter9_amdp_contains DEFINITION
  PUBLIC CREATE PUBLIC .

  PUBLIC SECTION.
    INTERFACES: if_amdp_marker_hdb.
    TYPES: tt_result_cust TYPE STANDARD TABLE OF scustom.
```

479

```
      METHODS search_customer
        IMPORTING
                   VALUE(iv_client) TYPE mandt
                   VALUE(iv_search) TYPE string
        EXPORTING VALUE(et_result) TYPE tt_result_cust.

    PROTECTED SECTION.
    PRIVATE SECTION.
  ENDCLASS.

  CLASS zcl_a4h_chapter9_amdp_contains IMPLEMENTATION.

    METHOD search_customer BY DATABASE PROCEDURE
      FOR HDB LANGUAGE SQLSCRIPT OPTIONS READ-ONLY
      USING scustom.

      et_result = SELECT * FROM SCUSTOM
           WHERE mandt = :iv_client
           AND CONTAINS(*, :iv_search,
               fuzzy(0.8,'similarCalculationMode=search') )
           ORDER BY score() desc, id;
    ENDMETHOD.
  ENDCLASS.
```

Listing 10.8 Verwendung der Textsuche in einer AMDP

Suchabfrage über Views

Analog können Sie auch Suchabfragen auf CDS-Views oder Attribute Views absetzen, wobei wir auch hier die Verwendung von CDS-Views empfehlen.

10.4.2 Einbettung in Wertehilfen

Wie bereits zu Beginn dieses Kapitels erwähnt, sind Wertehilfen (auch Suchhilfen genannt) eine gute Einsatzmöglichkeit für die Textsuche in SAP HANA. Abbildung 10.11 zeigt dies anhand der Freitextsuche nach einem Fluggast über dessen Namen und Wohnort. In diesem Abschnitt erläutern wir Ihnen verschiedene Möglichkeiten, wie Sie eine solche Wertehilfe im SAP GUI und Web Dynpro ABAP implementieren können.

Wertehilfen werden im ABAP Dictionary definiert. Sie lassen sich einfach sowohl in klassischen dynprobasierten Anwendungen als auch in Anwendungsoberflächen, die mit Web Dynpro ABAP bzw. dem Floorplan Manager erstellt wurden, verwenden. Sie können dabei sowohl einzelne (sogenannte *elementare*) Suchhilfen erstellen als auch mehrere Suchhilfen zu einer *Sammelsuchhilfe* kombinieren. Die einzelnen Suchhilfen werden dabei in der Regel auf Registerkarten getrennt dargestellt. Sammelsuchhilfen können Sie insbesondere nutzen, um eine existierende Suchhilfe mit einer optimierten Variante auf SAP HANA zu ergänzen (die auf anderen Datenbanken ausgeblendet wird).

Beispielreport mit Wertehilfe

Kundennummer	mannheimer				
Cust. No.	Customer name	Street		City	Ctry
00000253	Motomarkt GmbH	**Mannheimer** Str. 14		Heidelberg	DE
00000302	Dr. Ricken & Partner	**Mannheimer** Str. 118		Karlsruhe	DE
00000013	Mueller			**Mannheim**	DE
00000034	Juergen Stahl	Wuselbert-Ring 2		**Mannheim**	DE
00000048	SRV GmbH	Rhein-Neckar-Str. 23-25		**Mannheim**	DE
00000054	Becker GmbH	Hauptstraße 127		**Mannheim**	DE
00000065	Lebensmittelgrosshandel-B	Kaefertaler Str. 12		**Mannheim**	DE
00000078	Alpha Dienstleistungen	Kurpfalz-Straße		**Mannheim**	DE
00000161	Becker AG	Markstr. 1		**Mannheim**	DE
00000180	MotoLux	Industriestr. 1		**Mannheim**	DE
Not all search results shown....					

Abbildung 10.11 ABAP-Suchhilfe mit Fuzzy-Suche über mehrere Spalten

In ABAP 7.4 gibt es verschiedene Erweiterungen auch über die Unterstützung einer Fuzzy-Suche hinaus. So ist es beispielsweise nun auch im SAP GUI möglich, einem Anwender Vorschlagswerte direkt anzuzeigen, während dieser noch Eingaben macht (siehe Abbildung 10.11).

Voraussetzungen für erweiterte Suchhilfen im SAP GUI   [«]

Die Verwendung der erweiterten Möglichkeiten der Suchhilfe in ABAP 7.4 erfordert folgende minimalen Systemvoraussetzungen:

- ABAP 7.4 SP06 oder höher
- Die mehrspaltige Volltextsuche wird nur für die SAP-HANA-Datenbank auf ABAP-Systemen unterstützt.
- Die Darstellung von Vorschlagswerten erfordert SAP GUI 7.30 für Windows (Patch Level 6 oder höher) bzw. SAP GUI 7.40 für Java/HTML. Wir empfehlen, möglichst die aktuelle Version des SAP GUI zu nutzen, da die Bedienbarkeit kontinuierlich weiter verbessert wurde.

Eine Suchhilfe können Sie dabei als Entwickler rein deklarativ definieren, indem Sie den Namen einer Tabelle oder eines Views angeben und die Felder für den Dialog auswählen. Ab ABAP 7.4 SP06

Fuzzy-Suchhilfe deklarativ erstellen

können Sie hier auch die Parameter für eine Fuzzy-Suche spezifizieren. Legen Sie dazu über die Transaktion SE80 oder SE11 eine neue Wertehilfe an, und wählen Sie eine Tabelle oder einen View als Datenquelle. In den erweiterten Optionen können Sie auswählen, ob Vorschlagswerte direkt angezeigt werden sollen (für alle Datenbanken unterstützt), ob eine spaltenübergreifende Volltextsuche durchgeführt werden soll und mit welchem Genauigkeitswert (nur möglich mit SAP HANA). Abbildung 10.12 zeigt eine einfache Konfiguration, basierend auf der Tabelle SCUSTOM. Sie müssen dafür nicht notwendigerweise einen Full-Text-Index anlegen.

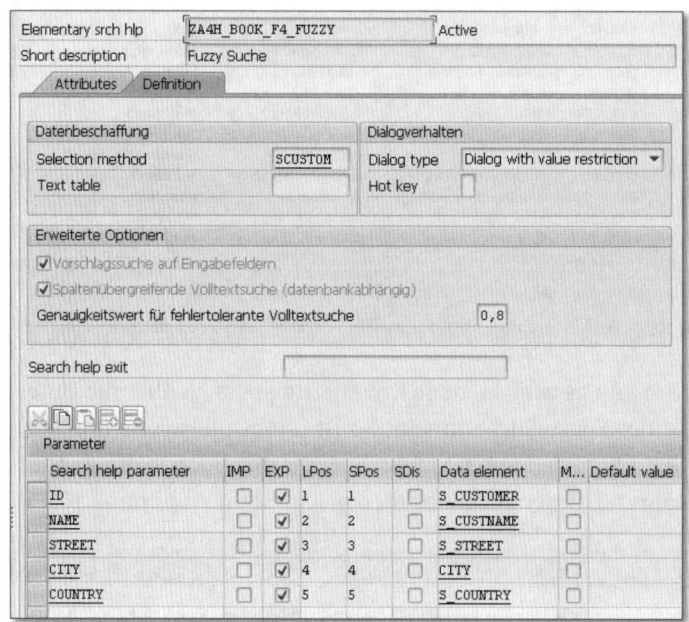

Abbildung 10.12 Deklarative Definition einer Fuzzy-Suchhilfe

Nach einer Aktivierung können Sie die Wertehilfe in ein Testprogramm einbinden (Listing 10.9) und erhalten die Anzeige aus Abbildung 10.11. Beachten Sie, dass zum aktuellen Zeitpunkt die Testumgebung für Wertehilfen keine Unterstützung von Vorschlagswerten und Fuzzy-Suche bietet.

```
REPORT zr_a4h_chapter9_valuehelp.

PARAMETERS: cust_id TYPE s_customer
                    MATCHCODE OBJECT za4h_book_f4_fuzzy.
```

Listing 10.9 Testprogramm für Wertehilfe

Sie können als Selektionsmethode für eine Wertehilfe anstelle von Tabellen auch Views nutzen, um etwa mögliche Werte für ein Suchfeld aus einer anderen Tabelle zu lesen. Leider unterstützen die klassischen Help-Views im ABAP Dictionary keine Fuzzy-Suche (siehe Infokasten).

Views

CDS-Views statt Help-Views nutzen

[+]

Wie in Abschnitt 3.2, »ABAP-Datenbankzugriff«, vorgestellt, bietet das klassische ABAP Dictionary einen speziellen View-Typ (Help-View), der von SAP speziell für die Verwendung in Wertehilfen bereitgestellt wurde. Da normale Datenbank-Views zum damaligen Zeitpunkt keine Outer-Joins unterstützt haben, wurde der Join in der Datenbankschnittstelle im ABAP-Kernel implementiert. Somit unterstützen diese Views leider keinen flexiblen SQL-Zugriff, wie er für eine Fuzzy-Suche notwendig ist. Da Outer-Joins aber mit ABAP 7.4 auch über CDS-Views realisiert werden können, empfehlen wir, diese als durchgängige View-Technologie auch für Wertehilfen einzusetzen.

Darüber hinaus haben Sie auch die Möglichkeit, über einen sogenannten *Suchhilfe-Exit* die Datenbeschaffung selbst zu implementieren, was Ihnen mehr Freiheitsgrade erlaubt. Um einen Suchhilfe-Exit zu definieren, müssen Sie einen Funktionsbaustein anlegen, der die in Listing 10.10 dargestellte Schnittstelle hat. Ein Beispiel für einen einfachen Suchhilfe-Exit finden Sie im SAP-Standard im Funktionsbaustein F4IF_SHLP_EXIT_EXAMPLE.

Suchhilfe-Exit

```
FUNCTION z_a4h_book_chapter9_exit_cust
  CHANGING
    VALUE(shlp) TYPE shlp_descr
    VALUE(callcontrol) LIKE ddshf4ctrl
  TABLES
    shlp_tab TYPE shlp_desct
    record_tab LIKE seahlpres.

  " ...
ENDFUNCTION.
```

Listing 10.10 Schnittstelle für Suchhilfe-Exits

Bevor wir auf die genaue Implementierung des Funktionsbausteins eingehen, zeigen wir Ihnen kurz das Anlegen und Testen einer Wertehilfe im ABAP Dictionary unter Angabe eines solchen Exits. Gehen Sie dazu einfach in Transaktion SE11, und legen Sie eine neue Suchhilfe an. Tragen Sie die gewünschten Parameter für die Darstellung

Wertehilfe anlegen und testen

und den Suchhilfe-Exit ein. Abbildung 10.13 zeigt die Konfiguration der Suchhilfe in Transaktion SE11.

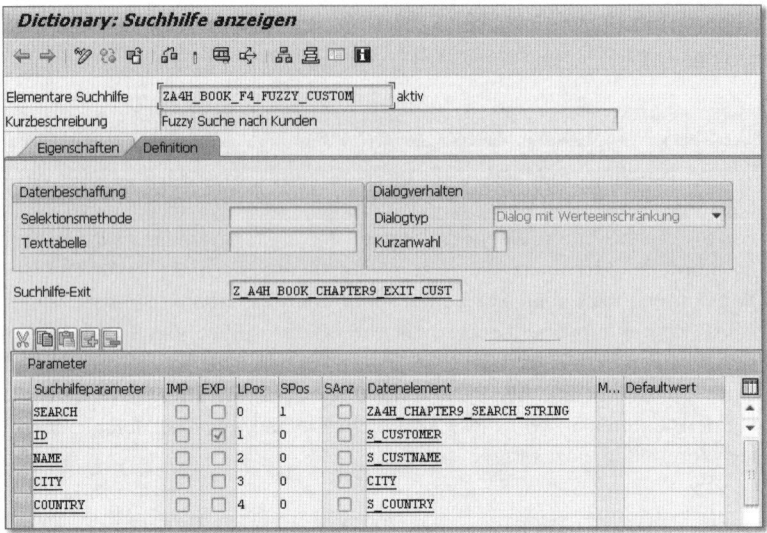

Abbildung 10.13 Konfiguration der Suchhilfe in Transaktion SE11

Zeitpunkte des Suchhilfe-Exits

Der Funktionsbaustein wird dabei zu verschiedenen Zeitpunkten vom Suchhilfe-Framework aufgerufen, und Sie können in diesen Phasen das Verhalten beeinflussen. Die jeweils aktuelle Phase können Sie über den Wert `callcontrol-step` abfragen. Tabelle 10.4 gibt Ihnen einen Überblick über die Phasen mit Fokus auf den Operationen, die Sie im Kontext einer Fuzzy-Suche verwenden können.

Phase	Bedeutung
SELONE	Diese Phase spielt nur für Sammelsuchhilfen eine Rolle. Damit können Sie die Anzahl und Reihenfolge der elementaren Suchhilfen beeinflussen. Insbesondere erlaubt dies, eine HANA-spezifische Suchhilfe auf einem System mit einer anderen Datenbank auszublenden.
PRESEL	Dieser Schritt erlaubt es, die Selektionsbedingungen zu beeinflussen. Dabei können Sie z. B. im Kontext einer Fuzzy-Suche bestimmte Sonderzeichen (z. B. ein »*«) ersetzen.
SELECT	In dieser Phase können Sie eine eigene Selektion der Daten implementieren und somit etwa über ADBC eine Fuzzy-Suche durchführen.

Tabelle 10.4 Phasen des Suchhilfe-Exits

Phase	Bedeutung
DISP	In dieser Phase können Sie noch einmal auf die Daten Einfluss nehmen und etwa eine Berechtigungsprüfung durchführen oder die Darstellung beeinflussen. Wir werden diese Phase in den folgenden Beispielen nicht nutzen.

Tabelle 10.4 Phasen des Suchhilfe-Exits (Forts.)

Listing 10.11 zeigt die vollständige Implementierung des Suchhilfe-Exits. Die Daten werden in der SELECT-Phase mithilfe der Datenbankprozedur aus Listing 10.8 gelesen und über den Baustein F4UT_RESULTS_MAP in die Zielstruktur geschrieben.

Suchhilfe-Exit implementieren

```
FUNCTION Z_A4H_BOOK_CHAPTER9_EXIT_CUST
  CHANGING
    VALUE(SHLP) TYPE SHLP_DESCR
    VALUE(CALLCONTROL) LIKE DDSHF4CTRL
  TABLES
    SHLP_TAB TYPE SHLP_DESCT
    RECORD_TAB LIKE SEAHLPRES.

  DATA: lt_data TYPE TABLE OF scustom.

  IF callcontrol-step <> 'SELECT'.
    EXIT.
  ENDIF.

*"----------------------------------------------------
* STEP SELECT    (Select values)
*"----------------------------------------------------
  IF callcontrol-step = 'SELECT'.
    " Suchanfrage
    DATA: lv_value TYPE string.
    TRY.
        lv_value =
          shlp-selopt[ shlpfield = 'SEARCH' ]-low.
      CATCH cx_sy_itab_line_not_found.
        " Ignorieren
    ENDTRY.
    " Selektion der Daten ueber die AMDP
    NEW zcl_a4h_chapter9_amdp_contains( )->search_customer(
      EXPORTING
        iv_client = sy-mandt
        iv_search = lv_value
      IMPORTING
        et_result = lt_data
    ).
```

```
CALL FUNCTION 'F4UT_RESULTS_MAP'
  EXPORTING
    source_structure = 'SCUSTOM'
  TABLES
    shlp_tab          = shlp_tab
    record_tab        = record_tab
    source_tab        = lt_data
  CHANGING
    shlp              = shlp
    callcontrol       = callcontrol.
  callcontrol-step = 'DISP'.
ENDIF.


ENDFUNCTION.
```

Listing 10.11 Suchhilfe-Exit mit Fuzzy-Suche über Name und Wohnort

Verwendung in Web Dynpro ABAP

Zum Abschluss dieses Abschnitts erläutern wir, wie Sie im ABAP Dictionary erstellte Suchhilfen in Web Dynpro ABAP verwenden können. Dabei handelt es sich um eine Standardfunktion von Web Dynpro, unabhängig von SAP HANA, und wir werden im Folgenden nicht alle Details erläutern und insbesondere auch Grundkenntnisse der Entwicklung mit Web Dynpro ABAP voraussetzen.

Datenmodell der Web-Dynpro-Komponente

Das Datenmodell einer Web-Dynpro-Komponente wird über den sogenannten *Kontext* definiert, den Sie entweder von Hand oder basierend auf einer Dictionary-Struktur (Tabelle oder View) definieren können. Dabei werden standardmäßig die assoziierten Suchhilfen aus den Metadaten übernommen, Sie können aber für ein Attribut im Web-Dynpro-Kontext auch eine eigene Dictionary-Suchhilfe verwenden. Abbildung 10.14 zeigt einen Web-Dynpro-Kontext mit einem Attribut für die Kundennummer (SCUSTOM-ID). Wir verwenden an dieser Stelle die neue Eclipse-basierte Entwicklungsumgebung für Web Dynpro ABAP. Sie können die Einstellung jedoch auch über Transaktion SE80 vornehmen.

[»] **Web-Dynpro-ABAP-Entwicklung in Eclipse**

Die ABAP Development Tools for SAP NetWeaver enthalten neben den Werkzeugen für die reine ABAP-Entwicklung weitere nativ in Eclipse integrierte Werkzeuge, zu denen auch die Entwicklungsumgebung für Web Dynpro ABAP zählt. Die Nutzung erfolgt analog wie die anderer ABAP-Entwicklungsobjekte: Es gibt spezielle Editoren für die Web-Dynpro-Objekte (z. B. Web-Dynpro-Komponenten) sowie für die zugehörigen Unterobjekte (z. B. *Views* oder *Windows*), die Sie analog zu ABAP-Reports oder Klassen über die Sicht PROJECT EXPLORER in Eclipse anlegen oder öffnen können.

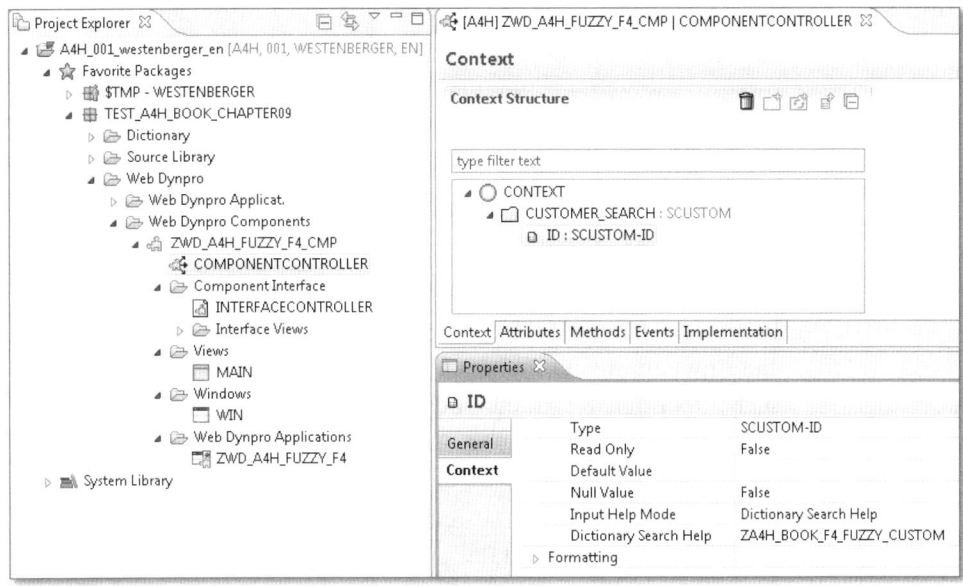

Abbildung 10.14 Web-Dynpro-ABAP-Kontextattribut mit Fuzzy-Suchhilfe

Wenn wir dieses Kontextattribut in einem Web-Dynpro-View an ein Eingabefeld binden, erhalten wir eine Web-Dynpro-Anwendung mit einer zu Abbildung 10.11 äquivalenten Suchhilfe. Diese ist in Abbildung 10.15 dargestellt.

Abbildung 10.15 Fuzzy-Suchhilfe in Web Dynpro ABAP

Vorschlagswerte anzeigen

Zusätzlich können Sie sich über Web Dynpro ABAP auch direkt Vorschlagswerte anzeigen lassen, während der Benutzer seine Eingabe macht. Mit dieser Kombination aus fehlertoleranter intelligenter Suche und unmittelbarer Anzeige können Sie für Ihre Endanwender Suchhilfen erstellen, die modernen Internetsuchen in nichts nachstehen.

10.4.3 ABAP-Quelltextsuche

In diesem letzten Abschnitt möchten wir Ihnen eine weitere nützliche Anwendung der SAP-HANA-Textsuche vorstellen: eine Freitextsuche über den gesamten Quelltext eines ABAP-Systems als Teil der ABAP-in-Eclipse-Umgebung.

[»] **Notwendige Konfiguration und Speicherverbrauch**

Da der Speicherverbrauch für die Indizes, die für eine Suche über den gesamten ABAP-Quelltext notwendig sind, relativ groß ist (einige GB Speicher in SAP HANA), werden diese nicht automatisch angelegt. Sie müssen hierfür in der Transaktion SFW5 die *Business Function* SRIS_ SOURCE_SEARCH aktivieren. Die Indizierung nach der Aktivierung erfolgt im Hintergrund und dauert einige Stunden, wobei Sie den Status über den Report SRIS_CODE_SEARCH_PREPARATION einsehen können. Weitere Hinweise finden Sie in SAP-Hinweis 1918229.

Nutzung in Eclipse

Um nach einem Text im ABAP-Quelltext zu suchen, öffnen Sie in Eclipse den allgemeinen Suchdialog über das Icon [image] in der Werkzeugleiste und wählen den Reiter ABAP SOURCE SEARCH (siehe Abbildung 10.16). Hier können Sie etwa nach allen Stellen im Quellcode suchen, die mit einem »TODO« markiert wurden. Über die Filterfunktion können Sie die Suche zusätzlich auf Pakete, Objekte oder Benutzer einschränken. Von den Suchergebnissen können Sie natürlich direkt zu dem Quelltext per Doppelklick springen.

Anwendungsbeispiele

Die freie Suche auf dem ABAP-Quelltext ermöglicht Szenarien, die deutlich über die »Where-Used«-Möglichkeiten hinausgehen. Neben der bereits erwähnten Möglichkeit, nach Kommentaren zu suchen (etwa nach »TODO«, »FIXME«, »WORKAROUND« oder ähnlichen unter Entwicklern geläufigen Kommentaren), können Sie auch nach speziellen Aufrufen oder Zeichenketten suchen, wie etwa CALL FUNCTION oder dem Namen einer RFC-Destination.

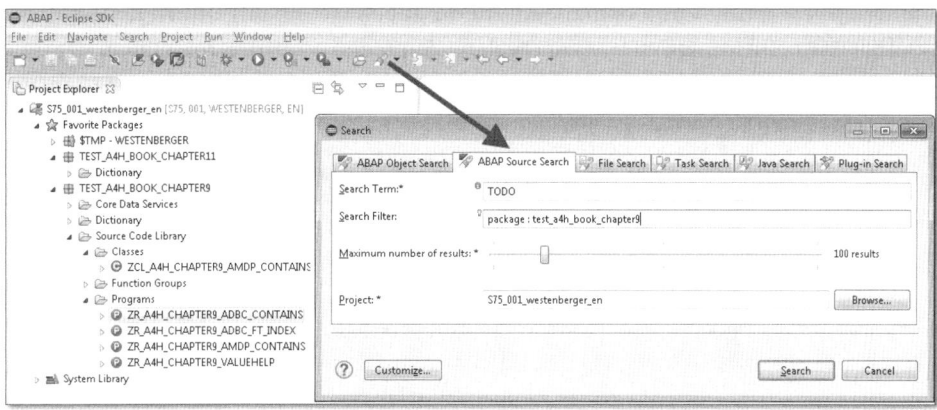

Abbildung 10.16 ABAP-Quelltextsuche in Eclipse

10.5 Textanalyse

Über die reine Suche hinaus können über eine Textanalyse weitere Informationen extrahiert werden. Dabei werden, basierend auf der Zerlegung der Texte in *Tokens* (siehe Abschnitt 10.1, »Grundlagen der Textsuche in SAP HANA«), diesen Bestandteilen zusätzliche semantische Eigenschaften zugeordnet. Dazu gehören z. B.:

Semantische Eigenschaften

▶ Zu welcher Sprache gehört der Begriff? Was ist der Wortstamm bzw. die grammatikalische Grundform? Handelt es sich um eine Abkürzung?

▶ Handelt es sich bei dem Term um einen Fachbegriff? Falls ja, aus welchem Fachgebiet oder welcher Industrie?

▶ Beinhaltet der Term implizit eine emotionale Aussage, ist also der Term etwa ein positiv (z. B. »optimal«) oder negativ (z. B. »unerträglich«) belegter Begriff?

Für die Textanalyse ist es nötig, dass das System die Eigenschaften und Spezifika der jeweiligen Sprache sehr genau kennt. SAP HANA enthält Wörterbücher mit Begriffen aus mehr als 20 Sprachen. Dabei werden Metadaten aus den Texten extrahiert und klassifiziert.

Sie können die Textanalyse dabei für alle Datentypen verwenden, für die Sie einen Full-Text-Index anlegen können (z. B. Spalten vom Typ NVARCHAR, VARCHAR, CLOB, NCLOB etc.). Sie müssen dazu beim Anlegen des Full-Text-Index die Option TEXT ANALYSIS ON angeben und eine Option für die Analyse spezifizieren.

Textanalyse-
Optionen Aktuell unterstützt SAP die in Tabelle 10.5 aufgeführten Optionen. Informationen dazu, welche Sprachen von der jeweiligen Option unterstützt werden, finden Sie in der Entwickler-Dokumentation auf *http://help.sap.com/hana/*.

Option	Beschreibung
LINGANALYSIS_BASIC	Zerlegt einen Text in seine Bestandteile (einzelne Wörter mit Normalisierung von Umlauten, Akzenten usw.).
LINGANALYSIS_STEMS	Zerlegt einen Text in seine Bestandteile und ermittelt zusätzlich zu den Wörtern den jeweiligen Wortstamm.
LINGANALYSIS_FULL	wie LINGANALYSIS_STEMS, mit zusätzlicher grammatikalischer Klassifikation der Terme
EXTRACTION_CORE	Extrahiert Begriffe aus dem Text und klassifiziert diese semantisch (z. B. in Personen, Organisationen, Orte etc.).
EXTRACTION_CORE_ VOICEOFCUSTOMER	Analysiert Texte nach Mustern, über die sich Emotionen und Bedürfnisse des Schreibers ablesen lassen (*Sentiment-Analyse*).

Tabelle 10.5 Optionen für Textanalyse

Sprachliche
und semantische
Analyse Es gibt prinzipiell zwei Möglichkeiten des Einsatzes der Textanalyse: eine sprachliche und eine semantische Variante. Die sprachliche Analyse bietet sich für Szenarien an, bei denen Sie Texte nach grammatikalischen Aspekten analysieren wollen. Sie ist insbesondere eine Voraussetzung für die in Abschnitt 10.3, »Verwendung der Textsuche über SQL«, angesprochene linguistische Suche. Die semantische Analyse kann für die Extraktion weiterer Informationen eingesetzt werden. Für viele Fälle ist dabei die Option EXTRACTION_CORE ausreichend.

Beispiel: Full-Text-
Index mit
Textanalyse Das folgende Beispiel definiert einen Full-Text-Index mit Textanalyse für die Namen der Fluggesellschaften. Für die Definition des Index im ABAP Dictionary nutzen wir die Einstellungen aus Abbildung 10.17.

Tabelle $TA_* Beim Anlegen eines Full-Text-Index mit Textanalyse wird eine technische Tabelle mit Präfix $TA_ im gleichen Schema angelegt, deren Inhalt Sie in Abbildung 10.18 sehen. Diese enthält neben den extrahierten Informationen auch die Primärschlüssel der Ausgangstabelle, so dass sie sich einfach in Joins einbetten und verwenden lässt. Da das ABAP Dictionary diese Tabelle nicht kennt, müssen Sie auf native Techniken wie HANA-Views, AMDP oder ADBC zurückgreifen.

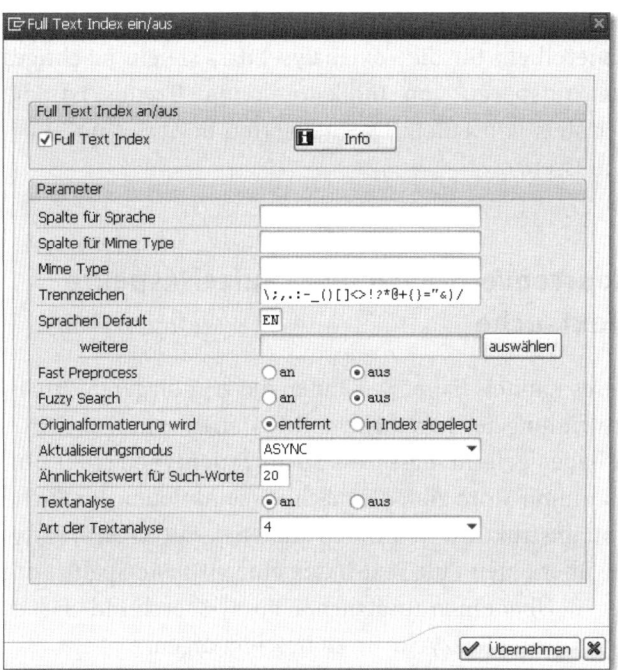

Abbildung 10.17 Full-Text-Index mit Textanalyse anlegen

	MANDT	CARRID	TA_RULE	TA_COUNTER	TA_TOKEN	TA_LANGUAGE	TA_TYPE
1	000	AF	Entity Extraction	1	Air France	en	ORGANIZATION/COMMERCIAL
2	001	AA	Entity Extraction	1	American Airlines	en	ORGANIZATION/COMMERCIAL
3	001	AF	Entity Extraction	1	Air France	en	ORGANIZATION/COMMERCIAL
4	001	AZ	Entity Extraction	1	Alitalia	en	ORGANIZATION/COMMERCIAL
5	000	AC	Entity Extraction	1	Air Canada	en	ORGANIZATION/COMMERCIAL
6	000	LH	Entity Extraction	1	Lufthansa	en	ORGANIZATION/COMMERCIAL
7	001	AC	Entity Extraction	1	Air Canada	en	ORGANIZATION/COMMERCIAL
8	001	BA	Entity Extraction	1	British Airways	en	ORGANIZATION/COMMERCIAL
9	001	FJ	Entity Extraction	1	Air Pacific	en	ORGANIZATION/COMMERCIAL
10	001	CO	Entity Extraction	1	Continental Airl...	en	ORGANIZATION/COMMERCIAL
11	001	DL	Entity Extraction	1	Delta Airlines	en	ORGANIZATION/COMMERCIAL
12	001	AB	Entity Extraction	1	Air Berlin	en	ORGANIZATION/COMMERCIAL
13	001	NG	Entity Extraction	1	Lauda Air	en	ORGANIZATION/COMMERCIAL
14	001	JL	Entity Extraction	1	Japan Airlines	en	ORGANIZATION/COMMERCIAL
15	001	SA	Entity Extraction	1	South African Air	en	ORGANIZATION/COMMERCIAL
16	001	LH	Entity Extraction	1	Lufthansa	en	ORGANIZATION/COMMERCIAL
17	001	NW	Entity Extraction	1	Northwest Airli...	en	ORGANIZATION/COMMERCIAL
18	001	QF	Entity Extraction	1	Qantas Airways	en	ORGANIZATION/COMMERCIAL
19	001	SQ	Entity Extraction	1	Singapore Airlin...	en	ORGANIZATION/COMMERCIAL
20	001	SR	Entity Extraction	1	Swiss	en	PEOPLE
21	001	UA	Entity Extraction	1	United Airlines	en	ORGANIZATION/COMMERCIAL

Abbildung 10.18 Ergebnis einer Textanalyse für die Namen der Fluggesellschaften mit der Konfiguration EXTRACTION_CORE

Das System hat erkannt, dass es sich um kommerzielle Organisationen handelt (Spalte TA_TYPE in Abbildung 10.18). Bei einem Eintrag wurde allerdings aufgrund einer Mehrdeutigkeit eine falsche Interpretation vorgenommen, was Ihnen veranschaulicht, dass eine voll-

Analyseergebnis

ständig automatische Behandlung der Ergebnisse meistens nicht möglich ist. Generell gilt für die Textanalyse, dass sie ein mächtiges Werkzeug zum Aufspüren von Indikatoren und Trends ist, die Ergebnisse aber stets von einem Datenexperten bewertet und kalibriert werden müssen.

10.6 Ressourcenverbrauch und Laufzeitaspekte der Textsuche

Im Rahmen dieses Kapitels haben wir Ihnen die grundlegende Architektur und Verwendung der Textsuche und Textanalyse in SAP HANA vorgestellt. Sie haben gelernt, dass es spezielle Datentypen (TEXT und SHORTTEXT) im Column Store gibt, die mächtige Funktionen zur Suche und Analyse von unstrukturierten Daten anbieten. Für ABAP-Texttypen können Sie über einen Full-Text-Index eine virtuelle Spalte vom Typ TEXT erzeugen. Über einen zusätzlichen Fuzzy-Search-Index ist es außerdem möglich, eine Fuzzy-Suche zu beschleunigen.

In diesem Abschnitt wollen wir Ihnen wichtige Hintergrundinformationen zur Funktionsweise der Textdatentypen und Empfehlungen zur Verwendung der Indizes geben. Insbesondere erklären wir Ihnen, wie Sie über SQL den Speicherverbrauch analysieren können.

Funktionsweise der Textdatentypen

Für die Textdatentypen bzw. Full-Text-Indizes werden je nach Konfiguration spezielle Dictionaries angelegt, die die Zerlegung in Wörter sowie linguistische Informationen (Wortstämme etc.) in effizienter Form speichern. Dabei kommen im Wesentlichen die gleichen Mechanismen und Speicherstrukturen zum Einsatz wie bei anderen Funktionen des Column Stores. Falls Sie sich für die technischen Details des Aufbaus und Zugriffs auf solche Dictionary-Strukturen interessieren, finden Sie dazu in Anhang C, »Lese- und Schreibzugriffe im Column Store«, weitere Informationen.

Wie wir in Abschnitt 10.2, »Textdatentypen und Full-Text-Indizes in SAP HANA«, erklärt haben, werden Texte in Wörter zerlegt und normalisiert im Dictionary-Vektor der Spalte abgelegt (*Wort-Dictionary*). Darüber hinaus werden optional Wortstämme in einem weiteren Dictionary abgelegt. Hier werden z. B. gebeugte Verben sprachabhängig in ihre Grundform überführt und auch Umlaute ersetzt. All diese Informationen werden nicht auf der Festplatte persistiert, sondern erst beim Laden der Tabelle im Hauptspeicher erzeugt.

Durch zusätzliche (optionale) Speicherstrukturen lassen sich Textsuchen weiter beschleunigen, allerdings zulasten des benötigten Speichers. Hier gibt es aktuell zwei Möglichkeiten: einen zusätzlichen Fuzzy-Search-Index oder eine Erhöhung der *Phrase-Index-Ratio*. Beim Fuzzy-Search-Index werden gewisse Informationen vorberechnet, die ansonsten erst bei der Suchanfrage bestimmt würden. Im *Phrase-Index* werden zusätzlich häufig vorkommende Wortkonstellationen (*Phrasen*) in einem eigenen Dictionary abgelegt. Je höher der angegebene Wert der Phrase-Index-Ratio ist, desto mehr Speicher wird dafür im Verhältnis zum eigentlichen Speicherverbrauch der Spalte reserviert (der Standardwert dieses Verhältnisses liegt aktuell bei 0,2, also 1:5).

Fuzzy-Search-Index/Phrase-Index-Ratio

Wie Sie sehen, gibt es eine Menge Einstellungsmöglichkeiten. Die Entscheidung, die vorgestellten Such- und Analysemöglichkeiten zu nutzen, erhöht den Speicherbedarf für die benötigten Spalten, wobei Sie im Fall von ABAP-basierten Textdaten in der Regel mit einer Verdopplung rechnen können. Wir empfehlen Ihnen, zunächst mit den Standardeinstellungen zu arbeiten und zusätzliche Tuning-Möglichkeiten (Fuzzy-Search-Index, Änderung der Phrase-Index-Ratio etc.) erst bei Auftreten von Performanceproblemen zu nutzen.

Empfehlungen

Damit Sie sich selbst ein Bild machen können, zeigen wir Ihnen, wie Sie mithilfe von *Monitoring Views* über die SQL-Konsole genaue Informationen zu den Indizes und dem Speicherverbrauch erhalten.

Monitoring Views

Über den View `FULLTEXT_INDEXES` haben Sie im SAP HANA Studio die Möglichkeit, sich die Konfiguration aller Full-Text-Indizes im System anzuschauen. In Abbildung 10.19 sehen Sie die in den vorangegangenen Abschnitten angelegten Full-Text-Indizes für die Tabellen des Flugdatenmodells sowie einige weitere vordefinierte Indizes auf dem SAP HANA Repository.

Den Speicherverbrauch der speziellen Fuzzy-Search-Indizes können Sie separat über den Monitoring View `M_FUZZY_SEARCH_INDEXES` abfragen. Der Speicherbedarf hängt von verschiedenen Faktoren ab, vor allem aber von der Anzahl unterschiedlicher Werte innerhalb der Spalte. Den aktuellen Speicherverbrauch aller Datenstrukturen, die für die Fuzzy-Suche im System vorhanden sind, fragen Sie über folgende SQL-Anweisung ab:

Speicherverbrauch

```
SELECT * FROM m_heap_memory
WHERE category LIKE '%FuzzySearch%'
```

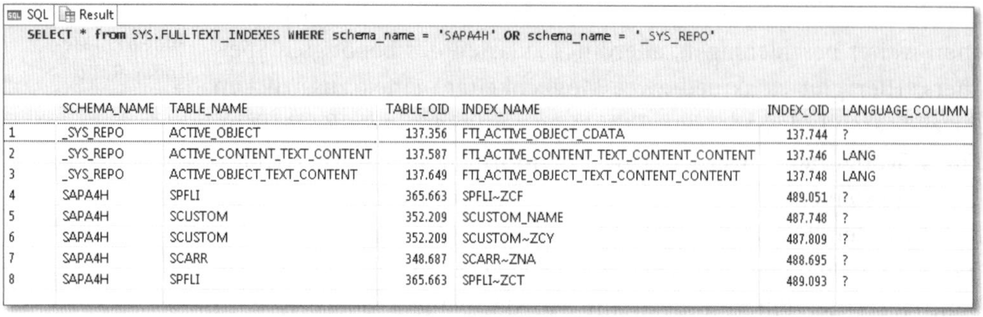
SQL | Result

```
SELECT * from SYS.FULLTEXT_INDEXES WHERE schema_name = 'SAPA4H' OR schema_name = '_SYS_REPO'
```

	SCHEMA_NAME	TABLE_NAME	TABLE_OID	INDEX_NAME	INDEX_OID	LANGUAGE_COLUMN
1	_SYS_REPO	ACTIVE_OBJECT	137.356	FTI_ACTIVE_OBJECT_CDATA	137.744	?
2	_SYS_REPO	ACTIVE_CONTENT_TEXT_CONTENT	137.587	FTI_ACTIVE_CONTENT_TEXT_CONTENT_CONTENT	137.746	LANG
3	_SYS_REPO	ACTIVE_OBJECT_TEXT_CONTENT	137.649	FTI_ACTIVE_OBJECT_TEXT_CONTENT_CONTENT	137.748	LANG
4	SAPA4H	SPFLI	365.663	SPFLI~ZCF	489.051	?
5	SAPA4H	SCUSTOM	352.209	SCUSTOM_NAME	487.748	?
6	SAPA4H	SCUSTOM	352.209	SCUSTOM~ZCY	487.809	?
7	SAPA4H	SCARR	348.687	SCARR~ZNA	488.695	?
8	SAPA4H	SPFLI	365.663	SPFLI~ZCT	489.093	?

Abbildung 10.19 Monitoring View FULLTEXT_INDEXES

Schreiboperationen

Zum Abschluss dieses Kapitels gehen wir noch kurz auf schreibende Operationen ein, gerade im Kontext von Tabellen, die einerseits häufig modifiziert, aber andererseits auch für Textsuchen und Textanalysen genutzt werden. Full-Text-Indizes können synchron oder asynchron aktualisiert werden. Wenn der Index synchron aktualisiert wird, werden schreibende Zugriffe ein wenig länger dauern, da das Erstellen der Dictionary- und Index-Strukturen Teil der Schreiboperation ist. In der Regel sollten die Auswirkungen bei kleinen Datentypen (z. B. Zeichenketten einer festen Länge) minimal sein. Bei größeren Dokumenten, die als *Large Objects* in der Datenbank gespeichert werden (z. B. `STRING`), kann eine asynchrone Aktualisierung Vorteile bieten.

Delta Store

Darüber hinaus landen bei Schreiboperationen im Column Store die Daten zunächst im sogenannten *Delta Store* und werden erst zu speziellen *Merge-Zeitpunkten* automatisch in den *Main Store* integriert (siehe auch Lese- und Schreibzugriffe im Column Store, »Lese- und Schreibzugriffe im Column Store«). Je größer dabei der Delta Store wird, desto aufwendiger wird das Abmischen von Resultaten bei SQL-Anfragen, was gerade bei komplexen Operationen wie den in diesem Kapitel vorgestellten Auswirkungen auf die Laufzeit haben kann. Bei Textanalysen von großen Datenbeständen, die z. B. asynchron zu bestimmten Zeitpunkten durchgeführt werden, ist es aus diesem Grund gegebenenfalls sinnvoll, manuell sicherzustellen, dass für die verwendeten Tabellen vorher ein *Delta Merge* durchgeführt wurde (z. B. über die SQL-Anweisung `MERGE DELTA OF <Tabelle>`).

Die Entkopplung von Entscheidungsregeln von der eigentlichen Programmlogik ist ein wichtiger Trend bei der Entwicklung moderner Geschäftsanwendungen. SAP HANA bietet über die Modellierung von Entscheidungstabellen eine einfache Möglichkeit, Teile der Anwendung flexibel über Regeln steuerbar zu machen.

11   Entscheidungstabellen in SAP HANA

Geschäftsprozesse sind in der Realität stets Veränderungen unterworfen, und so kommt es im Lebenszyklus einer betriebswirtschaftlichen Anwendung auch immer wieder zu notwendigen Anpassungen. Die Komplexität und damit letztlich die Kosten für solche Anpassungen sind häufig größer als die ursprünglichen Einführungskosten der Software, gerade wenn bei der Entwicklung der Anwendung diese Flexibilität nicht vorgesehen war. Darüber hinaus ist neben den Kosten auch die Geschwindigkeit für die Umsetzung und Justierung solcher Änderungen ein entscheidender Faktor. Wenn z. B. eine Fachabteilung zunächst einen Entwicklungsantrag bei der internen IT stellen muss, der danach technisch implementiert und letztlich in der Praxis validiert werden muss, sind die resultierenden *Turnaround-Zeiten* häufig zu lang für die heutige Geschäftswelt. Aus diesem Grund haben sich in den letzten Jahren sogenannte *Geschäftsregel-Managementsysteme* etabliert, die es erlauben, gewisse Teile einer Anwendung über Regeln steuerbar und leicht anpassbar zu machen. Ein typisches Element solcher Systeme sind *Entscheidungstabellen*, um einfache Wenn-dann-Regeln zu definieren. SAP HANA bietet seit SPS5 eine native Unterstützung zur Modellierung von Entscheidungstabellen, die wir Ihnen in diesem Kapitel vorstellen.

> [»] **SAP HANA Rules Framework**
>
> Neben Entscheidungstabellen als Teil der Standard-Modellierungsoptionen gibt es über das separat zu installierende *SAP HANA Rules Framework* (*HRF*) eine weitergehende Umgebung zur Definition von Geschäftsregeln.
>
> Da das HRF zum aktuellen Zeitpunkt noch nicht zur allgemeinen Nutzung freigegeben ist, werden wir im Rahmen dieser Auflage noch nicht näher auf diese Komponente eingehen.

Zusätzlich gibt es natürlich im ABAP-Anwendungsserver bereits etablierte Umgebungen für das Modellieren, Testen und Ausführen von komplexen Geschäftsregeln. In den aktuellen Releases empfiehlt SAP die Verwendung von *BRFplus*, das auch in zahlreichen SAP-Anwendungen zum Einsatz kommt (siehe Infokasten). Falls Sie Interesse an dem Thema haben, empfehlen wir Ihnen das Buch *Business Rule Management mit ABAP* von Thomas Albrecht et al. (SAP PRESS 2015). In diesem Buch können wir Ihnen das Thema Geschäftsregeln nicht umfassend vorstellen, sondern beschränken uns auf die nativen Entscheidungstabellen in SAP HANA, die Sie für die Modellierung von sehr einfachen Regeln nutzen können.

> [»] **BRFplus und SAP Decision Service Management**
>
> Der SAP NetWeaver AS ABAP bietet über BRFplus ein mächtiges Werkzeug für die Definition und Ausführung von Geschäftsregeln. Über das Werkzeug *SAP Decision Service Management* (DSM) lassen sich diese Regeln in einer heterogenen Landschaft verteilen und betreiben. Eine Vielzahl der Operationen kann dabei von den Fachabteilungen ohne Unterstützung durch die IT durchgeführt werden.
>
> SAP plant, in BRFplus bzw. DSM schrittweise die Nutzung von SAP-HANA-Fähigkeiten zu ermöglichen und insbesondere eine Integration mit den in diesem Buch beschriebenen Modellierungsoptionen anzubieten. Als eine Variante bietet DSM mittlerweile an, über *dynamische Datenbank-Views* (DDBV) eine Verbindung zwischen BRFplus-Ausdrücken und Datenquellen in SAP HANA herzustellen. Für Details verweisen wir auf die DSM-Dokumentation unter *http://help.sap.com/nwdsm100*.

11.1 Grundlagen von Entscheidungstabellen

Das Konzept von Entscheidungstabellen erläutern wir Ihnen anhand eines Beispiels. Wenn Sie z. B. entscheiden müssen, ob die Profildaten eines Flugpassagiers vollständig sind, könnten Sie die Bedingungen dafür über ABAP-Code festlegen. Listing 11.1 zeigt ein Beispiel, in dem geprüft wird, ob für einen Privatkunden E-Mail und Telefonnummer vorliegen, während für Geschäftskunden schon eine der beiden Informationen ausreicht.

```
METHOD is_profile_complete.
  IF ( is_customer-custtype = 'B' ).

    " Geschäftskunden
    IF ( is_customer-email IS NOT INITIAL ).
      rv_complete = abap_true. " Vollständig
    ELSEIF ( is_customer-telephone IS NOT INITIAL ).
      rv_complete = abap_true. " Vollständig
    ELSE.
      rv_complete = abap_false. " Unvollständig
    ENDIF.
  ELSE.
    " Privatkunden
    IF ( is_customer-email IS NOT INITIAL ).
      IF ( is_customer-telephone IS NOT INITIAL ).
        rv_complete = abap_true. " Vollständig
      ELSE.
        rv_complete = abap_false. " Unvollständig
      ENDIF.
    ELSE.
      rv_complete = abap_false. " Unvollständig
    ENDIF.

  ENDIF.
ENDMETHOD
```

Listing 11.1 Entscheidungsregel als ABAP-Code

Falls sich die Kriterien für die Beurteilung der Vollständigkeit eines Passagierprofils in dem Unternehmen ändern sollten, wäre eine Anpassung dieses Codes notwendig. Als ersten Schritt zur Vermeidung solcher komplizierten Änderungen könnten Sie die Parameter über eine Konfiguration (z. B. über Customizing-Einstellungen) entkoppeln. Dies hätte bereits einige Vorteile, aber Änderungen wären dennoch komplex zu implementieren, und die Struktur der Regeln wäre durch das Customizing weiterhin starr.

Eine Entscheidungstabelle ist eine Möglichkeit, basierend auf mehreren Parametern (*Bedingungen*) übersichtlich zu beschreiben, welche Entscheidungen (*Aktionen*) getroffen werden sollen. Tabelle 11.1 zeigt eine Entscheidungstabelle, die die gleichen Kriterien wie Lis-

Entscheidungstabellen

ting 11.1 festhält. Die letzte Spalte KUNDENPROFIL repräsentiert dabei die Aktion, die anderen Spalten sind die Bedingungen. Eine Änderung der Regeln oder Parameter bedingt lediglich eine Anpassung der Strukturen und Werte in der Entscheidungstabelle.

Bedingungen und Aktionen

Abstrakt betrachtet sind Entscheidungstabellen zunächst nur eine strukturierte Fallunterscheidung zur Abbildung von Eingabeparametern (*Bedingungen*) auf Entscheidungswerte (*Aktionen*). Bedingungen können dabei direkt Spalten einer Datenbanktabelle sein oder sich über gewisse Berechnungen ergeben. Die Aktionen als Ausgabe der Entscheidungstabelle ergeben sich durch die Anwendung von Vorschriften (*Regeln*). Die Darstellung dieses Regelwerks hat dabei die Form einer Tabelle wie Tabelle 11.1. Ein wesentliches Ziel von Entscheidungstabellen ist eine übersichtliche, konsistente und widerspruchsfreie Formulierung der Abhängigkeiten von Bedingungen und Aktionen. Die Möglichkeiten für die Formulierung von Regeln unterscheiden sich in jedem Regelmanagementsystem. Wir stellen Ihnen die aktuellen Ausdrucksmöglichkeiten in SAP HANA in Abschnitt 11.2, »Anlegen von Entscheidungstabellen im SAP HANA Studio«, im Detail vor.

Kundenart	E-Mail	Telefon	Kundenprofil
Geschäftskunde	vorhanden	beliebig	vollständig
	fehlt	vorhanden	vollständig
		fehlt	unvollständig
Privatkunde	vorhanden	vorhanden	vollständig
		fehlt	unvollständig
	fehlt	beliebig	unvollständig

Tabelle 11.1 Eine einfache Entscheidungstabelle für die Vollständigkeit von Kundenprofilen

Entscheidungstabelle als View oder Prozedur

Entscheidungstabellen in SAP HANA sind Entwicklungsobjekte, die Sie analog zu Views und Prozeduren über die MODELER-Perspektive im SAP HANA Studio anlegen. Als Datenbasis können Sie Tabellen oder Views verwenden. Die Bedingungen und Aktionen sind physische oder berechnete Felder dieser Objekte. Bei der Aktivierung einer Entscheidungstabelle werden dann Laufzeitobjekte, wie z. B. Views oder Prozeduren, erzeugt.

Dabei gibt es im Wesentlichen zwei alternative Szenarien:

▸ Über eine Entscheidungstabelle sollen Werte in einer Spalte einer Datenbanktabelle geändert werden.

▸ Über eine Entscheidungstabelle soll der Wert einer kalkulierten Spalte eines Views bestimmt werden.

Wir werden uns im Folgenden vor allem auf die zweite Variante konzentrieren, da wir einerseits empfehlen, schreibende Operationen auf ABAP-Tabellen über ABAP zu realisieren, und es andererseits häufig nicht notwendig ist, auf SAP HANA solche Ergebnisse zu persistieren (ebenso, wie es auf SAP HANA nicht notwendig ist, stets Aggregate zu materialisieren). Den Zugriff auf Entscheidungstabellen mit ABAP stellen wir Ihnen in Abschnitt 11.5 vor.

Eine wichtige Einschränkung für den Einsatz von Entscheidungstabellen in SAP HANA ist die Tatsache, dass Regeln lediglich auf Tabelleninhalten (oder Views) aufsetzen können. Es gibt aktuell keine Möglichkeit, *vor* dem Speichern eines Datensatzes basierend auf Regeln gewisse Entscheidungen zu treffen. Ebenso ist es nicht möglich, direkt in Prozessmanagementsysteme zu integrieren. Für spezielle Szenarien bietet SAP das Werkzeug *SAP Operational Process Intelligence*. | Grenzen

SAP Operational Process Intelligence	**[«]**
SAP Operational Process Intelligence powered by SAP HANA ist ein Werkzeug für die intelligente Prozessanalyse. Diese Analyse umfasst die Themen Prozesssichtbarkeit (aktueller Zustand der Prozesse) und Entscheidungsunterstützung zur kontinuierlichen Verbesserung. Das Werkzeug ist mit verschiedenen Datenquellen integriert, wie SAP Process Observer, SAP Business Process Management (SAP BPM) und SAP Business Workflow. Intern verwendet SAP Operational Process Intelligence Entscheidungstabellen als ein wesentliches Werkzeug.	

Wir werden in diesem Kapitel zunächst eine einfache Entscheidungstabelle DT_PASSENGER_PROFILE anlegen, mit deren Hilfe wir die Flugpassagiere aus der Tabelle SCUSTOM wie in Tabelle 11.1 klassifizieren können. Im zweiten Beispiel, der Entscheidungstabelle DT_DISCOUNT, werden wir als Datenbasis einen View nutzen und damit ein komplexeres Szenario realisieren. Wir werden für Flugpassagiere basierend auf der Kundenart (Privatperson, Geschäftskunde), den Flugmeilen im letzten Jahr sowie dem aktuellen Rabattwert einen Vorschlags- | Referenzbeispiele für dieses Kapitel wert für einen neuen Rabatt bestimmen. Für die notwendigen Berechnungen insbesondere der Flugmeilen erstellen wir einen Analytic View `AN_MILES`, der analog zu den Berechnungen in Kapitel 8, »Beispielszenario: Optimierung einer bestehenden Anwendung«, eine Einheitenumrechnung der Flugstrecken in Meilen vornimmt.

11.2 Anlegen von Entscheidungstabellen im SAP HANA Studio

Ebenso wie andere Entwicklungsobjekte legen Sie Entscheidungstabellen auch über die Modeler-Perspektive im SAP HANA Studio an. Dazu wählen Sie im Kontextmenü eines Pakets New • Decision Table, wie in Abbildung 11.1 dargestellt.

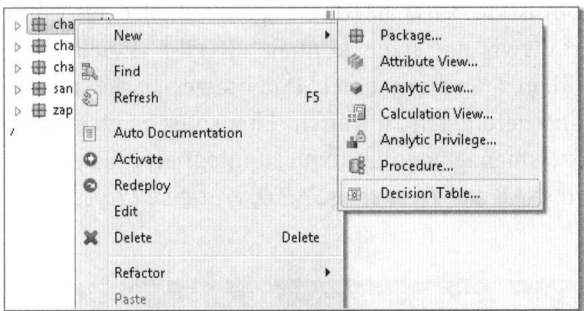

Abbildung 11.1 Anlegen einer Entscheidungstabelle (I)

Danach definieren Sie den Namen der Entscheidungstabelle und geben eine Beschreibung an (siehe Abbildung 11.2).

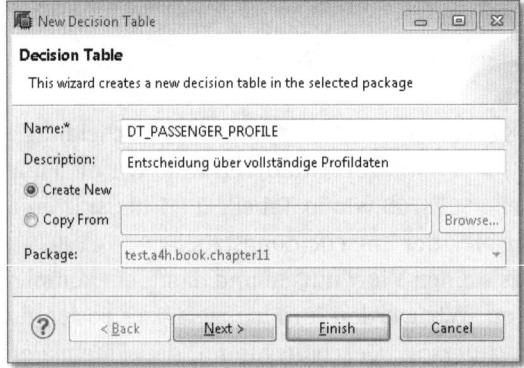

Abbildung 11.2 Anlegen einer Entscheidungstabelle (II)

Ebenso wie bei der Modellierung von Views (siehe Kapitel 4, »Native Datenbankentwicklung mit SAP HANA«) müssen Sie nun die Datenbasis auswählen, auf der die Entscheidungstabelle basieren soll. Dies können entweder direkt Tabellen oder zuvor definierte Views, wie etwa ein Attribute View, sein.

Der Editor für Entscheidungstabellen, den Sie in Abbildung 11.3 sehen, besteht aus zwei Teilen, die Sie über die Elemente DATA FOUNDATION und DECISION TABLE aufrufen können. Durch Auswahl des Knotens DATA FOUNDATION definieren Sie die Bedingungen und Aktionen, die Sie in der Entscheidungstabelle verwenden möchten, und im Bereich DECISION TABLE können Sie die konkreten Werte für die Regeln pflegen.

Datenbasis zuordnen

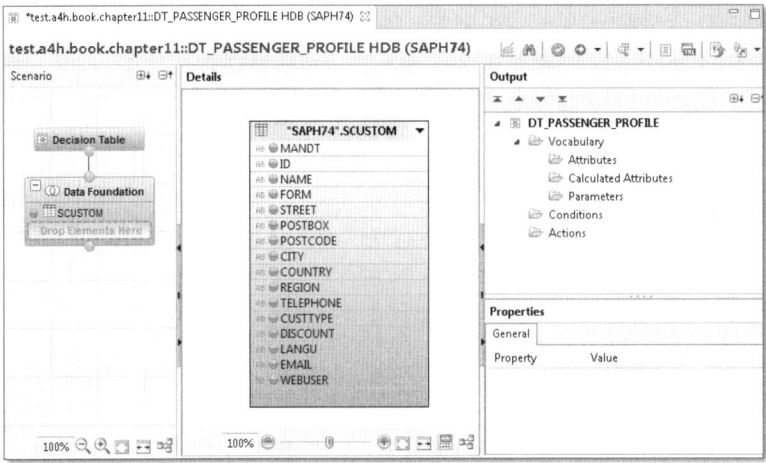

Abbildung 11.3 Aufbau des Editors für Entscheidungstabellen

Als erstes Beispiel wollen wir zunächst eine Klassifikation von Flugpassagieren direkt basierend auf Spalten der Tabelle SCUSTOM vornehmen und fügen diese in der DATA FOUNDATION hinzu. Wir möchten dabei neben dem Namen des Fluggastes auch auf die Attribute CUST-TYPE, EMAIL und TELEPHONE zugreifen und fügen diese als Attribute der Entscheidungstabelle hinzu. Da wir die genannten Attribute als Bedingungen nutzen wollen, müssen wir diese als solche noch auszeichnen (Kontextmenüeintrag ADD AS CONDITION). Ebenso wie bei anderen modellierten Objekten in SAP HANA können Sie auch bei Entscheidungstabellen berechnete Felder hinzufügen.

Attribute als Bedingungen kennzeichnen

Wir wollen in unserem Beispiel eine Klassifikation bestimmen, auf die wir über ein berechnetes Attribut zugreifen. Dazu definieren wir

Aktion definieren

zunächst über das Kontextmenü zu PARAMETERS einen neuen Parameter und spezifizieren dafür einen Datentyp CHAR(1) und die statischen Festwerte T für True (vollständig) und F für False (unvollständig), siehe Abbildung 11.4.

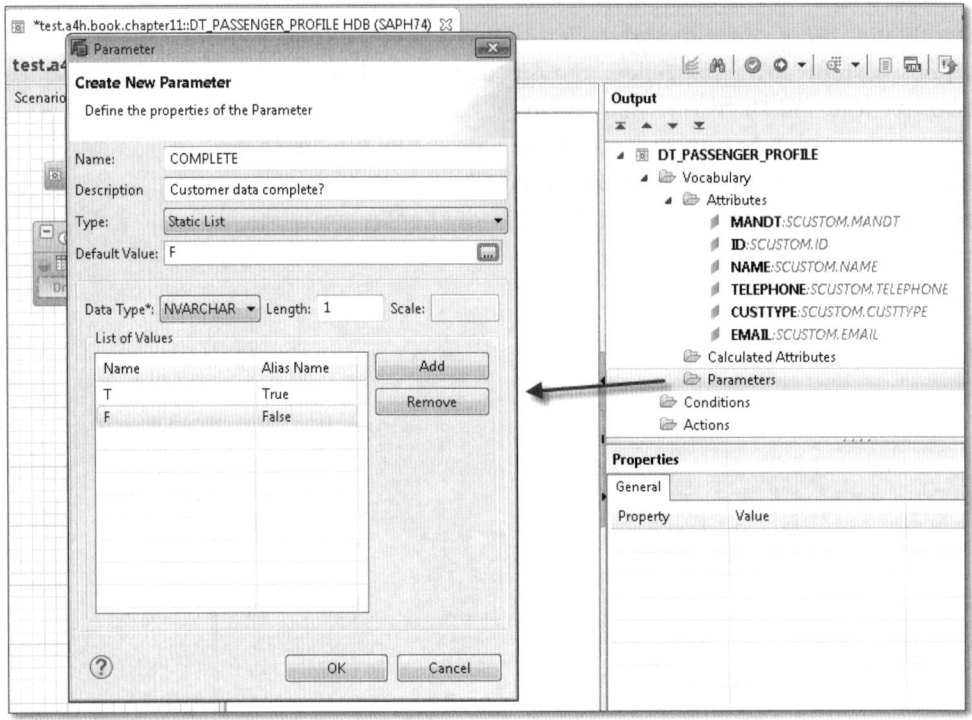

Abbildung 11.4 Definition eines Parameters für den Ausgabewert

Diesen Parameter wollen wir als Ergebnis nutzen und zeichnen ihn
deshalb als ACTION aus (Kontextmenüeintrag ADD AS ACTION). Die
fertige Struktur der Entscheidungstabelle ist in Abbildung 11.5 dargestellt.

Regeln festlegen

Nun können Sie über den Knoten DECISION TABLE die Klassifikations-
regeln in der Entscheidungstabelle wie in Tabelle 11.1 festlegen. Um
die Bedingungen (z. B. CUSTTYPE) zu definieren, markieren Sie eine
Zelle und wählen im Kontextmenü den Eintrag ADD CONDITION
VALUES. Damit öffnen Sie einen Dialog, in dem Sie entweder frei
eine Bedingung eingeben oder einen festen Wert aus einer Liste
wählen können. Zur Festlegung von Aktionen (z. B. COMPLETE in
unserem Beispiel) haben Sie im Kontextmenü die Wahl zwischen
den Optionen SET INITIAL VALUE für feste Werte oder SET DYNAMIC

VALUE für berechnete Werte. In Abbildung 11.6 sehen Sie ein resultierendes Regelwerk, in dem abhängig von der Kundenart und dem Vorhandensein von E-Mail-Adresse bzw. Telefonnummer entschieden wird, ob das Profil vollständig ist. Wir prüfen dabei mit dem Ausdruck Like _*, ob eine nicht leere Zeichenkette vorliegt. Die statischen Aktionswerte True und False haben wir über SET INITIAL VALUE gesetzt.

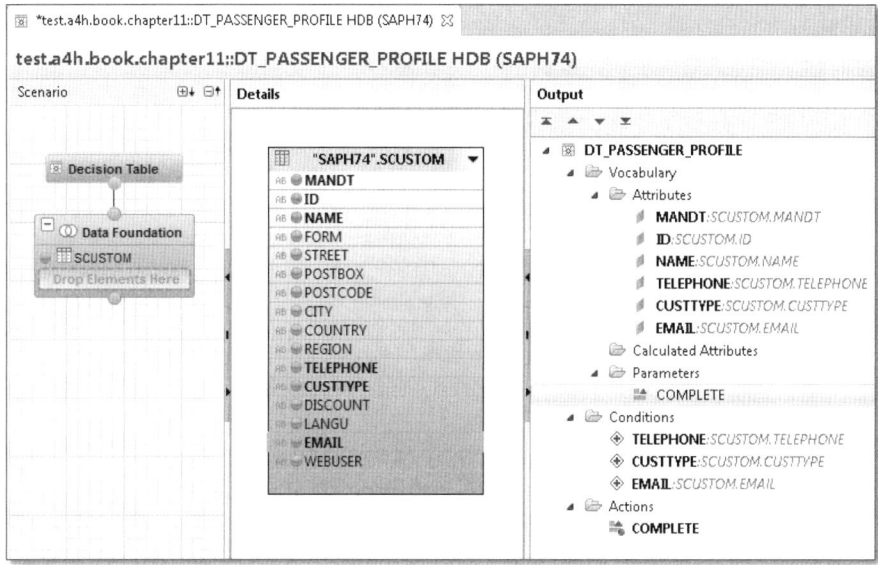

Abbildung 11.5 Struktur der Entscheidungstabelle

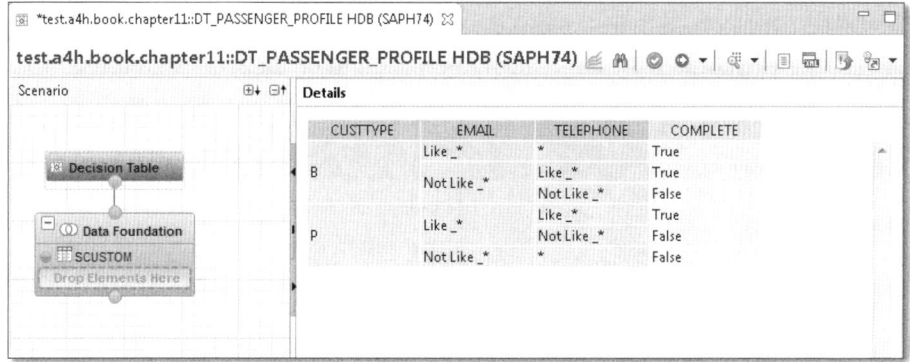

Abbildung 11.6 Regeln der Entscheidungstabelle

Nachdem Sie die Entscheidungstabelle gespeichert und aktiviert haben, können Sie sich über den DATA PREVIEW das Ergebnis ansehen. Die Aktivierung von Entscheidungstabellen nehmen Sie analog zur Aktivierung von Views vor. In der Darstellung von Abbildung 11.7 erkennen Sie, dass 6 % der etwas mehr als 4.800 Kundenprofile im System nach den definierten Regeln unvollständig sind.

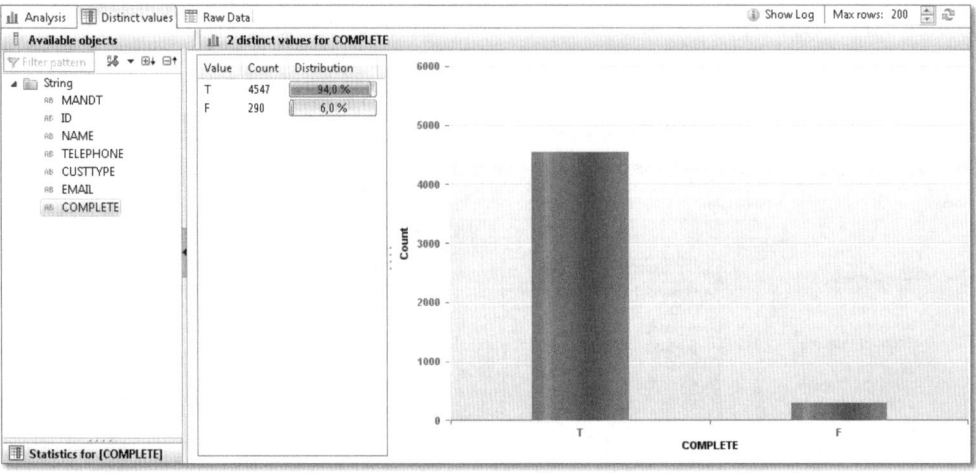

Abbildung 11.7 Ausgabe der Entscheidungstabelle zur Profilanalyse

Werteexport/ -import

Die Werte für Entscheidungstabellen lassen sich auch nach Microsoft Excel exportieren oder von dort importieren. Dies erleichtert insbesondere eine Zusammenarbeit zwischen einem IT-Experten und der Fachabteilung. Den Export oder Import nehmen Sie ebenfalls über das Kontextmenü im Editorbereich DECISION TABLE vor.

Ausdrücke für Entscheidungsregeln

SAP HANA unterstützt aktuell die in Tabelle 11.2 aufgeführten Ausdrücke zur Formulierung von Entscheidungsregeln. Solche Ausdrücke können Sie dann auch über And und Or logisch verknüpfen.

Ausdruck	Unterstützte SQL-Datentypen	Beispiel
Not equal (!=)	beliebig	!= Lufthansa
Greater Than (>), Greater Than Or Equals (>=), Less Than (<), Less Than Or Equals (<=)	Zeichenketten und numerische Typen	Greater Than 20
In, Not In	Zeichenketten und numerische Typen	In ›AA;LH

Tabelle 11.2 Verfügbare Ausdrücke für Entscheidungsregeln

Ausdruck	Unterstützte SQL-Datentypen	Beispiel
Like, Not Like	Zeichenketten	Like Lufthansa*
Between	numerische Typen	Between 100 and 200
After, Before, Between	Datum (DATE)	Before 2016-01-01 Between 2015-01-01 and 2016-01-01

Tabelle 11.2 Verfügbare Ausdrücke für Entscheidungsregeln (Forts.)

Als kleiner Fallstrick können sich damit wieder einmal die Datentypen erweisen, und in manchen Fällen müssen Sie zunächst eine Datentypkonvertierung vornehmen. Um etwa einen Datumsvergleich (After, Before, Between) mit einem ABAP-Datum (DATS, d. h. auf der Datenbank NVARCHAR(8)) durchzuführen, müssen Sie dieses zunächst in ein Feld vom Typ DATE überführen. Üblicherweise legen Sie dazu ein berechnetes Attribut an und verwenden eine Konvertierungsfunktion wie to_date().

Datentypen

Ein weiteres Beispiel sind numerische Daten, die in einem zeichenartigen Feld abgelegt sind. Falls Sie etwa in Ihrem ABAP-Datenmodell für eine numerische Größe den Datentyp NUMC verwendet haben, handelt es sich auf der Datenbank um einen NVARCHAR (siehe auch Abschnitt 3.1.3, »Datentypen«). Ein Beispiel dafür ist etwa die Spalte DISCOUNT in der Tabelle SCUSTOM. Als Konsequenz wird eine Regel, wie etwa >20, von der Entscheidungstabelle als Vergleich von Zeichenketten interpretiert, also als >'20' und nicht als numerischer Vergleich. Auch hier müssen Sie den Wert zunächst konvertieren.

Datentypen beim Design von Entscheidungstabellen beachten [!]

Um unerwartete Effekte bei der Auswertung von Regeln zu vermeiden, ist eine sorgfältige Definition der Struktur und Semantik einer Entscheidungstabelle wichtig. Hier sind Entwicklerkenntnisse wie ein technisches und semantisches Verständnis der Datenstrukturen und Datentypen notwendig. Zusammen mit einer sorgfältigen Dokumentation erlaubt dies der Fachabteilung, das Regelwerk richtig zu definieren.

11.3 Entscheidungstabellen basierend auf SAP HANA Views

Regeln basieren häufig auf verschiedenen Parametern aus mehreren Datenbanktabellen, wobei auch gewisse Berechnungen und Ausdrücke eine Rolle spielen können. Betrachten wir das folgende Beispiel (siehe Tabelle 11.3): Für die Rabattbestimmung für einen Flugkunden möchten wir neben der Kundenart zusätzlich die geflogenen Meilen im letzten Jahr einfließen lassen. Damit soll – basierend auf dem aktuellen Rabatt – entweder eine Erhöhung oder Reduktion des Rabatts vorgeschlagen werden.

Kundenart	Flugmeilen im letzten Jahr	Aktueller Rabatt	Vorschlag für Rabattänderung im nächsten Jahr
Geschäftskunde	<10.000 MI	<5 %	Reduktion auf 0 %
		zwischen 5 % und 15 %	−1 %
		>15 %	−2 %
	≥10.000 MI	<15 %	+1 %
		≥15 %	bleibt gleich
Privatkunde	<20.000 MI	0 %	bleibt gleich
		>0 %	−1 %
	≥20.000 MI	<20 %	+1 %
		≥20 %	bleibt gleich

Tabelle 11.3 Entscheidungstabelle für Passagiere, basierend auf berechneten Kennzahlen

Flugmeilen-
berechnung

Für die Bestimmung der Flugmeilen ziehen wir wieder die Buchungen und den Flugplan aus den Tabellen SBOOK und SPFLI zurate und rechnen die Flugstrecke über eine Einheitenkonvertierung in Meilen um. Wir erstellen dazu mit den Ihnen aus Abschnitt 4.4.2, »Analytic Views«, bekannten Techniken einen neuen Analytic View AN_MILES. Diesen View rufen wir aus einem Calculation View CA_MILES_LAST_YEAR auf, in dem wir über SQLScript die Flugmeilen pro Passagier im letzten Jahr bestimmen. Listing 11.2 zeigt das SQLScript-Coding, wobei neben den bekannten Spalten aus den Tabellen SBOOK und SPFLI die Spalte distance_mi die Entfernung in Meilen und die

Spalte `discount_dec` den aktuelle Rabattwert des Kunden als Dezimalzahl (Typ `DECIMAL`) enthält.

```
var_out =
   select mandt, name, country, city,
          custtype, sum(distance_mi) as miles,
          discount_dec as discount
   from "test.a4h.book.chapter11::AN_MILES"
   where year(fldate) = year(current_utcdate) - 1
   group by mandt, name, country, city,
            custtype, discount_dec;
```

Listing 11.2 Bestimmung der innerhalb eines Jahres gesammelten Flugmeilen

Wir legen nun eine neue Entscheidungstabelle `DT_DISCOUNT` an und fügen den Calculation View `CA_MILES_LAST_YEAR` der DATA FOUNDATION hinzu. Danach definieren wir, wie im vorangegangenen Abschnitt beschrieben, die Bedingungen und Aktionen, wobei wir als Aktion einen Parameter `DISCOUNT_NEW` vom Typ `DECIMAL` definieren.

Zur Bestimmung des Vorschlagswertes für den neuen Rabatt müssen wir auf den existierenden Rabattwert zugreifen. Dazu legen Sie einen dynamischen Wert für die berechnete Spalte fest (über den Kontextmenüeintrag SET DYNAMIC VALUE). In Abbildung 11.8 ist die resultierende Entscheidungstabelle dargestellt, in der dynamische Werte für die Spalte `DISCOUNT_NEW` gepflegt sind (z. B. `"DISCOUNT"` -1).

Dynamische Werte

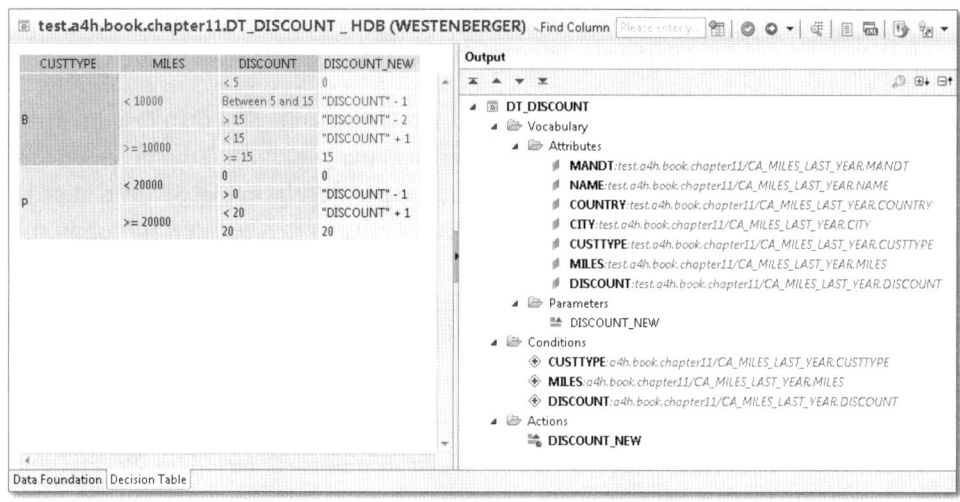

Abbildung 11.8 Entscheidungstabelle, basierend auf einem Calculation View mit dynamischem Aktionswert

Nach erfolgreicher Aktivierung der Entscheidungstabelle erhalten Sie als Ergebnis die Vorschlagswerte für einen neuen Rabatt (Abbildung 11.9). In den folgenden Abschnitten werden wir Ihnen zeigen, wie Sie dieses Ergebnis in eine ABAP-Anwendung einbetten.

	ıl Analysis	Distinct values	Raw Data					

Filter pattern ✓ 200 rows retrieved - 4 sec, 353 ms

AB MANDT	AB NAME	AB COUNT...	AB CITY	AB CUSTTYPE	12 MILES	DISCOUNT	12 DISCOUNT_NEW
001	Eastland Trade	CA	Vancouver	B	3.506.347	18	15
001	Compu Tech	US	San Fransisco	B	3.407.565	18	15
001	Roberta Energy Ltd	CA	Calgary	B	2.895.695	18	15
001	PH Keyboard Corporation	US	Boston	B	3.715.827	17	15
001	Infix Co.	US	San Mateo	B	3.092.348	17	15
001	ABC Dienstleistungen Gm...	DE	Kaiserslautern	B	3.418.927	17	15
001	British Railways	GB	Manchester	B	3.431.930	16	15
001	Marta Buchholm	ES	Barcelona	P	3.475.776	15	16
001	Sophie Kramer	DE	Schifferstadt	P	2.930.768	15	16
001	Theresia Jacqmain	DE	Gaertringen	P	3.508.064	15	16
001	Johann Lindwurm	DE	Berlin	P	3.326.360	15	16
001	Peter Hoffen	DE	Potsdam	P	3.396.326	15	16
001	Irmtraut Sudhoff	DE	Heusenstamm	P	3.240.690	15	16
001	Astrid Buehler	DE	Mannheim	P	3.576.481	15	16
001	Stephen Montero	DE	Schwetzingen	P	3.362.443	15	16
001	Andrej Goelke	SI	Ljubljana	P	3.327.847	15	16
001	Fabio Detemple	IT	Roma	P	3.539.698	15	16
001	Kurt Sessler	DE	Kurt	P	3.278.721	15	16
001	Florian Illner	DE	Wiesloch	P	3.501.449	15	16
001	Adam Eichbaum	DE	Wald-Michelba...	P	3.391.883	15	16
001	Fabio Cesari	IT	Roma	P	3.381.861	15	16

Abbildung 11.9 Ergebnis der Entscheidungstabelle, basierend auf berechneten Kennzahlen und dynamischen Aktionswerten

11.4 Laufzeitobjekte und SQL-Zugriff für Entscheidungstabellen

Bei der Aktivierung einer Entscheidungstabelle entstehen mehrere Objekte im Datenbankkatalog (Schema _SYS_BIC). Zum einen entstehen eine Datenbankprozedur, die die Regeln in SQLScript realisiert, sowie zugehörige Tabellentypen. Falls es sich bei den Aktionen um virtuelle Parameter handelt, also die Datenbankprozedur keine Daten modifiziert, entsteht zum anderen ein Result View, d. h. ein Column View, der das Ergebnis der Entscheidungstabelle enthält und den Sie wie andere Views über Standard-SQL in SAP HANA ansprechen können.

Result View   Der Name dieses Result Views ergibt sich aus dem Paket, dem Namen der Entscheidungstabelle und dem Suffix RV, lautet also etwa `"test.a4h.book.chapter13/DT_PASSENGER_CLASS/RV"`.

Falls die Datenbasis der Entscheidungstabelle selbst ein Column View ist, gelten beim Zugriff auf die Entscheidungstabelle über SQL die gleichen Einschränkungen wie für den View (siehe Kapitel 4, »Native Datenbankentwicklung mit SAP HANA«).

11.5   Zugriff auf Entscheidungstabellen aus ABAP

Da sich die Result Views, die aus einer Entscheidungstabelle generiert werden, ebenso wie andere Views über SQL ansprechen lassen, ist ein Zugriff aus ABAP über natives SQL stets möglich. Leider ist es aktuell nicht möglich, für Result Views direkt einen externen View im ABAP Dictionary zu definieren. Stattdessen müssen Sie zunächst eine *Verschalung* des Result Views über einen Calculation View vornehmen. Dies kann auch aus anderen Gründen notwendig sein, z. B. um einen nicht unterstützten Datentyp aus der Projektionsliste zu nehmen. Für einfache Szenarien bietet sich die grafische Modellierung des Calculation Views an, bei der Sie lediglich den generierten View hinzufügen (über Drag & Drop aus dem Datenbankkatalog) und die gewünschten Spalten auswählen (siehe Abschnitt 4.4.3, »Calculation Views«). Abbildung 11.10 zeigt beispielhaft die Verschalung unseres Beispiel-Result-Views durch einen weiteren Calculation View `CA_DISCOUNT_PROPOSAL`.

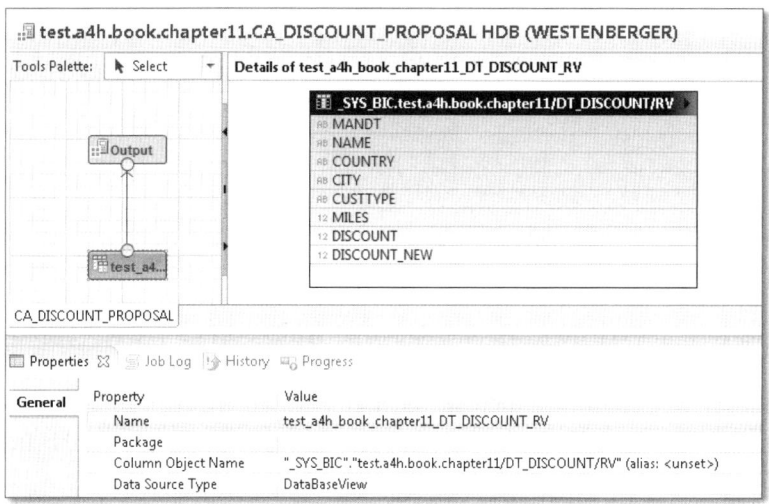

Abbildung 11.10 Verschalung eines Result Views als Calculation View

Für diesen zusätzlichen Calculation View können Sie, wie in Abschnitt 5.1.2, »Externe Views im ABAP Dictionary«, beschrieben, nun einen externen View im ABAP Dictionary definieren, auf den Sie über Open SQL zugreifen können. Alternativ können Sie den zur Entscheidungstabelle gehörigen View auch in einer SQLScript-Prozedur (oder einem SQLScript Calculation View) einbinden und auf diese dann in ABAP zugreifen.

Entscheidungstabelle in ALV-Liste

Für unser Beispiel definieren wir den externen View ZEV_A4H_DISCOUNT und zeigen die Ergebnisse in einer ALV-Liste an. Wir verwenden dabei eine neue Variante des ALV Grids mit integriertem Datenzugriff, die alle Operationen auf die Datenbank verlagert (siehe Infokasten »ALV mit integriertem Datenzugriff«). Listing 11.3 enthält das Coding für das *PBO-Modul* (Process Before Output) bei der Initialisierung des Dynpros.

```
MODULE pbo OUTPUT.

  " ALV anlegen mit externem View als Datenbasis
  DATA(lo_alv_display) =
    cl_salv_gui_table_ida=>create(
      iv_table_name = 'ZEV_A4H_DISCOUNT'
      io_gui_container =
      NEW cl_gui_custom_container( lv_container ) ).

  " Initiale Sortierung
  lo_alv_display->default_layout( )->set_sort_order(
    VALUE #( ( field_name = 'DISCOUNT_NEW'
              is_grouped = abap_false
              descending = abap_true ) )
  ).

  ENDIF.
ENDMODULE.
```

Listing 11.3 Verwendung des ALV mit integriertem Datenzugriff

Als Resultat erhalten wir die Rabattvorschläge in einer ALV-Listendarstellung (siehe Abbildung 11.11). Als Erweiterung dieses Szenarios wäre es dann vorstellbar, noch eine Möglichkeit zu integrieren, diese Vorschläge zu akzeptieren oder anzupassen, und danach im System zu aktualisieren.

Abbildung 11.11 Ausgabe der Rabattvorschläge in einer ALV-Liste

ALV mit integriertem Datenzugriff [«]

Der *SAP List Viewer* (ALV) ist eine mächtige Komponente für die Darstellung von Daten im ABAP-Anwendungsserver, und praktisch jeder SAP-Anwender und ABAP-Entwickler hat bereits mit ALV-Listen gearbeitet. Der SAP List Viewer bietet neben der reinen Anzeige viele Funktionen, wie etwa Sortierung, Aggregation, Personalisierung und Datenexport. Es gibt dabei verschiedene Darstellungsvarianten für unterschiedliche Einsatzszenarien und Benutzeroberflächen (SAP GUI, Floorplan Manager für Web Dynpro ABAP). Das Programmiermodell sorgt dabei stets dafür, die Daten zunächst in eine interne Tabelle zu lesen und anschließend dem SAP List Viewer zu übergeben.

Mit ABAP 7.4 gibt es eine neue Option, die es erlaubt, dem SAP List Viewer die Datenquelle nur zu beschreiben und ihn die Selektionen auf der Datenbank selbstständig ausführen zu lassen. Wir haben von dieser Möglichkeit in Listing 11.3 Gebrauch gemacht, indem wir die Rabattinformation aller Passagiere anzeigen, wobei der Endanwender nur einen Ausschnitt der Liste sieht. Beim Blättern oder Sortieren in der Ergebnisliste wird ein neuer Ergebnisausschnitt bestimmt.

Abschließend möchten wir kurz auf den Transport von Entscheidungstabellen eingehen. Sie können Entscheidungstabellen ebenso wie Views und Prozeduren mithilfe des in Abschnitt 5.3, »Transport nativer Entwicklungsobjekte«, vorgestellten HANA-Transportcontainers in einer ABAP-Systemlandschaft transportieren. Sie müssen dabei nichts Spezielles beachten, da der Transportcontainer automa-

Transport von Entscheidungstabellen

tisch alle Inhalte des Pakets, dem die Entscheidungstabelle zugeordnet ist, aus SAP HANA übernimmt.

Wie eingangs erwähnt, ist ein wesentlicher Aspekt des Einsatzes von Entscheidungstabellen die Entkopplung der Regelpflege und der Regelverwendung innerhalb einer ABAP-Anwendung. Die Schnittstelle ist dabei durch die Struktur des generierten Result Views definiert. Aus diesem Grund ist es sinnvoll, strukturelle Änderungen an einer Entscheidungstabelle nur im Entwicklungssystem vorzunehmen und konsistent zu transportieren.

Funktionsbibliotheken erweitern die Fähigkeiten von SAP HANA um spezifische betriebswirtschaftliche und mathematische Operationen. Diese können aus speziellen Produkten, aber auch direkt innerhalb einer Anwendung mithilfe von SQLScript genutzt werden. Dadurch eröffnen sich neue Analysemöglichkeiten vor allem im Rahmen statistischer Vorhersagen.

12 Funktionsbibliotheken in SAP HANA

Sie haben in diesem Buch verschiedene Möglichkeiten kennengelernt, wie Sie mithilfe von SAP HANA Analysen direkt auf operationalen Daten realisieren können. Je nach Einsatzszenario können Sie direkt native Datenbankfunktionen in SAP HANA nutzen (z. B. über Views und Prozeduren) oder zusätzlich von der ausgereiften SAP-Business-Warehouse-Infrastruktur profitieren (siehe auch Kapitel 9, »Integration analytischer Funktionalität«). Unabhängig von der Technologie erlauben solche auf Echtzeitdaten basierenden Analysen Anwendern, zeitnah auf aktuelle Entwicklungen zu reagieren. Ein relativ neuer Trend der *Business Intelligence* ist es, diesen Ansatz mithilfe statistischer Modelle für Vorhersagen (*Predictions*) einen Schritt weiter zu führen. Mithilfe einer solchen *Predictive Analysis* soll es Entscheidungsträgern ermöglicht werden, bereits vor dem Eintreten eines Ereignisses *agieren* zu können, anstatt erst danach zu *reagieren*. Die mathematischen Modelle sind dabei recht komplex, und die Interpretation und Kalibrierung der Ergebnisse erfordert in der Regel ein gutes Verständnis sowohl der betriebswirtschaftlichen Domäne als auch der Statistik. Aus diesem Grund gewinnt in den letzten Jahren die Rolle eines *Data Scientists*, der die notwendigen Kenntnisse mitbringt, konstant an Bedeutung.

Für viele Einsatzszenarien müssen Sie aktuell spezielle Software von Drittanbietern nutzen, für die in der Regel eine Extraktion und eine Konvertierung der Daten notwendig sind, was neben einer hohen

Komplexität durch den Zeitversatz gerade den Einsatz in operationalen Szenarien erschwert. SAP HANA bietet über spezielle *Funktionsbibliotheken* (Application Function Libraries, AFL) eine integrierte Möglichkeit für einige Szenarien, die direkt auf den Geschäftsdaten aus dem ABAP-System aufsetzen kann. Bevor wir auf diese Bibliotheken näher eingehen, möchten wir Ihnen drei konkrete Anwendungsszenarien vorstellen.

Prognosenerstellung

Ein klassisches Einsatzszenario statistischer Modelle ist die Erstellung von Prognosen, z. B. für die Entwicklung von Umsatz, Absatz oder Kosten. Ebenso lassen sich über Prognosen für Kundenbewegungen oder wirtschaftliche Rahmenbedingungen gewisse Szenarien erstellen, die im Rahmen der strategischen Planung einer Firma eine wichtige Rolle spielen können.

Verzahnung von Risikobewertung und Planung

Die Bewertung und Reaktion auf Risiken im operativen Betrieb spielt heute in vielen Branchen eine große Rolle. Sie können sich hier z. B. die Bewertung von Ausfallrisiken fälliger Zahlungen, aber auch die Risiken in einem komplexen Fertigungsprozess vorstellen. Hier kommen aktuell häufig sogenannte *Key Performance Indicators* (KPIs) und *Scorecards* zum Einsatz, die Grenzwerte definieren und Auswirkungen bewerten. Der Einsatz statistischer Vorhersagen erlaubt ein frühes Erkennen von Ausnahmesituationen in einem Geschäftsprozess. Damit ergeben sich neue Möglichkeiten für eine engere Verzahnung von operationaler Planung, Risikoanalyse und Steuerungsmöglichkeiten, was große Potenziale für Effizienzgewinne eröffnet.

Geschäftsregeln ableiten

Ein weiterer Trend, der aktuell an Bedeutung gewinnt, hängt mit der Ableitung von Geschäftsregeln aus existierenden Geschäftsprozessen zusammen (*Business Rule Mining*). Dieser Ansatz kann insbesondere die Modernisierung einer Legacy-Anwendung hin zu einer serviceorientierten und über Regeln steuerbaren Anwendung unterstützen, da Muster und Entscheidungspunkte in der Anwendung identifiziert und quantifiziert werden können. Eine integrierte Lösung bietet hier den Vorteil, direkt auf der existierenden Anwendung aufsetzen zu können.

Application Function Libraries

Die benötigten Funktionen sind in SAP HANA in *Funktionsbibliotheken* implementiert. Diese Bibliotheken sind in C++ geschrieben und bieten einen hochoptimierten Zugriff auf Funktionen für fortgeschrittene Berechnungen und Datenanalyseszenarien. Mit SAP HANA SPS5 wurde das erste AFL-Paket mit den folgenden beiden Bibliotheken für Kundenentwicklungen freigegeben:

▸ Die *Business Function Library* (BFL) enthält eine Vielzahl komplexer Geschäftsfunktionen (z. B. für die Bestimmung der jährlichen Abschreibung) sowie wiederverwendbare elementare Funktionen (z. B. einen gewichteten Mittelwert).

▸ Die *Predictive Analysis Library* (PAL) enthält statistische Funktionen, über die man – basierend auf historischen Datenbeständen – Muster erkennen (z. B. Kundengruppen mit ähnlichem Kaufverhalten) und Vorhersagen treffen kann (etwa zur Entwicklung von Einnahmen).

In der Zwischenzeit sind weitere Bibliotheken dazugekommen, wie z. B. die *Data Quality Library*, die im Rahmen des Enterprise-Information-Management-Moduls für SAP HANA eingesetzt wird. Des Weiteren gibt es produktspezifische AFLs, also Bibliotheken, die nur in Kombination mit einem speziellen Produkt zum Einsatz kommen und auch nicht Teil der SAP-HANA-Auslieferung sind. Zu guter Letzt gibt es mittlerweile sogar ein *SDK* (*Software Development Kit*), das es Partnern erlaubt, eigene Funktionsbibliotheken zu entwickeln und von SAP zertifizieren zu lassen.

Weitere Bibliotheken

Wir können Ihnen im Rahmen dieses Buches nicht das volle Spektrum der enthaltenen Funktionen vorstellen. Zum einen ist die Zahl der Funktionen zu groß, zum anderen sind manche der Algorithmen, wie erwähnt, recht komplex oder verlangen mathematische Vorkenntnisse zu den statistischen Modellen. Wir beschränken uns aus diesem Grund auf einzelne konkrete Beispiele, um Ihnen einen ersten Eindruck von der Verwendung solcher Funktionen zu vermitteln.

Ziel des Kapitels

SAP Predictive Analytics 2.0   **[«]**

SAP bietet mit *SAP Predictive Analytics 2.0* ein mächtiges Werkzeug für fortgeschrittene Analysen, wie etwa die Erstellung von Prognosemodellen. Bei diesem Produkt handelt es sich um den Nachfolger von *SAP Predictive Analysis* und *SAP InfiniteInsight*, die aus Akquisitionen von SAP stammen (*BusinessObjects* und *KXEN*).

Mithilfe von SAP Predictive Analytics können auch Nicht-Entwickler fortgeschrittene statistische Auswertungen durchführen. Bei der Nutzung in Kombination mit SAP HANA kommen hierbei verschiedene Funktionsbibliotheken zum Einsatz, um die mathematischen Algorithmen idealerweise komplett in der HANA-Datenbank durchführen zu können.

Da es sich dabei um ein separates, lizenzpflichtiges Produkt handelt, gehen wir in diesem Buch nicht näher auf diese Lösung ein. Weitere Informationen finden Sie im SAP Community Network unter *http://scn.sap.com/community/predictive-analytics*.

Als Anwendungsszenario betrachten wir in diesem Kapitel wieder einfache Beispiele aus dem Flugdatenmodell. Wir werden dabei in einer Datenbankprozedur `LINEAR_AVERAGE_UTILIZATION` mithilfe einer BFL-Funktion eine spezielle Kennzahl zur Sitzplatzauslastung bestimmen, um die zeitliche Entwicklung der Auslastung zu verdeutlichen, indem wir Ergebnisse aus der jüngeren Vergangenheit stärker gewichten als länger zurückliegende. Darüber hinaus werden wir in der Prozedur `CUSTOMER_SEGMENTATION` mithilfe einer Funktion der PAL eine Segmentierung der Flugpassagiere in Zielgruppen vornehmen, was hilfreiche Informationen etwa für ein Bonussystem einer Fluggesellschaft bieten könnte.

Wir werden Ihnen im folgenden Abschnitt zunächst einen kurzen Überblick über die Funktionsweise und Installation der Standard-AFL geben. Danach zeigen wir Ihnen in den Abschnitten 12.2, »Business Function Library«, und 12.3, »Predictive Analysis Library«, anhand von Beispielen, wie Sie AFL-Funktionen in eigenen Implementierungen verwenden können. Dabei erstellen wir jeweils CDS-Views, um die Daten im benötigten Eingabeformat aufzubereiten, und ABAP-Datenbankprozeduren für den Aufruf der Funktionen.

12.1 Grundlagen der Application Function Library

In diesem Abschnitt geben wir Ihnen einen technischen Überblick über die Funktionsweise der Standard-AFL und stellen Ihnen exemplarisch jeweils eine Funktion der beiden Bibliotheken BFL und PAL vor.

Bei der AFL handelt es sich um eine dynamische Bibliothek, die in den Indexserver der HANA-Datenbank eingebunden werden kann. Sie ist Teil der Auslieferung und Lizenz der SAP HANA Appliance, wird aber standardmäßig nicht durch den Hardwarepartner vorinstalliert, sondern kann auf Kundenseite mithilfe des *SAP HANA Database Lifecycle Manager (hdblcm)* eingerichtet werden. Die dazu notwendige Dokumentation finden Sie im HANA-Installationsleitfaden unter der URL *http://help.sap.com/hana*. Wenn Sie als Administrator prüfen wollen, ob die AFL in einem System installiert ist, so können Sie die Systemübersicht im SAP HANA Studio oder in ABAP die Transaktion ST04 (DBA Cockpit) nutzen (siehe Abbildung 12.1 unter INSTALLED PLUG-INS).

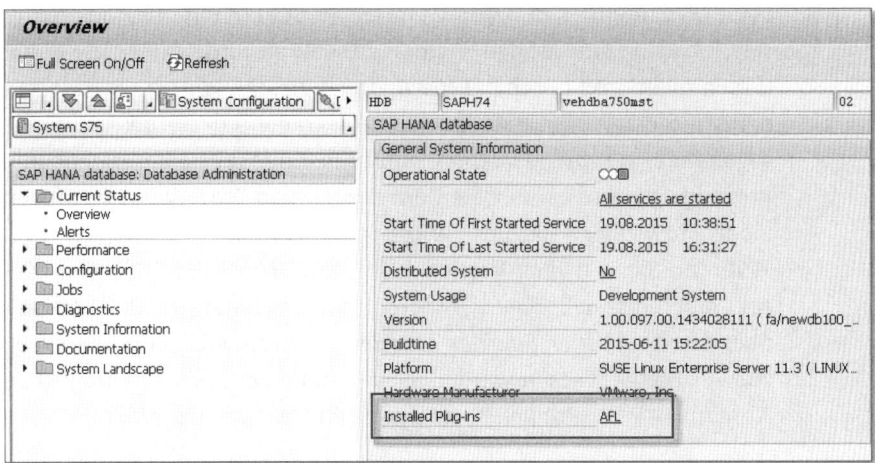

Abbildung 12.1 Vorhandensein der AFL in der Transaktion ST04 prüfen

Nach der Installation müssen Sie als Administrator noch einige Konfigurationsschritte durchführen, auf die wir im Folgenden kurz eingehen werden.

Eine Konfiguration eines separaten *Script Servers* wird empfohlen, da die Verwendung der AFL-Funktionen bei großen Datenbeständen potenziell viele Ressourcen in Anspruch nehmen kann (in SAP-Hinweis 1650957 finden Sie dazu die notwendigen Informationen). Bei dem Script Server handelt es sich um einen speziellen Indexserver-Prozess, der im Rahmen des normalen Datenbankbetriebs keine Aufgaben erfüllt. Damit wird sichergestellt, dass die Ausführung von AFL-Funktionen nicht den Betrieb einer Standardanwendung auf SAP HANA stört.

Script Server einschalten

Bei der Installation der AFL entsteht ein technisches Schema `_SYS_ AFL`, das die AFL-Prozeduren enthält. Darüber hinaus muss der Administrator einem Benutzer (also im Fall des Zugriffs über ABAP dem Datenbanknutzer des SAP NetWeaver AS ABAP) die beiden folgenden Rollen für die Ausführung von AFL-Funktionen in SAP HANA zuweisen:

AFL-Schema und -Berechtigungen

- `AFL__SYS_AFL_AFLBFL_EXECUTE` (für die BFL)
- `AFL__SYS_AFL_AFLPAL_EXECUTE` (für die PAL)

Einige Funktionen der BFL sowie praktisch alle Funktionen der PAL sind als *generische Funktionen* implementiert, d. h., die Struktur der Eingabe- und Ausgabeparameter ist nicht genau festgelegt (Anzahl der

Generierung von AFL-Funktionen

Felder, Spaltennamen, Datentypen). Dies erlaubt einen flexiblen Einsatz, hat aber zunächst den Nachteil, dass Sie als Entwickler diese Funktionen nicht direkt nach der Installation aufrufen können. Stattdessen müssen Sie zunächst eine spezielle Ausprägung der Funktion – eine sogenannte *Wrapper-Funktion* – mithilfe einer speziellen Datenbankprozedur generieren. Für die Generierung von Prozeduren benötigen Sie als Entwickler zusätzlich die Rolle AFLPM_CREATOR_ERASER_EXECUTE. Während Sie in frühen Versionen (bis SAP HANA SPS7) die Generierung noch manuell über SQL durchführen mussten, steht Ihnen nun über den *Application Function Modeler* (AFM) ein grafisches Werkzeug zur Verfügung. Diesen werden Sie anhand einer Funktion der PAL in Abschnitt 12.3, »Predictive Analysis Library«, kennenlernen.

12.2 Business Function Library

Beispielfunktionen

Die *Business Function Library* (BFL) bietet eine Reihe von speziellen Geschäftsfunktionen, vor allem aus der internen *Kapitalflussrechnung* (Cashflow). Tabelle 4.1 enthält einige Beispiele für Berechnungen, die in der BFL realisiert sind.

Funktion	Zugehörige Datenbankprozedur
Annual Depreciation (jährliche Abschreibung)	AFLBFL_DBDEPRECIATION_PROC AFLBFL_SLDEPRECIATION_PROC AFLBFL_SOYDEPRECIATION_PROC
Internal Rate of Return (interne Zinssatzmethode)	AFLBFL_INTERNALRATE_PROC
Rolling Forecast (rollierende Planung)	AFLBFL_FORECAST_PROC

Tabelle 12.1 Einige Funktionen der Business Function Library

Die zugrunde liegenden Algorithmen und Datenmodelle sind ziemlich umfangreich, und es würde den Rahmen dieses Buches sprengen, sie im Detail vorzustellen. Neben solchen an einem festen Prozess orientierten Berechnungen exponiert die BFL auch spezielle mathematische Funktionen, die im Rahmen der komplexen Algorithmen verwendet werden, aber auch unabhängig aufrufbar sind.

Beispiel: Gewichteter Durchschnitt

Eine solche Funktion ist AFLBFL_LINEARAVERAGE_PROC, die zur Bestimmung eines *gewichteten Durchschnittswertes* genutzt werden kann und die wir uns als Beispiel ansehen wollen. Im Vergleich zur normalen Durchschnittsbildung werden hier die einzelnen Ausprägungen unterschiedlich stark gewichtet. Damit können Sie z. B. Werte aus der jüngeren Vergangenheit stärker in das Ergebnis einfließen lassen als Werte, die länger zurückliegen, was für manche Prognosen sinnvoll sein kann.

Die mathematische Definition des gewichteten Durchschnitts für die numerischen Werte x1 bis xn mit den zugehörigen Gewichten w1 bis wn lautet:

$(w1 \times x1 + ... + wn \times xn) \div (w1 + ... + wn)$

Betrachten wir als Beispiel die Sitzplatzauslastung der Flüge einer festen Flugverbindung mit Beispieldaten aus Tabelle 12.2.

Periode	Jahr	Durchschnittliche Auslastung (Prozent)
1	2012	87,5 %
2	2013	95 %
3	2014	91 %
4	2015	60 %

Tabelle 12.2 Beispieldaten für gewichteten Mittelwert

Wir nutzen als Gewichtungsfaktor die Periode und erhalten damit den folgenden gewichteten Mittelwert:

$(1 \times 0,875 + 2 \times 0,95 + 3 \times 0,91 + 4 \times 0,6) \div (1 + 2 + 3 + 4) = 0,7905$
$\sim 79\ \%$

Der normale Mittelwert liegt hingegen bei ~ 83 %. Die Ursache für den niedrigeren Wert liegt in der geringen Auslastung im letzten Jahr, die bei dem gewichteten Mittelwert stärker zu Buche schlägt. Die Schnittstelle der Funktion `AFLBFL_LINEARAVERAGE_PROC` hat dabei die in Tabelle 12.3 dargestellte Struktur.

Parameter	Bedeutung	Spaltenstruktur (Name, Typ)	
Eingabe: Datentabelle	Originaldaten	`VALUE`	`DOUBLE`
Ausgabe: Resultat	in Zeile N, der gewichtete Mittelwert der Werte bis zur Periode N	`AVERAGED_RESULT`	`DOUBLE`

Tabelle 12.3 Schnittstelle der Funktion LINEAR_AVERAGE aus der BFL

Als Anwendungsbeispiel wollen wir mithilfe dieser Funktion den gewichteten Durchschnitt der Sitzplatzauslastung für alle Flüge einer Fluggesellschaft bestimmen. Ergebnis soll ein zeitlicher Verlauf über die Jahre sein, der für eine Flugauslastungsprognose eine bessere Datenbasis als die normale Berechnung des Durchschnitts bieten kann, da die aktuellen Daten stärker bewertet werden als Ergebnisse der Vergangenheit. Für die Bestimmung der benötigten Werte nutzen wir als Datenquelle den CDS-View ZA4H_SEAT_UTIL aus Listing 12.1. Die prozentuale Auslastung bestimmen wir dabei über ein berechnetes Feld (utilization), wobei wir Economy-, Business- und First-Class-Sitze berücksichtigen und das Ergebnis in eine ABAP-Gleitkommazahl konvertieren (abap.fltp), was dem SQL-Typ DOUBLE entspricht.

```
@AbapCatalog.sqlViewName: 'ZA4H_SEAT_UTIL'
@EndUserText.label: 'CDS Views in Chapter 12'
define view Za4h_Cds_Seat as select from sflight {
  carrid,
  fldate,
  case
    when seatsmax = 0 then 0
    else ( cast ( ( seatsocc + seatsocc_b + seatsocc_f )
             as abap.fltp ) )
         / ( cast ( ( seatsmax + seatsmax_b + seatsmax_f )
             as abap.fltp ) )
  end as utilization
}
```

Listing 12.1 CDS-View zur Bestimmung der Sitzplatzauslastung

Nun erstellen wir eine ABAP-Datenbankprozedur (AMDP), der wir als Eingaben den aktuellen Mandanten und die Fluggesellschaft übergeben; als Ausgabe erwarten wir eine Tabelle mit dem normalen sowie dem gewichteten Durchschnittswert der Sitzplatzauslastung für alle Jahre, für die Daten im System verfügbar sind. In Listing 12.2 sehen Sie die SQLScript-Implementierung für den Aufruf der BFL-Funktion AFLBFL_LINEARAVERAGE_PROC. Wir selektieren dabei zunächst die durchschnittliche Sitzplatzauslastung, gruppiert nach Jahr, über den zuvor definierten CDS-View und rufen damit die BFL-Funktion auf. Als letzten Schritt nutzen wir die CE-Funktion CE_VERTICAL_UNION (siehe Abschnitt »Verwendung von CE-Funktionen« in Abschnitt 4.2.2), um die Spalten der beiden internen Tabellen in die Resultatstruktur zu übernehmen. Das Ergebnis der Berechnung sehen Sie in Abbildung 12.2.

```
CLASS zcl_a4h_chapter12_linavg DEFINITION
  PUBLIC
  CREATE PUBLIC .

  PUBLIC SECTION.
   INTERFACES: if_amdp_marker_hdb.

   TYPES: BEGIN OF ty_utilization,
       year            TYPE i,
       average         TYPE p LENGTH 4 DECIMALS 2,
       linear_average TYPE p LENGTH 4 DECIMALS 2,
     END OF  ty_utilization.
   TYPES tt_utilization TYPE TABLE OF ty_utilization.

    METHODS: linear_average_utilization
      IMPORTING
        VALUE(iv_mandt)  TYPE mandt
        VALUE(iv_carrid) TYPE s_carrid
      EXPORTING
        VALUE(et_utilization) TYPE tt_utilization.

  PROTECTED SECTION.
  PRIVATE SECTION.
ENDCLASS.

CLASS zcl_a4h_chapter12_linavg IMPLEMENTATION.

  METHOD linear_average_utilization BY DATABASE
  PROCEDURE FOR HDB LANGUAGE SQLSCRIPT OPTIONS READ-ONLY
  USING ZA4H_SEAT_UTIL.

    lt_data = select 100 * to_double(avg(utilization))
       as "VALUE", year(fldate) as "YEAR"
         from ZA4H_SEAT_UTIL
         where mandt = :iv_mandt and carrid = :iv_carrid
         group by year(fldate);

    call _SYS_AFL.AFLBFL_LINEARAVERAGE_PROC(:lt_data,:lt_avg );

    et_utilization = CE_VERTICAL_UNION(
     :lt_data, [ "YEAR", "VALUE" as "AVERAGE"],
     :lt_avg, [ "AVERAGED_RESULT" as "LINEAR_AVERAGE"]);

  ENDMETHOD.
ENDCLASS.
```

Listing 12.2 ABAP-Datenbankprozedur mit Zugriff auf BFL-Funktion

Jahr	Auslastung	Linearer Durchschnitt
2015	84,12	84,00
2016	10,62	35,00

Abbildung 12.2 Ergebnis der Datenbankprozedur in ALV-Tabelle

12.3 Predictive Analysis Library

Beispielfunktionen Im Vergleich zur BFL liefert die *Predictive Analysis Library* (PAL) eine Reihe von generischen, statistischen Algorithmen, die auf beliebigen Datenmodellen eingesetzt werden können. Tabelle 12.4 enthält einige Beispiele für Algorithmen, die in der PAL realisiert sind.

Funktion	Beschreibung	Beispielszenario
Anomaly Detection	Ermittlung von Ausreißern	Erkennen eines ungewöhnlichen Systemverhaltens: lange Antwortzeiten trotz normaler Systemlast
Apriori	Erkennen von Zusammenhängen zur Ableitung von Regeln	Analyse von Einkaufsverhalten: »Kunden, die Produkte A und B gekauft haben, kaufen oft auch Produkt C«
K-Means	Klassifizierung von Daten in Gruppen	Segmentierung eines Kundenstamms in Zielgruppen für Werbeaktionen

Tabelle 12.4 Einige Funktionen der Predictive Analysis Library

Predictive Model Markup Language Nicht alle Funktionen der PAL bieten sich für eine direkte Verwendung an. Zum Beispiel liefern manche der komplexeren Funktionen der PAL als Rückgabewert eine Beschreibung im Format der *Predictive Model Markup Language* (PMML), einem standardisierten XML-Format für statistische Modelle. Solche Funktionen zielen auf Möglichkeiten zum Austausch mit anderen Produkten, wie etwa des eingangs beschriebenen SAP Predictive Analytics.

[»] **Hintergrund: Training und Ausführung von statistischen Modellen**

In der Praxis können in den wenigsten Fällen Standardalgorithmen direkt auf einen existierenden Datenbestand angewendet werden, um neue Erkenntnisse zu gewinnen. Meistens müssen Daten zunächst aufwendig aufbereitet werden und bei der Modellierung die richtigen Ein- und Ausgabevariablen ermittelt werden, so dass diese Modelle dann mithilfe von Datensätzen *trainiert* und der resultierende Algorithmus in die Ausführung gebracht werden kann (*Scoring*). Um die Beispiele einfach nachvollziehbar zu halten, beschränken wir uns in diesem Kapitel auf den technischen Aufruf der PAL-Funktionen.

Im Rahmen dieses Abschnitts wollen wir eine Funktion der PAL nutzen, die man für eine Segmentierung von allgemeinen Datenbeständen verwenden kann: die sogenannte *K-Means-Funktion*. Dabei wird ein Datenbestand in eine vorgegebene Anzahl (K) an Gruppen (oder *Cluster*) unterteilt. Auf den zugrunde liegenden mathematischen Algorithmus wollen wir an dieser Stelle nicht im Detail eingehen. Die Grundidee ist jedoch, basierend auf einer initialen Selektion von Zentren die Datensätze jenem Cluster zuzuordnen, dessen Zentrum am nächsten liegt. Auf diese Weise lassen sich Muster erkennen und Datenbestände (z. B. Kunden, Produkte etc.) klassifizieren. Abbildung 12.3 visualisiert Beispielwerte und zeigt die zugehörigen Cluster.

Beispiel: Clustering über K-Means

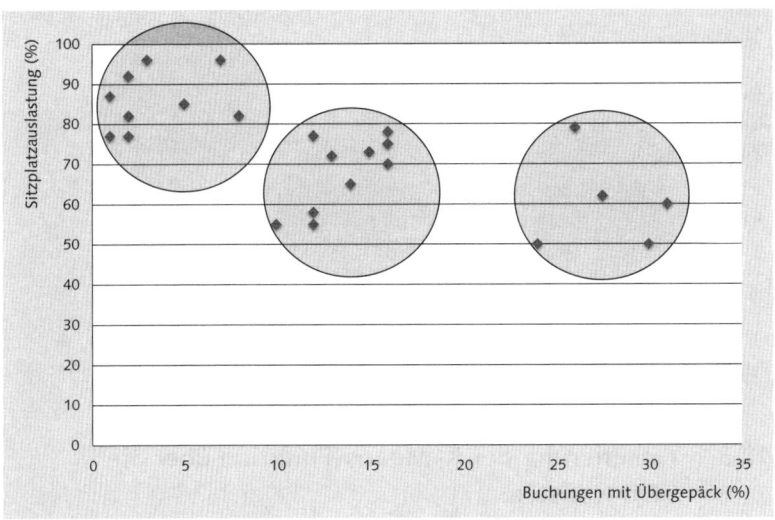

Abbildung 12.3 Schematische Visualisierung einer Segmentierung von Datensätzen über die K-Means-Funktion

Als Beispielwerte können Sie sich vorstellen, dass jeder dargestellte Punkt eine Flugverbindung repräsentiert und die Werte auf den Achsen die mittlere Sitzplatzauslastung (Y-Achse) und den relativen Anteil von Buchungen mit Übergepäck (X-Achse) in einem Zeitraum darstellen. Über die Segmentierung erhalten Sie eine Einteilung der Flugverbindungen in verschiedene Kategorien. Flugverbindungen mit einer hohen Auslastung und geringem Übergepäck können z. B.

auf eine starke Nutzung durch Geschäftsreisende hindeuten (linker oberer Cluster).

Schnittstelle Tabelle 12.5 zeigt die Eingabe- und Ausgabeparameter der Schnittstelle der K-Means-Funktion, wobei die Segmentierung hier auf zwei numerischen Werten basiert (V000 und V001).

Parameter	Bedeutung	Spaltenstruktur	
Eingabe: Datentabelle	der zu klassifizierende Datenbestand, bestehend aus ID und numerischen Werten	ID	INTEGER
		V000	DOUBLE
		V001	DOUBLE
Eingabe: Parameter- tabelle	Parametrisierung der Segmentierung durch Name-Wert-Paare, z. B. Cluster-Anzahl (GROUP_ NUMBER)	NAME	NVARCHAR (50)
		INTARGS	INTEGER
		DOUBLEARGS	DOUBLE
		STRINGARGS	NVARCHAR (100)
Ausgabe: Cluster- Zuordnung	Zuordnung der Datensätze zu einem Cluster	ID	INTEGER
		CENTER_ASSIGN	INTEGER
		DISTANCE	DOUBLE
Ausgabe: Cluster-Daten	Liste der Zentren der Gruppen (Cluster-ID und Koordinaten des Zentrums)	CENTER_ID	INTEGER
		V000	DOUBLE
		V001	DOUBLE

Tabelle 12.5 Schnittstelle der K-Means-Funktion aus der PAL

12.3.1 Generierung der K-Means-Funktion über die SQL-Konsole

Wie in Abschnitt 12.1, »Grundlagen der Application Function Library«, beschrieben, müssen Sie als Administrator diese Schnittstelle zunächst einmalig generieren. In diesem Abschnitt zeigen wir Ihnen, wie Sie dies über natives SQL durchführen können. Im nächsten Abschnitt gehen wir dann auf den grafischen Application Function Modeler (AFM) ein, so dass Sie als Entwickler die manuelle Generierung in der Regel nicht mehr verwenden müssen. Wir zeigen Ihnen dennoch die Funktionsweise, damit Sie damit besser verstehen, was hinter den Kulissen des AFM geschieht, und weil in manchen generischen Fällen der programmatische Zugriff seine Vorteile hat.

Um die K-Means-Funktion mit der Schnittstelle aus Tabelle 12.5: zu generieren, führen Sie die SQL-Anweisungen aus Listing 12.3 über die SQL-Konsole im SAP HANA Studio aus. Dabei werden zunächst Tabellentypen für die Eingabe- und Ausgabeparameter aus Tabelle 12.5 im Schema _SYS_AFL angelegt, und danach wird mithilfe der Datenbankprozedur AFL_WRAPPER_GENERATOR die gewünschte Schnittstelle erzeugt. Nach erfolgreicher Ausführung dieser SQL-Anweisungen sollten Sie im Schema _SYS_AFL eine Prozedur mit dem Namen PAL_KMEANS finden. Weiterführende Informationen zur Generierung von Datenbankprozeduren für die Bibliotheken BFL und PAL finden Sie in der Referenzdokumentation dieser Bibliotheken unter der URL *http://help.sap.com/hana*.

Generierung der K-Means-Funktion über SQL-Konsole

```
SET SCHEMA _SYS_AFL;

-- Tabellentypen für Schnittstelle anlegen
CREATE TYPE PAL_KMEANS_ASSIGNED_T AS TABLE(
"ID" INT,
"CENTER_ASSIGN" INT,
"DISTANCE" DOUBLE);

CREATE TYPE PAL_KMEANS_DATA_T AS TABLE(
"ID" INT,
"V000" DOUBLE,
"V001" DOUBLE,
primary key("ID"));

CREATE TYPE PAL_KMEANS_CENTERS_T AS TABLE(
"CENTER_ID" INT,
"V000" DOUBLE,
"V001" DOUBLE);

CREATE TYPE PAL_CONTROL_T AS TABLE(
"NAME" VARCHAR (50),
"INTARGS" INTEGER,
"DOUBLEARGS" DOUBLE,
"STRINGARGS" VARCHAR (100));

-- Schnittstelle definieren
DROP TABLE PDATA;
CREATE COLUMN TABLE PDATA(
"ID" INT,
"TYPENAME" VARCHAR(100),
"DIRECTION" VARCHAR(100) );

INSERT INTO PDATA VALUES (1,'_SYS_AFL.PAL_KMEANS_DATA_T','in');
```

```
INSERT INTO PDATA VALUES (2,'_SYS_AFL.PAL_CONTROL_T','in');
INSERT INTO PDATA VALUES (3,'_SYS_AFL.PAL_KMEANS_ASSIGNED_T',
 'out');
INSERT INTO PDATA VALUES (4, '_SYS_AFL.PAL_KMEANS_CENTERS_T',
 'out');

-- Generierung der K-Means-Funktion
call SYSTEM.AFL_WRAPPER_GENERATOR ('PAL_KMEANS', 'AFLPAL',
 'KMEANS', PDATA);
```

Listing 12.3 Generierung einer Schnittstelle für die K-Means-Funktion

Um die generierte Funktion über die SQL-Konsole im SAP HANA Studio zu testen, können Sie die Anweisungen in Listing 12.4 ausführen.

```
; Konfigurationstabelle: 4 Cluster
CREATE LOCAL TEMPORARY COLUMN TABLE #PAL_CONTROL_TBL like
 PAL_CONTROL_T;
INSERT INTO #PAL_CONTROL_TBL VALUES ('GROUP_
NUMBER', 4, null, null);

; Datentabelle anlegen und Beispielwerte einfügen
CREATE COLUMN TABLE PAL_KMEANS_DATA_TBL LIKE PAL_KMEANS_DATA_T;
INSERT INTO PAL_KMEANS_DATA_TBL VALUES (0, 0.5, 0.5);
INSERT INTO PAL_KMEANS_DATA_TBL VALUES (1, 0.5, 1);
INSERT INTO PAL_KMEANS_DATA_TBL VALUES (2, 1, 0.5);
INSERT INTO PAL_KMEANS_DATA_TBL VALUES (3, 1, 1);

; Ausgabetabellen anlegen
CREATE COLUMN TABLE PAL_KMEANS_ASSIGNED_TBL LIKE PAL_KMEANS_
ASSIGNED_T;
CREATE COLUMN TABLE PAL_KMEANS_CENTERS_TBL LIKE PAL_KMEANS_
CENTERS_T;

; K-Means-Funktion aufrufen
CALL PAL_KMEANS( PAL_KMEANS_DATA_TBL,
                #PAL_CONTROL_TBL,?,?);
```

Listing 12.4 Testen der generierten K-Means-Funktion über die SQL-Konsole

Das Ergebnis dieser Berechnung ist in Abbildung 12.4 dargestellt. Wie zu erwarten war, wurden die vier Beispielwerte auf die vier Cluster verteilt, und die Werte bilden den Mittelpunkt der Cluster.

Wie Sie gesehen haben, sind sowohl die Schritte zur Erzeugung als auch die Parametrisierung einer PAL-Funktion etwas umfangreich. Durch den Application Function Modeler können Sie die Generierung und den Aufruf aus Listing 12.3 und Listing 12.4 weitestgehend in grafischer Form definieren und sogar komplexe Aufrufketten modellieren.

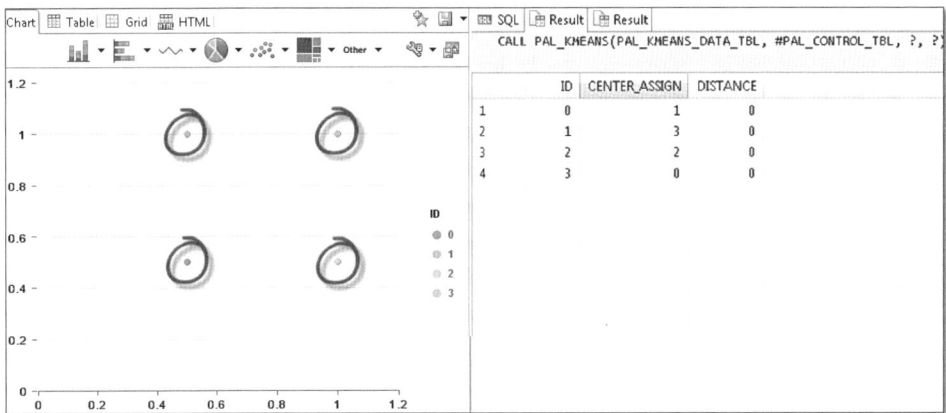

Abbildung 12.4 Aufruf der K-Means-Funktion mit Beispielwerten

12.3.2 Verwendung des Application Function Modelers

Der *Application Function Modeler* (AFM) ist ein Werkzeug, das die Generierung von AFL-Prozeduren unterstützt. Er wurde erstmals mit HANA SPS7 veröffentlicht und unterstützte zunächst nur die Generierung einzelner PAL- oder BFL-Funktionen. Die erste Version war also eine Art grafische Oberfläche für die im letzten Abschnitt vorgestellte Prozedur AFLLANG_WRAPPER_PROCEDURE_CREATE. Mit SPS9 wurde der AFM noch einmal signifikant überarbeitet und erlaubt nun die Modellierung ganzer *Flussdiagramme*, also einer ganzen Kette von Operationen. Das Resultat ist dabei wieder eine Datenbankprozedur, die Sie in eigenen Programmen oder anderen Werkzeugen weiterverwenden können. Wir werden Ihnen in diesem Abschnitt die prinzipielle Nutzung dieses Werkzeugs vorstellen. Alle Detailoptionen finden Sie im Entwicklungsleitfaden beschrieben, den Sie unter *http://help.sap.com/hana* finden.

Übersicht

Als Anwendungsbeispiel wollen wir in einer Prozedur CUSTOMER_SEGMENTATION eine Segmentierung der Flugkunden mithilfe der K-Means-Funktion vornehmen, wobei wir folgende Eingabegrößen betrachten:

Beispiel

▸ Summe der Buchungspreise (in EUR) in einem Jahr

▸ Summe des Gepäckgewichts (in KG) in einem Jahr

CDS-View als
Datenquelle

Für die Bestimmung der benötigten Werte erstellen wir zwei CDS-Views. Zunächst konvertieren wir im ersten View die Datentypen, Währungen und Einheiten (siehe Listing 12.5).

```
@AbapCatalog.sqlViewName: 'ZA4H_BOOK_CONV'
@EndUserText.label: Conversions and type casts'
define view Za4h_Cds_Booking
   as select from sbook {
     cast ( customid as abap.int4) as id,
     cast ( unit_conversion(
        quantity => luggweight,
        source_unit => wunit,
        target_unit => cast( 'KG' as abap.unit(3) ),
        error_handling => 'SET_TO_NULL' )
     as abap.fltp) as weight_kg,
     cast ( currency_conversion(
        amount => sbook.loccuram ,
        source_currency => loccurkey,
        target_currency => cast( 'EUR' as abap.cuky ),
        exchange_rate_date =>
  cast( '20150819' as abap.dats ),
        error_handling => 'SET_TO_NULL' )
     as abap.fltp) as price_eur
};
```

Listing 12.5 Währungs- und Einheitenkonvertierung

In einem weiteren View führen wir darauf basierend die Aggregationen durch (siehe Listing 12.6).

```
@AbapCatalog.sqlViewName: 'ZA4H_KMEANS_IN'
@ClientDependent: false
@EndUserText.label: 'Input for KMeans-Clustering'
define view Za4h_Cds_Kmeans as select from za4h_book_conv {
     id,
     sum ( weight_kg ) as weight,
     sum ( price_eur ) as price
} group by id;
```

Listing 12.6 Aggregation und Typkonvertierung

Durch diese Anwendung erwarten wir eine Einteilung der Flugpassagiere in Gruppen (mit Abstufungen und Mischformen), die eher geschäftlich (viele Flüge, wenig Gepäck) oder privat (weniger Flüge, mehr Gepäck) unterwegs sind. Aus diesen Informationen und der zugehörigen zeitlichen Entwicklung könnte eine Fluggesellschaft ein auf diese Gruppen zugeschnittenes Bonussystem gestalten (z. B. höheres Freigepäck für häufige Urlauber).

Bevor wir auf die konkrete Verwendung des AFM eingehen, wollen wir zunächst die zugehörige Diagrammdarstellung erklären (siehe Abbildung 12.5). Wir definieren also die konkreten Datenquellen und Zielstrukturen sowie die Abbildung auf die jeweiligen Spalten (im AFM erfolgt diese Konfiguration durch Selektion der Pfeile). Für einen einzigen Funktionsaufruf korrespondiert die Darstellung also einfach mit der Schnittstelle der Funktion. Sie können aber im AFM auch die Ausgabe einer Funktion wieder direkt als Eingabe für einen weiteren Aufruf nutzen.

Diagrammdarstellung

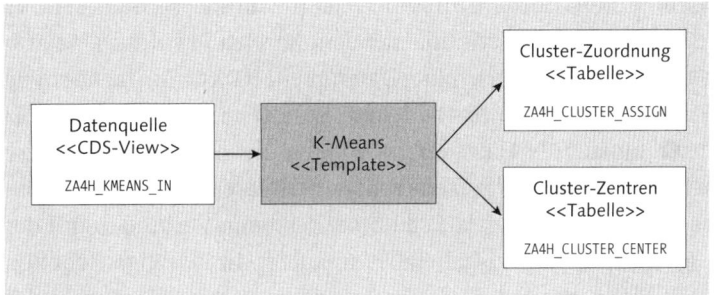

Abbildung 12.5 Ablaufdiagramm zur K-Means-Funktion

Um als Entwickler im SAP HANA Studio den AFM nutzen zu können, müssen Sie zunächst ein HANA-XS-Projekt anlegen. Die Vorgehensweise dazu haben wir Ihnen bereits in Abschnitt 4.3, »Datenbankprozeduren«, erklärt. Legen Sie nun in Ihrem Paket ein Objekt vom Typ *Flowgraph Model* an, und vergeben Sie einen Namen (siehe Abbildung 12.6).

HANA-XS-Projekt anlegen

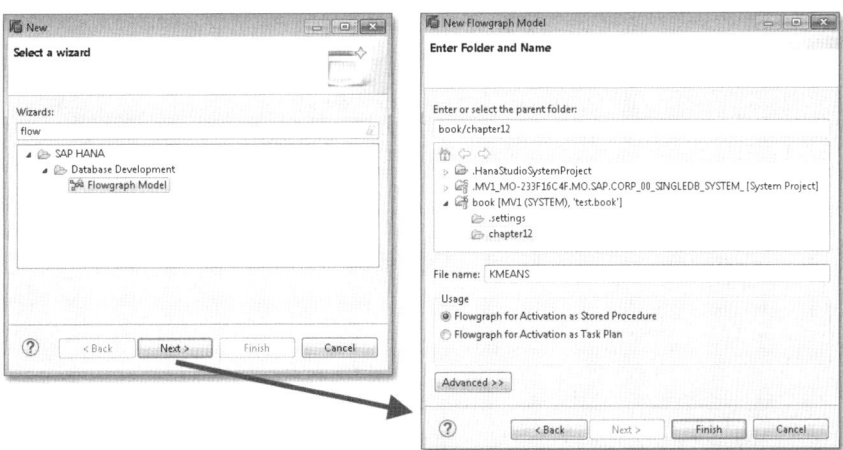

Abbildung 12.6 Anlegen eines Flowgraph-Modells

Wählen Sie die Option FLOWGRAPH FOR ACTIVATION AS STORED PRO-
CEDURE, um als Resultat der Modellierung eine Datenbankprozedur
zu erzeugen. Es gibt alternativ die Möglichkeit, einen *Task Plan* zu
erzeugen, der im Rahmen des Pakets *SAP HANA Enterprise Information Management* für eine automatische Ausführung konfiguriert
werden kann.

Flowgraph-Modell erstellen

Als Beispiel betrachten wir wiederum die K-Means-Funktion aus
dem letzten Abschnitt, wollen aber die Generierung über den AFM
vornehmen. Abbildung 12.7 zeigt ein grafisches Modell der
gewünschten Funktion. Mithilfe der Palette auf der rechten Seite ❶
fügen Sie die K-Means-Funktion aus dem Bereich PREDICITVE ANALY-
SIS LIBRARY und zusätzlich eine Datenquelle (DATA SOURCE) sowie
zwei Ergebnisstrukturen (DATA SINK [TEMPLATE TABLE]) dem Editorbereich ❷ hinzu. Als Datenquelle wählen Sie nun den CDS-View
ZA4H_KMEANS_IN, und als Zieltabellen definieren Sie Tabellen im
Schema _SYS_BIC, die der AFM automatisch beim Verbinden mit der
richtigen Struktur der Ausgabetabellen anlegt. In den Eigenschaften
❸ können Sie insbesondere die Parameter, wie etwa die Anzahl der
Cluster, spezifizieren.

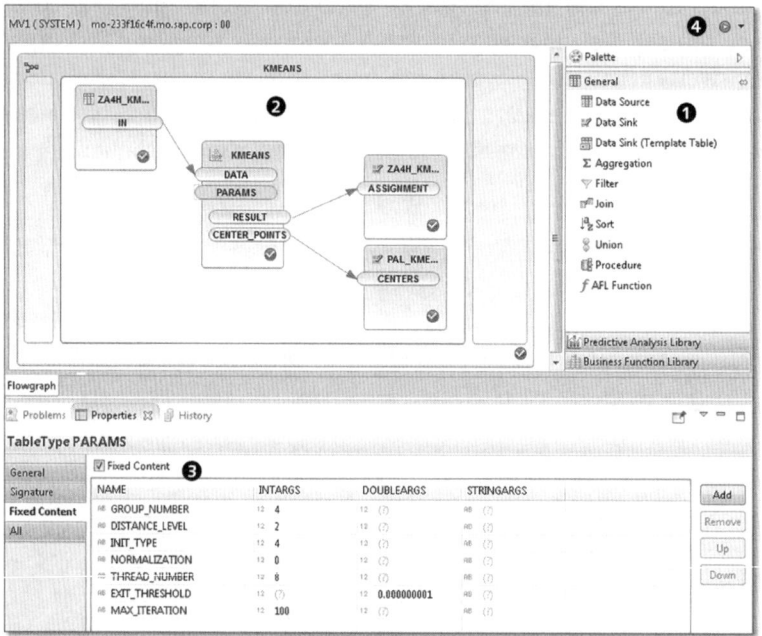

Abbildung 12.7 Flowgraph-Modell für K-Means-Funktion

In den Einstellungen wählen Sie für unser Beispiel 4 als Anzahl der gewünschten Cluster (GROUP_NUMBER=4) und erzwingen eine Normalisierung der Werte (NORMALIZATION=1), da die die Werte für Gewicht und Preis recht unterschiedliche Wertebereiche umfassen und ansonsten der Preis die Auswertung zu stark dominiert. Hier gilt es, die richtige Kalibrierung zu finden, wobei dies in der Praxis deutlich komplizierter ist, als nur mit den genannten Werten zu spielen.

Nachdem Sie die Definition abgeschlossen haben und keine Fehler vorhanden sind (erkennbar an den grünen Symbolen), müssen Sie das Modell noch aktivieren (über den Button ACTIVATE SAP HANA DEVELOPMENT OBJECT), woraufhin eine Datenbankprozedur im gewählten Schema (z. B. _SYS_BIC) erzeugt wird. Danach können Sie die Prozedur testen, indem Sie den Eintrag EXECUTE IN SQL EDITOR aus der Auswahlbox rechts oben ❹ wählen. Daraufhin öffnet sich die SQL-Konsole, und Sie können die Werte in den Zieltabellen abfragen.

Konfiguration

Generieren und testen

Vor- und Nachteile des AFM   [«]

Wie Sie gesehen haben, bietet der AFM einen weitaus einfacheren Zugang zu der Nutzung von AFL-Funktionen im Vergleich zu der manuellen Generierung. Da die Modelle als HANA-Entwicklungsobjekte definiert werden, können Sie diese auch mit Ihrer Anwendung transportieren.

Allerdings müssen Sie sowohl die Datenquellen als auch die Zielstrukturen als statische Tabellen oder Views ausprägen. Ebenso benötigt bei Nutzung des AFM der technische _SYS_REPO-Nutzer gewisse Berechtigungen für die involvierten Objekte.

Es gibt somit Vor- und Nachteile, wobei für die meisten Szenarien der AFM das Mittel der Wahl sein dürfte.

Für die Einbettung der zuvor generierten Prozedur in ABAP nutzen wir wie im Abschnitt zuvor eine ABAP-Datenbankprozedur (siehe Listing 12.7). Wir sind hier lediglich an der Zuordnung der Datensätze zu den Clustern interessiert (und *joinen* zusätzlich noch die Eingabewerte wieder hinzu). Beachten Sie, dass wir bei dieser Prozedur nicht den Zusatz OPTIONS READ-ONLY verwenden, da die K-Means-Funktion ja Daten in die Ausgabetabellen schreibt.

Verwendung in einer AMDP

```
CLASS zcl_a4h_chapter12_kmeans DEFINITION
  PUBLIC CREATE PUBLIC.

  PUBLIC SECTION.
    INTERFACES: if_amdp_marker_hdb.
```

```
TYPES: BEGIN OF ty_center_assign,
    id              TYPE s_customer,
    weight          TYPE s_lugweigh,
    price           TYPE s_price,
    center_assign TYPE i,
    distance        TYPE p LENGTH 6 DECIMALS 2,
  END OF  ty_center_assign.
TYPES tt_center_assign TYPE TABLE OF ty_center_assign.

METHODS: kmeans
  EXPORTING
    VALUE(et_center_assign) TYPE tt_center_assign.

PROTECTED SECTION.
PRIVATE SECTION.
ENDCLASS.

CLASS zcl_a4h_chapter12_kmeans IMPLEMENTATION.

METHOD kmeans BY DATABASE PROCEDURE /FOR HDB
LANGUAGE SQLSCRIPT USING ZA4H_KMEANS_IN.

  CALL "_SYS_BIC"."test.a4h.book.chapter12::kmeans"();

  lt_center_assign = select * from
      _sys_bic.za4h_cluster_assign;

  et_center_assign = select r.id, i.weight, i.price,
              r.center_assign, r.energy as distance
          from :lt_center_assign as r
          inner join ZA4H_KMEANS_IN as i on r.id = i.id
          order by center_assign, distance;
  ENDMETHOD.
ENDCLASS
```

Listing 12.7 Aufruf der K-Means-Funktion aus einer ABAP-Datenbankprozedur

Visualisierung Mithilfe eines Beispielreports speichern wir das Ergebnis in einer ABAP-Tabelle und nutzen danach die Datenanzeige im SAP HANA Studio für eine erste Analyse der Einträge (siehe Abbildung 12.8). Wir haben hier noch die Kundenart (CUSTTYPE) und den Kundenrabatt (DISCOUNT) in die Ergebnisstruktur aufgenommen, um danach filtern zu können. Natürlich können Sie die Ergebnisse auch in ABAP-Anwendungen nutzen, z. B. unter Verwendung der Web Dynpro ABAP, SAPUI5 etc. eine grafische Anzeige realisieren.

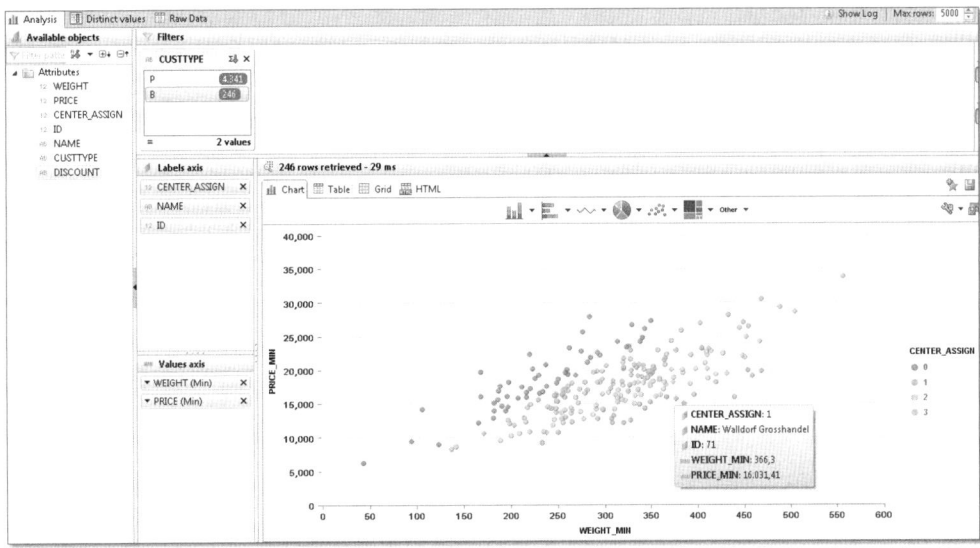

Abbildung 12.8 Ergebnis der Segmentierung der Flugkunden über K-Means

Mithilfe der in diesem Kapitel vorgestellten Bibliotheken haben Sie also komplexe statistische Funktionen im Zugriff, die Sie isoliert oder in Kombination mit einem ABAP-Programm einsetzen können. Für weitergehende Analysen bietet SAP HANA zusätzliche Integrationsmöglichkeiten, insbesondere mit der Open-Source-Statistiksoftware R.

Weitere Möglichkeiten

R-Integration [«]

Neben der PAL enthält SAP HANA zusätzlich einen Adapter für die Integration des Open-Source-Softwaresystems R (*http://www.r-project.org*). Über diesen Adapter haben Sie ein zusätzliches Spektrum statistischer Operationen zur Verfügung. Im Rahmen dieses Buches werden wir nicht im Detail auf die R-Integration eingehen. Die Verwendung erfolgt jedoch ähnlich wie die Nutzung der AFL-Funktionen über Datenbankprozeduren in SAP HANA. Ebenso erlaubt der Application Function Modeler die Einbindung von Knoten, die über ein R-Script implementiert sind.

Sie müssen allerdings beachten, dass aus Lizenzgründen der R-Server nicht Teil der SAP HANA Appliance ist und separat auf einem dedizierten Server installiert werden muss. Weitere Informationen dazu finden Sie im *SAP HANA R Integration Guide* unter der URL *http://help.sap.com/hana*.

Geschäftsdaten mit einem geografischen Bezug spielen in vielen Szenarien eine Rolle. Insbesondere in der Logistik finden sich hier viele Anwendungsfälle. SAP HANA bietet eine native Unterstützung für die Ablage und das Rechnen mit Geoinformationen, die Sie für innovative ABAP-Anwendungen nutzen können.

13 Verarbeitung von Geoinformationen

Viele Geschäftsdaten haben in der Realität einen Bezug zu einem geografischen Ort. Dabei kann es sich zum einen z. B. um feste Standorte von Fabriken oder Filialen handeln, zum anderen können geografische Daten einen zeitlichen Bezug haben, wie die aktuelle Position einer Paketlieferung an einen Endkunden. Durch die Verbreitung von GPS und der zunehmenden Vernetzung von Systemen über das Internet stehen solche Informationen heute oft in Echtzeit zur Verfügung und können auch für Anwendungen und Analysen genutzt werden. Dabei ergeben sich neue Möglichkeiten für die Planung, Überwachung und Steuerung etwa von logistischen Prozessen.

Motivation

Für den Umgang mit räumlichen Informationen hat sich eine Klasse von Softwaresystemen entwickelt, die man als *Geoinformationssysteme (GIS)* bezeichnet. Diese unterstützen üblicherweise die Definition, Rechnung und Visualisierung von geografischen Daten und werden neben der Logistik z. B. in der Versicherungswirtschaft, Verkehrssteuerung, Stadtplanung oder Umweltforschung verwendet.

Geoinformationssysteme

Viele geografische Berechnungen erfordern dabei durchaus komplexe Algorithmen, die insbesondere mit verschiedenen Koordinatensystemen und Maßeinheiten auf der Erdkugel umgehen können müssen. Wir werden Ihnen im Rahmen dieses Kapitels nur die wesentlichen Grundlagen vermitteln und die zugehörige Mathematik auf ein Minimum beschränken.

Mathematischer Hintergrund

Aufbau des
Kapitels

In Abschnitt 13.1, »Grundlagen von Geoinformationssystemen«, werden wir Ihnen zunächst einen kurzen Überblick über die Fähigkeiten eines GIS geben und danach in Abschnitt 13.2, »Geodatentypen und Geofunktionen in SAP HANA«, auf die Fähigkeiten der *Geo-Spatial Engine* in SAP HANA eingehen. Dabei machen wir einen Abstecher und zeigen, wie Sie externes Kartenmaterial nach SAP HANA importieren können, da dies eine Voraussetzung für viele Anwendungsszenarien ist. Zuletzt zeigen wir Ihnen in Abschnitt 13.3, »Geoinformationen in ABAP-Anwendungen einbinden«, an einem Beispiel, wie Sie mit SAP HANA auch in ABAP-Anwendungen mit Geoinformationen rechnen können.

Beispiel

Wir werden uns in den Beispielen in diesem Kapitel wieder am SFLIGHT-Datenmodell orientieren. Die Tabelle SGEOCITY enthält Längen- und Breitengrade von Städten, die wir in unserem Szenario für Entfernungsberechnungen nutzen werden.

13.1 Grundlagen von Geoinformationssystemen

Datenmodelle

Geoinformationssysteme erlauben zunächst die Modellierung von räumlichen Daten. Ein GIS hat also ein »Verständnis« von grundlegenden geografischen Formationen wie Punkten, Strecken, Flächen etc., die in der Regel als native Datentypen zur Verfügung stehen. Diese können Sie im Rahmen eines Datenmodells nutzen.

Algorithmen

Basierend auf diesen Datentypen ermöglicht ein GIS, geografische Fragestellungen zu beantworten. Dazu gehören z. B. folgende Operationen:

▶ Ist ein geografischer Ort in einem Umriss enthalten? (Anwendungsbeispiel: In welchem Bundesland befindet sich ein Fahrzeug aktuell basierend auf seinen GPS-Koordinaten?)

▶ Welcher Eintrag einer Liste von Orten hat den geringsten Abstand von einer gegebenen Position? (Anwendungsbeispiel: Berechnung der nächstgelegenen Tankstelle [Luftlinie])

▶ Ist eine Strecke in einer Fläche enthalten? (Anwendungsbeispiel: Bestimmung der Autobahnkilometer, gruppiert nach Bundesland)

▶ Wie groß ist der Flächeninhalt eines Gebildes? (Anwendungsbeispiel: Ermittlung einer Grundstücksgröße für einen Fabrikstandort)

Koordinaten-
systeme und
Maßeinheiten

Für das Rechnen mit geografischen Informationen spielt die Darstellung in einem Koordinatensystem eine wichtige Rolle. Dieses Koordinatensystem wird auch als *räumliches Bezugssystem* (engl. *Spatial Reference System*, SRS) bezeichnet und umfasst die folgenden Informationen:

▶ **Bezeichner**
Jedes räumliche Bezugssystem ist mit einer eindeutigen Kennzeichnung in Form einer Zahl versehen (*Spatial Reference Identifier*, SRID). Es gibt eine Reihe von standardisierten SRS, von denen Sie einige im Verlauf dieses Abschnitts kennenlernen werden.

▶ **Koordinaten**
Geografische Informationen können in verschiedenen Einheiten angegeben werden. Üblicherweise wird ein geografischer Ort auf der Erde über Längen- und Breitengrad (plus eventuell eine Höheninformation) angegeben. Alternativ sind aber auch andere Koordinatensysteme denkbar, etwa bei der Grundfläche einer Lagerhalle, deren Koordinaten einfach in Metern mit einem künstlichen Ursprung angegeben werden. Ein SRS muss das zugrunde liegende Koordinatensystem exakt definieren.

▶ **Algorithmen und Maßeinheiten**
Für Operationen auf geografischen Koordinaten ist es wichtig, ob die Berechnungen auf eine zwei-dimensionale Ebene projiziert stattfinden oder in räumlichen Koordinaten (siehe Abbildung 13.1). Wie Sie deutlich erkennen können, gibt es bezüglich der Bestimmung von Entfernungen oder Flächen durch die Verzerrung deutliche Unterschiede, je nachdem, in welcher Darstellung die Berechnung stattfindet. Ein SRS definiert detailliert, ob eine ebene oder räumliche Darstellung verwendet werden soll und in welchen Einheiten die Ergebnisse von Berechnungen angegeben werden (z. B. Meter für Entfernungen).

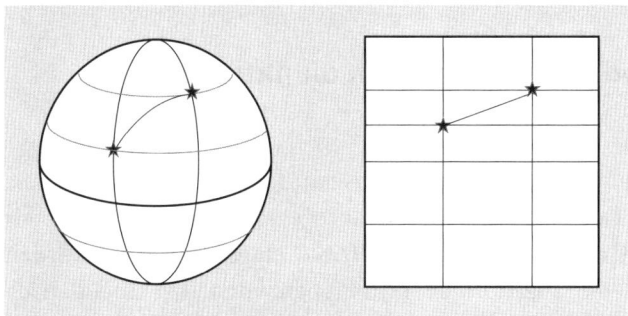

Abbildung 13.1 Entfernung und Flächeninhalte in verschiedenen räumlichen Bezugssystemen

Koordinaten-
systeme in
SAP HANA

Im folgenden Kasten finden Sie Informationen zu einigen unterstützten Koordinatensystemen in SAP HANA. Wie Sie diese bei der Definition von Tabellen nutzen, werden Sie im nächsten Abschnitt
sehen.

[+]

Unterstützte räumliche Bezugssysteme in SAP HANA

SAP HANA unterstützt standardmäßig eine Reihe von SRS, die Sie über
den System-View ST_SPATIAL_REFERENCE_SYSTEMS abfragen können.
Die wichtigsten sind dabei:

- **Standard (SRID 0)**: ein flaches (kartesisches) Koordinatensystem ohne
  geografischen Bezug, das Meter als Maßeinheit verwendet

- **WGS84 (SRID 4326)**: Eine räumliche Darstellung der Erde, die Längen-
  grad (Wertebereich von –180 bis 180) und Breitengrad (Wertebereich
  –90 bis 90) verwendet. WGS84 ist der globale Standard, der auch im
  Rahmen von GPS zum Einsatz kommt. Berlin hat in dieser Darstellung
  ungefähr die Koordinaten 13.33, 52.51.

- **WGS84 (Planar) (SRID 1000004326)**: Ähnlich wie WGS84, nur mit
  Projektion auf eine flache Ebene. Die Koordinaten werden ebenfalls in
  Längen- und Breitengrad angegeben. Die Berechnung von Entfernungen und Flächen ist allerdings in diesem SRS durch die Projektion sehr
  unpräzise und sollte nicht verwendet werden (siehe Abbildung 13.1).
  Dieses System kann aber durchaus herangezogen werden, um etwa zu
  prüfen, ob ein Standort in einer Fläche enthalten ist.

Von den genannten drei SRS ist WGS84 dabei die genaueste Abbildung
und sollte als Standard für die Ablage von echten geografischen Informationen genutzt werden. Für spezielle Szenarien oder zur Beschleunigung
mancher Berechnungen können auch andere Systeme herangezogen werden. Des Weiteren gib es in der Geo-Spatial Engine in SAP HANA SPS9
noch Einschränkungen hinsichtlich der Rechnung mit räumlichen Darstellungen (z. B. bei Flächeninhalten). Auch hier kann die Verwendung einer
projizierten Darstellung notwendig sein.

13.2 Geodatentypen und Geofunktionen in SAP HANA

Nachdem wir Ihnen im letzten Abschnitt eine kurze allgemeine
Übersicht zu Geoinformationssystemen gegeben haben, wollen wir
nun auf die Unterstützung in SAP HANA eingehen. Dabei werden
wir zunächst die zugehörigen Datentypen vorstellen und danach
anhand von einigen Beispielen auf die SQL-Funktionen für geografische Berechnung eingehen.

SAP HANA enthält eine spezielle Engine für die Operationen mit Geoinformationen, die sogenannte *Geo-Spatial Engine*, die sowohl flache als auch räumliche Darstellungen unterstützt. Die einzelnen geografischen Formationen werden als Datentypen repräsentiert, die Sie über spezielle HANA-SQL-Anweisungen verwenden können.

Geo-Spatial Engine

> **Geo-Spatial-Unterstützung in anderen Datenbanken und zugrunde liegende SQL-Standards**
>
> Neben SAP HANA bieten auch andere relationale Datenbanksysteme heute eine Unterstützung für Geoinformationen. Wir werden an dieser Stelle aus Neutralitätsgründen nicht auf Unterschiede der einzelnen Anbieter eingehen. Die meisten Implementierungen inklusive SAP HANA verwenden für die SQL-Schnittstellen und die Austauschformate die zugehörigen Standards des *Open Geospatial Consortium* (OGC) und der *International Organization for Standardization* (ISO). Falls Sie an den genauen Spezifikationen der Formate und Typen interessiert sind, so finden Sie diese in ISO/IEC 19125 und 13249.

[«]

13.2.1 Datentypen

Die Basis für die Verarbeitung von Geoinformationen in SAP HANA bildet dabei der abstrakte Datentyp ST_Geometry. Davon abgeleitet gibt es sieben Datentypen, die unterschiedliche geometrische Informationen umfassen (siehe Abbildung 13.2). Die wichtigsten davon sind ST_Point (ein geografischer Punkt auf der Landkarte), ST_LineString (eine Strecke, z. B. eine Autobahn oder ein Fluss, die durch eine Reihe von Punkten definiert ist), sowie ST_Polygon (ein Umriss, z. B. eines Bundeslandes). Die anderen Typen sind jeweils Vereinigungsmengen von Punkten, Strecken und Umrissen. Diese sind nötig, da geografische Formationen oft nicht zusammenhängend sind. Wenn Sie beispielsweise die Umrisse von Bundesländern betrachten, so müssen Sie bei zugehörigen Inseln den Umriss aus verschiedenen Teilpolygonen (ST_MultiPolygon) zusammensetzen.

Übersicht

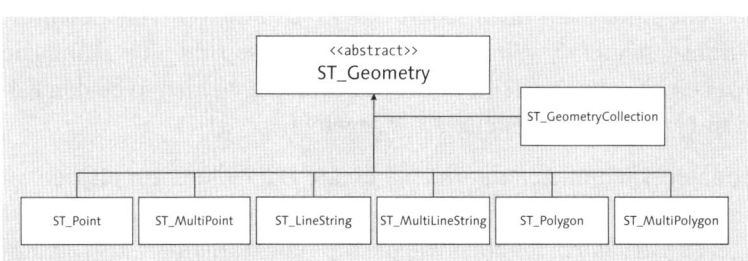

Abbildung 13.2 Geodatentypen in SAP HANA

Beispiel Mithilfe dieser Datentypen können Sie also z. B. Tabellen anlegen, die das deutsche Autobahnnetz abbilden. Sie können in einer Tabelle den Streckenverlauf ablegen (jede Tabellenzeile enthält also den Namen einer Autobahn und die Strecke in Form eines Objekts des Typs ST_MultiLineString) und in einer anderen Tabelle die wichtigen Orte wie Autobahnkreuze oder Abfahrten (ST_Point).

Da gerade Objekte wie Strecken oder Flächen in der Realität aus sehr vielen Punkten bestehen, nutzt SAP HANA wie auch andere GIS-Systeme eine effiziente Ablage und Indizierung der Objekte.

13.2.2 Tabellen anlegen und Daten lesen

In diesem Abschnitt zeigen wir Ihnen, wie Sie Datenbanktabellen in SAP HANA erstellen können, die die im letzten Abschnitt vorgestellten Datentypen verwenden. Dabei nutzen wir native HANA-Anweisungen für die Erstellung der Tabellen. Auf Möglichkeiten der Verwendung der Geo-Spatial Engine aus ABAP kommen wir im Verlauf des Kapitels zurück.

Tabelle anlegen In folgendem Beispiel legen wir über SQL zwei Tabellen in einem separaten Testschema an und verwenden dabei verschiedene Geodatentypen. Öffnen Sie dazu im SAP HANA Studio mit Ihrem Benutzer eine SQL-Konsole, und führen Sie das DDL-Statement aus Listing 13.1 aus.

```
create column table CITY (
  name NVARCHAR(30),
  location   ST_Point(4326),
  location_f ST_Point(1000004326)
);
```

Listing 13.1 Tabelle mit geografischen Informationen

Die Parameter 4326 und 1000004326 geben die Koordinatensysteme an (siehe Infokasten in Abschnitt 13.1, »Grundlagen von Geoinformationssystemen«). Wir speichern hier also separat eine räumliche sowie eine flache Darstellung; die Koordinaten werden in beiden Fällen in Längen- und Breitengrad angegeben.

Werte einfügen Geodatentypen nutzen intern eine binäre Darstellung zur effizienten Speicherung. Um Werte in eine Tabelle einzufügen, nutzen Sie in der Regel *Konstruktoren* (ähnlich wie bei der objektorientierten Programmierung). Um etwa einen Eintrag in der zuvor angelegten Tabelle zu erstellen, nutzen Sie die Funktion `new ST_POINT()` wie in Listing 13.2.

```
insert into CITY values ( 'Frankfurt' ,
  new ST_POINT( 8.61, 50.07 ) ,
  new ST_POINT( 8.61, 50.07 ));
insert into CITY values ( 'Hamburg' ,
  new ST_POINT( 10.03, 53.56 ) ,
  new ST_POINT( 10.03, 53.56 ));
insert into CITY values ( 'Berlin' ,
  new ST_POINT( 13.33, 52.51 ) ,
  new ST_POINT(13.33, 52.51));
```

Listing 13.2 Geografische Orte in Tabelle einfügen

Analog gibt es Funktionen, um die anderen Datentypen aus Abbildung 13.2 zu erzeugen. Um etwa eine Strecke zu erzeugen, nutzen Sie die Funktion `new ST_LineString()` und übergeben die Punkte als Parameter.

Um Einträge aus der Tabelle zu selektieren, verwenden Sie in `SELECT`-Anweisungen spezielle Funktionen, bei denen Sie die Darstellung kontrollieren können. Für einen Punkt können Sie etwa die einzelnen Koordinaten abfragen (`ST_X()` und `ST_Y()`) oder das ganze Objekt in einem speziellen Ausgabeformat darstellen (siehe Abbildung 13.3). Das genutzte Koordinatensystem können Sie über `ST_SRID()` abfragen.

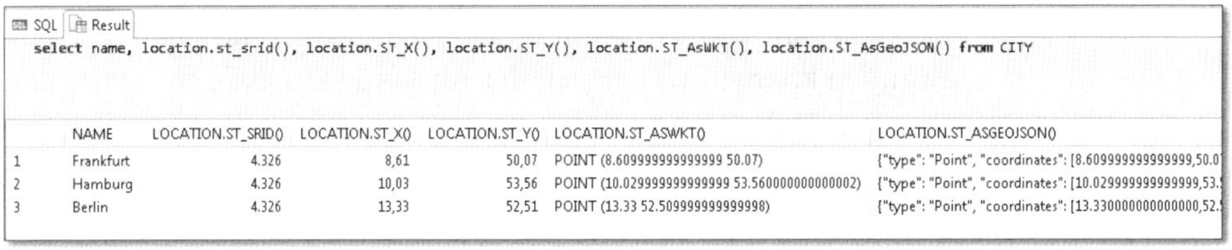
SQL | Result

```
select name, location.st_srid(), location.ST_X(), location.ST_Y(), location.ST_AsWKT(), location.ST_AsGeoJSON() from CITY
```

	NAME	LOCATION.ST_SRID()	LOCATION.ST_X()	LOCATION.ST_Y()	LOCATION.ST_ASWKT()	LOCATION.ST_ASGEOJSON()
1	Frankfurt	4.326	8,61	50,07	POINT (8.609999999999999 50.07)	{"type": "Point", "coordinates": [8.6099999999999999,50.0
2	Hamburg	4.326	10,03	53,56	POINT (10.029999999999999 53.560000000000002)	{"type": "Point", "coordinates": [10.029999999999999,53.
3	Berlin	4.326	13,33	52,51	POINT (13.33 52.509999999999998)	{"type": "Point", "coordinates": [13.330000000000000,52.

Abbildung 13.3 Selektion von Geodaten in verschiedenen Ausgabeformaten

Darstellungsformate

Für die Darstellung von Geoinformationen haben sich verschiedene Standardformate etabliert, die den Austausch von Informationen erleichtern sollen. SAP HANA unterstützt dabei die Formate WKB/WKT (Well-known Binary und Well-known Text), *GeoJSON* sowie ESRI Shapefiles. Die WKT- und GeoJson-Darstellung sehen Sie exemplarisch in Abbildung 13.3. ESRI Shapefiles werden wir in Abschnitt 13.2.4, »Integration von externem Kartenmaterial«, als Importformat nutzen.

13.2.3 Operationen auf geografischen Strukturen

Nachdem Sie die Grundlagen anhand eines Beispiels kennengelernt haben, wollen Ihr Ihnen nun einige Operationen zeigen, die Sie auf geografischen Daten durchführen können. Wir beschränken uns dabei auf einige gängige Funktionen und verweisen für den vollständigen Funktionsumfang auf die Referenzdokumentation unter *http://help.sap.com/hana* (SAP HANA Spatial Reference).

Konvertierungen

Wir beginnen mit einigen nützlichen Konvertierungsfunktionen, die es insbesondere erlauben, Daten aus Tabellen umzurechnen, die nicht die Geodatentypen von HANA verwenden. Dies ist besonders für die spätere Verwendung in ABAP wichtig, da das ABAP Dictionary die Geodatentypen von SAP HANA nicht unterstützen kann, weil diese nicht für alle Datenbanken verfügbar sind. Das folgende Beispiel zeigt die Verwendung anhand der ABAP-Tabelle SGEOCITY, die im Flugdatenmodell die Standorte von Städten mit Flughäfen enthält.

```
select city, new ST_Point(longitude, latitude)
as location from SGEOCITY;
```

Ebenso können Sie Konvertierungen für die anderen Geodatentypen vornehmen. Natürlich können Sie auch Geodatentypen zurück in normale Koordinaten transformieren.

ST_Distance und ST_WithinDistance

In vielen Fällen möchten Sie den geografischen Abstand zwischen zwei Objekten bestimmen. Dazu nutzen Sie die Funktion ST_Distance, die Sie sowohl auf Punkte, Strecken als auch auf Flächen anwenden können, wobei sich der Abstand stets auf den minimalen Wert bezieht. Das Beispiel in Listing 13.3 ermittelt die Entfernungen zwischen allen Orten aus der Tabelle aus Listing 13.1 sowohl in der räumlichen als auch in der projizierten Darstellung. Abbildung 13.4 zeigt das Ergebnis der Berechnung.

```
select c1.name as "Stadt 1", c2.name as "Stadt 2",
    c1.location.st_distance(c2.location, 'kilometer')
            as "Entfernung (km), runde Erde",
    c1.location_f.st_distance(c2.location_f, 'kilometer')
            as "Entfernung (km), flache Erde"
from CITY as c1, CITY as c2
    where c1.name <= c2.name order by c1.name
```

Listing 13.3 Bestimmung der Entfernung zwischen zwei Punkten

Wie Sie erkennen können, gibt es teils beträchtliche Unterschiede bei der Bestimmung von Entfernungen in den verschiedenen Bezugssystemen.

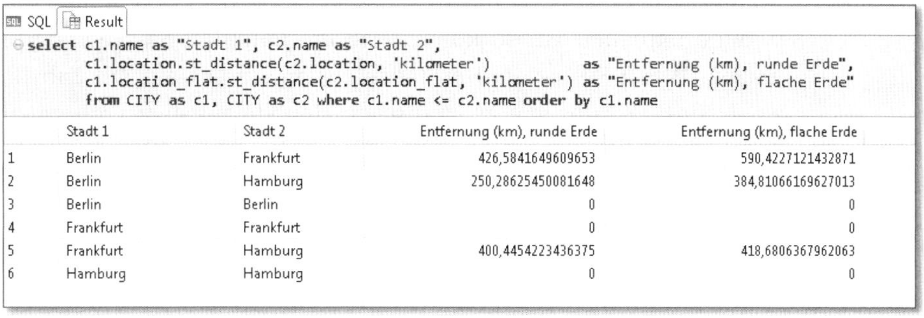

```
SQL | Result
select c1.name as "Stadt 1", c2.name as "Stadt 2",
       c1.location.st_distance(c2.location, 'kilometer')          as "Entfernung (km), runde Erde",
       c1.location_flat.st_distance(c2.location_flat, 'kilometer') as "Entfernung (km), flache Erde"
  from CITY as c1, CITY as c2 where c1.name <= c2.name order by c1.name
```

	Stadt 1	Stadt 2	Entfernung (km), runde Erde	Entfernung (km), flache Erde
1	Berlin	Frankfurt	426,5841649609653	590,4227121432871
2	Berlin	Hamburg	250,28625450081648	384,81066169627013
3	Berlin	Berlin	0	0
4	Frankfurt	Frankfurt	0	0
5	Frankfurt	Hamburg	400,4454223436375	418,6806367962063
6	Hamburg	Hamburg	0	0

Abbildung 13.4 Abstände zwischen allen Städten der Tabelle CITY

Wenn Sie nur prüfen wollen, ob die Entfernung zwischen zwei Objekten einen gewissen Schwellenwert nicht überschreitet, so können Sie auch die Funktion ST_WithinDistance verwenden.

Wie Sie gesehen haben, können Sie recht einfach mit einzelnen Punkten rechnen. Für Strecken und Flächen wird es etwas komplexer, da die einzelnen Objekte in der Realität aus einer großen Zahl von Punkten bestehen (z. B. Ländergrenzen). Wir gehen im Folgenden auf einige einfache Beispiele ein, die jeweils nur aus wenigen Objekten bestehen.

ST_Length und ST_Area

Um die Länge einer Strecke (ST_LineString oder ST_MultiLineString) zu ermitteln, nutzen Sie die Funktion ST_Length(). Analog können Sie den Inhalten von Flächen über die Funktion ST_Area() berechnen. Das Beispiel in Abbildung 13.5 zeigt die Berechnung des Umfangs und des Flächeninhalts des Dreiecks, das durch die Städte Frankfurt, Hamburg und Berlin aufgespannt wird.

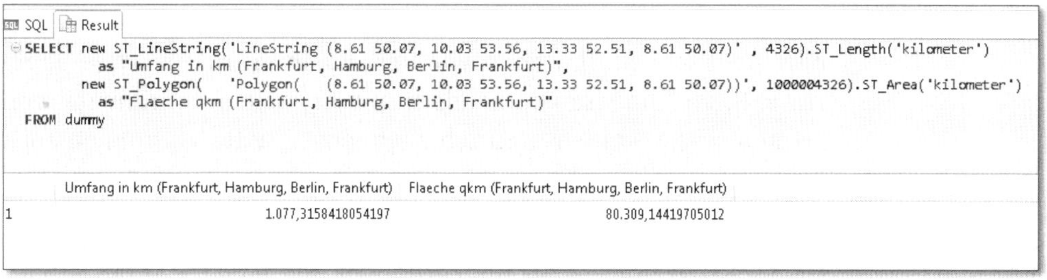

```
SQL | Result
SELECT new ST_LineString('LineString (8.61 50.07, 10.03 53.56, 13.33 52.51, 8.61 50.07)' , 4326).ST_Length('kilometer')
       as "Umfang in km (Frankfurt, Hamburg, Berlin, Frankfurt)",
       new ST_Polygon(  'Polygon(  (8.61 50.07, 10.03 53.56, 13.33 52.51, 8.61 50.07))', 1000004326).ST_Area('kilometer')
       as "Flaeche qkm (Frankfurt, Hamburg, Berlin, Frankfurt)"
FROM dummy
```

	Umfang in km (Frankfurt, Hamburg, Berlin, Frankfurt)	Flaeche qkm (Frankfurt, Hamburg, Berlin, Frankfurt)
1	1.077,3158418054197	80.309,14419705012

Abbildung 13.5 Bestimmung Umfang und Flächeninhalt

Für den Flächeninhalt müssen wir hier die Projektion auf eine Ebene nutzen (SRID 1000004326), da die Methode `ST_Area()` in HANA SPS9 noch nicht für räumliche Referenzsysteme verfügbar ist.

ST_Contains Wenn Sie herausfinden möchten, ob ein Objekt in einem anderen Gebilde enthalten ist, so können Sie die Funktion `ST_Contains()` nutzen. Wenn Sie also prüfen möchten, ob ein Ort aus der Tabelle aus Listing 13.1 in dem geografischen Gebilde aus dem vorherigen Beispiel enthalten ist, so gehen Sie vor wie in Listing 13.4.

```
SELECT *, new ST_Polygon( 'Polygon(
  (8.57 50.02,
  10.03 53.56,
  13.33 52.51,
  8.57 50.02))', 1000004326)
.ST_Contains(location)
FROM city;
```

Listing 13.4 Verwendung der Funktion ST_Contains() zur Prüfung, ob eine Stadt in einer Fläche enthalten ist

Weitere Möglichkeiten Es gibt also eine ganze Reihe von nützlichen Funktionen zum Umgang mit geografischen Daten, wobei wir bisher nur an der Oberfläche gekratzt haben. Neben zusätzlichen Geofunktionen ergeben sich auch durch die Kombinationen mit normalen SQL-Operationen wie Aggregationen oder Joins viele Möglichkeiten zur Beantwortung komplexer Fragestellungen. Für den realen Einsatz benötigen Sie allerdings in der Regel *geografische Stammdaten*, also insbesondere die Umrisse von Ländern, Bundesstaaten usw. Im nächsten Abschnitt gehen wir beispielhaft darauf ein, wie Sie solche Daten nach SAP HANA importieren und in Abfragen nutzen können.

13.2.4 Integration von externem Kartenmaterial

Externes Kartenmaterial Neben eigenen Geschäftsdaten mit geografischem Bezug benötigen Sie für viele Szenarien als Referenz Informationen über geografische oder politische Strukturen sowie Verkehrsinfrastruktur. Dazu gehören z. B. die Umrisse von Ländern und Regionen, Koordinaten von Städten sowie Straßen- und Schienennetze. Zusätzlich können auch branchenspezifische Datensätze von Relevanz sein, z. B. Routen von Containerschiffen, Flugverbotszonen usw.

Da die Erfassung solcher Informationen mit einigem Aufwand verbunden ist, sind die meisten dieser Datensätze kommerziell und müssen lizenziert werden. Es gibt verschiedene etablierte Anbieter, die in Partnerschaft mit SAP für HANA zertifiziertes Kartenmaterial anbieten. Wenn Sie eine SAP-HANA-Lizenz haben, die die Geo-Spatial-Option einschließt (wie z. B. die Platform- oder Enterprise-Lizenz), so können Sie über den SAP Service Marketplace verschiedene Kartenpakete für fast alle Regionen der Erde herunterladen. Insbesondere finden Sie dort auch eine Repräsentation von Deutschland als *ESRI Shapefiles* mit den Umrissen von Bundesländern, Kreisen, Städten etc. Diese Dateien können Sie im SAP HANA Studio über spezielle SQL-Anweisungen nach SAP HANA importieren. Die genauen Informationen zur Installation finden Sie in der SAP HANA Spatial Reference (sowie in SAP-Hinweis 1928222). Listing 13.5 zeigt beispielhaft den Import eines Datenpakets für Deutschland. Hierfür müssen Sie die zugrunde liegenden Dateien auf das Dateisystem des HANA-Servers kopieren. Wie Sie sehen, können Sie bei dem Import das Bezugssystem in Form seiner SRID als Parameter mitgeben.

```
IMPORT "SAP_SPATIAL_POSTAL"."DEU_GEN" AS SHAPEFILE FROM
'/usr/sap/MV1/HDB00/work/DEU_2013Q3_PCB_PLY_GEN' WITH SRID
1000004326;
```

Listing 13.5 Import der geografischen Daten von Deutschland

Die Struktur der generierten Tabelle sowie einige Datensätze sind in Abbildung 13.6 dargestellt. Die Spalte SHAPE enthält die jeweilige geografische Struktur als ST_MultiPolygon.

	POSTCODE	ISO_CTRY	ADMIN1	ADMIN2	ADMIN3	ADMIN4	ADMIN5	SHAPE
37	69207	DEU	DEUTSCHLAND	BADEN-WÜRTTEMBERG	RHEIN-NECKAR-KREIS	SANDHAUSEN	SANDHAUSEN	010300000001000000F900000
38	68789	DEU	DEUTSCHLAND	BADEN-WÜRTTEMBERG	RHEIN-NECKAR-KREIS	SANKT LEON-ROT	SANKT LEON	010300000001000000C900000
39	69198	DEU	DEUTSCHLAND	BADEN-WÜRTTEMBERG	RHEIN-NECKAR-KREIS	SCHRIESHEIM	SCHRIESHEIM	010300000001000002F02000
40	68723	DEU	DEUTSCHLAND	BADEN-WÜRTTEMBERG	RHEIN-NECKAR-KREIS	SCHWETZINGEN	SCHWETZINGEN	010600000002000000103000
41	69250	DEU	DEUTSCHLAND	BADEN-WÜRTTEMBERG	RHEIN-NECKAR-KREIS	SCHÖNAU	SCHÖNAU	010300000001000000DC0000
42	69436	DEU	DEUTSCHLAND	BADEN-WÜRTTEMBERG	RHEIN-NECKAR-KREIS	SCHÖNBRUNN	HAAG	010300000001000000070200
43	74889	DEU	DEUTSCHLAND	BADEN-WÜRTTEMBERG	RHEIN-NECKAR-KREIS	SINSHEIM	SINSHEIM	010300000001000005E03000
44	74937	DEU	DEUTSCHLAND	BADEN-WÜRTTEMBERG	RHEIN-NECKAR-KREIS	SPECHBACH	SPECHBACH	010300000001000001A0100
45	74915	DEU	DEUTSCHLAND	BADEN-WÜRTTEMBERG	RHEIN-NECKAR-KREIS	WAIBSTADT	WAIBSTADT	010300000001000008A0100
46	69190	DEU	DEUTSCHLAND	BADEN-WÜRTTEMBERG	RHEIN-NECKAR-KREIS	WALLDORF	WALLDORF	010300000001000000F000000
47	69469	DEU	DEUTSCHLAND	BADEN-WÜRTTEMBERG	RHEIN-NECKAR-KREIS	WEINHEIM	WEINHEIM	010600000002000000103000
48	69257	DEU	DEUTSCHLAND	BADEN-WÜRTTEMBERG	RHEIN-NECKAR-KREIS	WIESENBACH	WIESENBACH	010300000001000000D60000
49	69168	DEU	DEUTSCHLAND	BADEN-WÜRTTEMBERG	RHEIN-NECKAR-KREIS	WIESLOCH	WIESLOCH	010300000001000000DB0100
50	69250	DEU	DEUTSCHLAND	BADEN-WÜRTTEMBERG	RHEIN-NECKAR-KREIS	WILHELMSFELD	WILHELMSFELD	010300000001000000B800000
51	74939	DEU	DEUTSCHLAND	BADEN-WÜRTTEMBERG	RHEIN-NECKAR-KREIS	ZUZENHAUSEN	ZUZENHAUSEN	010300000001000000BC0000

Abbildung 13.6 Datenstruktur des importierten Kartenmaterials

Wenn diese Daten verfügbar sind, lassen sich sinnvolle Anfragen mit geografischem Bezug durchführen. Wenn Sie beispielsweise die

Beispiel

Anzahl der Orte aus der Tabelle CITY aus Listing 13.1 gruppiert nach Bundesland ermitteln möchten, so können Sie dies mithilfe von Joins und Aggregationen ausdrücken (siehe Listing 13.6). Beachten Sie, dass wir hier die Funktion ST_CONTAINS() als Join-Bedingung verwenden.

```
select r.admin2 as "Bundesland", count(*) from CITY as c
inner join "SAP_SPATIAL_POSTAL"."DEU_GEN" as r on r.shape.
st_contains(c.location_f) = 1 group by r.admin2
```

Listing 13.6 Bestimmung der Anzahl der Orte, gruppiert nach Bundesland

[»]

Geo-Coding und Geo-Indizes

Zusätzlich gibt es noch eine Möglichkeit, existierende Geschäftsdaten mit geografischen Koordinaten anzureichern. Wenn Sie etwa bereits Adress-informationen (Land, Stadt, Postleitzahl, Straße, Hausnummer) in Ihrem System haben, so können Sie über Internetdienste die zugehörigen Geoinformationen hinzufügen. SAP HANA bietet hier insbesondere die Möglichkeit, diese Informationen Tabellen virtuell in Form einer Schat-tenspalte hinzuzufügen, die durch einen speziellen Index erzeugt wird. Das Verfahren ist dabei ähnlich wie bei den in Kapitel 10, »Textsuche und Analyse von unstrukturierten Daten«, vorgestellten Full-Text-Indizes. Für Details verweisen wir auf die SAP-HANA-Spatial-Dokumentation.

13.3 Geoinformationen in ABAP-Anwendungen einbinden

Im letzten Abschnitt wollen wir Ihnen nun anhand eines Beispiels eine mögliche Anwendung von Geoinformationen in einem ABAP-Programm zeigen. Wie eingangs erwähnt, nutzen wir dazu die Inhalte der Tabellen SGEOCITY und SPFLI.

Beispielszenario Wir implementieren im Folgenden zwei einfache Szenarien, in denen wir die Daten aus den genannten Tabellen mit weiteren geo-grafischen Informationen anreichern. Zunächst wollen wir, basie-rend auf den importierten Karteninformationen, zu jeder deutschen Stadt aus der Tabelle SGEOCITY das Bundesland und die Postleitzahl bestimmen, wobei wir die in der Tabelle vorhandenen Längen- und Breitengrade nutzen. Im zweiten Beispielprogramm berechnen wir die geografische Entfernung zwischen dem Start- und Landepunkt aller Flüge in der Tabelle SPFLI und vergleichen den Wert mit der enthaltenen Flugstrecke (Spalte DISTANCE).

Für die Implementierung der beiden Funktionen nutzen wir jeweils eine ABAP Managed Database Procedure (AMDP). Da wir in den ABAP-Tabellen die Geodatentypen nicht direkt nutzen können, führen wir zur Laufzeit Konvertierungen durch. Für die Bestimmung des Bundeslandes und der Postleitzahl nutzen wir den gleichen Ansatz wie in Listing 13.6. Für die Berechnungen der Distanzen benötigen wir keine externen Daten, sondern lediglich die Funktion `ST_Distance()`, die wir in Abschnitt 13.2.3, »Operationen auf geografischen Strukturen«, vorgestellt haben.

Design

Für die Implementierung der Prozeduren erstellen wir eine ABAP-Klasse `zcl_a4h_chapter13_geoamdp` und definieren die benötigten Typen und Methoden. Für die Nutzung von Datenbankprozeduren müssen wir das Marker-Interface `if_amdp_marker_hdb` verwenden (siehe Kapitel 6, »Erweiterte Datenbankprogrammierung mit ABAP 7.4«). Listing 13.7 zeigt die vollständige Definition der Klasse.

Klassendefinition

```
CLASS zcl_a4h_chapter13_geoamdp DEFINITION
  PUBLIC FINAL CREATE PUBLIC .

  PUBLIC SECTION.
    INTERFACES if_amdp_marker_hdb .

    TYPES:
      BEGIN OF ty_city_info,
        city     TYPE sgeocity-city,
        state    TYPE scustom-region,
        postcode TYPE scustom-postcode,
      END OF ty_city_info,
      tt_city_info TYPE STANDARD TABLE OF ty_city_info.

    TYPES: BEGIN OF ty_distance,
             carrid       TYPE spfli-carrid,
             connid       TYPE spfli-connid,
             cityfrom     TYPE spfli-cityfrom,
             cityto       TYPE spfli-cityto,
             flt_distance TYPE spfli-distance,
             geo_distance TYPE spfli-distance,
           END OF ty_distance,
         tt_distance TYPE STANDARD TABLE OF ty_distance.

    METHODS get_city_info
      IMPORTING
        VALUE(iv_mandt)   TYPE mandt
        VALUE(iv_country) TYPE sgeocity-country
      EXPORTING
        VALUE(et_result) TYPE tt_city_info
```

```
        RAISING
          cx_amdp_error .

      METHODS get_distance_info
        IMPORTING
          VALUE(iv_mandt)  TYPE mandt
        EXPORTING
          VALUE(et_result) TYPE tt_distance
        RAISING
          cx_amdp_error .

    PROTECTED SECTION.
    PRIVATE SECTION.
  ENDCLASS.
```

Listing 13.7 Definition der Typen und Methoden

Implementierung Für die Implementierung der Prozeduren müssen Sie die in Kapitel 6, »Erweiterte Datenbankprogrammierung mit ABAP 7.4«, vorgestellten Zusätze angeben (BY DATABASE PROCEDURE FOR HDB LANGUAGE SQLSCRIPT) und jeweils die verwendeten ABAP-Tabellen deklarieren. Bei der Rechnung mit den Längengradinformationen aus der Tabelle SGEO-CITY gibt es übrigens einen kleinen Fallstrick: Sie müssen die Längen-gradinformationen aus der Tabelle SGEOCITY mit -1 multiplizieren, da ansonsten die Koordinatensysteme nicht zusammenpassen.

Die vollständige Implementierung ist in Listing 13.8 dargestellt. Wie Sie sehen, bestehen beide Prozeduren jeweils aus einer einzigen SQL-Anweisung.

```
CLASS zcl_a4h_chapter13_geoamdp IMPLEMENTATION.
  METHOD get_city_info BY DATABASE PROCEDURE FOR HDB
                          LANGUAGE SQLSCRIPT
                          USING sgeocity.

    et_result = select c.city, r.admin2 as state,
      r.postcode as postcode from sgeocity as c
      inner join "SAP_SPATIAL_POSTAL"."DEU_GEN" as r
      on r.shape.st_contains( new st_point(
        'POINT(' || -c.LONGITUDE || ' ' || c.LATITUDE ||')'
        , 1000004326) ) = 1
      where c.mandt = :iv_mandt
      and c.country = :iv_country;

  ENDMETHOD.

  METHOD get_distance_info BY DATABASE PROCEDURE FOR HDB
                          LANGUAGE SQLSCRIPT
```

```
                        USING spfli sgeocity.

    et_result = select carrid, connid, cityfrom, cityto,
                        distance as flt_distance,
    new st_point(
    'POINT(' || -c1.LONGITUDE || ' ' || c1.LATITUDE ||')'
        ,4326).st_distance(
    new st_point(
    'POINT(' || -c2.LONGITUDE || ' ' || c2.LATITUDE ||')'
        ,4326) ) / 1000 as geo_distance4326
          from spfli as s
          inner join sgeocity as c1 on s.mandt = c1.mandt
                and s.countryfr = c1.country
                and s.cityfrom = c1.city
          inner join sgeocity as c2 on s.mandt = c2.mandt
                and s.countryto = c2.country
                and s.cityto = c2.city
          where s.mandt = :iv_mandt;
  ENDMETHOD.
ENDCLASS.
```

Listing 13.8 Implementierung der Datenbankprozeduren

Für die Darstellung der Ergebnisse nutzen wir jeweils einen einfachen ABAP-Report, der die Prozedur aufruft und in einer ALV-Liste ausgibt (siehe Listing 13.9 für die Entfernungsberechnung). Wir nutzen hier wiederum die neuen Sprachelemente aus ABAP 7.4.

Aufruf

```
REPORT zr_a4h_chapter13_distance.

TRY.
    NEW zcl_a4h_chapter13_geoamdp( )->get_distance_info(
        EXPORTING iv_mandt = sy-mandt
        IMPORTING et_result = DATA(lt_distance)
    ).
  CATCH cx_amdp_error INTO DATA(lo_exc).
    WRITE: | { lo_exc->get_text( ) } |.
ENDTRY.

" Display in ALV table
IF ( lt_distance IS NOT INITIAL ).
  cl_salv_table=>factory(
      IMPORTING r_salv_table = DATA(lo_alv)
      CHANGING t_table  = lt_distance
  ).
  lo_alv->display( ).
ENDIF.
```

Listing 13.9 Anzeige der Ergebnisse in einer ALV-Liste

Abbildung 13.7 und Abbildung 13.8 zeigen die Ergebnisse der Berechnungen, basierend auf den `SFLIGHT`-Beispieldaten.

Wie Sie sehen, wurden für alle Städte basierend auf den GPS-Koordinaten das Bundesland sowie eine Postleitzahl ermittelt. In Abbildung 13.8 sehen Sie, dass die Entfernungen in der Tabelle SPFLI teils erheblich von den echten geografischen Distanzen abweichen, was auf Fehler in den Flugplandaten hinweist.

Stadt	Bundesland	Postleitzahl
BERLIN	BERLIN	10587
HAMBURG	HAMBURG	22089
FRANKFURT	HESSEN	64546
WALLDORF	BADEN-WÜRTTEMBERG	69254
MUNICH	BAYERN	80331

Erweiterte Geo-Informationen für Städte (SGEOCITY)

Abbildung 13.7 Erweiterte Städteinformationen

Vergleich von Abständen (Datenmodell / Geo-Berechnung)

Fluggesellschaft	Flugnummer	Abflugstadt	Ankunftstadt	Flugentfernung (KM)	Geo-Entfernung (KM)
LH	2407	BERLIN	FRANKFURT	555,0000	433,4749
UA	3517	FRANKFURT	NEW YORK	6.162,0000	6.216,8374
QF	0006	FRANKFURT	SINGAPORE	10.000,0000	10.264,2023
JL	0408	FRANKFURT	TOKYO	9.100,0000	9.370,6488
LH	0402	FRANKFURT	NEW YORK	6.162,0000	6.216,8374
LH	0400	FRANKFURT	NEW YORK	6.162,0000	6.216,8374
LH	2402	FRANKFURT	BERLIN	555,0000	433,4749
UA	0941	FRANKFURT	SAN FRANCISCO	5.685,0000	9.160,8489
UA	3516	NEW YORK	FRANKFURT	6.162,0000	6.216,8374
AA	0017	NEW YORK	SAN FRANCISCO	2.572,0000	4.140,0174
LH	0401	NEW YORK	FRANKFURT	6.162,0000	6.216,8374
DL	0106	NEW YORK	FRANKFURT	3.851,0000	6.216,8374
DL	1699	NEW YORK	SAN FRANCISCO	2.572,0000	4.140,0174
AZ	0790	ROME	OSAKA	6.030,0000	9.718,1234
AZ	0788	ROME	TOKYO	6.130,0000	9.875,5238
AZ	0555	ROME	FRANKFURT	845,0000	958,3922
AA	0064	SAN FRANCISCO	NEW YORK	2.572,0000	4.140,0174
DL	1984	SAN FRANCISCO	NEW YORK	2.572,0000	4.140,0174
UA	3504	SAN FRANCISCO	FRANKFURT	5.685,0000	9.160,8489

Abbildung 13.8 Flugstrecke und geografische Entfernung

Mithilfe der Geo-Spatial Engine in SAP HANA haben Sie somit mit relativ wenig Aufwand eine Einbindung eines GIS in ABAP erreicht. Damit eröffnet sich aus unserer Sicht eine große Zahl neuer Anwendungsfälle, die über die reine Visualisierung von Geoinformationen hinausgeht.

Gerade beim Einsatz neuer Technologien spielen Best Practices eine wichtige Rolle. Nicht alles, was technisch möglich ist, ist in der Praxis auch in jedem Szenario sinnvoll. Alte Regeln sollten auf den Prüfstand gestellt werden, und neue Designmuster können hilfreich sein.

14   Praxistipps

Im Rahmen dieses Buches haben wir Ihnen eine Vielzahl von Möglichkeiten vorgestellt, um aus ABAP-Systemen Funktionen in SAP HANA aufzurufen. Neben dem normalen Datenbankzugriff haben Sie die Modellierung von Views, SQLScript-basierten Views und Datenbankprozeduren sowie einige weiterführende Technologien wie Textanalyse, Funktionsbibliotheken und Entscheidungstabellen kennengelernt. Darüber hinaus haben Sie viel über die neuen Möglichkeiten der Datenbankprogrammierung mit ABAP 7.4 (CDS-Views und ABAP-Datenbankprozeduren) erfahren.

In diesem Kapitel möchten wir Ihnen nun einige Praxistipps zu verschiedenen Themen geben, die bei der Entwicklung von ABAP-Anwendungen auf SAP HANA von besonderer Bedeutung sind. Diese gliedern sich in die folgenden Themenbereiche:

Aufbau

- ▶ **Allgemeine Empfehlungen**
  Für die ABAP-Entwicklung auf SAP HANA möchten wir Ihnen zunächst einige generelle Empfehlungen an die Hand geben. Wir gehen dabei primär darauf ein, was Sie bei der Migration und Optimierung von ABAP-Programmen beachten sollten.

- ▶ **Konventionen**
  Wir stellen Ihnen einige aus unserer Sicht sinnvolle, aber optionale Konventionen vor. Dies umfasst Namenskonventionen, Konventionen zur Kapselung und Paketierung, Richtlinien bei verteilter Entwicklung und ähnliche Themen.

- ▶ **Qualitätsaspekte**
  Für die Implementierungen in der Datenbank sollten neben Performance stets auch andere nicht funktionale Kriterien wie Robust-

heit, Testbarkeit und Sicherheit eine wichtige Rolle spielen. Wir stellen Ihnen einige Maßnahmen vor, die Ihnen helfen können, eine hohe Qualität bei der Entwicklung sicherzustellen.

▶ **Performancerichtlinien**
Natürlich spielt im Kontext von SAP HANA die Ausführungsgeschwindigkeit von Programmen eine entscheidende Rolle. Es geht in vielen Einsatzszenarien um den Zugriff auf große Datenbestände in Echtzeit. Dabei ist ein solides Verständnis der Richtlinien und Techniken für das Erreichen einer optimalen Performance essenziell. Wir geben Ihnen hier einen Überblick zu existierenden und neuen Empfehlungen und gehen besonders auf Änderungen im Vergleich zu traditionellen Datenbanken ein.

Wir werden die Programmierempfehlungen dabei durch positive und negative Beispiele anreichern.

14.1   Allgemeine Empfehlungen

In diesem ersten Abschnitt haben wir einige allgemeine Empfehlungen zusammengestellt, die Sie bei der Migration und Entwicklung auf SAP HANA beachten sollten. Dabei geht es vor allem um funktionale Aspekte; auf nicht funktionale Themen wie Konventionen, Qualitätsaspekte und Performance kommen wir in den anschließenden Abschnitten zurück.

Wir beginnen zunächst mit Empfehlungen für die Verwendung des Column bzw. Row Stores in SAP HANA. Danach besprechen wir mögliche Entwurfsmuster für die Kapselung von HANA-spezifischen Implementierungen und stellen Ihnen eine Checkliste für die Verlagerung von Berechnungen nach SAP HANA zur Verfügung.

14.1.1 Empfehlungen zu Column und Row Store

Im ABAP Dictionary kann in den technischen Einstellungen festgelegt werden, ob eine Tabelle im Row Store oder Column Store von SAP HANA angelegt werden soll (siehe Abschnitt 3.2.1, »ABAP Dictionary«). Dabei ist der Column Store die Standardeinstellung.

Column Store   Die Analyse großer Datenmengen kann im Column Store effizienter durchgeführt werden, daher empfiehlt SAP, dass grundsätzlich jede

Tabelle im Column Store gespeichert werden soll, solange es keinen dedizierten Grund gibt, sie im Row Store abzulegen. Tabellen, die Anwendungsdaten enthalten, sollten stets im Column Store gespeichert werden, da es sehr wahrscheinlich ist, dass diese Daten auch in Analyseszenarien verwendet werden sollen. Dies gilt gerade auch für Tabellen, die sehr viele Datensätze enthalten, da der Column Store bessere Kompressionseigenschaften bietet. Ebenso gilt dies für Tabellen, die für Textsuchen benutzt werden sollen (siehe auch Abschnitt 10.2, »Textdatentypen und Full-Text-Indizes in SAP HANA«).

Ein Grund, dennoch den Row Store zu benutzen, liegt z. B. vor, wenn auf eine Tabelle überwiegend durch zeitkritische DML-Anweisungen (Data Manipulation Language, d. h. UPDATE, INSERT oder DELETE) zugegriffen wird. Zusätzlich darf es sich dabei nicht um eine Anwendungstabelle handeln, auf der Sie später Analysen vornehmen wollen. Es kommen daher primär technische, SAP-interne Tabellen für den Row Store infrage. Beispiele finden sich etwa bei Tabellen für die Verbuchungs- (Paket STSK) oder für die RFC-Verarbeitung (Paket SRFC). In der Regel wird nur auf einen Datensatz solcher Tabellen lesend zugegriffen.

Row Store

> **Verwenden Sie den Column Store!**
>
> Grundsätzlich sollten Sie bei SAP HANA alle Tabellen im Column Store ablegen, es sei denn, es handelt sich um eher technische Tabellen, wie oben beschrieben.

[+]

14.1.2 HANA-spezifische Implementierungen

Bei der ABAP-Entwicklung auf SAP HANA müssen zwei Szenarien unterschieden werden:

- datenbankunabhängige Implementierungen (z. B. Open SQL oder CDS-Views)
- Implementierungen unter Verwendung von HANA-spezifischen Funktionen (z. B. natives SQL, Column Views und Datenbankprozeduren)

Im ersten Fall müssen Sie aus Sicht der Softwarelogistik nichts Spezielles beachten. Sie verwenden dabei SAP HANA wie jede andere Datenbank, profitieren aber bei vielen Szenarien unmittelbar von der hohen Verarbeitungsgeschwindigkeit von SAP HANA. Ihre Ent-

Unabhängige Implementierungen

wicklungen sind auf allen von SAP unterstützten Datenbanksystemen lauffähig.

HANA-spezifische Implementierungen

Bei der Verwendung von nativer HANA-Funktionalität gelten zunächst die gleichen Implikationen wie sonst, wenn Sie Teile einer Anwendung spezifisch für ein Datenbanksystem ausprägen (z. B. über natives SQL, Hints oder andere Techniken). Dabei sollten Sie die folgenden Fragen beim Anwendungsdesign berücksichtigen:

- Gibt es in Ihrer Landschaft oder der Landschaft Ihrer Kunden auch Systeme mit einem anderen Datenbanksystem? Wird eine Alternativimplementierung der Funktionalität für andere Datenbanksysteme benötigt?

- Wie fundamental ist die Nutzung der datenbankspezifischen Funktionalität für Ihr Anwendungsszenario? Geht es dabei um die zentrale Qualität der Anwendung, oder handelt es sich um das »Herauskitzeln« der optimalen Performance?

- Soll die Entwicklung in SAP HANA ausschließlich über ABAP-basierte Anwendungen oder auch über andere Kanäle (z. B. SAP-BusinessObjects-Werkzeuge) aufgerufen werden?

Optimierungen zunächst über Open SQL

Es ist schwierig, eine allgemeine Empfehlung zu geben, wann genau es sinnvoll ist, eine datenbankspezifische Implementierung einzusetzen. Für eine reine Performanceoptimierung einer bestehenden ABAP-Anwendung empfehlen wir jedoch, zunächst Standardmittel einzusetzen. Dabei helfen folgende Leitsätze:

- »Zuerst Open, dann Native«: Verwenden Sie vorzugsweise Open SQL und CDS-Views, bevor Sie Native SQL, HANA Views oder Datenbankprozeduren einsetzen. Open-Features sind optimal in die ABAP-Entwicklungsumgebung und die ABAP-Laufzeit integriert. Ihre Entwicklungsobjekte werden vom ABAP-Anwendungsserver umfassend geprüft, und Sie benötigen keinen zusätzlichen Benutzer für die SAP-HANA-Datenbank. Auch die Mandantenbehandlung erfolgt automatisch.

- »Zuerst ABAP Managed, dann Database Managed«: Verwenden Sie ABAP-Datenbankprozeduren statt HANA-Datenbankprozeduren. Entwicklungsobjekte, die vom ABAP-Anwendungsserver verwaltet werden, sind optimal an das ABAP Lifecycle Management angeschlossen. Sie können ABAP-Datenbankprozeduren mit anderen ABAP-Objekten leicht synchronisieren und transportieren, und Sie profitieren zudem von den Stärken des ABAP-Erweiterungskonzepts.

In Abschnitt 14.4 geben wir besondere Performanceempfehlungen für die Verwendung von Open SQL auf SAP HANA.

Wenn Sie mithilfe der Techniken in diesem Buch Operationen nach SAP HANA verlagern und über ABAP aufrufbar machen, ist es häufig sinnvoll, den Zugriff auf diese Funktionalität über eine Schnittstelle in ABAP (also etwa ein ABAP-Interface) zu kapseln. Dies ermöglicht den Einsatz des sogenannten *Factory Patterns*, eines Standardentwurfsmusters in der Softwareentwicklung, das der Entkopplung dient. Listing 14.1 zeigt einen Beispielcode, in dem eine Datenbeschaffung über eine Schnittstelle `lif_data_provider` abstrahiert wurde (wie diese Schnittstelle genau aussieht, spielt für das Verständnis dieses Beispiels keine Rolle). Die Factory-Klasse stellt eine Methode zur Verfügung, die in einem HANA-System eine Instanz einer HANA-spezifischen Implementierung übergibt (`lcl_hana_provider`), während auf Systemen mit einer klassischen Datenbank eine alternative Implementierung erzeugt wird. Die Prüfung auf SAP HANA erfolgt über die Klasse `CL_DB_SYS`, was Vorteile gegenüber einer Prüfung auf das *Systemfeld* `sy-db` hat, da Sie für eine Klasse einfach einen Verwendungsnachweis vornehmen können, um alle Programmstellen zu finden, die eine solche Unterscheidung durchführen.

Factory Pattern zur Entkopplung

```
" Factory-Klasse
CLASS lcl_factory DEFINITION.
  PUBLIC SECTION.
    CLASS-METHODS: get_instance
                   RETURNING VALUE(ro_instance)
                     TYPE REF TO lif_data_provider.
ENDCLASS.

" Implementierung der Factory-Klasse
CLASS lcl_factory IMPLEMENTATION.
  METHOD get_instance.
    IF ( cl_db_sys=>is_in_memory_db = abap_true ).
      ro_instance = NEW lcl_hana_provider( ).
    ELSE.
      ro_instance = NEW lcl_standard_provider( ).
    ENDIF.
  ENDMETHOD.
ENDCLASS.
```

Listing 14.1 Beispiel für die Verwendung des Factory-Entwurfsmusters zur Entkopplung von HANA-spezifischen Implementierungen

BAdIs Dieser Ansatz lässt sich auch mit *BAdIs* (*Business Add-ins*) kombinieren, weil dabei auch das Konzept einer (abstrakten) Factory-Klasse zum Einsatz kommt.

[+] **Vorgehen zur Optimierung**

Versuchen Sie, lokale Performanceoptimierungen zunächst über Open SQL und CDS-Views zu realisieren. Bei größeren Programmumstellungen und Verlagerungen von Operationen nach SAP HANA investieren Sie in die Entkopplung, z. B. über den beschriebenen Factory-Ansatz.

14.1.3 Checkliste für datenbankspezifische Implementierungen

In diesem Abschnitt wollen wir Ihnen eine Checkliste an die Hand geben, was Sie bei der Verlagerung von Programmcode auf die Datenbank beachten sollten, um Fehler im Zusammenhang mit Internationalisierung oder Lokalisierung zu vermeiden.

Zeitzonen Für Geschäftsdaten und -prozesse spielen Zeitpunkte eine wichtige Rolle (z. B. wann eine Buchung durchgeführt wurde). Dabei müssen Sie natürlich auf eine korrekte Behandlung der jeweiligen Zeitzonen achten. Falls Sie die Zeitzone verwenden, auf die der Server eingestellt ist, sollten Sie beachten, dass bei SQLScript die Zeitzone des Datenbankservers verwendet wird, während in ABAP-Implementierungen die Zeitzone des ABAP-Anwendungsservers ausschlaggebend ist. SAP empfiehlt, bei der Installation stets darauf zu achten, dass diese Zeitzonen übereinstimmen.

Rechnung mit Datumsfeldern Für die Bestimmung des Zeitraums zwischen zwei kalendarischen Daten gibt es für manche betriebswirtschaftlichen Prozesse und in manchen Regionen der Erde spezielle Rechenvorschriften (z. B. die Verwendung eines Fiskaljahres mit 360 Tagen oder die Zusammenfassung der Tage eines Wochenendes zu einem Tag). Je nach Kontext müssen Sie also bei solchen Rechnungen auf die richtige betriebswirtschaftliche Interpretation achten. Die von HANA unterstützte SQL-Funktion `days_between` kennt diese Spezifika nicht.

Währungen und Einheiten Bei der Handhabung von Währungen müssen Sie darauf achten, dass Beträge in der Datenbank teilweise mit verschobenen Dezimalstellen abgelegt sind (z. B. bei japanischen Yen). Bei Rechnungen mit solchen Werten müssen Sie sicherstellen, dass diese Verschiebung vor einer Ausgabe für Endanwender berücksichtigt wird. In ABAP erfolgt dies z. B. über spezielle Konvertierungsfunktionen oder die `WRITE`-Anweisung. Falls Sie in analytischen Modellen in SAP HANA mit Währungen arbeiten und diese extern konsumieren wollen, sollten Sie diese Kennzahlen als solche auszeichnen und angeben, dass die Dezimalverschiebung berücksichtigt werden soll (siehe Abschnitt 4.4, »Analytische Modelle«). In SQLScript-Prozeduren sollten Sie bei der Definition der Schnittstelle klar definieren, ob Sie mit den internen oder den externen Formaten arbeiten, damit für jeden Anwender klar ist, wie er die Werte zu interpretieren hat.

Auch bei anderen Datentypen kann es Unterschiede zwischen interner und externer Darstellung geben. Ein Beispiel ist etwa die Flugzeit im Flugplan unseres Beispieldatenmodells (Spalte `FLTIME` in der Tabelle `SPFLI`). Intern wird die Flugzeit in Minuten als `INTEGER` in der Datenbank abgelegt, extern über einen Konvertierungs-Exit als Zeichenkette dargestellt, bestehend aus Stunden und Minuten. Falls Sie also ein Datenmodell auf verschiedenen Benutzeroberflächen einsetzen, empfehlen wir, auf eine einheitliche Behandlung zu achten.

Konvertierungs-Exits

Beim Rechnen mit Dezimalzahlen spielt das Rundungsverhalten eine wichtige Rolle, besonders natürlich bei Geldbeträgen. Kleine Rundungsunterschiede können bei einer Summenbildung große Auswirkungen haben. Hier sollten Sie darauf achten, Rundungsfehler möglichst gering zu halten. Bei einer Währungsumrechnung sollten Sie, falls möglich, die Umrechnung erst nach einer Aggregation durchführen, was auch unter Laufzeitgesichtspunkten Vorteile bringt.

Rundungs-verhalten

Die Sortierung von Texten hängt von aktuellen Spracheinstellungen ab. Im ABAP-Sortierbefehl `SORT` gibt es aus diesem Grund den Zusatz `AS TEXT`, damit Zeichenketten alphabetisch nach der eingestellten Textumgebung sortiert werden. Wenn Sie hingegen Inhalte in einer SQL-Anweisung über den Zusatz `ORDER BY` sortieren lassen, wird binär nach der internen Darstellung sortiert. Abbildung 14.1 zeigt ein Beispiel anhand von deutschen Umlauten. Hier erscheint der Name »Möller« erst nach »Muller«, obwohl er alphabetisch bereits nach »Moller« auftauchen sollte. Aus diesem Grund empfehlen wir, Texte, die Sie in einer ABAP-Anwendung für einen Endanwender präsentieren, in der Regel im Anwendungsserver zu sortieren.

Sortieren von Texten

Betriebswirtschaftlich richtige Behandlung der Daten	**[+]**
Achten Sie besonders bei Zeitstempeln, Währungen, Einheiten und Texten auf die richtige Behandlung der betriebswirtschaftlichen Daten im Rahmen von nativen Implementierungen in der Datenbank.	

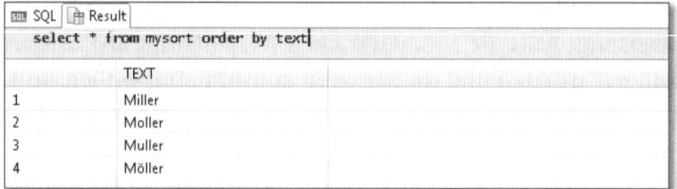

Abbildung 14.1 Sortierung von Texten in der Datenbank

14.1.4 Empfehlungen zur Migration

In diesem Abschnitt geben wir Ihnen einige Tipps, die Sie bei der Migration eines existierenden Systems auf SAP HANA beachten sollten. Grundsätzlich gilt, dass ABAP-Anwendungen vollständig kompatibel sind. Es gibt aber ein paar Feinheiten zu beachten, auf die wir hier eingehen wollen:

▸ **Datenbankabhängiger ABAP-Code**
Wenn Sie in existierenden Entwicklungen datenbankabhängigen ABAP-Code verwenden, müssen Sie diesen wie bei jeder Datenbankmigration testen und gegebenenfalls für die HANA-Datenbank anpassen.

▸ **Umstellung von Pool- und Cluster-Tabellen**
Bei der Umstellung von Pool- und Cluster-Tabellen auf transparente Tabellen kann es zu Problemen kommen, wenn Sie sich in Ihren Entwicklungen auf ein implizites Sortierverhalten verlassen haben oder direkt auf die internen physischen Cluster oder Pools zugegriffen haben.

▸ **Sortierverhalten**
Falls in der SQL-Anweisung kein ORDER BY angegeben wurde, ist die Reihenfolge, in der die Sätze gelesen werden, nicht vorhersagbar.

Datenbankabhängiger Code

Wenn Sie in Ihren bestehenden Anwendungen datenbankabhängigen Code, also z. B. natives SQL über die Anweisung EXEC SQL, die Schnittstelle ABAP Database Connectivity (ADBC) oder Datenbankhinweise (*Hints*) verwendet haben, müssen diese Codestellen überprüft werden. Während Datenbank-Hints bei der Migration auf eine andere Datenbank auf der neuen Plattform nicht mehr ausgeführt werden, ist bei datenbankabhängigem SQL auf jeden Fall eine genaue Prüfung erforderlich, denn hier kann es ohne Eingriffe zu Fehlern kommen.

Hints an die Datenbank (oder auch das Datenbank-Interface) werden in ABAP mit einem Datenbankkennzeichen versehen. Dies sieht im Allgemeinen so aus:

Hints

```
SELECT ... %_HINTS <DB> 'db_spezifischer_hint'.
```

Der Hint wird nur an die anstelle des Platzhalters `<DB>` angegebene Datenbank geschickt. Dies bedeutet, dass bei einer Umstellung die zusätzliche Anweisung an den Optimierer der alten Datenbankplattform auf der neuen Plattform nicht mehr an den Optimierer der neuen Datenbank geschickt wird. Dies betrifft nicht nur Hints für die Datenbank, sondern auch spezielle Hinweise an die Datenbankschnittstelle. Bei einer Umstellung müssen Sie also prüfen, ob das gewünschte Verhalten auf der alten Datenbankplattform auch auf der neuen Datenbankplattform wieder per Hint festgelegt werden sollte. Dies ist im Allgemeinen bei SAP HANA aufgrund der geänderten Architektur nicht notwendig. Auch bei den Hints an das Datenbank-Interface ist in der Regel keine Anpassung notwendig. Hier lautet unsere Empfehlung, die für SAP HANA voreingestellten Standardwerte für das Datenbank-Interface zu verwenden.

Datenbankabhängiger Code muss bei einer Umstellung auf jeden Fall überprüft werden. Selbst wenn es sich um Standard-SQL handeln sollte, sollte das Coding getestet werden. Bei datenbankspezifischem SQL müssen Sie zunächst klären, was mit dem Coding erreicht werden soll. Anschließend muss eine SQL-Anweisung geschrieben werden, die auf SAP HANA das gleiche Ergebnis liefert. Falls möglich, sollten Sie dafür Open SQL verwenden.

Natives SQL

Sortierverhalten

Ein Punkt, der separat betont werden soll, sind Zugriffe auf ehemalige Pool- oder Cluster-Tabellen, die wir bereits in Abschnitt 7.3, »ABAP-Code-Analyse«, diskutiert haben. Bei Pool- und Cluster-Tabellen wird vom Datenbank-Interface immer eine implizite Sortierung durchgeführt, die nach der Umwandlung in eine transparente Tabelle verloren geht, da hier der Anweisung kein automatisches `ORDER BY` mehr hinzugefügt wird. Zugriffe auf Pool- und Cluster-Tabellen müssen bei einer Migration also im Hinblick auf ihre Sortierung analysiert werden. Der SAP Code Inspector bietet dafür eine

Pool- und Cluster-Tabellen

eigene Prüfung an – SELECT FÜR POOL/CLUSTER-TAB. OHNE ORDER BY SUCHEN –, damit Sie solche kritischen Stellen in Ihren Eigenentwicklungen schnell und bequem auffinden können.

Aber auch bei existierenden transparenten Tabellen kann es im impliziten Sortierverhalten zu Änderungen kommen. Auf klassischen zeilenorientierten Datenbanken wird meistens über einen Primär- oder Sekundärindex zugegriffen. Die Daten werden dabei häufig bereits in der gewünschten Reihenfolge gelesen, da sie von der Datenbank bei Verwendung eines Index in der dort gespeicherten Reihenfolge gelesen werden. Allerdings gibt es dafür keine Garantie, und dieses Verhalten ist keine dokumentierte Eigenschaft von Open SQL. Der gewählte Zugriffspfad und die damit verbundene Sortierung können sich also jederzeit ändern. Stattdessen müssen Sie den Zusatz ORDER BY verwenden, wenn die Daten in einer bestimmten Sortierung selektiert werden sollten. Diese Regel gilt insbesondere für SAP HANA, weil dort die Daten spaltenorientiert abgelegt sind, es keinen Sekundärindex mehr gibt und weil die Daten parallelisiert gelesen werden können. Damit handelt es sich bei solchen Stellen um einen Programmierfehler, den Sie unabhängig von einer Migration auf SAP HANA korrigieren sollten. Der SAP Code Inspector und der Laufzeitprüfungs-Monitor (SRTCM) bieten dafür eigene Prüfungen an (siehe Abschnitt 7.3.1, »Prüfungen und Prüfvarianten«, und Abschnitt 7.5.3, »Laufzeitprüfungs-Monitor«).

Explizit sortieren, wenn Sortierung notwendig

Wenn in der Folge in Programmen von einer bestimmten Sortierung ausgegangen wird, kann es zu Problemen kommen. Dies ist z. B. der Fall, wenn bei Suchen auf internen Tabellen mit dem Zusatz BINARY SEARCH gearbeitet wird, weil dort zwingend eine entsprechende Sortierung notwendig ist. Aber auch bei der Ausgabe von Daten kann es zu Überraschungen kommen, wenn diese plötzlich nicht in der gewünschten Sortierung ausgegeben werden.

Mögliche Auswirkungen

> **[+]** **Nicht auf implizite Sortierungen verlassen**
>
> Wenn Sie bei Datenbankzugriffen eine bestimmte Sortierung der Daten benötigen, verwenden Sie explizit den Zusatz ORDER BY.

14.1.5 Entwicklung in Landschaften

In einem Standard-SAP-Entwicklungsszenario kommen in der Regel mehrere Systeme zum Einsatz, häufig werden bei größeren Entwicklungen sogar ganze Landschaften berücksichtigt. Um sicherzustellen, dass beim Übergang aus einem Entwicklungssystem in ein anderes System (z. B. Test- oder Produktivsystem) keine Probleme entstehen, sollten Sie für Implementierungen in der Datenbank einige Richtlinien einhalten.

Als Erstes möchten wir Sie an den richtigen Umgang mit Schemanamen und mit dem Mandantenfeld erinnern, worauf wir bereits in Abschnitt 5.1.4, »Empfehlungen«, eingegangen sind. Vermeiden Sie bei der Modellierung oder SQLScript-Implementierung, direkt auf Schemanamen zu referenzieren, da diese Namen nach einem Transport in ein anderes System nicht mehr gültig sind. Verwenden Sie deshalb für Prozeduren und Calculation Views die Einstellungen für ein Standardschema, und definieren Sie geeignete *Schema-Mappings*, wie in Abschnitt 5.3.1, »Exkurs: Entwicklungsorganisation und Transport in SAP HANA«, beschrieben. Ebenso sollten Sie bei SQLScript und nativem SQL stets darauf achten, dass Sie das Mandantenfeld richtig behandeln. Eine Möglichkeit ist es, in verschiedenen Mandanten im Entwicklungs- oder Testsystem unterschiedliche Datenkonstellationen vorzuhalten und dies explizit zu testen. Für SAP HANA Views sollten Sie in der Regel die Einstellung DYNAMIC DEFAULT CLIENT wählen, damit der aktuelle Mandant der ABAP-Session verwendet wird (siehe ebenfalls Abschnitt 5.1.4, »Empfehlungen«).

Für den Transport von ABAP-Anwendungen, die direkt auf HANA-Objekte wie Views oder Prozeduren referenzieren, empfehlen wir Ihnen die in Abschnitt 5.3, »Transport nativer Entwicklungsobjekte«, beschriebenen Techniken. Sie sollten dabei über einen gemeinsamen Transport sicherstellen, dass es in einem Zielsystem nicht zu Inkonsistenzen kommt (also z. B. eine fehlende Datenbankprozedur, auf die aus ABAP zugegriffen wird). Bei der Verwendung von externen Views, Datenbank Procedure Proxies und HANA-Transportcontainern sollten Sie vor einem Transport zusätzlich darauf achten, dass Sie die Inhalte synchronisiert haben.

Falls Sie gemischte Entwicklungslandschaften haben, in denen manche Systeme (noch) nicht auf SAP HANA laufen, können Sie ABAP-Entwicklungen auf SAP HANA ohne Probleme durch diese Systeme transportieren. Wir empfehlen Ihnen, stets darauf zu achten, dass SAP-HANA-spezifische Implementierungen, die in solchen Systemen nicht lauffähig sind, nicht zu unkontrollierten Programmabbrüchen

Schema- und Mandantenbehandlung

Transport

Gemischte Landschaften

führen, falls sie dennoch aufgerufen werden (siehe dazu auch Abschnitt 14.3.2, »Robuste Programmierung«).

[+] | **Entwicklung in Systemlandschaften**

Vermeiden Sie direkte Zugriffe auf Schemanamen in SQLScript, und achten Sie auf richtige Mandantenbehandlung. Abhängige ABAP- und HANA-Entwicklungen sollten gemeinsam und konsistent transportiert werden.

14.1.6 Schreibende Zugriffe in SQLScript oder nativem SQL

Wir empfehlen im Allgemeinen, auf schreibende Operationen auf ABAP-Tabellen über SQLScript (inklusive AMDPs) oder natives SQL (EXEC SQL oder ADBC) weitgehend zu verzichten. Falls Sie dennoch Datenbankinhalte über diese Mechanismen modifizieren, sollten Sie besondere Vorsicht walten lassen. Wir geben Ihnen in diesem Abschnitt dazu einige wichtige Hinweise.

Umgehung von ABAP-Services

Da solche Zugriffe nahezu unverändert direkt über das Datenbank-Interface (DBI) an die Datenbank geschickt werden, werden die SAP-Services auf dem Applikationsserver z. B. für Sperren (siehe auch Abschnitt 3.1, »Architektur des SAP NetWeaver AS ABAP«) und Tabellenpufferung (siehe Abschnitt 3.2, »ABAP-Datenbankzugriff«) und deren Synchronisation komplett umgangen. Solche Änderungen können unter Umständen zu inkonsistenten Daten führen, wie die folgenden Beispiele zeigen.

Änderungen an gepufferten Tabellen

Wenn z. B. Daten, die im SAP-Tabellenpuffer liegen, per SQLScript oder über natives SQL geändert werden, wird die Änderung nur auf der Datenbank durchgeführt. Es werden weder die Daten im lokalen Tabellenpuffer (auf dem Server, auf dem die Änderung durchgeführt wurde) geändert, noch werden Synchronisationseinträge in die Tabelle DDLOG geschrieben, worüber andere Applikationsserver über Änderungen in gepufferten Tabellen informiert werden und diese dann synchronisieren können. Damit sind die Daten im Tabellenpuffer nicht mehr konsistent mit den Daten auf der Datenbank, weil die Änderungen unter Umgehung des Tabellenpuffers direkt per nativem SQL oder SQLScript vorgenommen wurden. Tabellen, die im SAP-Tabellenpuffer liegen, müssen daher immer per Open SQL geändert werden, da sonst die Daten in den Puffern nicht mit geändert bzw. synchronisiert werden können.

In Abbildung 14.2 sind die Unterschiede zwischen Änderungen über SQLScript (bzw. natives SQL) und der Standardvariante über Open-SQL-Anweisungen zu erkennen. Im erstgenannten Fall werden die Aufrufe über das Datenbank-Interface direkt – unter Umgehung des Tabellenpuffers – an die Datenbank weitergereicht und die Änderungen auf der Datenbank durchgeführt.

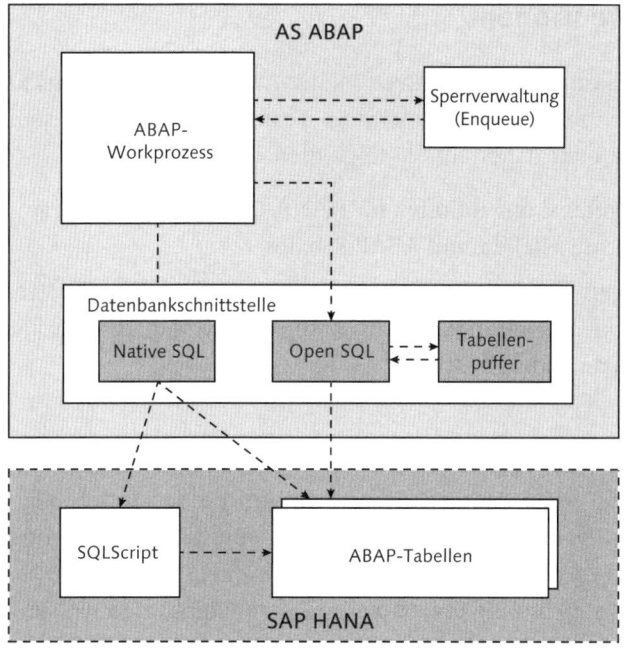

Abbildung 14.2 Ändernde Zugriffe per SQLScript oder Native SQL

Für Sperren verhält es sich ähnlich. Daten, die im ABAP-System über den Enqueue-Service vor paralleler Veränderung geschützt sind, können auf der Datenbank dennoch direkt geändert werden, wenn die SAP-Sperrverwaltung umgangen wird. Auch dies kann zu inkonsistenten Daten führen, wenn z. B. eine ABAP-Anwendung eine Sperre gesetzt hat, um konsistente Berechnungen durchzuführen, während eine andere Anwendung diese Daten unter der Hand direkt auf der Datenbank ändert. Ebenso können durchgeführte Änderungen verloren gehen, wenn eine Sperrung von Datensätzen ignoriert wird.

Änderungen ohne Enqueue-Service

Modifikation von ABAP-Tabellen über SQLScript und natives SQL vermeiden **[+]**

Die Veränderung von Daten per SQLScript oder nativem SQL sollte daher, wenn möglich, vermieden werden. Falls es doch notwendig ist, Daten

> nicht per Open SQL zu verändern, müssen Sie unbedingt darauf achten, dass es sich nicht um Daten handelt, die in den SAP-Tabellenpuffern liegen und die nicht über den SAP-Enqueue-Service vor Veränderung geschützt werden sollen. Andernfalls kann es zu Dateninkonsistenzen kommen.

14.2 Konventionen

Konventionen können insbesondere bei der Aufteilung von Entwicklungsprojekts auf ein oder mehrere Teams helfen. In diesem Abschnitt gehen wir daher auf die folgenden Themen ein:

► mögliche Namenskonventionen für HANA-Objekte inklusive Parametern in Schnittstellen und ABAP-Proxies

► Empfehlungen für die Kapselung von Entwicklungen, wie Verwendung von Paketen im SAP HANA Repository und Granularität des HANA-Transportcontainers

14.2.1 Namenskonventionen

Namenskonventionen für HANA-Objekte

Im Gegensatz zu ABAP müssen die Namen von Entwicklungsobjekten im SAP HANA Repository nur innerhalb eines Pakets eindeutig sein. Manche Typen von Objekten teilen sich dabei einen Namensraum; z. B. ist es nicht möglich, in einem Paket einen Attribute View und einen Analytic View mit dem gleichen Namen anzulegen. Aus diesem Grund und für eine einfache Lesbarkeit empfiehlt sich die Verwendung von *Präfixen* für HANA-Entwicklungsobjekte. Dabei haben sich die in Tabelle 14.1 dargestellten Namenskonventionen etabliert.

Objekt	Präfix	Beispiel
Attribute View	AT_	AT_FLIGHT
Analytic View	AN_	AN_BOOKING_AMOUNTS
Calculation View	CA_	CA_PASSENGER_MILES
Prozedur	–	EXECUTE_SEGMENTATION
Entscheidungstabelle	DT_	DT_PASSENGER_CLASS

Tabelle 14.1 Namenskonventionen für HANA-Entwicklungsobjekte

Das Paket im SAP HANA Repository übernimmt dabei die Rolle des Namensraums. Die SAP-Standardentwicklung finden Sie etwa in Unterpaketen des Pakets `sap`.

Die korrespondierenden ABAP-Objekte (externe Views, Prozeduren) unterliegen den ABAP-Namensrestriktionen. Dazu gehört neben der globalen Eindeutigkeit der Namen auch das ABAP-Namensraumkonzept. Aufgrund der Längenrestriktionen für Namen von ABAP-Entwicklungsobjekten können die Namen der HANA-Objekte (inklusive des Pakets) nicht immer übernommen werden, sondern müssen oft abgekürzt werden. Tabelle 14.2 beinhaltet unsere Empfehlungen zur Benennung der ABAP-Objekte (Z-Namensraum).

Namenkonventionen für ABAP-Proxies

Objekt	Präfix	Beispiel
externer View	ZEV_	ZEV_AT_FLIGHT
Database Procedure Proxy	ZDP_	ZDP_EXECUTE_SEGMENTATION
Interface zum Database Procedure Proxy	ZIF_	ZIF_EXECUTE_SEGMENTATION

Tabelle 14.2 Namenskonventionen für ABAP-Proxies zu HANA-Objekten

Wir empfehlen, für ein HANA-Objekt jeweils nur einen korrespondierenden externen View oder Procedure Proxy anzulegen und diesen in ABAP wiederzuverwenden. Dies erleichtert insbesondere im Fall von Änderungen die notwendigen Anpassungen.

Einfache Zuweisung

Für die Benennung von Eingabe- und Ausgabeparametern einer Datenbankprozedur können Sie z. B. folgende Konventionen verwenden (siehe Tabelle 14.3).

Eingabe- und Ausgabeparameter

Typ	Präfix	Beispiel
skalarer Eingabeparameter	IV_	IV_CLIENT
tabellenartiger Eingabeparameter	IT_	IT_FLIGHT
skalarer Ausgabeparameter	EV_	EV_CARRNAME
tabellenartiger Ausgabeparameter	ET_	ET_FLIGHT
lokale skalare Variable	LV_	LV_COUNT
lokale Tabellenvariable	LT_	LT_FLIGHT

Tabelle 14.3 Namenskonventionen für Eingabe- und Ausgabeparameter

Die Konventionen in Tabelle 14.3 können Sie auch für Ihre ABAP-Datenbankprozeduren verwenden.

Für ABAP-CDS-Views sind folgende Konventionen üblich (siehe Tabelle 14.4).

Typ	Präfix	Beispiel
Assoziation	_	_Flightplan
Parameter	p_	p_countryto

Tabelle 14.4 CDS-Namenskonventionen

Dazu ist es auch empfehlenswert, der DDL Source den gleichen Namen zu geben wie dem CDS-View, der darin definiert wird.

14.2.2 Kapselung von HANA-Paketen

Delivery Unit Prinzipiell können Sie Objekte im SAP HANA Repository an jeder Stelle anlegen (außerhalb des SAP-Namensraums). Wir empfehlen Ihnen aber, Bestandteile von Anwendungen sauber in Paketen zu kapseln. Dabei sollten Sie auf folgende Aspekte achten:

- Lokale und zu transportierende Entwicklungen müssen in separaten Paketen vorgenommen werden, da Delivery Units stets volle Pakete enthalten.

- Eine Delivery Unit sollte idealerweise einen Paketbaum umfassen, d. h. ein Oberpaket und alle Unterpakete.

- Zyklische Abhängigkeiten zwischen Delivery Units müssen vermieden werden, da sonst ein automatisches Einspielen nicht möglich ist. Ebenso sollten auch zyklische Abhängigkeiten zwischen Paketen vermieden werden.

- Jene Objekte, auf die von außen zugegriffen wird (z. B. über ABAP-Coding), sollten ausgezeichnet werden, da Änderungen an der Schnittstelle zumeist Anpassungen und Synchronisierung der Verwender voraussetzen. Eine Möglichkeit ist die Kapselung dieser Objekte in einem separaten Paket.

14.3   Qualitätsaspekte

In diesem Abschnitt haben wir für Sie einige Empfehlungen zusammengestellt, die Sie bei der Implementierung von nativen Views und Prozeduren in SAP HANA nutzen können, um die Qualität von eigenen Entwicklungen zu steigern. Wir gehen dabei auf drei Aspekte ein: Testen von Views und Prozeduren, robuste Programmierung und Sicherheitsaspekte.

14.3.1 Testen von Views und Prozeduren

Bei der Definition von Datenmodellen und Implementierungen nahe der Datenbank ist es besonders wichtig, auf ein stabiles Design und gute Testabdeckung zu achten. Auf der einen Seite können funktionale Fehler potenziell teure Auswirkungen haben (z. B. Dateninkonsistenzen oder falsche betriebswirtschaftliche Ergebnisse). Auf der anderen Seite sollten Sie auch beachten, dass Änderungen an Datenbankobjekten stets aufwendiger sind als etwa kleine Anpassungen an einer Benutzeroberfläche. Aus diesem Grund sollten Sie gerade auch für SAP HANA Views und Datenbankprozeduren diesen Designaspekten große Aufmerksamkeit schenken.

Design

Tests sind ein wesentliches Hilfsmittel, um zu überprüfen, ob die Schnittstellen gut benutzbar sind und alle Spezialfälle abdecken. Auf die technischen Möglichkeiten für das Testen von Views und Prozeduren sind wir bereits in Abschnitt 7.2.1, »Unit Tests«, eingegangen. An dieser Stelle möchten wir Sie noch einmal an die beiden wichtigsten Empfehlungen erinnern:

Testen

▶ Ermöglichen Sie das Schreiben von Unit Tests für einzelne Teile Ihrer Anwendung durch Modularisierung und Entkopplung. Falls sich Teile der Anwendung nicht automatisch testen lassen, steigt der Testaufwand, und Sie laufen Gefahr, wichtige Spezialfälle zu übersehen.

▶ Erzeugen Sie geeignete Testdaten in realistischen Dimensionen. Dabei können Sie entweder (anonymisierte) Kopien aus einem Produktivsystem oder Datengeneratoren einsetzen.

Falls Sie eine existierende Implementierung optimieren und sicherstellen wollen, dass die optimierte Version funktional äquivalent zur alten Variante ist, bieten sich auch hier automatische Tests an, die die Ergebnisse beider Implementierungen vergleichen. Dabei können Sie natürlich auch Laufzeitverbesserungen ermitteln.

Vergleich nach Optimierung

[»]

SAP HANA Test Tools

Mit SAP HANA SPS 09 liefert SAP ein eigenes Unit Test Framework (XSUnit) und ein Mocking Framework (Mockstar) aus, mit dem Sie HANA Views und HANA-Prozeduren testen können. Um diese Tools verwenden zu können, müssen Sie die Delivery Unit HANA_TEST_TOOLS installieren. Sie finden weitere Informationen zu den SAP HANA Test Tools im SCN (*http://scn.sap.com/community/developer-center/hana/blog/2014/12/09/sap-hana-sps-09-new-developer-features-hana-test-tools*).

14.3.2 Robuste Programmierung

Wird eine implementierte Funktionalität in der Praxis eingesetzt, können stets Konstellationen entstehen, für die die Funktion nicht gedacht war (z. B. ein Aufruf mit ungültigen Parametern). Durch eine *robuste Programmierung* kann mit solchen Situationen umgegangen werden, was gerade für Implementierungen nahe der Datenbank ein wichtiges Designziel sein sollte, da Probleme potenziell schwerwiegende Folgen für Datenkonsistenz oder Systemstabilität haben können. Wir geben Ihnen im Folgenden einige Empfehlungen für eine robuste Programmierung im Kontext von SAP HANA.

Wohldefiniertes Verhalten | Ein wichtiges Element robuster Programmierung ist die Garantie eines wohldefinierten und deterministischen Verhaltens in allen Situationen. Annahmen bezüglich des Wertebereichs von Eingabeparametern sollten explizit geprüft werden. Falls etwa eine Eingabetabelle einer SQLScript-Prozedur nicht leer sein darf, sollte klar definiert sein, ob dies zu einem Programmabbruch oder zu einer speziellen Ausgabe (z. B. einer leeren Ausgabetabelle) führen soll. Mit anderen Worten: Die Schnittstellen von Datenbankfunktionen sollten vollständig definiert sein. Mithilfe von Unit Tests sollten Sie das Verhalten gerade auch für fehlerhafte Eingaben überprüfen.

Fehlerbehandlung | Neben einem wohldefinierten Verhalten ist für eine robuste Implementierung der Umgang mit Fehlersituationen essenziell. Abbrüche dürfen nicht zu unerwünschten Seiteneffekten auf Datenkonsistenz, Systemstabilität oder andere Benutzer führen. Gerade bei schreibenden Zugriffen auf ABAP-Tabellen außerhalb des LUW-Konzepts (*Logical Unit of Work*) in ABAP-Systemen können potenziell solche Situationen entstehen, was wir bereits in Abschnitt 14.1.6, »Schreibende Zugriffe in SQLScript oder nativem SQL«, besprochen haben. Aber auch beim Aufruf von ausschließlich lesenden Operationen sollten Sie stets eine saubere Fehlerbehandlung vorsehen, auch wenn es sich lediglich um einen – aus Sicht des ABAP-Codings – einfachen Aufruf, wie etwa eine `SELECT`-Anweisung auf einem externen View, handelt. Sie sollten entscheiden, ob es zu einem kontrollierten Programmabbruch (*Dump*) kommen muss oder eine sinnvolle Fehlermeldung für den Anwender (zusammen mit einem Logeintrag für eine nachträgliche Analyse) möglich ist.

In SQLScript gibt es über den `EXEC`-Befehl die Möglichkeit, eine programmatisch erzeugte SQL-Anweisung in Form einer Zeichenkette auszuführen. Dies ist ein mächtiges Werkzeug, um flexibel und generisch Anweisungen zur Laufzeit zu erzeugen, hat aber Nachteile bezüglich Robustheit, Sicherheit (siehe Abschnitt 14.3.3, »Sicherheitsaspekte«) und Performance (siehe Abschnitt 14.5.3, »Empfehlungen für SQLScript«). Wir empfehlen, insbesondere zur Sicherstellung eines robusten Verhaltens, weitestgehend auf dynamisches SQLScript zu verzichten.

Vermeidung von dynamischem SQLScript

> **Robuste Programmierung** [+]
>
> Achten Sie bei Implementierungen in der Datenbank speziell auf Robustheit. Jede mögliche Datenkonstellation sollte zu einem wohldefinierten Ergebnis oder Fehler führen. Harte Abbrüche sollten vermieden werden.

14.3.3 Sicherheitsaspekte

Wenn Sie dem klassischen ABAP-Entwicklungsmodell folgen und die zugehörigen Richtlinien befolgen, bietet Ihnen dies einen Schutz vor den meisten Sicherheitsrisiken. Wir verweisen für weitere Informationen zu diesen Richtlinien auf das Buch *Besseres ABAP* (SAP PRESS 2015).

Sichere ABAP-Programmierung

Bei der Umstellung auf native Implementierungen für SAP HANA und der Nutzung von nativen Datenbankaufrufen aus ABAP sollten Sie stets Sicherheitsüberlegungen einfließen lassen. Wir möchten an dieser Stelle auf zwei Aspekte eingehen: Berechtigungsprüfungen und Angriffe über SQL-Injection.

Sicherheit bei nativen Implementierungen

Bei kritischen Geschäftsdaten müssen Sie stets sicherstellen, dass kein Anwender Zugriff auf Daten erhält, für die er keine Befugnis hat. Dazu müssen Sie die möglichen Zugriffskanäle kennen und schützen. Für ABAP-Anwendungen sollten Sie Berechtigungsprüfungen über ABAP-Berechtigungsobjekte und die Zuordnung zu Rollen realisieren. Falls

Berechtigungsprüfung

Sie Operationen über Views und Prozeduren nach SAP HANA verlagern, sollten Sie die Aufrufpfade in ABAP über geeignete AUTHORITY-CHECK-Anweisungen absichern. Falls Sie diese Datenmodelle in SAP HANA zusätzlich auch direkt für Endanwender (z. B. über den in Abschnitt 4.4.5, »Zugriff auf Column Views über Microsoft Excel«, vorgestellten Excel-Client oder über die in Kapitel 9, »Integration analytischer Funktionalität«, vorgestellten SAP-BusinessObjects-Werkzeuge) freigeben möchten, sollten Sie mithilfe der analytischen Berechtigungen den Zugriff einschränken (siehe Abschnitt 2.4.3, »SAP HANA Studio«). Für Informationen zu Berechtigungsprüfungen im Rahmen von nativen Entwicklungen in SAP HANA mithilfe der SAP HANA Extended Application Services (XS) verweisen wir Sie auf die Entwicklungsdokumentation unter *http://help.sap.com/hana*.

Vermeidung von SQL-Injection

Gerade bei der Verwendung von nativem SQL oder SQLScript sollten Sie stets externe Eingaben (z. B. durch einen Anwender oder über eine externe Schnittstelle) überprüfen oder maskieren, um eine Einschleusung von unerwünschtem SQL-Code (SQL-Injection) durch einen Angreifer zu vermeiden. Wir empfehlen Ihnen, den Grad der freien Eingabe solcher nativen SQL-Anweisungen möglichst klein zu halten und sie möglichst gegen *White Lists* zu prüfen. Für Native-SQL-Zugriffe über ADBC kann die Verwendung von Prepared-Anweisungen (siehe Abschnitt 3.2.4, »Datenbankzugriff über natives SQL«) hier einen gewissen Schutz bieten. Ebenso wie für andere Schnittstellen sollten Sie auch bei SQLScript-Implementierungen darauf achten, dass die für eine Ausführung benötigten Berechnungen betriebswirtschaftlich klar sind. Wir raten Ihnen davon ab, zu »mächtige« Prozeduren zu erstellen, die eine Kombination von Geschäftsdaten lesen, die in dieser Form kein Endanwender sehen darf.

[!] **Sichere Programmierung**

Native Implementierungen erhöhen die Verantwortung für die Gewährleistung der Sicherheit. Alle Zugriffspfade sollten über Berechtigungsprüfungen geschützt und alle Benutzereingaben überprüft werden.

14.4 Performanceempfehlungen für Open SQL

In diesem Abschnitt geben wir Ihnen Performanceempfehlungen für die Entwicklung von ABAP-Anwendungen auf SAP HANA. Wir gehen hier auf die wichtigsten Themen ein, zu denen im Zusammenhang mit SAP HANA immer wieder Fragen auftreten. Wenn Sie sich noch umfassender mit dem Thema SAP- bzw. ABAP-Performance auseinandersetzen wollen, empfehlen wir Ihnen die Bücher *SAP-Performanceoptimierung* von Thomas Schneider (SAP PRESS 2013), *ABAP Performance Tuning* von Hermann Gahm (SAP PRESS 2009) oder *Besseres ABAP* (SAP PRESS 2015), in denen auf das Thema Performance sehr detailliert eingegangen wird. Hier beschreiben wir die wichtigsten Regeln und gegebenenfalls Änderungen dazu im Kontext von SAP HANA. Darüber hinaus gibt es mit SAP HANA einige neue Performancethemen, die wir hier betrachten.

Zunächst besprechen wir die goldenen Regeln für die Datenbankprogrammierung und ob bzw. wie sich diese für SAP HANA ändern. Die goldenen Regeln für die Datenbankprogrammierung, wie sie seit vielen Jahren existieren, lauten:

Goldene Regeln für Datenbankprogrammierung

1. Halten Sie die Ergebnismenge so klein wie möglich.
2. Halten Sie die übertragene Datenmenge so klein wie möglich.
3. Reduzieren Sie die Anzahl der Anfragen so weit wie möglich.
4. Minimieren Sie den Suchaufwand so weit wie möglich.
5. Entlasten Sie die Datenbank so weit wie möglich.

In den nächsten Abschnitten werden wir jede Regel erläutern und an einigen Stellen mit Beispielen erklären. Im Anschluss erklären wir, inwieweit die Regeln für SAP HANA relevant sind oder was sich ändert.

14.4.1 Regel 1: Ergebnismengen klein halten

Die erste goldene Regel empfiehlt, beim Lesen von Daten aus der Datenbank die Ergebnismenge, d. h. die Anzahl der selektierten Zeilen, so klein wie möglich zu halten. Die Ergebnismenge können Sie durch verschiedene Maßnahmen minimieren. Nachfolgend möchten wir auf drei Aspekte eingehen:

Ergebnismenge minimieren

- eine WHERE-Klausel verwenden
- mit der HAVING-Klausel arbeiten
- nur benötigte Zeilen übertragen

WHERE-Bedingung

In ABAP wird die Anzahl der übertragenen Datensätze über die WHERE-Bedingung kontrolliert. Diese sollten Sie bei jedem SELECT angeben, um nur die Datensätze zu lesen, die Sie auch tatsächlich benötigen. Auf die WHERE-Bedingung darf nur dann verzichtet werden, wenn bei jedem Zugriff alle Datensätze benötigt werden. Ein Verzicht auf die WHERE-Klausel ist bei Datenbanktabellen, die über die Zeit größer werden, besonders problematisch, da dann mit der Zeit immer mehr Daten übertragen werden.

SELECT mit und ohne WHERE-Klausel

Die folgenden Beispiele zeigen dies im Vergleich. In Listing 14.2 werden alle Kunden selektiert, und nach der Selektion wird auf die tatsächlich benötigten Datensätze eingeschränkt. In Listing 14.3 werden nur die tatsächlich benötigten Datensätze von der Datenbank gelesen.

```
SELECT id name discount custtype
    FROM scustom
    INTO (lv_cust-id, lv_cust-name,
    lv_cust-discount, lv_cust-custtype).
      IF lv_cust-custtype = 'B'.
        WRITE: / lv_cust-id,
        lv_cust-name, lv_cust-discount.
        ENDIF.
ENDSELECT.
```

Listing 14.2 Fehlende WHERE-Klausel

```
SELECT id name discount
    FROM scustom
    INTO (lv_cust-id, lv_cust-name, lv_cust-discount)
    WHERE custtype = 'B'.
      WRITE: / lv_cust-id,
      lv_cust-name, lv_cust-discount.
ENDSELECT.
```

Listing 14.3 Abfrage mit WHERE-Klausel

HAVING-Klausel

Eine weitere Möglichkeit zur Reduktion der übertragenen Zeilen ergibt sich durch die Verwendung der HAVING-Klausel. Sie kommt zum Einsatz, wenn eine GROUP-BY-Klausel vorliegt und Sie nur bestimmte Gruppen übertragen möchten, indem Sie Einschränkungen auf die gruppierten Zeilen z. B. in den aggregierten Werten vornehmen.

Die folgenden Beispiele veranschaulichen dies. In Listing 14.4 wird die minimale Auslastung aller Flugverbindungen ermittelt und übertragen. In Listing 14.5 werden nur die Flugverbindungen übertragen, bei denen die minimale Auslastung größer als null ist.

GROUP-BY-Ausdruck mit und ohne HAVING

```
SELECT carrid connid MIN( seatsocc )
  FROM sflight
  INTO (lv_sflight-carrid, lv_sflight-connid, lv_min)
  GROUP BY carrid connid.
    IF lv_min > 0.
      WRITE: / lv_sflight-carrid,
      lv_sflight-connid, lv_min.
    ENDIF.
ENDSELECT.
```

Listing 14.4 Fehlende HAVING-Klausel

```
SELECT carrid connid MIN( seatsocc )
  FROM sflight
  INTO (lv_sflight-carrid, lv_sflight-connid, lv_min)
  GROUP BY carrid connid
  HAVING MIN( seatsocc ) > 0.
    WRITE: / lv_sflight-carrid,
    lv_sflight-connid, lv_min.
ENDSELECT.
```

Listing 14.5 GROUP-BY-Ausdruck mit HAVING-Klausel

Nur benötigte Zeilen übertragen

Sie sollten immer nur die Datensätze von der Datenbank übertragen, die Sie auch tatsächlich benötigen. Unter keinen Umständen sollten Sie Daten, die Sie nicht benötigen, im ABAP-Programm entfernen und so unnötigerweise von der Datenbank übertragen.

Zwei Beispiele wurden zuvor bereits aufgeführt. Ein weiteres Beispiel, das unter diese Regel fällt, betrifft die Selektion von Daten in interne Tabellen, aus denen anschließend mittels DELETE nicht benötigte Datensätze gelöscht werden (siehe Listing 14.6). Auch CHECK-Anweisungen oder Filter mittels IF können auf das Übertragen zu vieler Zeilen hinweisen. Im Beispiel von Listing 14.7 wird die Selektion stattdessen auf die benötigten Daten eingeschränkt.

Gezielte Datenselektion statt Löschen

```
SELECT id name discount custtype
    FROM scustom
    INTO CORRESPONDING FIELDS OF TABLE lt_scustom
    WHERE country = 'DE'.
```

```
DELETE lt_scustom WHERE custtype = 'P'.
LOOP AT lt_scustom INTO ls_cust.
  WRITE: / ls_cust-id, ls_cust-name,
  ls_cust-discount, ls_cust-custtype.
ENDLOOP.
```

Listing 14.6 Nachträgliches Löschen

```
SELECT id name discount custtype
    FROM scustom
    INTO CORRESPONDING FIELDS OF TABLE lt_scustom
    WHERE country = 'DE'
    AND custtype <> 'P'.

LOOP AT lt_scustom INTO ls_cust.
  WRITE: / ls_cust-id, ls_cust-name,
  ls_cust-discount, ls_cust-custtype.
ENDLOOP.
```

Listing 14.7 Nur benötigte Daten selektieren

Zusammenfassung und Bedeutung für SAP HANA

Eine konsequente Anwendung dieser Regel führt bei klassischen Datenbanken zu reduziertem I/O-Aufwand, optimiertem Speicherverbrauch im Cache, reduziertem CPU-Verbrauch und nicht zuletzt zu einer optimierten Netzwerkübertragung, da weniger Daten übertragen werden.

[»] **Bedeutung der Regel 1 für SAP HANA**

Diese Regel gilt für SAP HANA unverändert und mit gleicher Priorität. Auch auf SAP HANA werden CPU- und Hauptspeicherressourcen geschont, wenn weniger Datensätze gelesen werden müssen. Für die Übertragung der Daten über das Netzwerk ergibt sich keine Änderung.

Der SAP Code Inspector (siehe Abschnitt 7.3, »ABAP-Code-Analyse«) unterstützt hier mit folgenden Prüfungen:

▶ Analyse der WHERE-Bedingung für einen SELECT

▶ Analyse der WHERE-Bedingung für die Anweisungen UPDATE und DELETE

▶ Suche nach SELECT-Anweisungen mit DELETE

▶ SELECT-Anweisungen mit anschließendem CHECK

Diese Prüfungen sind in Abschnitt 7.3.1, »Prüfungen und Prüfvarianten«, genauer beschrieben.

14.4.2 Regel 2: Übertragene Datenmengen klein halten

Die zweite goldene Regel empfiehlt, so wenige Daten wie möglich zwischen der Datenbank und dem Applikationsserver zu übertragen. Die Übertragung der Daten von der Datenbank zum Applikationsserver erfolgt in Blöcken. Die Netzwerklast kann reduziert werden, indem weniger Blöcke übertragen werden.

Als Programmierer können Sie dies durch über die WHERE-Bedingung hinausgehende Einschränkungen der Anzahl der selektieren Zeilen und Spalten beeinflussen. Nachfolgend möchten wir auf diese Aspekte eingehen:

Anzahl der selektierten Zeilen und Spalten

- ▸ den Zusatz UP TO n ROWS verwenden
- ▸ mit DISTINCT arbeiten
- ▸ die Anzahl der Spalten reduzieren
- ▸ Aggregatfunktionen verwenden
- ▸ Existenzchecks effizient durchführen
- ▸ nur benötigte Spalten ändern

UP TO n ROWS verwenden

Falls Sie nur eine bestimmte Anzahl von Zeilen benötigen, können Sie den Zusatz UP TO n ROWS verwenden, um die Anzahl der Zeilen weiter einzuschränken. Die folgenden Beispiele veranschaulichen, wie Sie mit UP TO n ROWS die Anzahl der übertragenen Datensätze weiter reduzieren können. Es werden die Geschäftskunden mit den höchsten Rabatten selektiert. In Listing 14.8 wird in einer Schleife nach dem zehnten Datensatz abgebrochen (schlechtes Beispiel). Da der SELECT ... ENDSELECT die Daten aber in Blöcken von der Datenbank liest, wurden im ersten Block bereits mehr Datensätze übertragen, als nötig sind. In Transaktion ST05 (siehe Abschnitt 7.4.3, »SQL-Trace«) können Sie sehen, wie viele Datensätze im ersten Block (entspricht einem FETCH) übertragen wurden. In Listing 14.9 werden genau zehn Datensätze übertragen, da die Anweisung, dass nur zehn Datensätze benötigt werden, mit an die Datenbank übergeben wurde (gutes Beispiel).

```
SELECT id name discount
    FROM scustom
    INTO (ls_cust-id, ls_cust-name, ls_cust-discount)
```

```
          WHERE custtype = 'B'
          ORDER BY discount DESCENDING.
       IF sy-dbcnt > 10. EXIT.
       ENDIF.
       WRITE: / ls_cust-id, ls_cust-name, ls_cust-discount.
    ENDSELECT.
```

Listing 14.8 Kein UP TO n ROWS

```
SELECT id name discount
       FROM scustom UP TO 10 ROWS
       INTO (ls_cust-id, ls_cust-name, ls_cust-discount)
       WHERE custtype = 'B'
       ORDER BY discount DESCENDING.
    WRITE: / ls_cust-id, ls_cust-name, ls_cust-discount.
ENDSELECT.
```

Listing 14.9 Mit UP TO n ROWS

DISTINCT verwenden

Wenn bei einer bestimmten WHERE-Bedingung mit doppelten Einträgen bezüglich der selektierten Spalten gerechnet wird und diese nicht Teil des Ergebnisses sein sollen, sollte die Anweisung DISTINCT verwendet werden, um die doppelten Einträge bereits auf der Datenbank zu entfernen.

Beispiel mit und ohne DISTINCT

Im folgenden Beispiel soll eine Liste mit vergebenen Rabatten erstellt werden. In Listing 14.10 werden die doppelten Einträge nach der Selektion gelöscht. In Listing 14.11 werden nur die benötigten Daten von der Datenbank gelesen.

```
SELECT custtype discount
       FROM scustom
       INTO CORRESPONDING FIELDS OF TABLE lt_scustom
       WHERE discount > 0
       ORDER BY custtype discount DESCENDING.

DELETE ADJACENT DUPLICATES FROM lt_scustom.

LOOP AT lt_scustom INTO ls_cust.
    WRITE: / ls_cust-custtype, ls_cust-discount.
ENDLOOP.
```

Listing 14.10 Abfrage ohne DISTINCT

```
SELECT DISTINCT custtype discount
       FROM scustom
```

```
    INTO CORRESPONDING FIELDS OF TABLE lt_scustom
    WHERE discount > 0
    ORDER BY custtype discount DESCENDING.

LOOP AT lt_scustom INTO ls_cust.
  WRITE: / ls_cust-custtype, ls_cust-discount.
ENDLOOP.
```

Listing 14.11 Abfrage mit DISTINCT

Anzahl der Spalten reduzieren

Sie sollten immer nur diejenigen Spalten einer Datenbanktabelle selektieren, die im ABAP-Programm auch benötigt werden. Dabei sollten Sie die Spalten in der Feldliste nach dem SELECT, wenn möglich, einzeln aufführen. Die Selektion aller Spalten über SELECT * sollte nur dann gewählt werden, wenn auch wirklich alle Spalten benötigt werden.

Der Zusatz INTO CORRESPONDING FIELDS OF selektiert zwar bei Angabe von * auch nur die Spalten, die in dem genannten Ziel vorkommen, zieht aber zusätzlichen Aufwand durch den Namensvergleich im Datenbank-Interface nach sich. Daher sollte dieser Zusatz nur sparsam und bei größeren Ergebnismengen zum Einsatz kommen, da bei sehr schnellen SELECT-Anweisungen der Aufwand für den Namensvergleich verhältnismäßig hoch werden kann.

Zusatz INTO CORRESPONDING FIELDS OF

Im folgenden Beispiel wird ermittelt, an welchen Tagen eine bestimmte Flugverbindung im Jahr 2013 existiert. In Listing 14.12 werden alle Spalten der Tabelle SFLIGHT gelesen, obwohl nur das Flugdatum benötigt wird. In Listing 14.13 wird nur die benötigte Spalte gelesen.

SELECT bestimmter Spalten

```
SELECT * FROM sflight
    INTO ls_sflight
    WHERE carrid = 'LH'
      AND connid = '0300'
      AND fldate LIKE '2013 %'.
  WRITE: / ls_sflight-fldate.
ENDSELECT.
```

Listing 14.12 Abfrage ohne Feldliste

```
SELECT fldate FROM sflight
    INTO (lv_sflight-fldate)
    WHERE carrid = 'LH'
```

```
        AND connid = '0300'
        AND fldate LIKE '2013 %'.
  WRITE: / lv_sflight-fldate.
ENDSELECT.
```

Listing 14.13 Abfrage mit Feldliste

Eine weitere Möglichkeit zur Reduktion der Datenmenge ist die Verwendung von Aggregatfunktionen.

Aggregatfunktionen verwenden

Wenn Daten nur für Berechnungen benötigt werden, ist es besser, diese Berechnungen in der Datenbank auszuführen und nur die Ergebnisse zu übertragen, als alle Daten zu übertragen und die Berechnung im ABAP-Programm vorzunehmen. Die zur Verfügung stehenden Aggregatfunktionen sind: COUNT, MIN, MAX, SUM und AVG für die Anzahl, den kleinsten Wert, den größten Wert, die Summe der Werte und den Durchschnittswert.

Datenermittlung mit und ohne Aggregatfunktion

Im folgenden Beispiel wird die Summe der belegten Plätze einer Fluglinie in einem bestimmten Jahr ermittelt. In Listing 14.14 werden dazu alle Belegungen der Flüge selektiert und im ABAP-Programm aufsummiert. In Listing 14.15 wird die Summe der Belegungen auf der Datenbank gebildet und nur diese Summe an das ABAP-Programm übertragen.

```
lv_sum = 0.
SELECT seatsocc
    FROM sflight INTO lv_seatsocc
    WHERE carrid = 'LH'
      AND fldate LIKE '2013 %'.
  lv_sum = lv_sum + lv_seatsocc.
ENDSELECT.
WRITE: / lv_sum.
```

Listing 14.14 Abfrage ohne Aggregatfunktion

```
SELECT SUM( seatsocc )
  FROM sflight INTO lv_sum
  WHERE carrid = 'LH'
    AND fldate LIKE '2013 %'.
WRITE: / lv_sum.
```

Listing 14.15 Abfrage mit Aggregatfunktion

Existenzchecks effizient durchführen

Diese Aggregatfunktionen sollten Sie aber nur dann einsetzen, wenn Sie eine solche Berechnung auch brauchen. Um z. B. zu ermitteln, ob es einen Datensatz zu einem bestimmten Schlüssel gibt, sollten Sie kein SELECT COUNT(*) verwenden, da für diesen Fall die Anzahl irrelevant ist. Für einen solchen Existenzcheck benötigen Sie nur ein einziges Feld des gesuchten Datensatzes. Dabei sollte es sich um ein Feld des verwendeten Index handeln.

Im Beispiel soll geprüft werden, ob es für eine bestimmte Flugverbindung in einem bestimmten Jahr Flüge gab. In Listing 14.16 wird dies mit einem COUNT(*) überprüft. Dazu werden in der Datenbank alle Datensätze, auf die die Bedingung zutrifft, gezählt. Der Zusatz UP TO 1 ROWS ändert nichts daran, da dieser erst nach dem Zählen ausgeführt wird. In Listing 14.17 wird auf das Zählen der Datensätze verzichtet, da die Anzahl der Datensätze ohne Belang ist. Es wird nur ein Feld – auch an dieser Stellte sollte kein SELECT * stehen – selektiert und die Ergebnismenge auf eine Zeile mit UP TO n ROWS eingeschränkt. So wird sichergestellt, dass nur ein Datensatz bearbeitet wird. Sobald die Datenbank einen Datensatz ermittelt hat, der den Bedingungen genügt, wird die Verarbeitung abgebrochen.

Existenzcheck ohne Zählen der Datensätze

```
SELECT count(*) UP TO 1 ROWS
    FROM sflight INTO lv_cnt
    WHERE carrid = 'LH'
      AND connid = '0400'
      AND fldate LIKE '2013 %'.
IF lv_cnt > 0.
...
```

Listing 14.16 Existenzcheck mit COUNT(*)

```
SELECT carrid INTO lv_sflicht-carrid
    UP TO 1 ROWS
    FROM sflight
    WHERE carrid = 'LH'
      AND connid = '0400'
      AND fldate LIKE '2013 %'.

ENDSELECT.
IF sy-subrc = 0.
...
```

Listing 14.17 Existenzcheck ohne COUNT(*)

Nur benötigte Spalten ändern

Bei Änderungen mit der Anweisung UPDATE sollten mit der SET-Anweisung nur die gewünschten Spalten geändert werden. Beim Ändern von Zeilen aus Arbeitsbereichen werden meistens zu viele Daten übertragen und auch Spalten überschrieben, die sich nicht geändert haben.

Vollständige und gezielte Änderung

Im Beispiel soll die Verbindungsnummer eines bestimmten Fluges geändert werden. In Listing 14.18 werden die zu ändernden Zeilen zunächst gelesen, dann wird im Arbeitsbereich eine Spalte mit einem neuen Wert geändert und anschließend die komplette Zeile auf die Datenbank zurückgeschrieben. Dabei werden unnötig viele Spalten übertragen und in der Datenbank alle Spalten überschrieben, auch wenn sich deren Wert gar nicht verändert hat. In Listing 14.19 wird per UPDATE ... SET nur die gewünschte Spalte mit einem neuen Wert überschrieben. Die Datensätze werden so gar nicht erst gelesen und viel weniger Daten zur Datenbank übertragen. Außerdem muss die Datenbank nur die übertragenen Spalten ändern.

```
SELECT * FROM sbook
    INTO ls_sbook
    WHERE carrid = 'LH'
      AND connid = '0400'
      AND fldate >= '20140101'.
  ls_sbook-connid = '0500'.
  UPDATE sbook FROM ls_sbook.
ENDSELECT.
```

Listing 14.18 Änderung der kompletten Zeile

```
UPDATE sbook
  SET connid = '0500'
  WHERE carrid = 'LH'
    AND connid = '0400'
    AND fldate >= '20140101'.
```

Listing 14.19 Änderung der gewünschten Spalten

Zusammenfassung und Bedeutung für SAP HANA

Die Auswirkungen der Regel 2 sind denen der Regel 1 sehr ähnlich. Eine konsequente Anwendung dieser Regeln führt zu einem reduzierten Ressourcenverbrauch auf der klassischen Datenbank.

| Bedeutung der Regel 2 für SAP HANA | [«] |

Diese Regel gilt für SAP HANA unverändert, da hier die Ressourcen in ähnlicher Weise geschont werden. Die Priorität der Regel ist etwas höher als bei anderen Datenbanken. Dies lässt sich auf die unterschiedliche Speicherung der Daten zurückführen. Wenn Datensätze zeilenorientiert gespeichert werden, stehen alle Spalten in einem Block nahe beieinander. In einer spaltenorientierten Ablage ist jede Spalte eine eigene Speicherstruktur. Diese Speicherstrukturen können zwar parallel bearbeitet werden, dennoch ist der Zeitaufwand für mehrere Spalten etwas höher. Auch wenn die Unterschiede nicht sehr groß sind, sollten Sie auf diese Regeln ein besonderes Augenmerk haben und zeitkritische Anwendungen auf eine Optimierung bezüglich dieser Regel prüfen.

Der SAP Code Inspector (siehe Abschnitt 7.3, »ABAP-Code-Analyse«) unterstützt hier mit folgenden Prüfungen:

- problematische `SELECT *`-Anweisung
- `EXIT` oder keine Anweisung in Schleife `SELECT ... ENDSELECT`

Diese Prüfungen werden in Abschnitt 7.3.1, »Prüfungen und Prüfvarianten«, genauer beschrieben. Bezüglich der Aggregatfunktionen ist zu betonen, dass diese von SAP HANA sehr gut unterstützt werden. Dennoch sollten Sie diese nur dort einsetzen, wo Sie die Berechnungen auch tatsächlich benötigen.

14.4.3 Regel 3: Anzahl der Anfragen reduzieren

Die dritte Regel empfiehlt, die Anzahl der Anfragen an die Datenbank zu reduzieren. Jede SQL-Anweisung in einem ABAP-Programm, die an die Datenbank gesendet wird, hat auf der Datenbank einen gewissen Aufwand zur Folge. So werden die Anweisung selbst und die zugehörigen Parameter an die Datenbank übertragen, und diese muss das Statement hinsichtlich der Syntax analysieren und per Hashfunktion im SQL-Cache suchen bzw. bei der erstmaligen Ausführung dort ablegen. Darüber hinaus müssen Berechtigungen und die Existenz der Datenbankobjekte (Tabellen, Views etc.) auf ihr Vorhandensein hin geprüft werden. Zusätzlich müssen noch die Ergebnisse der Abfrage übermittelt werden. Um die Datenbank zu entlasten, sollten Sie daher die Anzahl der Zugriffe so gering wie möglich halten. In ABAP-Programmen können Sie die Zahl der Anweisungen durch folgende Maßnahmen beeinflussen:

Bearbeitungsaufwand für SQL-Anweisungen

- Mengenoperationen anstelle von Einzeloperationen verwenden
- keine Mehrfachzugriffe vornehmen

▸ keine geschachtelten SELECT-Schleifen verwenden

▸ keine SELECT-Anweisungen im LOOP über interne Tabellen ausführen

▸ Puffer nutzen

Mengenoperationen anstelle von Einzeloperationen verwenden

Beim Lesen mit SELECT sollten Sie den Zusatz INTO TABLE der Schleife SELECT ... ENDSELECT vorziehen, wenn die zu lesenden Daten alle auf einmal in den Hauptspeicher passen. Der SELECT ... ENDSELECT liest die Daten auch in Blöcken von der Datenbank in das Datenbank-Interface. Von dort werden die Daten dann einzelsatzweise an das ABAP-Programm übertragen. Die Schleife SELECT ... ENDSELECT bietet sich also dann an, wenn der zur Verfügung stehende Speicher nicht für alle Daten ausreicht oder auf die gelesenen Daten nur einmal zugegriffen wird.

Mengen-operationen mit internen Tabellen

Bei den schreibenden Zugriffen sollten Sie, wann immer es möglich ist, auf die Mengenoperationen mit internen Tabellen zurückgreifen. Die Anzahl der Datenbankanfragen wird so stark reduziert, und die Datenbank kann weitere Optimierungen mit den auf einmal übertragenen Daten vornehmen.

Schleife oder Mengenoperation

In den folgenden beiden Beispielen werden Datensätze in die Tabelle SBOOK eingefügt. In Listing 14.20 werden die Datensätze Satz für Satz in einer Schleife eingefügt.

```
LOOP AT lt_sbook INTO ls_sbook.
  INSERT INTO sbook VALUES ls_sbook.
ENDLOOP.
```

Listing 14.20 Einfügen in einer Schleife

Mit der folgenden Anweisung werden alle Datensätze auf einmal in einer Mengenoperation eingefügt.

```
INSERT sbook FROM TABLE lt_sbook.
```

Keine Mehrfachzugriffe durchführen

Löschen ohne SELECT-Anweisung

Sie sollten darauf achten, dass Sie auf die gleichen Daten nicht mehrfach zugreifen. So sollten Sie z. B. ein SELECT vor einem DELETE für den gleichen Datensatz vermeiden (siehe Listing 14.21). Ein Beispiel mit

UPDATE haben Sie auch schon in Listing 14.18 gesehen. Listing 14.22 zeigt einen Löschvorgang ohne vorangehende SELECT-Anweisung.

```
SELECT SINGLE * FROM sflight INTO lv_sflight
  WHERE carrid = 'SQ' AND connid ='0002'.

IF sy-subrc = 0.
  DELETE FROM sflight
  WHERE carrid = 'SQ' AND connid = '0002'.
    IF sy-subrc = 0.
      COMMIT WORK.
    ENDIF.
  ENDIF.
```

Listing 14.21 Löschen nach SELECT

```
  DELETE FROM sflight
  WHERE carrid = 'SQ' AND connid = '0002'.
    IF sy-subrc = 0.
      COMMIT WORK.
    ENDIF.
  ENDIF.
```

Listing 14.22 Löschen ohne SELECT

Keine geschachtelten SELECT-Schleifen verwenden

Bei geschachtelten SELECT-Schleifen wird das innere SELECT-Statement für jeden Datensatz, den die äußere SELECT-Schleife zurückliefert, einmal ausgeführt. Die Anzahl der Datensätze der Ergebnismenge der äußeren Datensätze bestimmt damit die Ausführungen des inneren SELECT-Statements. Daher sollte so ein Konstrukt nur dann eingesetzt werden, wenn die Ergebnismenge der äußeren Schleife sehr wenige Zeilen enthält.

Für die Zusammenführung von Datensätzen empfehlen wir Ihnen, auf eine der folgenden Möglichkeiten zurückzugreifen:

▸ Views (siehe Abschnitt 3.2.3, »Datenbank-Views im ABAP Dictionary«, und Kapitel 4 »Native Datenbankentwicklung mit SAP HANA«)

▸ Joins

▸ FOR ALL ENTRIES

▸ Unterabfragen

▸ Cursors

583

Die Laufzeit von Views und Joins hängt maßgeblich von dem vom Datenbankoptimierer gewählten Ausführungsplan ab. Zugriffe auf Views und Joins sind aber in der Regel immer schneller als geschachtelte Schleifen. Falls das nicht der Fall ist, muss der Ausführungsplan genauer analysiert werden, was gute Kenntnisse der jeweiligen Datenbank voraussetzt. Es kann vorkommen, dass der Optimierer die Reihenfolge der Tabellen nicht optimal bestimmen konnte. Joins und Views haben den Nachteil, dass die Daten der äußeren Tabelle bei einer 1:n-Beziehung zwischen der äußeren und inneren Tabelle redundant in der Ergebnismenge vorkommen. So können unter Umständen mehr Daten als notwendig übertragen werden. Sie müssen daher unbedingt darauf achten, nur die tatsächlich benötigten Felder zu selektieren. In sehr drastischen Fällen kann ein FOR ALL ENTRIES (siehe nächster Abschnitt) besser sein.

Es folgt ein Beispiel, bei dem die Daten aus den Tabellen SFLIGHT und SBOOK zusammengeführt werden. Es sollen alle Buchungen aus der Tabelle SBOOK für einen bestimmten Flugzeugtyp aus Tabelle SFLIGHT gelesen werden. In Listing 14.23 wird dies über geschachtelte SELECT-Schleifen realisiert. Dabei wird das SELECT-Statement auf die Tabelle SBOOK für jeden Datensatz, der aus der Tabelle SFLIGHT gelesen wurde, einmal ausgeführt. In Listing 14.24 werden die Daten über einen Join gelesen, und es wird nur ein Statement an die Datenbank geschickt.

```
SELECT carrid connid fldate FROM sflight
    INTO (lv_carrid, lv_connid, lv_fldate)
    WHERE planetype = '727-200'.
  SELECT bookid FROM sbook INTO lv_bookid
      WHERE carrid = lv_carrid
      AND connid = lv_connid
      AND fldate = lv_fldate.
    WRITE: / lv_carrid, lv_connid, lv_bookid.
  ENDSELECT.
ENDSELECT.
```

Listing 14.23 Geschachtelte SELECT-Schleifen

```
SELECT f~carrid f~connid b~bookid
    INTO (lv_carrid, lv_connid, lv_bookid)
    FROM sflight AS f INNER JOIN sbook AS b
        ON f~carrid = b~carrid AND
           f~connid = b~connid AND
           f~fldate = b~fldate
```

```
      WHERE planetype = '727-200'.
   WRITE: / lv_carrid, lv_connid, lv_bookid.
ENDSELECT.
```

Listing 14.24 Inner Join

Geschachtelte Schleifen können auch über das Konstrukt FOR ALL
ENTRIES vermieden werden. Dabei werden die Daten der äußeren
Tabelle in einer internen Tabelle gespeichert, und dann wird die
innere SELECT-Anweisung einmal mit dem Zusatz FOR ALL ENTRIES
ausgeführt. Die interne Tabelle wird dabei in Blöcke unterteilt und
ein Statement für jeden Block ausgeführt. So kann die Übertragung
redundanter Daten aus der äußeren Tabelle vermieden werden, was
in bestimmten Fällen zu einer besseren Performance führen kann.
Allgemein sollte aber ein JOIN gewählt werden, wenn dies möglich
ist, da die Anzahl der Statements, die an die Datenbank geschickt
werden, kleiner ist als bei FOR ALL ENTRIES. Ein Beispiel für ein Statement FOR ALL ENTRIES finden Sie im folgenden Abschnitt »Keine
SELECT-Anweisungen im LOOP über interne Tabellen ausführen«.

FOR ALL ENTRIES

Mit Unterabfragen können Sie ebenfalls in einer einzigen Anweisung auf mehrere Tabellen zugreifen. Die Daten der Unterabfrage
werden gar nicht übertragen, sondern nur innerhalb der Abfrage in
der Datenbank selbst verwendet.

Unterabfragen

Das folgende Beispiel zeigt die Flugdaten der am besten ausgelaste-
ten Flüge. In Listing 14.25 wird die innere SELECT-Anweisung für
jeden Datensatz der äußeren an die Datenbank geschickt. Bei Listing
14.26 wird nur eine einzige Anweisung an die Datenbank geschickt.

**Geschachtelte und
Unterabfrage**

```
SELECT carrid connid MAX( seatsocc )
  FROM sflight
  INTO (lv_carrid, lv_connid, lv_max)
  GROUP BY carrid connid.
    SELECT fldate FROM sflight
       INTO lv_fldate
       WHERE carrid  = lv_carrid AND
             connid  = lv_connid AND
             seatsocc = lv_max.
     WRITE: / lv_carrid, lv_connid, lv_fldate.
    ENDSELECT.
ENDSELECT.
```

Listing 14.25 Geschachtelte SELECT-Anweisungen

```
SELECT carrid connid fldate
   FROM sflight AS f
   INTO (lv_carrid, lv_connid, lv_max)
   WHERE seatsocc IN
    ( SELECT MAX( seatsocc ) FROM sflight
      WHERE carrid = f~carrid
        AND connid = f~connid ).
  WRITE: / lv_carrid, lv_connid, lv_fldate.
ENDSELECT.
```

Listing 14.26 Unterabfrage

Keine SELECT-Anweisungen im LOOP über interne Tabellen ausführen

Ähnlich wie bei den geschachtelten Schleifen sollten Sie auch keine SELECT-Anweisungen im LOOP über interne Tabellen ausführen. Hier bietet sich der Zusatz FOR ALL ENTRIES an, um die Anzahl der Ausführungen zu reduzieren. Dabei sollten Sie darauf achten, dass die interne Tabelle beim FOR ALL ENTRIES nie leer ist und keine Duplikate enthält.

Im Beispiel werden für alle Flüge, die in der internen Tabellen LT_SFLIGHT stehen, die zugehörigen Buchungsdaten ermittelt. In Listing 14.27 wird im LOOP über die interne Tabelle LT_SFLIGHT für jeden Datensatz ein SELECT abgesetzt. In Listing 14.28 wird die Anzahl der ausgeführten SELECT-Statements durch FOR ALL ENTRIES reduziert.

```
LOOP AT lt_sflight INTO lv_sflight.
    SELECT SINGLE bookid customid FROM sbook
    INTO lv_sbook
      WHERE carrid = lv_sflight-carrid
        AND connid = lv_sflight-connid
        AND fldate = lv_sflight-fldate.

        WRITE: / lv_sflight-carrid,
        lv_sflight-connid, lv_sflight-fldate,
        lv_sbook-bookid, lv_sbook-customid.
ENDLOOP.
```

Listing 14.27 SELECT im LOOP

```
IF lines( lt_sflight ) > 0.
  SELECT carrid connid fldate bookid customid
  FROM sbook
  INTO CORRESPONDING FIELDS OF TABLE lt_sbook
  FOR ALL ENTRIES IN lt_sflight
```

```
    WHERE carrid = lt_sflight-carrid
      AND connid = lt_sflight-connid
      AND fldate = lt_sflight-fldate.
ENDIF.
```

Listing 14.28 Einschränkung mit FOR ALL ENTRIES

Puffer nutzen

Auch die Nutzung des SAP-Tabellenpuffers und anderer Puffer (siehe Abschnitt 14.4.5, »Regel 5: Datenbank entlasten«) trägt dazu bei, die Anzahl der SQL-Anweisungen, die an die Datenbank geschickt werden, zu minimieren.

Zusammenfassung und Bedeutung für SAP HANA

Eine konsequente Anwendung dieser Regel führt bei klassischen Datenbanken zu reduziertem CPU-Verbrauch. Auch die Netzwerkressourcen werden besser genutzt, da die Anzahl der verschickten Blöcke optimiert werden kann.

Bedeutung der Regel 3 für SAP HANA [«]

Diese Regel hat für SAP HANA eine höhere Priorität als für andere Datenbanken. Der Aufwand für die Ausführung eines Statements ist bei SAP HANA derzeit noch etwas höher als bei klassischen Datenbanken. Dies wird in Zukunft aber weiter optimiert werden. Anwendungen, die sehr viele schnelle Anfragen an die Datenbank schicken, sollten daher im Hinblick auf Optimierungspotenzial anhand der in den Beispielen dieses Abschnitts vorgestellten Ansatzpunkte untersucht werden.

Der SAP Code Inspector unterstützt Sie dabei mit folgenden Prüfungen:

▸ nach zu transformierenden Klauseln SELECT ... FOR ALL ENTRIES suchen

▸ nach Datenbankoperationen in LOOPS innerhalb von Modularisierungseinheiten suchen

▸ ändernde Datenbankzugriffe in Schleifen

Diese Prüfungen werden in Abschnitt 7.3.1, »Prüfungen und Prüfvarianten«, genauer beschrieben.

14.4.4 Regel 4: Suchaufwand minimieren

In diesem Abschnitt geht es darum, welcher Aufwand bei der Selektion der Datenmenge entsteht, die über die WHERE- und HAVING-Klauseln eingeschränkt wurde. Der Aufwand einer Suche nach den Daten kann über einen Index minimiert werden. Wie in den vorangegangenen Abschnitten gehen wir zunächst auf die Empfehlungen für klassische Datenbanken ein, bevor wir uns den Empfehlungen für SAP HANA zuwenden.

Datenbankindex auf klassischen Datenbanken

Ein Index besteht aus ausgewählten Feldern der Datenbanktabelle, die in sortierter Reihenfolge in eine separate Struktur kopiert werden. Man unterscheidet zwischen dem *Primärindex* und dem *Sekundärindex*. Der Primärindex enthält die Primärschlüsselfelder. Damit ist dieser Index eindeutig (*unique*), und es kann zu jeder Kombination der Felder dieses Index nur einen Datensatz geben. Er wird in SAP-Systemen immer automatisch beim Anlegen einer Tabelle angelegt. Dann gibt es noch die Sekundärindizes, die eindeutig oder nicht eindeutig sein können. Sekundärindizes werden im ABAP Dictionary angelegt. In der Regel dienen sie der Optimierung der Performance, können aber bei eindeutigen Indizes auch semantische Beweggründe haben, wenn z. B. in einer Spalte, die nicht Teil des Primärschlüssels ist, nur eindeutige Werte vorkommen dürfen.

Empfehlungen für klassische Datenbanken

Bei der richtigen Formulierung von WHERE- oder HAVING-Klauseln und einer geeigneten Sekundärindexdefinition kann der Suchaufwand erheblich minimiert werden, indem nur ein Teil der Daten gelesen werden muss.

Zur Indexanlage lauten unsere Empfehlungen:

► Sekundärindizes sollten nur für Datenbanktabellen angelegt werden, auf denen die Lesezugriffe zeitkritischer sind als die Schreibzugriffe, da jeder angelegte Index bei Schreibzugriffen mit gepflegt werden muss.

► Die Anzahl der angelegten Indizes und der Felder im Index sollte so klein wie möglich gehalten werden. Sonst steigt der Aufwand bei ändernden Datenbankzugriffen, und Fehlentscheidungen des Optimierers werden wahrscheinlicher.

► Die Felder, auf denen Indizes angelegt werden, sollten möglichst nur in einem Index vorkommen. Überschneidungen sollten vermieden werden.

▶ Die Felder, die in einen Sekundärindex aufgenommen werden, sollten Felder sein, über die häufig selektiert wird. Außerdem sollten diese Felder selektiv sein, d. h., der Prozentsatz der über den Index selektierten Datensätze sollte klein sein.

▶ Die Felder, die am ehesten mit dem »=«-Operator abgefragt werden, sollten am Anfang des Index stehen.

Zur Formulierung der WHERE-Klauseln sind dies unsere wichtigsten Empfehlungen:

WHERE-Bedingung

▶ Der »=«- oder EQ-Operator und AND-Verknüpfungen werden grundsätzlich effizient im Index unterstützt. Das heißt, der Optimierer kann damit, wann immer dies technisch möglich ist, I/O-Aufwand reduzieren. Eine IN-Liste fällt auch in diese Kategorie, da sie im Prinzip ein mehrfaches »=« auf die Spalte darstellt. Daher sollten Sie, wo immer möglich, »=« und IN-Bedingungen verwenden.

▶ Vermeiden Sie negative Bedingungen (<>, NE, NOT), da diese grundsätzlich nicht effizient im Index unterstützt werden können. Schreiben Sie solche Bedingungen, wenn möglich, in positive Bedingungen um. Falls dies nicht möglich ist, sollten Sie die Bedingungen trotzdem in der WHERE-Bedingung angeben und nicht komplett weglassen. Nur so werden die tatsächlich benötigten Datensätze selektiert. Andernfalls würden Sie unnötige Datensätze lesen, die Sie dann im ABAP-Programm entfernen müssten, was der ersten goldenen Regel widersprechen würde.

▶ Wenn Sie nicht alle Felder im Index angeben, achten Sie darauf, das Anfangsstück des Index in der WHERE-Bedingung zu umschließen. Ansonsten ist in vielen Fällen eine Indexnutzung nicht möglich.

Datenbankindex auf SAP HANA

Bei SAP HANA hat sich in diesem Bereich einiges geändert. In diesem Abschnitt geht es um die Frage, wie und wann Indizes auf SAP HANA angelegt werden sollen. In Anhang C, »Lese- und Schreibzugriffe im Column Store«, erklären wir die Hintergründe zu Lese- und Schreibzugriffen bei der spaltenbasierten Datenspeicherung. Dort erklären wir auch, warum es in vielen Fällen gar nicht mehr nötig ist, einen Index anzulegen, in denen auf anderen Datenbanken ein Index angelegt werden musste. Bei SAP HANA unterscheidet man zwischen *invertierten* und *zusammengesetzten Indizes* (siehe ebenfalls Anhang C).

Invertierter vs. zusammen-gesetzter Index

Zusammengesetzte Indizes haben einen höheren Speicherbedarf, der durch die Speicherstrukturen für eine zusätzliche interne Spalte entsteht. Daher empfehlen wir, so weit wie möglich mit invertierten Indizes zu arbeiten. Das heißt, es sollte jeweils für die Spalte, für die die selektivste Bedingung vorliegt, ein Index angelegt werden. Nur in Ausnahmefällen, z. B. wenn Daten verschiedener Spalten so korrelieren, dass nur bestimmte Kombinationen selektiv sind, sollten zusammengesetzte Indizes angelegt werden. Auch in SAP HANA führt das Pflegen von Indizes zu erhöhten Kosten für Schreibzugriffe. Bei invertierten Indizes sind diese Kosten allerdings deutlich kleiner als bei zusammengesetzten Indizes, bei denen mehrere Speicherstrukturen gepflegt werden müssen.

Indexanlage auf SAP HANA

Wenn Sie ein bestehendes System auf SAP HANA migrieren, werden alle bestehenden Sekundärindizes für Column-Store-Tabellen nicht mehr angelegt. Technisch werden sie im ABAP Dictionary in die Exklusionsliste für SAP HANA aufgenommen (siehe Abschnitt 3.2.1, »ABAP Dictionary«). Grundsätzlich sollten zusätzliche Indizes nur dann angelegt werden, wenn die Zugriffszeiten ohne Index nicht ausreichend sind. In diesem Fall sollte für die selektiven Bedingungen ein Index angelegt werden, sofern diese nicht schon durch den Primärindex abgedeckt sind.

[+] **SAP-Hinweis zur Analyse und Anlage von Column-Store-Indizes**

SAP-Hinweis 1794297 beschreibt eine von SAP empfohlene Methode zur Analyse und Anlage von Indizes auf Column-Store-Tabellen. Der Hinweis liefert auch die notwendigen Programme zur Analyse und zur Anlage der Indizes aus. Wir empfehlen Ihnen, diese Methode bei der Anlage von zusätzlichen Sekundärindizes zu verwenden.

Zusammenfassung und Bedeutung für SAP HANA

Eine konsequente Anwendung der vierten Regel führt bei klassischen Datenbanken zu reduziertem I/O-Aufwand, optimiert den Speicherverbrauch im Cache, reduziert den CPU-Verbrauch und optimiert nicht zuletzt die Netzwerkübertragung, da weniger Daten übertragen werden.

Bedeutung der Regel 4 für SAP HANA   [«]

Die vierte Regel ändert sich auf SAP HANA, und ihre Einhaltung hat niedrigere Priorität. Dies liegt daran, dass auf SAP HANA in vielen Fällen gar kein Index mehr benötigt wird. Wenn für sehr große Tabellen doch ein Index benötigt werden sollte, ändern sich die Regeln für die Indexdefinition. In diesen Fällen wird der CPU-Verbrauch durch den Index reduziert.

In SAP HANA werden Indizes in der Regel für einzelne Spalten angelegt. Indizes, die sich über mehrere Spalten erstrecken, sind die Ausnahme. Der Code Inspector unterstützt Sie hier mit der Prüfung ANALYSE DER WHERE-BEDINGUNG.

14.4.5 Regel 5: Datenbank entlasten

Die fünfte Regel fasst die zuvor genannten Regeln zusammen und empfiehlt darüber hinaus generell, die Datenbank zu entlasten, wo immer dies möglich ist. Die Datenbank ist eine zentrale Ressource im SAP-System. Aus diesem Grund sollten Sie die Last auf der Datenbank für sich wiederholende Operationen so gering wie möglich halten. Im Folgenden beschreiben wir einige Maßnahmen, die zur Entlastung der Datenbank beitragen:

▸ Puffer nutzen

▸ Sortierung

▸ keine identischen Zugriffe durchführen

Puffer nutzen

Da die Daten bei SAP HANA im Hauptspeicher abgelegt sind, haben Sie sich vielleicht schon gefragt, ob die Puffer im Applikationsserver oder in Programmen noch benötigt werden. Auf dem Applikationsserver stehen Ihnen folgende benutzerübergreifenden Puffer zur Verfügung: *Benutzerübergreifende Puffer*

▸ Shared Objects

▸ Shared Buffer

▸ Shared Memory

▸ Tabellenpuffer

Innerhalb einer Benutzersession stehen Ihnen darüber hinaus noch folgende benutzerspezifische Puffer zur Verfügung: *Benutzerspezifische Puffer*

- SAP Memory
- ABAP Memory
- programmspezifische Pufferung in internen Tabellen

In Tabelle 14.5 sind die wichtigsten Eigenschaften dieser Puffer zusammengefasst.

Benutzerübergreifende Pufferung				
	Tabellenpuffer	**Shared Objects**	**Shared Memory**	**Shared Buffer**
Möglicher Einsatzzweck	einfache Tabellendaten	komplexe Daten, Objektnetze	Extrakte, Metadaten	Extrakte, Metadaten
Kopierfreier Zugriff	nein	ja	nein	nein
Kompression	nein	nein	optional	optional
Synchronisation	ja	nein	nein	nein
Verdrängung	ja	nein	nein	ja
ABAP-Statement	Open SQL	Methoden der Klasse `cl_shm_area`	▸ `EXPORT TO SHARED MEMORY` ▸ `IMPORT FROM SHARED MEMORY` ▸ `DELETE FROM SHARED MEMORY`	▸ `EXPORT TO SHARED BUFFER` ▸ `IMPORT FROM SHARED BUFFER` ▸ `DELETE FROM SHARED BUFFER`

Benutzerspezifische Pufferung			
	Interne Tabellen	**ABAP Memory**	**SAP Memory**
Möglicher Einsatzzweck	kleinere Mengen Stammdaten	Extrakte, Metadaten	Parameter
Kopierfreier Zugriff	ja, wenn entsprechend implementiert	nein	nein
Kompression	ja, wenn entsprechend implementiert	optional	nein

Tabelle 14.5 Eigenschaften benutzerübergreifender und benutzerspezifischer Puffer

Benutzerspezifische Pufferung			
ABAP-Statement	Statements für interne Tabellen (READ, LOOP etc.)	► EXPORT TO MEMORY ID ► IMPORT FROM MEMORY ID ► DELETE FROM MEMORY ID	► SET PARAMETER ID ► GET PARAMETER ID

Tabelle 14.5 Eigenschaften benutzerübergreifender und benutzerspezifischer Puffer

Grundsätzlich ändert sich an den Empfehlungen zur Pufferung von Daten beim Einsatz von SAP HANA nichts. Nach wie vor ist der Zugriff auf die Puffer im Applikationsserver schneller als der Zugriff auf die Datenbank, auch im Fall von SAP HANA. Dies hat unter anderem damit zu tun, dass sich der Hauptspeicher im Applikationsserver auf dem gleichen Server befindet, auf dem das ABAP-Programm läuft. Beim Hauptspeicher auf der Datenbank hingegen befindet sich ein Netzwerk zwischen dem Applikationsserver und der Datenbank. Außerdem sind beim Zugriff auf die Datenbank mehrere Softwareschichten involviert. Im Folgenden heben wir den Tabellenpuffer besonders hervor, da er zu den wichtigsten Puffern gehört.

Der Zugriff auf Tabellenpuffer ist ca. zehnmal schneller als der Zugriff auf Daten in der Datenbank. Tabellen, die häufig gelesen und selten geändert werden und nicht zu groß sind, sollten gepuffert werden. Folgendes sollten Sie dabei beachten:

Tabellenpuffer

► Aufgrund der Synchronisation zwischen den Applikationsservern kann es dazu kommen, dass geänderte Daten anderen Benutzern verzögert zur Verfügung stehen. Dies muss aus Anwendungssicht akzeptabel sein. Tabellen, bei denen immer der aktuellste Stand benötigt wird, sollten also nicht gepuffert werden.

► Tabellen, die häufig geändert werden (> *0,1 % bis 1 % aller Zugriffe*), sollten nicht gepuffert werden, da aufgrund des Synchronisationsaufwands und der Nachladevorgänge die Performance eher verschlechtert als verbessert wird.

► Eine gepufferte Tabelle sollte nur einen kleinen prozentualen Anteil (bis zu 5 %) des Tabellenpuffers belegen.

► In SAP NetWeaver 7.4 werden im Tabellenpuffer sowohl Primärschlüssel als auch Sekundärschlüssel effizient für die Suche genutzt. In älteren Releases galt dies nur für die Primärschlüssel, und Zugriffe über den Sekundärschlüssel wurden nicht optimiert.

Beim Zugriff auf gepufferte Tabellen sollten Sie darauf achten, dass die SQL-Anweisungen den Puffer auch anwenden können. Grundsätzlich gehen Zugriffe am Tabellenpuffer vorbei, wenn die WHERE-Bedingung mehr als ein Pufferobjekt trifft. Bei generisch gepufferten Tabellen müssen also alle Felder des generischen Schlüssels angegeben sein. Bei einzelsatzgepufferten Tabellen müssen alle Felder des Primärschlüssels angegeben sein. Darüber hinaus gibt es noch eine Reihe von Anweisungen, die am Puffer vorbeilesen:

- Zugriffe mit dem Zusatz BYPASSING BUFFER
- Zugriffe mit IN-Listen auf Schlüsselfelder, die mehr als ein Element enthalten
- Zugriffe mit dem Zusatz FOR UPDATE in der SELECT-Klausel
- Zugriffe mit Aggregatsfunktionen
- Zugriffe mit dem Zusatz DISTINCT
- Zugriffe mit dem Operator IS NULL
- Zugriffe mit Unterabfragen
- Zugriffe mit ORDER BY (außer ORDER BY PRIMARY KEY)
- Zugriffe mit JOIN
- Zugriffe mit dem Zusatz CLIENT SPECIFIED, wenn der Mandant nicht angegeben wird
- Zugriffe, die in Native SQL geschrieben wurden
- Zugriffe, die nach Aufruf des Funktionsbausteins DB_SET_ISOLATION_LEVEL ausgeführt werden (siehe SAP-Hinweis 1376858)

Der Code Inspector unterstützt Sie bei der Suche nach solchen Anweisungen mit der Prüfung SELECT-ANWEISUNGEN, DIE AM PUFFER VORBEILESEN.

Auch für die anderen Puffer (z. B. Shared Objects, Shared Memory, Shared Buffer, interne Tabellen, ABAP Memory und SAP Memory) bleiben die Regeln ebenfalls wie gehabt. Dies bedeutet, dass Sie weiterhin Daten, die aufwendig zu beschaffen oder berechnen sind oder mehrfach verwendet werden, in solchen Puffern ablegen sollten, um die Datenbank von wiederholten teuren Anfragen zu entlasten. Dazu gehören z. B. auch die Ergebnisse von Analytic Views oder Datenbankprozeduren, die Sie mittels Code Pushdown erstellt haben.

Wenn die Ergebnisse im Anwendungskontext mehrfach benötigt werden, ist es besser, die Daten nur einmal von der Datenbank zu lesen und dann im Applikationsserver zu puffern. Welchen Puffer Sie dafür wählen, hängt davon ab, ob die Daten benutzerübergreifend oder nur innerhalb einer Anmeldung mehrfach benötigt werden. Die wichtigsten Eigenschaften der verschiedenen Puffer können Sie Tabelle 14.5 am Anfang dieses Abschnitts entnehmen. So können Sie die Datenbank von unnötigen, weil mehrfach mit denselben Parametern wiederholten Zugriffen entlasten.

Sortierung zur Verbesserung der Performance

In Abschnitt 14.1.4, »Empfehlungen zur Migration«, haben wir die funktionalen Aspekte der Sortierung bei der Datenbankmigration besprochen. Offen blieb die Frage, ob Sie auf der Datenbank oder im ABAP-Programm sortieren sollten. Hier haben sich die Regeln nicht geändert. Falls die Sortierung in der Datenbank nicht über einen Index, der für die Selektion benutzt wird, abgebildet werden kann, sollte im ABAP-Applikationsserver sortiert werden, vor allem wenn die gesamte zu sortierende Datenmenge von der Anwendung benötigt wird. Wenn allerdings die Sortierung eines großen Datenbestands benötigt wird, um ein kleineres Ergebnis zu berechnen (z. B. Ermittlung der fünf besten Kunden, bezogen auf den Bestellwert), sollte die Sortierung der Datenbank überlassen werden. Wenn die Sortierung Teil der Berechnung ist oder kosteneffizient in der Datenbank durchgeführt werden kann, sollte sie auch in der Datenbank erfolgen.

Sortierung auf Datenbank oder Applikationsserver

Keine identischen Zugriffe durchführen

Eine weitere Maßnahme ist die Vermeidung von identischen Zugriffen, d. h., Sie sollten das mehrmalige Lesen gleicher Daten vermeiden. Dies reduziert nicht nur die Anzahl der Zugriffe auf der Datenbank (siehe goldene Regel 3), sondern vermeidet vor allem auch unnötige Last auf der Datenbank. Zur Vermeidung von identischen Zugriffen werden üblicherweise interne Tabellen oder auch Puffer verwendet.

Zusammenfassung und Bedeutung für SAP HANA

Eine konsequente Anwendung der fünften Regel führt bei klassischen Datenbanken zu reduziertem CPU-Verbrauch und zur Entlastung des Netzwerks. Unter Umständen kann durch die Vermeidung mehrfacher Zugriffe auch der I/O-Aufwand reduziert werden.

Häufig aufzurufende Berechnungen puffern

Auch mit SAP HANA haben die Puffer im Applikationsserver weiterhin ihre Daseinsberechtigung, da sie schnellere Zugriffszeiten bieten und die Datenbank von unnötigen Zugriffen entlasten können. Das heißt z. B., dass man auf SAP HANA zwar komplexe Berechnungen über einen Code Pushdown in der Datenbank ausführt, diese Berechnungen dann aber nicht unnötig häufig, sondern nur so oft wie nötig aufruft. Falls ein Ergebnis mehrfach abgefragt werden muss, sollte es in einem Puffer abgelegt werden.

[»] **Bedeutung der Regel 5 für SAP HANA**

Die zentrale Stärke von SAP HANA liegt in der Ausführung komplexer Berechnungen auf großen Datenmengen. Solche Berechnungen sollten Sie in der Datenbank ausführen. Es ist jedoch nicht sinnvoll, immer wieder die gleichen Berechnungen oder Zugriffe auf die gleichen Daten an die Datenbank zu schicken. Aus diesem Grund kann man die fünfte Regel für SAP HANA formulieren: »Entlasten Sie die Datenbank von unnötigen Zugriffen.« So formuliert, gilt diese Regel für SAP HANA unverändert und mit gleicher Priorität, da auch hier CPU- und Netzwerkressourcen entlastet werden können.

An den Regeln zur Pufferung ändert sich beim Einsatz von SAP HANA nichts. Alle Puffer werden weiterhin an den Stellen eingesetzt, an denen die Datenbank von wiederholten Zugriffen entlastet werden kann. Sortierungen können ebenfalls zur Entlastung beitragen, wenn sie im Applikationsserver ausgeführt werden, wo dies sinnvoll ist. Identische Zugriffe sollten grundsätzlich vermieden werden, da dies ebenso zur Entlastung der Datenbank beiträgt.

14.4.6 Zusammenfassung der Regeln

Gleiche Regeln, geänderte Prioritäten

Wie Sie in den vorangegangenen Abschnitten gesehen haben, treffen die meisten goldenen Regeln für die Datenbankprogrammierung auch auf SAP HANA zu. Es verschieben sich lediglich einige Prioritäten. So ist die Anzahl der Zugriffe auf die Datenbank bei SAP HANA mehr von Bedeutung, als das auf klassischen Datenbanken der Fall ist. Die Regel 3 hat daher eine höhere Priorität. Auf der anderen Seite werden auf SAP HANA nur unter bestimmten Umständen Indizes benötigt. Die Regel 4 hat daher eine niedrigere Priorität. Zusammenfassend kann man sagen, dass die Einhaltung der goldenen Regeln dazu beiträgt, dass Anpassungen an ABAP-Programmen zur Performanceoptimierung reduziert werden können.

14.5   Performanceempfehlungen für native Implementierungen in SAP HANA

Nachdem wir im vorangegangenen Abschnitt auf Performanceempfehlungen für die Arbeit mit Open SQL eingegangen sind, möchten wir Ihnen in diesem Abschnitt einige Empfehlungen für die Arbeit mit nativem SQL, modellierten und implementierten SAP HANA Views sowie SQLScript geben.

14.5.1 Empfehlungen für natives SQL

Im Zusammenhang mit dem Einsatz von nativem SQL per ADBC möchten wir – neben den Empfehlungen für Open SQL, die in gleicher Weise für natives SQL gelten – auf zwei Themen gesondert hinweisen. Dabei handelt es sich um den Einsatz von Prepared-Anweisungen und Massenoperationen. Beide haben wir in Abschnitt 3.2.4, »Datenbankzugriff über natives SQL«, bereits vorgestellt und wollen daher hier nur noch auf die Performanceaspekte eingehen. Für die hier vorgestellten (aber auch für andere) Themen gibt es im ABAP-Testprogramm `ADBC_DEMO`, das mit dem SAP-Standard ausgeliefert wird, ein Beispiel in den Unterprogrammen `INSERT_ROWS` und `INSERT_ITAB`.

Prepared-Anweisungen

Im Gegensatz zu Open SQL, das performanceoptimiert vom SAP-Kernel verwaltet wird, muss der Programmierer bei der Verwendung von nativem SQL per ADBC auf die optimale Verwendung achten. Wenn die Klasse `CL_SQL_STATEMENT` verwendet wird, handelt es sich dabei um ein dynamisches Statement, das bei jeder Ausführung mit der Methode `EXECUTE_QUERY` zur Datenbank übertragen wird, die wiederum das SQL-Statement als Zeichenkette analysiert. Dabei gehen die Parameter mit in die Betrachtung ein. Die beiden folgenden SQL-Anweisungen sind damit für die Datenbank verschieden, da es sich um zwei unterschiedliche Zeichenketten handelt.

```
SELECT * FROM scarr WHERE carrid = 'AA';
SELECT * FROM scarr WHERE carrid = 'UA';
```

Die Datenbank muss für jede dieser beiden Anweisungen unter anderem folgende Schritte durchführen:

▸ die Anweisung parsen (z. B. für die Syntax)

▸ Speicher für die Anweisung und den Ausführungsplan reservieren

▸ den Ausführungsplan erstellen und im SQL-Cache speichern

Prepare-Phase Diese Schritte werden als *Prepare-Phase* bezeichnet, weil dabei die Anweisung für eine Ausführung vorbereitet wird. Wenn sehr viele SQL-Anweisungen an die Datenbank gesendet werden, die sich nur in den verwendeten Parametern unterscheiden, hat die Datenbank relativ viel Aufwand mit der Vorbereitung jeder einzelnen Anweisung. Die dafür benötigte Zeit kann im mittleren dreistelligen Mikrosekundenbereich liegen und damit z. B. genauso hoch sein wie die Zeit für die eigentliche Ausführung der Anweisung. Bei häufiger Ausführung entsteht so schnell ein Mehraufwand, der einen signifikanten Teil der Laufzeit ausmachen kann.

Vorteil von Prepared-Anweisungen Wenn sich nur die Parameter einer SQL-Anweisung ändern, kann die Anweisung durch die Verwendung der Klasse CL_PREPARED_STATEMENT mit einem sogenannten *Parameter-Marker* zur Datenbank übertragen werden. Die übertragene Anweisung sieht dann z. B. so aus:

```
SELECT * FROM scarr WHERE carrid = ?;
```

Diese Anweisung wird nur ein einziges Mal vorbereitet und im SQL-Cache abgelegt. Unmittelbar vor der Ausführung werden dann die Parameter, die mit der Methode SET_PARAM gesetzt wurden, beim Aufruf der Methode EXECUTE_QUERY der Klasse CL_PREPARED_STATEMENT anstelle der Parameter-Marker eingesetzt. So können Sie den Aufwand, der für die Vorbereitung der SQL-Anweisungen entsteht, auf das notwendige Minimum reduzieren. Sobald Sie die vorbereitete SQL-Anweisung nicht mehr benötigen, sollten Sie sie unter Verwendung der Methode CLOSE der Klasse CL_PREPARED_STATEMENT schließen, um die von der SQL-Anweisung benötigten Ressourcen frühestmöglich wieder freizugeben.

Empfehlung zur Verwendung SQL-Anweisungen, die Sie nur ein einziges Mal ausführen, sollten Sie also über die Klasse CL_SQL_STATEMENT ausführen. SQL-Anweisungen, die Sie mehrfach ausführen möchten, sollten Sie über die Klasse CL_PREPARED_STATEMENT ausführen und dabei die unterschiedlichen Parameter übergeben. Sie halten so den Aufwand für die Vorbereitung der SQL-Anweisungen so gering wie möglich und tragen zur Entlastung der Datenbank bei.

Massenoperationen

Ab SAP NetWeaver AS ABAP 7.4 steht Ihnen auch für ändernde SQL-Anweisungen über ADBC ein Array-Interface zur Verfügung. Damit können Sie z. B. mehrere Zeilen auf einmal einfügen und müssen nicht Zeile für Zeile vorgehen. Da sich eine reduzierte Anzahl von Anweisungen positiv auf die Performance einer Anwendung auswirkt, empfehlen wir, diese Möglichkeit nicht nur für lesende, sondern auch für schreibende Zugriffe zu nutzen. Wie in Abschnitt 14.1.6, »Schreibende Zugriffe in SQLScript oder nativem SQL«, diskutiert, sollten Sie allerdings nur in Ausnahmesituationen Daten über die ADBC-Schnittstelle modifizieren.

14.5.2 Empfehlungen für SAP HANA Views

In Kapitel 4, »Native Datenbankentwicklung mit SAP HANA«, haben Sie verschiedene View-Typen kennengelernt. Bei der Modellierung und Implementierung von SAP HANA Views können Sie bestimmte Fehler machen, die sich insbesondere negativ auf die Performance auswirken. Daher möchten wir Ihnen nun ein paar grundlegende Empfehlungen für die Modellierung von SAP HANA Views an die Hand geben.

Wahl des richtigen View-Typs

Von großer Bedeutung bei der Modellierung im SAP HANA Studio ist zunächst einmal die Wahl des richtigen View-Typs. Abbildung 14.3 ist an die *SAP HANA SQLScript Reference* angelehnt und unterstützt Sie bei der Entscheidungsfindung.

Bei der Wahl des View-Typs sollten Sie zunächst überprüfen, ob Sie zur Abbildung einer gegebenen Anforderung ein Sternschema benötigen und/oder eine große Anzahl von Datensätzen aggregieren möchten. Wenn dies der Fall ist, empfehlen wir die Verwendung eines Analytic Views. Andernfalls bietet sich zunächst einmal die Verwendung eines Attribute Views an. Ein Attribute View erlaubt Ihnen, mehrere Tabellen über Joins miteinander in Beziehung zu setzen. Bei Bedarf können Sie dabei auch berechnete Felder definieren.

Analytic und Attribute Views

Wenn Sie eine gegebene Anforderung weder über einen Analytic View noch über einen Attribute View abbilden können, nutzen Sie einen Calculation View. Solange Sie in dem Calculation View nur die

Calculation Views

Operationen JOIN, PROJECTION, AGGREGATION und UNION verwenden möchten, können Sie einen modellierten Calculation View nutzen. Andernfalls müssen Sie den Calculation View implementieren und dabei entweder nur CE-Funktionen nutzen oder auch auf die weiterführenden Möglichkeiten von SQLScript zurückgreifen.

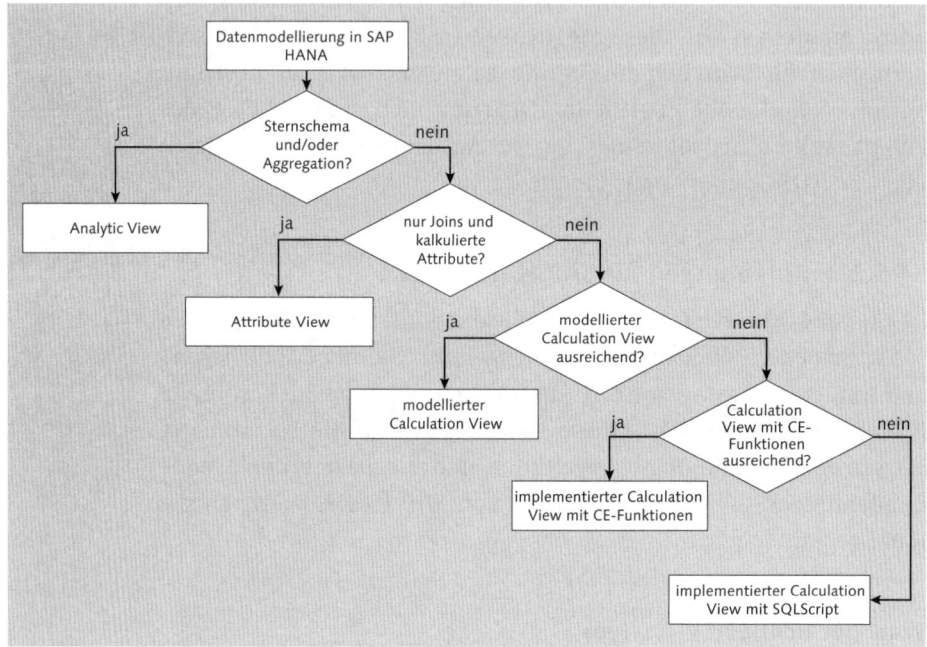

Abbildung 14.3 Wahl des View-Typs in SAP HANA

Modellierung/Implementierung

Neben der Wahl des richtigen View-Typs sollten Sie einige weitere Empfehlungen bei der Modellierung bzw. Implementierung von SAP HANA Views berücksichtigen, um eine optimale Performance zu erzielen.

Kombination mehrerer Views

Sehr häufig werden Sie eine gegebene Anforderung nicht nur mit einem View lösen, sondern dazu mehrere SAP HANA Views benötigen, z. B. in der folgenden Situation:

▸ Sie aggregieren verschiedene Kennzahlen mit unterschiedlichen Analytic Views (z. B. ein Analytic View auf Basis der Tabelle SFLIGHT und ein zweiter Analytic View auf Basis der Tabelle SBOOK; der erste Analytic View bestimmt die Auslastung, der zweite die Summe des Gepäckgewichts pro Flugverbindung).

▸ Anschließend kombinieren Sie die Zwischenergebnisse der Analytic Views zum Endergebnis (etwa durch Verwendung der `UNION`-Operation innerhalb eines Calculation Views).

▸ Zum Schluss reichern Sie das Endergebnis um weitere Stammdaten an (z. B. durch Verwendung der `JOIN`-Operation und eines Attribute Views auf Basis der Tabelle `SPFLI` innerhalb des Calculation Views, um die Stammdaten der Flugverbindungen nachzulesen).

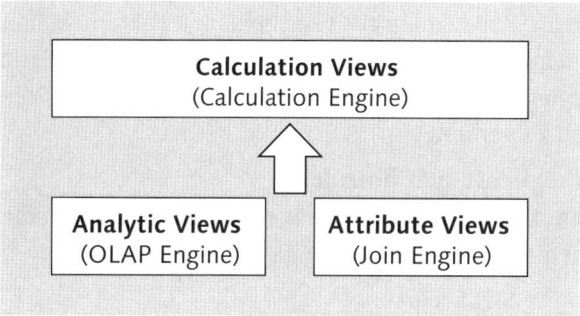

Abbildung 14.4 Kombination von SAP HANA Views

In einem solchen Fall sind mehrere Engines (siehe Abschnitt 1.3, »Architektur der In-Memory-Datenbank«) an der Berechnung des Endergebnisses beteiligt. Das ist in Abbildung 14.4 schematisch dargestellt.

Sie können die an der Lösung einer gegebenen Aufgabe beteiligten Engines unterstützen, indem Sie sich an einige Regeln halten:

Wichtige Regeln für SAP HANA Views

▸ **Datenmenge klein halten**
Wie auch bei der Verwendung von Open SQL innerhalb von ABAP-Anwendungen empfehlen wir für die Modellierung von SAP HANA Views, die gelesene *und* zwischen den Engines ausgetauschte Datenmenge so weit wie möglich zu minimieren. Dies erreichen Sie, indem Sie Daten möglichst früh filtern (durch Definition geeigneter Filter bzw. `WHERE`-Bedingungen) und aggregieren (insbesondere über Analytic Views). Außerdem sollten Sie auch nur die Spalten lesen, die tatsächlich benötigt werden.

▸ **Daten möglichst früh aggregieren und Berechnungen auf aggregierten Daten durchführen**
Indem Sie Daten möglichst früh aggregieren und Berechnungen auf aggregierten Daten durchführen, erreichen Sie zwei Dinge:

Erstens reduzieren Sie die Datenmenge für die weitere Verarbeitung und damit auch die Datenmenge, die z. B. von der *OLAP Engine* an die *Calculation Engine* übergeben werden muss. Zweitens minimieren Sie unter Umständen die Anzahl der Berechnungen (etwa für Währungsumrechnungen).

▸ **Komplexe Joins vermeiden**
Vermeiden Sie komplexe Joins, d. h. lange Verkettungen von JOIN-Operationen und Joins zwischen sehr großen Datenbanktabellen. Diese können sehr teuer sein. Alternativ bietet es sich in manchen Fällen an, Kennzahlen aus verschiedenen Faktentabellen zunächst unabhängig voneinander über verschiedene Analytic Views zu aggregieren und dann die Zwischenergebnisse über die UNION-Operation zu vereinigen.

▸ **Stammdaten möglichst spät hinzulesen**
Lesen Sie Stammdaten möglichst spät hinzu, wenn diese für die vorangegangenen Berechnungsschritte nicht benötigt werden.

▸ **Empfehlungen für SQLScript**
Bei der Nutzung von implementierten Calculation Views beachten Sie außerdem die folgenden Empfehlungen für SQLScript.

14.5.3 Empfehlungen für SQLScript

Wichtige Regeln für SQLScript

Wenn Sie zur Umsetzung einer Anforderung SQLScript verwenden müssen (weil die Anforderung nicht durch Modellierung eines SAP HANA Views abbildbar ist), beachten Sie die folgenden Regeln. Zum Teil sind wir auf diese bereits in Abschnitt 4.2, »SQLScript«, eingegangen:

▸ **Komplexität von SQL-Anweisungen minimieren**
Durch die Verwendung von Tabellenvariablen können Sie komplexe SQL-Anweisungen zerlegen. Dies macht das Coding nicht nur für Sie einfacher lesbar, sondern erleichtert auch dem Optimierer der HANA-Datenbank die Arbeit. Es fällt ihm z. B. durch die Dekomposition komplexer Datenbankabfragen in einigen Fällen leichter, redundante Unterabfragen zu erkennen und deren mehrfache Berechnung zu vermeiden.

▸ **Abhängigkeit von SQL-Anweisungen vermeiden**
Wie in Kapitel 4, »Native Datenbankentwicklung mit SAP HANA«, beschrieben, werden mehrere SQL-Anweisungen innerhalb einer

Datenbankprozedur bzw. eines Calculation Views von der Datenbank so weit wie möglich parallel ausgeführt. Dies setzt jedoch voraus, dass diese Anweisungen unabhängig voneinander sind. Vermeiden Sie daher *unnötige* Abhängigkeiten zwischen SQL-Anweisungen.

▶ **Nutzung von CE-Funktionen vermeiden**
Wie in Abschnitt 4.2.2 »SQLScript-Programmierung« bereits erwähnt, wird die Verwendung von CE-Funktionen zur Implementierung von Datenbankprozeduren nicht (mehr) empfohlen. Vermeiden Sie dies daher.

▶ **Imperative Programmierung vermeiden**
Imperative Sprachelemente (insbesondere Schleifen und Cursor-Verarbeitung) erschweren die Parallelisierung bzw. unterbinden diese unter Umständen komplett. Versuchen Sie daher möglichst, mit deklarativen Sprachelementen zu arbeiten. Verwenden Sie für datenintensive Kalkulationen vor allem Schleifen und Cursor nur, wenn Sie eine Anforderung anders nicht lösen können.

▶ **Stärken von OLAP und Join Engine nutzen**
Wenn Sie zur Umsetzung einer Anforderung SQLScript benötigen, bedeutet das nicht zwangsläufig, dass Sie die Anforderung ausschließlich und zu 100 % mit SQLScript implementieren müssen. Häufig können Sie Teile der Aufgabenstellung innerhalb einer Datenbankprozedur bzw. eines Calculation Views an Analytic Views und Attribute Views delegieren. Prüfen Sie diese Möglichkeit, da Sie dadurch die Stärken von OLAP und Join Engine nutzen können.

▶ **Dynamisches SQL vermeiden**
Die Optimierungsmöglichkeiten von dynamischem SQL sind beschränkt. Unter Umständen muss dynamisches SQL bei jedem Aufruf neu kompiliert werden. Vermeiden Sie daher dynamisches SQL, wo es nicht zwingend benötigt wird.

▶ **ABAP-Datenbankprozeduren konsequent verwenden**
Wenn Sie ABAP-Datenbankprozeduren verwenden, sollten Sie darauf achten, dass Sie in Ihrem SQLScript-Code nur weitere ABAP-Datenbankprozeduren aufrufen. Nur so profitieren Sie vom ABAP Lifecycle Management.

Weiterführende Informationen erhalten Sie auch in der *SAP HANA SQLScript Reference* in der SAP-Onlinehilfe.

14.6 Zusammenfassung der Empfehlungen

Zum Abschluss des Kapitels (und des Buches) möchten wir die wichtigsten fünf Empfehlungen für eine erfolgreiche ABAP-Entwicklung auf SAP HANA noch einmal in konzentrierter und plakativer Form zusammenstellen:

▸ **Tipp 1: Die Datenbank nicht als Blackbox sehen**
Unsere erste Empfehlung ist mehr theoretischer Natur und betrifft das Zusammenspiel von Anwendungsserver und Datenbank. Sie sollten die Datenbank nicht mehr als reine Blackbox sehen, die für Sie als Entwickler nur die grundlegenden CRUD-Funktionen (Create, Read, Update, Delete) zur Verfügung stellt. Stattdessen bietet sie darüber hinaus eine reiche Plattform, die eine Vielzahl an Services bietet. Für die Nutzung dieser Services gibt es verschiedene Kanäle, von denen SQL der wichtigste ist. Aus diesem Grund sind die SQL-Kenntnisse und die der zugehörigen Datenbankprogrammierkonzepte, die Sie im Rahmen dieses Buches erworben haben, sehr wichtig.

Eine weitere Änderung gegenüber der Vergangenheit besteht darin, dass die Datenbankplattform nicht mehr ausschließlich von einem ABAP-System genutzt wird, sondern auch von anderen Konsumenten, wie etwa BI-Werkzeugen oder der XS Engine.

▸ **Tipp 2: Performanceoptimierungen so weit wie möglich mit Bordmitteln durchführen**
Bei einer Optimierung empfehlen wir Ihnen, stets schrittweise vorzugehen. Nach einer Analyse des Status quo sollten im ersten Schritt die Optimierungspotenziale von Open SQL, CDS-Views und Standard-ABAP-Programmierung (und -Komponenten) genutzt werden. Idealerweise können Sie in diesem Schritt das ABAP-Coding bereits so umstellen, dass eine mögliche weitere Optimierung der Datenbankzugriffe durch eine native Implementierung einfach durchführbar ist. Bei einer nativen Implementierung sollten Sie ABAP-Datenbankprozeduren den HANA-Datenbankprozeduren vorziehen.

Die Performanceempfehlungen für Open SQL in ABAP ändern sich auf SAP HANA nicht fundamental, sondern werden vor allem anders gewichtet (siehe Abschnitt 14.4, »Performanceempfehlungen für Open SQL«). Machen Sie sich mit den Regeln vertraut, und lernen Sie auch die neuen Werkzeuge für Performanceanalysen kennen.

▶ **Tipp 3: Kapselung und Testen sind für Implementierungen in der Datenbank essenziell**
Wenn Sie eine Anforderung (sei es hinsichtlich Performance oder Funktionalität) mit Bordmitteln nicht lösen können, machen Sie von HANA-spezifischen Funktionen Gebrauch. Bedenken Sie, dass gerade für Implementierungen nahe der Datenbank eine saubere Kapselung und gute Testabdeckung wichtig sind. Definieren Sie geeignete Testfälle, stellen Sie passende Testdaten zur Verfügung, und führen Sie möglichst automatisiert Tests durch, um sicherzustellen, dass sich das System auch nach einer an einem SAP HANA View oder einer Datenbankprozedur vorgenommenen Anpassung noch korrekt verhält.

▶ **Tipp 4: Korrektheit, Robustheit und Wartbarkeit sind letztlich wichtiger als optimale Performance**
Die Verlagerung von Anwendungscode von der Applikationsschicht in die Datenbankschicht bietet viel Potenzial. Sie erhöht aber unter Umständen auch die Komplexität von ABAP-Programmen, etwa wenn Sie neben der für SAP HANA optimierten Implementierung eines Programms auch eine Implementierung für traditionelle Datenbanken vorhalten müssen. Daneben kann sich durch die Verlagerung von Anwendungscode in die Datenbank – wenn Sie nicht aufpassen (siehe Abschnitt 14.1.3, »Checkliste für datenbankspezifische Implementierungen«) – das Ergebnis eines Programms ändern. Achten Sie immer auf die betriebswirtschaftlich richtige Behandlung von Daten.

Wir empfehlen, Anwendungscode nicht unnötig in SAP HANA Views und Datenbankprozeduren zu verlagern, sondern nur dort, wo dadurch ein echter Nutzen hinsichtlich Performance und Funktionalität entsteht. Nicht jedes ABAP-Programm ist performancekritisch und muss innerhalb von Sekundenbruchteilen ein Ergebnis liefern.

▶ **Empfehlung 5: Neue Chancen und Anwendungsmuster jenseits von Performanceoptimierungen**
Betrachten Sie SAP HANA nicht nur als Technologie, um Programme zu beschleunigen. Gerade im dritten Teil dieses Buches haben Sie eine Reihe von Techniken kennengelernt, durch die Sie aus existierenden Datenbeständen neue Erkenntnisse gewinnen

können. Durch die Möglichkeiten von SAP HANA verschwimmen OLTP und OLAP, und neue Anwendungsmuster entstehen. Diese erlauben Unternehmen – teilweise viel mehr als ausschließliche Performanceverbesserungen –, neue Geschäftsmodelle zu entwickeln und sich von Wettbewerbern zu differenzieren.

Öffnung des ABAP-Programmiermodells

Die Öffnung des ABAP-Programmiermodells hinsichtlich der Nutzung nativer Datenbanktechnologien von SAP HANA ist ein großer Schritt und wird zusammen mit weiteren Innovationen in SAP HANA neue Möglichkeiten für ABAP-Entwicklungen eröffnen. Wir hoffen, dass wir Ihnen mit den Empfehlungen in diesem Buch den Weg erleichtert haben, um das Maximale aus der HANA-Plattform im Rahmen von existierenden oder neuen ABAP-Entwicklungen oder Erweiterungen herauszuholen.

Anhang

A   Flugdatenmodell

Im Rahmen dieses Buches verwenden wir als Datenbasis das SAP-NetWeaver-Flugdatenmodell mit geringen Erweiterungen. In diesem Anhang stellen wir für Sie den Aufbau des Flugdatenmodells noch einmal als Referenz zusammen.

Das Flugdatenmodell, oft auch `SFLIGHT`-Modell genannt, ist ein einfaches Beispiel für die klassische Anwendungsentwicklung mit dem SAP NetWeaver AS ABAP und die Basis vieler SAP-Fachbücher, Schulungen und Dokumentationen. Das Datenmodell besteht im Kern aus einer Reihe von Datenbanktabellen. Ein Verständnis dieser Tabellen und ihrer Inhalte ist für das Verständnis der Beispiele in diesem Buch hilfreich. Als ABAP-Entwickler haben Sie sicher schon einmal mit dem `SFLIGHT`-Modell gearbeitet. Wir konzentrieren uns hier aus diesem Grund vor allem auf die Zusammenhänge der Tabellen, die wir in diesem Buch verwenden.

Wir erläutern zunächst kurz den zugrunde liegenden einfachen Geschäftsprozess, erklären danach die Struktur und Zusammenhänge der wichtigsten Datenbanktabellen und gehen im letzten Punkt auf Möglichkeiten zur Generierung von Massendaten ein.

A.1   Grundlagen des Flugdatenmodells

Das Flugdatenmodell erlaubt die Simulation verschiedener Geschäftsszenarien im Kontext von Flugbuchungen von Linienflügen. Dabei können im Wesentlichen zwei Szenarien betrachtet werden:

▶ **Betrieb einer Fluggesellschaft**
Eine Fluggesellschaft verkauft Tickets entweder direkt an Kunden oder über einen Reisevermittler. Im System finden Sie nur die Daten dieser Fluggesellschaft, allerdings mit allen Buchungen.

▶ **Simulation eines Reisevermittlers**
Ein Reisevermittler verkauft Tickets für mehrere Fluggesellschaften. Im System ist der vollständige Flugplan enthalten, und Buchungen für alle Flüge können vorgenommen werden. Das Szenario basiert auf der Annahme, dass es eine Rückspiegelung der

Szenarien

aktuellen Buchungsinformationen durch die Fluggesellschaften gibt, so dass stets lokal die Anzahl der freien Plätze für einen Flug zur Verfügung steht. Im System werden nur die Buchungen vorgehalten, die über den Reisevermittler vorgenommen wurden.

Eine vollständige Darstellung und Dokumentation des Flugdatenmodells finden Sie insbesondere im *Data Modeler* (Transaktion SD11) für das Modell BC_TRAVEL. Das Modell bietet neben Einzelflügen auch die Möglichkeit, mehrere Flüge (z. B. Flüge mit Zwischenstopps) zusammenzufassen. Diese Variante betrachten wir in diesem Buch nicht.

A.2 Datenbanktabellen des Flugdatenmodells

Für die Geschäftsdaten des Flugdatenmodells gibt es ungefähr 25 Datenbanktabellen. Zusätzlich spielen Standardkonfigurationen und Customizing eine Rolle (z. B. Mandantenkonfiguration, Customizing für Währungen etc.), die in weiteren Tabellen abgelegt sind.

In diesem Abschnitt gehen wir auf die Struktur und Zusammenhänge der etwa zehn Tabellen ein, die wir in diesem Buch verwenden. Wir klassifizieren die Tabellen dabei nach Customizing, Stammdaten und Bewegungsdaten. Nachdem wir Ihnen die zentralen Tabellen des SFLIGHT-Modells und deren Rolle im Rahmen des Geschäftsszenarios vorgestellt haben, gehen wir abschließend auf einige allgemeine Designentscheidungen des Datenmodells ein und bewerten es im Kontext von SAP HANA.

A.2.1 Customizing

Einstellungen des ABAP-Anwendungsservers

Das Flugdatenmodell nutzt die folgenden Einstellungen des ABAP-Anwendungsservers:

▸ die Mandantenkonfiguration, die insbesondere in der Tabelle T000 abgelegt ist und als Prüftabelle für das Mandantenfeld der anderen Tabellen dient

▸ Das Customizing der Währungen und Umrechnungsvarianten, das in den Tabellen TCURR und TCURX abgelegt ist. An dieser Stelle müssen wir erwähnen, dass das Flugdatenmodell aus Schulungsgründen eine eigene Variante der Währungsumrechnung verwendet, die auf den Tabellen SCURR und SCURX basiert. Da insbesondere auch Kapitel 4, »Native Datenbankentwicklung mit SAP HANA«, den Standard nutzt, gehen wir nicht weiter auf die spezielle Variante des Flugdatenmodells ein, sondern nehmen implizit an, dass die Daten übereinstimmen (z. B. die verfügbaren Währungen).

▶ das Customizing der Maßeinheiten (Längen, Gewichte etc.) aus der Tabelle T006

A.2.2 Stammdaten

Im Rahmen dieses Buches verwenden wir die in Tabelle A.1 aufgeführten Stammdaten des SFLIGHT-Modells.

Tabelle	Beschreibung	Wichtige Inhalte
SCARR	Fluggesellschaften	Code und Name der Fluggesellschaft
SPFLI	Flugplan	Flugverbindung mit Informationen zu Start/Ziel sowie Dauer und Länge des Fluges
SAIRPORT	Flughäfen	Namen und Zeitzone der Flughäfen
SGEOCITY	Städte	Städte mit ihren geografischen Daten (Längen- und Breitengraden)
SCUSTOM	Kundendaten	Name, Adresse, E-Mail-Adresse sowie gewährter Preisnachlass
SAPLANE	Flugzeuge	Informationen zu Sitzplätzen, Verbrauch und Geschwindigkeit der Flugzeuge

Tabelle A.1 Stammdaten des Flugdatenmodells

Da wir primär das Szenario eines Reisevermittlers betrachten, der Tickets direkt an Kunden verkauft, verwenden wir nicht die Tabellen für die Konfiguration verschiedener Reisebüros (z. B. Tabelle STRAVELAG) und Geschäftspartner (z. B. SBUSPART), die für die Simulation einer Fluggesellschaft wichtig wären.

Ein wesentlicher Zusammenhang der Stammdaten besteht zwischen dem Flugplan, den Fluggesellschaften sowie den Flughäfen und Städten. Abbildung A.1 zeigt die zugehörigen Tabellen und Fremdschlüsselbeziehungen in der Form eines Attribute Views im SAP HANA Studio.

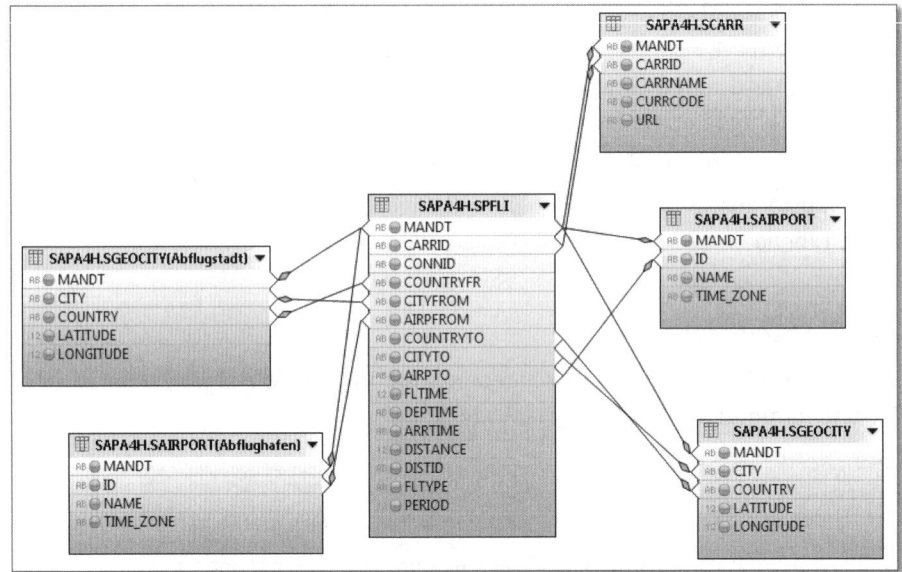

Abbildung A.1 Stammdatentabellen zum Flugplan im SFLIGHT-Modell

Die anderen Tabellen SCUSTOM und SAPLANE haben vor allem Verbindungen zu den Bewegungsdaten, und wir werden sie im nächsten Abschnitt als Dimensionen eines Sternschemas zeigen.

A.2.3 Bewegungsdaten

Im Flugdatenmodell gibt es primär zwei Tabellen, die Bewegungsdaten enthalten, die Flugbuchungen (Tabelle SBOOK) und die Flüge (Tabelle SFLIGHT). Tabelle A.2 fasst deren Inhalte zusammen. In gewisser Hinsicht spielt die Tabelle SFLIGHT dabei eine Doppelrolle. Einerseits enthält sie Bewegungsdaten, da sie einen effektiven Flug repräsentiert. Andererseits kann man sie auch als Dimension der Buchungen verstehen.

Tabelle	Beschreibung	Inhalt
SFLIGHT	Flüge	Informationen zu einem konkreten Flug (Flugverbindung, Zeitpunkt, belegte Plätze)
		Kennzahlen: ▸ Flugpreis ▸ belegte/freie Plätze

Tabelle A.2 Bewegungsdaten im Flugdatenmodell

Tabelle	Beschreibung	Inhalt
SBOOK	Flugbuchungen	Informationen zu einer Flugbuchung mit Relation zu Passagierinformationen **Kennzahlen:** ▶ Buchungspreis ▶ Gepäckgewicht

Tabelle A.2 Bewegungsdaten im Flugdatenmodell (Forts.)

Die Geschäftslogik für das Anlegen der Bewegungsdaten ist dabei relativ einfach. Für eine Flugbuchung für einen Kunden ist es zunächst notwendig, dass sowohl der Flug als auch der Flugkunde im System existieren. Vor der Durchführung einer Flugbuchung wird dann geprüft, ob es freie Sitzplätze gibt, und falls dies der Fall ist, wird als Teil der Transaktion die Anzahl der freien Plätze reduziert. Darüber hinaus ergibt sich der Buchungspreis aus dem konfigurierten Flugpreis und dem aktuellen Rabatt des Passagiers. Diese Logik ist insbesondere über BAPIs gekapselt (Business Object `FlightBooking`) und kann über Funktionsbausteine aufgerufen werden.

Geschäftslogik

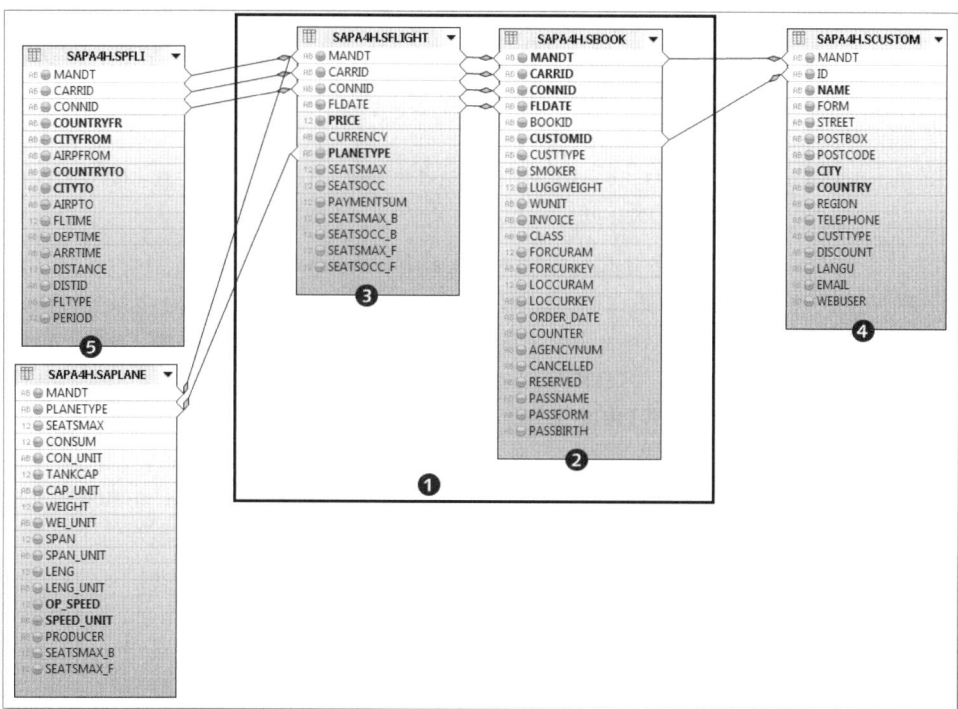

Abbildung A.2 Bewegungsdaten im Flugdatenmodell

Wir gehen an dieser Stelle nicht umfassender auf die Transaktionslogik ein, sondern betrachten primär das Zusammenspiel mit den Stammdaten. Von den Bewegungsdaten (❶ in Abbildung A.2) zu den Stammdaten ist die Kardinalität n:1, da Stammdaten ja in verschiedenen Transaktionen verwendet werden (zu jeder Flugbuchung ❷ für einen Flug ❸ gibt es einen Flugkunden ❹, der natürlich mehrere Buchungen vornehmen kann). Abbildung A.2 zeigt einen Ausschnitt des Datenmodells, in dem die weiteren zum Flugplan ❺ gehörigen Stammdaten aus Abbildung A.1 nicht noch einmal dargestellt sind.

Das Attribute-View-Modell dient an dieser Stelle vor allem einer einfachen grafischen Darstellung der Zusammenhänge der Tabellen. Für eine Analyse der Bewegungsdaten in der Praxis verwenden Sie besser einen Analytic View in SAP HANA.

A.2.4 Design des SFLIGHT-Datenmodells

In diesem Abschnitt gehen wir auf einige Designaspekte des SFLIGHT-Datenmodells ein. Die Tabellen sind deutlich vor der Entwicklung von SAP HANA entwickelt worden, was für die meisten Tabellen in einem SAP-System gilt. Wir gehen dabei auf den technischen Aufbau der Tabellen (Primär- und Fremdschlüssel, Datentypen, Indizes, Normalisierung) und die Semantik der Tabelleninhalte ein.

Tabellenstruktur Die technische Modellierung der SFLIGHT-Tabellen ist klassisch für SAP R/3. Dazu gehören die folgenden Strukturmerkmale:

▸ Tabellen haben in der Regel eine Reihe von zeichenartigen Schlüsselfeldern. Es werden keine GUIDs (*Globally Unique Identifiers*) als generierte technische Schlüssel verwendet. Fremdschlüsselbeziehungen bestehen damit ebenfalls aus mehreren Bedingungen (siehe Abbildung A.1 und Abbildung A.2).

▸ Ein Datum ist über ein Datums- und Zeitfeld realisiert (DATS, TIMS). Es werden keine Zeitstempel verwendet (Datenelemente TIMESTAMP, TIMSTAMPL).

▸ Manche numerischen Felder sind als zeichenartiges Feld (NUMC) realisiert, um eine einheitlich formatierte Darstellung sicherzustellen (inklusive führender Nullen). Ein Beispiel ist etwa die Kundennummer in der Tabelle SCUSTOM.

▸ Das Modell ist nicht vollständig normalisiert, d. h., es gibt gewisse Redundanzen in den Tabellen. Dies ist insbesondere eine Konsequenz der Vermeidung von technischen Schlüsseln, so dass sich etwa ein Flug über drei Attribute CARRID, CONNID, FLDATE definiert, die auch in anderen Tabellen vorhanden sind.

In neueren Modulen der SAP Business Suite finden sich auch andere Ansätze. Interessanterweise passen die genannten Strukturmerkmale jedoch gut zur Architektur von SAP HANA. Auf der anderen Seite haben etwa GUIDs, die als RAW-Typen auf der Datenbank existieren, kein optimales Verhalten bezüglich Komprimierung und Performance von Join-Operationen. Es gibt allerdings auch Designentscheidungen im SFLIGHT-Datenmodell, die für Neuentwicklungen im Kontext von SAP HANA nicht mehr uneingeschränkt zu empfehlen sind.

Zum Beispiel sind manche Werte als physische Spalten materialisiert, die sich aus einer einfachen Berechnung ergeben. Der Buchungspreis ist etwa in der Tabelle SBOOK einmal in der Währung der Fluggesellschaft und einmal in der lokalen Währung abgelegt. Ein solches Feld ließe sich auch als berechnetes Feld eines Views realisieren, wie Sie im Abschnitt »Berechnete Felder« in Abschnitt 4.4.1 erfahren haben. Außerdem sollten numerische Größen, die potenziell für Berechnungen eine Rolle spielen können, nicht als Zeichenketten (NUMC) modelliert werden, da die Datenbank diese nicht von anderen Texten unterscheiden kann. Der Rabattwert DISCOUNT in der Tabelle SCUSTOM ist ein solches Beispiel.

Tabelleninhalte

A.3   Datengenerierung

Um Erfahrungen mit den Möglichkeiten zu machen, die SAP HANA bietet, sollten Sie stets mit großen Datenmengen arbeiten. Obwohl es sich beim SAP-NetWeaver-Flugdatenmodell um ein sehr einfaches Datenmodell handelt, gibt es in der Realität in dem zugrunde liegenden Geschäftsszenario durchaus große Datenmengen. Im Jahr 2011 gab es z. B. ungefähr 56 Millionen Flugpassagiere allein am Flughafen Frankfurt (Quelle: Hessisches Statistisches Landesamt).

Um während eines Trainings, Prototyps oder einer produktiven Entwicklung große Datenmengen zur Verfügung zu haben, werden oft

Datengenerator

Generatoren eingesetzt, die für ein Datenmodell eine konsistente und realistische Datenmenge erzeugen. Im Flugdatenmodell gibt es dazu den ABAP-Report SAPBC_DATA_GENERATOR. Dieser kann aktuell allerdings keine beliebig große Datenmenge erzeugen (z. B. maximal 1,4 Millionen Buchungen).

Massendaten Für dieses Buch haben wir daher einen für unsere Beispiele geeigneten Datengenerator entwickelt. Dies ist der ABAP-Report ZR_A4H_ BOOK_GENERATE_MASS_DATA. Er setzt auf den durch den ABAP-Report SAPBC_DATA_GENERATOR generierten Daten auf (d. h., Sie müssen ihn nach diesem aufrufen) und generiert zusätzliche Flüge und Flugbuchungen. Aktuell arbeitet unser Datengenerator auf folgende Weise:

- Im ersten Schritt löscht der Datengenerator die durch den ABAP-Report SAPBC_DATA_GENERATOR generierten Flüge und Flugbuchungen.

- Anschließend generiert er Flüge (also Einträge in der Datenbanktabelle SFLIGHT). Pro Verbindung (also pro Eintrag in der Datenbanktabelle SPFLI) erzeugt das Programm einen Flug pro Tag – und zwar für jeden Tag innerhalb der auf dem Selektionsbildschirm eingegebenen Termine. Die Auslastung der Flüge schwankt dabei zwischen 70 und 100 %, wobei in einigen Monaten (z. B. während der Weihnachtszeit) eine durchschnittlich höhere Auslastung unterstellt wird als in anderen Monaten. Auch der Flugpreis ist in diesen Monaten etwas höher als in anderen.

- Zuletzt generiert das Programm die Flugbuchungen in der Datenbanktabelle SBOOK. Dabei bestimmt es die Kunden und Reisebüros der Buchungen nach einem Zufallsalgorithmus. Das Buchungsdatum bestimmt der Datengenerator auf Basis von drei hart codierten und zufällig pro Flug ausgewählten Verteilfunktionen. Es liegt maximal 180 Tage vor dem Flugdatum.

Der ABAP-Report ZR_A4H_BOOK_GENERATE_MASS_DATA generiert pro Jahr durchschnittlich ca. 3 Millionen Buchungen. Wenn Sie das Programm für zehn Jahre einplanen, erhalten Sie also ein Datenvolumen von ca. 30 Millionen Buchungen. Da sich diese auf etwa 4.500 Kundenstammsätze verteilen, werden für einzelne Kunden sehr viel mehr Buchungen als in der Realität angenommen. Dies stellt für unsere Beispiele kein Problem dar. Mehr Informationen zur Datengenerierung erhalten Sie in Anhang E, »Installation der Beispiele«.

B Erweiterungen der ABAP-Programmiersprache (ab SAP NetWeaver 7.4)

Seit SAP NetWeaver 7.4 gibt es eine Reihe kompatibler Erweiterungen der ABAP-Programmiersprache. Diese Erweiterungen erlauben Ihnen durch eine stärkere Ausdrucksorientierung, kürzeren und besser lesbaren ABAP-Code zu schreiben.

Gerade im Kontext der ABAP-Entwicklung auf SAP HANA erlauben die Ausdrucksmöglichkeiten eine Reduzierung des ABAP-Codes auf das Wesentliche: Über das in diesem Buch thematisierte Code-Pushdown-Paradigma können Berechnungen in der Datenbank ausgeführt werden, und die Orchestrierung der Anwendung kann (mithilfe der im ABAP-Anwendungsserver enthaltenen Komponenten) mit deutlich weniger Anwendungscode realisiert werden.

In diesem Anhang stellen wir Ihnen einige ABAP-Sprachfeatures, die wir in diesem Buch verwenden, in einem Kurzüberblick vor. Für die vollständigen Details verweisen wir auf die ABAP-Sprachdokumentation (siehe *http://help.sap.com/abapdocu_740/de*).

B.1 Inline-Deklarationen

In ABAP mussten Sie Variablen bisher stets über eine DATA-Anweisung deklarieren, bevor Sie sie verwenden konnten. Dabei mussten Sie stets den Datentyp angeben, auch wenn sich dieser bei einer Zuweisung über den Kontext eigentlich kanonisch ergibt. Betrachten Sie etwa das Beispiel in Listing B.1.

Variablen

```
" Datendeklaration ohne Inline-Deklaration
DATA: lo_alv TYPE REF TO cl_salv_table,
      lo_exc TYPE REF TO cx_salv_msg.

TRY.
    " ALV Table über Factory erzeugen
    cl_salv_table=>factory(
      IMPORTING r_salv_table = lo_alv
      CHANGING t_table = lt_data ).
```

```
   " ALV anzeigen
   lo_alv->display( ).
 CATCH cx_salv_msg INTO lo_exc.
   MESSAGE lo_exc TYPE 'I' DISPLAY LIKE 'E'.
ENDTRY.
```

Listing B.1 Klassisches Beispiel ohne Inline-Deklaration

Die Namen der Klassen CL_SALV_TABLE und CX_SALV_MSG mussten Sie dabei kennen oder herausfinden, um die korrespondierenden Variablen zu definieren.

Anweisung DATA() Mit einer Inline-Deklaration über die Anweisung DATA() können Sie eine implizite Deklaration und Typisierung einer Variablen direkt bei der Zuweisung vornehmen. Listing B.2 zeigt dies anhand des gleichen Beispiels.

```
" Datendeklaration mit Inline-Deklaration
TRY.
   " ALV Table über Factory erzeugen
   cl_salv_table=>factory(
      IMPORTING r_salv_table = DATA(lo_alv_inline)
      CHANGING t_table        = lt_data ).

   " ALV anzeigen
   lo_alv_inline->display( ).
 CATCH cx_salv_msg INTO DATA(lo_exc_inline).
   MESSAGE lo_exc_inline TYPE 'I' DISPLAY LIKE 'E'.
ENDTRY.
```

Listing B.2 Beispiel mit Inline-Deklaration

Dabei werden die Variablen für die ALV-Tabelle und die Ausnahme cx_salv_msg im CATCH-Block direkt bei der Zuweisung definiert (*inline*). Inline-Deklarationen lassen sich nicht nur für Klassen und Interfaces anwenden, sondern auch für Strukturen, Tabellentypen, Datenreferenzen etc.

Feldsymbole Es ist darüber hinaus möglich, Feldsymbole inline zu deklarieren, wie Listing B.3 zeigt.

```
LOOP AT lt_data ASSIGNING FIELD-SYMBOL(<line>).
   " ...
ENDLOOP.
```

Listing B.3 Inline-Deklaration eines Feldsymbols

Bei der Verwendung von Inline-Deklarationen müssen Sie folgende Aspekte beachten:

▶ Am Gültigkeitsbereich (*Scope*) von ABAP-Variablen ändert sich durch die Inline-Deklarationen nichts. Es ist also nicht etwa möglich, in einer Methode den gleichen Variablennamen mehrfach zu verwenden, auch nicht, wenn Sie ihn scheinbar lokal definieren, wie etwa bei der Variablen `lo_exc_inline` aus Listing B.2.

Wir empfehlen Ihnen, Variablen, die Sie in einer umfangreichen Methode an mehreren Stellen verwenden wollen, weiterhin am Anfang der Methode zu definieren. Bei Variablen mit einem lokal begrenzten Verwendungskontext (wie etwa der Schleife in Listing B.3) bietet sich die Inline-Deklaration an.

▶ Nicht an allen Stellen ist eine Inline-Deklaration möglich. Insbesondere ist es nicht möglich, das Ergebnis einer `SELECT`-Anweisung (`INTO`, `INTO TABLE`) durch eine Inline-Deklaration zu definieren.

B.2   Konstruktor-Ausdrücke

Konstruktor-Ausdrücke erlauben Ihnen das Anlegen und Initialisieren von ABAP-Objekten, Datenstrukturen und Datenreferenzen über einen Ausdruck. Der Vorteil dieser Ausdrücke liegt in der Reduzierung der notwendigen Anweisungen und der Verträglichkeit mit den Inline-Deklarationen.

ABAP-Objekte legen Sie klassisch über die folgende Anweisung an:

```
CREATE OBJECT <Variable> [ TYPE <Typ> ]
```

Die Variable muss vorher natürlich deklariert sein und zu der Instanziierung passen. Im vorangehenden Abschnitt haben wir die Inline-Deklaration vorgestellt, und vielleicht haben Sie sich schon gefragt, ob sich dies mit dem Anlegen einer Objektinstanz verbinden lässt. Dazu gibt es den `NEW`-Operator, der es erlaubt, eine Objektinstanz direkt inline zu deklarieren. Parameter für den Konstruktor werden wie bei Methodenaufrufen übergeben. Zum Beispiel ist folgende Zuweisung möglich:

```
DATA(lo_object) = NEW lcl_my_class( iv_param = 1 ).
```

Natürlich ist es auch erlaubt, die Variable lo_object separat zu definieren.

VALUE-Operator Neben Objekten lassen sich auch Strukturen und sogar interne Tabellen über Ausdrücke initialisieren. Dazu kommt der VALUE-Operator zum Einsatz, wie im Beispiel in Listing B.4.

```
DATA: ls_carr TYPE scarr.

" Klassische Initialisierung einer Struktur
ls_carr-carrid   = 'LH'.
ls_carr-carrname = 'Lufthansa'.

" Alternative über Konstruktor-Ausdruck
ls_carr = VALUE #( carrid   = 'LH'
                   carrname = 'Lufthansa' ).
```

Listing B.4 Struktur über VALUE initialisieren

Ein Vorteil des VALUE-Ausdrucks ist, dass er sich mit einer Inline-Deklaration verbinden lässt, wobei Sie in diesem Fall den genauen Typ der Daten spezifizieren müssen:

```
DATA(ls_carr) = VALUE scarr( carrid   = 'LH'
                             carrname = 'Lufthansa').
```

Interne Tabellen können Sie auch über den VALUE-Operator initialisieren, wie Listing B.5 zeigt.

```
DATA: lt_carrier TYPE TABLE OF scarr.
lt_carrier = VALUE #(
    ( carrid = 'AA' carrname = 'American Airlines' )
    ( carrid = 'LH' carrname = 'Lufthansa' ) ).
```

Listing B.5 Interne Tabelle über VALUE initialisieren

An diesem Beispiel wird die Reduzierung und bessere Lesbarkeit des Codes im Vergleich zu einer klassischen Initialisierung von Strukturen oder dem Aufbau einer internen Tabelle über mehrere APPEND-Anweisungen besonders deutlich.

REF-Operator Als letztes Element wollen wir den REF-Operator erwähnen, der eine ausdrucksorientierte Alternative für das Erzeugen einer Datenreferenz (TYPE REF TO DATA) über die ABAP-Anweisung GET REFERENCE ist. Das Beispiel in Listing B.6 verwendet diesen Operator und Inline-Deklarationen einen ADBC-Zugriff (ABAP Database Connectivity, vergleiche dazu Listing 3.12 aus Abschnitt 3.2.4, »Datenbankzugriff über natives SQL«).

```
TRY.
 " SQL-Verbindung und Statement vorbereiten
 DATA(lo_result_set) =
          cl_sql_connection=>get_connection(
                  )->create_statement(
                  )->execute_query( lv_statement ).

 lo_result_set->set_param_table( REF #( lt_result ) ).

 " Resultat abholen
 lo_result_set->next_package( ).
 lo_result_set->close( ).
CATCH cx_sql_exception INTO DATA(lo_exc).
 " Fehlerbehandlung
ENDTRY.
```

Listing B.6 ABAP-Ausdrücke im Kontext von ADBC

Neben NEW, VALUE und REF gibt es weitere Operatoren, wie zum Beispiel für Konvertierungen (CONV) oder Typumwandlungen (CAST). Weitere Informationen hierzu erhalten Sie in der Dokumentation unter *http://help.sap.com/abapdocu_740/de/*.

Bei der Verwendung der Konstruktor-Ausdrücke sollten Sie neben der Eleganz des Codes natürlich Laufzeitaspekte nicht vernachlässigen. Falls Sie etwa ein Objekt an mehreren Stellen benötigen, sollten Sie es nicht zweimal initialisieren.

Performance-aspekte

B.3   Interne Tabellen

Der Zugriff auf Inhalte von internen Tabellen erfolgt klassisch über die Anweisung READ TABLE. So lassen sich einzelne Zeilen über einen Schlüssel oder einen Zeilenindex auslesen.

Auch dies können Sie über Ausdrücke realisieren, die sich direkt zuweisen oder weiterverarbeiten lassen. Listing B.7 zeigt die Verwendung.

Zugriff über Index und Schlüssel möglich

```
DATA: lt_carrier TYPE TABLE OF scarr WITH KEY carrid.
lt_carrier = VALUE #(
   ( carrid = 'AA' carrname = 'American Airlines' )
   ( carrid = 'LH' carrname = 'Lufthansa' ) ).
```

```
" Ersten Eintrag aus interner Tabelle lesen
DATA(ls_carrier)  = lt_carrier[ 1 ].

" Zugriff mit Schlüssel und sortige Verwendung eines
" Attributs
DATA(lv_name) = lt_carrier[ carrid = 'LH' ]-carrname.
```

Listing B.7 Ausdrücke für Zugriffe auf interne Tabellen

Diese Ausdrücke erlauben auch den direkten Zugriff im Fall von mehrdimensionalen Strukturen, also falls eine interne Tabelle in einer Spalte wiederum eine Tabelle enthält.

Performance-aspekte
Wie bei den Konstruktor-Ausdrücken sollten Sie auch bei den Ausdrücken für interne Tabellen auf Performanceaspekte achten und unnötige Zugriffe vermeiden. Das folgende Beispiel zeigt eine *ungünstige* Verwendung von Tabellenausdrücken, da mehrfach die gleiche Zeile gelesen wird. Stattdessen sollten Sie die Zeile in einer Variablen zwischenspeichern.

```
DATA(lv_carrid)   = lt_carrier[ 1 ]-carrid.
DATA(lv_carrname) = lt_carrier[ 1 ]-carrname.
```

C Lese- und Schreibzugriffe im Column Store

Technisches Hintergrundwissen über den Aufbau des Column Stores hilft Ihnen beim Verständnis der Lese- und Schreibzugriffe auf SAP HANA. In diesem Anhang erläutern wir einige Details des Column Stores und geben Ihnen Hintergrundinformationen darüber, wie Zugriffe im Column Store verarbeitet werden. Zunächst betrachten wir Zugriffe ohne Indizes. Anschließend vermitteln wir Ihnen die Grundlagen zu Indizes in SAP HANA und erläutern, wie Zugriffe mit Indizes optimiert werden können.

C.1 Grundlagen

Wie Sie in Abschnitt 1.2.2, »Softwareinnovationen«, erfahren haben, wird eine Spalte im Column Store intern in mindestens zwei Strukturen gespeichert. Es handelt sich dabei um den *Dictionary-Vektor* und den *Attributvektor*. In Abbildung C.1 sehen Sie als Beispiel eine Tabelle mit den drei Spalten *ID*, *Name* und *Geschlecht*. Die Daten, die in dieser Tabelle abgelegt sind, finden Sie in Tabelle C.1.

Dictionary- und Attributvektoren

Abbildung C.1 Column Store mit Dictionary-Vektor und Attributvektor

623

ID	Name	Geschlecht
1	Christian	M
2	Martina	W
3	Alexander	M
4	Erika	W
5	Eric	M
6	Hermann	M
7	Anna	W
8	Torsten	M
9	Tina	W
10	Yvonne	W
11	Alexander	M
12	Martina	W
13	Alexander	M

Tabelle C.1 Beispieldaten für diesen Anhang

Jede Spalte hat einen Dictionary-Vektor und einen Attributvektor. Im Dictionary-Vektor werden die Inhalte der Spalte einmalig gespeichert. Der Dictionary-Vektor wird sortiert vorgehalten, damit ein schnelles Finden der Einträge über eine binäre Suche möglich ist. Über die Position eines Eintrags im Dictionary-Vektor ergibt sich ein Wert, der dann im Attributvektor anstelle des eigentlichen Wertes gespeichert wird. In unserem Beispiel steht der Name »Martina« an der siebten Stelle im Dictionary-Vektor. Im Attributvektor findet sich die 7 an der zweiten und an der zwölften Stelle, denn in den Daten der Tabelle C.1 ist »Martina« der zweite und zwölfte Datensatz.

C.2 Lesezugriff ohne Index

Der Dictionary-Vektor und der Attributvektor erlauben eine sehr effiziente Ablage der Daten, was wiederum eine schnelle Verarbeitung der Daten ermöglicht. Es müssen nur wenige Daten vom Hauptspeicher in die CPU (Central Processing Unit) übertragen werden. Aus diesem Grund werden in SAP HANA in vielen Fällen keine Indizes benötigt, in denen auf klassischen Datenbanken Indizes angelegt werden müssten. In diesem Abschnitt erklären wir, wie Lesezugriffe im Column Store ablaufen und wie Dictionary-Vektoren und Attributvektoren dabei verwendet werden.

Wir stellen Ihnen die Suche im Column Store anhand eines Beispiels genauer vor. In Abbildung C.2 sehen Sie eine Tabelle mit den Spalten *ID*, *Name* und *Geschlecht*. Für jede Spalte ist der Dictionary- und Attributvektor dargestellt. Links daneben haben wir zur leichteren Nachvollziehbarkeit die Zeilennummer für jeden Vektor dargestellt. Diese ist implizit durch die Position des Wertes im Vektor gegeben und ist nicht persistiert bzw. kostet keinen Speicher. Es sind keine Indizes definiert. Für das Beispiel wenden wir die Bedingung WHERE NAME = 'Alexander' an.

Lesezugriff im Column Store

1. Zunächst wird im Dictionary-Vektor mit einer binären Suche der Wert für »Alexander« ermittelt. Der Dictionary-Vektor ist sortiert, daher kann hier eine optimierte binäre Suche zum Einsatz kommen. Im Dictionary-Vektor steht »Alexander« an erster Stelle ❶, somit ist der Wert für Alexander = 1.

2. Anschließend wir der Attributvektor nach dem Wert 1 durchsucht ❷.

3. Für alle Treffer werden dann die Zeilen anhand von Zeilennummern (Row-IDs) rekonstruiert, d. h., in unserem Beispiel werden der dritte, elfte und dreizehnte Eintrag der anderen Spalten hinzugelesen ❸.

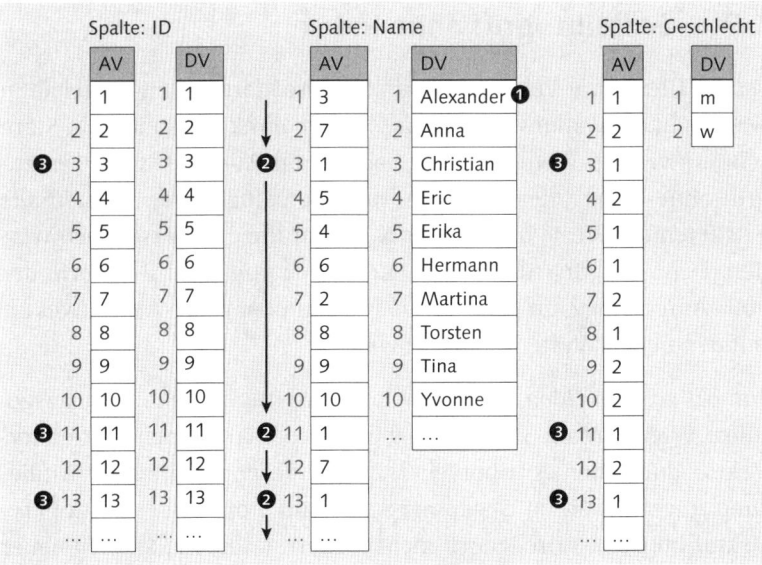

Abbildung C.2 Column-Store-Tabelle mit drei Spalten

Performance Die zu durchsuchende Datenmenge ist durch die Komprimierung relativ klein, und es müssen bei der Suche hauptsächlich Ganzzahlwerte (Integer) verglichen werden. Da die Suche zudem noch über mehrere CPU-Kerne parallelisiert werden kann, ist die Geschwindigkeit in vielen Fällen ausreichend, und es bedarf keines Index. Für Tabellen, die weniger als eine halbe Million Einträge haben, ist der Unterschied, ob ein Index vorhanden ist oder nicht, kaum spürbar. Wenn hingegen die Tabelle Hunderte Millionen Einträge hat, kann ein Zugriff über eine hochselektive Spalte um einen Faktor 100 und mehr langsamer werden als mit Index. Dieser Faktor nimmt mit zunehmender Größe der Tabelle weiter zu. Wenn ein solcher Zugriff sehr häufig durchgeführt wird, wie es z. B. in einem OLTP-System der Fall sein könnte, ist ein Index hier unabdingbar für eine gute Performance.

Main und Delta Store Bis hierhin haben wir nur den sogenannten *Main Store* besprochen. Dieser ist für das Lesen optimiert (siehe auch Abschnitt 1.2.2, »Softwareinnovationen«). Daten können aber auch im sogenannten *Delta Store* liegen. Dieser wird durch schreibende Zugriffe erzeugt und ist für diese optimiert. Im folgenden Abschnitt gehen wir auf die Unterschiede zwischen Main Store und Delta Store sowie auf die Frage ein, wie Daten vom einen in den anderen Store gelangen.

C.3 Schreibzugriff ohne Index

Schreibzugriffe im Delta Store Da der Dictionary-Vektor im Main Store sortiert ist und vorgehalten werden muss, wären schreibende Zugriffe direkt auf den Main Store sehr aufwendig. Wenn etwa im Beispiel aus Abschnitt C.2, »Lesezugriff ohne Index«, der Name »Adrian« eingefügt wird, müssten alle existierenden Werte im Dictionary-Vektor um eins verschoben werden. Der Wert für »Alexander« würde sich von 1 auf 2 ändern, der von »Anna« von 2 auf 3 etc. Es müsste dann der ganze Attributvektor mit den neuen Werten geändert werden.

Um das zu vermeiden, werden Schreibzugriffe im Delta Store ausgeführt. Wie im Main Store gibt es dort pro Spalte einen Dictionary-Vektor und einen Attributvektor, um eine gute Datenkomprimierung zu erreichen. Im Gegensatz zum Main Store ist der Dictionary-Vektor im Delta Store jedoch nicht sortiert. Dadurch kann ein neuer Wert schnell eingefügt werden, indem er einfach ans Ende des Dictionary-Vektors angehängt wird. Allerdings kann dann keine binäre Suche mehr ausgeführt werden. Aus diesem Grund gibt es für jede Spalte einen B-Baum-Index, der ein schnelles Finden existierender Werte im Dictionary-Vektor erlaubt. Über diese Strukturen werden ein schnelles Einfügen und die Komprimierung der Daten ermöglicht. Main und Delta Store sind in Abbildung C.3 schematisch dargestellt. Zur besseren Lesbarkeit haben wir die Dictionary- und Attributvektoren etwas gekürzt und die impliziten Zeilennummern der Vektoren hier nicht dargestellt.

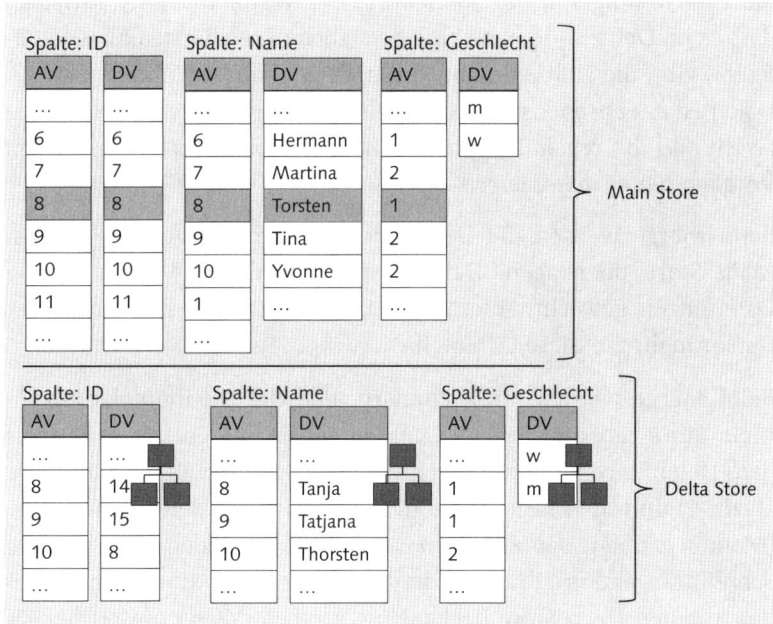

Abbildung C.3 Main Store und Delta Store

Über den Delta Store werden alle ändernden Zugriffe bearbeitet. Im Beispiel in Abbildung C.3 wurden folgende Datensätze neu zu den Daten aus Tabelle C.1 hinzugefügt (»14 – Tanja – w«, »15 – Tatjana – w«).

Im Datensatz »8 – Torsten – m« wurde eine Änderung durchgeführt, der Vorname wurde von »Torsten« auf »Thorsten« korrigiert. Ein solches UPDATE wird in SAP HANA intern als eine Folge von SELECT (um den alten Datensatz zu suchen und dann als gelöscht zu markieren) und INSERT realisiert. Dieser Vorgang wird als INSERT ONLY bezeichnet, da eine Änderung eines Datensatzes immer nur eine neue Ver-

INSERT ONLY

sion des Datensatzes einfügt. Die Löschmarkierungen werden in einer weiteren internen Struktur, die in Abbildung C.3 nicht dargestellt ist, verwaltet. Die alte Version des Datensatzes wird später beim Merge gelöscht.

Lesezugriffe im Delta Store

Während der Main Store durchsucht wird (oder danach, je nach Komplexität der SQL-Anweisung), muss noch der Delta Store durchsucht werden. Es könnten ja Datensätze in den Delta Store geschrieben worden sein, die ebenfalls der Suchanfrage entsprechen. Da der Delta Store für das Schreiben optimiert ist, sind Suchen im Delta Store aufwendiger als im Main Store. Das liegt z. B. an der Tatsache, dass es im Delta Store noch eine zusätzliche Speicherstruktur, den B-Baum, gibt, die auf den nicht sortierten Dictionary-Vektor verweist. Daher ist es erstrebenswert, den Delta Store nicht zu groß werden zu lassen und ihn regelmäßig in den Main Store zu übertragen. Diesen Vorgang nennt man *Merge*.

Merge erzeugt neuen Main Store

Beim Merge werden die Daten im Delta Store asynchron in den Main Store übertragen. Dabei werden dann alte Versionen von Datensätzen gelöscht, sofern es keine offenen Transaktionen oder Cursor mehr auf diese Daten gibt.

Beim Merge werden die Dictionary- und die Attributvektoren im Main Store reorganisiert und neu aufgebaut, indem die Daten aus dem Delta Store mit einbezogen werden. Aus dem alten Main Store (Main 1) und dem Delta Store (Delta 1) wird ein neuer Main Store (Main 2) erzeugt. Dabei werden Datensätze, auf denen es eine offene Schreibtransaktion gibt, nicht in den neuen Main Store, sondern in einen neuen Delta Store (Delta 2) übertragen. Wenn diese Übertragung und der Aufbau des neuen Main Stores (Main 2) abgeschlossen ist, werden der alte Main Store (Main 1) und der alte Delta Store (Delta 1) verworfen. Neue Abfragen lesen anschließend aus dem neuen Main und Delta Store.

Schreibzugriffe im neuen Delta Store

Dieser Prozess läuft auf der Ebene von Tabellen ab. Während der Merge die Daten aus dem alten Main und Delta Store in einen neuen Main Store überträgt, können weiterhin Daten aus dem alten Main Store gelesen werden. Schreibzugriffe erfolgen jedoch im neuen Delta Store (Delta 2), während der Merge noch läuft und Delta 1 verarbeitet. In Abbildung C.4 ist der Ablauf des Merges schematisch dargestellt.

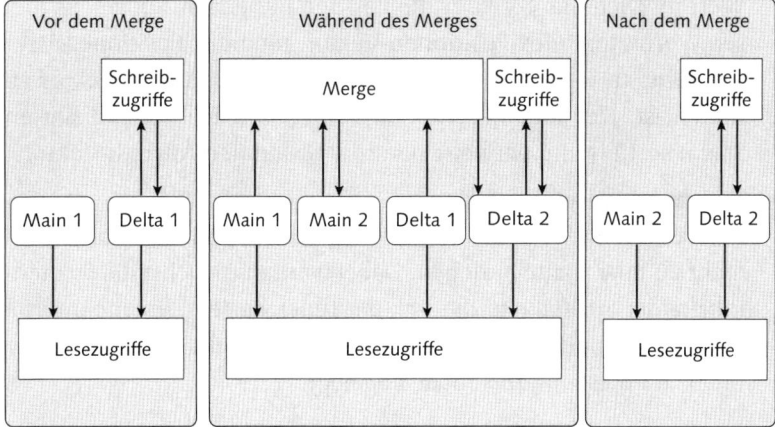

Abbildung C.4 Merge

Den Zeitpunkt von Merge-Prozessen können Sie über verschiedene Parameter konfigurieren, die z. B. die Größe des Delta Stores, die Systemlast und die Anzahl der Einträge oder die Zeit seit dem letzten Merge berücksichtigen. Der Main Store wird so regelmäßig neu erzeugt, und Änderungen werden gebündelt und möglichst effizient vom Delta Store in den Main Store übertragen.

In Abbildung C.3 und Abbildung C.5 können Sie die Dictionary- und Attributvektoren vor und nach dem Merge sehen.

C.4 Lesezugriffe mit Index

Nachdem Sie die Zugriffe ohne Index kennengelernt haben, wenden wir uns nun den Zugriffen mit Index zu. Wie gesagt, kann es bei sehr großen Tabellen sein, dass trotz Komprimierung und Parallelität Lesezugriffe zu langsam sind, wenn diese sehr häufig ausgeführt werden. In diesen Fällen sollte ein Index angelegt werden. Ein Index vermeidet den Scan über eine komplette Spalte. Bei SAP HANA sind zwei verschiedene Arten von Indizes zu unterscheiden:

▸ **Invertierter Index**
Zum einen gibt es die invertierten Indizes, die sich nur auf eine Spalte beziehen. Die Daten des Index werden dabei in internen Speicherstrukturen gespeichert, die zur jeweiligen Spalte gehören. Es handelt sich dabei um den Index-Offset-Vektor und den Index-Positionen-Vektor. Der Index-Offset-Vektor speichert für jeden

Wert im Dictionary-Vektor die Position des ersten Auftretens diesen Wertes im Index-Positionen-Vektor. Im Index-Positionen-Vektor steht, an welcher Row-ID der Datensatz im Attributvektor zu finden ist. Der Index-Positionen-Vektor ist nach der indizierten Spalte sortiert und verweist per Row-ID auf den Attribut-Vektor.

▸ **Zusammengesetzter Index**
Zum anderen gibt es die zusammengesetzten Indizes, die sich auf mehr als eine Spalte beziehen. Dabei werden zunächst die Spalteninhalte der Spalten, auf die sich der Index bezieht, in eine interne Spalte zusammengefügt, und anschließend wird ein invertierter Index auf diese interne Spalte angelegt.

Im Folgenden beschreiben wir Lesezugriffe für diese beiden Indextypen.

Invertierter Index Als Beispiel legen wir einen Index auf die Spalte *Name* an. Da es sich nur um eine Spalte handelt, legen wir einen invertierten Index an, wie in Abbildung C.5 dargestellt. Wir verwenden das gleiche Beispiel wie in den vorangegangenen Abschnitten: die Bedingung WHERE NAME = 'Alexander'. Ohne Index muss dazu der ganze Attributvektor für den aus dem Dictionary-Vektor ermittelten Wert durchsucht werden.

Spalte: ID		Spalte: Name			Invert Index: Name		Spalte: Geschlecht	
AV	DV	AV	DV ❶		IO ❷	IP	AV	DV
1	1	3	Alexander		1	3	1	m
2	2	7	Anna		4	11 ❸	2	w
❹ 3	3	1	Christian		5	13	1	
4	4	5	Eric		6	7	2	
5	5	4	Erika		7	1	1	
6	6	6	Hermann		8	5	1	
7	7	2	Martina		9	4	2	
8	8	8	Thorsten		11	6	1	
9	9	11	Tanja		12	2	2	
10	10	12	Tatjana		13	12	2	
❹ 11	11	1	Tina		14	8	1	
12	12	7	Yvonne		15	14	2	
❹ 13	13	1	...		...	15	1	
14	14	9				9	2	
15	15	10				12	2	
...	...	...				...	...	

Abbildung C.5 Invertierter Index auf dem Feld »Name«

Mit invertiertem Index ist dies nicht mehr nötig. Die Suche läuft dann wie folgt ab:

❶ Zunächst wird mittels einer binären Suche im Dictionary-Vektor der Wert für »Alexander« bestimmt. Es handelt sich dabei um den Wert »1«, da »Alexander« an erster Stelle im Dictionary-Vektor gespeichert ist.

❷ Anschließend wird im Index-Offset-Vektor an erster Stelle (dort stehen die Informationen zum ersten Wert im Dictionary-Vektor) nachgesehen, welcher Wert dort steht. In diesem Fall steht dort die »1«, das bedeutet, dass die Positionen unseres gesuchten Wertes ab der ersten Stelle im Index-Positionen-Vektor gespeichert sind.

❸ Dort finden sich nacheinander die Werte »3« (an erster Position), »11« (an zweiter Position) und »13« (an dritter Position). Bei diesen Werten handelt es sich um die Positionen (Row-IDs) im Attributvektor, an denen »Alexander« (der Wert »1«) steht.

❹ Mit dem vierten Eintrag im Index-Positionen-Vektor ist die Suche beendet, da die Position 4 das Ende des zu durchsuchenden Bereichs im Index-Offset-Vektor beschreibt. Da heißt, der Wert, der nach dem Wert »Alexander« im Dictionary-Vektor steht, steht an Position 4 im Index-Positionen-Vektor. Es müssen nun nur noch die benötigten Spalten aus den anderen Attributvektoren über die ermittelten Row-IDs dazugelesen werden.

Als nächstes Beispiel legen wir einen zusammengesetzten Index auf den Spalten *Geschlecht* und *Name* an. In diesem Fall wird in SAP HANA eine zusätzliche Spalte angelegt, in der die Inhalte der Spalten *Geschlecht* und *Name* zusammengefügt abgespeichert werden (siehe Abbildung C.6). Auf diese interne Spalte, die im ABAP Dictionary nicht sichtbar ist, wird, wie zuvor beschrieben, ein invertierter Index angelegt. In unserem Beispiel durchsuchen wir die Datenbanktabelle mit der Bedingung `WHERE GESCHLECHT ='W' AND NAME = 'Tina'`. Ohne Index musste dazu der ganze Attributvektor für die Spalte *Name* durchsucht werden.

Dies ist nun nicht mehr nötig, die Suche läuft wie folgt ab:

❶ Mit einer binären Suche im Dictionary-Vektor der internen Spalte, die aus den Feldern *Geschlecht* und *Name* zusammengesetzt wurde, wird die Position ermittelt. Der gesuchte Wert steht an Position 11.

❷ Im Index-Offset-Vektor wird der Position 11 die Referenz auf die Position im Index-Positionen-Vektor entnommen (in unserem Beispiel ist dies die Position 14).

❸ Im Index-Positionen-Vektor finden wir an Position 14 die Referenz auf die Position im Attributvektor (in unserem Fall die Position 9).

❹ Nun haben wir die Row-ID für die Attributvektoren ermittelt, deren Spalten für den SELECT benötigt werden.

Spalte: ID		Spalte: Name		Spalte: Geschlecht		Concat. Index: Geschlecht, Name			
AV	DV	AV	DV	AV	DV	AV	DV ❶	IO	IP
1	1	3	Alexander	1	m	2	mAlexander	1	3
2	2	7	Anna	2	w ❹	8	mChristian	4	11
3	3	1	Christian	1		1	mEric	5	13
4	4	5	Eric	2		8	mHermann	6	1
5	5	4	Erika	1		3	mThorsten	7	5
6	6	6	Hermann	1		4	wAnna	8	6
7	7	2	Martina	2		6	wErika	9	8
8	8	8	Thorsten	1		5	wMartina	10	7
9 ❹	9	11 ❹	Tanja	2 ❹		11	wTanja	12	4
10	10	12	Tatjana	2		12	wTatjana	13	2
11	11	1	Tina ❹	1		1	wTina	14 ❷	12
12	12	7	Yvonne	2		8	wYvonne	15	14
13	13	1	...	1		1	..	...	15
14	14	9		2		9			9 ❸
15	15	10		2		10			10
...	...	...		...		...			

Abbildung C.6 Zusammengesetzter Index auf den Feldern »Geschlecht« und »Name«

[»] **Schreibzugriffe mit Index**

Sowohl invertierte als auch zusammengesetzte Indizes bestehen nicht nur im Main Store, sondern auch im Delta Store. Schreibzugriffe im Delta Store werden dadurch genau wie bei klassischen Datenbanken teurer, da die Indizes mit gepflegt werden müssen. Beim zusammengesetzten Index ist der Aufwand beim Schreiben noch höher als beim invertierten Index, da beim zusammengesetzten Index noch mehr Speicherstrukturen gepflegt werden müssen.

D SAP Business Application Accelerator powered by SAP HANA

Der SAP Business Application Accelerator powered by SAP HANA erlaubt es Ihnen, bestehende Programme zu beschleunigen, indem bestimmte SQL-Zugriffe auf SAP HANA ausgeführt werden, ohne dass Sie die Programme ändern müssen. Die Umstellung erfolgt über das Customizing, das Programm selbst muss nicht geändert werden. In diesem Abschnitt erklären wir Ihnen, wie Sie den SAP Business Application Accelerator einsetzen können.

SAP-Hinweis 1694697 informiert Sie darüber, wie Sie die Software, bestehend aus SAP-Kernel und Add-on, erhalten.

Technische Voraussetzungen [«]

Um den SAP Business Application Accelerator zu installieren, benötigen Sie einen SAP-Kernel 7.21 oder höher und das SAP-Business-Application-Accelerator-Add-on SWT2DB. Für den Kernel beachten Sie bitte die SAP-Hinweise 1713986 und 1716826, für das Add-on die SAP-Hinweise 1694697 und 1597627.

Um den SAP Business Application Accelerator zu verwenden, benötigen Sie eine HANA-Datenbank, die über eine Sekundärverbindung an Ihr SAP-System angebunden ist (Side-by-Side-Szenario). Im SAP-Hinweis 1597627 ist beschrieben, wie Sie eine Sekundärverbindung anlegen.

Darüber hinaus benötigen Sie auf SAP HANA Tabellen, die von dem SAP-System, mit dem Sie den Business Application Accelerator einsetzen möchten, repliziert werden. Dies geschieht üblicherweise über den SAP Landscape Transformation Replication Server.

Eine Grundvoraussetzung, um ein Programm mithilfe des SAP Business Application Accelerators umzustellen, ist ein hoher Datenbankanteil bei der Programmlaufzeit. Eine Umleitung kommt nur für Programme infrage, die von den vom SAP-System replizierten Tabellen lesen. Es handelt sich dabei zumeist um Programme, die im Reporting eingesetzt werden. Beim Lesen von replizierten Tabellen ist zu beachten, dass die Daten in *near Realtime* vorliegen, es also kleine Verzögerungen geben kann, bis Daten repliziert werden. Die transaktionale Konsistenz kann dabei kurzzeitig nicht gegeben sein,

Umzustellende Programme und Zugriffe

da es z. B. vorkommen kann, dass Positionsdaten vor den Kopfdaten repliziert werden. Vor diesem Hintergrund sollten Sie genau prüfen, für welche Programme eine Umleitung der Zugriffe auf die in SAP HANA replizierten Daten möglich ist. Anschließend sollten Sie prüfen, welche Zugriffe stark von einer Umleitung auf SAP HANA profitieren können.

Um zu überprüfen, welche Programme für eine Umstellung infrage kommen, empfehlen wir Ihnen einen Service des SAP Active Global Supports, der derzeit unter dem Namen *SAP HANA Feasability Check* (*HFC*) angeboten wird (siehe auch SAP-Hinweis 1694697). Dabei wird anhand der oben genannten Kriterien überprüft, für welche Programme eine Umstellung möglich und sinnvoll ist.

Customizing

Im Customizing können Sie einen sogenannten *Kontext* für das umzustellende Programm pflegen. Sie erfassen dort Einträge für die Kombination Programm – Hintergrundjob – Tabelle/View. Sie legen also für jedes Programm fest, für welche Tabellen eine Umleitung der lesenden Zugriffe erfolgt. Zusätzlich können Sie festlegen, ob dies nur dann geschehen soll, wenn das Programm im Hintergrund läuft, indem Sie einen Hintergrundjob pflegen. Dieses Customizing wird zur Laufzeit ausgewertet, und alle Zugriffe werden entsprechend umgeleitet. Abbildung D.1 veranschaulicht dies schematisch.

Technische Details

Eine Umleitung findet nur auf Applikationsservern statt, auf denen der Profilparameter `rsdb/rda = on` gesetzt ist. Zugriffe auf folgende Objekte können dann umgeleitet werden:

▶ transparente Tabellen

▶ Cluster-Tabellen (werden bei der Replikation zu transparenten Tabellen)

▶ Datenbank-Views (wenn alle zugrunde liegenden Tabellen repliziert sind und der View in SAP HANA existiert)

Zugriffe auf Pool-Tabellen, Tabellenpools (die tatsächlichen Datenbanktabellen, die die Pool-Tabellen enthalten) und Tabellencluster (die tatsächlichen Datenbanktabellen, die die Cluster-Tabellen enthalten) können nicht umgeleitet werden.

Einschränkungen

Darüber hinaus gibt es Einschränkungen bezüglich der Anweisungen, die umgeleitet werden können. Folgende Open-SQL-Anweisungen können umgeleitet werden:

▶ SELECT-Anweisungen

▶ OPEN CURSOR ... FETCH

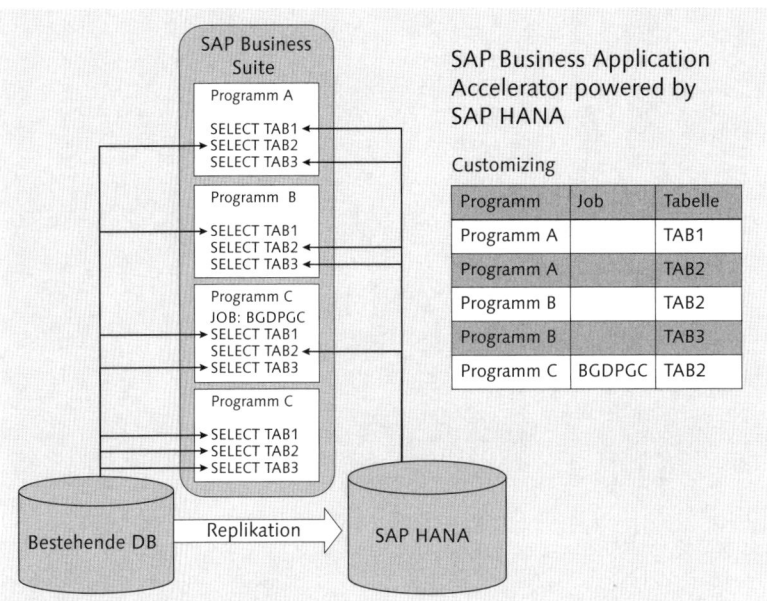

Abbildung D.1 Umleitung bestimmter Tabellenzugriffe

Diese Zugriffe können hingegen nicht umgeleitet werden:

▶ SELECT-Anweisungen mit dem Zusatz CONNECTION (sekundäre Verbindungen)

▶ SELECT ... FOR UPDATE

▶ OPEN CURSOR WITH HOLD...

Weitere Details zum Customizing des SAP Business Application Accelerators finden Sie in SAP-Hinweis 1694697.

Der SAP Business Application Accelerator eignet sich dazu, Programme zu beschleunigen, in denen die Lesezugriffe die Laufzeit dominieren, ohne diese zu verändern. Es hängt dabei von der konkreten SQL-Anweisung ab, wie stark sich die Zugriffe beschleunigen lassen. In verschiedenen Kundenprojekten konnten wir Verbesserungen zwischen zwanzig und mehreren hundert Prozent im Vergleich zur ursprünglichen Leistung beobachten.

E   Installation der Beispiele

Mit diesem Buch liefern wir eine Reihe von Beispielen aus, die Ihnen helfen sollen, unsere Erläuterungen in den einzelnen Kapiteln besser nachzuvollziehen. Sie finden diese auf *www.sap-press.de/3773* im Downloadbereich zu diesem Buch. Dort finden Sie einen Transportauftrag sowie eine Beschreibung, die erläutert, wie Sie diesen in Ihr System einspielen können und welche Nacharbeiten notwendig sind.

Alle ABAP-Entwicklungsobjekte sind im Paket TEST_A4H_BOOK und alle HANA-Entwicklungsobjekte im Paket test.a4h.book gekapselt, wobei Sie für jedes Kapitel dieses Buches jeweils ein Unterpaket finden.

Pakete

Sämtliche Beispielprogramme setzen einen SAP NetWeaver Application Server (AS) ABAP 7.4 (Support Package 10), ABAP Development Tools for SAP NetWeaver 2.7 und SAP HANA 1.0 (Support Package Stack 8) voraus. Für unsere Tests haben wir SAP HANA 1.0 Revision 97 verwendet.

Voraussetzungen

Falls Ihnen kein System zur Verfügung steht, das diese Voraussetzungen erfüllt, können Sie die Beispiele auch auf einem gehosteten Trial-System installieren. SAP bietet Interessenten seit Juli 2013 die Möglichkeit, sich ein Trial-System – bestehend aus SAP NetWeaver AS ABAP 7.4 und der HANA-Datenbank – als Virtual Appliance bei einem IaaS-Anbieter (aktuell *Amazon Web Services*) provisionieren zu lassen. Dieses Angebot basiert auf einem kostenfreien 90-tägigen *Test and Evaluation License Agreement*. Sie müssen allerdings die Kosten für die Infrastrukturdienstleistung des IaaS-Anbieters tragen. Mehr Informationen dazu finden Sie im SAP Community Network unter *http://scn.sap.com/docs/DOC-41566*.

Gehostetes Testsystem

Nach dem Einspielen des Transportauftrags sollten Sie in jedem Fall auch ausreichend Daten generieren, auf denen Ihre Tests basieren können. Verwenden Sie dazu den ABAP-Report ZR_A4H_BOOK_GENE-RATE_MASS_DATA. Details entnehmen Sie bitte der Beschreibung im Downloadbereich.

Testdaten

F   Die Autoren

Hermann Gahm ist Principal Consultant im Performance CoE der SAP Global IT Application Services. Dort ist er in erster Linie für die Performanceanalyse und -optimierung der SAP-internen ABAP-Systeme auf SAP HANA zuständig. Hermann Gahm war zwischen 2006 und 2012 zunächst SAP-Technologieberater bei der SAP SI AG und anschließend SAP Support Consultant im Bereich Technology & Performance in der Abteilung Active Global Support SAP. Schwerpunkte seiner Aufgaben waren die Unterstützung von SAP-Großkunden bei Performanceproblemen im Rahmen von ABAP-Entwicklungen und das System-, Datenbank- und ABAP-Programm-Tuning. Während seiner berufsbegleitenden Weiterbildung zum Wirtschaftsinformatiker (IHK) arbeitete er zwischen 1998 und 2006 als ABAP-Entwickler in einem der größten Handelsunternehmen in Deutschland und als SAP-Systemadministrator beim Marktführer für industrielle Kredit- und Bausparproduktbearbeitung. Im Fokus seiner Tätigkeit standen dabei die Performanceanalyse und -optimierung von Massendatenverarbeitung in SAP-Systemen.

Thorsten Schneider ist Produktmanager im Bereich Product & Innovation HANA Platform bei der SAP SE. Er beschäftigt sich dort mit der Anwendungsentwicklung auf Basis der In-Memory-Datenbanktechnologie. Schwerpunkt seiner Arbeit ist die Implementierung von Geschäftsanwendungen auf Basis von ABAP und SAP HANA. Vor seiner Tätigkeit als Produktmanager war Thorsten Schneider mehrere Jahre Berater bei der SAP Deutschland AG & Co. KG. In dieser Zeit hat er nationale und internationale Unternehmen in den Bereichen Produktlebenszyklusmanagement und Projektportfoliomanagement betreut.

Christiaan Swanepoel arbeitet seit 2003 für die SAP SE. Aktuell ist er Product Owner im Bereich der ABAP Entwicklungstools für Core Data Services (CDS) in Eclipse. Davor arbeitete er im Bereich der Entwicklung der ABAP-Programmiersprache und war auch Teil des ABAP for SAP HANA Integration Teams, das sich mit der Softwareentwicklung auf der Basis von ABAP und SAP HANA befasst. Ein weiterer Schwerpunkt seiner Arbeit ist die agile Softwareentwicklung. Dazu gehört auch das agile Testen von CDS-Objekten in ABAP.

Dr. Eric Westenberger arbeitet seit 2005 für die SAP SE und ist aktuell als Produktmanager für SAP HANA und SAP NetWeaver tätig. Davor war er mehrere Jahre als Entwickler und Softwarearchitekt an der Entwicklung verschiedener Komponenten der SAP NetWeaver-Basistechnologie beteiligt. Er hat an der Universität Kaiserslautern Mathematik studiert und im Bereich Singularitätentheorie promoviert.

Index

Felix Roth, Stefan Stöhr

BOPF – Business-Objekte mit ABAP entwickeln

Entwickeln Sie eigene ABAP-Anwendungen, ohne sich um die zeitraubende Implementierung der Hintergrundlogik kümmern zu müssen. In diesem Buch erfahren Sie, wie das mit dem Business Object Processing Framework (BOPF) von SAP möglich wird. Lernen Sie, wie Business-Objekte aufgebaut sind und wie Sie Ihre Anwendung in diese Objekte strukturieren. Verwenden Sie bestehende Business-Objekte, oder entwickeln Sie Ihre eigenen. Dank der praktischen Beispiele läuft Ihre Entwicklung mit dem Framework bald wie geschmiert!

400 Seiten, gebunden, 79,90 Euro
ISBN 978-3-8362-5972-9
erscheint Ende Januar 2018
www.sap-press.de/4520

- SAP HANA Extended Application Services entdecken

- Neuartige Anwendungen in JavaScript und SQLScript implementieren

- GeoSpatial, Text Mining, Predictive Analysis und Data Mining

Stefan Kühnlein, Holger Seubert

Native Anwendungsentwicklung mit SAP HANA

Nutzen Sie das volle Potenzial von SAP HANA! In diesem Buch erfahren Sie, welche Infrastruktur Ihnen dazu mit der SAP HANA XS Engine bereitsteht und welche Entwicklungs- und Datenmodelle Sie einsetzen können. Entwickeln Sie leistungsstarke Anwendungen, die in der Lage sind, Daten in Echtzeit – und auch bisher ungenutzte Daten – auszuwerten und ansprechend zu visualisieren.

504 Seiten, gebunden, 69,90 Euro
ISBN 978-3-8362-3867-0
erschienen Mai 2016
www.sap-press.de/3916

■ Entwickeln Sie eine User-Experience-Strategie für Ihre SAP-Anwendungen

■ Installation und Konfiguration Schritt für Schritt erklärt

■ Customizing, Entwicklung und Erweiterung von Oberflächen für SAP S/4HANA

Michael Englbrecht, Michael Wegelin

SAP Fiori

Implementierung und Entwicklung

Lernen Sie alles über die Einrichtung und Programmierung von Fiori-Apps! Die Autoren zeigen Ihnen, wie Sie SAP Fiori installieren, einrichten und mit SAP Gateway in Ihre SAP-Systemlandschaft integrieren. Finden Sie heraus, wie Sie die SAP-Oberflächen an Ihre Anforderungen anpassen, oder starten Sie gleich mit der Entwicklung eigener Anwendungen. In der 2. Auflage neu: aktuelle Informationen zu SAP Fiori 2.0 und zur Entwicklung mit SAP HANA XS/XSA und der SAP Web IDE.

714 Seiten, gebunden, 69,90 Euro
ISBN 978-3-8362-4586-9
2. Auflage, erschienen Juli 2017
www.sap-press.de/4399

- Installation, Konfiguration und Systemanbindung

- OData-Services erstellen und erweitern

- SAP Fiori, mobile Apps und Unternehmensanwendungen anbinden

Bönnen, Drees, Fischer, Heinz, Strothmann

SAP Gateway und OData

Dieses Buch zeigt Ihnen, wie Sie SAP Gateway einsetzen, um z. B. SAP-Fiori-Apps, andere mobile Apps, Social-Media-Auftritte und HTML5-Anwendungen an Ihre SAP-Systeme anzubinden. Sie lernen, Gateway-Services mit dem OData-Standard zu entwickeln und an das Backend anzubinden. Anhand zahlreicher Programmierbeispiele zeigen Ihnen die Autoren, wie die Services in den verschiedenen Anwendungstypen konsumiert werden. Neuauflage aktuell zu SAP NetWeaver 7.5.

809 Seiten, gebunden, 79,90 Euro
ISBN 978-3-8362-4019-2
2. Auflage, erschienen Juli 2016
www.sap-press.de/4051

»Literaturempfehlung zur Prüfung von SAP-Systemen«
IBS Schreiber-Schulungskatalog